国家社科基金后期资助项目
出版说明

　　后期资助项目是国家社科基金设立的一类重要项目,旨在鼓励广大社科研究者潜心治学,支持基础研究多出优秀成果。它是经过严格评审,从接近完成的科研成果中遴选立项的。为扩大后期资助项目的影响,更好地推动学术发展,促进成果转化,全国哲学社会科学工作办公室按照"统一设计、统一标识、统一版式、形成系列"的总体要求,组织出版国家社科基金后期资助项目成果。

全国哲学社会科学工作办公室

国家社科基金
后期资助项目

敦煌寺院会计文书整理研究

The Collation and Research of
the Accounting Manuscripts of Dunhuang Temples

王祥伟 著

上海三联书店

序

敦煌文书与殷商甲骨文、居延汉简、明清内阁大库档案，被誉为是20世纪初中国学术的"四大发现"。敦煌文书甫一面世，即引起了人们的关注，国内外众多学者竞相研究，形成了一门国际显学——敦煌学。敦煌文书中保存有大量官府、寺院、社邑与私人等的会计文书，这些文书对研究魏晋至唐宋时期的社会经济史、会计史和敦煌地方史等都具有非常重要的价值，中外学者利用这些文书在相关领域的研究中都取得了丰硕的成果。在20世纪80年代初，学术界已经注意到敦煌会计文书在研究中国会计发展史方面具有非常重要的价值，从而开始利用敦煌会计文书对中国会计史进行研究，相关研究主要集中在对四柱结算法产生的时间和结构问题的讨论上，笔者自己也在1982年出版的《中国会计史稿》一书中利用敦煌文书对四柱结算法等问题进行过探讨，后来在2023年出版的《中国会计通史》（共12册）中讨论唐宋时期的官厅会计和寺院会计时便更加重视对敦煌会计文书的利用。然而，时至今日，无论是应用敦煌会计文书对中国会计史的研究，还是专门从会计史视角对敦煌会计文书进行研究的成果并不是很多。王祥伟同志主持的国家社科基金后期资助重点项目的研究成果——《敦煌寺院会计文书整理研究》一书付梓出版，在一定程度上丰富了这方面的研究。

在敦煌会计文书中，寺院会计文书的数量最多，但是大多都是残卷，而且分藏于中国、英国、法国、俄罗斯、日本等国，故如果要对这批文书进行充分研究，将其价值最大化，就需要对其进行系统的整理，而《敦煌寺院会计文书整理研究》在这方面用工甚勤，对数十件敦煌寺院会计文书残卷进行了拼接缀合与考证，最后整理出的相关会计文书多达四五百件。并且这部书在对敦煌寺院会计文书进行系统整理的基础上，结合吐鲁番文书、简牍等出土文献和正史、佛教典籍等历史文献，对其中的便物历、什物历、诸色入历、诸色破历、诸色入破历、施物历、唱卖历、分僦历、帐状与凭据等文书进行了分类研究，对文书的起源、名称、记帐格式、记帐符号、记帐方法等问题，一一精心探讨，其中不乏作者的新见解。如对便物历的起源与性质、分僦历的起源、傔状文书等方面的见解都很新颖并都具有考证价值。同时，该书还利用敦煌寺院会计文书中的支出帐目对寺院经济、佛教社会史等问题进行了研究。虽然该书专门以敦煌寺院会计文书为整理研究对象，但是在研究过程中并不局限于唐宋时期敦煌一地，无论是在时间上还是空间上都有一定拓展，其研究领域相当广阔，所征引的资料既有佛教的，又有官府的。上至战国秦汉，下至明清，上下涉及很全面，具有开拓研究价值。

王祥伟同志一直致力于敦煌学研究，《敦煌寺院会计文书整理研究》是其付出大量时间和精力的结晶，是敦煌学和会计史研究中的一项重要成果，该书的出版想必会嘉惠学林。今作斯序，以勉其勤。

郭道扬

2023 年 12 月 1 日

目　　录

绪论　　1
　一、敦煌寺院会计文书的种类　　1
　二、敦煌寺院会计文书的主要研究内容　　3
　三、作为文书名称的"历"及其演变　　4

第一章　便物历文书　　13
　第一节　便物历的种类和记帐方法　　15
　　一、便物历的数量和种类　　15
　　二、便物历的记帐方法　　19
　第二节　便物历的起源与性质　　36
　　一、便物历的起源　　36
　　二、便物历的性质　　44
　第三节　便物历文书考释数则　　56
　　一、僧寺便物历考释　　56
　　二、兰若和佚名寺院便物历考释　　59

第二章　施物历与分僦文书　　64
　第一节　施物历与施物卖出历　　64
　　一、施物历的种类　　64
　　二、施物卖出历　　75
　第二节　分僦历的种类及其源流　　90
　　一、分僦历的种类及其记帐特点　　90
　　二、分僦历溯源　　99
　第三节　僦状文书再探　　113
　　一、P.2250V 的内容及其"僦状"性质之疑　　113
　　二、P.3600V 和 P.3619 的"僦状"性质之辨　　116
　　三、僦状在分僦活动中的应用　　124

第三章 什物历文书 —— 128
第一节 什物历文书概论 —— 128
一、什物历文书述略 —— 128
二、什物历的名称及意义 —— 136
第二节 什物历文书考释数则 —— 138
一、僧寺什物历考释 —— 138
二、尼寺什物历考释 —— 148

第四章 诸色入破历文书 —— 150
第一节 诸色入破历的结构与性质 —— 150
一、诸色入历和破历的结构特征 —— 150
二、诸色入破历及其结构特征 —— 160
三、诸色入破历的性质 —— 167
第二节 诸色入破历文书考释 —— 173
一、报恩寺诸色入破历考释 —— 173
二、净土寺诸色入破历考释 —— 191
三、金光明寺诸色入破历考释 —— 196
四、其他寺院诸色入破历考释 —— 201

第五章 帐状文书 —— 211
第一节 帐状文书的名称和结构 —— 211
一、帐状文书的名称 —— 211
二、帐状文书的"四柱"结构形式 —— 216
第二节 四柱帐状的记帐符号和数据合计方法 —— 223
一、四柱帐状的记帐符号 —— 223
二、四柱帐状的数据合计方法 —— 229
第三节 四柱帐状对外欠帐的登载 —— 239
第四节 "帐尾"的含义及相关欠帐历的作用 —— 247
一、"帐尾"含义辨析 —— 248
二、欠帐历的作用 —— 252

第六章 帐状和凭据文书考释 —— 255
第一节 报恩寺帐状文书及其经济考略 —— 255
一、报恩寺帐状文书考释 —— 255
二、报恩寺经济考略 —— 277

第二节　灵图寺帐状文书及其经济问题　　283
　　　　一、灵图寺帐状文书考释　　283
　　　　二、灵图寺的相关经济问题　　291
　　第三节　乾元寺和净土寺帐状文书考释　　299
　　　　一、乾元寺帐状文书考释　　299
　　　　二、净土寺帐状文书考释　　306
　　第四节　其他寺院帐状和凭据文书考释　　313
　　　　一、其他僧寺帐状和凭据考释　　313
　　　　二、尼寺和佚名寺院帐状考释　　334

第七章　敦煌寺院会计文书中的破用帐及相关问题　　345
　　第一节　人事破用帐　　346
　　　　一、人事破用帐的类别　　346
　　　　二、人事性质的再认识　　350
　　第二节　吊孝破用帐　　352
　　　　一、吊孝破用帐的内容及特点　　352
　　　　二、吊孝破用物品及有关问题分析　　356
　　第三节　劳作破用帐　　360
　　　　一、僧尼的劳作破用帐及敦煌寺院经济的性质　　360
　　　　二、世俗人员的劳作破用帐　　374
　　　　三、劳作破用帐的数量分析　　380
　　第四节　教化乞施破用帐　　385
　　　　一、寺院组织教化乞施时的破用帐及其目的　　385
　　　　二、僧团集体组织教化乞施时的破用帐及其目的　　390

结论　　393

主要参考文献　　396

附录　敦煌寺院会计文书总目　　406

绪　论

一、敦煌寺院会计文书的种类

在对敦煌寺院会计文书进行分类方面，唐耕耦先生做了大量工作，其在《敦煌社会经济文献真迹释录》（以下简称《释录》）中将相关寺院会计文书分别归入便物历、什物历、诸色入历、诸色破历、诸色入破历计会。[①] 后在《敦煌寺院会计文书》一文中又进一步对敦煌寺院会计文书做了更为详细的分类说明，认为大致可以分成两类，一类是常住什物方面的，另一类是财务方面的。常住什物方面的有领得历、付历、借历、点检历、交割点检历等；财务方面的有入历、破历、便物历、诸色入破历算会（牒）、唱卖历、斋馔历和各种凭证等。入历分为序时流水式入历和汇总的诸色入历。破历从所记内容看，有记一类货物的、多种货物的，有记经常性破用的，有记临时性破用的，有专记某一方面、某一事项的；从帐簿性质看，有序时流水式的，有汇总的，有分类破历。[②] 下面我们在唐先生的分类基础上对敦煌寺院会计文书的种类再进行分类说明。

第一类常住什物方面的会计文书主要登载的是幡像、幢伞、供养具、家具、函柜、铜铁器、瓦器、鐺釜、车乘、毡褥、衣物、金银器皿、纸和织物等，这些物品在敦煌文书中明确称为常住什物。在这类文书中，有的是记录寺院常住什物的什物历，有的是以状文的形式对寺院常住什物的汇报，属于历状文书，《释录》第3辑将什物历和什物历状统一纳入"什物历"中。历状是管理

[①] 参唐耕耦、陆宏基编《敦煌社会经济文献真迹释录》第2、3辑，全国图书馆文献缩微复制中心1990年。

[②] 唐耕耦《敦煌寺院会计文书》，《北京图书馆馆刊》1996年第1期，第49—57页。该文经大幅增删修改后收入唐耕耦《敦煌寺院会计文书研究》，新文丰出版公司1997年，第1—66页。在研究会计文书时，一定会涉及"帐"和"账"字，唐先生在其文章和专著中均使用"帐"而非"账"。由于"账"字在历史上出现得很晚，而我们在研究敦煌寺院会计文书过程中引用的各类古代文献的时间都较早，这些文献中所用的都是"帐"而非"账"，故为了行文上的统一，我们一般也使用"帐"字，但若引用的今人成果中用"账"字，则照引。

制度的产物,不仅什物历可以与状文相结合形成什物历状,斛斗入破历也可以与状文结合形成斛斗历状,即便是非财物历也可以套入状文的格式而形成历状。历状的核心内容仍然是历,甚至有的历状文书的开头可以直接标题为"历",如 S.2729 中有一件关于辰年(788)三月沙州僧尼部落米净聒汇报敦煌诸寺僧尼名目的状文,尾部有状文格式,其开头标题仍然是"辰年三月五日算使论悉诺罗按谟勘牌子历"。① 故从内容来讲,在研究敦煌寺院会计文书时,也可以将关于寺院斛斗和什物的历状归入历类文书中。

第二类财务方面的文书主要登载的是斛斗麦、粟、青麦、豆、黄麻、米、油、面、酥、纸和织物等,内容比较杂,唐先生为了将其与什物类相区别而称为"财务"类。在第二类文书中,一般将"斛斗"一词与油、面、纸及布、緤等织物并列,也即斛斗不包含油、面、纸和织物,如相关文书中多有"斛斗油面等""斛斗纸布什物等""斛斗油面粟等""斛斗苏油布緤等"之类的记录。当然也有例外,如 S.6061《公元 9 世纪前期某寺诸色入破历算会牒》云"共收新旧斛斗总一千石一斗一升九合",其后明细收入中不但有麦、粟、大豆、青麦、豌豆等斛斗,而且还有白面、油、苏等物,可见此处面、油又被包含在了斛斗之中。② 学界在整理命名相关敦煌文书时一般也将面、油、苏、纸和织物纳入斛斗中,如唐先生在《释录》第 3 辑中将许多既登载有斛斗,又登载有面、酥、纸和织物等的文书拟名为诸色斛斗入历、诸色斛斗破历、诸色斛斗入破历算会牒(稿),也即用"斛斗"一词包含了油、面、酥、纸和织物等。③ 郝春文先生更是明确将麦、粟、豆、黄麻、酥、米、面、麸、渣、油、布、緤等均归入常住斛斗。④ 这种在文书拟名上将油、面、纸和织物纳入"斛斗"的情况目前已为学界普遍沿用。但从保存下来明确标题的此类敦煌寺院入历和破历文书来看,一般称为诸色入历、诸色破历、破(出、使)某某历,其标题中仅云"诸色"而非"诸色斛斗",说明其并未将面、油、织物等归入斛斗。可能也是注意到这一点,故虽然唐先生在《释录》第 3 辑中在给相关文书拟名时将油、面、酥、纸和织物等归入斛斗中,但是在分类时仍将第二类财务方面的文书分为诸色入历、诸色破历、诸色入破历计会三部分,这在一定程度上遵从了文书原

---

① 关于该件文书的辰年,藤枝晃先生在《敦煌の僧尼籍》(《东方学报》第 29 册,1959 年)中定为 788 年,[日]池田温著,龚泽铣译《中国古代籍帐研究》(中华书局 2007 年)"录文与插图"部分第 358—362 页和唐耕耦、陆宏基编《敦煌社会经济文献真迹释录》第 4 辑(全国图书馆文献缩微复制中心 1990 年)第 194—203 页,竺沙雅章《中国佛教社会史研究(增订版)》(朋友书店 2002 年)"补编"部分第 3—7 和 73—75 页均持此观点。
② 唐耕耦、陆宏基编《敦煌社会经济文献真迹释录》第 3 辑,第 302 页。
③ 唐耕耦、陆宏基编《敦煌社会经济文献真迹释录》第 3 辑,第 110—565 页。
④ 郝春文《唐后期五代宋初敦煌僧尼的社会生活》,中国社会科学出版社 1998 年,第 123 页。

有的名称。总之,为既登载有诸色斛斗,又登载有非斛斗之物的相关会计文书拟名时用"诸色"而非"诸色斛斗"为宜。唐先生在"诸色入破历计会"部分收录的文书较为复杂,既有正规的算会牒,又有算会牒的底稿,也有在编制算会牒过程中重新整理形成的各类入历、破历和入破历文书,甚至还有一些交接凭据,其中将以状文的形式对各类斛斗、面、油、织物和纸等物的回残、新入、破用、见在等情况进行汇报的四柱会计报告一般拟名为"算会牒",偶尔称为"状",目前学界在称呼此类文书时,要么沿用"算会牒"的名称,要么称为"牒"或"状",而我们在后面第五章将会专门讨论,在历史上,这类四柱会计报告可被称为"帐状"。

第二类财务方面文书中的唱卖历和斋䞋历在《释录》第3辑中被归入"诸色破用历"中,但是单纯的唱卖历是将布施物(䞋利)出唱为其他物品如布、麦等,相当于以物易物,故实际上不属于破用历;有的文书中虽然记录有对布施物唱卖的情况,但同时也记录有对布施物进行分配的内容,而且以分配䞋利内容为主,故这类文书属于唱卖分䞋历。斋䞋历是僧人因参加斋会而对施主布施物进行分配的文书,其属于分䞋历的一部分,因为分䞋历中记录的䞋利不一定全部来自斋会布施,甚至有的分䞋历分配的根本不是斋䞋,而是其他䞋利所得。

此外,唐耕耦先生的分类中没有提到施物历。施物历是对施主布施进行记录的文书,也属于会计文书的组成部分,这部分文书在《释录》中被归入"施物疏"中,虽然施物历与施物疏有密切关系,但二者并非性质完全相同的文书。施物疏属于疏文,而施物历并没有疏文的格式,故应将其从施物疏中分离出来。

基于以上分析,我们将敦煌寺院会计文书分为便物历、什物历、诸色入历、诸色破历、诸色入破历、施物历、唱卖历、分䞋历、帐状及凭据几大类。当然,在这些会计文书中,有个别的文书并不属于某一所寺院,而是敦煌僧务管理机构如都司、䞋司、大众仓等的会计文书,这类文书主要是与布施物有关的入历、破历、历状和分䞋历文书,数量很少,而且也与寺院或僧尼有密切的关系,故这里不再将其单独分出,而是统一于"寺院会计文书"之中。

二、敦煌寺院会计文书的主要研究内容

敦煌寺院会计文书的内容非常丰富,涉及会计制度、寺院经济、宗教信仰、政治关系、民俗生活等诸多方面,学界也利用这些文书对相关问题进行了研究,并且取得了丰硕的成果。本成果旨在充分借鉴吸收学界已有研究成果的基础上,将敦煌寺院会计文书和其他出土文献、传统文献相结合,在

从起源、性质、结构、记帐格式、记帐方法、残卷的拼接缀合等方面对敦煌寺院会计文书进行分类整理研究的同时,也从佛教社会史、寺院经济史等角度对敦煌寺院会计文书的内容进行讨论,主要内容包括如下方面:

1. 对敦煌便物历文书的起源与性质进行探讨。主要是将简牍资料中的相关出贷资料与便物历从内容、结构、贷便目的等方面进行比较分析,讨论便物历的起源问题;同时从内容、功能等方面对便物历和契约进行比较分析,讨论便物历的性质问题。

2. 对记录寺院布施物的会计文书如施物历、唱卖历、分𠏹历等从种类、记帐格式、记帐特点及其相互关系等方面进行分析讨论;在对分𠏹历中的记帐符号及其在分𠏹活动中的含义进行分析论证的同时,还对分𠏹历文书进行溯源;对敦煌僧团在分𠏹活动中使用的𠏹状文书从内容、特征等方面进行探讨,进而将相关的寺院状文定性为𠏹状文书。

3. 对什物历和诸色入破历文书进行梳理讨论。主要是在对什物历进行全面梳理的同时,对什物历的名称、价值及部分什物历的内容和性质进行讨论;结合吐鲁番文书和传统文献中官方的入破历资料,对敦煌寺院诸色入破历的内容、结构和构成要素进行比较分析,并对诸色入破历在会计活动中的功能和性质进行讨论。

4. 在将敦煌寺院四柱帐状文书与传统文献及简牍资料中的四柱记帐资料相结合比较的基础上,从四柱帐状的名称、结构、记帐符号及其演变、数据统计方法、外欠帐的登载方式及其演变等方面对帐状文书进行研究。

5. 将敦煌寺院会计文书中丰富的破用帐进行分类分析研究,主要是在对其中劳作破用帐、人事破用帐、吊孝破用帐、教化乞施破用帐进行详细梳理的基础上,对破用帐的内容、破用数量及其比重等问题进行分析讨论,同时还对破用帐所体现出的敦煌寺院经济的性质、敦煌佛教的社会化问题和敦煌民俗等进行讨论。

6. 对敦煌寺院会计文书残卷进行整理考证。敦煌寺院会计文书大多为残卷,有的原本为同一件文书,但因种种原因而被撕裂为若干部分而分藏于世界各地。在从拼接复原、内容、性质、所属机构和年代等方面进行整理考证的同时,对这些文书残卷所体现出的寺院经济问题进行讨论。

三、作为文书名称的"历"及其演变

从名称上来看,敦煌寺院会计文书的主体是"历"类文书。虽然作为文书名称的"历"在传统文献和出土文献中均有记载,但是各类辞书字典在解释"历"的含义时,并未解释到"历"的该层含义。那么,何谓"历"? 王永兴先

生解释云:"历是一种重要的文书形式,历不仅存在于财物文书之中,如唐代勾官印署、行朱讫,必书于历,这种历与财物无关,但从出土文书看,财物历更为普遍。"接着又以几件敦煌吐鲁番官方财物历文书为依据解释云:"某年某月某日、因某事支某物或纳某物若干、经手人姓名三项,为'历'所必备者,支历如此,纳历也是如此,这种随时随事所记的文书,即称为历。"①诚然,在目前所见的"历"类文书中,有的历与财物记录无关,而更多的历是对财物收支的记录。至于财物历的要素,则会因财物历的性质、用途等的不同而发生变化,历文书的内容既有随时随事所记者,也有非随时随事所记者。其实,"历"的名称是从文书形式上来命名的,如宋小明先生认为,作为会计记录的"历"是一种用——列示的方式做成的记录。②当然,非会计文书的公文历,也是对相关内容进行条列记录,使其内容历历在目,故敦煌吐鲁番的"历"类文书中多有如条记、条列、条疏、抄目、抄录、分析如后、具列如后、谨具如后等词语和表述,而此等词语和表述体现了"历"类文书在记录形式上的特征。

这种将条列记录相关内容的文书称为"历"的最早时间始于何时,暂时不便定论。目前所见较早的记载是唐代,如《唐六典》卷12"内官宫官内侍省"载:"若用府藏物所造者,每月终,门司以其出入历为二簿闻奏。一簿留内,一簿出付尚书。""内给使掌诸门进物、出物之历。"③与之相应,在敦煌吐鲁番文书中,我们能看到较早明确标题为"历"的文书也是在唐代,其中吐鲁番文书中虽有大量被学界拟题为"历"的文书,但由于文书残缺太甚,故保存有"历"标题者凤毛麟角,④而敦煌文书中明确标题为"历者"较多。孙继民先生云:"历作为一种类似于帐簿的文书种类,至少在唐代已经大量使用。"⑤孙继民先生所说的"历"是财物历,虽然目前所见将相关文书称为"历"的较早时间在唐代,但这并不等于说此类文书在唐代才出现。从出土简牍文献来看,财物历在魏晋以前就已大量使用,只不过当时没有以"历"来命名,而主要是以"簿""籍"称之。简牍中簿、籍的种类特别多,中外学者在对其进行科

---

① 王永兴《敦煌经济文书导论》,新文丰出版公司1994年,第330、334页。
② 宋小明、陈立齐《敦煌"历"文书的会计账实质》,《郑州航空工业管理学院学报》2017年第4期,第88页。
③ 〔唐〕李林甫等撰,陈仲夫点校《唐六典》,中华书局1992年,第357、359页。
④ 仅有72TAM223:47(b)《唐吴神感等纳钱历》的原标题保存了下来,参国家文物局古文献研究室、新疆维吾尔自治区博物馆、武汉大学历史系编《吐鲁番出土文书》(录文本)第8册,文物出版社1987年,第269页。另外,在个别吐鲁番"历状"类文书中也有明确称为"历"者。
⑤ 孙继民、魏琳《南宋舒州公牍佚简整理与研究》,上海古籍出版社2011年,第168页。

学分类方面付出了大量精力。① 在这些簿、籍简牍中,有大量是对有关财物的记录,其中虽然有明确标题为"名籍""簿""出入簿"等者,但可惜这些有标题者一般没有保存下来详细的内容。有更多的简牍没有明确标题为"簿""籍",是整理者根据内容将其拟名或归入"簿""籍"中的。从记录形式上来看,简牍中的财物簿与敦煌文书中有明确"历"标题的财物历不乏相同者,如《居延汉简释文合校》中562·1A 载:

光　光　四月十三日乙亥
乙亥出麦一石,又驿小史一石十六。
丙子出麦八斗,荚十九。
丁丑出麦石二斗,荚廿。
戊寅出麦石二斗,荚十五。
己卯出麦九斗,荚廿。
(中略)
戊子出麦石二斗,廿四。
己丑出麦石二斗,廿八。凡十五日
庚寅出麦
辛卯出麦②

该簿被学者归为"计簿"类,③内容是按日干支逐日条列帐目,系典型的序时流水帐,这种序时流水帐在敦煌文书中明确称为"历",如 S.6829V《丙戌年(806)正月十一日已后缘修造破用斛斗布等历》载:

1　丙戌年正月十一日已后,缘修造破用斛斗布等历。
2　十九日,买张奉进木,付麦肆硕。
3　廿二日,买康家木价,付布肆疋,计壹柒拾陆尺,折麦壹拾硕,又付粟叁硕。
4　二月十一日,付翟朝木价布壹疋肆拾伍尺。却入。
5　三月十四日,出麦捌斗,雇索鸾子等解木手工城西。
6　四月二日,出麦柒斗,付曹昙恩解木七日价。

---

① 关于中外学者对秦汉简牍的分类情况,详参李均明《秦汉简牍文书分类辑解·引言》,文物出版社2009年。
② 谢桂华、李均明、朱国炤《居延汉简释文合校》,文物出版社1987年,第658页。
③ 李均明《秦汉简牍文书分类辑解》,第283页。

7 同日,出麦贰斗,付索家儿充解木两日价。又一日价,麦壹斗。
8 九日,出粟柒斗,付索鸾子充解木五日价。
9 廿一日,出麦柒斗,付彭庭贤雇车载城西木。
10 廿三日,出麦肆硕捌斗,付唐十一回造白面,又出麦壹硕贰斗,帖回造。
(后略)①

与前引简牍一样,该件也是按照时间序列依次记录支出的麦粟等及其用途。可见,财物簿、财物历相通,只是不同时代有不同的名称而已。

当然,虽然至唐代将条列记录财物的相关文书称为"历",但"簿"在唐代的文书制度中也存在,其中就有财物簿,如前引《唐六典》卷12所云"门司以其出入历为二簿闻奏",似乎簿是依据出入历编造的,说明唐代的"历"与"簿"有别。虽然敦煌吐鲁番文书中有被拟名为"簿"者,但均非原有标题,而是后来整理者所拟,故唐代的财物簿与财物历有何区别,财物簿的形式如何,我们难窥其貌。宋代文献中保存下来了一些"簿"的格式,如《庆元条法事类》卷30"财用门一·上供"中对"诸路转运等司稽考上供钱物簿"的格式进行了规定,又该书卷47"赋役门一·税租簿"中记载到税簿、税租簿、税租割受簿、税租等第产业簿等诸种税租簿,其中还规定了夏秋税租簿的置簿格式。②但是,由于簿的内容很广泛,即便同是财物簿,其格式也不尽一致。在宋代,财物历与簿也是有别的,如《文书令》载:"诸州县场务收支历,如遇官司取索推究者,先申所属,别置簿,誊入见在数目,印押讫行驶,方得发送。"③方宝璋先生在讨论宋代的历与簿时云:

由于历比较原始,记录比较粗糙繁杂,查阅起来颇为不易,因此有些部门曾将历改为簿……宋代的"簿"与"历"有区别,如上引发运副使贾伟节所言催纲历改为催纲簿。但由于这些簿经常与历在具体经济部门中混合使用,而且有的不易区别,因此有时就连称为簿历。宋朝上至中央下至地方之仓场库务均设有各种窠名的簿,对会计原始凭证和记录进行统计整理,分门别类登记成册……除各具体经济部门登记具体

---

① 唐耕耦、陆宏基编《敦煌社会经济文献真迹释录》第3辑,第146—147页。
② 谢深甫编撰,戴建国点校《庆元条法事类》,杨一凡、田涛主编《中国珍稀法律典籍续编》第1册,黑龙江人民出版社2002年版,第447—448、634—637页。
③ 谢深甫编撰,戴建国点校《庆元条法事类》,杨一凡、田涛主编《中国珍稀法律典籍续编》第1册,第542页。

事务的簿之外,宋代还设有专门的簿来分管一些重要的经济活动,如未绝簿、少欠簿、销钞簿等。①

唐代的情况应与宋代相似,虽然财物历与财物簿也有区别,但二者也经常混合使用,故唐代文献中簿、历连称的现象也甚为普遍。

在敦煌文书中,虽然不见财物文书中标题有"簿"者,但是有称为"籍"者。籍与簿关系密切,如《说文解字》第五篇云:"籍,簿也。"②又《史记》卷58《梁孝王世家》中张守节《正义》云:"籍,谓名簿也"。③ 那么,籍、簿究竟有何区别呢?《释名》卷6"释书契"云:"簿,言可以簿疏物也。""籍,籍也,所以籍疏人名户口也。"④此说基本为后人所沿用。吴昌廉先生在讨论居延汉简中的簿、籍时云:"若言'人入名籍,物录簿书',大抵如是,但少数有变例。居延汉简所见之名籍簿书,可细分数十种,足证簿籍于名称方面,似无定制,全视任务需要,常作灵活运用。"⑤是说籍以登录人为主,而簿以登录物为主,同时强调也有变化,没有定制。学界对簿、籍的讨论较多,但认识基本相似,如永田英正先生在对居延汉简中的簿、籍进行区分时认为:"籍是以人为对象的名单,与之相比,簿则首先是以物为对象的。"⑥李均明先生认为"簿与籍之体式有许多共同之处,其称谓常混用(尤其先秦及魏晋时)……秦汉时期簿与籍之区别在于簿常以人或钱物的数量值为主项,而籍大多数以人或物自身为主项。即所谓'人入名籍,物录簿书'"。⑦ 后来凌文超先生也对秦汉魏晋时期简牍中的籍与簿进行了区别:统计人数的称为簿,而不称为籍;簿即为笏、牍,而籍为册书;籍一般专指名籍,而簿指代较为宽泛,各类行政文书似皆可称为簿。⑧ 相较而言,凌文超的区别更为全面,而且强调了簿登载人、物及其数量之外的其他行政文书。但从敦煌文书来看,简牍中的名籍到后来也可以称为历,如谢桂华先生复原的居延汉简《建平五年十二月官吏卒廪名籍》内容如下:

---

① 方宝璋《略论宋代会计帐籍》,《中国经济史研究》2004年第3期,第22页。
② [汉]许慎撰,[清]段玉裁注《说文解字注》,中州古籍出版社2006年,第190页。
③ [汉]司马迁撰《史记》,中华书局1959年,第2084页。
④ [汉]刘熙撰,[清]毕沅疏证《释名疏证》,丛书集成初编本,中华书局1985年,第182—183页。
⑤ 吴昌廉《居延汉简所见之"簿""籍"述略》,《简牍学报》第7期,简牍学会1980年,第157—163页。
⑥ [日]永田英正著,张学锋译《居延汉简研究》(上),广西师范大学出版社2007年,第255—258页。
⑦ 李均明《秦汉简牍文书分类辑解》,第247页。
⑧ 凌文超《走马楼吴简采集簿书整理与研究》,广西师范大学出版社2015年,第89—92页。

1·建平五年十二月官吏卒廪名籍
2 令史田忠　十二月食三石三斗三升少　十一月庚申自取
3·右吏四人　用粟十三石三斗三升少
4 鄣卒张竟　盐三升　十二月食三石三斗三升少　十一月庚申自取
5 鄣卒李就　盐三升　十二月食三石三斗三升少　十一月庚申自取
（中略）
12·凡吏卒十七人　凡用盐三斗九升　用粟五十六石六斗六升大
13·建□□年十二月吏卒廪名籍①

与这件名籍记录格式相同的敦煌文书很多，一般的敦煌"纳赠历"和"纳设历"文书的记录格式均是如此，只是在结尾处很少有合计数，如 S.5509《甲申年(925)十二月十七日王万定男身亡纳赠历》载：

1 甲申年十二月十七日王万定男身亡纳赠历
2 社官苏流奴　面柴并（饼）粟麻　绿绫子一疋非（绯）绵绫二丈三尺
3 社长韩友松　面柴并（饼）粟麻　碧锦绫内四妾（接）五段故破一丈三尺
4 社老裴川儿　面并（饼）柴粟麻　紫绢一丈二尺淡绢一丈三尺故破
5 席錄邓憨子　面并（饼）柴粟麻　白丝生绢壹疋，非（绯）衣兰八尺
6 录事张通盈　面并（饼）柴粟麻　黄绢壹疋白练故破内四妾（接）五段
7 石不勿　面并（饼）柴粟麻　弘（红）绫子壹疋黑白去壹疋罗底二丈
8 石衍子　面并（饼）柴粟麻　甲䌨三丈五尺故破罗底一丈五尺

---
① 谢桂华《居延汉简的断简缀合和册书复原》，《简帛研究》第2辑，法律出版社1996年，第248—255页。

（后缺）①

我们注意到,二者的格式均是先记录人名或职务名,然后记录物品数量,也即先人名,后物品及数量。除了纳赠历和纳设历外,其他有关敦煌文书中也有此类情况,如 P.2162V 和 S.5822 均是对交纳地税的记录,格式也是先记纳税人姓名,每人之下再记录应纳税数目,而这两件文书的原标题分别是"左三将纳丑年突田历"和"杨庆界寅年地子历"。② 可见,这些敦煌文书标题中的"历"与居延汉简《建平五年十二月官吏卒廩名籍》标题中的"名籍"是相通的,也即汉简中的此类"名籍"在敦煌文书中也可以称为"历",而敦煌文书中的纳赠历也即纳赠名籍,纳地子历也即纳地子名籍。甚至在敦煌文书中单纯的名册也可以称为历,如 P.3423 是专门对数十名新登戒僧人法名的记录,其原标题是"丙戌年五月七日乾元寺新登戒僧次第历",又前述 S.2729 是关于敦煌诸寺僧尼名单的状文,其标题也是"辰年三月五日算使论悉诺罗按谟勘牌子历",二者均称为"历"而非"名籍"。③ 当然,这种现象并不是说敦煌文书中均用"历"取代了"籍",实际情况是,二者在敦煌文书中并存,甚至有时"籍"与"历"还可混用,如 P.3236 的原标题又是"壬申年三月十九日敦煌乡官布籍",④而 P.3231(11)由 7 件文书内容组成,记录了敦煌县平康乡官斋时硙面、押油、造食等的负责人及有关面、油、粟等的收支情况,其中除第一件开头残缺外,其他第 2—7 件的开头较为完整,首行依次如下:

癸酉年九月卅日,平康乡官斋籍,计壹百柒拾贰人料。
甲戌年五月廿九日,平康乡官斋籍,计一百柒拾贰人料。
甲戌年十月十五日,平康乡官斋历,计壹伯柒拾贰人料。
乙亥年五月十五日官斋。
乙亥年九月廿九日,平康乡官斋历,计壹伯柒拾贰人料。
丙子年五月十五日,平康乡官斋历,计一百七十贰人料。

这几件的内容、格式基本是一致的,一般均记录了官斋中负责相关事宜的硙面头、押油头、蒸饼头、馔饼头、餬饼头、煮菜头、食布头等类,每类下面

---

① 宁可、郝春文《敦煌社邑文书辑校》,江苏古籍出版社 1997 年,第 408 页。
② 录文参唐耕耦、陆宏基编《敦煌社会经济文献真迹释录》第 2 辑,第 405—407 页。
③ 录文分别参唐耕耦、陆宏基编《敦煌社会经济文献真迹释录》第 4 辑,第 103—104、194—204 页。
④ 录文分别参唐耕耦、陆宏基编《敦煌社会经济文献真迹释录》第 2 辑,第 452—453 页。

有若干人,有的类下人名后还记录有面、油、饼等的数目。除了第5件没有明确称为"籍"或"历"外,第2、3件称为"官斋籍",而第4、6、7件却称为"官斋历",即"籍"与"历"混用,《释录》第3辑"破用历"中统一将其拟名为"癸酉年至丙子年(947—976)平康乡官斋籍"。①

此外,给马、牛等畜产造籍的历史甚为悠久,故文献中多有相关畜产名籍的记载,如居延汉简中的"☐传马名籍(203·39)""河平四年十月庚辰朔丁酉肩水候丹敢言之谨移传驿马名籍☐☐敢言之(284·2A)""☐十五日令史宫移牛籍太守府求乐不得乐吏毋告劾亡满三日五日以上(36·2)"等均明确记载到马籍和牛籍。②又《新唐书》卷48载:"马之驽、良,皆有籍,良马称左,驽马称右。每岁孟秋,群牧使以诸监之籍合为一。"③敦煌文书中也有一些与羊、牛、马等畜产有关的簿籍文书,其中标题明确称为"籍"者有S.3048《丙辰年(956)东界羊籍》、P.2484《戊辰年(968)十月十八日归义军算会群牧驼马牛羊现行籍》和Ch.i.0021a(IOL.C.107)《甲申年二月十一日牧羊人曹定安群见行羊籍》等,如S.3048的内容格式如下:

1 丙辰年东界羊籍。
2 吴保德羊一口。张清儿羊四口,又一口。
3 贺迁子羊一口,付本主又一口。
（中略）
15 令狐员住羊一口,流定捉一口,七月一口,二月二日羊一口。
16 韩清儿一口。梁清奴两口,又一口,又一口,又羊两口。
（后残）

该件的记录格式是先人名,然后在每人名下记录羊只数量,由于牧羊人名下的羊只数量很少,仅有一只或数只,故应不是牧羊人所负责的羊群总数。P.2484的记录内容要较S.3048更详细一些,具体是在相关每名牧羊人、牧马人等后先记录羊、马、牛、驼的种类与数量,然后进行合计。④ Ch.i.0021a(IOL.C.107)的内容格式与S.3048、P.2484也有别,具体如下:

1 甲申年二月十一日牧羊人曹定安群兵马破殁后见行羊籍:

---

① 唐耕耦、陆宏基编《敦煌社会经济文献真迹释录》第3辑,第239—245页。
② 分别见谢桂华、李均明、朱国炤《居延汉简释文合校》,第57、318、477页。
③ [宋]欧阳修、宋祁撰《新唐书》,中华书局1975年,第1255页。
④ 参唐耕耦、陆宏基编《敦煌社会经济文献真迹释录》第3辑,第585—586、590—595页。

2 大白羊羯贰拾叁口,二齿白羯壹拾伍口,儿落悉无贰
3 拾柒口,大白母羊伍拾口,二齿白母羊壹拾肆口,女落
4 悉无肆拾叁口,白羊大小共计壹伯柒拾贰口,
5 大羖羊羯拾壹口,二齿羖羊羯两口,儿只无肆口。
6 大羖母羊贰拾口,二齿羖母羊贰口,女只无柒口,
7 　　　　　　　右羊大小共计肆拾陆口
8 当年白羊羖羊并子肆拾捌口(印)①

该件是关于牧羊人曹定安一人名下的羊籍,主要记录每类羊只的种类和数量,最后对各类羊只数量进行合计。敦煌的这些畜产籍文书不仅有助于我们了解历史上畜产名籍的内容和格式,而且其名称也延续使用"籍"而非"历"。

总之,随着时代的演变,简牍时代的财物簿、名籍等文献在敦煌文书中一般可以称为"历",但敦煌文书中并非用"历"完全取代了"簿""籍"之名,而是"历"与"簿""籍"之名共存。

---

① 中国社会科学院历史研究所等合编《英藏敦煌文献》第 14 卷,四川人民出版社 1995 年,第 272 页。

第一章　便物历文书

敦煌写本中保存下来了大量的"便物历"文书,这些便物历文书面世以后,随即引起了学界的关注。较早对便物历进行研究的是日本学者,早在20世纪30年代,日本学者玉井是博和仁井田陞就已经对P.3370《戊子年(928)六月五日某寺公廨麦粟出便与人抄录》进行了简要分析说明,并据此讨论到唐代公廨钱物的出贷问题。① 又日野开三郎在讨论宋元时期"便钱"的词义时也引用到该件文书,认为便钱之本义就是借钱,而此义系从"便"之原意"方便"转化而来。② 40年代初,那波利贞在对几件便物历文书进行介绍的同时,讨论了其反映的借贷利率问题。③ 尔后,堀敏一也介绍了几件敦煌便物历,并对其与契约的关系有所论及。④ 至80年代,随着学界所能见到的便物历文书增多,日本学者对便物历的研究也开始深入,如北原薰对几件便物历文书所反映的借贷利率、记帐特点及与其他寺院会计文书之间的关系进行了较为详细的论述。⑤ 池田温在对20件便物历进行录文的同时,对便物历的名称、年代、所属机构、便贷时间、出便物品、便与贷、利息、口承人和见人、画押等问题进行了分析讨论。⑥ 除了日本学者外,前苏联学者孟列夫、丘古耶夫斯基也对俄藏敦煌文书中的便物历进行过介绍,前者将便物历

---

① [日]玉井是博《敦煌文书中の经济史资料》,《青丘学丛》第27号,1937年,第108—116页。该文后收入玉井是博《支那社会经济史研究》,岩波书店1942年,第341—354页。[日]仁井田陞《唐宋法律文書の研究》,东方文化学院东京研究所1937年,第271—279页。
② [日]日野开三郎《便钱の语义を论じて唐宋时代における手形制度の发达に及ぶ》,《九州帝国大学法文学部十周年记念哲学史学文学论文集》,岩波书店1937年,第645—668页。
③ [日]那波利贞《敦煌发见文书に据ゐ中晚唐时代の佛教寺院の钱谷布帛类贷附营利事业运营の实况》,《支那学》第10卷第3号,1941年7月,第103—180页。
④ [日]堀敏一《唐宋间消费贷借文书私见》,载铃木俊先生古稀记念东洋史论丛编辑委员会编《铃木俊先生古稀记念东洋史论丛》,山川出版社1975年,第382—386页。
⑤ [日]北原薰《晚唐·五代の敦煌寺院经济——收支决算报告を中心に》,《讲座敦煌》3《敦煌の社会》,大东出版社1980年,第389—396页。
⑥ [日]池田温《敦煌の便谷历》,《日野开三郎博士颂寿记念论集——中国社会、制度、文化史の诸问题》,中国书店1987年,第355—389页。

归入"债契"中,后者归入"贷粮文书"中,且较前者介绍公布的便物历数量更多。① 中国学者较早对便物历专门研究的是唐耕耦先生,其在《唐五代时期的高利贷——敦煌吐鲁番出土借贷文书初探》一文中讨论唐五代的高利贷问题时就已经对部分便物历进行了说明和引用,②接着对当时所能搜罗到的便物历文书进行了释录,而且对便物历首次进行了详细分类,并对其格式、作用及体现的寺院借贷等问题进行了研究。③ 此后,法国学者童丕也对便物历的结构、种类及其债权人、债务人、便贷物、利率等进行了分析说明。④ 罗彤华也对便物历的形式、性质及便物历体现的寺院借贷问题进行了讨论。⑤ 可见,随着学术研究的发展,学界对便物历的研究也愈加广泛深入,研究内容涉及便物历的各个方面,在诸如便物历的种类、结构、要素及便物历所反映的借贷问题等方面很难再有进一步研究的空间。至于便物历的性质、出现的时间和原因等问题,虽然唐耕耦、童丕、罗彤华等人也有论及,但是并未展开深入讨论,这对便物历的研究无疑是缺憾。可喜的是,乜小红在《中国史研究》2011 年第 3 期上发表的《中国古代佛寺的借贷与"便物历"》一文,用大量的篇幅专门对便物历出现的时间及其性质进行了讨论,提出了与以往学界不同的观点,在一定程度上推动了便物历研究的深入,⑥但其观点并未成为定论,无论是便物历出现的时间,还是便物历的性质,均有继续讨论的必要。

---

① [俄]孟列夫主编,袁席箴、陈华平译《俄藏敦煌汉文写卷叙录》(上册),上海古籍出版社 1999 年,第 646—656 页,该书的上下册原以"亚洲民族研究所藏敦煌汉文写卷叙录"为名由前苏联科学出版社文学部于 1963 年、1967 年分别出版;[俄]丘古耶夫斯基著,王克孝译《敦煌汉文文书》,上海古籍出版社 2000 年,第 145—160 页,该书的俄文版由前苏联科学出版社于 1983 年出版。
② 唐耕耦《唐五代时期的高利贷——敦煌吐鲁番出土借贷文书初探》,连载《敦煌学辑刊》1985 年第 2 期第 11—34 页、1986 年第 1 期第 134—153 页。
③ 唐耕耦《敦煌写本便物历初探》,《敦煌吐鲁番文献研究论集》第 5 辑,北京大学出版社 1990 年,第 157—193 页。该文后经修改删节收入唐耕耦《敦煌寺院会计文书研究》第 337—409 页,此后引用该文观点时均据该书作注。
④ [法]童丕著,耿昇译《十世纪敦煌的借贷人》,《法国汉学》第 3 辑,清华大学出版社 1998 年,第 60—128 页。该文原刊于《通报》(T'oung Pao),第 80 卷,第 4—5 期,布里尔出版社 1994 年。
⑤ 罗彤华《从便物历论敦煌寺院的放贷》,载郝春文主编《敦煌文献论集——纪念敦煌藏经洞发现一百周年国际学术研讨会论文集》,辽宁人民出版社 2001 年,第 437—439 页。该文经修改增删后又被收入罗彤华《唐代民间借贷之研究》(商务印书馆 2005 年)一书的不同章节。
⑥ 乜小红《中国古代佛寺的借贷与"便物历"》,《中国史研究》2011 年第 3 期,第 61—83 页。该文又收入乜小红《中国中古契券关系研究》,中华书局 2013 年,第 49—78 页。

第一节　便物历的种类和记帐方法

一、便物历的数量和种类

虽然国外学者很早就注意对敦煌便物历进行搜集公布,但是国内较早对便物历进行大规模系统整理公布的是唐耕耦先生,其在《释录》第2辑中整理释录了75件便物历,同时在 S.2228 的注释中还介绍了 S.2228V 中的两件。[①] 随着中外所藏敦煌文书的不断公布,便物历的数量又逐渐增加,罗彤华在《从便物历论敦煌寺院的放贷》一文中列表统计了103件便物历,较《释录》中公布的增加了20多件。[②] 但是后来在《唐代民间借贷之研究》一书的"沙州便物历总表"中,罗彤华只统计了102件便物历,较之前统计减少了1件。[③] 经比较,减去的1件应是 Дx.02157V,该件内容是唐广德二年(764)王岩等便衫契,不属于便衫历,减去是合理的。这102件便物历的编号如下表所示:

表1-1

序号	文书编号	序号	文书编号	序号	文书编号	序号	文书编号
1	S.6235	12	沙州文录补	23	S.6045	34	S.6469V
2	S.11454(C)	13	S.3405V	24	S.4654V	35	S.9996
3	S.2228V	14	Дx.2956	25	S.6303	36	S.9996V
4	S.2228	15	P.3370	26	S.4060V	37	P.3631
5	S.2228V	16	S.4445V	27	S.4060	38	Дx.1344
6	S.11284	17	S.8924B	28	S.11333	39	Дx.1278a
7	S.11288	18	P.4635(3)	29	S.11333V	40	北图秋字26号背
8	P.2953V	19	P.3234V	30	P.2680V	41	Дx.1416+Дx.3025
9	Дx.1408	20	S.8443A-H	31	P.3959	42	S.10279+S.10273
10	ch.0047	21	P.4635(2)	32	P.3273		
11	S.1781	22	P.3102V	33	P.3273V		

[①] 参唐耕耦、陆宏基编《敦煌社会经济文献真迹释录》第2辑,第202—278页。
[②] 罗彤华《从便物历论敦煌寺院的放贷》,第437—439页。
[③] 罗彤华《唐代民间借贷之研究》,第403—406页。

(续　表)

序号	文书编号	序号	文书编号	序号	文书编号	序号	文书编号
43	S.5873V＋S.8567	59	P.3112	74	北图荒字50号背	88	Дх.11B
		60	S.8402			89	北图新68138
44	P.3108V	61	S.11360D(1)	75	北图秋字66号背	90	S.8647
45	S.5845	62	P.4542(2)			91	S.8692
46	北图露字41号背	63	P.3964 儭纸(1)	76	Дх.2971	92	S.9463
				77	Дх.6017	93	S.9927AB
47	P.2932	64	S.7589	78	Дх.6697＋Дх.6714	94	S.10277＋S.10290＋S.10274
48	S.4884V	65	S.7963V				
49	Дх.1451	66	P.5021	79	Дх.10269		
50	S.5465	67	P.4058	80	Дх.10270a	95	S.10276
51	S.6452(2)	68	P.2161	81	Дх.10282	96	S.8812V
52	S.6452(5)	69	P.4913	82	Дх.10272	97	S.10512
53	S.6452(4)	70	P.4814V	83	Дх.11080	98	S.10512V
54	S.6452(6)	71	北图岗字42号背	84	Дх.10270b	99	S.10649
55	S.6452(7)			85	Дх.1418	100	S.10848
56	S.5945	72	北图重字24号背	86	Дх.1432＋Дх.3110	101	S.11285
57	Дх.1387	73	北图光字8号背			102	S.11308
58	S.5064			87	Дх.1449		

对该表的内容,我们需要说明如下几点:

该表未将《释录》中"便物历"部分的 P.4782《甲申年三月十一日僧子昌偿高阇梨欠粟凭》、P.3273V《欠麦历》、北图 105:5149《天复九年(909)杜通信便麦粟历(契)》和北图 105:4757《丁丑年(977?)金银匠翟信子等状并判词》四件收入其中,①说明罗彤华并不认为这四件系便物历文书。《释录》中"便物历"的收录范围是较为宽泛的,而罗彤华将这四件不纳入便物历应是有道理的,如北图 105:4757 主要是与便物相关的状文而非"历";P.4782 主要是偿还粟的凭据;至于北图 105:5149,《释录》将其拟名为"天复九年(909)杜通信便麦粟历(契)",《国家图书馆藏敦煌遗书》将其拟名为"天复九

---

① 分别见唐耕耦、陆宏基编《敦煌社会经济文献真迹释录》第 2 辑,第 255、257—258 页。

年杜通信便麦粟历"，①而《敦煌契约文书辑校》将其拟名为"天复九年（909）杜通信便麦粟契"，②从残存内容来看，该件是契约的可能性更大。

第3件和第5件同系S.2228V中的内容，这两件全部是对破用帐的记录，其中有个别破用帐中破用的麦、布等是通过贷便而来的，故唐耕耦和罗彤华先生均将其归入便物历，但其本应属破用历。③

第40件北图秋字26号背在《释录》中仅仅录了北敦号BD16044AV的内容，实际上，北图秋字26号背的北敦号除了BD16044AV外，还有BD16044A、BD16043AB、BD16044B等碎片的内容也是便物历，不过BD16044B和BD16043B是同一件，《国家图书馆藏敦煌遗书》将其编成了两个号。④

第43件S.5873V+S.8567中S.8567的编号应是S.8658。

第63件P.3964骫纸(1)即P.T.3964，该件最早由池田温在《敦煌的便谷历》中释录公布，唐耕耦在《释录》中移录，但是现存P.T.3964的图版中没有池田温录文中的第一行文字："□用氾伯达便麦肆硕，至秋陆硕。粟肆硕，至秋。"在《法藏敦煌西域文献》和国际敦煌项目网站（IDP）公布的P.3964图版中仅有《乙未年赵僧子典儿契》而无此便物历的内容。⑤

第72件北图重字24号背（BD05925V）的正面是《妙法莲华经》，其背面没有便物历，而BD05924V正面是《金光明最胜王经》，背面杂写有"南无大慈大悲观音菩萨""金光明""官斋是佛生之日"等等，同时还写有便物历的内容："宋员住便粟肆石至秋陆石，冯当便麦两石至秋叁石。冯少君便两石至秋叁石。"⑥故估计是错将BD05924V作为BD05925V了。

第73件北图光字8号背（BD05308V）也是杂写，其中有一条是："田丑子便豆玖硕，至秋拾叁硕伍斗"。

---

① 任继愈主编，中国国家图书馆编《国家图书馆藏敦煌遗书》第146册，北京图书馆出版社2012年，图版见第243页，录文见"条记目录"第102页。该件的图版又以编号"BD01943V"收入任继愈主编、中国国家图书馆编《国家图书馆藏敦煌遗书》第27册，北京图书馆出版社2006年，第82页。
② 沙知《敦煌契约文书辑校》，上海古籍出版社1998年，第162—163页。
③ 图版参中国社会科学院历史研究所等合编《英藏敦煌文献》第4卷，四川人民出版社1991年，第51页。录文参唐耕耦、陆宏基编《敦煌社会经济文献真迹释录》第2辑第203页，郝春文等编著《英藏敦煌社会历史文献释录》第11卷（社会科学文献出版社2014年）第371、376—377页。
④ 任继愈主编，中国国家图书馆编《国家图书馆藏敦煌遗书》第145册，北京图书馆出版社2012年，第104—105页。
⑤ 上海古籍出版社、法国国家图书馆编《法藏敦煌西域文献》第30册，上海古籍出版社2003年，第292页。
⑥ 任继愈主编，中国国家图书馆编《国家图书馆藏敦煌遗书》第80册，北京图书馆出版社2008年，第9—10页。

第 75 件北图秋字 66 背(BD01866V)与 BD16562 是同一件文书而可以缀合在一起,内容是某年八月十三日兄丑儿左右欠缺他人名目,其后有三名知见人姓名及其画押,应是欠物凭据而非便物历。

第 89 件罗彤华沿用了唐耕耦《敦煌寺院会计文书研究》中的编号"北图新 68138",同时又怀疑该编号有误,该件的北敦号是 BD13800。

第 78 件 Дx. 6697+Дx. 6714 在《俄藏敦煌文献》中的内容并非便物历,其内容应即《俄藏敦煌文献》中的 Дx. 06695。[①] 第 46、71、74 件的北敦号分别是 BD16079A、BD04542V1 和 BD00550V。

除了上表中所列便物历外,我们还梳理出的敦煌文书中的便物历有:羽 695R、BD16083、BD14806(1)、BD16029、BD09318A、BD15779、BD16030V、BD16096A、BD16096B、BD16097、BD16111I、BD16114C、BD16228V、BD16230A、BD16230B、BD16230C、BD16258、BD16499C、BD16233A + BD16233B、Дx. 02347、Дx. 11086、Дx. 11089、Дx. 11194、Дx. 11201 和 Дx. 11201V、Дx. 18933、P. 4635P、P. 3124V、S. 2214V、S. 6129 等。此外,学界认为是吐鲁番文书的日本静冈县矶部武男藏 005《便麦历》也应是敦煌便物历文书。[②] 当然,这些便物历绝大部分为碎片,有的是杂写。此外,还有的碎片由于残缺严重,故难以肯定是否是便物历,如虽然《国家图书馆藏敦煌遗书》将 BD16024 拟名为"便物历",但从其残存的不完整的一行文字并不能确定是便物历。[③] 总之,按照编号来统计,敦煌文书中的便物历有 130 件左右,其中有的便物历本为同一件,只因被撕裂开来而分别编号,如 S. 10512、S. 10512V、S. 9996 和 S. 9996V 本是同一件文书,又如 BD13800 和 S. 5064、S. 11333V 和 S. 7963V 也分别是同一件文书。这些便物历既有属于寺院的,也有不属于寺院的,还有的难以判定其归属。

敦煌文书中的便物历不但数量多,而且种类也较复杂。学界在研究便物历时,对其种类问题已有过专门讨论,其中唐耕耦先生最早对便物历进行了详细分类:从借出与借入角度分为出便历与便入历;从所起作用角度分为序时流水式便物历、起借契作用的便物历、汇总的便物历、名曰便物历实为破用历。[④] 童丕也将便物历从功能上分为具有凭据价值和充作契券的便物

---

① 俄罗斯科学院东方研究所圣彼得堡分所等编《俄藏敦煌文献》第 13 册,上海古籍出版社、俄罗斯科学出版社东方文学部 2000 年,第 182 页。
② [日]丸山裕美子《静冈县矶部武男氏所藏敦煌吐鲁番资料管见》,《唐代史研究》第 2 号,1999 年,第 16—26 页。荣新江、史睿主编《吐鲁番出土文献散录》下,中华书局 2021 年,第 555—556 页。
③ 任继愈主编、中国国家图书馆编《国家图书馆藏敦煌遗书》第 145 册,第 92 页。
④ 唐耕耦《敦煌寺院会计文书研究》,第 380—385 页。

历、用于管理债权人财产的会计文书两类,从日期上分为逐日订立的便物历(逐日历)和综合性便物历(综合历)两类,同时又强调,很难将一件便物历归入哪一类,不同类的便物历在功能上有时是相通的而非互相排斥的。[1] 在对便物历进行分类时,分类的角度不同,种类就有别,除了唐耕耦和童丕的分类法外,还可以从其他角度进行分类,如从出便者角度可分为寺院、官府、社邑、个人的便物历;从所便物角度可分为斛斗、油、面、织物及其他便物历;从记录时间角度可分为原始的便物历和重新整理抄录的便物历;从本息角度可分为记录本息、仅记录本金或利息的便物历;等等。虽然便物历的数量多、种类杂,但是以出便斛斗而注明出便时间、出便者、便物者、归还期限和本息等要素的便物历为主体,其他如便入历、仅记录本金或利息的便物历等都非常少。

二、便物历的记帐方法

在便物历中,既可以通过原始的或重抄的便物历对出便帐和便入帐进行记录,也可以对偿还帐和未按时偿还的外欠帐进行记录。在对不同帐进行记录时,不但记帐方法会有变化,而且记帐符号也不单一。

(一) 出便帐的记录

在记录出便帐的便物历中,基本上每笔帐一般都要记录出便者、便物者及其画押、便物时间、出便物的名称和数目、至秋归还本息的数目,其中有的还要记录见人或口承人,见人和口承人也要画押或要注明其住址、身份等信息。虽然便物历中记录出便帐和便入帐时一般都用"便"作为记帐符号,而这也正是将此类文书称为便物历的主要原因之一,但是有时也用"贷""贷便""付""寄""便寄"等作为记帐符号。

在中国古代的借贷活动中,虽然"便"字作为借贷符号使用最早始于何时暂不便确定,但是起码在唐代已非常普遍,如《两京新记》记载长安化度寺无尽藏院"或有举便,亦不作文约"。[2] 又陆贽曾建议"以义仓为名,除赈给百姓已外,一切不得贷便支用。"[3]除了与"贷""举"等叠用而称为"贷便""便贷""举便"等外,当然也可以单独使用,如 P.4053V《唐天宝十三载(754)龙兴观道士杨神岳便麦契(稿)》等数十件唐代的敦煌借贷文书中都是用"便"作为借贷符号的。[4] 在目前所见敦煌便物历文书中,凡是以"便"作为便贷符号

---

[1] [法]童丕著,耿昇译《十世纪敦煌的借贷人》,第 62—66 页。
[2] [唐]韦述、杜宝撰,辛德勇辑校《两京新记辑校·大业杂记辑校》,三秦出版社 2006 年,第 57 页。
[3] [唐]陆贽撰,王素点校《陆贽集》卷 22,中华书局 2004 年,第 765 页。
[4] 详情可参沙知《敦煌契约文书辑校》中"便贷类"文书。

者,一般都是有利息的,而且从便物时起至本年秋归还,利率绝大多数是50%,如 S.1781《庚辰年(920)正月二日僧金刚会手下斛斗具数历》、P.3234V《甲辰年(944)二月后沙州净土寺东库惠安惠戒手下便物历》、S.4654V《丙午年(946)金光明寺庆戒出便与人名目》、S.8443A-E《甲辰年(944)至丁未年(947)李阇梨出便黄麻麦名目》、S.5873V+S.8567《戊午年(958)灵图寺仓出便与人名目》等等。当然,也有个别的利率低于或高于50%,如 S.6452(6)《壬午年(982)二月十三日净土寺常住库内黄麻出便与人名目》、S.6452(7)《壬午年(982)三月六日净土寺库内便粟历》和 S.9463《便物历》中的利率为 30%,而后面将要讨论的 S.10512+S.9996+S.10512V+S.9996V《公元 10 世纪便麦粟豆黄麻历》的利率却高达 100%。

虽然便物历文书中一般用"便"作为便贷符号,但是有时也用"贷"。如 S.4060V《戊申年(948)正月五日至六月一日令狐盈君等便贷麦历》中存在"便""贷"混用的现象,其第 7—13 行载:

7 □月十二日,李员信便麦壹石,至秋[壹硕伍斗]。
8 六月一日,就保住便麦两硕,秋叁硕。
9 曹将头贷麦伍硕,索进盛贷麦壹硕□□□□
10 就盈君贷麦一石,当家所用麦两硕。
11 再升便麦一石伍斗。赵家女便麦贰斗,秋叁斗。
12 马海定贷麦两硕加二斗。就保住贷麦壹硕。
13 就良晟便麦六斗,秋九斗。当家贷麦伍硕肆斗。①

在这几笔贷便帐中,有的用"贷",有的用"便"。这种"便""贷"混用的现象在便物历文书中并不罕见,如 P.3370《戊子年(928)六月五日净土寺公廨麦粟出便与人抄录》、P.3234V《甲辰年(944)二月后沙州净土寺东库惠安惠戒手下便物历》中虽以"便"居多,但也有"贷"。还有的便物历全用"贷"字,这种便物历也可被称作"贷物历",如《沙州文录补》收《辛巳年(921?)六月十六日社人拾人于灯司仓贷粟历》载:

1 辛巳年六月十六日社人拾人于灯司仓贷粟历
2 法会贷粟柒斗(押) 索都头粟柒斗
3 愿僧正贷粟柒斗(押)

---

① 唐耕耦、陆宏基编《敦煌社会经济文献真迹释录》第 2 辑,第 225 页。

4 吴法律贷粟柒斗水(押)

5 宋法律贷粟柒斗悉(押)

6 保弘贷粟柒斗悉(押)

7 保祥贷粟柒斗李(押) 入粟伍斗。

8 大阿耶粟柒斗大(押)

9 王进粟柒斗(押)

10 蝇歌粟柒斗大(押)

11 索万全粟柒斗(押)

12 右件社人,须得同心同意,不得道东说西,

13 扰乱,罚酒壹瓮;后到,罚酒壹角;全不来,

14 罚酒半瓮,的无容免者。

该件条列记录的是燃灯社社人法会、愿僧正等十人于敦煌佛教都司或某寺院的灯司借贷粟的帐目,明确系"贷粟历"。这种明确称为"贷物历"的文书很少,除了该件外,S.11360D(1)残存的近20笔贷粟帐中都用"贷",也应为"贷粟历",可惜前后残缺,原标题不存。又 S.6452(2)《辛巳年(981)十二月十三日周僧正于常住库借贷油面物历》和 S.6452(4)《壬午年(982)正月四日诸人于净土寺常住库借贷油面物历》的首行都云"借贷油面物历"。[①] 在我们列举的这几件便物历的便贷帐中,凡是用"贷"作为便贷符号者,要么无息,要么利息远低于50%。

"便"和"贷"也可以组成"贷便"在便物历中使用,如 Дx.10269《公元10世纪李阇梨等便粟麦历》中有一笔帐云:"寺家贷便粟两石,秋三石。"S.2214V《贷便历》载:"吕判官吕安吉地子三驮,贷便半驮。氾仓曹地子一驮,贷便一驮。高师两驮,吕判官、田悉冽地子一驮,贷便一驮。""十月廿八日贷便粟四驮,入地子数内还了。"当然,便物历中使用"贷便"的情况不多见。

便物历中的出便符号也可以用"付",如 BD16044AV《辛亥年(951?)便粟历》载:

1 辛亥年付法意麦叁石,至秋肆石▢▢▢▢▢▢

2 王神德便粟叁硕,至秋肆硕五斗,于衙▢▢▢▢▢

3 押字为凭(押)。南巷曹婆便粟五斗,秋七斗▢▢▢▢

[①] 唐耕耦、陆宏基编《敦煌社会经济文献真迹释录》第2辑,第239—242页。

21

4 大新妇

该件第一笔帐用"付",其他两笔帐用"便"。又如 P.3273《公元 10 世纪程押衙等付麦粟历》载:

(前缺)
1 程押衙付麦壹硕肆斗,至秋两硕壹斗;付粟陆斗,秋玖斗。
2 刘万子付麦壹硕肆斗,至秋两硕壹斗;付粟陆斗,秋玖斗。
3 孟丑奴付麦两硕捌斗,至秋肆硕贰斗;付粟壹硕贰[斗],秋壹硕捌斗。
4 张安定付麦壹硕肆斗,至秋两硕壹斗;付粟陆斗,秋玖斗。
5 兵马使马定奴付麦壹硕肆斗,至秋两硕壹斗;付粟陆斗,秋玖斗。
6 张住子付麦壹硕肆斗,至秋两硕壹斗;付粟陆斗,秋玖斗。
7 刘丑子付麦壹硕肆斗,至秋两硕壹斗;付粟陆斗,秋玖斗。
8 马定德付麦壹硕肆斗,至秋两硕壹斗;付粟陆斗,秋玖斗。
(后缺)①

该件中每笔便贷帐都用"付",同时利率也是最普遍的 50%。这种用"付"作为便贷符号的现象还见于 P.3959《公元 10 世纪便麦粟历》、BD13800+S.5064《公元 10 世纪某寺保德等贷粟豆黄麻入历》等,但是在这两件中,要么没有利息,要么利率非常低。

便物历中还有用"寄"作为便贷符号的现象,如 P.5021《便豆粟历残片》残存几笔不完整的便物帐中,除了王贤者一笔用"寄"外,其他几笔用"便"。② 又 S.9927AB《出便麻粟与郭平水等名目》残存有如下内容:

1 ▭▭▭▭ 郭平水寄种子黄麻二斗,秋[叁]
2 ▭▭▭ □贷粟两硕。孙寺主便
3 ▭▭▭ [伍]胜。寺后成加闰妻
4 ▭▭▭ 斗。③

---
① 唐耕耦、陆宏基编《敦煌社会经济文献真迹释录》第 2 辑,第 230 页。
② 录文参唐耕耦、陆宏基编《敦煌社会经济文献真迹释录》第 2 辑,第 253 页。
③ 中国社会科学院历史研究所等合编《英藏敦煌文献》第 12 卷,四川人民出版社 1995 年,第 284 页。

该件中既有"寄",又有"便"和"贷"。"寄"和"便"既可以独立使用,又可以组成"便寄"一词在便贷活动中使用,如 BD16563《天复九年(909)杜通信便麦粟契》载:

> 1 天复九年岁次己巳十二月二日,杜通信今缘家
> 2 内阙少年粮,依张安六面上便寄粟两
> 3 硕,至午年秋肆硕。又寄麦两硕四斗,至秋
> （后缺）

该件中用"便寄"一词作为便贷符号,利率高达 100%。由于该件后部残缺,故其是"历"还是"契约"不明。在目前所见文书中,用"寄"作为便贷符号时的利率大多为 100%,如 P.2609V《癸亥年(903?)龙勒乡百姓力信为典物寄麦纠纷事辞(稿)》中的利率也是 100%。① "寄"还可以称为"寄将""寄取",如 S.5811《乙丑年(905?)索猪苟贷麦契》记载索猪苟因为少种子,遂于龙兴寺张法律"寄将"麦叁硕,至秋纳麦陆硕;BD04698V《丁丑年金银匠翟信子等状并判词》记载金银匠翟信子等三人于都头高康子面上"寄取"麦叁硕,到当年秋断作陆硕。②

当然,在记录出便和便入的便物历中,有时会将便贷符号省略掉,这种省略掉便贷符号的现象主要有两种,一种是便物历中部分便贷帐没有便贷符号,如 Дx.01344《辛亥年(951?)二月九日张再住等便黄麻历》、Дx.10269《公元 10 世纪李阇梨等便粟麦历》和 BD09318A《便物历》等即是如此;一种是便物历中的每笔帐都没有便贷符号,如 P.3112《公元 10 世纪某寺愿戒保心等付入麦粟豆黄麻历》、Дx.01432＋Дx.03110《公元 10 世纪黑眼子等便地子仓麦历》和后面将要引用的 Дx.11194《便物历及付物帐》等都属于此类。

(二) 偿还帐的记录

便物历中对偿还帐的记录方法比较灵活,下面我们对相关方法进行介绍说明。

一种是用符号"⌐"表示。在出便的便物历中,绝大多数在便物帐中有符号"⌐",即在某笔便物帐的右上角画"⌐",其中有的便物历中每笔帐都有,有的便物历中大多数便物帐有,有的只有个别便物帐有。对于该符号的

---

① 沙知《敦煌契约文书辑校》,第 418—419 页。
② 唐耕耦、陆宏基编《敦煌社会经济文献真迹释录》第 2 辑第 258 页推测这件文书中的丁丑年是 977 年,而沙知《敦煌契约文书辑校》第 420—421 页推测其中的乙亥年是 915 年,若此,则丁丑年是 917 年。

含义,池田温认为其表示便物帐已经偿还清楚。① 唐耕耦云:"此系勾销号,表示这笔帐已还清或已结算核对过,予以勾销。这种勾销号,采用旧式帐簿的店铺,一直沿用到现代。"又云:"这种记号有人以为仅表示还清勾销。我以为这果然可以表示还清勾销,但不限于此,还可以表示已核对过。"②从便物历中符号"⌐"的使用来看,其有时可以表示帐已偿清,有时则未必。

P.3234V《甲辰年(944)二月后沙州净土寺东库惠安惠戒手下便物历》为净土寺东库出便黄麻、豆、麦的记录(图1-1),与之相对应的另外一件文书 P.2032V(13)中恰好记载了 P.3234V 所载出便后黄麻和豆的利息收回情况。对于这两件文书之间的关系,北原薰早就发现并进行了说明,③后来

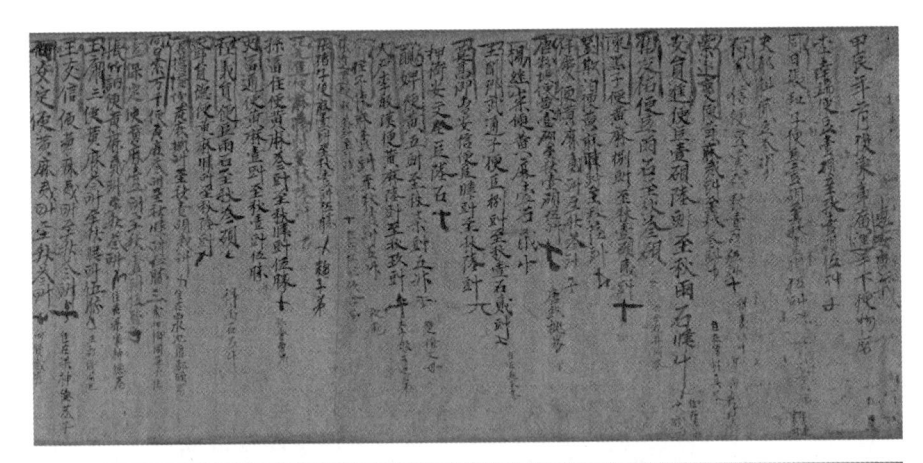

图1-1 P.3234V《甲辰年(944)二月后沙州净土寺东库惠安惠戒手下便物历》图版

---

① [日]池田温《敦煌の便谷历》,第385页。
② 唐耕耦《敦煌寺院会计文书研究》,第339、352页。
③ [日]北原薰《晚唐·五代の敦煌寺院经济——收支决算报告を中心に》,第389—393页。

唐耕耦、童丕等人在讨论便物历的相关功能时也都利用到这两件文书。① 至于麦的利息收入，学界好像没有注意，实际在 P.2032V(1)中第1—15行"麦入"中也有专门记录。② 由于文书内容较长，我们就不再将这些内容全部转录于此了。经比较，除了个别便物者的姓名书写有别外，③P.3234V 的出便帐与 P.2032V(13)、P.2032V(1)中的利息收入帐是对应的，而这种对应实例在目前所见敦煌文书中仅此一例，有助于我们对符号"┐"的含义进行分析。

P.3234V 共72行，第1行为标题，第2—71行每行登载一笔帐，共71笔帐，其中有62笔帐有符号"┐"，有9笔帐则无此符号，这9笔帐按行号列示如下：

  4 史都料贷豆叁硕。（押）
  16 押衙安文全豆陆石。（押）
  20 张进通便麻叁斗，至秋肆斗伍升。（押）住在杨都头舍南。
  23 孙富住便黄麻叁斗，至秋肆斗伍胜。（押）孙仓曹男。
  29 彭保定便黄麻壹斗，至秋壹斗伍胜。（押）
  45 烧保达便豆壹硕，至秋壹硕伍斗。
  55 宋都衙黄麻壹硕肆斗，荆曹六将。
  65 官贷黄麻贰硕捌斗。
  72 王幸丰便麻壹硕伍斗，至秋两石二斗五升。得一石八斗。

在这9笔帐中，第4、16、55、65笔没有说明至秋要交纳利息。此外，第13、44、59行的几笔帐如下：

  13 杨继崇便黄麻壹石贰斗。
  44 愿真豆壹硕。
  59 福子麦壹石。

虽然这3笔帐有符号"┐"，但其与第4、16、55、65笔帐一样，都没有交

---

① 唐耕耦《敦煌写本便物历初探》，北京大学中国中古史研究中心编《敦煌吐鲁番文献研究论集》第5辑，北京大学出版社1990年，第178—183页；[法]童丕著，耿昇译《十世纪敦煌的借贷人》，第67—69页。
② 录文参唐耕耦、陆宏基编《敦煌社会经济文献真迹释录》第3辑，第455页。
③ 如 P.3234V 第6、11行的"索延庆""祥庆"在 P.2032V(13)中分别写为"索延启""祥启"，又第18行的"李皈汉"、21行的"张猪子"、25行的"程义员"在 P.2032V(13)中分别写为"李皈达""张支子""齐义员"。

纳利息的约定,说明这几笔帐是无息的,而在 P. 2032V(13) 和 P. 2032V(1)
的利入中恰好没有记载这几笔帐的利息收入情况。在其他 59 笔有符号
"┐"的出便帐中,第 64 行"愿胜麻壹斗,至秋壹斗伍(押)"在利息收入中没
有记载,不排除可能是以其他物折合麻归还了;又第 25 笔"程义员便豆两
石,至秋叁硕(押)"后注明"得两石五斗",尚欠五斗未还,这笔帐说明,有符
号"┐"者未必已经完全结清;剩余 57 笔帐在 P. 2032V(13) 和 P. 2032V(1)
的利息收入中都有记载,同时没有注明外欠情况,说明这 57 笔帐结清了,这
时符号"┐"可以表示这些帐已经结清。此外,虽然第 20、23、29、72 行这几
笔帐没有符号"┐",但是在利息收入中有也有记载,这又说明没有符号"┐"
者并不一定没有偿还。特别是第 72 行"王幸丰便麻壹硕伍斗,至秋两石二
斗五升"后注明"得一石八斗",说明这笔帐也是核对过的,经核对发现偿还
了一部分,这也说明没有符号"┐"者并不是没有核对过。可见,便物历中的
符号"┐"与便物偿还情况之间的关系并不完全固定而较为复杂。

　　符号"┐"不仅在便物历,而且在纳赠历、分僦历、付经历等文书中都普
遍使用,从不同文书中的实际情况来看,符号"┐"主要表示对相关帐已经核
对过了,其中核对无误或全部偿清者一般画符号"┐",但有时也无此符号;
偿还部分者则会注明偿还数目或欠缺数目,至于符号"┐",有时有,有时无;
全部没有偿还者,符号"┐"也时有时无。因此,用符号"┐"来判断便物帐是
否偿清需谨慎。

　　另一种是在原始的或重新书写的便物历中用文字进行标注,所用偿还
符号有"人""还""得""纳"等。P. 2932《甲子年(964)十二月十一日至乙丑年
(964)翟法律出便斛斗与人名目》中残存有 20 多笔便物帐,其中有 6 笔帐在
旁边用朱笔对偿还数额进行了标注,我们将其按照行号摘录如下:

1 甲子年十二月十一日,翟法律少有或(斛)斗出便与人 名 目
　　　　　　　　入豆壹[硕]贰斗
2 洪池张佛奴便豆壹硕,至秋壹石伍斗(押)。
　　　　　　　　入豆六斗五升
5 同日,龙勒高衍鸡便豆陆斗,至秋玖斗(押)。口承弟阿堆(押)
　　　　　　　　入豆四石六斗
15 同日,平康索再全便豆肆硕,至秋陆硕(押)。口承姪富安(押)。
　　　　舍在 ┌──┐
　　　　　　　　入豆壹石五斗

17 二月二日，孟受庄大歌善友便豆两硕，至秋叁硕（押）。口承人
衍鸡氾父颏（押）。

入豆六斗
19 又神沙曹保庆便豆捌斗，秋壹硕贰斗（押）。口承不藉娘（押）。

入豆两石九斗
20 平康王庆恩便豆叁硕，秋肆硕伍斗（押）。入豆两石九斗。口承
弟粉堆（押）。其豆还梁都头。

这几笔帐旁都标注有"入豆"若干，即用"入"作为偿还符号，标注的原因是，实际偿还豆的数额是应偿还豆数额的一部分，应偿还豆数额尚未全部偿清。又后面将要讨论的 BD16079A《辛酉年二月九日僧法成出便与人抄录》中第一笔便麦帐"周通顺便麦拾叁硕捌斗，至秋贰拾硕柒斗"旁注明"其秋入伍硕伍斗"，说明当年秋应入本息贰拾硕柒斗麦，实际入麦伍硕伍斗。

"还"作为偿还符号在便物历中进行标注的现象较多，如 S.10279＋S.10273《丁巳年二月一日董再德少有斛斗出便与人名目》记载：

1 丁巳年二月一日董再德［少］有或（斛）斗出便与人名目如后：
2 王保住便麦陆硕，秋玖硕。
3 刘再住便麦两硕，秋叁硕。
4 张骨儿便麦叁硕，秋肆硕伍斗。
5 阴王午便麦四硕二斗，秋六硕三斗。内还麦肆石五斗。
6 吴采妻便麦叁硕，秋肆硕伍斗。内还麦两石五斗。
7 □□便麦肆斗，秋陆［斗］。[1]

该件第5行阴王午和第6行吴采妻至秋应分别偿还麦六硕三斗和肆硕伍斗，其后分别标注"内还麦肆石五斗""内还麦两石五斗"，说明尚有部分并未偿清。又 S.6452(2)《辛巳年(981)十二月十三日周僧正于常住库借贷油面物历》中登载有近百条帐，其中在"面玖秤，西州使头边买褐用""面两秤、连面壹斗，于西州使头边买褐用""面肆斗，造道粮达坦朝定送路用""面壹斗，柔皮匠幸者用""酒壹斗、又连面壹斗，淘麦人吃用""连面贰斗，官渠种麦人吃用""又面贰斗，造胡饼砲顿人吃用"等多笔帐旁注有"还"字，这里的

---

[1] 中国社会科学院历史研究所等合编《英藏敦煌文献》第13卷，四川人民出版社1995年，第27、30页。

"还"表示该笔帐已经偿清。

便物历中标注偿还帐时也用符号"得",如 BD09318A《便物历》载:

1 索奴子便麦叁硕,又便麦壹硕伍 ▭
2 李家弘(红)蓝本贰斗。得本贰斗。
3 善藏弘(红)蓝壹斗。
4 金子弘(红)蓝壹斗。
5 何老宿便黄麻叁斗。
6 愿济黄麻捌斗。得黄麻柒斗。
7 南边安家便黄麻叁斗,弘(红)蓝壹斗。足得。
8 张加进便黄麻叁斗。秋得陆斗。①

该件除了第 1 行尾部残缺外,第 2、6、7、8 行几笔帐用"得""足得"标注了偿还情况,其中"足得"是本息偿清了,而"得"则未必,如第 6 行愿济所便黄麻就未偿清。S.6452(4)《壬午年(982)正月四日诸人于净土寺常住库借贷油面物历》记录了数十笔借贷帐,其中有几笔帐旁也注明"得",如"李法律又面两秤"旁标注"得壹秤";"谭法律面两秤"旁标注"得面一秤";"僧奴面肆斗"旁标注"得面一斗"。

用"纳"作为偿还符号进行标注的现象也见于便物历,如 Дх.11194《便物历及付物帐》的内容如下:

　　　　　　　纳 ▭
1 养子　麦七斗,至秋一石五升　粟 ▭
　　　　纳麦五斗
2 丑儿　麦七斗,至秋一石五升　粟 ▭
　　　　纳麦七斗
3 定子　麦七斗,至秋一石五升　粟 ▭
　　　　纳麦七斗
4 盈子　麦七斗,至秋一石五升　粟 ▭
　　　　纳麦三斗
5 骨子　麦七斗,至秋一石五升　粟 ▭

---

① 任继愈主编,中国国家图书馆编《国家图书馆藏敦煌遗书》第 105 册,北京图书馆出版社 2008 年,图版见第 256 页,录文见"条记目录"第 50 页。

　　　　纳麦七斗
6 员寿　麦七斗,至秋一石五升　粟▭▭▭▭
7 戊午年九月还盈子牛肉价▭▭▭▭▭
8 付盈子麦柒硕壹斗(押)粟捌▭▭▭▭▭①

　　该件前部残缺,其中前六行是麦、粟的出便及偿还帐,每行在便麦帐旁边注明纳麦若干斗,这是至秋偿还的实际数目,第5行旁边标注的"纳麦七斗"又被抹去,说明员寿至秋并未交纳七斗麦,从注明的纳麦情况来看,员寿等六人至秋时都没有偿清全部本息。便粟帐中的记帐情况也应与便麦帐相同,可惜残缺。该件的利率大于100%,这在敦煌便物历和契约中是比较少见的。
　　还有一种是先记录出便帐,然后再另起一行专门记录偿还帐,此类便物历主要有BD13800+S.5064《公元10世纪某寺保德等贷粟豆黄麻入历》和P.3112《公元10世纪某寺愿戒保心等付入麦粟豆黄麻历》,其中前者载:

1 ▭▭▭▭▭▭▭▭伍斗。
2 保德付粟叁硕、豆伍斗、黄麻柒斗。
3 自年秋入豆伍斗,入黄麻陆斗柒升,入粟两硕伍
4 斗,又粟伍斗,入黄麻叁升。
5 愿学付粟叁硕、黄麻柒斗。
6 自年秋入黄麻柒斗,入粟两硕柒斗,入粟叁斗。
7 祥定付粟叁硕、豆伍斗、黄麻柒斗。
8 自年秋入豆伍斗,入粟叁硕,入粟叁斗,入黄麻叁斗。
9 又入黄麻壹斗。
10 保安付粟叁硕、豆伍斗、黄麻柒斗。
11 自年秋入豆伍斗。
12 保会付粟叁硕、豆伍斗、黄麻柒斗。
13 自年秋入黄麻柒斗,入粟叁硕,入豆叁斗,又豆贰斗。
14 信力付粟叁硕、豆伍斗、黄麻柒斗。
15 自年秋入黄麻陆斗,入豆伍斗,入粟壹硕柒斗,又纳粟
16 壹硕叁斗,又入黄麻壹斗。
17 愿戒付粟叁硕、豆伍斗、黄麻柒斗。

————————
① 俄罗斯科学院东方研究所圣彼得堡分所等编《俄藏敦煌文献》第15册,上海古籍出版社、俄罗斯科学出版社东方文学部2000年,第188页。

18 自年秋入粟两硕柒斗,入豆伍斗,入黄麻柒斗,又入粟叁斗。
19 入粟叁斗。
（中略）
32 李押牙贷黄麻伍斗。闰晟郎君

关于 BD13800＋S.5064 的拼接缀合问题,我们在后面会专门说明。BD13800＋S.5064 中记帐时用"付""贷"作为便贷符号,先记录的出便帐字号比较大,而后记录的偿还帐字号较小。从偿还帐的情况来看,该件中有的帐没有偿还,有的帐偿还了一部分,有的帐已偿清。该件便物历中没有画押、口承人、见人等信息,同时如保德、祥定、保会、信力、愿戒等人名下的偿还帐中将粟、豆、黄麻的入帐分三次记录,说明这是重新抄录的便物历而非原始的便物历。P.3112《公元 10 世纪某寺愿戒保心等付入麦粟豆黄麻历》与 BD13800＋S.5064 的关系非常密切,二者中有多人重复,记帐格式也完全一致(图 1-2)。①

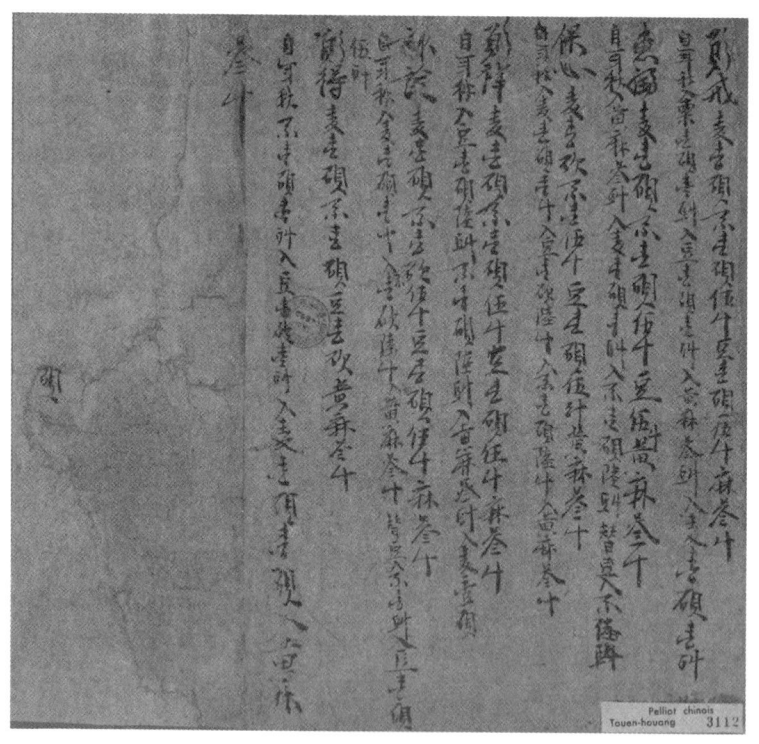

图 1-2　P.3112《公元 10 世纪某寺愿戒保心等付入麦粟豆黄麻历》图版

---

① 录文参唐耕耦、陆宏基编《敦煌社会经济文献真迹释录》第 2 辑,第 252 页。

最后一种是将不同时期不同便物者所偿还的便物帐汇集抄录在一起,从而形成专门记录偿还帐的便物历,Дх.01451《癸酉年(973)至己卯年(979)曹赤胡等还便黄麻历》即是此类,其载:

1 癸酉年九月十九日,曹赤胡还得黄麻两硕贰斗。(押)
2 甲戌年十月三日,还麻壹硕伍升。(押)
3 戊寅年三月七日,韩定昌便黄麻陆斗,秋柒斗
4 捌昇。同日,韩再延便黄麻叁斗,秋叁斗玖昇。
5 同日,翟家[便]黄麻肆斗,秋伍斗贰升。
6 _____王保达便黄麻贰斗,秋贰斗陆昇。□□□□
7 [翟]镇使便黄麻壹石,秋壹石叁斗,付安老。
8 己卯年三月廿六日,翟家便黄麻肆斗,至秋伍斗贰升。

虽然《释录》将第6行最后几个字录为"口承男继长",①但从图版来看,这几个字很难释录出来。该件前面癸酉年和甲戌年的两笔帐明确用"还",后面戊寅年和己卯年的几笔帐虽然以出便帐的形式记录了出便黄麻的数量和至秋偿还的本息数量,同时没有明确说明已经偿还,但是每笔帐都有符号"┐",该符号在此处应表示偿清之意,故这几笔帐记录的重点是至秋的实际偿还帐,而该件文书也应是对相关便物偿还帐的专门记录。又P.3631《辛亥年(951)正月廿九日报恩寺善因愿通等柒人将物色折债抄录》专门抄录了寺院仓司的历任负责人偿还所欠常住斛斗将近20笔的帐,并且全部是折物偿还,即将出便物折合成其他物偿还,偿还时要说明出便物及其折替物的名称和数量,如载:"善因入布柒拾捌尺,准麦粟柒硕捌斗,折黄麻叁硕玖斗。愿通入褐布柒拾伍尺,准麦粟捌硕,折黄麻肆硕……保端替故张老宿入布壹丈伍尺,折麦粟壹硕伍斗。又昌褐贰丈肆尺,折麦粟两硕肆斗。"②该件中所用的折物符号有"准""折",二者含义相同。"准"与"折"也可以组成"准折"使用,如P.2049V《后唐同光三年(925)正月沙州净土寺直岁保护手下诸色入破历算会牒》第359—360行云:"油伍斗伍胜,梁户入绢两段共叁丈柒尺,准折用。"S.286《公元980年前后报恩寺诸色入破历算会牒稿》第25—26行"栓(橛)一束,砲户石盈昌折债入,准折麦粟七石。"作为折物符号,"准折"当然也可以在便物历的折物偿还帐中使用。折物偿还法在便物历中比较常

---

① 唐耕耦、陆宏基编《敦煌社会经济文献真迹释录》第2辑,第273页。
② 唐耕耦推断该件为报恩寺文书,参唐耕耦《敦煌寺院会计文书研究》,第326—327页。

见，如 Дx.01416＋Дx.03025《甲寅年(954)至乙卯年(955)大乘寺百姓李恒子等便粟历》中第 4 行一笔帐云："□□年得油壹斗，折粟三石。"这里是将粟折合成油进行了偿还，而一斗油折合三石粟符合当时敦煌地区油和粟的通行比价。又 P.3234V《甲辰年(944)二月后沙州净土寺东库惠安惠戒手下便物历》第 5 行在"何义信便豆壹硕，秋壹硕伍斗(押)"后注有"得麦八斗，是何奴子陪"是说何义信将应偿还的豆折合成麦子偿还了，只是这里没有用折物符号，而这笔帐的偿还在 P.2032V(1)第 9 行记录为："麦捌斗，何义员折豆本利入。"这里则用"折"作为折物符号，而何义员即何义信之误写。常见的折物符号除了"折""准"外，还有"替""断"等，如 P.3112《公元 10 世纪某寺愿戒保心等付入麦粟豆黄麻历》中有两笔帐按行号记录如下：

3 惠润麦壹硕，粟壹硕伍斗，豆伍斗，黄麻叁斗。
4 自年秋入黄麻叁斗，入麦壹硕壹斗，入粟壹硕陆斗，替豆入粟陆斗。
9 咏诠麦壹硕，粟壹硕伍斗，豆壹硕伍斗，麻叁斗。
10 自年秋入麦壹硕壹斗，入粟壹硕陆斗，入黄麻叁斗，替豆入粟壹斗，入豆壹硕伍斗。

前已说明，该件与 BD13800＋S.5064《公元 10 世纪某寺保德等贷粟豆黄麻入历》的关系非常密切，后者中的便贷符号是"付"和"贷"，故该件省略的便贷符号也应是"付"或"贷"。上引第 3、9 行是出便帐，第 4、10 行是偿还帐，在偿还帐中分别有"替豆入粟陆斗""替豆入粟壹斗"，即将应该偿还的粟用豆代替偿还了，折物符号是"替"。又 Дx.01278《辛亥年(951?)五月便粟名目》载：

1 辛亥年五月□日名目。
2 董押衙便粟两石，至秋三石。
3 卢友信便粟两石，秋三石。
4 宋进成便粟一石，秋一石五斗。
5 氾社官便粟一石，秋一石五斗。
6 王押衙白强四钱，断麦
7 粟八斗。索保子腰乘一个，
8 断麦粟一石五斗。①

---

① 唐耕耦、陆宏基编《敦煌社会经济文献真迹释录》第 2 辑，第 262 页。

该件后面两笔帐也是折物偿还,折物符号是"断",其中索保子的一个腰乘断麦粟一石五斗,而王押衙的某物断麦粟八斗。折物偿还法不仅在便物历文书中出现,在其他会计文书如入破历、什物点检历(状)、帐状等中也甚为普遍,折物符号"替""折""断"在相关文书中也多有出现,此处就不再一一列举说明了。

(三) 外欠帐的记录

当斛斗等物被出便后,这些被出便物就成了外欠物,故原始记录出便帐的便物历也可看作是对外欠帐的记载,如 BD14806(1)《辛酉年三月廿二日于仓欠物人名抄录数目》载:

1 辛酉年三月廿二日于仓欠物人名抄录数目如后:
　　　　　　　　　　　　　　　　　　　　　见人□
　　　　　　　　　　　　　　　　　　　　　口承人□
　　　　　　　　　　　　　　　　　　　　　便物人[贺]

2 [神]沙贺成润便麦叁硕,秋肆硕伍斗。又便粟壹硕叁斗,秋壹硕玖[斗伍升]。

3 [同日]龙勒何定德便麦两硕贰斗五升,秋叁硕叁斗柒升半。(押)口承人妻□　见人薛□

4 [同日]薛什德便麦壹硕伍斗,秋两硕贰斗五升。(押)口承人弟怀德(押)见人□　便□

5 [莫]高龙再昇便麦壹硕捌斗,秋两硕柒斗。口承人父意全(押)见[人]□　索□

6 [人]户薛安定便麦叁硕,秋肆硕伍斗。(押)口承人男全子。(押)见人□

　　　　　　　　　　　　　　　　　　　　　口承李达子(押)
7 [平]康李什子便麦肆硕伍斗,秋陆硕柒斗伍升。(押)口承人弟丑儿(押)　同日知见人薛癡[子]

8 [同]日玉关薛癡子便麦肆硕贰斗柒升,秋陆硕叁斗拾升半。(押)见人李□　口承人弟愿

　　　　　　　入亥年契
9 [三]界寺僧法成便麦叁硕,秋肆硕伍斗。(押)口承人弟沙弥白酉子　见人□匠邓德子
　　　　□亥年正月十三日,门一扇折物,其门五娘子却将,断麦伍硕。

10 [洪]池龙意山欠粟叁硕玖斗,秋伍硕捌斗伍升。(押)
　　(后缺)

《国家图书馆藏敦煌遗书》第134册公布了BD14806(1)的黑白图版,并在"条记目录"中认为是9—10世纪归义军时期的写本,其中的"仓"应为都司仓,但没有录文。① 虽然文中没有说明该件文书的所属机构,但其并不一定是都司仓的便物帐,也有可能是某寺院的便物帐。在残存的这几笔便物帐中,唯有最后一笔仅有画押而无口承人和见人,其他几笔都有口承人和见人。同时,该便物历首行云"欠物"而非"便物"或"贷物",其中除了最后一笔用"欠"外,其他几笔仍然都用"便",这说明,原始的便物历也可看作是对外欠帐的记录,只是其功能并不局限于此而已。

便物都规定了偿还的时间,若在规定的时间未偿还,则形成了新的外欠帐,对于这种外欠帐,便物历中不但会进行记录,而且记录方式不同。一种是在原始便物历中以"欠""旧""不给"等作为记帐符号进行标注,如 S.6045《丙午年(946)正月三日便粟麦历》第15—17行载:

张再德内欠粟一石五斗。
15 张再德便麦叁石,至秋肆石伍斗。又粟两石,至秋
16 叁石。张海闰粟两石,至秋三石。宋家盈君粟壹石,至秋壹石伍斗。
17 □□□旧便粟拾壹硕,至秋拾陆硕五斗。(押)

该件在张再德便麦帐旁边标注有"张再德内欠粟一石五斗",其原因是张再德本来便粟两石,至秋本息共应偿还三石,但其实际仅偿还了一石五斗,故在该笔帐旁边标注了其所欠的一石五斗粟。第17行某某旧便的十一硕粟也属于欠帐,只是这笔欠帐不是本次欠帐,而是前次所便而未按时偿还之欠帐。

这种便物历中记载未偿还欠帐的现象是比较普遍的,如 P.4635(2)《某年某月七日社家女人便面历》中"齐家莹莹便面陆秤,至秋玖秤"旁边注有"纳得一秤,欠八秤";"齐憨子〔便面叁秤,至秋肆秤半"旁边注有"得两秤,欠一秤"。S.8443D《丁未年(947?)李阇梨出便麦名目》在"退浑暮容略罗便麦肆硕伍斗,秋陆硕柒斗伍升"旁注有"欠七斗五升"。S.4060V《戊申年(948)正月五日至六月一日令狐盈君等便麦历》中所载的"旧年欠麦壹硕,秋

---

① 任继愈主编,中国国家图书馆编《国家图书馆藏敦煌遗书》第134册,北京图书馆出版社2010年,图版第35页,"条记目录"第4—5页。

壹硕伍斗"也是一笔往年旧帐。Дx.01416＋Дx.03025《甲寅年(954)至乙卯年(955)大乘寺百姓李恒子等便粟历》中载："(甲寅年六月)十九日常□[便]惠力粟柒硕,秋拾硕伍斗,又旧粟壹硕□□□"。在"欠""旧"作为欠帐符号时,"旧"一般是指往年的欠帐,往年欠帐可以称为"旧年欠"或"旧",而本年欠帐一般用"欠"。

除了"欠""旧"外,外欠帐还可以用"不给"来表示,如 S.11288＋S.11284《出便黄麻与法力等名目》中残存的几笔便物帐中,有三笔帐注明"不给",其中"喜庆便黄麻陆斗"后注明"不给",还有另外两笔帐残缺不全,其后也注明"不给",①这里的"不给"就是没有按时偿还。

另一种是专门对便物外欠帐的记录,这类文书很少,主要有 S.3405V《癸未年(923 或 983)三月十四日便粟算会历》和 Дx.02956《甲申年二月四日诸家上欠便物名目》,其中前者内容如下:

```
1 癸未年三月十四日算会罗□□□□
2 押牙物,张通盈便粟外定欠粟拾肆硕。□□□
3 算会张进昇苍(仓)物,通盈便粟两段,共计拾□□□
4 肆硕一斗三升☆又欠麦陆硕五斗,本利至秋。★
```

该件主要是对算会时张通盈所便麦粟未偿还欠帐的专门记录,并规定本利至秋归还。在这类专门记录外欠帐的便物历中,有时还将不同时期不同人所欠的便物帐汇集抄录在一起,代表性的即 Дx.02956《甲申年二月四日诸家上欠便物名目》,其载:

```
1 甲申年二月四日,诸家上欠便勿(物)名目。罗押□□□
2 柒升,又麦叁硕三斗八升。其麦粟是本未塔□□□□
3 甲申年二月四日抄诸家债负名目。罗押牙手□□
4 柒升。又马阇梨辛巳年粟本伍硕,至癸未年□□□
5 粟壹拾壹硕,押牙价丑定算着两硕柒斗伍□□□
6 叁硕,金光明寺仓粟本叁硕肆斗,又粟陆斗伍升□□
7 仓壬午年取粟本壹硕伍斗,至癸未年秋算着粟□□
8 升伍合,令狐子残粟本壹硕,吴押牙粟本六斗伍□
9 本未番利  粟本通计三十一石。
```

---

① 中国社会科学院历史研究所等合编《英藏敦煌文献》第 13 卷,第 196、206 页。

10 又麦抄名目：罗押牙手下麦叁硕叁斗捌升，押牙索☐
11 午至癸未年秋算着麦两硕伍斗二升，令狐残奴麦本☐
12 牙吴再富麦本两硕陆斗，巷家仓麦本柒硕☐☐
13 本叁硕肆斗伍升。已上麦本通计合着☐☐
14 五升。

虽然该件与前引 BD14806(1)的首行同云"欠物"名目，但是其并非原始的便物历，而是甲申年二月四日专门对诸家于辛巳年、壬午年、癸未年三年间所欠未按时偿还便物帐的汇集记录，没有画押、口承人、见人等信息。第1—2 行记录的罗押牙所欠的麦和粟在第 3—4 行和第 10 行又有出现，其原因应是起初是以欠物者为纲进行记录的，但后又改为以所欠的麦、粟为纲进行记录，故第 1—2 行实际是废帐。《释录》依据第 3 行的"诸家债负名目"和第 1 行的"欠便勿(物)名目"将该件拟名为"甲申年二月四日诸家上欠便物和债负名目"，但实际上"诸家债负名目"就是"欠便勿(物)名目"，故《俄藏敦煌文献》将其拟名为"甲申年二月四日诸家上欠便勿名目"是正确的。[①] 该件在记录外欠便物帐时，仅记录本金而未记录利息，其中第 3—9 行是所欠粟本明细及其合计数，第 10—14 行是所欠麦本及其合计数。像这种专门记录外欠便物帐的便物历不但数量少，而且记帐格式也与其他便物历有别。

从以上讨论可以看出，便物历中记录出便帐和偿还帐时，不但记帐符号不固定，而且记帐格式有时也会发生变化。

第二节　便物历的起源与性质

一、便物历的起源

关于便物历的起源，唐耕耦先生直言："起借贷作用的便物历何时出现，我尚不知，但它的出现及普遍应用，从敦煌地区看，是由于两方面的原因。一方面是少数寺院和富有者大量发放高利贷，另一方面是为数众多的贫困者，集中向少数寺院、富有者借贷谷物。"[②]童丕认为，敦煌便物历是契券在

[①] 唐耕耦、陆宏基编《敦煌社会经济文献真迹释录》第 2 辑，第 275 页。俄罗斯科学院东方研究所圣彼得堡分所等编《俄藏敦煌文献》第 10 册，上海古籍出版社、俄罗斯科学出版社东方文学部，1998 年，第 143 页。
[②] 唐耕耦《敦煌寺院会计文书研究》，第 383 页。

10世纪时的延续,是在契券趋于枯竭时出现的。① 罗彤华认为,便物历之"便"在用语上表现了敦煌的地方特色,这种借贷帐册最早出现于8世纪中,吐蕃时期逐渐推广运用,至10世纪归义军时代则大为盛行。原因是在此过程中,寺院经济能力与放贷业日渐兴盛,向寺院和僧人借贷的人日益增多,若与每个债务人立契,则契约过于繁复而不便保管,所以才改用便物历这种将多笔借贷帐共载在一起的简化记帐法。② 这些观点涉及便物历起源的时间、原因和地点,其中唐耕耦先生并未认为便物历仅出现于敦煌地区,而童丕和罗彤华认为便物历具有敦煌地方特色。乜小红专门探讨了"便物"的词义及便物历的起源问题,其表述如下:

> 中外学者对"便"字的理解基本上是一致的,即不生息的借贷称之为"便"。那么,何以会将不生息的借贷称之为"便"? 中外诸家均未能穷其根由。此实来源于中国古代设置仓廪以济百姓的思想,宋人张方平在追溯古代仓廪之制时说:"若夷吾之准平,李悝之平余,汉桑弘羊之均输,耿寿昌之常平,下至齐氏义租,隋人社仓之制,是皆便物利民、济时合道、安人之仁政,为国之善经也。"这里将设义仓济时安人,看作是"便物利民"的仁政,在百姓急困之时,由义租、社仓以物方便与人,为的是济困安民,当然不会计息收利。所以,早期的便物概念是与义仓密切联系在一起的,具有救济贫民的含意,这应是"便物"词义的最早来源。

紧接着,乜小红因为大多数敦煌便物历来自寺院而将便物利民与北魏昙曜创建的僧祇粟制度联系起来讨论便物历出现的时间,认为随着佛教救济社会的各类赈济和有息、无息的贷便活动的开展,"各类贷便粮食的记帐也就随之出现,这就是'出便历'的起源,可以说,至迟在6世纪初就已经产生了便物历。通过敦煌《请便粮牒状》可以得知,9、10世纪敦煌的便粮制是承袭北魏僧祇粟制而来,而且扩大到官府和富户,被他们所仿效应用。"

显然,乜小红是从所谓学界认为借贷活动中使用"便"者无息入手,然后将其与佛教的救济借贷联系起来去讨论便物历的起源问题,从而得出便物历至迟在6世纪产生等结论的。但实际上,借贷活动中使用"便"者并非均是无息的,便物历的最初产生与佛教没有关系,其产生时间也远远早于公元6世纪。那么,便物历类文献究竟产生于何时呢? 要讨论清楚该问题,我们

---

① [法]童丕著,耿昇译《十世纪敦煌的借贷人》,第61页。
② 罗彤华《从便物历论敦煌寺院的放贷》,第437—439页。

先需要明确两点,一是借贷活动中的便、贷与利息的关系问题,二是便物历的命名问题。

关于借贷活动中便、贷与利息的关系问题,学界利用契约和便物历文书进行过讨论,并且观点不尽一致。谢和耐曾依据9世纪敦煌寺院的几件便物契没有说明利息而认为无息者用"便",有息者用"贷"或"贷便"。① 但是这种认识是比较片面的,学界并不认同,如陈国灿认为:唐代民间借贷中,有利息的借贷一般称为"出举""举取",无息的称为"贷""便"。但又说:"在敦煌的借贷文书里,凡借绢,不论计利与否,多称为'贷',凡借粮,不论生息与否,大多称之为'便'。"② 童丕也认为:在敦煌地区,"便"不仅用来指无息借贷,在9世纪还用于粮食质典借贷,在10世纪还指一些粮食有息借贷;在10世纪的敦煌寺院便物历中,有息借贷被称为"便","贷"则专门用于无息借贷。③ 可见,陈国灿、童丕均没有绝对地认为不生息的借贷用"便"。实际上,敦煌地区便贷活动中的利息情况具体是:在吐蕃统治时期的便物契中一般无利息,在归义军时期的便物历中有利息;归义军时期的贷物历中一般无利息,在贷便历中,"便"者有息,"贷"者一般无息或低息。④ 总之,在古代的借贷活动中,"便"者并非均是无息的,相反,"贷"者无息的现象倒是在很长时间内存在,这可能与"贷"之本义及其演变有关。"贷"之本义为"施",《说文》:"贷,施也。"段玉裁注曰:"谓我施人曰贷也。"⑤ 后又逐渐有了"借贷"之义,借贷又经历了从无息到有息的演变过程。对于"贷"之含义的演变,乜小红研究认为:在原始农村公社时期,"贷"是一种无偿的给予,西周以后,随着井田制的破坏和私有制的发展,"贷"具有了"借"的内涵,春秋时借贷还少有计息者,春秋中后期,生息借贷逐渐增多,到战国时期,借贷生息计利已成社会常态。⑥ 但敦煌地区的借贷活动说明,直至10世纪,"贷"者无息的现象仍然存在。从这个角度而言,若说借贷活动中的"便"有方便与人之意,那么"贷"也是方便与人之举。

---

① [法]谢和耐著,耿昇译《中国五—十世纪的寺院经济》,甘肃人民出版社1987年,第136—137、217—219页。
② 陈国灿《唐代的民间借贷——吐鲁番、敦煌等地所出唐代借贷契券初探》,载唐长孺主编《敦煌吐鲁番文书初探》,武汉大学版社1983年,第261—263页。
③ [法]童丕著,余欣、陈建伟译《敦煌的借贷:中国中古时代的物质生活与社会》,中华书局2003年,第170页。
④ 王祥伟《吐蕃至归义军时期敦煌佛教经济研究》,中华书局2015年,第170—178页。
⑤ [汉]许慎撰,[清]段玉裁注《说文解字注》,第280页。关于"贷"之本义的详细解说,可参[清]沈家本《寄簃文存》卷4《释贷借》,商务印书馆2017年,第120页。
⑥ 乜小红《论中国古代借贷的产生及其演变》,《经济思想史评论》2010年第2期,第157—162页。

关于便物历的命名问题是我们讨论其起源的一个主要依据。如前所述,"便"字作为借贷符号起码在唐代就已经在使用,至于作为借贷符号的"便"之含义,正如日野开三郎、乜小红之论,就是取其"方便"之意。虽然在进入唐代以后,"便"字可以作为借贷符号,但是"便物历"的名称不见于传统文献,敦煌写本中便物历的名称其实也不统一,有的直呼为"便物历",代表性的是前述 P.3234V《甲辰年(944)二月后沙州净土寺东库惠安惠戒手下便物历》,由于该件出便的物品较多,有豆、黄麻、麦等,故用便物历这一较为笼统的名称。但当出便的是某一种物品时,则直接称之为"便某历",如 P.4635(2)《某年某月七日社家女人便面历》的出便物是面,故其首行明确称为"社家女人便面历"。又如 S.6452(7)《壬午年(982)三月六日净土寺库内便粟历》专门出便的是粟,其首行云:"壬午年三月六[日]净土寺库内便粟历。"①在首行说明便物历的名称后,一般从第二行开始,一笔一笔条列所出便的斛斗帐目。前已所述,便物历中的借贷符号不一定必须是"便",也可以是"贷""付"等,故有的也称为"贷物历"。除了明确称为"便物历"或"贷物历"者外,此类文书有的没有被明确称为"历",而是在首行云"出便于人名目""出便于人抄录如后"等,但学界依然将其命名为"便物历",如唐耕耦云:便物历又名出便历、出便于人名目、出便于人抄录、便粟历、便面历、贷粟历、借贷油面物历、付入麦粟历、付本麦粟历等。②之所以将这些文书均命名为便物历,主要取决于其内容及形式特征:对每笔贷便帐进行逐条记录,使得帐目历历在目。从便物历的命名上我们认识到,讨论便物历的起源时,不能仅仅将原标题中有"便物历"或"便某历"者称为便物历,凡是在内容与形式上具有便物历特征的文献均可称为便物历。

明确了以上两点以后,接下来我们再来讨论便物历的起源问题。乜小红依据宋人张方平评价夷吾准平、李悝平余、桑弘羊均输、耿寿昌常平、齐氏义租、隋代社仓均是"便物利民"之仁政而认为便物的概念起初是与义仓、社仓的济施赈贷联系在一起的,具有"便物利民"之意,便物与人是不计利的方便与人之举。这种对"便"之含义的看法应该是有道理的,但在具体讨论时,可惜没有从政府的借贷活动中考察便物历的起源问题,而是将其与佛教救济联系起来进行讨论。实际上,早在佛教传入中国之前的先秦时期,政府通过借贷来赈济灾荒、保障和促进农业生产顺利进行等的记载屡见不鲜,如《左传》中就有不少这方面的记载,其中文公十六年(公元前 611 年)载宋公

---

① 录文分别参唐耕耦、陆宏基编《敦煌社会经济文献真迹释录》第 2 辑,第 212、245 页。
② 唐耕耦《敦煌寺院会计文书研究》,第 337 页。

子鲍因"宋饥,竭其粟而贷之"。又襄公九年(前564)载:"晋侯归,谋所以息民。魏绛请施舍,输积聚以贷。自公以下,苟有积者,尽出之。"①《逸周书》卷2"大匡解第十一"也载:"赋洒其币,乡正保贷。成年不偿,信诚匡助,以辅殖财。财殖足食,克赋为征,数口以食,食均有赋。"②这些借贷的目的,要么是为了救饥,要么是让人民休养生息,要么是为了恢复和保障农业生产,均应系"便物利民"之仁政,也是当政者需要面对解决的一项政事,故沈家本在言《左传》中的借贷事例时云:"'贷'乃古者王政之一,故《左传》屡言贷事。"③在此王政实施过程中,就已经产生了与后世敦煌写本"便物历"性质相同的文献,这在战国、秦汉时期的简牍资料中有明确的证据,如包山楚简中的贷金简其实就属于此类文献。包山贷金简的释文及图版较早见于《包山楚简》,④其后学界有不同的释录版本,此处我们据《包山楚简综述》的释文移录部分内容如下:

大司马卲(昭)鄹(阳)败晋帀(师)于虡(襄)陵之戢(岁),亯月,子司马吕(以)王命=(命命)龏陵公黿、膏(宜)昜(阳)司马弪(强)贪(贷)邲(越)异之黄金,吕(以)贪(贷)鄾鄎以龏(糴)穜(种)。(103)畣(几)至屈柰(夕)之月赛金。(104)

鄂莫嚣(敖)虙、左司马殹(殹)、安陵莫嚣(敖)繼(乐)虘(献)为鄂贪(贷)邲(越)异之黄金七益(镒)吕(以)翟(糴)穜(种)。迊(过)畣(几)不赛金。(105)

(中略)

州莫嚣(敖)㡭、州司马庚为州贪(贷)邲(越)异之黄金七益(镒)吕(以)翟(糴)穜(种)。迊(过)畣(几)不赛金。(114)

大司马卲(昭)鄹(阳)败晋帀(师)于鄾(襄)陵之戢(岁),顕(夏)柰(夕)之月庚午之日,命(令)尹子士、大帀(师)子繡(佩)命龏陵公邘(于)黿为鄾娜(郫)贪(贷)邲(越)异之鋨金一百益(镒)二益(镒)四两。(115)

鄂莫嚣(敖)卲(昭)虙、左司马旅(鲁)殹(殹)为鄂贪(贷)邲(越)异

---

① 杨伯峻编著《春秋左传注》(修订本),中华书局1990年,第620、972页。
② 黄怀信等撰,李学勤审定《逸周书汇校集注》(上),上海古籍出版社1995年,第164—165页。
③ [清]沈家本《寄簃文存》卷4《释贷借》,第120页。
④ 湖北省荆沙铁路考古队编《包山楚简》,文物出版社1991年,释文见第24—25页,图版见附图第45—52页。

之金七益(镒)。郙(鄘)陵攻尹窿(产)、今(兮)尹蒕(薰)为郙(鄘)陵貣(贷)邞(越)异之金三益(镒)刞(半)益(镒)。(116)

鄻(漾)陵攻尹快、乔尹鼷为鄻(漾)陵貣(贷)邞(越)异之金卅=(三十)益(镒)二益(镒)。株昜(阳)莫嚣(敖)寿君、安陵公愀为株昜(阳)貣(贷)邞(越)异之金五益(镒)。(117)

郗(夷)昜(阳)司马寅、竞(景)朸为郗(夷)昜(阳)貣(贷)邞(越)异之金七益(镒)。鄙 连嚣(敖)竞(景)快、攻尹駼(舒)赞(赠)为鄙貣(贷)邞(越)异之金六益(镒)。(118)

郊(正)昜(阳)司马达、芙公臂(骑)为郊(正)昜(阳)貣(贷)邞(越)异之金十益(镒)一益(镒)四两。昜(阳)陵司马达、右司马志为昜(阳)陵貣(贷)邞(越)异之金四镒。(119)①

简文中的襄陵之岁系楚怀王七年(前322),盲月是夏正三月,屈栾之月是夏正的十一月;夏栾之月庚午之日是夏正的四月。简文记录了两次贷金活动,第103—114简记录的是第一次,时间是在该年楚历的"盲月",目的是"贷越异之黄金,以贷鄗鄘以糴种",偿还日期是"屈栾之月",其中第105—114简是各地方官员为本地贷金数量的具体记录。第115—119简记录的是第二次,时间是在"夏栾之月庚午之日",目的是为"鄗鄘贷越异之銍金",其中第116—119简是各地方官员为本地贷金数量的具体记录。刘信芳先生认为,简文中的"贷"即借贷,所谓贷金糴种,带有发放紧急贷款的性质。② 陈伟认为第一次贷金简文是说在春播前贷款各地,用以购买稻种,规定在收获后还清。③ 又说简文中的"贷"就是"借"之意。④ 李学勤认为第二次贷金应是对生活的救济。⑤ 可见,这两次贷金活动属于方便与人之仁政。但由于在记录第一次贷金活动的第105—114简文末均有"过几不赛金"一语,该语之意一般被理解为过期没偿还所贷之金,故有学者据此认为简文是引起诉讼打官司时的记录资料。⑥ 但张伯元先生不认同此说,其云:

在贷金简中既无受期类简中"受期"字样,又无"匹狱"类简中的

---

① 朱晓雪《包山楚简综述》,福建人民出版社2013年,第226—248页。
② 刘信芳《包山楚简司法术语考释》,《简帛研究》第2辑,法律出版社1996年,第30—31页。
③ 陈伟《包山楚简初探》,武汉大学出版社1996年,第3页。
④ 陈伟等著《楚地出土战国简册(十四种)》(上),武汉大学出版社2016年,第62页。
⑤ 李学勤《楚简所见黄金货币及其计量》,中国钱币学会编《中国钱币论文集》第4辑,中国金融出版社2002年,第61—64页。
⑥ 罗运环《包山楚简贷金简研究》,《武汉金融》2005年第10期,第10—11页。

"讼"字字样,更无诸如"告""察""断"此一类与狱讼相关的司法术语。况且,"讫期不赛金"也并不是说过期未偿还;即使是说过了期,然而明年二月还未到;再说"不赛金"也不能说就会引起诉讼。与这么多地区的官员打官司,越说越离谱了。所以,我们只能将贷金简视为行政存盘的记录,与打官司无关。简文中存在"贷金""不赛金"之类的术语,虽然多与经济纠纷或经济往来有关,但是未必涉讼。①

后张伯元先生在《包山楚简案例举隅》一书中专门研究该贷金简时基本上坚持了以上观点。② 总之,学界一般认为该贷金简不是打官司的记录资料,应该是当年楚国为了保障农业生产的顺利进行和生活救济而进行借贷时的记录帐目。从形式和内容来看,两次贷金活动开头先说明贷金的时间,贷金活动的负责人,然后条列记录各地区贷金的负责人和贷金数量,这与便物历的特点是一致的,故实际上就是"贷金历"。当然,该贷金简没有保存下来标题,即便保存下来,也一定不会是"贷金历",因为我们在"绪论"中已经讨论过,将此类帐簿称为"历"是比较晚的事,而在魏晋及其之前的各类文献中,与记帐有关的各类文献一般被称之为"簿",故学者也认为该贷金简"似属簿册"。③ 在汉简中,我们也能见到将这类贷物文献称之为"簿"的明确记载,如凤凰山汉简中的《郑里廪簿》即是,我们按照裘锡圭先生的释文将其移录如下:

```
9  郑里禀(廪)簿   凡六十一石七斗
10 户人圣能田一人口一人   田八亩   十   卩   移越人户   贷八斗
   二年四(?)月乙(下缺)
11 户人㝸能田一人口三人   田十亩   十   卩   贷一石
12 户人击牛能田二人口四人   田十二亩   十   卩   贷一石二斗
13 户人野能田四人口八人   田十五亩   十   卩   贷一石五斗
14 户人厌冶能田二人口二人   田十八亩   十   卩   贷一石八斗
15 户人□能田二人口三人   田廿亩   /今□奴受(?)贷二石
16 户人立能田二人口六人   田廿三亩   十   卩   贷二石三斗
17 户人越人能田三人口六人   田卅亩   十   卩   贷三石
```

---
① 张伯元《为"越异之金"进一解》,简帛网 http://www.bsm.org.cn/show_article.php? id=1626[2012-1-19]。
② 张伯元《包山楚简案例举隅》,上海人民出版社2014年,第34—63页。
③ 陈伟等著《楚地出土战国简册(十四种)》(上),第62页。

18 户人不章能田四人口七人　田卅亩　十　卩　贷三石七斗
19 户人胜能田三人口五人　田五十四亩　十　卩　贷五石四斗……
20 户人房能田二人口四人　田廿亩　十　卩　贷二石
21 户人穑能田二人口六人　田廿亩　十　卩　贷二石
22 户人小奴能田二人口三人　田卅亩　十　卩　贷三石□一石五……
23 户人佗(?)能田三人口四人　田廿亩　十　卩　贷二 石
24 户人定民(?)能田四人口四人　田卅亩　十　卩　贷三石
25 户人青肩能田三人口六人　廿七亩　十　卩　贷二石七斗
26 户人□奴能田四人口七人　田廿三亩　十　卩　贷二石三斗
27 户人□奴能田三人口□人　田卅亩　十　卩　贷四石
28 户人□□能田四人口六人　田卅三亩　十　卩　贷三石三斗
29 户人公士田能田三人口六人　田廿一亩　十　卩　贷二石一斗
30 户人骈能田四人口五人　田卅亩十（下缺）
31 户人朱市人能田三人口四人　田卅亩（下缺）
32 户人□奴能田三人口三人　田□四亩（下缺）
33 户人□□能田二人口三人　田廿亩十（下缺）
34 户 人 公士市人能田三人口四人　田卅二亩（下缺）

　　该简文标题明确是"郑里稟(廪)簿"。裘锡圭先生较早对简文进行了释录研究，认为简文中的"二年"大概是指汉景帝二年（前155），简文内容是政府贷粮食给郑里25户民户的记录，各简开头的"户人某某"是各户户主的名字，"能田"指户中能从事农业生产的人，"口"指户中的全部人口。人口数下记各户田亩数，最后记贷谷数，每户贷种量均为每亩1斗。[1] 黄盛璋认为"此账册是地主贷给农户种粮的"，[2]但陈振裕仍赞同是政府给民户贷种粮的观点。[3] 目前，关于该简文的性质是政府贷种粮给民户的帐簿的观点基本得到

---

[1] 释文研究可参裘锡圭《湖北江陵凤凰山十号汉墓出土简牍考释》，《文物》1974年第7期，第51—59页。
[2] 黄盛璋《江陵凤凰山汉墓简牍及其在历史地理研究上的价值》，《文物》1974年第6期，第72页。
[3] 陈振裕《从凤凰山简牍看文景时期的农业生产》，《农业考古》1982年第1期，第65页。

学界的公认。同时,从形式上来看,该贷粮簿也是按户为单位条列记载借贷给每户的粮食数量,开头第一笔还注明贷粮的日期,在较为完整的每笔帐中有"十""卩"符号,学界对这两个符号多有讨论,有认为二者都是表示对贷粮的确认,也有认为"十"是画押。① 而在敦煌便物历中,也有这种表示对便贷帐进行确认的符号和各种画押符号。可见,无论是从性质还是形式上来说,《郑里禀(廪)簿》与便物历是相同的文献。

包山楚简中的贷金简和凤凰山汉简中的《郑里廪簿》说明,"便物历"类文献早已有之,只不过当时还没有用"便"来命名此类借贷活动,也没有用"历"来命名此类帐簿,故当时没有"便物历"之类的名称而已;便物历最初的产生也与佛教的救济无关,反而是与政府的救济借贷密不可分,从起源上来讲,敦煌写本中官府或富户的便物历当然也非效仿佛教的贷便历而来。

二、便物历的性质

前面我们已经讨论过,便物历的种类较多,并且分类方法不同,种类有别。便物历的种类不同,其性质也不尽相同。以往学界在讨论便物历的性质时,主要集中于起借契作用的便物历,这类便物历主要是指有画押签字、见人或口承人的便物历,是便物历的主体,故我们也主要以这类便物历为主对其性质进行讨论。需要说明的是,虽然有的便物历中签字、见人或口承人这些要素不完备或缺失,但是其在现实生活中也可能会起到借契的作用,故将其从起借契作用的便物历中分离出来也是较为困难的。

学界在讨论便物历的性质时主要是从其与契约的关系角度来进行的。堀敏一认为有口承人及债务人画押的便物历起到了借契的作用。② 唐耕耦在论及起借契作用的便物历时云:"由于文化落后,文盲普遍,借贷者绝大多数不会书写借契,要请书手代写,甚至请经营寺院高利贷的职掌僧代写,不胜其繁,为简便起见,随后就在序时流水式的便物历上签上便人、见人、口承人等画押,代替借契以为凭据。这样,一种比较简便的借贷凭据——起借贷作用的便物历出现了。"同时强调,这种起借契作用的便物历与借契一样都是以字据为凭,都可以作为解决借贷双方发生经济纠纷时的依据。③ 罗彤华认为便物历在性质上是一种结合简式借契与帐册的文书,是贷与者为简化借贷手续所编造的帐册,其作用与效力,仍同于契约。但又说,"便物历虽说

---

① 详情可参程鹏万《简牍帛书格式研究》,上海古籍出版社2017年,第201、204—207、210页。
② [日]堀敏一《唐宋间消费贷借文书私见》,第386页。
③ 唐耕耦《敦煌寺院会计文书研究》,第383—384页。

亦具契约效力,但毕竟只是一种简化形式,既不如借契的完整、严谨,借用人也不能同样保有一份文书以自证,终究不能与借契之正式及其法律功能相提并论。"① 童丕认为"便物历是契券在 10 世纪时的延续,这些便物历确实是在契券趋于枯竭时出现的"。② 谢和耐给童丕专著写序云:"吐蕃人统治(敦煌)结束后发生的借贷契约种类的剧烈变化:旅行所需的织物借贷取代了农民的谷物借贷(在寺院的账簿上,920 年开始被便物历所代替)。"③ 在这些观点中,唐耕耦、童丕、谢和耐似乎是将起借契作用的便物历与借契视为性质相同的文献,而罗彤华的观点较为犹豫,既认为起借契作用的便物历的作用与效力等同于契约,又强调其与契约的法律功能不能并论。这些学者一般都是较为简单地对便物历的性质表达了相关观点,而乜小红在对便物历的性质展开详细讨论后并不认同这些观点,认为:

> 应当明确的是,便物历与借贷契是两种性质不同的文献。借贷契是借贷人与出贷者之间关于权利与义务的各种约定,多是一对一签订的契书,需有保证人,还有违约受罚的规定等,其功能是单一的。而便物历是出贷者对于粮食出便与多家人户名目的一种记帐,除了可作为索取欠债的依据而外,它还是出贷者计会、审计入破收支的底帐;亦即作为寺院合计、审计的根据。是查看济施饥贫有否缺漏的根据,也是佛教僧团检验各类仓粮流向的凭证,其功能是多方面的,就其作用而言,远远超出了借贷契的范围。所以便物历不是借贷契约的替代文献。罗彤华说"便物历在性质上是一种结合简式借契与帐册的文书",细加推敲,感到此说并不完全妥当。便物历是单独留存于出便者手中的记帐,既不列便粮时的证人、保人,也没有契约中违契不偿受罚的约定,所以它不具有契约的功能,但在必要时是可作为追讨债务的依据之一。④

该观点主要是从要素和功能两方面对便物历与契约进行了区别,从而认为二者是两种性质不同的文献,但是这种认识并不准确,理由也欠妥。

首先,从要素上来说,并不是所有的便物历都不列保人、证人和违约罚则,相反,有许多便物历有见人、口承人和画押,如前引文书 P.2932《甲子年(964)十二月十一日至乙丑年(964)翟法律出便斛斗与人名目》、BD14806

---

① 罗彤华《唐代民间借贷之研究》,第 90、239 页。
② [法]童丕著,耿昇译《十世纪敦煌的借贷人》,第 61 页。
③ [法]童丕著,余欣译《敦煌的借贷——中国中古时代的物质生活与社会(序)》,第 11 页。
④ 乜小红《中国古代佛寺的借贷与"便物历"》,第 74 页。

(1)《辛酉年三月廿二日于仓欠物人名抄录数目》中就有口承人、见人和画押。这种有画押、见人或口承人的便物历比较多,再不赘举。甚至在有的便物历中,还要特别注明便物人或保人的身份或住址,如 Дx. 10272A 和 Дx. 11080 都是便物历残片,其中前者中有这样一笔便物帐:"☐☐☐☐ 叁硕,秋肆硕伍斗(押),保人莫康信定(押),居史钵略舍后。"这里不但有保人的画押,而且还注明了保人的住址;后者中也在一笔便物残帐后注明了便物人"居在歌马坊"。① 又前述 P. 3234V《甲辰年(944)二月后沙州净土寺东库惠安惠戒手下便物历》中每笔便贷帐除了画押外,便物人张和子还被注明身份是梁户张咄子的弟弟,其住在莲台寺门,其他如索延庆、安员进、冯友祐等人也均注明了住处。可见,有的便物历中对便贷者情况的标注是非常详细的。而这种对债务人住处专门进行标注的现象在中国古代的借贷、买卖活动中早已有之,如长沙走马楼吴简中有的贷食简也是如此,我们列举几条如下:

  叁 6296/36 大男李息一夫   取禾二斛   居在刘里丘
  叁 6301/36 吴昌烝金一夫   取禾一斛   居在平安丘
  叁 8/23   ☐夫   贷禾一斛   居 在 敷 丘
  叁 260/23   一夫贷一斛   居在☐☐
  叁 1245……贷禾一斛   居在☐☐丘②

学界认为这些"取禾""贷禾"简是东吴政府因灾害等原因而向贫民贷食"禾"的简文。③ 简文除了贷禾者的姓名、贷禾数量外,一般还将贷禾者的居住地也做了注明。据此推测,在便物历类文献中注明便贷者、保人或证人及

---

① Дx. 10272A 的图版见俄罗斯科学院东方研究所圣彼得堡分所等编《俄藏敦煌文献》第 14 册,上海古籍出版社、俄罗斯科学出版社东方文学部,2000 年,第 256 页。Дx. 11080 的图版见俄罗斯科学院东方研究所圣彼得堡分所等编《俄藏敦煌文献》第 15 册,第 169 页。唐耕耦、陆宏基编《敦煌社会经济文献真迹释录》第 2 辑第 272 页中有这两件文书残片的录文,并附有图版,但是文书编号与《俄藏敦煌文献》中的相反,即将 Дx. 10272A 与 Дx. 11080 倒置了。
② 长沙简牍博物馆、中国文物研究所、北京大学历史学系编著《长沙走马楼三国吴简·竹简》(叁),文物出版社 2008 年。
③ 戴卫红《长沙走马楼吴简所见"取禾""贷禾"简再探讨》,载楼劲、陈伟主编《秦汉魏晋南北朝国际学术研讨会论文集》,中国社会科学出版社 2018 年,第 165—191 页。这些贷禾简本来是非常零散的,由中国文物研究所等单位组成的走马楼简牍整理组将其分编在《长沙走马楼三国吴简·竹简》诸册中,戴卫红在该文中专门将其与取禾简集中整理在一起后进行了讨论,此处引用的几条贷禾、取禾简也转引自该文。

其住处的现象早已有之,不是在敦煌便物历中才出现的新现象。

除了口承人、见人外,有的便物历还有违约罚则,如 S.4884V《壬申年(972)正月廿七日褐历》载:

1 壬申年正月廿七日褐历,限至二月还,若不还,掣夺家资。
2 张憨儿女壹段长丈四尺。张万通妻壹丈四尺。押牙
3 张贤惠女师丈四尺。讷儿悉慢一丈四尺。贺南山一丈四尺。
(后略)①

该件便物历记载的便贷物不是斛斗,而是织物"褐",既有便贷日期,又规定了归还日期,同时还有"若不还,掣夺家资"的违约罚则。又 S.10512+S.9996+S.10512V+S.9996V《公元 10 世纪便麦粟豆黄麻历》第 4 行也有类似的违约罚则:"其物八月末不还者,掣夺家资。"有的便物历中的违约罚则甚为详细,如 BD16083《某年二月九日僧谈会少有斛斗出便与人名目》的内容如下:

1 □□年二月九日,僧谈会少有斛斗出便与人名目。
2 [范]再成便麦陆拾硕,至秋玖拾硕(押)阿耶怀远不勿。又口承人 口承人弟
3 [其麦]到秋还不得者,父祖口分南房子一口并
4 [门道院]落出入分不还麦者,便任僧谈会、弟永受二人
5 [出]买取物,恐后□底者,麦却者,日月证名,故立
6 □□为后凭。程□□与父,又知见人同房弟永长。便麦人范再成,便麦人弟不勿。知见人阿父。
7 □□□便麦参拾硕,至秋肆拾伍硕(押)又弟保子。口承人古□张。
8 □□官便麦拾贰硕壹斗五升,至秋拾柒
9 □□□□升半(押)其麦到秋还不得者,只
10 □□房子一口并门道院落出入分秋不还物者,便
11 [任麦]主出买(卖)取物,用为后凭。知见人李兵马使。
12 □□□□便麦柒硕柒斗,至秋拾壹硕伍斗伍升(押)

---

① 唐耕耦、陆宏基编《敦煌社会经济文献真迹释录》第 2 辑,第 235 页。

13　[其麦到秋]还不得者,用□底却者,买梵填还麦。
14　□□□便麦两硕,至秋叁硕(押)　契勿人妻王是。①
　　　　　　　　　　　　　　　　　口承男石再员,

　　该件首行明确是"出便与人名目",即便物历,主要由五笔便物帐构成,分别是第 2—6、7、8—11、12—13、14 行,每笔帐有知见人或口承人。从内容来看,与一般便物历中每笔便物帐都比较简略不同,该件便物历中第 2—6、8—11、12—13 行这三笔便物帐内容详细,不但包含了违约罚则,并且违约罚则规定得非常明确,而不是笼统的"掣夺家资",就如同三件契约一样。虽然这样写明违约罚则的便物历不多,但是以上几例说明,一般的便物历中应是将违约罚则省略掉了,有没有违约罚则也不能作为区别便物历与契约的绝对指标。②

　　实际上,便物历中的要素并非全是统一的,不能因为某件便物历没有出现保人、违约罚则等要素而否定其他便物历中存在的事实。罗彤华对便物历中的要素有这样一个总结与认识:因便物历出自不同的寺院、单位和个人,其用途也各异,在时间上又至少延绵一个世纪以上,所以记帐方式具有多元化、个别化的特性,很难有画一的写法。大体上,各式便物历著录的基本要素包括:便物人姓名、品名、数量与至秋归还数。至于便物日期、贷与机构、勾销符号、便物人与口承人签押、便物人之身份与住址等,则视各贷与人之需要而自行决定著录与否。③ 这种认识是有道理的。

　　其次,从功能上来说,乜小红认为借贷契约的功能是单一的,而便物历可作为索取欠债、记帐审计、查看济施饥贫有否缺漏等的根据,其功能远超出了借贷契的范围。但实际上,借贷契约与起借契作用的便物历的功能是相似的。一方面,借贷契约的功能并不是单一的,其既可以作为债务权责的法律依据,也可以起到会计记帐凭证和审计等作用。如郭道扬先生将敦煌等地出土的民间契约分为两类,一类是仅在法律方面起证据作用而不作为登记会计簿帐作用的一般性民间契约,而另一类是具有法律证明作用和登记会计帐簿依据的契约。④ 又如走马楼吴简《吏民田家莂》既具有租佃土地

---

① 任继愈主编,中国国家图书馆编《国家图书馆藏敦煌遗书》第 145 册,图版见第 131 页,录文见"条记目录"第 45 页。此处依据图版对部分文字重新进行了校录。
② 敦煌契约中也存在违约罚则缺失的现象,但学界对这种现象有不同的认识。参余欣《敦煌出土契约中的违约条款初探》,《史学月刊》1997 年第 4 期,第 25—31 页;杨际平《也谈敦煌出土契约中的违约责任条款——兼与余欣同志商榷》,《中国社会经济史研究》,1999 年第 4 期,第 17—27 页。
③ 罗彤华《从便物历论敦煌寺院的放贷》,第 439 页。
④ 郭道扬编著《中国会计史稿》(上册),中国财政经济出版社 1982 年,第 362 页。

契约的性质,又具有作为记帐凭证或收据的性质。① 在敦煌寺院的经济活动中,契约也起到会计凭证的功能,对此问题,郁晓刚以寺院水硙、油梁的租佃契约和雇人牧羊的契约为例有过说明。② 不惟这些契约,敦煌寺院的贷便契约也具有相应的功能,如 P.3860《丙午年(886)翟信子翟定君父子欠麦粟凭》载:

1 丙午年六月廿四日,翟信子及男定君二人,
2 先辛丑年于氾法律面上便麦陆石,粟两
3 石,中间其麦粟并总填还多分。今与算
4 会,智定欠麦肆硕,粟陆硕,并在信子及男
5 定君身上,至午年秋还本拾硕。恐人无信,
6 故立此契,用留后验。
7 　　　欠物人男定君(押)
8 　　　欠物人父翟信子(押)③

该便贷契中的氾法律与僧人智定为同一人,法律为僧职,智定为法名。氾法律作为寺院仓司的负责人,在辛丑年将陆石麦和两石粟出便给了翟信子父子,但直至丙午年寺院算会时,翟信子父子未能按时将这些麦粟的本利全部还清,故双方在丙午年又第二次立契对剩余麦粟的归还时间作了约定。算会是寺院对一个会计期内斛斗的收入、支出、见存等数量进行核算总结的会计活动,显然,在这次会计活动中,便贷契约起到了凭证的作用。

另一方面,敦煌便物历不仅有寺院的,还有官府和个人的,即便是敦煌寺院的便物历,也实际上没有起到"查看济施饥贫有否缺漏的根据"的功能,因为 10 世纪敦煌寺院便物历中的利率并不低,一般春借秋还,利率大多为50%。唐耕耦先生将敦煌寺院的这种放贷称为高利贷。④ 罗彤华认为不能单纯以高利贷看待,并肯定了其在稳定社会经济方面所发挥的积极作用。⑤ 乜小红也不认同高利贷的说法,同时强调寺院便贷的救济性质。⑥ 客观来说,敦煌寺院斛斗的出便利率是当时敦煌地区的普遍利率,即便不属

---

① 高敏《论〈吏民田家莂〉的契约与凭证二重性及其意义——读长沙走马楼简牍札记之二》,《郑州大学学报(社会科学版)》2000 年第 4 期,第 67—70 页。
② 郁晓刚《敦煌寺院会计凭证考释》,《敦煌研究》2016 年第 5 期,第 92—100 页。
③ 唐耕耦、陆宏基编《敦煌社会经济文献真迹释录》第 2 辑,第 111 页。
④ 唐耕耦《敦煌寺院会计文书研究》,第 385—409 页。
⑤ 罗彤华《从便物历论敦煌寺院的放贷》,第 454—460 页。
⑥ 乜小红《中国古代佛寺的借贷与"便物历"》,第 79—80 页。

于高利贷,同时寺院的便贷活动也可以帮助时人在一定程度上渡过困难,但这种便贷也不属于慈善济施活动,敦煌便物历的存在也不可能是佛教寺院为了防范"济施饥贫"时出现遗漏,相反,其功能主要体现在以下两方面:

一是作为收回本利和会计核算的凭据。便物历的该项功能在相关敦煌写本中有直接证据,如前所述,P.3234V《甲辰年(944)二月后沙州净土寺东库惠安惠戒手下便物历》是净土寺东库出便黄麻、豆、麦的记录帐,而与其对应的相关利息收入专门登载在 P.2032V(13)和 P.2032(1)中,也就是说,P.3234V 是 P.2032V(13)和 P.2032(1)的记帐凭据。不仅如此,寺院在对一个会计期的财务收支情况进行会计核算时,便物历中规定的利息收入还要被登入具有会计报告性质的帐状文书中,而登入过程中便物历及相应的收入历均会起到会计凭据的作用。总之,便物历作为收回本利和会计核算凭据的功能是明确的,学界对此没有异议。

二是具有契约的功能。乜小红认为便物历不具有契约的功能,罗彤华认为便物历虽具有契约功能,但不能与契约的法律功能并论,观点似有抵牾。二者的理由除了都认为便物历仅留存于出便者之手外,前者还认为便物历中没有见人等要素,后者认为便物历没有借契完整严谨。关于便物历的要素问题,前面我们已经讨论过了,此处不再赘述。现在我们主要讨论的是,能否因为便物历仅留存于出便者之手、没有借契完整严谨而否认其具有法律功能的问题,对此我们可以从相关敦煌借贷契约中寻找答案。

在唐宋时期敦煌地区的借贷活动中,当有两个以上的债务方向同一债权方进行便贷时,债权方与债务方分别立契,但是这些契约往往会连续汇集在一起,一般是第一份契约较为详细,而第二份以后的契约甚为简略,如S.1475V 由十多件便麦契组成,其中《某年(823?)灵图寺人户索满奴等便麦契》载:

1 □年四月廿二日,当寺人户索满奴为无斛斗。[遂]
2 [于][灵]图寺佛帐物内便麦两硕,并汉斗。其麦请[限][至]
3 [秋][八]月末还足。如违时限,其麦请陪(倍),仍任掣[夺]
4 [家]资杂物,用充麦直。如身东西,一仰保人[代]
5 [还]。[恐]人无信,故立此契,书纸为记。
6 　　便麦人索满奴年 □
7 　　保人解沙年廿

8　　　　　见人僧惠眼
9 [同][日],僧惠眼便麦两硕,如依前不纳,其麦请还[肆][硕]。
10　　　　　见人索周兴
11　　　　　见人僧神宝
12　　　　　见人僧道珍①

　　本件文书由两份契约构成,第1—8行是灵图寺寺户索满奴向灵图寺仓进行便贷的契约,第9—12行是僧人惠眼向灵图寺仓进行便贷的契约,二人便贷的日期相同,均是某年四月廿二日,但索满奴的便契内容甚为详备,而惠眼的便契极为简略,用"依前"一词将索满奴契约中的相关规定均代替了。即便不是同一天的便贷,也会将便贷契约进行简化,如《卯年(823?)阿骨萨部落百姓马其邻等便麦契》载:

1 卯年二月十一日,阿骨萨部落百姓马其邻,为
2 乏粮种子,今于灵图寺佛帐家麦内便汉斗
3 麦捌硕。限至秋八月内送纳寺仓足。如违 限
4 不还,其麦请陪(倍)为壹拾陆硕,仍任将契为
5 领(令)六(律),牵掣家资杂物牛畜等用充佛麦。
6 其有剩,不在论限。如身东西,一仰保人代 还。
7 恐人无信,故立此契,书纸为记。
8　　　　　便麦人马其邻年册
9　　　　　保人僧神宝年廿
10　　　　　见人僧谈颛
11　　　　　见人陈滔
12　　　　　见人就齐荣
13 同日,当寺僧义英无种子床,于僧海清边便两番 驮,
14 限至秋,依契填纳。如违,任前陪(倍)纳。便床僧义 英
15　　　　　　　　　　　　　　　见人僧谈惠。
16 又便麦两石,分付僧神宝。三月十四日记。见人道远。

---

① 录文参唐耕耦、陆宏基编《敦煌社会经济文献真迹释录》第2辑,第87页;沙知《敦煌契约文书辑校》,第128—129页。

17 又便与僧神宝青两硕。四月二十七日。见人神寂。①

该件实际上包括四份便贷契,第1—12行系马其邻向灵图寺便贷的便契,内容详尽;第13—15行是僧人义英与马其邻同一天的便契,内容甚为简略;第16、17行分别是僧人神宝于三月十四、四月二十七两天的便契,与前面两份契约不属于同日,各自也仅有一行,记载了所便斛斗的数量、日期和见人。同一天的便贷一般在第二份契约中要标明"同日"之类的字眼,非同日的便贷则需要注明具体的日期。

堀敏一早就注意到这些文书中对契约的简化问题,但并未将其与便物历在形式、性质方面进行比较。② 实际上,当有更多债务人向同一债权方进行贷便的契约被简化而汇集于一起时,这种便契在形式上就和便物历甚为相似了,我们再来看看P.3666V的内容:

(前缺)
1 无信,立契为验。
2 同年月日,百姓王弁子便粟□□□□□□
3 □,立契为验。
4 同月日,永康寺僧石□□ □ 其自限至秋八月纳。
5 [恐人]无信,故立为验。
6 同月日,百姓刘常清便粟两硕。其粟自限至秋八月内(纳)。
7 恐人无信,立契为验。
8 同月日,刘常安便粟壹拾贰硕。其粟自限至秋八月内(纳)。
9 恐后无凭,立契为验。
10 同月日,张他没赞为少粮,便粟肆硕,便麦五硕,典驴壹[头]。
11 其麦粟自限至秋八月内纳。如若不者,其典物没,其麦
12 粟请倍。仍任掣夺家资等物,用充麦粟直。恐后无
13 凭,立契为验。
14 同年月日,李荣一为少粮用,便粟伍硕,典裙壹要(腰)。其粟
15 自限至秋八月内(纳)。恐人无信,故立此契。量(两)共平章,
16 书纸为验。

---

① 录文参唐耕耦、陆宏基编《敦煌社会经济文献真迹释录》第2辑,第91页;沙知《敦煌契约文书辑校》,第103—104页。
② [日]堀敏一《唐宋间消费贷借文书私见》,第367—374页。

17 同月日,百姓王太娇为无粮用,便粟叁硕,其典种金壹,
18 其粟自限至秋八月内(纳)。恐人无信,用后为凭。
19 刘力力
20 刘奴子
21 刘昇昇
22 刘福威
23 刘胡儿
24 刘欺欺①

该件文书由多份便贷契组成,便贷活动发生于同日,结尾的几个人应为证人。由于文书前面残缺,故我们不知是什么机构进行的出便,也不知道具体有多少人进行了便贷。在残存下来的几份便贷契中,张他没赞、李荣一、王太娇三人是典押便贷,由于将典押物进行了说明而契约内容稍显详细,其他几份虽称为契约,但实则很简略,既没有违约罚则,也没有签字画押。虽然 P.3666V 是便物契,而前引 BD16083《某年二月九日僧谈会少有斛斗出便与人名目》是便物历,但是比较发现,无论是形式还是内容,二者都极为相似,如二者单笔帐中既有违约罚则者,也有无违约罚则者,同时也都出现了"用为后凭"之类的术语。总之,P.3666V 中的一份契约相当于便物历中的一笔便贷帐,从要素上来说,甚至比便贷帐还要简略,因为便物历中的便贷帐有时还有画押或见人、口承人及其债务人的住址等要素。同时,正如堀敏一所言,这种简化汇集在一起的便契与便物历一样,一般也仅单独留存于出便者之手,而非债权双方各执一份。② 尽管如此,我们不能否定这些契约的法律功能。既然这种简化后汇集在一起的便物契具有法律功能,那么,要素比这些契约还要完善的便物历同样应具有法律证明功能。

从以上讨论我们可以看到,便物历与契约在性质、功能等方面密切相关,起码将那种既有画押,又有见人或口承人而起借契作用的便物历视为契约的简化形式是没有问题的,同时不能因为便物历是借契的简化形式而否认其法律功能。

---

① 录文参唐耕耦、陆宏基编《敦煌社会经济文献真迹释录》第2辑,第131页;沙知《敦煌契约文书辑校》,第165—167页。
② [日]堀敏一《唐宋间消费贷借文书私见》,第382页。实际上,在借贷活动中,即便是没有简化的单一契约,也并非债权双方必须各执一份,如杨际平先生所言,一些契约客观上需要一式两份,但更多场合,客观上并不需要立契双方各执一契,而只要是单契则可,单契早在东汉、北魏时期就已经出现了。参杨际平《我国古代契约史研究中的几个问题》,《中国史研究》2019年第3期,第92—93页。

对于便物历和简化汇集在一起的便物契之间的关系,我们还可以通过相关古藏文文书来进一步说明。P.T.1104《吐蕃狗年(842)某寺出便粮历》和 P.T.1203《吐蕃某年(842)某寺出便粮历》是两件与寺院贷便活动相关的古藏文文书,其中前者的 C—H 部分如下:

C

6 狗年秋七月初,都护将军(dmag-dpon spyan)论·悉诺昔来时,

6—8 由于部落百姓缺乏〔酿〕酒的原料,从寺院的粮库中预借粟米十驮;悉宁宗部落(snying tsoms gyi sde)的张文秀(cang weng-yir)和悉董萨部落(stung sar gyi sde)的李进达(li dzin-dar)接收。

8—9 归还时间,商定在秋九月十五日之前,归还到寺院的粮库门口。

9—10 若不按时归还,不管换成何物,均可从他们的门口夺走,并盖私章。(所附两枚私印被划除,印文无法辨认)

D

11—12 与上件〔账簿〕同时,论·矩立藏(hlon klu-hzang)从寺院粮库中借粟米十驮。

12—13 并商定在今年秋九月十五日之前,归还到寺院的粮库门口。保人为:安拉堆(an lha-vdus)、张金达(cang dzin-dar)、康却却(khang cevu-cevu)和张埔子(cang pug-tse)等。

13—14 若不按时归还,不管换成何物,〔均可〕从他们〔家中〕夺取。

14—15 这些〔人〕也作为一方保人,并盖私章。

15a (上下倒写:)康却却(khang cevu cevu)的签名。

15b (上下倒写:)张忠信(cang dzem-tsin)的签名。

E

16—17 秋七月三十日午时,论·佟藏(blon ldong-bzang)从寺库中借粟米十驮。

17—19 声称是论·悉诺昔来时,作为〔酿〕酒的原料,由尚论的奴仆突厥人勒春(dru-gu legs cung)和石那那(sheg ne ne)接收。

19—20 并约定在今年秋八月三十日之前,归还到寺院粮库。

20—21 若未按时归还,不管换成何物,均可从勒春等人的家中没收。

21 并盖私章。(一枚私印被划除,上面字迹无法辨认)

F

22—23 与上件〔账簿〕同时,作为论·悉诺昔来时〔酿〕酒之原料;

借粟米十驮,交给背夫郑奴(zhen-vdo)和白则(vbe-tse)。(一枚私印,字迹无法辨认)

G

24—25 与上件〔账簿〕同时,论·绮力赞(blon khri-brtsan)再预借粟米五驮,由阴孜罕(im tsi-hvan)接收。

25—26 与原先所借的二十驮,同时归还。

26—27 如未按时归还,不管换成何物,〔中残〕可从〔阴孜罕〕家门口夺走。

27 并盖私章。(一枚私印,上面字迹无法辨认)

H

28—29 作为设宴迎送论·悉诺昔时的酿酒之原料,借粟米四驮,交给背夫。(一枚私印,字迹无法辨认)

武内绍人、杨铭等学者对该件文书都有翻译研究,[①]以上转录的是杨铭和贡保扎西的翻译,该翻译将文书中的借贷符号翻译为"借"而非"便",但是在标题中却用"便"。同时,杨铭在将武内绍人对该件及其他古藏文契约文书的日文译文翻译成汉文时,也将文书中的借贷符号翻译为"借",而在标题中翻译为"便"。实际上,与同时期的汉文便物契如 P.4686、P.3444V、P.2502、P.2686、P.3730V 等相比对,这些文书中的借贷符号可以翻译为"便"。在 P.T.1104 所载寺院的出便帐中,每笔帐要签字或盖私章,有的有违约罚则,有的有保人,但有的既没有违约罚则,也没有保人。显然,从内容和形式上来看,其既与简化汇集在一起的契约一致,又与 BD16083 等便物历相同。也正因为如此,武内绍人等学者将其纳入古藏文契约文书中进行研究,而杨铭等学者又将其视为寺院帐簿而翻译为"便粮历",这种现象也反映出简化汇集在一起的契约和便物历之间的关系非常密切,二者在形式和性质上都是相通的。

总之,在讨论便物历的起源时,不能仅仅从便物历的表象名称去探索便物历的起源问题,因为用"便"字作为借贷符号和用"历"字来命名相关帐目文书的时间均较晚;同时,不能因为敦煌写本中的便物历以寺院的居多及历史上佛教从事过救济活动而将便物历的起源与佛教硬性联系在一起,从而

---

① Tsuguhito Takeuchi, *Old Tibetan contracts from Central Asia*, Daizo Shuppan, Tokyo, 1995 年, pp. 225-237. 武内绍人著,杨铭、杨公卫译,赵晓意校《敦煌西域出土的古藏文契约文书》,新疆人民出版社 2016 年,第 241—249 页。杨铭、贡保扎西《两件敦煌古藏文寺院帐簿研究》,《敦煌学辑刊》2019 年第 1 期,第 169—182 页。

忽视了政府的各种借贷行为。实际上,便物历类文献在先秦时期就已经伴随着政府的各类借贷活动而产生了。在讨论便物历的功能时,必须要明确便物历的种类,不加区分而笼统地讨论是很难准确认识便物历的功能的。那种有画押与见人、口承人等要素的便物历不仅是收回本利和进行会计核算的凭据,而且具有契约的法律功能。

第三节　便物历文书考释数则

一、僧寺便物历考释

(一) P.3370《戊子年(928)六月五日净土寺公廨麦粟出便与人抄录》

P.3370 首全尾残,共残存 27 行,较早由日本学者重松俊章释录,紧接着由仁井田陞在讨论唐宋间的消费借贷时将其全文正式发表,并认为这是官府麦粟的借贷文书。①《释录》第 2 辑既有录文,又附有其黑白图版。② 该件首行云"戊子年六月五日公廨麦粟出便与人抄录如后",说明其载的是公廨麦粟的出便情况。由于这里的公廨麦粟并非属于官府而属于寺院,故《释录》第 2 辑将其拟名为"戊子年(928)六月五日某寺公廨麦粟出便于人抄录"。那么,这是哪所寺院的文书呢?

P.3370 所载的贷便者、见人和口承人有世俗人和僧人,这些人来自敦煌赤心乡、洪润乡、莫高乡、玉关乡、龙勒乡、洪池乡和平康乡等,其中贷便者中的世俗人有安官通、曹智盈、宋唱进、赵善通、游怀润、曹保晟、傅流住、程恩子、石章六、邓安久、李安六、王安君,僧人有应戒、友庆、洪福、员德、贾法律、当寺僧义忠、普光寺尼索寺主、王寺主、曹法律;见人和口承人有杜寺主、池略、阿婶赵氏、沙弥幸通、曹保晟、游怀润、安胡奴、沙弥善通、戒惠、义忠、彭员通、康通达、安友妻裴氏、喜喜、李安六、邓安久、王寺主和王安君。这些便贷者和口承人中的多人在其他文书中也有出现,如 P.2032V(1)载:"粟两硕贰斗伍升,僧义忠利润入。"P.2032V(11)载:"九月十日,得义忠粟陆硕。"P.2032V(13)载:"黄麻贰斗,邓员德利润入。"P.2032V(17)载:"麦一石,僧义忠利润入……粟一石五斗,僧义忠利润入……豆一石,僧义忠利润入。"P.2049V《后唐同光三年(925)正月沙州净土寺直岁保护手下诸色入破历算

---

① ［日］仁井田陞《唐宋法律文书の研究》,东方文化学院东京研究所 1937 年,第 271—273 页。
② 唐耕耦、陆宏基编《敦煌社会经济文献真迹释录》第 2 辑,第 207—208 页。

会牒》第123行载:"麦壹斗,友庆利润入。"第184行载:"粟壹硕,石章六利润入。"P.2049V《后唐长兴二年(931)正月沙州净土寺直岁愿达手下诸色入破历算会牒》第53—54行载:"麦壹硕,游怀润利润入。"第73—74行载:"麦壹斗伍胜,彭员通利润入。"第77—78行载:"麦叁斗,曹保晟利润入。"P.2040V(2)的标题云:"乙巳年正月廿七日已后胜净戒惠二人手下诸色入。"P.3234V(7)第19—20行载:"豆三石,彭员通便将折修西渠手工用。"P.3234V(12)第34行载:"豆壹硕,彭员通利润入。"第41行载:"豆伍斗,程恩子利润入。"在这些净土寺文书所载的利润收入中,便贷者僧义忠、友庆、邓员德、石章六、游怀润、彭员通、曹保晟、程恩子及净土寺财产管理人员戒惠均出现在P.3370中,其中除了P.2049V两件的时间为925、931年之外,另外几件文书P.2032V、P.2040V和P.3234V的时间在939—945年之间。① 据此我们认为,P.3370中的戊子年是928年,"当寺"僧义忠及僧戒惠等应为净土寺僧人,其中的便贷均是向净土寺公廨斛斗进行的便贷,故可将其拟名为"戊子年(928)六月五日净土寺公廨麦粟出便与人抄录"。

(二) S.5845"己亥年(939)二月十七日及其后龙兴寺贷油面麻历"

S.5845残存有17行,记录的是己亥年二月十七日及其后僧俗两界向寺院借贷黄麻、面、油等事,《释录》第2辑在录文时将其拟名为"己亥年(959?)二月十七日某寺贷油面麻历"。②

S.5845登载向寺院借贷的僧俗有十多人,其中僧人中的郭僧政、宗明、法受、信力、洪渐均出现在P.2250V中龙兴寺分䞋僧名单中,又S.5845中记载"龙建贷麻贰斗",而P.2250V中龙兴寺分䞋僧名单中有"隆建",不排除龙建和隆建为同一人的可能,因为这种在僧人法号中音同字别的现象在敦煌文书中较为多见。从这些僧人的情况来判断,S.5845应为龙兴寺文书。

僧人宗明还见于年代当在895年或9世纪末、10世纪初的S.2614V《沙州诸寺僧尼名簿》龙兴寺僧人名目中,③彼时其为新沙弥,而在P.2250V中

---

① 这几件文书中的相关内容被唐耕耦先生整理入939—945年的净土寺文书中,详参唐耕耦《敦煌寺院会计文书研究》,第77—269页。
② 唐耕耦、陆宏基编《敦煌社会经济文献真迹释录》第2辑,第231页。
③ 〔日〕藤枝晃认为该件文书的年代大约是895年,参藤枝晃《敦煌の僧尼籍》,《东方学报》第29册,1959年,第322页。〔日〕池田温著,龚泽铣译《中国古代籍帐研究》"录文与插图"部分第448—453页认为在9世纪末期,唐耕耦、陆宏基编《敦煌社会经济文献真迹释录》第4辑第229—245页推测为895年,郝春文先生曾在《敦煌写本社邑文书年代汇考(二)》(载《首都师范大学学报》1993年第5期)一文中亦认为是895年,但后在《唐后期五代宋初沙州的方等道场与方等道场司》(载《唐研究》第2卷,北京大学出版社1996年)一文中认为应在10世纪初。

龙兴寺分儭僧名单中已经是法律。至于P.2250V的年代，藤枝晃定在925年，[1]唐耕耦定在925—930年间，[2]李正宇认为在后唐同光年间（923—926），[3]郝春文定在937年前不久。[4] 也就是说，S.2614V和P.2250V的时间相差三十年左右，在这约三十年间，僧人宗明由新沙弥而成长为法律也合乎情理。在S.5845中，宗明的签名出现在第5行"氾法律贷麻壹硕伍斗"之后，这说明宗明有可能就是氾法律，也有可能是氾法律借贷的保人。不管宗明的身份如何，其在S.5845中应不再是新沙弥，也即S.5845的年代要晚于S.2614V，但其下限不会晚于10世纪中期，故S.5845中的己亥年应是939年。至此，我们可将S.5845拟名为"己亥年（939）二月十七日及其后龙兴寺贷油面麻历"。

（三）P.4058《公元9世纪后期开元寺贷便粟豆历》

P.4058中有一部分登载的是关于粟、豆的帐目，这部分帐目前后残缺，现存14行，每笔帐的顺序是先记僧人法号或俗人姓名，再记粟或豆的数量，最后是这些僧人或俗人的画押或签字。关于这部分帐目的性质，唐耕耦云"此件是否为借贷历，不能断定，今姑且归入这一类"。同时在释录时将其拟名为《粟豆历》。[5] 与其他一般的贷便历文书不同，虽然这部分帐目没有说明贷便的利息，[6]但是从格式上来看，将其归入贷便历应没有多大问题。

P.4058中粟、豆帐目中保存完整的僧人法号或称呼共有13个，即庆道、慈力、戒月、道崇、神心、神秀、灵憼、大弁、愿净、惠证、令狐阇利、广济、留子，除了令狐阇利外，其他12人均见于S.2614V《沙州诸寺僧尼名簿》开元寺僧人名目中，可见，这部分帐目系开元寺帐无疑。

前已述及，S.2614V的年代在895年或9世纪末10世纪初，那么，P.4058所载帐目的年代也应与S.2614V大致相当。又P.4058在第14行登载的一笔帐是关于李山山的，李山山的签名用的是藏文，该签名与羽064《李山山卖舍契》中舍主李山山的藏文签名相同，[7]很可能这两处的李山山是

---

[1] ［日］藤枝晃《敦煌の僧尼籍》，第285—338页。
[2] 唐耕耦、陆宏基编《敦煌社会经济文献真迹释录》第3辑，第193—204页。
[3] 李正宇《敦煌地区古代祠庙寺观简志》，《敦煌学辑刊》1988年第1、2期合刊，第77—78页。
[4] 郝春文《唐后期五代宋初敦煌僧尼的社会生活》，第298—308页。
[5] 唐耕耦、陆宏基编《敦煌社会经济文献真迹释录》第2辑，第254页。
[6] 当然，也有个别贷便历是无息的，如BD13800＋S.5064《公元10世纪某寺保德等贷粟豆黄麻入历》即无息。
[7] 图版参武田科学振兴财团、杏雨书屋编《敦煌秘笈》（图片册）第1册，武田科学振兴财团印行2009年，第391页。释录介绍参王祥伟《日本杏雨书屋藏四件敦煌寺院经济活动文书研读札记》，《中国社会经济史研究》2011年第3期。

同一人。从这些信息来判断，P.4058所载帐目的年代应在9世纪后期，故我们可将其拟名为《公元9世纪后期开元寺贷便粟豆历》。

二、兰若和佚名寺院便物历考释

(一) BD16029《丁巳年(957)至己未年(959)周家兰若禅僧法成便麦粟历》

BD16029残存5行，虽然《国家图书馆藏敦煌遗书》第145册在公布其图版的同时进行了释录，并拟名为《周家兰若禅僧法成便麦粟历》，[①]但是录文中个别文字有误，兹据图版将其内容校录如下：

1 周家兰若内禅僧法成
2 右法成坚持守院，扫洒焚香，妙理教化，
3 于十方念诵聚求于升合，去丁巳岁押衙
4 周不儿来便将麦伍硕。又至戊午年春 将 □
5 拾贰硕，至己未年春 便 麦两 硕，粟肆硕，其秋
（后残）

文书所载僧法成负责周家兰若，并且通过便贷经营利息收入，说明周家兰若也在从事便贷活动。僧法成放贷取息之事还见于BD16079A《辛酉年二月九日僧法成出便与人抄录》，其载：

1 辛酉年二月九日，僧法成少有斛斗出便与人抄录：
2 周通顺便麦拾叁硕捌斗，至秋贰拾硕柒斗，其秋入伍硕五斗。
3 周保德便粟壹[硕，至秋]壹硕伍斗，其粟看人门户用。
4 王憨儿便粟壹硕，至秋[壹硕]伍斗，口承人阿娘，其粟纳社家[用]。
5 □□□[便麦壹硕，至秋]壹硕伍斗。
6 ———————— 硕，至秋陆硕。(押)口承人佛奴
7 ———————— 至 秋 壹 硕 ，口承人佛奴

该件文书共有7行，《释录》第2辑仅录出了前面2行，并推测辛酉年可能为公元961年。[②] 后《国家图书馆藏敦煌遗书》第145册公布了BD16079A

---

① 任继愈主编，中国国家图书馆编《国家图书馆藏敦煌遗书》第145册，图版见第95页，录文见"条记目录"第26页。
② 唐耕耦、陆宏基编《敦煌社会经济文献真迹释录》第2辑，259页。

的图版,并对其进行了释录。① BD16029 中的己未年和 BD16079A 中的辛酉年应前后相继,即应相差 2 年,并且二者中的僧法成亦应为同一人,因为 BD16029 中僧人法成主持的是周家兰若,而 BD16079A 中向僧人法成进行便贷者有周通顺、周保德和王憨儿三人,其中周通顺、周保德的便贷没有口承人,王憨儿的便贷有口承人,足见周通顺、周保德身份的特殊,至于他们的便贷没有口承人的原因就是其与 BD16029 中向法成便贷的周不儿一样,均应属同一周氏家族,而周家兰若就是该家族建造的,故 BD16029 和 BD16079A 均应是周家兰若的便贷历,后者中的辛酉年为 961 年,前者中的丁巳年、戊午年、己未年应分别为 957、958、959 年。至此,BD16029 和 BD16079A 可分别拟名为《丁巳年(957)至己未年(959)周家兰若禅僧法成便麦粟历》和《辛酉年(961)二月九日僧法成出便与人抄录》。

(二) S.11333V＋S.7963V《庚戌年(950?)四月十八日公廨司出便物名目》

S.11333V 的图版公布于《英藏敦煌文献》第 13 卷,仅残存 4 行,其中第 4 行仅残有一个字的一丝笔迹。② S.7963V 也仅残存 4 行文字,每行前部有残缺,《释录》第 2 辑在公布 S.7963V 的黑白图版的同时还对其内容进行了释录,拟名为《年代不明公廨司出便物名目》。③《英藏敦煌文献》第 12 卷公布了 S.7963V 的高清黑白图版,拟名为《某年后四月十八日公廨司出便物名目》。④ 从图版来看,S.11333V 的下部边缘与 S.7963V 的上部边缘处可以拼接在一起,二者是同一件文书。接下来我们将 S.11333V＋S.7963V 的内容进行释录,其中拼接处用"/"分开,而将拼接处存留在二者上面的文字置于【】中,具体内容如下:

1 庚戌年【后?】肆月十八日公解(廨)司出便物名目。
2 洪润石【员】宗便粟六石七斗五升,至秋十石五
3 升,口【承】人男定奴,见人梁法律。
4 □/法律便 粟 五 斗 ,至 秋 七 斗 五 升 。
　　(后缺)

---

① 任继愈主编,中国国家图书馆编《国家图书馆藏敦煌遗书》第 145 册,图版见第 128 页,录文见"条记目录"第 43—44 页。此处依据图版对其内容重新进行了校录。
② 中国社会科学院历史研究所等合编《英藏敦煌文献》第 13 卷,第 223 页。
③ 唐耕耦、陆宏基编《敦煌社会经济文献真迹释录》第 2 辑,第 250 页。
④ 中国社会科学院历史研究所等合编《英藏敦煌文献》第 12 卷,第 77 页。

第一章　便物历文书

　　从该件第3行的见人是梁法律、第4行的便粟者也是某法律来看,其应是寺院的便物历。除了S.11333V+S.7963V外,寺院公廨司斛斗的便物历还有前述P.3370《戊子年(928)六月五日净土寺公廨麦粟出便与人抄录》,但不能确定二者是不是属于同一寺院。S.11333V+S.7963V的第1行交代了其名称,其中的庚戌年可能是公元950年。

　　(三) BD13800+S.5064《公元10世纪某寺保德等贷粟豆黄麻入历》

　　BD13800和S.5064均前后残缺,《国家图书馆藏敦煌遗书》第112册较早公布了BD13800的图版,并进行了释录,拟名为《便粮食历》。[①]《释录》第2辑在对S.5064进行录文的同时还附有黑白图版,并拟名为《年代不明(10世纪)某寺愿戒保心等付贷入粟豆黄麻历》。[②]

　　从图版来看,BD13800与S.5064本来就是同一件文书,二者字迹出自同一人之手,特别是BD13800的左侧边缘与S.5064的右侧边缘处正好可以完全拼接在一起,拼接处的一行文字是"愿戒付粟叁硕,豆伍斗,黄麻柒斗",这行文字的字迹主要存留在S.5064第一行,但大多有些许字迹存留的字在BD13800最后一行,特别是"愿戒"二字在BD13800上存留的字迹较多(图1-3)。

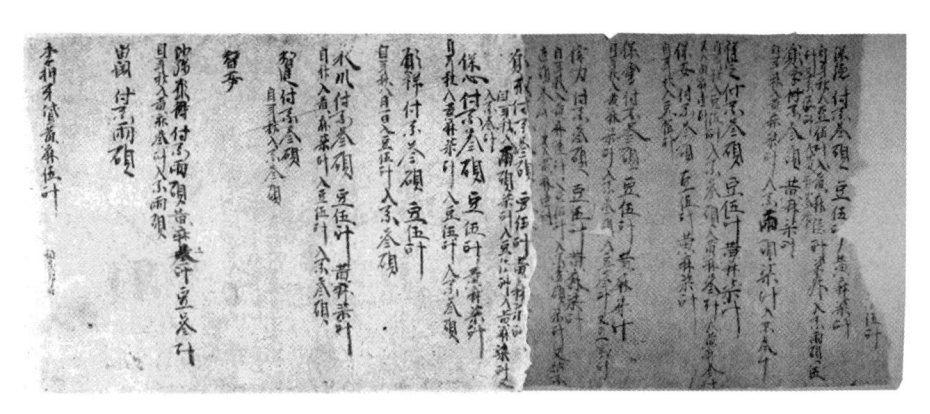

图1-3　BD13800+S.5064图版

　　拼接后的BD13800+S.5064的内容前后均有残缺,所存内容主要是对贷便出的粟、豆、黄麻和当年秋天偿还的粟、豆、黄麻数量的记载,贷便者主要是僧人如保德、愿学、祥定、保安、保会、信力、愿戒、保心、愿祥、永张、智

[①] 任继愈主编,中国国家图书馆编《国家图书馆藏敦煌遗书》第112册,北京图书馆出版社2009年,图版见第385页,录文参"条记目录"第137页。
[②] 唐耕耦、陆宏基编《敦煌社会经济文献真迹释录》第2辑,第251页。

进、智安、沙弥愿得、留闰和世俗人李押牙和闰晟。从偿还和贷出的斛斗数量来看,偿还的数量等于或小于贷出的数量,并且有时对偿还的同一种斛斗如粟、豆或黄麻分两次或三次登载,如:"祥定付粟叁硕、豆伍斗、黄麻柒斗。自年秋入豆伍斗,入粟叁硕,入黄麻叁斗,入黄麻叁斗,又入黄麻壹斗。"可见,祥定借贷的斛斗和偿还的斛斗数量相同,其中对偿还的柒斗黄麻分三次记帐。其他如保德、愿学、保会、信力、愿戒所偿还和贷出的斛斗数量不但相同,而且记帐特点也与祥定的相同;又如"保安付粟叁硕、豆伍斗、黄麻柒斗。自年秋入豆伍斗",这里保安仅偿还了伍斗豆,而叁硕粟和柒斗黄麻则暂欠未还。其他如沙弥愿德也仅偿还一部分,而留闰所贷便的两硕粟也没有偿还。这些记帐特征说明,BD13800+S.5064所载的不但是无息借贷,而且主要是对贷便者偿还斛斗数量、过程等详细情况的记录。

BD13800+S.5064中的僧人法号在其他相关文书中一般均有出现,如信力、保安、愿学见于P.2250V龙兴寺分儭僧名单中,同时愿学又见于P.2250V乾元寺分儭僧和P.3423《丙戌年五月七日乾元寺新登戒僧次第历》中,后者中还载有保德,其他如愿德、祥定等也见于其他文书,而且属不同寺院,此处不再详细列举。总之,BD13800+S.5064的所属寺院及具体年代暂时不能确定,但其应在10世纪无疑,故我们暂将其拟名为《公元10世纪某寺保德等贷粟豆黄麻入历》。

(四) S.10512+S.9996+S.10512V+S.9996V《公元10世纪便麦粟豆黄麻历》

S.10512和S.9996及其背面的黑白图版公布于《英藏敦煌文献》第13卷,分别拟名为《出便斛斗与令狐晟等名目》《出便斛斗与马留信等名目》。① 国际敦煌项目网站(IDP)又公布了彩色图版。S.10512和S.9996前后都有残缺,各残存11行,其中S.10512的上部和下部、S.9996的上部也有残缺,内容属于便物历,出便物是麦、粟和豆。经辨别,S.10512和S.9996应是同一件文书,理由主要有:字迹相同,为同一人所写;计量单位石、硕和数字的大小写都混用;S.10512的下部边缘和S.9996的上部边缘的形态基本可以拼接,并且拼接后,相关出便帐的利息率都是100%;背面都残存有两行关于出便黄麻的文字。虽然由于S.10512的下部边缘和S.9996的上部边缘处有少量残损而不能无缝拼接,但是拼接处也并不缺少文字,拼接处有个别文字还在二者上都有残存。现将拼接缀合后的内容进行释录,其中拼接处用"/"分开,将拼接处存留在二者上面的文字置于【】中,具体如下:

---

① 中国社会科学院历史研究所等合编《英藏敦煌文献》第13卷,第47、12页。

1 ▭▭▭ 安便/【粟】壹硕伍斗,秋叁硕。其物官斗(签字)(押)

2 ▭▭ 硕,秋肆硕。其/物官斗(押)。马留信便粟

3 ▭▭ 子便粟伍/斗,秋一硕。令狐海润便麦两硕,

4 ▭▭ 秋肆硕。其/物八月末不还者,掣夺家资。

5 ▭▭ □妇便粟/壹硕,秋两硕。马留信便麦两石,秋四石。

6 ▭▭ 令狐晟晟麦一石【二】斗。索保晟便豆壹石,秋两

7 ▭▭ 刘海严便粟/一石五斗,秋叁硕。阴博士便麦

8 ▭▭ □画新/妇麦壹石,秋两石。宋和信便麦壹石,

9 ▭▭ 便麦一石/秋两石。同日,赵护子便麦壹石二斗,秋两

10 ▭▭ 麦叁硕,【秋】陆硕。其物典,用为后记。

11 ▭▭ □□□/□麦□□□斗秋两石陆斗。

S.10512＋S.9996背面的两行文字拼接后如下:

1 刘婆便黄麻贰斗二升,户子□黄麻▭▭

2 □升。户子□黄麻一斗□升□□□麻▭▭

背面的这两行文字与正面的文字字迹相同,可能与正面属于同一内容。

S.10512＋S.9996＋S.10512V＋S.9996V残存的内容中没有说明年代,也不明是否是寺院的便物历,其中令狐海润见于P.2040V(11)＋P.2040V(10)《净土寺己亥年(939)诸色入破历算会牒稿》,宋和信见于P.4638《辛卯年(931)后马军宋和信雇驼状》,据之推测其年代当在10世纪,故可将其拟名为《公元10世纪便麦粟豆黄麻历》。

第二章　施物历与分㑎文书

第一节　施物历与施物卖出历

一、施物历的种类

施物历是专门记录施主布施物的文书。从敦煌文书的相关记载来看，施主的布施对象是较为广泛的，既有寺院，也有僧尼如现前大众或合城大众，还有如都司、经司、行像司、修造司等佛教机构，其中施入合城大众者一般由㑎司或大众仓管理，㑎司管理织物等，而大众仓管理斛斗。[①] 从敦煌寺院会计文书来看，寺院在每个会计期内的布施收入一般仅有数笔，数量也不大，故寺院即便是造施物历，但内容一般很少。相反，由㑎司和大众仓等佛教机构管理的布施物数量较大，故施物历的内容也较多。施物历既有施入历，也有施物破用历，还有与施物管理有关的施物历状和施物交割历等，下面我们就对各类施物历文书进行梳理说明。

（一）施物入历

敦煌文书中保存下来的施物入历并不多，主要有 BD11990《诸人施钱历》、P.2583V（1）《申年（816）宰相上乞心儿等福田施入诸色物历》、P.2583V（13）《申年（816）二月十三日尼明证念诵施入大众衣物数》、P.3047《吐蕃时期孙公子等施入历》、P.3047《吐蕃时期康喜奴等施入历》、P.2912V《丑年（821）正月后大众及私偏㑎施布入历》、S.5663《乙未年（875）正月十五

[①] 关于㑎司和大众仓的职掌，详参郝春文《唐后期五代宋初沙州僧尼的宗教收入（一）——兼论㑎司》，载柳存仁等著《庆祝潘石禅先生九秩华诞敦煌学特刊》，文津出版社1996年，第287—302页；郝春文《唐后期五代宋初沙州僧尼的宗教收入（三）——大众仓试探》，《敦煌学辑刊》1996年第2期，第1—8页。又见郝春文《唐后期五代宋初敦煌僧尼的社会生活》，第283—331页。

日三界寺沙门道真施物入历》、S.7060V(1)《施衫绫练等名目》和 S.8443F4《某年二月一日某寺散施入历》等，另外还有 Ch.75.xii.6《吐蕃牛年王子等人施入油历》等藏文施入历。在这些施入历中，仅有 BD11990 是施钱历，由于吐蕃统治敦煌地区以后，钱币很快退出了流通领域，麦粟在商品交换中扮演着货币的角色，故该件的年代应比较早。其他几件施入历大多在吐蕃统治敦煌时期。这些施入历的内容一般都很少，其中内容较多的主要有 P.3047《吐蕃时期孙公子等施入历》和 P.3047《吐蕃时期康喜奴等施入历》，[①]可惜二者前后均有残缺，看不到完整的格式。

在施物入历中，有的是对不同时期、不同场合、不同布施者施物的综合记录，属于汇总的施入历，如 P.2583V(1)《申年(816)宰相上乞心儿等福田施入诸色物历》载：

1 申年正月十五日，时□□时福田紫□一疋卅七尺，绢两疋各十□牛三头，折得上牛两头，共计十三石。

2 箭，金五两，上锦两张，杂绢两疋各十五箭。

3 [申年]二月五日，宰相上乞心儿福田入僧□拾伍两，金花□

4 □□，拾两银瓶壹，上锦壹张。

5 □□□日宰相上□结罗福田施僧拾伍两，金花银盘壹

6 拾两，银盘壹，柒两银盘壹 三事准得麦陆拾驮，[报]恩寺未入。

7 十月九日，宰相上乞心儿及论勃颊藏福田捌头牛价折得

8 麹尘绢两疋，绯绢叁疋，紫绫壹疋 折绢叁疋，每牛一头得绢一疋。[②]

P.2583V 包括舍施疏和施物历共 13 件，虽然学界一般将其统一拟名为《申年比丘尼修德等施舍疏》，但是其中第 1 件和第 13 件显然没有疏文的格式，故其并不是舍施疏，而是施物历。P.2583V(1) 是对上乞心儿、论勃颊藏等人于申年正月十五、二月五日、十月九日等三次布施物的综合记录，故属汇总的施物历，布施物的数量较大，价值较高，布施的对象主要是僧人。这种汇总的施入历有时记录的布施人数较多，如 P.3047《吐蕃时期孙公子等施入历》和 P.3047《吐蕃时期康喜奴等施入历》就各自记录了数十人的布施情况，其中 P.3047《吐蕃时期孙公子等施入历》中第 6—10 行载：

---

① 录文参唐耕耦、陆宏基编《敦煌社会经济文献真迹释录》第 3 辑，第 76—77 页。
② ［日］池田温著，龚泽铣译《中国古代籍帐研究》，"录文与插图"部分第 400 页。唐耕耦、陆宏基编《敦煌社会经济文献真迹释录》第 3 辑，第 64 页。

6 张目宣施发一大剪为父母。张大娘施发一大剪为父母。杨十三
　［施］发一剪为

7 父母。李庭奴施麦一驮为亡男。武通相施褐衫一领。张十一施
　□□子为□

8 家，施入行像。诺奴施褐衫一领。比丘广詈施黄褐衫一领

9 为父母。曹二娘施发一剪。七郎子施红衣兰一。张昆仑施发

10 一剪。和□□施麦一驮为父母。左十二施油二升为合家平安。

从中可见，每笔布施帐注明布施者姓名、布施物品的名称和数量，有的还注明布施目的，即为了何人而布施，大多是为了父母，也有个别是为了妻子、子女、合家等。在敦煌藏文文书中，也有类似的施入历，如 Ch. 75. xii. 6 载：

牛年仲春月初四日，王子(lha-sras)，作为令人赞颂的布施者，向沙州(Sha-cu)寺庙供奉灯油。

普光寺(Pho-kvang-si)寺户(Lha-vbangs)阴丹顿多布施酥油(Yu-mar)五普尔(Phul)，作为初四夜的一百盏灯的灯油。阴丹顿多布施酥油五普尔，作为初五夜一百盏灯的灯油（同样，他又在初六和初十夜，分别布施酥油九普尔和四普尔，计点灯数各为 180 盏和 90 盏）。

作为六十盏灯的灯油。李金刚布施酥油七普尔，作为一百四十盏灯的灯油。论·祖热布施酥油七普尔另一掬(Khyor)半，作为二十八日夜一百四十七盏灯的灯油。王健健布施酥油七普尔，作为季冬月初五夜一百四十盏灯的灯油。

安辛子代论·洛桑布施酥油十普尔另两掬，作为十四日夜点二百二十盏灯的灯油。寺户赫克希布施酥油七普尔，作为十五日夜一百四十盏灯的灯油。姜光东布施酥油十普尔，作为二十四日夜点二百盏灯的灯油。

（倒写1行）……高，梁（杨？）康，许……[①]

该件是专门记录布施油的入历，据内容可拟名为《吐蕃牛年王子等人施入油历》，每笔布施帐也注明布施者姓名、布施目的、布施物品的名称和数量，说明藏文施入历和汉文施入历的构成要素基本一致。又敦煌藏文文书

---

① ［英］F·W 托马斯编著，刘忠、杨铭译注《敦煌西域古藏文社会历史文献（增订本）》，商务印书馆 2020 年，第 89—90 页。

Ch. cxlvii. 31(IOL Tib J 575)+Ch. 73. viii. 5(IOL Tib J 1357)也是一件与布施密切相关的文书,对于该件文书的性质,托马斯认为是一份简要但系统管理寺庙收入的账册。① 岩尾一史认为是吐蕃官府在敦煌举行佛教斋会时进行布施的部落百姓名单。② 杨铭认为是吐蕃统治敦煌时期在千户、将的管理制度之下,又设置牌子将管理十户百姓向寺院或佛堂交纳贡赋的情况,或者是吐蕃官府举办斋会时部落入籍户向斋会交纳贡物或课物的名单。③ 由于该件文书中仅有寺院或佛堂的名称、布施者的姓名,没有布施物的名称及数量等,故其与一般意义上的施入历有别。

编造汇总的施物入历的依据应是比较多的,其中比较重要且普遍的是舍施疏或舍施发愿文。从舍施的场所来看,敦煌的舍施疏主要有以下几种:

一种是私人设斋请僧转经斋会上的舍施疏,如 P.4624《唐大中七年(853)八月廿六日邓荣施入疏》、S.4470V(1)《唐乾宁二年(895)三月归义军节度使张承奉副使李弘愿回向疏》、P.2704《后唐长兴四至五年(933—934)曹议金回向疏四件》、P.2697《后唐清泰二年(935年)九月比丘僧绍宗为亡母转念设斋施舍放良回向疏》、P.3556《后唐清泰三年(936)正月廿一日归义军节度留后使曹元德转经舍施回向疏》、P.4046《后晋天福七年(942)十一月廿二日归义军节度使曹元深舍施回向疏》、P.2982《后周显德四年(957)九月梁国夫人浔阳翟氏结坛供僧舍施回向疏》、S.3565(1)《归义军节度使曹元忠设斋功德疏》、P.3576《宋端拱二年(989)三月归义军节度使曹延禄设斋施舍回向疏》、S.5973《宋开宝七年(974)正月归义军节度使曹元忠施入回向疏二件》和S.5973《宋开宝八年(975)正月归义军节度使曹延恭施入回向疏二件》等。

另一种是因僧团举行集体法事活动而设置的道场上的舍施疏,如P.2837V《辰年支刚刚等施入疏十四件》、Д.162V《辰年正月十五日吴清清等施入疏十五件》、P.2583V《申年比丘尼修德等施舍疏》、羽076《某年六月八日僧法邻施入疏》、P.3541《年代不明舍施疏五件》、P.2863《李吉子等施入疏七件》、S.11286《施入疏残卷二件》、S.6026《唐中和年代(881—885)施入疏稿》、Дx.00883B《舍施疏》、Дx.01307V《舍施疏》、P.3353《年代不明舍施疏》和 S.2243《年代不明施舍面籹疏》等。

还有一种是在其他场所或场所不明的舍施疏,如 P.2912《公元 821 年

---

① [英]F·W 托马斯编著,刘忠、杨铭译注《敦煌西域古藏文社会历史文献(增订本)》,第 73—78 页。
② [日]岩尾一史《チベット支配下敦煌の納入寄進用リスト—IOL Tib J 575,1357(A),(B)の紹介——》,《敦煌写本研究年报》创刊号,京都,2007,165—189 页。
③ 杨铭《一件敦煌吐蕃文〈寺院施入疏〉考释》,《西北民族论丛》第 18 辑,第 97—113 页。

(?)四月八日康秀华写经施入疏》、S.2687《河西曹元忠浔阳郡夫人翟氏回向疏二件》、S.3565(2)《河西归义军节度使曹元忠浔阳郡夫人等供养具疏》、S.86《宋淳化二年(991)四月廿八日回施疏》、P.3556《施舍疏》和S.6215《施入疏》等。①

这些舍施疏的格式基本一致,特别是前两种舍施疏的格式一般都是先列施物名目,然后是施入对象如合城大众、僧人、寺院、法事、行像、修造等,再表明布施目的,最后一句是由日期、布施者姓名及"谨疏"二字组成,这些要素一般是舍施疏文不可缺少的,如P.2583V《申年比丘尼修德等施舍疏》第三件载:

1 十综布袈裟覆膊头巾一对,官絁裙衫一对,紫绢衫一对,白锦袜肚一,
2 麹陈绢二丈,已上物施入合城大众。白绣袜一量,施入龙兴,修行像。
3 细布衣兰一,入法事。
4 　右真意所施意者,奉为亡姊舍化,不知神
5 　识托生何道,及为己身染患,经余累月,未能
6 　瘥损,医疗无方,虑恐过去宿业,现世儵疣,敢此
7 　缠痾,疼痛苦楚。伏愿大众起慈济心,乞垂加护,广
8 　为忻念。
9 　　　十二月廿比丘尼真意谨疏。②

---

① 在这些舍施疏中,D.162V的图版见北京大学图书馆、上海古籍出版社编《北京大学图书馆藏敦煌文献》第2册,上海古籍出版社1995年,第157—159页;羽076的图版见武田科学振兴财团、杏雨书屋编《敦煌秘笈》(图片册)第1册,第450—451页;Дx.00883B的图版见俄罗斯科学院东方研究所圣彼得堡分所等编《俄藏敦煌文献》第7册,上海古籍出版社、俄罗斯科学出版社东方文学部1996年,第178页;Дx.01307V的图版见俄罗斯科学院东方研究所圣彼得堡分所等编《俄藏敦煌文献》第8册,上海古籍出版社、俄罗斯科学出版社东方文学部1997年,第76页。其他舍施疏的录文参唐耕耦、陆宏基编《敦煌社会经济文献真迹释录》第3辑,第55—109页。对这些舍施疏的研究参郝春文《唐后期五代宋初敦煌僧尼的社会生活》,第241—253页。
② 对该件中申年的公元纪年,学界有828、816和792年三种观点,目前一般认同816年说。相关考证可参:[日]池田温著,龚泽铣译《中国古代籍帐研究》"录文与插图"部分,第400—403页;[日]藤枝晃《敦煌历日谱》,《东方学报》(第45册),1973年,第387页;[日]竺沙雅章《敦煌吐蕃期的僧官制度——とくに教授にっ(つ)いて》,参其著《中国佛教社会史研究(增订版)》"补编"部分第38页及第49页的注释9;郝春文《唐后期五代宋初敦煌僧尼的社会生活》,第252页;邵文实《尚乞心儿事迹考》,《敦煌学辑刊》1993年第2期,第17页;姜伯勤《唐五代敦煌寺户制度》,中华书局1987年,第100页;姜伯勤《敦煌社会文书导论》,新文丰出版公司1992年,第205—206页。

引文前面三行是施物清单,第4—8行为施物原因和目的,最后一行是施物日期和舍施者疏。与施物历相较,舍施疏中的舍施目的详细,而施物入历中往往会将施物目的简略,如前述P.3047中有时简略为"为父母""为妻""为合家"等,甚至会将施物目的省略掉。可以说,施物历中的有关施物帐实则是对相应舍施疏的简化。

与舍施有关的疏文起源很早,起码在南朝时期的舍身疏、请戒疏等中可以看到附有布施物的现象,如隋代灌顶编纂《国清百录》卷2中《少主皇太子请戒疏》载:

> 渊和南。仰惟化道无方,随机济物,卫护国土……今月十五日于崇正殿,设千僧法会,奉请为菩萨戒师。谨遣主书刘璿,略申诚款,殊未宣悉。弟子渊和南。正月十三日。
> 皇太子扶月供:熏陆香一合,檀香三十觔,中藤纸一垛,乳酥一斗,钱二千文。
> 右牒月月供光宅寺。①

文中的"渊"应系陈后主太子陈渊,疏文后附有舍施物熏陆香一合等的名目。另外,《广弘明集》中的《南齐皇太子解讲疏》《南齐南郡王舍身疏》《舍身愿疏》分别云施九十九物、一百一十八物、百十七物,曹凌先生认为这几件疏文与《少主皇太子请戒疏》相同,也应另有罗列施物的附文,而疏文后附牒文罗列施物的作法似乎是南朝佛道教仪式通用的,这种作法可能是沿袭了5世纪既已形成的旧规。② 但是,比这些南朝疏文更早的书信中就早已存在附有施物名目的内容,如《广弘明集》卷28中《晋天子司马昌明书》《秦天子符坚书》《燕天子慕容垂书》《南燕天子慕容德书》《秦天子姚兴书》《北代魏天子拓跋圭书》等书信中均有布施给太山朗和上的布施物名目,其中《晋天子司马昌明书》云:

> 皇帝敬问太山朗和上……朕心长驱魏赵,扫平燕代,今龙旗方兴,克复泗洛,思与和上同养群生,至人通微,想明朕意。今遣使者,送五色

---

① 《大正新修大藏经》卷46,第800页。
② 这种附有布施物牒文的疏文在南朝至宋朝数百年间的演变及其与斋文的关系,参曹凌《中国佛教斋会疏文的演变》,载《魏晋南北朝隋唐史资料》第33辑,上海古籍出版社2016年,第152—176页。

珠像一驱,明光锦五十疋,象牙簟五领,金钵五枚,到愿纳受。①

这里东晋孝武帝司马昌明在给太山朗和上的书信中列有布施物五色珠像等物,其他几人的书信中也是如此。这些疏文和书信后附的施物名目也可称为"簿",如《国清百录》卷1中《至开阳门舍人陈建宗等宣少主口敕》有载:"罗阇宣口敕,不许让扶月供扶月薄。少无所致让,受已舍施弥会功德之心。"②这里陈建宗所宣南陈后主口敕与前引《少主皇太子请戒疏》一样,均有"扶月供",也即每月的布施供给名单,而扶月供名单也称为"扶月簿"。又书信中也有扶月供,如《国清百录》卷2《少主沈后手令书》载:"沈后扶月供:熏陆沉檀各十勉,黄屑一斗,细纸五百张,烛十挺,赤松涧米五石,钱一千文。"③这里的扶月供当然也可称为"扶月簿"。在稍后隋代的书信中,将这种布施物名单仍称为"簿"或"名目",如《国清百录》卷2中《秦孝王书》载:

次书倾仰每深甚热,禅师道体何如,修习不乃劳心也。未由有展企结,良深愿珍德遣白不具。弟子杨俊和南。五月十九日。奉施沉香等如别,至愿检领。

沉香十斤,笺香十斤,熏陆少许。
右牒薄伸供养

虽然秦王杨俊在书信尾部所列的布施物不是按月供给的月供簿,但是从"右牒薄伸供养"来看,这里将布施物名单也称为"簿"。又该书卷3中《皇太子令书与天台山众》记载时为皇太子的杨广于仁寿元年给天台寺布施时有云:

……今施物目。仁寿元年十二月十七日白。石香炉一具(并香合三枚),大铜钟一口,鵶纳袈裟一领,鵶纳褊袒二领,四十九尺幡七口,黄绫裙一腰,毡二百领,丝布祇支二领,小幡一百口,和香二合,胡桃一笼,衣物三百段,柰籹一合,石盐一合,酥六瓶。④

文中将布施物名单称为"施物目"。"簿""目"的名称说明这些布施名单

---

① [梁]僧祐、[唐]道宣撰《弘明集·广弘明集》,上海古籍出版社1991年,第333页。
② 《大正新修大藏经》卷46,第799页。
③ 《大正新修大藏经》卷46,第800页。
④ 《大正新修大藏经》卷46,第814页。

可视为施物历,只是这些施物历附于书信中。当寺院或僧团将某一时段内不同来源的布施收入编制成汇总的施物历时,这些书信或疏文中所附的布施物名单就成了重要的凭据。从东晋十六国和南北朝时期的书信、疏文中所附的布施物名单来看,中土佛教的施物历起码在 5 世纪前就已经出现了。

除了汇总的施物入历,还有单独对某人某次布施情况进行记录的施物入历,如 P.2583V(13)《申年(816)二月十三日尼明证念诵施入大众衣物数》、S.5663《乙未年(875)正月十五日三界寺沙门道真施物入历》属于此类,其中前者内容如下:

1 申年二月十三日,尼明证念诵施入大众衣
2 物数。单经故破七条一,单经故破裙衫一对,
3 故破黄絁布里襈裆一,故布付博一,头巾
4 二,故。新坐具、故单坐具一。又细布裙
5 衫一对。黄布衫子一。又粗布裙一。袜一两。单经
6 布丈一。新绵半两。祩布纳一果。故麻履
7 一量。栲老子一。箱一。　　正勤。①

该件是由教授正勤记录的关于尼明证个人施入大众的施物入历,有布施时间、布施物的名称和数量、记录者。又 S.5663 载:

1 乙未年正月十五日三界寺修大般若经兼道场课念,沙门
2 道真兼条修诸经十一部、兼写报恩经一部、兼写大佛名经一部。
3 道真发心造大般若袟六十个,并是锦绯绵绫具全,造银番(幡)
4 伍拾口,并施入三界寺。铜令(铃)香庐(炉)壹,香櫼壹,施入三界寺。
5 道真造刘萨诃和尚施入。番(幡)二七口、铜令(铃)香庐(炉)壹,香兼
6 花毡壹。已上施入,和尚永为供养。
7 道真修大般若壹部,修诸经十三部,番(幡)二七口、铜令(铃)香庐(炉)壹、
8 香兼壹、经案壹、经藏一口、经巾一条、香花毡壹,已上施入经藏

---

① 唐耕耦、陆宏基编《敦煌社会经济文献真迹释录》第 3 辑,第 70 页。

供养。①

该件是专门对道真的布施进行记录的布施入历,有布施时间、布施物的名称和数量,还有布施对象如三界寺、经藏。这种专门记录某人某次布施情况的施入历,也会成为编造汇总的施物历的依据。

虽然目前所见施物入历的格式一般仅是条列布施物,但是从 P.2583V(13)等来看,完整的施物入历应该有标题、时间、施入内容及记录者。在记录具体的施入内容时,一般都有布施者、布施物及其数量,有的施入历还会说明布施对象,有的还会说明布施目的。

(二) 施物破历

有施物入历,就会有施物破历,只是敦煌文书中的施物破用历保存下来的很少。P.2638《后唐清泰三年(936)沙州儭司教授福集等状》是对儭司于癸巳年(933)、甲午年(934)、乙未年(935)三年间回残、新入、破用、见在四柱帐进行算会的帐状文书,其中记载儭司的收入均为布施物,这些布施来源分为官施、私施、疾病死亡僧尼散施和车头斋儭几部分,在"出破数"中记录了布施物的各类破用帐,②这说明儭司有专门的施物破用历,而 P.2912V《丑年(821)四月已后儭家缘大众要送路人事及都头用使破历》应属此类,内容如下:

1 四月已后,儭家缘大众要送路人事及都头用使破历。
2 五月十五日,上宋　教授柒综布壹拾伍疋。
3 十七日,瓜州论乞林没热儭绢一疋,慈灯收领。
4 廿四日,奉　教授处分,付都头慈灯柒综布拾疋。
5 奉　教授处分,送路 都督布两疋 宋国宁两疋。
6 大云寺主都师布二疋,出福渐下。
7 教授送路布十五疋,准麦六十七石五斗。都头分付
8 [慈]灯布十疋,准麦四十五石。与宋国宁布两疋。
9 [准]麦九石。　　都计一百廿一石五斗。
10 ▢▢家斋儭布一疋,四石四斗,智藏。薛家斋儭布一疋,四石二斗,惠▢。

---

① 录文参商务印书馆编《敦煌遗书总目索引》,中华书局 1983 年,第 225 页。图版参中国社会科学院历史研究所等合编《英藏敦煌文献》第 9 卷,四川人民出版社 1994 年,第 69 页。
② 录文参唐耕耦、陆宏基编《敦煌社会经济文献真迹释录》第 3 辑,第 391—395 页。

11 □□愿家儭布,三石九斗,志远。慈□布一疋,四石二斗,□惠。
12 □□一疋,四石一斗,惠海。□□两疋,□□一疋,四石□□。
13 □□一疋,四石五斗,道□一疋,付启缘、坚修布一疋,出福渐下。

该件文书在《释录》第 3 辑已有录文,①后来郑炳林先生也对其进行了释录,并考证文书的年代在 821 年。② 由于从第 10 行至第 13 行主要系朱笔书写,故已有录文没有将其中部分文字释录出来,此处依据彩图对部分文字进行了校录。除了后面几行为朱笔书写外,文中还有几处涂抹修改过,故虽然开头明确说是"破历",但应为破历草稿。郝春文先生认为文中的儭家就是儭司,③故其应为儭司的施物破用历,而且将有的破用布匹折合成麦子计算,一般为一匹布折合四石五斗麦。此外,S.5800《唐光化三年(900)正月一日已后讲下破除数》也应为施物破历,其载:

1 光化三年庚申岁正月一日已后讲下破除数:
2 粟叁斗、麦贰斗,张判官等买绢日造斋时用。麦叁斗、粟
3 叁斗,买书忏子纸用。麦贰斗、粟贰斗,买墨用。
4 宋僧政将毕(荜)豆壹斗用。粟叁斗,算讲物日与音声用。
5 梁僧政荜豆壹斗,荜豆壹斗,高康三换将去。

从"讲下破除数"来看,该件记录的是讲经过程中的费用支出,与下面我们将要引用的 P.2846 中的破用一样,这些费用可能是直接从布施物中支出,故其应为施物破用历,其中第 5 行的"算讲物"是指对讲经过程中布施物的算会,体现了对布施物的管理。

(三)施物交割历及历状

施物交割历文书是僧团对布施物实行轮流执掌的结果,相关文书仅存一件,即 P.2846《甲寅年(954?)都僧政愿清等交割讲下所施麦粟麻豆等破除见在历稿》,其内容如下:

1 甲寅年正月廿一日,都僧政愿清、僧政智端、僧政道□、
2 [僧]政道深、僧政金刚锐、执掌法律庆戒、德荣等,奉

---

① 唐耕耦、陆宏基编《敦煌社会经济文献真迹释录》第 3 辑,第 55 页。
② 郑炳林《〈康秀华写经施入疏〉与〈炫和尚货卖胡粉历〉研究》,季羡林等主编《敦煌吐鲁番研究》第 3 卷,北京大学出版社 1998 年,第 192—193 页。
③ 郝春文《唐后期五代宋初敦煌僧尼的社会生活》,第 296 页。

3 官　处分,令交割讲下所施麦粟麻豆布緤

4 褐铜铁等,见交过麦贰伯捌拾硕、粟壹伯

5 贰拾玖硕、~~土布全破贰伯叁拾尺~~褐共肆伯伍拾叁尺、~~昌褐壹伯伍拾~~

6 ~~尺~~、官緤~~壹伯肆拾尺~~六十尺、皂绢壹疋、麻壹硕肆斗、麻

7 子壹硕肆斗、小豆子壹硕伍斗,已上物色见在及

8 破除支付,谨具数目如后:麦伍硕、粟伍硕、昌

9 褐壹疋、土布壹疋半,于杨保富处买浮钉门壹

10 合用。又布半疋,与保花用。又麦两硕贰斗、粟两

11 硕、土布壹疋,于王德金买独扇门壹合用。麦两

12 硕伍斗,与东河柴全定种子用。麻两硕捌斗,

13 付二樑户压油回廊上赤自用。麻子壹硕贰斗,

14 压油换油供画匠用。麦叁拾伍硕,砲白面。又

15 麦壹拾陆硕捌斗,砲麦各面。酒叁拾瓮,卧用

16 粟贰拾壹硕。又粟柒硕,令酤酒用。麦壹拾

17 捌硕、粟壹拾贰硕陆斗、布壹疋、昌褐壹疋,

18 于官人户唐憨憨处买破釜壹口写钟用。麦

19 两硕、粟壹硕,弥共阿婆春粮用。麦壹硕、粟

20 壹硕,于姚小儿处买苊篱用。麦伍拾贰硕

(后缺)[1]

文书中负责掌管"讲下"布施物的是都僧政和四名僧政、两名法律,其中僧政愿清在前述P.2638《后唐清泰三年(936)沙州僦司教授福集等状》中是僦司法律,又后面将要介绍的BD02496V《后晋天福年间(936—944)僦司唱卖僦施得布支给历》中愿清为僦司僧政、德荣为僦司法律,可见这几名僧人主要是僦司僧官,故P.2846中的布施物应是僦司掌管的在僧团集体讲经活动中所得的布施物。这次"奉官处分"交割时,交割的布施物有斛斗、织物及铜铁等。从内容来看,交历中具备执掌的布施物总数、破除数和见在数,但可惜尾部有残缺,具体见在数不明,格式也不完整,而且从内容又有较多涂改来看,这应是一件交历草稿。从施物交割历的内容包括施物总数、破除数和见在数来看,其应是依据施入历和施物破用历编造的。

施物历状也是僧团对布施物进行管理的产物,是施物历与状文的结合,主要有P.2567V《癸酉年(793)二月沙州莲台寺诸家散施历状》,其载:

---

[1] 唐耕耦、陆宏基编《敦煌社会经济文献真迹释录》第3辑,第525页。

1　莲台寺　　状上。
2　　从癸酉年正月三日起首戒忏,至二月八日已前,中间所有诸
3　家散施斛斗银器绢帛布纸衣袄材木等,一一抄数如后:
4　　麦叁拾叁硕陆斗,粟贰拾壹硕贰斗,面拾硕伍斗伍胜,米四硕
5　壹斗,黄麻叁硕柒斗,红蓝柒硕叁斗,已前斛斗都计捌拾硕肆
　　斗伍胜。
6　　油贰斗九升,苏六升半,绢十一疋半,青花罗一疋,綩缬一疋,
　　布五百四十九尺,
7　　纸八十二帖半,红花一百二十一斤,银镊子四,银一两三钱,十
　　量金花银
8　　瓶子一,八量银胡禄带一,银火铁一,又银一钱半,金八薄,又
　　金一钱,
　　(中略)
34　炉一,三斗油瓮,白杨木卅条,榆木五根,椽壹十一行,石灰两
　　石,炭卅斤,
35　麻五十六斤,没苏子三斗。①

该件尾部应有残缺,据状文的格式可知,所缺的应是"牒件状如前谨牒"及状文的责任者、日期等,其内容是莲台寺对癸酉年正月三日至二月八日之间戒忏活动中诸家布施的斛斗、银器、绢帛、布、纸、衣袄、材木等物进行汇报的状文,先列斛斗,并对斛斗数量进行了统计,其后再列其他物品,种类繁多。当然,历状不再像历和布施疏一样说明施主、施物缘由、布施对象等,仅仅是对各种布施物及其数量进行登录。虽然该件历状的负责者是莲台寺,但是这些布施物并不一定均属莲台寺所得,这次戒忏活动应是敦煌僧团的集体活动,而莲台寺是这次戒忏活动的负责方,故由其汇报布施所得,状文的对象应是都司,体现了都司对僧团集体活动中所得布施物的管理。

二、施物卖出历

施主布施给寺院、教团或僧众等的布施物往往因为需要在僧众之间进行分配或折换成其他物品而会被出卖,出卖的形式主要有唱卖和非唱卖两种,后者在敦煌文书中也称之为货卖,相应地,记录施物出卖收入的历就有

---

① 唐耕耦、陆宏基编《敦煌社会经济文献真迹释录》第3辑,第71—72页。

唱卖历和货卖历。

(一) 唱卖历及其记帐格式

唱卖历是将所施物进行唱卖之后，对唱卖所得物进行的记录。"唱"即佛教僧团对相关物品进行公开竞价竞买的交易方式，包括唱卖和唱买两方面，类似于今日的拍卖。"唱"之活动在古印度佛教内部处理亡僧遗留衣物时即已存在，东晋十六国时期翻译的佛教律典如《摩诃僧祇律》《十诵律》《四分律》等中均有对亡僧衣物进行唱卖的记载，谢和耐依据这些记载推测中土佛教的唱卖活动可能在公元5世纪时就已经开始了。[①]

自20世纪30年代至今，中外学者对敦煌的佛教唱卖唱买文书给予了较多关注，讨论较为热烈，对其性质的认识也经历了从误解到正解的发展过程，如最初将相关文书中的"唱"字理解为唱曲，后逐渐认识到是佛教的唱卖唱买活动。在相关研究者中，郝春文先生的研究最为全面深入，其在已有研究成果基础上，利用佛典文献和敦煌文书对唐宋时期敦煌佛教僧团唱卖活动中出唱物品的种类、来源、原则及出唱活动的主持者与唱买者等问题进行了详细讨论，同时对敦煌僧团通过唱卖分配布施物（䞋利）的情况进行了分析探讨，指出敦煌都司及其下设的䞋司等机构或寺院、僧尼等得到的布施物均会进行唱卖，䞋司分䞋时有一定的分配原则，分䞋的依据是䞋状。[②]

敦煌文书中的唱卖历主要有 S.2447V、P.4783、S.7882 和羽 694V 等，其中 S.2447V、P.4783 在《释录》第 3 辑中已有录文，分别拟名为《亥年(831)施物唱卖历》和《癸卯年九月廿三日施牛两头出唱如后》。[③] 虽说同属唱卖历，但是这些唱卖历文书的格式不尽相同，其中 P.4783 仅存两行，出唱

---

① [法]谢和耐著，耿昇译《中国五—十世纪的寺院经济》，第 110—113 页。
② 相关研究情况详参：郝春文《关于唐后期五代宋初沙州僧团的"出唱"活动》，载《首都师范大学史学研究》第 1 辑，首都师范大学出版社 1999 年，第 108—117 页；郝春文《唐后期五代宋初沙州僧尼的宗教收入（一）——兼论䞋司》，载柳存仁等著《庆祝潘石禅先生九秩华诞敦煌学特刊》，文津出版社 1996 年，第 287—302 页；郝春文《唐后期五代宋初沙州僧尼的宗教收入（二）——䞋状初探》，载敦煌研究院编《段文杰敦煌研究五十年纪念文集》，世界图书公司 1996 年，第 449—461 页；郝春文《唐后期五代宋初敦煌僧尼的宗教收入（四）——为他人举行法事活动之所得》，《敦煌学辑刊》1997 年第 1 期，第 1—20 页。这几篇文章后又收入郝春文《唐后期五代宋初敦煌僧尼的社会生活》一书，此后我们引用郝春文先生关于唱卖和分䞋的相关观点时，均据该书做注。此外，刘进宝先生在《从敦煌文书看唐五代佛教寺院的"唱衣"》（《南京师大学报（社会科学版）》2007 年第 4 期，第 53—59 页）和《从"唱衣"研究看学术研究的困难》（《社会科学战线》2008 年第 11 期，第 96—100 页）中对相关敦煌唱卖文书进行了研究，同时还对学界的研究情况也进行了详细说明。
③ 分别参唐耕耦、陆宏基主编《敦煌社会经济文献真迹释录》第 3 辑，第 74、93 页。其中 P.4783 中的癸卯年，据郭锋先生考证应为 943 年，参郭锋《慕容归盈与瓜沙曹氏》，《敦煌学辑刊》1989 年第 1 期，第 92 页。

布施物是两头牛,但具体出唱内容残缺,而 S.2447V 的内容如下:

1　亥年十月一日已后,应诸散施
2　亥年十月一日已后,应诸家散施入经物,一一具色目如
3　后:
4　　僧伯明施三岁特子壹头,出唱得经纸叁拾帖。
5　　杜都督施红单绢裙壹并腰带,出唱得布壹
6　伯叁拾尺。又施麦伍斗。子年五月廿一日,僧灵秀
7　施经纸伍帖,计贰伯肆拾捌张。

敦煌地区的唱卖一般是将布施物出唱为当时市场上的等价物如麦或布等织物,目的是为了便于将布施物用于布施目的。S.2447V 中的布施物属于经物,故将施入经物的牛、裙子进行了唱卖,变换为写经纸和布。方广锠先生认为 S.2447V 属龙兴寺文书,僧人伯明施牛唱卖是为了赔补其管理龙兴寺经司不善造成的损失。① 从格式上来看,S.2447V 记录了唱卖时间、布施者及其布施物、出唱所得物品数等,其应是一件临时记录的唱卖历。其他唱卖历如 S.7882 和羽 694V 的格式均与 S.2447V 有所不同。

S.7882 的图版公布于《英藏敦煌文献》第 12 卷,拟名为《某年十月廿一日某寺唱儭历》,②郝春文先生在对该件文书进行录文介绍时拟名为《某年十一月廿一日贺拔堂出唱碗碟得粮历》。③ S.7882 没有载明具体年代,所载的唱买者均为来自不同寺院的僧尼,共计 30 余人,这些僧尼基本均出现在 8 世纪末和 9 世纪前期的敦煌文书中,如妙乘、惠性、了因、妙花、智印、妙弁、文照、照性、明性、归真等见于 P.T.1261V《公元 820 年前后僧人分配斋儭历》,④智印、惠性、圆满、文照又见于羽 694(1)《未年(803)闰十月灵图寺直岁圆满牒》,⑤故 S.7882 的年代也应在 9 世纪前半期。S.7882 首句"十一月

---

① 方广锠《中国写本大藏经研究》,上海古籍出版社 2006 年,第 138—141 页。
② 中国社会科学院历史研究所等合编《英藏敦煌文献》第 12 卷,第 66 页。
③ 录文参郝春文《唐后期五代宋初敦煌僧尼的社会生活》,第 271—272 页。
④ 对该件文书年代的判断,参[日]竺沙雅章《敦煌吐蕃期的僧尼籍》,载其著《中国佛教社会史研究(增订版)》"补编"部分,第 19—22 页,该文原载[日]西田龙雄编《东アジアにおける文化交流と言语接触の研究》,京都大学文学部,1990 年。
⑤ 武田科学振兴财团、杏雨书屋编《敦煌秘笈》(影片册)第 9 册(武田科学振兴财团印行 2013 年)第 82 页首次公布了该件文书的图版,并拟名为《未年(报恩寺)所管客僧牒状》,之所以认为这是报恩寺文书,可能是因为这件状文后紧接着的是报恩寺的状文之故,但实际上本件非报恩寺文书。本件中的荣照在 P.5000V《僧尼名簿》也有记载,并且载明其与其他僧人惠云、荣照、义游、惠宗等均属灵图寺僧人,说明本件也是灵图寺文书。本件中的荣照(转下页)

廿一日就贺拔堂出唱"说明了唱卖日期和地点,出唱地点贺拔堂应是一所佛堂,敦煌文书中还有贺拔兰若,应是贺拔氏所建。说明唱卖日期和地点后,开始逐条记录唱卖帐,每笔唱卖帐的记录顺序是:出唱物品及数量—唱得的粮食数量—唱买者僧人法号,最后将唱卖所得的粮食合计统计。

羽694V 的图版首次公布于《敦煌秘笈》(影片册)第 9 册,(图 2—1)拟题为《(报恩寺)僧等调物价代麦、油等入历》,[1]但该件并非报恩寺文书,[2]其性质也实为唱卖历。由于学界对该件文书的关注不多,故下面对其进行释录并详细讨论。

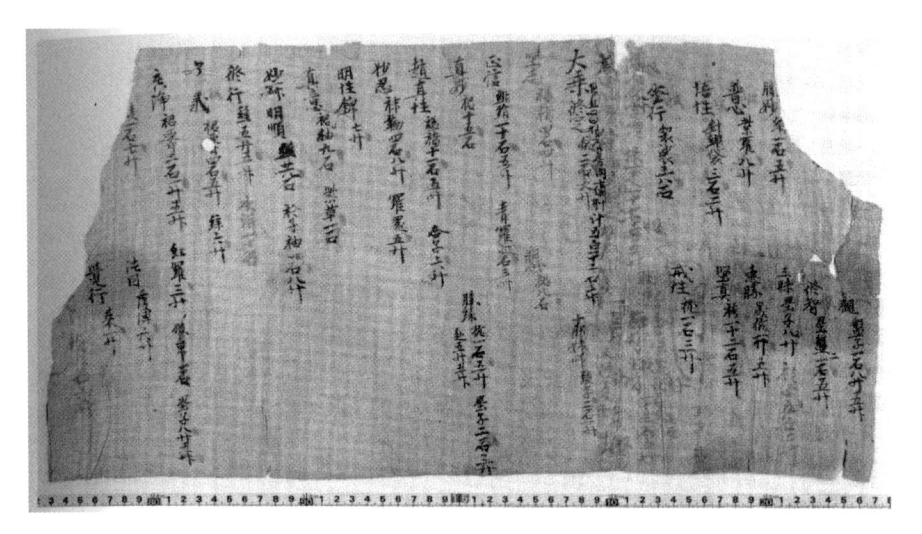

图 2‐1　羽 694V 图版

(接上页)和崇恩都是当时敦煌地区的重要僧人,他们在吐蕃统治时期担任过敦煌僧官——教授,任教授的时间大约在 825—848 年间,崇恩去世的时间可能在大中十年(856)或大中十四年(860)前后(详参[日]竺沙雅章《中国佛教社会史研究(增订版)》"补编"部分,第45—46 页;郑炳林《〈索崇恩和尚修功德记〉考释》,《敦煌研究》1993 年第 2 期),而本件中,荣照、崇恩在 75 名僧人中位列中间,说明当时他们的僧腊处于中等,此时尚未任教授之职,故文书的年代当在其任教授的 825—848 年之前。同时,本件中的多名僧人如文照、法照、惠照、道英、道惠、法惠、谈清、智通、惠性、法满、智印等又见于 820 年前后的 P. T. 1261V《吐蕃占领敦煌时期斋僧历》,说明两件文书的年代接近,则羽 694 中的未年距 820 年不远。查中原历可知,距 820 年最近且有闰十月的仅有唐德宗贞元十九年(803),该年干支为癸未,也即羽 694 中的未年当为 803 年,故该件应拟题为《未年(803)闰十月灵图寺直岁圆满牒》。
① 武田科学振兴财团、杏雨书屋编《敦煌秘笈》(影片册)第 9 册,第 84 页。
② 《敦煌秘笈》之所以认为羽 694V 属报恩寺文书,这是受到该件文书正面内容的影响,因为正面有报恩寺等寺院汇报本寺所管僧人数的牒文。

（前残）

1 ☐＿＿＿＿＿＿＿＿＿＿ ☐观 收盘子一石八斗五升

2 ☐＿＿＿＿＿＿＿＿＿＿ 修智 收氎盘二石二斗五

3 胜妙绢一石五斗　　　三昧 氎子八斗　衫子五石二斗

4 普心收紫罗八斗　　　惠胜 收晟梡一斗五升

5 悟性收针线袋三石二斗　坚真袴收一十二石五斗

6 密行收袈裟六石　　　戒性 重梡一石三斗

7 ☐☐八石舍价，綵一疋一十七石五斗。胜进 收会深正智生绢☐☐☐六石 收一十三石五斗。

8 ☐☐油价八斗，准麦廿石。☐花油麦一石二斗，又便 收麦五☐☐☐

9 　　已上唱杨乃房内斋利计五百一十二石三升

10 大乘修定梡二石六斗　　十郎姊师绫子二石一斗

11 坚志 襌裆四石四斗　　明心裙八石

12 正信绯绢一十石四斗　青罗四石三斗

13 真妙裙十五石　　　　胜缘梡一石五斗，氎子二石三斗，匙五斗五升。

14 赵真性襌裆十一石五斗，合子六斗。

15 妙忍袜靿四石八斗，罗还五斗。

16 明性锦七斗

17 真意绅裙九石，紫草一石。

18 妙寂 明顺丝共一石，衫子袖一石八斗。

19 修行从(?)丝五斗五升，水洴一十石。

20 了义 收裙腰四石五斗，綵六斗。

21 广净裙腰二石一斗五升，红罗三斗，破帛一石，氎子八斗五升。

22 ☐☐绫一石七斗　　　　法因覆膊六斗

23 ＿＿＿＿＿＿＿＿＿＿＿＿＿＿＿] 觉行☐一斗

79

24 ⬜⬜⬜⬜⬜⬜⬜⬜⬜⬜⬜⬜]行□九石六斗

（后残）

我们先来讨论羽694V中的相关寺院及其年代问题。羽694V残存两所寺院的唱卖帐历，第1—9行属一所寺院，第10—24行属另一所寺院，而第10行开头有"大乘"二字，说明这部分属大乘寺的唱卖帐，而这部分中的尼僧真妙、胜缘、明性、真意、妙寂、修行、明顺等均见于S.2729《吐蕃辰年(788)三月沙州僧尼部落米净聘牒（算使勘牌子历）》中大乘寺尼籍，这进一步印证该看法是正确的。第一部分中的修智、胜妙、惠胜、正智、胜进也见于S.2729中灵修寺尼僧名籍中，说明第一部分应属于灵修寺。羽694V中的灵修寺和大乘寺的这些尼僧在其他文书中也多有记载，如灵修寺尼修智、三昧、悟性、坚真、戒性、正智和大乘寺尼坚志、胜缘、妙忍、真意、妙寂等人还见于P.T.1261V《公元820年前后僧人分配斋儭历》。此外，大乘寺尼妙寂、明性、真妙、坚志又见于P.5579《吐蕃酉年大乘寺寺卿唐迁进具当寺应道场尼六十二人牒》，其酉年被唐耕耦先生定为805年，[①]而竺沙雅章将其定为829年。[②]在这些记载中，假设P.5579中的酉年为829年不误，那么妙寂、明性、真妙三人从788年到829年已经过了41年，假设在788年时她们只有20岁，那么到829年时她们已有61岁了，到850年时已经82岁了，虽然这种可能性是存在的，但是考虑到当时敦煌地区人均寿命等状况，我们认为羽694V的时间不会晚至850年。同时，在788年的文书S.2729中大乘寺尼僧中没有坚志其人，但其却出现在时间晚于788年的P.T.1261V、P.5579中，说明其出家并隶籍大乘寺的时间晚于788年。综合考虑这些情况，我们将羽694V的时间推断在公元9世纪前期。

关于羽694V的性质，其第9行中的"唱"字明确告诉我们，这是一件关于唱卖的文书，其中出唱的物品有丝织品、服饰等织物和盘子、椀等什物。其第9行"已上唱杨乃房内斋利计五百一十二石三升"说明，在这次出唱活动中，前9行出唱的是斋主杨乃布施的物品，出唱物品折合成斛斗共计五百一十二石三升，只可惜文书前面残缺，故我们无法看到出唱物品的全部内容。同样，第10行以后的内容也应是对某斋主布施物品的出唱，但由于文书后部残缺，故无从得知斋主姓名。羽694V所载出唱的是斋主杨乃等人布施的物品，故其中的尼僧们不应是布施者；同时，敦煌僧尼分儭的原则一

---

① 唐耕耦、陆宏基编《敦煌社会经济文献真迹释录》第4辑，第206页。
② 参[日]竺沙雅章《中国佛教社会史研究（增订版）》"补编"部分，第10—12页。

第二章 施物历与分僦文书

般是均分,只有少数地位高的僧尼可能会多分,而羽 694V 中每名尼僧名下的物品价值参差不齐,甚至差距较大,故其也不是分僦者。这样,羽 694V 中尼僧的身份只能是唱买者,而该件文书也说明,在唱卖活动中,参与唱买的人是比较多的。

羽 694V 的帐目是以寺院为单位进行记录的,在寺院之下,帐目又是以唱卖物品为纲逐条登载的,每笔帐的记帐顺序是:唱买者法号—物品及数量—唱得的粮食数量,最后是唱卖所得的粮食合计数。这个记帐顺序与 S.7882 相似,不同的是,S.7882 将唱买者置于每笔帐的最后而不是最前面。从图版可以看到,在每一笔帐旁用朱笔标点一下,有个别帐用朱笔圈掉了,如第 6 行的"戒性椀一石三斗"即是如此,并在旁边注有一字,似为"重"字,意即该笔帐是重复登载的。还有多笔帐旁用朱笔注有"收"字,表示该尼僧唱买布施物的价值折合成的斛斗已经收回,即该笔帐已结清。总之,该唱卖帐在登载结束后还用朱笔仔细审核过。

从以上讨论可以确定,羽 694V 是灵修寺和大乘寺等寺院的唱卖文书,其题名可拟为《公元 9 世纪前期灵修寺大乘寺等施物唱卖历》。

此外,BD09283 是一件残缺比较严重的文书,郝春文先生最早对其进行了释录研究,认为是它由某主持道场的机构负责的唱卖。[①] 后《国家图书馆藏敦煌遗书》第 105 册公布了 BD09283 的黑白图版,同时附有录文介绍,并认为文书中的法宝、法圆为吐蕃时期敦煌乾元寺僧人,从而将其拟名为《某年乾元寺出唱历》。[②] 但该件文书的格式与前述几件唱卖历不同,而且内容也尚需考虑,我们先将其内容转录如下:

1 ⬜⬜道场唱祅子六石七斗,法宝廿八石,刘教授廿一石,前件僦
2 ⬜⬜请一石一斗七升,又一件本分,文英共一石九斗三升。已上计五十八石八斗,内见在。
3 ⬜石二斗,法圆支五石二斗五升,智超二石,了心七斗,唱合子折一石。
4 ⬜⬜二石六斗,又一石四斗,又法圆三石五斗。已上计五十五石六斗五升。

---

① 郝春文《唐后期五代宋初敦煌僧尼的社会生活》,第 274—275 页。
② 任继愈主编,中国国家图书馆编《国家图书馆藏敦煌遗书》第 105 册,图版见第 218 页,录文见"条记目录"第 40 页。

81

虽然从文书中的法宝、文英、法圆、智超均见于 P.T.1261V《公元 820 年前后僧人分配斋儭历》来看,其应为吐蕃时期的文书,但是该件并非乾元寺文书,如法宝、了因在 P.3600V 中是普光寺尼僧,文英在 P.5000V 中是开元寺僧。至于文中记录的如唱袄子、唱合子等为唱卖收入,但其他每笔帐是否均是唱卖收入,不好确定,特别是第 3 行"法圆支五石二斗五升"可能并不是唱卖收入。我们认为,BD09283 很有可能是对布施收入的记录而不是单纯的唱卖历,其中将布施的斛斗直接记录,而将非斛斗布施物出唱为斛斗后记录,另一件文书 P.3850V 更能说明这个推断应是正确的。P.3850V 由不同内容组成,其中有一部分是酉年四月龙兴寺方等所的状文,具状者是僧神威、弘建等,状文是对道场收支和见存帐的汇报,首句云"应缘道场诸家舍施及收纳得斛斗油面等总壹伯贰硕捌斗",这里将道场收入分为布施收入和交纳所得两部分,而在此状文之前的第 1—12 行内容如下:

1 ▭ 列名如 ▭
2 □璨八石,油面。　　惠满八石内麦四石二斗,油一斗九升。
3 惠泉八石,内麦四石四斗、油一斗八升。　　义丰七石麦。
4 神福五石麦　　　　法住八石,内面四石二斗、油一斗九升。
5 惟英四石麦　　　　绍安四石麦
6 神辉八石、油、麦各半。　惠丕六石麦
7 绍宗六石、油、面各半。　义盈八石,内油二斗、面二石、麦二石。
8 志贞五石麦　　　　计八十五石内麦卅五石六斗、面十三石二斗、油一石□斗一升。
9 缘道场纳得麦一十八石六斗,破用一十一石六斗,见存七石。诃梨
10 勒计纳得一百廿九颗,破用九十四颗,见在卅五颗。纳得油九斗
11 七升,破用八斗,见在一斗七升,内五升施主。
12 诸家舍施总唱得布一百尺。①

虽然这部分文字不属于状文的内容,但也是与道场相关的收支帐,并且也将本次道场收入分为交纳和布施两部分,第 9—11 行是交纳物的收支帐,第 12 行记录布施物唱卖所得布一百尺,第 1—8 行记录的应是麦、面、油的布施所得,可见,该件也是对道场布施收支及相关唱卖帐的记录,其中将布

---

① 录文参唐耕耦、陆宏基编《敦煌社会经济文献真迹释录》第 3 辑,第 304—305 页。

施的麦、面、油直接记录,而将非斛斗布施物出唱为布后记录。这种道场上的布施物可以即时进行唱卖的现象说明,不同机构主持的唱卖活动是比较灵活的,并不一定要在固定的时间和固定的地点举行,即便是布施给合城大众由僧司掌管的布施物也会如此,如羽076载:"法邻城门前施布壹疋,纸大小两帖,和入大众。法邻斋僧,已前僧司并云唱讫,已后其物见在洪晉。法邻斋僧施紫袖袜社一、念珠三七个,回入合城大众。洪晉。"[1]这里法邻不同次布施给合城大众的物品也不是一次性唱卖的。依此可知,前述 P. 2638《后唐清泰三年(936)沙州僧司教授福集等状》记载到僧司对癸巳年(933)、甲午年(934)、乙未年(935)三年间所得布施物的唱卖也是在不同场合分多次进行的。这种对布施物随时进行唱卖的现象不惟存在于唐宋时期的敦煌地区,而应在历史上具有普遍性,如前引《国清百录》卷 3"皇太子令书与天台山众"中杨广布施物的唱卖情况在"天台众谢启"中有载:

> 天台寺故智者弟子沙门智越一众启。使人兼通事舍人张乾威至,谨领前件物等,并皆完净,仍即陈罗先师舍利龛前,具宣来令并唱施物……谨启谢闻。谨启。仁寿二年正月六日。[2]

可见,天台寺僧众在领得杨广的布施物后,也随即就在罗先师舍利龛前将这些布施物唱卖掉了。

在对布施物进行唱卖的过程中,就会产生记录唱卖收入的唱卖历。虽然前述谢和耐推测中土的佛教唱卖活动在公元 5 世纪时就已经开始了,但是也有可能更早,并且可以确定的是,在唱卖活动出现的时候,唱卖历也应随之出现了。当然,由于受时代、唱卖活动的主持方、唱卖物的来源、唱卖历的记录者不同等因素的影响,唱卖历的格式和内容也不尽完全一致。在上述敦煌唱卖历中,虽然 S. 7882 的内容是较为完整的,但是其格式也应不是唱卖历的普遍格式,这一点我们可以从其他文献中记载的唱卖历进行说明。北宋宗赜编《禅苑清规》(又称《崇宁清规》)和南宋惟勉编《丛林校定清规总要》(又称《咸淳清规》)中均详细规定了对亡僧衣物进行唱卖的准备工作和具体程序,而《丛林校定清规总要》卷下"当代主持涅槃・收钱俵散单帐式"和"亡僧・亡僧单帐式"更是规定了唱卖衣物收支帐的格式,其中"收钱俵散

---

[1] 武田科学振兴财团、杏雨书屋编《敦煌秘笈》(影片册)第 1 册,武田科学振兴财团印行 2009 年,第 450—451 页。
[2] 《大正新修大藏经》卷 46,第 814 页。

单帐式"格式如下：

　　谨具堂头和尚，估唱衣物，支俵于后：
　　一收钱若干（系某件钱到，逐一排列写）
　　一支钱若干（系某件事用，逐一排列写）
　　右件支破，尚有若干，斋七追修，命众看经，僧行经钱。支破外，更无余剩。
　　　年　月　日　丧司库子　某　具
　　把帐执事人、两班典丧，佥押。

又"亡僧单帐式"格式如下：

　　今具亡僧某甲上座，估唱衣钵，收支下项：
　　一收钱若干（某件到，逐一排列写）
　　一支钱若干（某件用，逐一排列写）
　　除支外，现管若干（见管只可些小，却收堂司，公界支用）。
　　右具如前　　年　月　日　堂司库子行者某具
　　把帐侍者某押　知客某押（相排写）
　　知事（排列称呼写）某押　头首（排列称呼写）某押
　　住持　　　　　　　押①

　　除了在登载内容和签押者方面略有变化外，二者的格式基本一致，主要由唱卖收入、支出、收入和支出合计数、见管、日期、负责人签名画押等几部分构成。其中"收钱若干"中一一登载唱卖衣物的名称和该衣物唱卖所得的钱数，"支钱若干"中要一一列出每项支出钱的数额及缘由，然后依据收支数计算出现存数，最后是日期和相关负责人签名画押。由于"收钱俵散单帐式"和"亡僧单帐式"是对亡僧衣物进行唱卖收支帐的记录，故其性质属于唱卖历。这些清规中对亡僧衣物进行唱卖的规定及相关的帐式，在元代德辉法师重修的《敕修百丈清规》卷3"迁化·唱衣"条、卷6"病僧念诵·估衣"和"亡僧·唱衣"、卷7"板帐式"中得以继承，其中"迁化·唱衣"条有唱卖衣物的"单式"，其式如下：

---

① 蓝吉富主编《禅宗全书》第82册"清规部二"，北京图书馆出版社2004年，第43、47页。

堂头和尚示寂,谨具衣物估唱钞数收支于后:

一收钞若干系某件唱到。

一收钞若干系某项收到。

一支钞若干系某项用度。

一支钞若干系某项支使。逐一列写。

已上共收钞若干,

共支钞若干。

除支外,见管钞若干准斋七追修僧行经资用。

右具如前

年　月　日　丧司行者　某　具

呈　把帐执事人、两序、典丧,各书名签押。①

我们注意到,该单式其实就是《丛林校定清规总要》中的"收钱俵散单帐式"。又该书卷7"板帐式"中登载了唱卖衣物收支的具体帐目、签名画押的负责人,具体如下:

今具估唱,亡僧某甲称呼衣钵,钞收支下项:

一收钞一千贯文系唱衣钞收到,或别有收钞,名目逐一列写。

支钞九十一贯文系板帐支行。开具内:

一十五贯文回龛。　　　　　三贯文回祭。

三贯文设粥。　　　　　　　一贯文龛前灯油。

十贯文笔纸造单,幡花雪柳。　一贯文净发。

二贯伍伯文移龛、抬亡。　　伍伯文烧浴汤。

二贯文浴亡。　　　　　　　一贯文直灵上粥饭。

伍伯文库司客头报造祭。　　伍伯文钉挂祭筵。

伍伯文管计出碗碟。　　　　伍伯文库子出给造祭。

伍伯文监厨造食。　　　　　伍伯文库司茶头上茶汤。

伍伯文参头差拨行者。　　　二贯文堂司行者报众。

伍伯文监作差拨人力。　　　伍伯文方丈听叫捧香盒。

十贯文行堂讽经。　　　　　一贯文贴堂司行者鸣廊板。

二贯文四寮茶头供应。　　　一十伍贯文舁龛。

一贯文打钹。　　　　　　　三贯文鼓乐。

---

① [元]德辉编,李继武校点《敕修百丈清规》,中州古籍出版社 2011 年,第 91—92 页。

三贯文扛香卓挑幡灯六人。　　伍伯文俵雪柳柴枝。

一贯文化亡。　　三贯文方丈一行人仆送丧。

一贯文四寮人力扛凳桌。　　伍伯文贴堂司行者呈衣。

伍伯文堂司行者唱衣。　　伍伯文贴供头递唱衣标。

伍伯文供头收衣。　　伍伯文唱食行者撮阄。

伍伯文收骨。　　一贯文抬灰函。

一贯文直塔。　　共支行。

支钞二佰七十贯文系板帐支行外，三七抽分归常住，计上件支行。

支钞一佰三十伍贯文佛事钱。开具内二十贯秉炬。

一十贯贴秉炬佛事。　　四十贯锁龛、起龛、起骨入塔。

二十贯贴上四项佛事。　　三十贯维那、山头佛事，知客、侍者把帐。

一十伍贯贴上三项佛事。　　共支行

支钞一十伍贯文首座主丧，都寺押丧，维那主磬，各伍贯文，计上件支行。

支钞九贯文知客举经，侍者捧香盒各三贯。圣僧侍者收唱衣钱二贯，直岁度火把一贯，计上件支行。

支钞一十伍贯文方丈、两序、堂司行者抄劄、估衣、造单，三次点心，方丈双分，计上件支行。

支钞二十贯文方丈、两序签单，方丈双分，计上件支行。

支钞四佰四十四贯伍佰文系俵众经钱，观音大士圣僧、方丈双分。僧众约四百员，各一贯文，堂司行者随僧赡。在假并暂到，约七十九人半分，各伍佰文，共支行。

除支外，见管钞伍佰文收堂司公用。

右具如前

　　　　年　月　日　堂司行者　某　具

把帐　侍者　某押　知客　某押

直岁　　　知殿

典座　　　知浴

副寺　　　藏主

维那　　　藏主

副寺　　　书记

监寺　　　首座

都寺　　　首座　某押两序并同

住持　　　　　　押①

---

① ［元］德辉编，李继武校点《敕修百丈清规》，第179—181页。

该板帐式就是《丛林校定清规总要》中的"亡僧单帐式",其与单式的格式也是完全一样的,仅是登载了收支帐目及具体了签名画押的负责人,实际上是对"收钱俵散单帐式",也即单式的具体应用或细化,从中也可以更清楚地了解这些唱卖历的格式和内容。

在目前所见敦煌的唱卖历中没有支出帐和负责人签名画押,而清规中的这些唱卖历在登载每件衣物唱卖收入的同时,还详细登载了相关的支出帐,特别是从"板帐式"中可以详细了解到这些支出帐有板帐支出、常住抽分、佛事支出及参与唱卖活动的负责人的费用、分给大众的儭利钱等支出事项,其中每项下又一一列具了支出细目。虽然从要素和格式上来看,清规中的这些关于亡僧衣物的唱卖历非常完整详备,但是这并不能说所有唱卖历的格式和内容均需如此,比如非亡僧衣物的唱卖历,则不会登载有处理亡僧丧葬事宜及作斋七等的费用支出了。从敦煌文书和传世佛教文献中的唱卖历来看,唱卖时间、唱卖物、唱卖收入及其合计数等是唱卖历的基本要素,但是随着唱卖物的来源、唱卖主持机构等因素的变化,唱卖历的构成要素,甚至格式也会发生变化。

(二) 货卖入历

布施物的出卖除了以唱卖形式进行外,也会以货卖的形式进行,专门记录货卖物与相应收入的文书就是货卖入历。现存敦煌文书中的货卖历很少见,主要的就是 P.2912V《公元 821 年(?)炫和尚货卖康秀华布施胡粉入历》。P.2912V 包括《丑年(821)正月后大众及私偏儭施布入历》《丑年(821)四月已后儭家缘大众要送路人事及都头用使破历》《康秀华写经施入疏》《公元 821 年(?)炫和尚货卖康秀华布施胡粉入历》几部分,唐耕耦先生将其全部进行了释录。[①] 后来郑炳林先生对该件文书的年代、《康秀华写经施入疏》和《公元 821 年(?)炫和尚货卖康秀华布施胡粉入历》之间的关系、康秀华等粟特胡人和吐蕃统治时期的敦煌佛教之间的关系等问题进行了研究,[②]让我们明白了《公元 821 年(?)炫和尚货卖康秀华布施胡粉入历》就是对《康秀华写经施入疏》中康秀华布施的胡粉进行货卖的收入记录,下面我们先转录部分内容如下:

以下《康秀华写经施入疏》:

[①] 唐耕耦、陆宏基编《敦煌社会经济文献真迹释录》第 3 辑,第 55—58 页。
[②] 郑炳林《〈康秀华写经施入疏〉与〈炫和尚货卖胡粉历〉研究》,第 191—208 页。

1 写《大般若经》一部,施银盘子叁枚共卅五两。
2 麦壹佰硕,粟伍拾硕,粉肆斤。
3　　右施上件物写经,谨请
4　　炫和尚收掌货卖,充写经
5　　直,纸墨笔自供足,谨疏。
6　　　　四月八日弟子康秀华疏

以下《公元821年(?)炫和尚货卖康秀华布施胡粉入历》:

　　　　　　入了付广广
1 胡粉半两,准麦两石,善因麻将。半两准上 氾寺主付贞溱炫,张三一两,
　　　　　　　　　　　　　　　　　　　　其麦付孔孝王祐付

　　□勿麦五斗
　　对到官期硙课八斗,阴智清两石
　　　　□又道
　　准四石 光　麦
　　　　　折入八斗

2 陈二一两,张贡一两,翟丘一两,索秀一两,索广兴二两,已上炫。又半
　　　　　龙兴□
　　两,准两石 人麦付
　　　　　金田

　　　炫　　　　　　　收了　　　　　　　收了
3 又粉一两四石,内三石付解谦。宋荣粉二两,准八石。张贡半两,准
　　麦两石。

　　田师入四斗　　　　　入了阗　　　　　入了
4 大麻粉半两,准两石。田上座粉二两,准八石。何老粉二两,准
　　麦八石。

　　　　　收了法持　　　付索兴
5 齐老粉二两,准麦八石。赵庭琳粉半两,准二石五斗。广逸妹一
　　收了。入四石六斗,付田上座 内一石
　　　　　　　　　　　　　　　小麦。
　　两,准麦五石。

　　　　　　　　　　　　　　　　　　收了
　　入麦一石二斗,又入一石二斗五升。　入青一石,付田上座,又一
　　　　　　　　　　　　　　　　　石四斗。付田□一石二斗。
6 曹进进共半两,准麦两石五斗。广逸妹又一两,准五石。朱法贞
　　　收了
　　一两,准五石。

　　　　　　　　　　　　　　　　　　　　　又入一石四斗□四升
　　　　　收了　　　　　入一石三斗,又一石二斗。　入青麦
7 高张六一两,准五石。彭光谦妻半两,准二石五斗。贺进玉半
　　　　　　六□
　　两,准两石五斗。

　　　　　　　　　入了　　　　　　　　入二石青　　　　　　　　入了付法建
8 八八妇半两,准二石五斗。十六娘半两,准两石五斗。净心半
　　　入小[麦了]
　两,准两石五斗。吕江清妻

　　　　　　　　　　　　入小麦了　　　　　　　　　　付了收了
9 一分,麦一石二斗五升。赵家粉半两,准两石五斗。道岸粉半两,
　准两石五斗,石回鹘

(中略)

　　　　　　　　　　　　支康二娘儭　　　　　　　　入小麦
20 一石二斗五升。妙有半两,准二石五斗。兴子母半两,准二石五
　　　支康二娘儭
　斗。启直半两,准二石

　　　　　　　　　　支像海　　　　　经折
21 五斗。真惠半两,准二石五斗。惠□半两,准二石五斗。惠恩
　一两,准五石。

　　　　　　　　　已上册八。　　　支法持
22 法福一两,准五石。　　汜寺主半两,准麦两石五斗。汜张八
折什□寺
　半两,准麦两石五斗。

　　　　　　　　　对付道尊　　　　　　折画幡
23 阴米老母一分,一石五斗,汜兴国半两,二石五斗。

在施入疏中记录康秀华施入的有银盘子叁枚、麦壹佰硕、粟伍拾硕、胡粉肆斤,可能前三者不需要货卖,故货卖胡粉入历专门记录的是胡粉的货卖收入。从文书内容来看,胡粉的货卖价格都是统一的,即一分胡粉准麦一石二斗五升,一两胡粉准麦五石,这显然与以竞价为特征的唱卖是不同的。由于《康秀华写经施入疏》与《公元821年(?)炫和尚货卖康秀华布施胡粉入历》的内容前后被同一人抄写在一起,不属于原件,故郑炳林先生认为其是儭司或都司仓等机构留底存档的东西。这也说明,施入疏也是编制、审核货卖入历的原始凭证。从记帐格式上来看,《公元821年(?)炫和尚货卖康秀华布施胡粉入历》仅是条列货卖帐目,每笔货卖帐有货买者、货买胡粉数量、准麦的数量。至于货卖胡粉所准的麦,有的用"入了""付了""收了"等符号表示已经付清,有时还注明这些麦付给谁了,是谁收了;有的是折合成青麦等物付了,还有个别的是支付给某僧尼作为儭价了。就单笔帐而言,该历记录得非常详细。但可能由于是底稿之故,故该历的开头没有标题,尾部也没有落款。

第二节　分僦历的种类及其源流

一、分僦历的种类及其记帐特点

敦煌的分僦历文书大多都与唱卖、唱买活动有关，由于施入合城大众或部分僧尼的布施物多种多样，故在分僦前也要先将非斛斗物品唱卖为织物或斛斗（一般为小麦），然后进行分配，从而产生了唱卖分僦历，相关文书主要有：P. T. 1261V《公元 820 年前后僧人分配斋僦历》、P. 2689《公元 9 世纪前期僧义英等唱买得入支给历》、①S. 4192《丑年（833 或 845 年）悲济花等唱买得入支给历》、②P. 3491P1V《公元 9 世纪前期惠政等唱买得入支给历》、③S. 8706V《唱卖分僦历》、S. 8262《某老宿斋见到僧分僦历》与 BD02496V《后晋天福年间（936—944）僦司唱卖僧施得布支给历》。④ 在这些分僦历中，有的是僦司主持的分僦，有的是其他机构负责的分僦。从格式上来说，这些文书的格式也不尽相同，大致可以分为两类，P. T. 1261V 和 S. 8262 属于一类，P. 2689、S. 4192、P. 3491P1V、S. 8706V 和 BD02496V 属于一类。此外，还有个别的分僦历文书残卷要么与唱卖、唱买活动关系并不密切，要么不明

---

① 唐耕耦、陆宏基编《敦煌社会经济文献真迹释录》第 3 辑第 153 页云：此件用硬笔书写，其年代当在吐蕃占领敦煌时期，并拟名为《年代不明僧义英等唱卖得入支给历》，但僧人义英等应为"唱买"者而非"唱卖"者。该件文书中出现的僧人有道远、义英、志贞、义幽、谈惠等约 20 多人，这些僧人基本上都出现在 9 世纪前期的有关文书中，故其年代是在 9 世纪前期。

② 唐耕耦、陆宏基编《敦煌社会经济文献真迹释录》第 3 辑第 150 页云："此件目录初稿Ⅱ断为公元九世纪前期，属吐蕃占领敦煌时期。"并拟名为《丑年悲济花等唱卖得入支给历》，但悲济花等应为"唱买"者而非"唱卖"者。该件出现了 13 名僧尼，虽然个别僧尼在 9 世纪末期和前期的文书中都有出现，但这些僧尼主要出现在 9 世纪前期的文书中，如智照在吐蕃时期的许多敦煌写经题记及其他文书中都有出现，详参郑炳林、郑怡楠辑释《敦煌碑铭赞辑释（增订本）》，上海古籍出版社 2019 年，第 588—589 页；又谈颢见于 S. 1475V，戒藏见于 P. T. 1261V，特别是明心、德定、了悟、智胜同时出现于 P. 3600《吐蕃戌年（818）普光寺等ныстатус》中，故 S. 4192 中的丑年也应属于 9 世纪前期的某一丑年。又 S. 4192 中的安教授还仅见于 S. 6350《大中十年（856）寺主德胜神喻交割匹段》，从安教授的年龄和职务来判断，此丑年应为 833 年或 845 年。

③ 唐耕耦、陆宏基编《敦煌社会经济文献真迹释录》第 3 辑第 247 页较早对该件文书进行了释录，拟名为《年代不明某寺如意等得入支给历》。郝春文在《唐后期五代宋初敦煌僧尼的社会生活》第 325 页较早将其定性为唱卖分僦文书，唱买者主要是惠政。后面我们将要讨论，该件文书的时间在公元 9 世纪前期，故我们可将其拟名为《公元 9 世纪前期惠政等唱买得入支给历》。

④ 学界对 BD02496V 性质的认识过程、年代的判断和拟名，详参郝春文《唐后期五代宋初敦煌僧尼的社会生活》，第 313—314 页。

是否与唱卖、唱卖活动有关,目前所见的仅有Дx.02355V《公元9世纪前期分僦历》和S.11425V《公元9世纪前期分僦历》。

第一类分僦文书P.T.1261V和S.8262先列因参加斋会而应分僦的僧尼名目,僧尼法名旁有墨点或朱点等,然后写明是某人斋会、所施物或其唱买所得及唱买者,最后是参加斋会的僧尼每人应分得僦的数目及应分僦的总数,同时还会注明余或欠僦若干。其中P.T.1261V前后残缺,现存有12次斋会的分僦内容,为了简要起见,我们不再将包括僧尼法号在内的全部内容进行移录,而是仅将其中4次斋会活动中施主的布施物及出唱所得、分配情况摘录如下:

> 第二次斋会:僧法圆斋僦麻履一量,三石八斗,张阇梨。六十五人,各支六升,欠一斗不充。
> 第三次斋会:计八十一人。麻靴,三石八斗,李教授;绢两石五斗,离缠。计六石三斗,人各七升,余六斗三升,入大众僦。
> 第五次斋会:俗寺主斋施粟两䭾,和~~入大众准~~麦二石。五十一人,各支四升,欠一人分。
> 第九次斋会:褐衫捌硕捌斗,义海。一百七人各八升,余二斗四升。①

斋会的布施物有织物、衣物、鞋和斛斗等,斛斗可直接进行分配,织物、鞋和衣物等在出唱为斛斗后再进行分配,这些斛斗在僧尼之间分配时有时会有剩余,这些剩余的斛斗则"入大众僦"。郝春文先生认为这件不是僦司的分僦文书,②僦司一般掌管的是织物而非斛斗,故这些作为大众僦利的斛斗应由大众仓掌管。文书中的记帐符号有余、欠,那么,何为"余",何为"欠"?我们可以通过计算以上4次斋会的分僦帐来对其进行解释,具体以布施或唱卖所得为被减数,支给僧尼的僦利为减数,则4次斋会的分僦帐依次为:3.8−3.9=−1(石)、(3.8+2.5)−81×0.07=0.63(石)、2.0−51×0.04=

---

① 唐耕耦和郝春文先生均对该件文书全部内容进行过释录,分别参唐耕耦和陆宏基编《敦煌社会经济文献真迹释录》第3辑,第158—168页;郝春文《唐后期五代宋初敦煌僧尼的宗教收入(四)——为他人举行法事活动之所得》,《敦煌学辑刊》1997年第1期,第1—20页,该文略作修改后又收入郝春文《唐后期五代宋初敦煌僧尼的社会生活》第332—366页。从P.T.1261V的彩色图版来看,该件文书的释录还可以更加准确。

② 郝春文《唐后期五代宋初敦煌僧尼的社会生活》,第347页。

—0.04(石)、8.8－107×0.08＝0.24(石)，据此发现，凡余者为正数,欠者为负数。这种现象在此类分僦历中是一致的,如 S.8262 的分僦情况如下：

1 ▢▢▢▢▢▢[老]宿斋录见到僧名数如[后]：
（僧名略）
12 妙行　佛圣僧尼并叹计柒拾壹人。
13 紫罗袈裟唱得布陆佰尺，柒拾壹人[各]
14 支布捌尺肆寸，余叁尺陆寸。廿九日算

该件文书的黑白图版公布于《英藏敦煌文献》第 12 卷,拟名为《沙州僦司唱僦勾覆僧尼名数》,[①]郝春文先生对其进行过释录,并认为上引文书中有康僧统,然后依据荣新江先生研究康僧统在位时间为 895—902 年,从而认为该件文书的年代当在此期间,并拟名为《某老宿斋录见到僧名数》。[②] 但该件文书中没有康僧统,由于黑白图版甚为模糊,文书中的不少字辨识不清,故应是将第 2 行的康僧政误认为康僧统。虽然文书中的 71 名僧尼来自不同寺院,但是基本上均出现在年代约为 895 年或 9 世纪末 10 世纪初的 S.2614V 中,其中如文晟、常秘、宝庆、宝通、坚信、谈意、法晟、法照、法济、戒月、慈力、神心、道崇、神秀、灵愍、广济、大弁、愿净及沙弥惠证均见于 S.2614V 中开元寺僧名籍,故 S.8262 的年代与 S.2614V 一样在 9 世纪末或 10 世纪初。关于该件文书的性质,虽然首行云是"老宿斋见到僧名数",但是最后两行明确告诉我们是唱卖分僦文书,故在有的僧尼旁注有"付身"或"唱""粟""油"等,据此我们可将其拟名为《某老宿斋见到僧分僦历》。在这次斋会的分僦过程中,将紫罗袈裟唱得的陆佰尺布平均分给参加斋会的 71 人后,还剩余布三尺六寸,即余为正数。

在第一类分僦文书中,"余"指的是斋会布施物唱卖所得在参加斋会的僧尼之间平均分配后有剩余,余数即为所剩僦利数;"欠"则是斋会布施物唱卖所得不够在参加斋会的僧尼之间平均分配,所欠之数即分配时的缺额。但在第二类分僦文书中,不但记帐格式与第一类不同,而且余、欠的含义也有别,下面我们来看看详细情况。

第二类分僦文书 P.2689、S.4192、P.3491P1V、S.8706V、BD02496V 的记帐格式均是先写唱买者的法号、布施物(有时不说明)及唱买所得斛斗或

---

① 中国社会科学院历史研究所等编《英藏敦煌文献》第 12 卷,第 98 页。
② 郝春文《唐后期五代宋初敦煌僧尼的社会生活》,第 333—334 页。

布匹数目,然后是"折本分",即折合自己应分得的儭利或应支给其他僧尼的儭利等。在这类文书中,也往往有记帐符号余、欠,为了说明问题,我们先移录 P.2689 的部分内容如下:

7 志贞 青绢六石,折本分四石七斗七升,凝净四石三斗,折唱外余三石七

8 升,写论直五斗,以上共计三石五斗七升,内支法行下二石一斗,见给麦一石四斗七升。足。

9 义幽 针毡一石四斗,折唱外余三石一斗七升,支神逾。足。

10 道空 七条五石五斗,折本分四石四斗六升,法宝一石七斗一升,折唱外余六斗七升,

支窟神英。

11 法海 纸一帖四斗,香帘二石九斗,绵紬卅三石五斗,前六斗,驴卅七石,计七十四石四斗。

12 折本分二石二斗八升,支明德四石一斗六升,借昌卅八石六斗,元证四石二斗七升,支刘闍梨

13 修塔三石,福海四石四斗五升,欠十七石六斗四升,支沙弥法安二石一斗五升,

14 支普光真悟一石一斗,支德广一石一斗二升,支智良一石五升,支智丛二石二斗八升,欠九石四斗九升。

文书中在行首唱买者旁或用朱笔画有符号"⏋",或画一朱点,并且"足""欠"和"计"字及其之后的粮食数量均用朱笔书写或改写。为了了解文中记帐符号余、欠的含义,并与第一类分儭文书中的余、欠进行比较,我们仍以唱卖所得为被减数,支给僧尼的儭利为减数,分别列式计算出志贞、道空、法海三人名下的帐如下:

6 − (4.77 + 4.3) = −3.07(石)

5.5 − (4.46 + 1.71) = −0.67(石)

(0.4 + 2.9 + 33.5 + 0.6 + 37.0) − (2.28 + 4.16 + 38.6 + 4.27 + 3.0 + 4.45) − (2.15 + 1.1 + 1.12 + 1.5 + 2.28) = 9.49(石)

从结果来看,凡"余"者为负数,"欠"者为正数。同时,第 7 行"凝净四石三斗"旁还用朱笔写有"欠一石二斗三升",该数正好是志贞唱买数六石减去自己应得数四石七斗七升之差,该"欠"也为正数。又如 S.4192《丑年悲济花等唱卖得入支给历》中的"欠"也是如此,由于后面还要对其中的帐目进行讨论,故将其全部内容释录如下:

1 悲济花前九斗,折唱外,合得三石六斗五升。支明心下。
2 明心唱十三石五斗,折本分一石五斗五升,支菩提藏三石八斗七升,
3 　　支悲济花三石六斗五升。明心折外更合出七斗回入儭,请

93

4　　收入心明下更加七斗,安教授合请先僦八斗五升,幸 请

5　　支给。三月十二日戒藏、尼德定花合得先僦四石三斗三
　　　升,请

6　　与支给,收名后算。

7 智照下廿八石,折本分五石三斗八升,法安三石九斗一升,

8 经十二石九斗三升,谈颙粮两石八斗,诵戒赏两

9 石,欠九斗八升,回入僦。

10 明心前四石四斗,折外合得八斗。

11 丑年了悟唱绫十八石三斗,折本分二石六斗,袜社三石九斗,严净

12 花一石二斗,智胜四石一斗,净严二石九斗八升。支经三石五
　　　斗二升。

第 9 行的"欠"字补在行侧,在黑白图版中非常清楚是"余"字,故《释录》将其录为"余"。① 但我们在彩色图版(图 2-2)中发现,这个"余"字又特意用朱笔被改为"欠"字,只是在黑白图版中看不见而已,说明余、欠有别,而智照下的帐为:28-(5.38+3.91+12.93+2.8+2)=0.98(石),即"欠"者为正数。

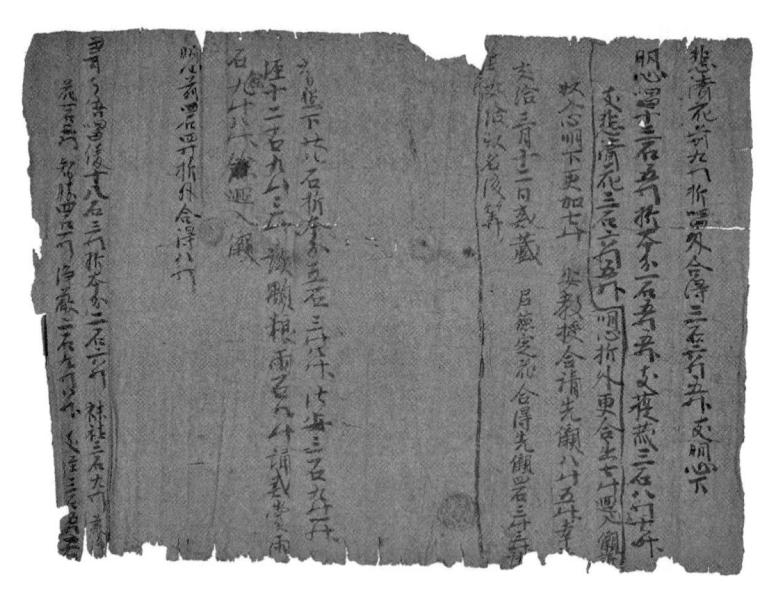

图 2-2　S.4192 图版

"余"者为负数的情况在其他文书中也有体现,如 S.8706V 是一件唱卖

---

① 唐耕耦、陆宏基编《敦煌社会经济文献真迹释录》第 3 辑,第 150 页。

分僦历的残片,其内容如下:

1 法行 铜匙筯七尺,本[分]一百六十八尺九寸,折唱外余一百
2 　　　六十一尺九寸,内八十一尺支入三界惠进下,余入胜相。

该件前后残缺,《英藏敦煌文献》将其拟名为《唱僦历》,①但其与 P.2689、S.4192一样,不仅有唱卖,而且有分僦,故是唱卖分僦历文书。法行下的帐为:7－168.9＝－161.9(尺),即"余"者依然为负数。又如 P.3491P1V《公元9世纪前期惠政等唱买得入支给历》载:

1 惠政七石五斗,又三石七斗 折本分一石四斗,广真一石五斗[　　]
　　　　　　　　　　　　 惠归
　　　　　　　　　　　　 惠嵩九斗六升,奉照一石二斗,乘□[　　]

　　　　　　　　付本身
2 斗一升,乘真一石四斗九升。如意一石三斗四升。义海二石一
　　斗八
3 升。修政一石四斗九升,余一石一斗七升。

　　本件仅有惠政一名唱买者,但惠政后没有出现"唱"字,系郝春文先生较早揭其性质为唱卖分僦文书,并认为其可能与大众仓有关。② 在第一行"惠嵩九斗六升"旁还写有"惠归",而文书中的广真、惠归和义海见于 P.T.1261V《公元820年前后僧人分配斋僦历》,又 P.T.1261V中还有僧人修正,或许就是本件中的修政,故文书的年代也应在9世纪前期。虽然第1行最后有残缺,从而导致支给僧人"乘□"的具体僦利数不明,但其他几笔帐的合计数为十一石五斗六升,已经大于惠政唱买所得数,即七石五斗与三石七斗之和的十一石二斗,故这里的余数一石一斗七升也应为负数。至10世纪,在第二类分僦历中,余、欠情况与9世纪的仍然一致,如 BD02496V《后晋天福年间(936—944)僦司唱卖僦施得布支给历》第13—15行载:

13 金刚 唱扇得布伍拾伍尺。支本分壹百五十尺,余九十五尺。
14 道成 唱白绫袜得布壹伯柒拾尺。支本分一百五十尺,支普
15 　　　愿法一百五十尺,余壹百三十尺。

---

① 中国社会科学院历史研究所等合编《英藏敦煌文献》第12卷,第202页。
② 郝春文《唐后期五代宋初敦煌僧尼的社会生活》,第325页。

按照前面的计算方法，僧人金刚和道成因分别唱买扇、白绫袜而应支付的布与其后应支给僧人的僦利布之差分别是负数95尺和130尺，即"余"是负数。

从以上讨论来看，在第一类和第二类分僦历中，记帐符号余、欠含义恰巧相反，目前还尚未发现与此不一致的记载，说明这种现象应不是偶然的。对于BD02496V中的"余"字，林聪明先生释为"赊"字，郝春文先生认为"赊"符合实际情况，进而认为此余数是唱买者多支出的，而多支出的部分，站在唱买者角度是"亏"，站在僦司的角度可以说是"余"了，只能留待下次唱买物品或分僦时结清了。① 从第二类分僦历文书中欠、余的情况来看，"欠"指的是唱卖所得在分给相关僧尼外还有剩余，即唱买者还欠僦司或斋会所得僦利分配方的僦利数；"余"是指应分给僧尼的僦利尚未足额支给，即僦司或斋会所得僦利分配方还应付给僧尼的僦利数。那么，余数是不是由唱买者支出呢？或者说每名唱买者之下所列的各位僧尼应得僦利是否都要由该唱买者支付呢？我们对此进行分析说明。在P.2689第10行中，唱买者道空所付的五石五斗粮食，在抵消掉自己应得的四石四斗六升后，还剩余一石四升，若要足额支付法宝应得的一石七斗一升僦利，尚缺六斗七升，而这六斗七升僦利"支窟神英"，这里的"支窟神英"如何理解呢？我们来看看S.4192第1—3行的记载就明白了，第1行悲济花应得的僦利在与自己唱买应支付的粮食相抵后，剩余应得的三石六斗五升"支明心下"，故而在第2—3行唱买者明心下又记载了这笔帐，即"支悲济花三石六斗五升"，故"支窟神英"是指法宝应得的一石七斗一升僦利到莫高窟僧人神英那里去领取，而不是由唱买者道空支给。我们再来看P.2689第7—8行的帐，志贞唱买青绢的六石粮食，除了自己应得的僦利折合粮食四石七斗七升外，还剩余一石二斗三升，若要足额支付凝净应得的四石三斗僦利，尚缺三石七升，而这三石七升僦利再加上写论直的五斗共计缺三石五斗七升，这部分从哪里支给呢？其中从法行下支二石一斗，剩下的一石四斗七升现给麦子，如此帐就清了，即"足"。可见，作为唱买者，志贞支给凝净的仅是自己应付的唱买斛斗数与应得僦利数相差的部分，而另外部分，即余数三石七升并不由其支给。这些实例告诉我们，每名唱买者之下所列的僧尼应得僦利不一定都要由该唱买者支给，唱买者支给的往往只是自己应支的部分，剩余的部分要么由其他唱买者支给，要么在下次唱卖和分僦时再行支给。

除了以上两类唱卖分僦历外，Дх.02355V和S.11425V也属于分僦历

---

① 郝春文《唐后期五代宋初敦煌僧尼的社会生活》，第317—318页。

文书,其中前者内容如下:

(前残)

1　　支贤德▭
2　智秀 五石,又借十五石,支惠定香三石三斗六升。道▭遍净一石八斗
3　迴秀借十三石五斗,又借十三石五斗▭
4　　　　三斗一升,灵璨下取。
5　▭璨先请马价麦二石八斗▭
6　张家▭亲牙盘丝▭子▭
7　▭泰借五石二斗,又借五石,计十石二斗。
8　▭▭五斗六升半,本分折一石四升五斗▭
9　▭滞前亲(儭)一石五斗八升 折本分外欠一石一斗九升半,支惠眼下。
10　▭▭前亲(儭)四斗,本分折,欠一石九斗,支义深下。
11　▭向五石四斗借,本分折二石▭
12　▭惠五斗▭
13　▭▭▭
(后残)①

孟列夫介绍该件时云其在写卷正面,编号为 Дx－2355a,内容是收到各种物品的清单,②而《俄藏敦煌文献》第 9 册将该件编号为 Дx.02355V,拟名为《请马便麦历》,这应是受到第 5 行"请马价"三字的影响,将"价"字误认成了"便"字。实际上,该件既不是收到各种物品的清单,也不是便麦历文书,而应是分儭历文书,如"支某某下""某某下取""本分折""欠"等都是分儭历中常见的术语,其中第 9、10 行僧尼法名下的"前儭"在图版中为"前親","親"应为"儭"之误。当然,从僧尼法名下一般都是"借"或"请马价"等而非"唱"来看,该件分儭历与唱卖、唱买活动关系不大,而应是对前次分儭中未结清的"前儭"帐及其后发生的借取儭施帐等进行核算处理及记录的分儭帐目。文书中的僧尼贤德、灵璨、迴秀、惠眼多见于 P. T. 1261V《公元 820 年前后僧人分配斋儭历》,又智秀见于 S. 2228《辰年巳年麦布酒付历》,义深见

---

① 俄罗斯科学院东方研究所圣彼得堡分所等编《俄藏敦煌文献》第 9 册,上海古籍出版社、俄罗斯科学出版社东方文学部 1998 年,第 166 页。
② [俄]孟列夫主编,袁席箴、陈华平译《俄藏敦煌汉文写卷叙录》(下册),第 501 页。

97

于 S.4191V1《亥年三月某寺寺主义深诸色入破历算会牒》,据此判断文书的年代应在 9 世纪前期,故可将其拟名为《公元 9 世纪前期分僦历》。

我们再来对 S.11425V 进行分析讨论,其内容如下:

(前残)
1 ⬜⬜⬜⬜⬜[石]五斗三升半,支⬜⬜⬜⬜
2 ⬜⬜⬜⬜⬜⬜⬜⬜⬜⬜⬜⬜⬜⬜⬜⬜⬜
3 ⬜⬜⬜⬜⬜石二斗⬜卅五石⬜⬜,本分折⬜⬜
4 ⬜⬜⬜⬜⬜证因、戒朗各二石三升,⬜⬜
5 ⬜⬜⬜⬜⬜石六斗六升,启缘二石⬜⬜
6 ⬜⬜⬜⬜⬜真如见二石三斗⬜⬜
7 ⬜⬜⬜⬜⬜一斗二升,更欠一斗四升。
8 ⬜⬜⬜⬜[石]七斗,正因二石四斗一升半⬜⬜
9 ⬜⬜⬜⬜石四斗一升,支贞秀⬜⬜
10 ⬜⬜⬜⬜⬜下六斗一升半,又欠⬜⬜⬜⬜⬜下取。
11 ⬜⬜⬜支神英一石四斗,更欠一石三升半,支贞秀⬜
12 ⬜⬜⬜证二石四斗七升半,余二升半。
13 ⬜⬜⬜尼自证。
14 ⬜⬜⬜[石]支缘⬜⬜⬜⬜。
15 ⬜⬜⬜[分]折二石四斗一升半,法鸾二石三升⬜
16 ⬜⬜⬜⬜⬜二石四斗麦价⬜贤⬜⬜
17 ⬜⬜⬜[斗]六升半,法明二石五斗七升,余二斗⬜
18 ⬜⬜⬜⬜石九斗。
19 ⬜⬜⬜四石二斗,前显六斗九升⬜⬜
20 ⬜⬜⬜石四斗九升⬜⬜⬜⬜
(后残)

荣新江先生在介绍该件文书时将其编号为 S.11425A+B+C,并拟名为《吐蕃时某寺斛斗入破历》。[①]《英藏敦煌文献》第 13 卷公布的该件文书的

---

① 荣新江编著《英国国家图书馆藏敦煌汉文非佛教文献残卷目录(S.6981—S.13624)》,新文丰出版公司 1994 年,第 256 页。

黑白图版包括若干个没有拼接在一起的碎片,同时拟名为《某寺斛斗入破历》。[1] 国际敦煌项目网站(IDP)公布的彩色图版则将该件中的各碎片拼接成了一个整体,从而为内容的释录提供了方便。虽然该件文书残缺严重而影响对其性质的认识,但其内容应不是某寺的斛斗入破历,而应是分僦历文书,因为帐目中也频繁出现"本分""折""支""余""欠"等与分僦相关的术语,并且帐目的表述方法与 Дx.02355V 相同。至于该件的分僦与唱卖和唱买有关,还是与借取有关,亦或与其他活动有关,由于每行前部残缺而不明。同时,由于没有一笔分僦帐是完整的,故无法明确其中余、欠的含义与前述第一类还是第二类分僦历相同。文书中的启缘、法鸾、贞秀、神英见于P.T.1261V《公元820年前后僧人分配斋僦历》,其他如正因、戒朗、法明等也见于9世纪前期的相关文书中,可知其年代也在9世纪前期,故也可将其拟名为《公元9世纪前期分僦历》。

二、分僦历溯源

敦煌分僦历文书与唐代道宣撰《四分律删繁补阙行事钞》是学界讨论中国古代寺院唱卖和拍卖活动最早的资料,[2] 其中敦煌分僦历文书的时间都在9、10世纪,但这并不是说分僦历是此时才出现的,因为佛教的唱卖分僦活动历史悠久,与之相关的分僦历文书的起源也应很早。那么,有没有更早的分僦历存世呢?在20世纪60—70年代,在吐鲁番阿斯塔那和哈拉和卓墓葬中考古发掘出了大量的文书,这些文书经整理后以《吐鲁番出土文书》之名前后出版了录文本和图文本。[3] 虽然整理者对这些文书都进行了拟题,但是由于这些文书都残缺非常严重,甚至不少文书都是碎片,从而为其性质的判定带来了困难,故有的拟题并不能准确地反映文书的内容和性质,这其中就有阿斯塔那89、169、170号墓和哈拉和卓50、99号墓中出土的相关文书,如哈拉和卓99号墓出土的《僧尼财物疏》,阿斯塔那170号墓出土的《高昌僧义迁等僧尼得施财物疏》《高昌僧弘润等僧尼得施财物疏》《高昌僧僧明等僧尼得施财物疏》和《高昌□子等施僧尼财物疏》,哈拉和卓50号墓出土的《高昌樊寺等寺僧尼名籍》和《高昌尼小德等僧尼粮食疏》,阿斯塔那169号

---

[1] 中国社会科学院历史研究所等合编《英藏敦煌文献》第13卷,第263页。
[2] 对中国古代寺院的唱卖和中国拍卖业的源流轨迹的探讨,可参曲彦斌《中国拍卖业的源流轨迹探析》,《社会科学战线》2005年第2期,第138—144页。
[3] 国家文物局古文献研究室等编《吐鲁番出土文书》(录文本)第1—10册,文物出版社1981—1991年;国家文物局古文献研究室等编《吐鲁番出土文书》(图文本)第1—4册,文物出版社1996年。

墓出土的《高昌僧僧义等僧尼财物疏》和《高昌僧智副等僧尼财物疏》，阿斯塔那309号墓出土的《高昌令狐等寺僧尼财物疏》，阿斯塔那89号墓出土的《高昌僧道瑜等斛斗疏》等等，每个拟题之下往往又包括一件或十多件残片，其年代都在公元6世纪。① 这些文书自公布以来，学界对其内容和性质再未专门讨论研究，其真实的性质也一直未被人们所认知。实际上，这些文书不是简单的"财物疏"或"僧尼名籍"，而应是佛教僧侣对布施物进行唱卖分配的分僦历文书。下面我们就结合敦煌的分僦历文书，对其内容和性质进行讨论说明。

（一）文书中"施""食""大食""小食""冤""冢""士"的含义

这些文书中往往会出现一些关键的字词如"施""士""食""大食""中食""小食""冤"等，而这些字词是讨论清楚这些文书性质的关键，故先需要对其含义进行分析说明。72TAM170:109/5(b)第3—8行内容如下：

3　　　　僧文食袴三万八千三百丈，赵 ☐
4　客僧林　大食缕一万三千七百丈。大食单被十六万丈，取智 ☐
5　　　　叠二匹七万二千丈，取☐叠一匹三万六千丈。
6　冤五千六百五十一丈八尺六寸，士六千九百六十九丈五尺六寸，冤三千八百五十八丈
7　七尺五寸，冤一万五千九百六十二丈四尺八寸，士五千二百廿九丈一尺五寸，
8　施五千三百八丈五尺九寸，☐☐千五百八十六丈四寸，一万三百六十二丈五尺

（后略）

这几行文字中就比较集中地出现了"食""大食""冤""士"和"施"字，从后面我们将要引用的此类文书中可以看到，其中"冤"字有时又写作"冤"或"冢"。整理者在将此类文书称为"僧尼得施财物疏"时，应该依据的就是"施"字，但是没有说明"食""士""冤"与"施"字的关系。从此类文书的情况来看，"食""士""冤"与"施"应是对应的，其后要么是织物及其数量，要么直

---

① 这几件文书的录文分别见国家文物局古文献研究室等编《吐鲁番出土文书》（录文本）第1册第193—194页，第2册第67—139、140—179、219—267页，第3册第312—316、347—354页。又分别见《吐鲁番出土文书》（图文本）第1册第97、146—183、184—196、209—229、447—449、462—464页。此后所引这些文书的相关内容时不再注明出处。

接是织物的数量而省略织物的名称,这类对应关系在相关文书中非常普遍,对此我们可以通过以下四件碎片再做进一步的了解。

72 TAM169∶82/1(a)载:

　　　合廿五人分三丈六尺六寸余四寸
7 举儿妇疋　武伔叠八匹六十四丈
8 法显　裙三百丈　武伦　靴二百五十丈
9 开通　昙祐　僧善　孝义　□□
　　（后略）

72 TAM169∶82/2(a)载:

　　廿七人分□六尺六寸
2 麴阿保施□被二百丈
3 玄达　西惠安　佛有　开通　通信　钦真
　　（后略）

72 TAM169∶82/4(a)载:

　　合卅五人分一丈九尺一寸
2 阿救子食　阿忠□
3 □起　仏超　道□□

72 TAM169∶82/16(a)载:

　　合卌四人分二丈七尺五寸
4 文和小食　戒伦靴九十一丈
5 道丰　德称　孝惠　德畅　智慈

后面我们将要专门对以上四件碎片中首行的人数合计及每人应分得的织物数量的含义进行讨论说明,在包括这四件碎片在内的同类文书中,该行文字在《吐鲁番出土文书》中都没有标示行号,在该行之下,接着是某人"施"或"食""疋"部分,再后面就是僧尼名录,结构都完全一致,说明"施"与"疋""食""小食"也是对应的,故它们在这里的含义也应相同,即与表示布施之义

101

"食"不仅有"小食",而且还有"中食""大食"之说,如75TKM99:9(a)中有几笔帐载"智度冤二百卌丈三尺三寸,元相中食卌丈六尺……宣忠食九十丈四尺,师奴法士二百五十一丈二尺三寸……元世中食九十丈二尺三寸,令食六十七丈一尺二寸,令施一百卌丈一尺五寸",其中除了"食""冤""士"和"施"外,还有"中食"。从相关文书来看,"大食"的数额一般都相对比较大,无论是织物还是斛斗均是如此,其中斛斗,大食一般都在一斛以上,一斛以下一般不用大食,如72TAM170:110/1(b)第10—12行有几笔布施帐如下:

济施三尺二寸,英冢三□,明冢八尺一寸,和施二尺四寸,英施二尺四寸,敏施四尺一寸半,得施五尺九寸,姊冢三尺,□□英冢五尺一寸半,主施一丈四尺七寸半。大食六丈九尺一寸,合卅二丈六尺。

这里的布施者有济、英、和、敏、得、姊、主等,这些单字一般表示人名,这种现象在后面将要引用的相关吐鲁番文书中具有普遍性,邓文宽先生认为这些人名是不完整的,是昵称。[①] 其中布施者"英"下既可有"施",又可有"冢",说明"施"与"冢"相通。在这些布施帐中,最后一笔"大食"的数额最大,达到六丈九尺一寸,其他除了"主施"这一笔较大外都很小。除了"大食"外,其他表示布施的字词如"施""冤""食"的数额可大可小,具体例子再不赘举。

在此类文书中,人名下表示布施的字词还可以用"夂"来代替,如72TAM170:110/14(b)载:

1 □文　尼男奴食疊十四丈、林和食带二尺,法唤施襦六十一尺
2 半,　　　　　　　　　　　　　　　　　合七十五丈二尺。
3 □夂一尺三寸,得夂四寸半,安夂三尺七寸,安夂二尺半寸,御夂
　　六尺六寸半,忍夂一尺五寸半,
　　（中略）
5 □□□一尺八寸,安一尺三寸半,次一尺三寸半二冢五尺三寸
　　半□□□
　　（后缺）

该件中在记载僧俗的布施情况时,第1行的三笔帐用"食"或"施",第5

---

① 邓文宽《敦煌吐鲁番文献重文符号释读举隅》,《文献》1994年第1期,第161页。

行最后一笔帐用"冢",其他第3行中得、安、御、忍等人的布施全部用"夕",这里的"夕"也表示布施之义,即是对表示布施的字词的代替。特别从相关文书来看,"夕"似乎专门是对"食"字的替代,如72TAM170:110/2(b)载:

7 □琜　大食坐具二丈。莫潘特冢旃十一丈五尺,鲞得母冢裙十三丈
8 □弘胜叠□□　　　　　合卅一丈五尺
9 □□□尺七寸半,宗夕三尺,成夕六寸,殊夕七寸半,生夕三尺四寸半,与夕一尺四寸半,少夕
10 ────四尺八寸半,济冢九尺九寸半,母冢一尺三寸半,苟────
11 ──────寸,母冢四尺四寸,女冢二尺────
（后缺）

该件第7行的三笔布施帐分别用"大食""冢",其后第9行的几笔帐全部用"夕",然后到第10、11行中的几笔帐又全部用"冢",说明"夕"应不是对"冢"的替代,而是对"食"或"施"的替代。我们再继续看72TAM170:110/10(b)中的相关情况:

（前缺）
1 　　　合卅七丈七尺────
2 □冥　王尼食□五十丈
3 □夕六寸半,林夕一尺九寸,和夕九寸,需夕二尺三寸半,子夕一尺八寸,□夕一尺一寸,义夕
4 四尺八寸半,二冢五尺三寸半,姊冢────九尺九寸半,女冢一尺三寸半,苟冢二尺
（后略）

该件第2行第一笔布施帐用"食",接下来第3行林、和、需、子、义等人的七笔布施帐全部用"夕",而此后第4行的几笔布施帐又全部用"冢"而没有用"夕",特别是第4行后我们略录的9行布施帐中都没有再用"夕",而是用"冢""施",说明"夕"不指代"冢"和"施",而可能是专门指代"食"。由于文书中"大食"一词中的"食"被"夕"替代时,"大夕"二字有时很像只有一个字,所以整理者将此类文书中的"大食"均录为一个字"夯",但实际应为"大食"

二字。

讨论至此,我们认为此类文书中的施、土、食、小食、大食、豖等都应与布施有关,其中"土""食"与"施"谐音,故可能有时用"土""食"代替了"施",用"小食""大食"代替了佛典文献中常见的"小施""大施"。至于"豖"和"豕",在《龙龛手镜》卷4中云其音为知勇反,并释后者之义为"大也",[①]其为何可以表示布施之义暂时不明。此外,"小食""中食"在吐鲁番和敦煌的寺院会计文书中多有记载,但是文书的性质不同,"小食""中食"的含义也有别,也即有的文书中的"小食""中食"与布施之义无关,如阿斯塔那377号墓出土的《高昌乙酉丙戌岁某寺条列月用斛斗帐历》中也有"小食粟"或"小食床"的帐目,又阿斯塔那319号墓出土的《高昌僧众粮食帐》中也有"小食丸米""小食僧""中食僧"的记录,陈国灿和吴震先生认为,这里的"小食"是指小月的食粮量。[②] 而高启安先生认为这些吐鲁番文书和相关敦煌文书中的小食和中食的区别不在于食用的时间和食物数量,也不在于食用僧人的多少,而应当指饮食的等级。[③] 虽然学界对这里"小食""中食"的理解不同,但是都认为其与饮食有关而与布施之义无涉。

(二)文书的种类及性质

明白了"施""土""食""豖"等的含义后,我们再来讨论这些文书的性质。从结构上来看,这些文书并不相同,大致可以分为两类,一类是含有许多僧尼名录者,另一类是以某一名僧尼为主者,下面我们进行分类讨论。

1. 含有许多僧尼名录的文书

前述整理者拟名为《高昌僧义迁等僧尼得施财物疏》《高昌僧弘润等僧尼得施财物疏》《高昌樊寺等寺僧尼名籍》和《高昌僧僧义等僧尼财物疏》中的大多内容一般属于此类,如72TAM169:82/16(a)载:

```
1 ▭▭▭▭▭▭▭▭▭  保成
2 □导  惠雅  义□  □义
3 尼小僧顺二  普净
    合册四人分二丈七尺五寸
```

---

① [辽]释行均编《龙龛手镜》(高丽本),中华书局1985年,第536页。
② 参陈国灿《对高昌国某寺全年月用帐的计量分析——兼析高昌国的租税制度》,载《魏晋南北朝隋唐史资料》第9、10期,武汉大学学报编辑部1988年,第5—6页;吴震《吐鲁番出土高昌某寺月用斛斗帐历浅说》,《文物》1989年第11期,第60—69页。
③ 高启安《唐五代敦煌人的宴饮活动述论》,《西北民族学院学报(哲学社会科学版)》2000年第3期,第69—70页。

4 文和小食　戒伦靴九十一丈
5 道丰　德称　孝惠　德畅　智慈
6 道海　玄崇　法耀　玄素　钦真　昙净
7 佛祐　北法崇　神受　玄□　道哲　法安
8 建忠　琼真　僧真　武孝　申弘　元和
9 德耀　林弘显　客弘畅　僧子
10 客法贤　德□　□太　玄钦
　　　合卅三人，分二[丈七尺六寸]，余八寸。

虽然整理者认为该件文书是"僧尼财物疏"，但是要准确认识该件文书的内容及性质，我们可参照前述敦煌的第一类分僙历文书 P.T.1261V《公元820年前后僧人分配斋僙历》和 S.8262《某老宿斋见到僧分僙历》。为了便于比较，我们将 P.T.1261V 中两次斋会的情况摘录如下：

第四次斋会：
1 佛圣叹　宋教授阇梨　吴阇梨　张阇梨　杜阇梨　阴阇梨　康阇梨
2 文照　惠照　惠英　崇圣　惠宛　二头陀　师子音
　（中间僧名略）
10 妙义　妙慈　觉惠　觉意　沙圆　灵空　无言　卅九　都
11 计七十二人。　了因斋僙青绿绢裙一，五石一斗，神皎，七十二人，各支七升，余六升。

第五次斋会：
1 佛圣　索阇梨　孙上座　李寺主　图教授　东寺教授　索上座
2 阴阇梨荣　闰判官阇梨　杜阇梨　吴阇梨　张阇梨　俊寺主阇梨
　（中间僧名略）
7 光镜　智捷　行达　能辩　无尽藏　都计五十一人
8 俗寺主斋施粟两驮，和大大众准麦二石。五
9 十一人，各支四升，欠一人分。

前已所述，这种文书的结构及构成要素大致是：先列因参加斋会而应分僙的僧尼名目及其人数总计，僧尼法名旁有墨点或朱点等，然后写明是某人斋会、所施物的唱买所得及唱买者，最后是参加斋会的每名僧尼应分得僙利

的数目及其合计数,然后还会注明"余"或"欠"儭若干。72TAM169：82/16(a)残存的内容可分为两部分,其中第 4 行之前的几行为一组,第 4—10 行及最后一行为一组,前一组内容不全,后一组是完整的。经将后一组与 P.T.1261V 比较可知,后一组的结构及构成要素是：第 4 行记录布施者文和、布施物靴及其折合成的织物数,第 5—10 行记录僧尼名目,而且每名僧尼的法名旁也有朱点,最后一行是僧尼合计数、每人所应分得的织物数目及分配后所"余"数目。其中最后一行中"丈七尺六寸"数字原来残缺,系我们计算推补,因为布施物靴子折合所得总共九十一丈,平均分给三十三人,当每人分得二丈七尺六寸时,共需九十一丈八寸,刚好还少八寸。而"余"的含义相当于敦煌的第一类分儭历文书 P.T.1261V 和 S.8262 中的"欠",即布施物在僧尼之间分配有欠缺。可见,从构成要素上来说,72TAM169：82/16(a)与敦煌文书 P.T.1261V 是完全一致的,只是要素的顺序略有变化,主要是前者将布施者、布施物及其折合所得置于最前面而不是最后面。实际上,顺序的变化并不会改变文书的性质,即便是敦煌文书也不完全统一,如前引 S.8262 开头第 1 行就先说明斋会主人"某老宿",也即将布施者置于最前面,这一点与敦煌文书 P.T.1261V 不同而又与吐鲁番文书 72TAM169：82/16(a)相同了。据此,我们可知 72TAM169：82/16(a)与 P.T.1261V、S.8262 的性质也应相同,即是分儭历文书,其中第 4 行的戒伦应与 P.T.1261V 中第四次斋会中第 11 行的神皎身份相同,应是唱买者,即其唱买了僧人文和布施的靴,所付酬价为布匹九十一丈。

在此类文书中,当布施物在僧尼之间分配有欠缺时,则用记帐符号"余"来表示；若刚好分配完时,则不再说明；至于有剩余时如何表示,则不见明确记载。在接下来将要讨论的第二类文书中,记帐符号"余"与"少"对应,据此推测,在第一类文书中,与"余"对应的也可能是"少",即用"少"来表示布施物在僧尼之间分配后尚有剩余,"少"则相当于敦煌的第一类分儭历文书 P.T.1261V 和 S.8262 中的"余"。

这种唱卖分儭一般都是根据人次,采取均分原则,当某位僧尼参加两次以上相关法事活动时,会在其法名下注明参加的具体次数,如上引文书第 3 行僧顺后注明"二",说明其参加了两次,同时平均分得的儭利则为两份。这种现象在此类文书中比较常见,又如 72TAM170：110/12(a)载：

1 ▭▭▭▭▭▭▭▭▭ □衣十九□□尺,合二百七十 □▭▭
2 道爱　忠焕二　道护　愿济　福□　智贤　宁玄焕　义□
3 德伦　小惠智二　道林　戒首　德润　法揽　惠迁　云安四

元□
　　　（中略）
8 罗英　僧恩　普惠　智焕二　戒林　义□　法化四　法光　惠藏
9 受亲三　普首　和亲　德藏三　法定二　义旷四　妙亲二　法仙□
10 合九十七人分二丈八尺三寸,余四尺四寸。

该件中有的僧尼名下注明二、三或四,这都是他们参加法事活动的次数及应分得儭利的份数。同时,我们可以依据第10行的数据将第1行残缺的合计数补充完整,即该合计数应是 97×2.83－0.44＝274.07 丈,故第1行最后所缺的几个字应是"四丈七寸"。

2. 以某一名僧尼为主的文书

这类文书往往是在某一名僧尼名下记录相关帐目,僧尼的法名往往写得较大而醒目,法名之下的内容写得较小,前述整理者拟名为《高昌僧僧明等僧尼得施财物疏》《高昌□子等施僧尼财物疏》《僧尼财物疏》和《高昌僧智副等僧尼财物疏》中的主要内容属于此类,如其中 72TAM169：82/2(b)载：

17 元崇　谦子食衫十五丈五尺
18　　六尺七寸,五尺一寸,九尺七寸,一丈四尺半寸,二尺一寸,九尺一寸,
19 五尺九寸,一丈五尺半寸,一丈五尺六寸,二尺九寸,八丈六尺三寸□十一丈,
20 合十九丈六尺三寸。　　　自折少四丈一尺三寸。智演。足。了

这类文书的性质也应是分儭历文书,因为经比较可知,72TAM169：82/2(b)中僧人元崇及其名下的相关帐与前述敦煌的第二类分儭历文书 P.2689《公元9世纪前期僧义英等唱买得入支给历》和 BD02496V《后晋天福年间(936—944)儭司唱卖儭施得布支给历》中志贞、义幽、道空、法海、金刚、道成等僧人名下帐的内容、结构和性质相同,具体情况是:元崇应为唱买者,其唱买了谦子布施的食衫,所付的酬价是织物155尺,第18—20行的织物明细帐是元崇因参加历次法事活动而应得的儭利数,这些儭利的合计数是196.3尺,其相当于敦煌文书中的支本分或折本分数目,儭利总数 196.3

107

尺减去因唱买应支付的酬价155尺,得数正好是41.3尺,即"自折少四丈一尺三寸",这里的"少"相当于敦煌第二类分㩊文书中的"欠",即还欠少元崇㩊利;在末尾还有智演的签名及其所签的"足""了",智演之类的僧人相当于敦煌分㩊文书中的"勾㩊人""监㩊和尚"或"支㩊大德","足"表示元崇应得的㩊利足以支付其因唱买布施物而应支付的酬价。在"自折少"的情况下,文书尾部签"足""了"的现象比较普遍,又如72TAM169:82/16(b)中第4—8行是一部分完整的分㩊帐,其载:

  4 小文孝　武义疋叠□丈。
  5 　　一丈六尺七寸,四尺一寸,七尺五寸,六尺七寸,二尺一寸,一丈九尺
  6 七寸,五尺三寸,二尺四寸,二尺五尺,九尺一寸,三丈五尺一寸,五尺九寸,
  7 四丈一尺半寸,一丈,一丈五尺六寸,七尺八寸,十九丈九寸。大食十一丈。
  8 合卅丈九寸　自折少廿三丈九寸。孝伦。足。了。

  该件应是对小文孝应得㩊利的分配,小文孝因唱买武义布施的叠而所付的酬价数残缺,但是该数应是卅丈九寸减去"自折少"的廿三丈九寸之差,也即七丈。末尾在"自折少"数目后也有勾㩊人孝伦的签名及其所签的"足""了"。

  在此类文书中,与"自折少"相对的是"自折余",如72TAM169:82/1(b)中15—18行载:

  15 渊信　王参军疋叠二四十□□□尼僧林法事坐具二丈。
  16 　　一丈三尺二寸,一丈一寸,三尺半寸,五尺七寸,三尺六寸,四尺一寸,
  17 合三丈九尺八寸,大食五丈五尺。合九丈四尺八寸
  18 　　自折余三丈三尺一寸。

  虽然第15行的数据有残缺,但是僧人渊信唱买王参军布施的叠和僧林布施的坐具的合计数明显大于自己应得的㩊利九丈四尺八寸,可见,"自折余"与"自折少"恰好相反,这里的"少"和"余"分别相当于前述第二类敦煌分㩊历文书中的"欠"和"余"。

另外,在阿斯塔那 89 号墓中出土的 11 件碎片中,还有残存"自折长"者,如 67TAM89:7/1 载:

1　一斛八斗半,得阿☐☐☐☐☐
2　　得僧谦三☐☐☐☐☐☐
3　自折长六斗半。
4　道瑜二月十五日,杂☐☐☐☐
5　七斛八斗半,自折☐☐☐☐☐

又 67TAM89:7/6 载:

1　智谦　六月卅日叠袴☐☐☐☐
2　七斛八斗半,自折长七☐☐☐☐

从结构和内容来看,这两件应该还是与唱买分僦有关,而且支付布施物的酬价是斛斗而非织物,其中"自折长"应与"自折余"或"自折少"的含义相同,但是由于内容残缺太多,具体情况不便确定。

由于"自折余"与"自折少"恰好相反,故与敦煌文书中的分僦情况一样,这种"自折少"帐可以由其他存在"自折余"帐的唱买分僦者支给,如 72TAM169:82/2(b)第 1—4 行载:

（前缺）
1　四尺半寸,五尺☐☐☐☐☐☐寸,一丈四尺☐☐
2　一丈九尺九寸,四尺四寸,☐☐☐尺半寸,一丈七尺八寸,
3　二尺九寸,卅三丈☐☐☐☐四丈四尺一寸,
4　　自折余四丈五☐☐☐☐☐尺三寸,与元崇。了

该件第 4 行有"自折余"帐四丈多,其中给元崇的数目有缺,仅存"尺三寸",而前引 72TAM169:82/2(b)中载元崇的僦利"自折少"四丈一尺三寸,故这里给元崇的完整数目很可能就是"四丈一尺三寸"。这种情况与前述敦煌文书 P.2689 中僧人义幽、道空等人折唱外所"余",即剩余应得的僦利由僧人神逾、神英负责支给的道理是完全一样的。这种将"自折余"帐付与其他僧人的情况在此类文书中的记载较多,又如 72TAM170:110/3(b)载:

1 □□　前佘四丈七尺,负惠琛十五丈六尺□合□丈□□□□
2 □□三尺七寸,舌ク四尺三寸,通ク一尺五寸,奴ク二尺五寸半,
　（中略）
6 □冢二尺九寸,义冢五尺九□□□□自折佘
7 □□一尺九寸,与义唤。了

　　该件最后两行也记载了将"自折佘"帐付与义唤。第 1 行开头所缺二字为僧尼的法名,虽然其名下没有本次分儭时新的唱买帐,但其有"前佘",该"前佘"帐由上次分儭时没有结清的"自折佘"帐转入而来。又如 72TAM170∶110/5(b)载:

1 蒙润　前佘廿一丈七尺五寸
2 进ク二尺一寸,顺ク一尺七寸半,忠ク三尺七寸,益ク二尺三寸,
　海ク一尺一寸,无名三尺半寸,
3 □□□□□□□三尺,顺ク五尺半寸,润ク八尺二寸半,孝ク三尺
　八寸半□□□
　（后缺）

　　本件中僧人蒙润名下也没有新的唱买帐而有"前佘"帐,该帐是蒙润所欠在前次唱买布施物时尚未付清的酬价,第 2—3 行是蒙润本次应得儭利明细帐,"前佘"帐就从本次应得儭利中扣除,至于结果由于文书后部残缺而不明。顺便说明一下,72TAM170∶110/5(b)和 72TAM170∶110/3(b)中每笔应得儭利明细帐都注明了布施者,如前者中的进、顺、忠、益、海、无名、顺、润、孝等,而前引 72TAM169∶82/2(b)、72TAM169∶82/16(b)、72TAM169∶82/1(b)中关于元崇、小文孝、渊信三人的应得儭利明细帐没有说明布施者,说明在此类文书中,布施者之名可有可略。
　　以上在以某一名僧尼为主的分儭文书中,该名僧尼一般是当地僧团举行的唱卖活动中的唱买者,只不过像僧人蒙润是在前一次分儭时进行过唱买。在这类文书中,也有没有进行唱买而分儭者,如 72TAM169∶82/11(b)第 13—16 行载:

13 元智
14 　一丈一寸□□二寸,一丈九尺九寸,二尺九寸,九尺一寸,
　　五尺二寸,

15 四尺七寸,一丈五尺六寸,七尺八寸,八丈九尺五寸,大食十一
　　丈,合十
16 九丈九尺五寸。　　愿伦 足

  该件中僧人元智名下没有记录任何唱买帐,第 14—16 行是其参加的历次法事活动而应得儭利的明细帐及总帐,由于元智已经得到了这些儭利,故勾儭人愿伦签名并写有"足"字,愿伦作为勾儭人在相关文书中出现了多次。在这类分儭者没有唱买而进行分儭的文书中,当分儭者应得儭利尚未完全得到时,则会注明"入后疏",如 72TAM169:82/8(b)中第 5—7 行就是这样一件文书,其载:

5 参真
6　九尺五寸,一丈七尺六寸,八尺八寸,一丈三尺二寸,六
　　尺□
7 二丈八尺八寸。合八丈四尺一寸。入后疏。　　了

  由于僧人参真没有得到第 6—7 行所载的应得儭利,故勾儭人注明"入后疏""了"。又如 72TAM169:82/1(b)的部分内容如下:

6 智副
7　一丈三尺二寸,八尺八寸,一丈一尺,五尺,八尺一寸,一丈六
　　尺八寸,一尺九寸,
8 七尺四寸。合七丈二尺三寸。入后疏。　　了
9 法起
10　　九尺六寸八尺九寸。入后疏。　　了
（中略）
19 客道琼
20　　八尺八寸,二尺四寸,八尺九寸。入后疏。　　了

  这里智副、法起、道琼三人也没有得到应得的儭利,故勾儭人注明"入后疏""了",其中道琼前有"客"字,说明其应该是来自他地的客僧,这种客僧参与分儭的现象在吐鲁番和敦煌的分儭文书中屡有出现。此外,这里的"疏"也说明,在高昌国时期,是用"疏"而不是用"历"来作为此类文书的名称,当然,"历"与"疏"仅仅是名称上的不同,并不会改变此类文书的性质。

111

除了以上阿斯塔那169、170、89号墓和哈拉和卓99号墓中出土的相关文书外,在哈拉和卓50号墓出土文书中,整理者拟题为《高昌樊寺等寺僧尼名籍》者残缺非常严重,虽然共有23个碎片,但基本上仅存僧尼法名而没有多余的其他信息,其中最后一件碎片69TKM50:5/10(a)残存有若干文字如下:

1 ☐☐ 容☐
2 ☐☐ 六十人,人 分 ☐☐

从第2行残存的几个文字来看,该件也应是对60名僧尼应得儭利的平均分配,只是60名僧尼的法名残缺,仅剩下第1行中的"容☐",说明这23个碎片均应是分儭文书而不是单纯的僧尼名籍,而且其结构就是我们所讨论的第一种文书,即"含有许多僧尼名录"的分儭文书。至于该墓中所出、编者拟名为《高昌尼小德等僧尼粮食疏》的文书共18个碎片,其格式是:先写某一名僧尼的法名,再写斛斗明细帐、大食斛斗数及其合计数。虽然从现存内容看不到结尾有自折余、自折少及勾儭人签名者,但是碎片七载:

1 威女冢☐一斛,熟 ☐☐ 施针衣七斗。
（中略）
4 ☐☐一斛二斗,合四斛二斗九升。
5 ☐☐二斛五斗九升。了

从第1行布施物针衣折合斛斗为七斗来看,应与唱买有关。同时,既然第4行最后已经是合计数,那么第5行斛斗数前面残缺的应是与分儭有关的自折余、自折少之类的文字,故其也应是分儭文书。

又阿斯塔那309号墓出土的、由整理者拟题为《高昌令狐等寺僧尼财物疏》的文书共有6个碎片,每个碎片一般仅存不完整的一两行文字,内容一般有两种,一种是先写某名僧尼的法名,法名后再写织物及斛斗数;另一种是先写某名僧尼的法名,再写"自分入某某",其中有如"尼☐☐ 自分入弘妙","自分"应系自己应得的儭利份额,"入某某"要么是指自己应得的儭利由唱买者某某支给,要么是自己应得的儭利因某种原因归某某所有,就如同本章第三节将要引用的P.4810《普光寺比丘尼常精进状》中常精进替病尼坚忍转经,坚忍的儭利归常精进所有一样。

总之,以上所论阿斯塔那169、170、89、309号墓和哈拉和卓50、99号墓中出土的相关高昌国时期的文书都是分儭历文书,这些文书的时间基本都在公元6世纪,早于9、10世纪敦煌的分儭历文书,是目前我们所能看到的佛教僧侣分配儭利的最早记录,对研究中国佛教发展史上的唱卖分儭活动及其相关的文书制度等均有重要的意义。当然,这些文书也非最早的分儭历文书,其与敦煌的分儭历文书都源自更早的同类文献,二者都是分儭历文书在不同历史时期的孑遗。至于分儭历文书在中土佛教史上最早源自何时,目前难以考清,估计起码在魏晋时期就已经产生了。

第三节　儭状文书再探

一、P.2250V的内容及其"儭状"性质之疑

P.3730《寅年九月式叉尼真济等牒并洪晉判辞》和P.3730《寅年八月沙弥尼法相牒并洪晉判辞》中均记载到儭状,①郝春文先生认为儭状是儭司发放儭利的依据,但敦煌文书中没有明确说哪一件文书是儭状文书。P.2250V是一件被学界广为关注的文书,现存有龙兴寺、乾元寺、开元寺、永安寺、金光明寺五所寺院的僧人名单及相关内容,对其性质的认识经历了较长的过程,那波利贞认为是一件有关毡布的经济文书,②藤枝晃认为是支给簿,并认为其年代在925年。③《释录》将其拟名为《年代不明(923—926)龙兴寺等毡布支给历》,是目其为支出历文书,④而郝春文先生首次将其与敦煌僧团的分儭活动联系在一起进行了深入分析研究,认为其是儭司分发大众儭利的儭状的一部分,并将其年代定在937年前不久。⑤我们发现,P.6005、P.3600V、P.3619与P.2250V的关系非常密切,有利于我们进一步认识儭状文书,为了便于比较说明,我们先将P.2250V中龙兴寺的部分内容移录如下:

---

① 录文参唐耕耦、陆宏基编《敦煌社会经济文献真迹释录》第4辑,第114—115页。
② [日]那波利贞《梁户考》,载《唐代社会文化史研究》,创文社1974年,第377—380页。
③ [日]藤枝晃《敦煌の僧尼籍》,第285—338页。
④ 唐耕耦、陆宏基编《敦煌社会经济文献真迹释录》第3辑,第193—204页。
⑤ 郝春文《唐后期五代宋初敦煌僧尼的社会生活》,第298—321页。

1　龙兴寺

2　张僧政_{阴五尺一寸，邓二丈二尺，阎九尺四寸，曹二尺。}　　　郭僧政_{阴五尺一寸，邓二丈一尺，阎九尺四寸，曹二尺。}

　　　唱　　　　　　　　　　　　　　　　　　　　唱

3　法律惠净_{阴五尺一寸，邓二丈一尺，阎九尺四寸，曹二尺。}　　法律宗明_{邓二丈一尺，阎九尺四寸，龙张法律勾。}

　　　唱　　　　　　　　　　　　　　　　　　　　唱

4　法律金刚惠_{阴五尺一寸，邓二丈一尺，阎九尺四寸，曹二尺。}　　法律金刚会_{邓二丈一尺，阎九尺四寸。}

（中略）

20　晏净_{图保宣勾}　　　　　　　　　　　　　　法寿_{龙郭僧政勾}

21　法清_{龙张僧政勾}　　　　　　　　　　　　　善慈_{龙索判官勾}

22　沙弥信力_{龙张僧政勾}　　　　　　　　　　　愿力_{龙索判官勾}

23　愿智_{龙索判官勾}　　　　　　　　　　　　　法证_{龙索判官勾}

24　法济_{龙惠净法律勾}　　　　　　　　　　　　念力

25　法护_{龙郭僧政勾}　　　　　　　　　　　　　法胜_{龙索判官勾}

26　法藏_{龙惠净法律勾}　　　　　　　　　　　　庆遂_{龙索判官勾}

27　愿深_{龙郭僧政勾}　　　　　　　　　　　　　法惠_{龙惠净法律勾}

28　乘绍_{龙张僧政勾}　　　　　　　　　　　　　灵应_{龙索判官勾}

29　灵行_{龙索判官勾}　　　　　　　　　　　　　智明_{龙索判官勾}

30　宝藏_{龙索判官勾}　　　　　　　　　　　　　宝惠_{龙索判官勾}

31　宝贞_{龙索判官勾}　　　　　　　　　　　　　宝清_{龙索判官勾}

32　　　　　　计僧肆拾人，沙弥贰拾人。

该件在每名僧人旁边用朱笔画有"┐"符号，在有的僧人法名前用朱笔写有"唱"字，凡是没有"唱"字者，在其法名下用朱笔写有"某某勾"。据郝春文先生研究，文中"唱"即唱买之意，表示该僧人为唱卖活动中施物的唱买者；"某某勾"表示该僧人应得的儭利到这名勾者那里去领取；而凡是唱者下面一般没有"某某勾"，是因为唱买者自己勾销自己，但也有例外，即假如该唱买者所应支的唱买物价值不够自己应得儭利的份额时，其名下也会有"某某勾"；由于僧尼所得的儭利数量与儭司算会结果相同，故一般不会在僧尼名下再标出其所得儭利的名称与数量。至于郝春文先生认为该件是儭状的原因主要有两点：一是其儭利的分配原则与 P.2638V《清泰三年（936）沙州儭司教授福集等状》中所载儭司是一致的；二是每个僧人、沙弥所得儭利的数量与 P.2638V 算会出的数量也是一致的。

P.6005 与 P.2250V 完全系同类文书，但文书前后残缺，仅存两所寺院的部分僧名,唐耕耦先生对该件文书进行了全文释录,拟名为《年代不明福圆等唱卖历》,并且在注释中云有的僧人上有"唱"字,有的未见,疑朱字未显示,文书用硬笔书写,年代当在吐蕃占领敦煌以后。[1] 后郝春文先生对其重新释录并研究解读,发现其中的僧名多见于 S.2614V《沙州诸寺僧尼名簿》中的大云寺和报恩寺僧名籍,从而认为文书残存的是大云寺和报恩寺的僧名,并判断其年代应在 9 世纪末 10 世纪初。同时也云:因文书上的某某勾均系另笔,墨迹甚淡,故所录可能不全。[2] 从彩色图版来看,该件文书中每名僧人法名旁的符号"┐"及有的僧人法名前写的"唱"字或其名下写的"某某勾"均为朱笔所为,字迹非常模糊,有的已经无从辨识,还有的因文书边缘残破而缺失,我们将其部分内容释录如下:

1 坚固藏 开庆恩勾。   福成 六尺八寸。恩庆福勾。
2 福圆 六尺八寸,一丈二尺一寸,一丈   唱庆恩 二尺九寸,六尺八寸,一丈八尺一寸,
     八尺七寸半。恩庆福勾。   一丈二尺二寸,二尺八寸半,一丈八寸半。
3 □惠 莲□光勾。   钵触 一丈八尺一寸。修□□勾。
4 宝明 六尺八寸。云福智勾。   唱愿成 一丈五尺四寸,三十六尺二寸,二十尺,
                                              五尺七[寸],□□□勾。
5 愿德 云广惠勾。   庆受 □□光勾。
6 庆进 一丈二尺一寸。□□恩勾。   唱日进 二尺九寸,六[尺]八寸,一丈二尺一寸,
                                               一丈八尺六寸。
7 守行   唱惠闰 □□□寸半,一尺五寸,六尺八寸。
8 □灯 金法严勾   潜弁 六尺八寸,云广惠勾。
9 潜愍 六尺八寸,一丈八尺一寸,二丈九寸半, 潜晖 六尺八寸。云福高勾。
       一丈二尺一寸,六尺八寸。梁僧政勾。
10 玄寂 云福高勾。
11   僧计贰拾人,[沙]弥□人。

以上是 P.6005 中大云寺的内容,此后未录的是报恩寺的内容。虽然以上录文仍没有将个别文字释录出来,但是与文书原来内容更加接近。经比较发现,该件文书与 P.2250V 的格式和内容完全一致,凡是有"唱"者,其名下一般没有"某某勾",无"唱"者则有"某某勾",同时也是以寺院为单位登录,末尾还合计寺院僧人和沙弥的人数。要说有所不同,就是 P.6005 中多数僧人名下标注有帐目,同时有的僧人名下的帐目多达十几笔,而 P.2250V 中僧人名下标注帐目者较少,同时帐目数量也少,可能正因为如此,再加上

---

[1] 唐耕耦、陆宏基编《敦煌社会经济文献真迹释录》第 3 辑,第 154—157 页。
[2] 郝春文《唐后期五代宋初敦煌僧尼的社会生活》,第 350—356 页。

P.6005中朱笔书写的文字大多看不清,故郝春文先生并未将其视为与P.2250V性质相同的文书,而认为其是为了避免僧人在分儭时将布匹分割得太小而造成浪费,从而在等到多次或十几次斋会后再将每人应得的儭布数字合计在一起进行决算的文书。[①] 但僧人名下帐目的多少并不影响P.6005和P.2250V性质的相同,郝春文先生研究P.2250V时指出,按照分儭原则每人应得的部分一般在僧人名下没有具体标注出来,而僧人名下标注的帐目则是其在应得份额之外多得的部分,这种解释同样也适用于P.6005,即P.6005中也不标注每名僧人按原则应得的数额,至于其名下标注的额外帐目比较多的原因,应是在本次分儭前,这些僧人参加的斋会或法事活动比较多所致。

既然P.6005和P.2250V是性质相同的文书,那么二者是不是儭状文书呢?儭状作为儭司等僧务管理机构分发大众儭利的依据,其一定是以状文的形式存在,而且呈状者应是下一级单位,这下一级单位只能是寺院,也就是说,儭状应该是以寺院为单位,由寺院自己具报。虽然P.2250V和P.6005各存有五所和两所寺院的僧尼名单,特别是P.2250V中五所寺院的僧尼名单是完整的,但是每所寺院的僧尼名单并不是以状文的形式存在,故其不是以寺院为单位具报的状文。不仅如此,P.2250V和P.6005的全篇内容可能也不是状文的形式,原因有二:首先,虽然P.2250V和P.6005的内容有缺失,但是P.2250V中最后金光明寺僧人名单的后面有多达一纸的空白,而仍没有状文尾部结构的痕迹;其次,P.2250V和P.6005均由不同寺院的僧尼名单组成,假如其是以状文的形式存在,具状者不可能是某一所寺院而只能是某僧务管理机构,而在敦煌佛教分儭活动中,并没有专门设置什么机构负责向儭司等具状各所寺院的僧尼名单。从这些分析来看,P.2250V和P.6005应不是儭状文书。

二、P.3600V和P.3619的"儭状"性质之辨

P.3600V不但内容与P.2250V相同,而且具有状文格式,我们先看其具体内容:

[①] 郝春文《唐后期五代宋初敦煌僧尼的社会生活》,第350页。

(一)

（前残）

  [唱]折付　　金真?　　□□　　灵宝　　飯□　　　明觉

1　圆净_{前欠}　　妙意　　觉意　　归藏　　胜坚_{都头毛五斗}　会乘

  光严　　　　　　　　折付　　□坚

2　东来尼庄严　　　　唱光严　胜严

3　　右具通当寺尼如前,请处分。

4　牒件状如前,谨牒。

5　　　　戌年十一月　日寺卿唐千进牒。

(二)

1　普光寺　状上。

2　当寺应管尼众总一百廿七人。　合寺各折一斗□□□

  　□□　　　　□□　　　　折付

3　普定　　　　　常进　　　　唱悟智

 　折付　　　　　折付　　　　折付

4　唱普意　　　　唱普妙　　　唱普集

 　德净　　　　　□□　　　　□□

5　普照　　　　　成就　　　　启行

 　折付　　　　　□□　　　　折付

6　唱莲花藏　　　坚忍　　　　厶唱法宝

 　灵藏　　　　　明了　　　　□□

7　光严　　　　　厶普愿　　　厶坚律

 　明了　　　　　折付　　　　折付

8　神净　　　　　唱坚戒　　　唱真行

 　坚胜　　　　　折付　　　　折付

9　厶妙德　　　　唱法喜　　　唱悟心

 　明真　　　　　折付　　　　折付

10　妙相　　　　　唱坚性　　　唱觉真

 　折付　　　　　折付　　　　折付

11　唱坚净　　　　唱明见　　　唱普藏

 　□惠　　　　　折付　　　　折付

12　坚信　　　　　唱坚悟　　　唱坚意

 　折付　　　　　折付　　　　□□

13　唱普明　　　　唱净相　　　光胜

折付	折付	折付
14 唱修因	唱妙净	唱普修
折付	折付	□净
15 唱宝明	唱明了	明惠
□□惠宗	折付	
16 了悟	唱智胜	唱觉证 折付
神英?	折付	
17 宝净	唱普坚	唱真智 折付
		折付
18 唱妙观 折付	唱思惠 折付	唱真悟
德净	折付	折付
19 悟真	唱启悟	厶唱明会
	宝明	折付
20 志德 普妙	妙用	唱普遍
净心?	折付	□□
21 莲花意	唱真惠	通照
□□	□□	□□
22 无性	坚进	智满
折付	折付	折付
23 唱坚胜	唱志愿	厶唱光显
折付	□□	折付
24 厶唱遍净	妙言	唱了意
折付	折付	□□
25 厶唱德净	唱妙信	定香
	折付	□□
26 厶凝惠 修忍	唱修忍	厶遍照 前欠二升
折付	折付	折付
27 唱妙神	唱明真	唱凝空
□□	□□	□□
28 圆真	香严	圆镜
□□	折付	□□
29 凝志	唱神妙	妙弁
折付	折付	折付
30 唱妙朋	唱胜满	唱归证

	折付	□□
31	觉定□	唱福满	正真
	折付	折付	折付
32	唱归忍	唱胜意	唱福会
	折付	□□	□□
33	唱德行	正定	明戒
	□□	□□	□□
34	惠香	了心	妙行
	德净	□□	□□
35	胜觉 都头毛价五斗	福妙	普慈
	□□		
36	妙果	正戒	福惠
	□□	折付	惠□
37	胜念 都头毛价五斗	唱胜德 都头毛价五斗	胜贤 都头毛价五斗
	折付	□□	启悟
38	唱胜愿	胜行	胜妙
		折付	□□
39	无证 惠宗	唱明律	归定
		□□	
40	福定	真智	明心
	□□	□□	
41	归性	明藏	明戒法建
		□□	□□
42	胜定 胜意	德定	德贤
	折付	□□	□□
43	唱戒慈	顺忍	道心
	折付	□□	□□
44	唱戒忍	法相	莲花心

45 妙贤

46 右通当寺尼众具件如前,请

47 处　分。

48 牒件状如前,谨牒。

49　　　　戌年十一月　日寺卿索岄　牒

50　　　　　　　　　寺主真行

51　　　　　　　　　法律法喜

（三）

1 □□寺　　　状上

　　　　　　　　五十一

2 ＿＿＿应管尼总卌九人

　　　□□　　　　折付　　　　　　折付

3 ＿＿＿净修（都头毛价五斗）　唱妙忍　　　　唱法满＿＿＿

　　　　　　　　　折付

4 ＿＿＿□用　　唱坚意　　　　＿＿＿＿＿＿

（后残）

　　文书中第一、三件所存内容不多，寺名缺失，第二件普光寺的内容完整。日本和中国学者对该件文书的释录和研究较为频繁，藤枝晃最初在研究敦煌的僧尼籍时认为该件文书的戌年为 926 或 938 年，后来又定为 806 年。[①] 竺沙雅章在《敦煌吐蕃期の僧尼籍》中依据寺卿唐千进还见于其他大乘寺文书而认为第一件是大乘寺的状文，又依据 S. 5637V 中敦煌尼寺的顺序认为第三件是安国寺的状文，并据安国寺的创建时间将该戌年定为 818 年。[②]《释录》第 4 辑在公布 P. 3600V 黑白图版的同时并对其全部内容进行了释录，拟名为《吐蕃戌年普光寺等具当寺应管尼数牒》。[③] 从学界对该件文书的释文和研究来看，均没有注意到文书中用朱笔注写的有关内容和符号，也没有将其与佛教的唱卖唱买和分僦活动联系在一起。

　　P. 3600V 中有许多用朱笔所写的内容和符号（图 2-3），但极为轻淡模糊而不易被发现。经仔细观察辨识，该件每名尼僧旁用朱笔标有符号"┐"，有的在法名前或旁侧注有"唱"字，与 P. 2250V 相同，此处"唱"也是唱买之意，表示该尼僧是唱买者，凡是有"唱"字者，在其法名旁或法名后还注有"折付"二字，其与前引相关文书中的"折本分""折"相同，也是表示该唱买者本次应得僦利在唱买应付僦价中支付了。凡是没有"唱"字者，法名旁又用朱笔注有另一名僧尼的法号，而这名僧尼恰好就是唱买者，而且一般都是本寺的僧尼，如第二件第 5 行普照旁的德净、第 7 行普愿旁的明了、第 9 行妙德

---

① 分别参：[日]藤枝晃《敦煌の僧尼籍》，第 285—338 页；藤枝晃《吐蕃支配期の敦煌》，《东方学报》第 31 册，1961 年，第 264—266 页。

② [日]竺沙雅章《中国佛教社会史研究（增订版）》"补编"部分，第 5—7 页。

③ 唐耕耦、陆宏基编《敦煌社会经济文献真迹释录》第 4 辑，第 209—213 页。

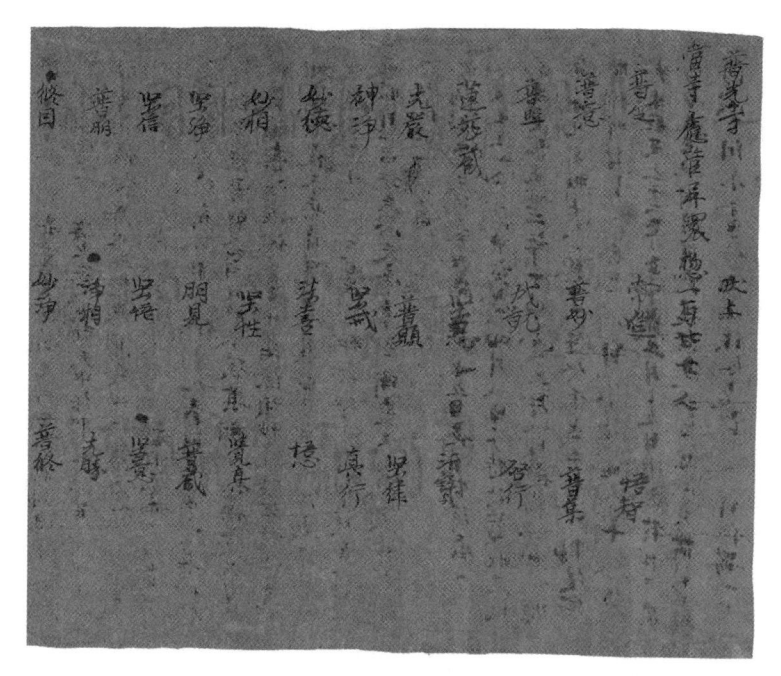

图 2-3　P.3600V 图版（局部）

旁的坚胜、第 10 行妙相旁的明真、第 20 行志德旁的普妙和妙用旁的宝明、第 26 行凝惠旁的修忍分别见于第 25、15、23、27、4、15、26 行，她们都是唱买者，说明没有注"唱"字者的这些僧尼应得的儭利到相应的唱买僧尼那里去领取。还有的僧尼法号前用朱笔标有"厶"符号，如普光寺第 6 行的法宝、第 7 行的普愿和坚律、第 9 行的妙德、第 19 行的明会、第 23 行的光显、第 24 行的遍净、第 25 行的德净、第 26 行的凝惠和遍照等，凡是标有该符号者，表示在前一次分儭时，还欠该僧尼应得的儭利，如遍照后标有"前欠二斗"。又大乘寺第 1 行圆净后也标有"前欠"，但其前有残缺，推测其前也有符号"厶"。这些僧尼在本次分儭活动中也有可能会成为唱买者，如明会、光显、遍净、德净旁还注明"唱""折付"，说明他们在本次分儭活动中是唱买者，前次所欠及本次应得儭利均在自己唱买应付儭价中折付了。又法宝旁也注明"唱"，说明前次所欠应得儭利与自己本次唱买应付儭价相抵消了。其他如普愿、坚律、妙德、凝惠、遍照都不是唱买者，他们的旁边都注有一名唱买僧尼的法号，表示前次所欠她们的儭利及本次应得儭利都由该唱买僧尼支给。需要说明的是，第一件大乘寺中东来尼庄严应为客尼，其可能也参加了相关的转经或其他法事活动，故其也分得了儭利，而其应得儭利到唱买者光严那里领取。

文书中胜坚、胜觉、胜念、胜德、胜贤、净修旁注有"都头毛价五斗"，而其

121

他尼僧旁没有此笔帐,说明这是五名尼僧额外的帐,对这笔帐的含义,马雅伦和邢艳红在讨论都头一职时认为"当是这些尼从都头手上领得的毛,其价格折合麦五斗,从这一点看,都头是都司仓的主管,他将都司仓的氎布、绢及衣物和寺院畜牧业所得羊毛等出卖换作麦粟等粮食以供佛教教团食用。因此都头是主管都司仓收支的僧官,可能是都司仓官的异名或俗称"。[①] 田德新完全沿袭了前者之说:"都头将都头仓的氎布、绢及衣物和寺院畜牧业所得羊毛等出卖换作麦粟等粮食以供佛教教团食用,即为都头处分氎物、入购粮食之举措。"[②]虽然这种表述不尽准确,但是认为这笔帐是尼僧所欠的毛价应是有道理的。在这五名尼僧中,除胜德外都不是唱买者,说明他们所欠的五斗粮食起码不是在本次分氎活动中因唱买都头毛而造成的,而是由于其他原因造成的,在本次分氎活动中,他们所欠的毛价五斗应从其应得氎利中折减掉,剩余氎利就从其旁所注的相关唱买者边领取,当然,由于胜德自己就是唱买者,故其剩余的氎利在自己唱买应付氎价中进行折付。

从以上分析来看,P.3600V 与 P.2250V 非常相似,如均用朱笔在僧尼旁标有勾销符号"⌐";在唱买者旁标有"唱"字;一般不会在僧尼旁注明应得氎利的名称与数量,至于额外或特殊的帐则会注明;P.3600V 中尼僧旁边所注的另一名尼僧相当于 P.2250V 中的"某某勾"。除此以外,P.3600V 还明显是状文格式,以寺院为单位,一寺一状,不同寺院的状文被粘贴在一起,其原来应包括敦煌不同寺院的状文,只是因文书残缺,普光寺、大乘寺、安国寺之外的寺院的状文付之阙如。这说明,P.3600V 只能是由居于寺院之上的僧务管理机构掌管的状文,而具状者正好是寺院。基于此,我们认为,P.3600V 中的诸寺状文即为氎状,其中状文中用朱笔标注的符号"⌐"和"唱""折付"等文字系勾氎分氎时所为,故我们可将其拟名为《戌年(818)普光寺等氎状及勾氎历》。

前已述及,郝春文先生认为氎状是氎司分发大众氎利的依据,但在 P.3600V 中普光寺状文的第 2 行用朱笔写有几个字,极其模糊,似为"合寺各折一斗□□□",同时还在几位尼僧下注有"都头毛价五斗",这似乎说明本件的分氎与粮食有关,而氎司掌管的一般是织物,故 P.3600V 中的状文是不是氎司掌管的氎状,暂时不好定论。而在合城大众之间分氎的机构除了氎司外,就是大众仓了,而且大众仓掌管的就是斛斗,故不排除 P.3600V 中的状文是大众仓分氎时的氎状的可能。

---

① 马雅伦、邢艳红《吐蕃统治时期敦煌两位粟特僧官——史慈灯、石法海考》,《敦煌学辑刊》1996 年第 1 期,第 54 页。
② 田德新《敦煌寺院中的"都头"》,《敦煌学辑刊》1996 年第 2 期,第 100 页。

第二章　施物历与分僦文书

此外，P.3619 的内容主要包括两部分，《法藏敦煌西域文献》第 26 册在公布该件的黑白图版时将这两部分分别拟名为《唐诗丛钞》和《释门杂字》。① 所谓《释门杂字》一共有七个碎片，其中四个碎片上写有僧尼法名及相关信息，目前尚未发现学界对这部分内容专门进行过释录研究，其实这部分内容也是僦状文书，只是其上用朱笔所注的"唱""折"等信息在黑白图版上看不清，下面我们就结合"国际敦煌项目网站"（IDP）上公布的彩色图版将其中两个碎片整理如下：

碎片一：
　　　　　　□
1 □济　　坚悟
　折
2 超悟　　菩提心
　石坚□　　坚□
3 惠性　　明空
　折　　　□□
4 真净　　真惠
　　　　　红□
5 德藏　　严胜
　□　　　□藏
6 德严　　光明藏
　法宝　　□□
7 坚信　　思惠

碎片二：
1 □　　　妙相　　明真
　　　　　石法师　石法
2 净　　　普藏　　凝惠
　惠严　　□□
3 净相　　明惠
　折　　　石法师
4 唱觉真　坚净

---

① 上海古籍出版社、法国国家图书馆编《法藏敦煌西域文献》第 26 册，上海古籍出版社 2002 年，第 4 页。

123

```
       石法       净太       □真
   5  坚正       真行       坚悟
            计九斗
       惠兴       折
   6  坚律       神妙
       广真       折
   7  净行       唱真性
                悟超       □□
   8  净         明性       修因
       法宝       折
   9  坚满       唱□□
```

  该件四个碎片中的僧尼来自不同的寺院,这些僧尼基本上均见于 P.T.1261V、P.3600V 及其他吐蕃时期的文书中,故其年代也在 9 世纪前期。特别是碎片二中的普藏、凝惠、净相、明惠、觉真、坚律、坚悟、坚净、真行、胜妙、修因、法宝均出现在 P.3600V 普光寺儭状中,说明碎片二登载的是普光寺的尼僧。与 P.3600V 一样,本件中每名僧尼法名旁也均有符号"┐",有的也有"折"或另外一名僧人的法名,这些信息一般是朱笔标注,也有用墨笔标注者。有"折"字的僧尼旁有时还有"唱"字,如碎片二中第 4 行的觉真、第 7 行的真性旁就有"唱"字,也有的没有"唱"字,没"唱"字的原因之一是文书残缺所致。该件中还有一碎片仅有数行,而且每行仅有开头一个或数个文字,如"右""牒件"等,可见这是状文的尾部,说明 P.3619 也是状文的格式。总之,无论是从格式,还是从内容来看,该件与 P.3600V 属于同一类文书,故可将其拟名为《公元 9 世纪前期普光寺等儭状及勾儭历》。而且从上录碎片二第 5 行和第 6 行之间还写有"计九斗"及其余两个没有释录的碎片上用朱笔写有"本分六石六升""计十三石"等字眼来看,P.3619 中的状文也可能是大众仓分儭时的儭状。

三、儭状在分儭活动中的应用

  P.3600V 和 P.3619 说明,在敦煌僧团集体的分儭活动中,首先由寺院负责人向儭司等分儭机构具呈本寺应分儭僧尼的名单,此即儭状,如 P.3600V 中普光寺的具状者是法律法喜、寺主真行、寺卿索岫。这些寺院负责人可以根据本寺僧尼参加相关活动的情况,对本寺僧尼的儭利分配情况

进行调整,如 P.4810《普光寺比丘尼常精进状》载:

1 普光寺尼常精进　　状上。
2 病患尼坚忍。
3 右件患尼,久年不出,每亏福田,近岁已承置番第
4 道场,勅目严令,当寺所由法律寺主令常精进替
5 坚忍转经,许其人儭利随得多少与常精进。去载
6 于儭司支付坚忍本分。今有余言,出没不定,一年转
7 读,□乏不支,□岁长眠,拟请全分,伏望
8 和尚仁明□□□尼人免被欺屈,请处分。
9 牒件状如前,谨牒。
10 □年三月日比丘尼常精进状。①

可见,僧尼分得儭利的原因之一是参加了相应的转经等福田活动,当不参加相关福田活动时,其可能不会分得相应的儭利,如常精进替病尼坚忍转经,寺院的法律、寺主等负责人许诺将坚忍的儭利分给常精进。这种对儭利分配进行的调整,有时会在儭状中反映出来,如 P.3101《大中五年(851)尼智灯苑状并离烦判辞》载:

1 □□□尼智灯苑　　状上。
2 右前件尼,虽沾僧士,体合增福于光,一则盈益军国,二乃自己福
3 田,转诵之间,亦合无诉。今缘鸣尼病疾,恐减应管福田,寺□
4 减通名数,格令罚喷严难,恐司所由亏□□□□□
5 尚慈光普照,接病患之徒,特乞笔毫恩垂矜恤,请乞处分。
6 牒件状如前,谨牒。
7 　　　　大中五年十月一日患尼智灯苑谨牒。
8 身在床枕,制不由人,转经
9 福田,盖是王课,今若患
10 疾,理合优矜,付寺法律,
11 痾缠不虚,勿得拘检,仍
12 任公凭。　一日,离烦。②

---

① 唐耕耦、陆宏基编《敦煌社会经济文献真迹释录》第 4 辑,第 117 页。
② 唐耕耦、陆宏基编《敦煌社会经济文献真迹释录》第 4 辑,第 118—119 页。

从状文内容可知,尼智灯苑因病不能参加转经福田活动,担心自己应得儭利被减,故向僧官离烦具此状文,请求照顾。而从"寺□减通名数""恐司所由亏□□□"及离烦的判文中"付寺法律,疴缠不虚,勿得拘检"来看,寺院的法律等负责人可以从儭状中将不参加转经福田的病尼减名而分不到儭利。又如P.3730《寅年八月沙弥尼法相牒并洪䎮判辞》载:"然在贫病之后,少乏不济,又去子丑二年儭状无名,不沾毫发",沙弥尼法相也因贫病未参加相关活动,故在子、丑二年的儭状中均被减名。而子年和丑年连续每年都有儭状,说明儭状可能每年都要具报。

在寺院负责人具呈儭状后,再由分儭机构的相关负责人以寺院具报的状文名单为基础,以唱卖历、分儭历等为依据,对诸寺僧尼应得儭利进行勾检分儭。虽然儭状最初由寺院负责人具呈,但是P.3600V、P.3619中用朱笔画写的勾销符号"⌐"和"唱""折付""某某勾"等内容信息并不是寺院具状者所为,而是由专门负责分儭的人员所为,这些人就是敦煌文书中所载的勾儭人、监儭和尚和支儭大德等,如P.2040V(4)载:"粟柒斗,卧酒看勾儭人用。""油叁胜,看勾儭人用。"P.2638《后唐清泰三年(936)沙州儭司教授福集等状》载:"[布]捌拾尺,赏监儭和尚用。壹伯伍拾尺,赏支儭大德三人用。玖拾尺,赏都司三判官等用。贰拾尺,支大众维那用。"这些分儭负责人在具体勾儭时可能分两种情况:一种是直接在各寺院的儭状中勾儭,从而保存下来了状文的格式,如P.3600V、P.3619即属此类。如果忽略掉其中的朱笔勾儭内容如符号"⌐""唱""折付"等,那么其与其他具报本寺所管僧尼人数的普通状文如S.545V(1)《戌年(806)永安寺僧惠照具当寺应管主客僧名数状》、羽694《未年(803)闰十月灵图寺报恩寺等牒》等就无二致了,为了比较,我们将S.545V(1)的内容移录如下:

1 永安寺　状上
2 　当寺应管主客僧总卅六人
3 　利宽　法照　证因　光证　昙隐　惠哲　归信　远真
4 　凝然　文惠　智严　法福　惠林　惠寂　惠幽　法进
5 　解脱　戒朗　弘恩　法寂　惠琮　智光　惠照　贞顺　戒□
6 　惠宗　道空　法因　道成　法清　会恩　绍□　□□
7 　智捷　广济　志真
8 　右通当寺僧名具如前数,请处分。
9 牒件状如前,谨牒。

10　　　　　　戌年九月　　日僧惠照牒①

　　与 P.3600V 中普光寺等寺院的状文相较，S.545V(1)的主体内容也是永安寺的僧人名单，同时状头、状尾的表述内容也完全一致，仅仅是没有相关用朱笔勾馓的内容，不排除其本身也是一件馓状文书的可能。那么，为何这类勾馓活动直接在馓状上面进行呢？这可能与分馓机构和分馓物有关。前面我们已经论及，P.3600V 和 P.3619 可能属于大众仓的分馓，分馓物一般为斛斗，而斛斗即便数额很小，也会随时分配而不会像馓布一样要积攒到一定数额再进行分配，这样就不会在相关僧尼名下需要太多的空间而记录额外的馓利帐，故可在馓状中直接进行勾馓活动。

　　另一种情况仍然是以馓状为基础进行勾馓，但不在寺院所具的馓状上直接进行，而是将每寺应得馓利的僧尼名单重新抄录后再进行勾馓，P.2250V 和 P.6005 应属此类。至于重抄整理的原因应是馓状中每行僧尼名数一般比较多而勾馓空间不足，特别是 P.2250V 和 P.6005 属于馓司的勾馓文书，不仅要用朱笔勾馓，而且在许多僧尼名下还要记录多笔按分馓原则分配之外的馓布收入帐，而原有馓状中没有空间记录这些额外帐，故通过重抄用墨笔再将这些额外帐记录在相应僧尼名下并用朱笔勾馓。从 P.3600V 来看，馓状应是一寺一状，而 P.2250V 和 P.6005 并非是一寺一状，可能正是在重抄过程中将每寺的状文格式取掉了。

　　总之，P.3600V、P.3619、P.2250V 和 P.6005 都是对敦煌诸寺僧尼应得馓利的勾检分馓文书，只不过 P.3600V、P.3619 保留下来了馓状的原本格式，而 P.2250V 和 P.6005 取掉了状文的格式。因此，虽然 P.2250V 和 P.6005 与馓状关系密切，但其实际为勾检分馓历，而这种分馓历是对一个分馓周期内诸寺僧尼应得馓利的决算。

---

① 对该件文书的定年，参［日］竺沙雅章《中国佛教社会史研究（增订版）》"补编"部分，第 4—5 页；唐耕耦、陆宏基编《敦煌社会经济文献真迹释录》第 4 辑，第 208 页。

第三章 什物历文书

第一节 什物历文书概论

一、什物历文书述略

虽然国外学者早就对敦煌寺院常住什物历进行过零星公布和研究,但是真正对其全面进行系统整理研究的是唐耕耦和郝春文先生。唐先生在《释录》第 3 辑中一共释录了 28 件什物历文书,并公布了其黑白图版,[①]后在《敦煌寺院会计文书研究》一书中对什物历文书又进行了详细研究,进一步促进了什物历文书研究的发展。[②] 郝春文先生在唐耕耦先生研究的基础上,不但对寺院什物历文书进行了梳理增补,而且对敦煌各寺院常住什物的名目与数量、常住什物与僧人的关系、常住什物的来源等问题进行了深入研究,将什物历研究工作推向了新的高度。[③]

唐先生在《释录》第 3 辑中收录的什物历文书共有 28 件,并认为其中 S.4525《付什物数目抄录》、S.4525V《付什物历》(编号误为 S.4252V)、P.2555P5《诸亲借毡褥名目如数》、P.3972《辰年四月十一日情漆器具名》和 S.2009《官衙交割什物点检历》等五件不是寺院常住什物点检历。随着研究的发展,后来唐先生对有些什物历文书的认识又发生了变化,如在《敦煌寺院会计文书研究》一书中,将常住什物历分为领得历、付历、借历、点检历和交割点检历,其中所列的领得历有 P.3638《辛未年(911)沙州净土寺沙弥善胜领得历》、S.6217《乙巳年(945)二月十二日常住什物领得历》、S.5878+

[①] 唐耕耦、陆宏基编《敦煌社会经济文献真迹释录》第 3 辑,第 1—54 页。
[②] 唐耕耦《敦煌寺院会计文书研究》,第 1—3、293—306 页。
[③] 郝春文《唐后期五代宋初敦煌寺院常住什物的数量及与僧人的关系》,第 116—132 页。该文经修改后又收入郝春文《唐后期五代宋初敦煌僧尼的社会生活》第 123—165 页。

S. 5896＋S. 5897《子年领得常住什物历》、S. 1947V《唐咸通四年癸未岁（863）敦煌所管十六寺和三所禅窟以及抄录再成毡数目》，付历有 S. 6217《丙午年（946?）四月十五日分付常住什物历》，借历有 P. 2555P5《诸亲借毡褥名目如数》。① 而在《释录》中，S. 6217《丙午年（946?）四月十五日分付常住什物历》被拟名为"交割点检历"而非"付历"；P. 2555P5《诸亲借毡褥名目如数》被认为不是寺院文书，而从 P. 2555P5 中有"金光明寺借花毡两领"来看，其可能是某寺院的借毡褥等文书，故将其归入寺院文书应是有道理的；P. 3638《辛未年（911）沙州净土寺沙弥善胜领得历》被归入"诸色入历"而非"什物历"，②之所以会有这样的变化，应是与该件文书的内容有关，其部分内容如下：

1 辛未年正月六日，沙弥善胜于前都师慈恩手上，现领得
2 函柜铛镞椀楪毡褥门户镙钥，一一诣实，抄录如后：
3 拾硕柜壹口，像鼻屈戌并全，在李上座。柒硕柜壹口并像鼻
4 全。针线柜壹口，像鼻屈戌并全，在李老宿房。又拾伍硕新柜壹
5 口，像鼻屈钱并全。叁拾硕陆脚柜壹口。贰拾硕柜一口。
（中略）
56 黑盘子伍个，楪子捌个。又得黑㮕子壹。赤里椀子柒个。
57 见领得麦贰拾硕肆斗，见领得粟叁拾柒硕壹斗
58 伍胜。见得黄麻壹拾贰硕陆斗。见豆拾玖硕
59 伍斗。黑豆壹硕叁斗伍胜。面柒硕捌斗。见得油
60 玖斗伍胜。见得查贰拾贰饼。见布贰伯捌拾捌
61 尺。麻壹伯肆拾肆束。门户内外（吸?）好弱大小粗细新
62 旧都计陆个。

该件文书较长，第 3—56 行记录的是寺院的各类常住什物，第 57—61 行记录的是寺院的斛斗、面、油与织物等，内容并非是单纯的什物，可能正因如此，唐先生在将其归入"诸色入历"还是"什物历"时是有犹豫的。而郝春文先生将其归入常住什物历，并拟名为《辛未年（911）正月六日沙州净土寺沙弥善胜领得常住什物历》。③ 严格来讲，该件不能绝对地被归入常住什物

---

① 唐耕耦《敦煌寺院会计文书研究》，第 1—3 页。
② 唐耕耦、陆宏基编《敦煌社会经济文献真迹释录》第 3 辑，第 116—118 页。
③ 郝春文《唐后期五代宋初敦煌僧尼的社会生活》，第 127 页。

历或者斛斗历,应为"常住什物斛斗等历",不过像该件一样的文书,在敦煌寺院文书中非常少见。当然,我们也能看到比这件文书更特殊的寺院财物历文书,如用古藏文书写的 P. T. 997《瓜州榆林寺之寺户、奴仆、牲畜、公产物品之清册》有载:

> 从宫廷僧统来函中得悉:往昔,寺户、财物、粮食、用品等之登记册以及布施、献与寺庙之粮食、用具(器皿)、上峰所赐全部零星之物,交与总管岸本迷迪管理。羊年冬……所收布施上交,依册清点,更改清册后,于沙门住持和军官、悉编观察使驾前点交,然后交与大岸本总管古日赉卜登与谢卜悉斯之书办王悉诺桫和榆林寺之总管擘三(部落)赞拉囊长官及其麾下诸人。寺户及财物、牲畜、粮食、青稞、大米、室内用品等写入所交之清册目录,一式四份,一份上交宫廷,一份交与寺庙住持,一份作为当地底本,一份交与长官作为副本。
>
> 属榆林寺之民户共计:唐人三十家、独居男子三十一人、老汉一人,独居女子二十六人,老姬五人,单身男奴二人,单身女奴一人。
>
> 财物牲畜:牦牛十"椗"(每"椗"栓牛十头左右),三岁母黄牛四头,牛犊四头,阉羊及公、母羊三百三十九只,两岁公、母羊羔八十八只,绵羊羔九十二只,公、母山羊二十四只,三岁山羊一只,山羊羔七只。
>
> 粮食、酥油、菜油共计:麦子、青稞和粟合计二百五十二克七升二合(掬),上好酥油二"帕拉木"(par-lam),菜籽油三"帕拉尔"(par-lar)……(帕拉木、帕拉尔为重量或容量单位,具体值待考)。
>
> 成对的铜、铁锅,垫子……铜瓢一对,方铜缸两口,平锅一口,铁盒一个,铁锅一口,熬茶铜锅一口,铸铁锅一口,铁锤两把,"锉"一把,锯子一把,锛子一把,斧头一把,碾砣一个,门帘一条,一幅半口面帘子四十九条,四十眼毡帐篷一顶,(或为花垫一个),抹泥刀一把,凿钻一把,穗边毯一床,纸五百五十整张,案板六块,骡槽两个,木碗二百八十七个,细罗筛一百九十三面,炉子五十二个,小木盆两个,大木盆两个,秤一杆,马车六辆,(圆形)水磨筛子一个,驴推碾磨两台,整牛皮一张……①

该件清册开头还有关于吐蕃时期对寺院财物管理人员、管理方式等的说明,后面是榆林寺的财物历,财物历内容非常广泛,不但有什物,而且

---

① 王尧、陈践译注《敦煌吐蕃文献选》,四川民族出版社 1983 年,第 4—6 页。

还有粮食、酥油、牲畜,甚至还包括寺户和寺奴。这说明寺院的所有财物都可以登载在同一件财物历文书中,若将这种登载寺院各类财物的历称为综合历的话,那么可将专门登载什物或斛斗等的历称为分类历,这种综合历和分类历的出现都应与官方或僧团对寺院财产的管理制度和管理方式有关。① 虽然目前所见全面记录寺院各类财物的会计历仅有 P.T.997 一件,但是该件中明确说此种清册往往"一式四份",说明此类历数量应较多,而且不排除既有藏文书写者,又有汉文书写者,只是相关文书没有保存下来而已。

此外,在《敦煌寺院会计文书研究》中,唐先生对常住什物交割点检历的结构形式进行了说明,同时对相关文书一一列举,认为点检历与交割点检历相似,故未对点检历单独叙述,其所说的交割点检历实际为历状,其与点检历的区别在于将点检历与牒状的格式进行结合而形成历状。敦煌寺院的什物点检历状文书都是残卷,其中 S.1774(图 3-1)、P.2613、S.1776(1)等少数几件保存有状文的开头,而仅有 P.3495 保存有状文比较完整的尾部(图 3-2),S.1776(2)也有尾部的一部分(图 3-3)。一件完整的什物点检历状由状文的开头、结尾和什物名目几部分组成,其中什物一般分为供养具、家具、铜铁器、函柜、瓦器、毡褥等几类。

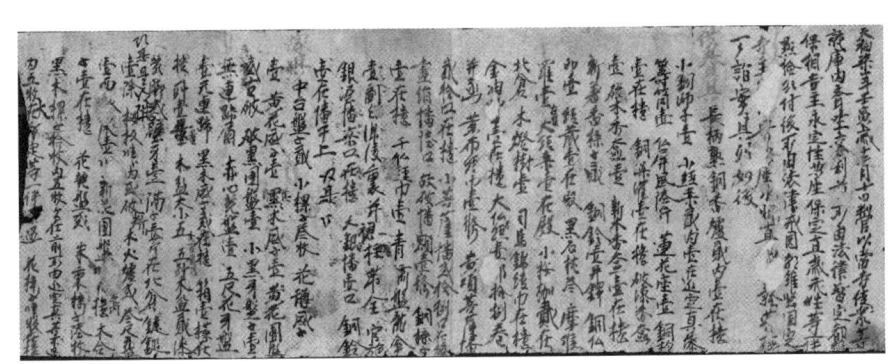

图 3-1　S.1774《后晋天福七年(942)十二月十日大乘寺法律智定等交割常住什物点检历状》图版

由于敦煌寺院的什物点检历与历状文书均为残卷,这为判断其是点检历还是点检历状带来了困难,故在《释录》第 3 辑 "什物历"中,唐先生对点检历和点检历状的判断还是较为谨慎,如相关文书及拟名如下:

---

① 关于吐蕃政权对敦煌寺院经济的管理,可参王祥伟《吐蕃至归义军时期敦煌佛教经济研究》,第 261—352 页。

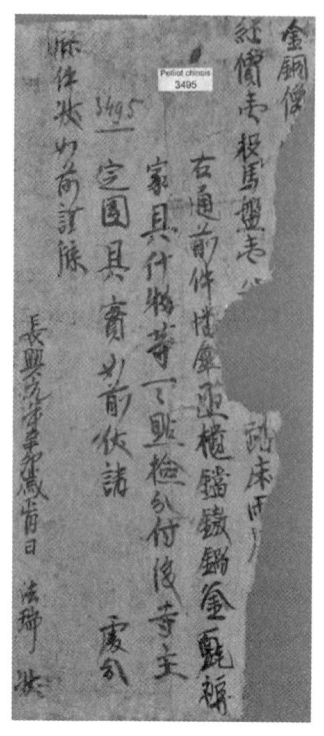

图3-2 P.3495《后唐长兴元年辛卯岁(931)正月法瑞交割常住什物点检历状》图版

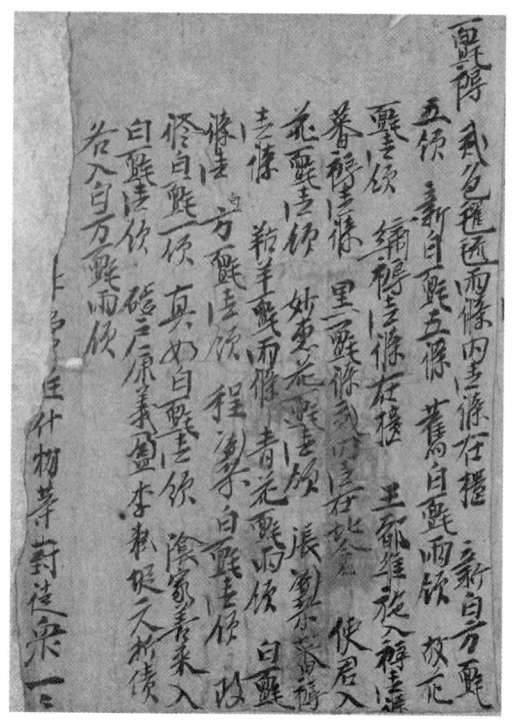

图3-3 S.1776(2)《后晋天福七年至后周显德五年(942—958)间大乘寺交割常住什物点检历状》图版(局部)

　　P.2613《唐咸通十四年(873)正月四日沙州某寺交割常住物等点检历》
　　P.3495《后唐长兴元年辛卯岁(931)正月法瑞交割常住什物点检历状》
　　S.1774《后晋天福七年(942)某寺法律智定等交割常住什物点检历状》
　　S.1624V《后晋天福七年(942)某寺交割常住什物点检历》(编号误为S.1642)
　　S.1776《后周显德五年(958)某寺法律尼戒性等交割常住什物点检历状》
　　P.2917《乙未年(935或995)后常住什物交割点检历》
　　S.4199《年代不明(10世纪)某寺交割常住什物点检历》
　　P.3598《年代不明(10世纪)某寺交割常住什物点检历》
　　P.4004＋S.4706＋P.3067＋P.4908《庚子年(940或1000)后某寺交割常住什物点检历》
　　S.4215《庚子年(940或1000)后某寺交割常住什物点检历》
　　P.3161《年代不明(10世纪)某寺常住什物交割点检历》

132

S.2607V《年代不明(10世纪)某寺交割常住什物点检历》

P.3432《龙兴寺卿赵石老脚下依蕃籍所附佛像供养具并经目录等数点检历》

P.2706《年代不明某寺常住什物交割点检历》

P.3587《年代不明(10世纪)某寺常住什物交割点检历》

S.6050《年代未详(10世纪)常住什物点检历》

S.6276《什物点检历》

虽然这十多件文书中被拟名为"历状"者仅有三件,但是唐先生后来又在《敦煌寺院会计文书研究》一书中将以上文书全部列在"常住什物交割点检历状"之下,不过又说P.2706、S.6050、S.6276为常住什物点检历,并对其中有的文书残卷进行了缀合或对其所属寺院进行了考证,从而认为P.2706为龙兴寺常住什物点检历稿,S.1624V、S.1774和S.1776为大乘寺的常住什物点检历牒,而P.4004+S.4706+P.3067+P.4908、S.4215、S.4199+P.3598、P.2917均为报恩寺文书,其中又将S.4199+P.3598、P.2917分别拟名为《丁卯年(967或907)后报恩寺常住什物交割点检历稿》《乙未年(995或935)后报恩寺常住什物点检历稿》,[①]这个拟名似乎说明唐先生对这两件文书是"历"还是"历状"不确定。从格式来看,S.4199+P.3598与P.2917前后均残,看不到状文的开头和结尾部分,但二者与其他什物历状一样,将什物的类名如"供养具""家具"等突出书写,P.2917中还将这些类名用朱笔书写,故其应为什物历状,只是S.4199+P.3598在卷面中间有一横杠,也许是表示作废,同时还有修改情况,故其可能为状稿。

郝春文先生在整理统计敦煌寺院的常住什物文书时,对以上文书是否是历还是历状的问题并未关注,依然沿用了《释录》中的拟名,同时还对个别什物历文书进行了考证,并增补了几件什物文书,其中对文书考证的详细情况如下:

一是认为P.2613为龙兴寺文书,理由是该件文书所载的有些物品与P.3432《龙兴寺卿赵石老脚下依蕃籍所附佛像供养具并经目录等数点检历》有关,并且这两件文书所记录供养具的数量和质量都远优于其他寺院,这和龙兴寺作为敦煌第一官寺的地位是相称的。

二是将P.2917中的乙未年定为935年,将S.4215和P.4004+S.4706+P.3067+P.4908中的庚子年定为940年,将S.4199+P.3598中的丁卯年定为967年。前面提到,唐耕耦先生在《敦煌寺院会计文书研究》

---

① 唐耕耦《敦煌寺院会计文书研究》,第3—8、300—306页。

中对这四件文书专门进行过研究,并分别拟名为《乙未年(995 或 935)后报恩寺常住什物点检历稿》《庚子年(1000 或 940 年)后报恩寺前寺主法□交割常住什物历牒》《庚子年(1000 或 940 年)后报恩寺前寺主法□交割常住什物历牒》《丁卯年(967 或 907)后报恩寺常住什物交割点检历稿》,可见,其对每件文书中的干支纪年均有两个公元定年,不过强调"虽尚还不能作出决断,但倾向于前者",即倾向于庚子年为 1000 年,乙未年为 995 年,丁卯年为 967 年。理由是这几件报恩寺什物历文书及其他报恩寺相关文书中的不少人名又见于 P.3290《己亥年报恩寺算会分付黄麻凭》,而 P.3290 又托裱于 P.3290+S.4172《至道元年正月沙州曹妙令等户状》的前端,至道元年为公元 995 年,故 P.3290 的己亥年应为 999 年,而这几件什物历文书中的年代应是距 999 年较近的前者。但是,唐耕耦先生在考察这几件什物历文书的年代时,是将其与其他多件报恩寺诸色斛斗算会和破历文书如 S.5048V《庚子年(1000 或 940 年)报恩寺麸破历》等置于一起来进行的,在 S.5048V 中记载有"麸贰硕伍斗,还暮(慕)容使君梻价",而 P.2943《宋开宝四年(971 年)正月一日内亲从都头知瓜州押推氾愿长等牒》记载在 971 年前慕容使君已经去世,由于无法解决这一矛盾,故唐耕耦先生最终未能确定这四件什物历文书的具体年代。① 郝春文先生认为,既然 P.3290《己亥年报恩寺算会分付黄麻凭》是作为废纸托裱《至道元年正月沙州曹妙令等户状》,则其己亥年应为 939 年,而 P.2917 中的乙未年、S.4215 和 P.4004+S.4706+P.3067+P.4908 中的庚子年、S.4199+P.3598 中的丁卯年应分别是距 939 年较近的 935 年、940 年和 967 年,这样,以上"慕容使君"的矛盾就不存在了。② 后来金滢坤先生通过文书中的有关人物,考证认为 S.4199+P.3598 中的丁卯年和庚辰年分别为 967 年和 980 年,P.4004+S.4706+P.3067+P.4908 中的庚子年为 1000 年,从而将二者分别定名为《宋庚辰年(980)后报恩寺常住什物交割点检历稿》和《宋庚子年(1000)前后报恩寺交割常住什物点检历》。③ 关于前述所谓"慕容使君"的矛盾问题,后来陈菊霞先生专门进行了讨论,指出 P.2943 和 S.5048V 中的慕容使君并非同一人,前者为出任过瓜州刺史的慕容归盈,后者系慕容归盈的孙侄辈、曹议金的外孙辈慕容长政,从而认为唐耕耦先生将报恩寺的这些庚子年左右的什物历和斛斗算

---

① 唐耕耦《敦煌寺院会计文书研究》,第 281—335 页。
② 郝春文《唐后期五代宋初敦煌僧尼的社会生活》,第 127—128 页。
③ 金滢坤《敦煌社会经济文书定年拾遗》,《首都师范大学学报(社会科学版)》2006 年第 1 期,第 9—11 页。

会等文书定在 10 世纪后期则是合理的。① 从这些讨论来看,将 P.2917 的乙未年、S.4215 和 P.4004＋S.4706＋P.3067＋P.4908 的庚子年、S.4199＋P.3598 的丁卯年应分别定为 995 年、1000 年和 967 年是正确的。

三是进一步将 S.1624V、S.1774、S.1776 定为大乘寺文书。东洋文库敦煌文献研究委员会编著的《スタイン敦煌文献及び研究文献に引用绍介せられたる西域出土汉文文献分类目录初稿——非佛教文献之部·古文书类》(以下简称《目录初稿》)已指出 S.1624V 和 S.1776 是同一件文书。② 唐耕耦先生在《释录》第 3 辑中虽未确定这三件文书的所属寺院,但也已经指出其为同一寺院的文书,特别是 S.1624V 与 S.1774 字体相同,所记物品重复相同者很多,进而推断这两件文书是同一年的交割历状,一件为底本,一件为抄本。后在《敦煌寺院会计文书研究》中进一步将这三件文书定为大乘寺文书,但未详细说明。郝春文先生在此基础上依据文书中的相关尼僧进一步肯定了唐先生的论断。S.1776 的内容包括两部分,这两部分内容其实原本并不属于同一件文书,此前学界对此并未措意,是金滢坤先生较早发现这两部分内容的字体、书写格式都不相同而不属于同件文书的,只是编目者将其归入一个编号而已,同时将 S.1776 的第二部分与 S.1624V 拼合在一起,拟名为《后晋天福七年至后周显德五年(942—958)间大乘寺交割常住什物点检历》。③ 虽然 S.1624V＋S.1776(2) 的尾部有残缺,但是从其最后一行残存的文字"常住什物等对徒众——"来看(图 3-3),这是状尾的用语,故其应不是单纯的什物历,而应是点检历状。

在文书增补方面,郝春文先生主要是增补了后来刊布而《释录》未收的几件文书,并进行了说明,具体有:S.7939V＋S.7940V《吐蕃时期某寺交割常住什物点检历》、S.7941《吐蕃时期某寺交割常住什物点检历》、BD11988《庚子年(940)前后报恩寺交割常住什物点检历》、S.8750《某寺交割常住什物点检历》、S.9931V《某寺交割常住什物点检历》、S.10285《某寺交割常住什物点检历》、S.10286《某寺交割常住什物点检历》、S.11553AV《常住什物历》、S.11553BV《常住什物历》。这些文书的增补,无疑进一步丰富了敦煌寺院什物历文书的内容,其中对 BD11988 的所属寺院和年代判断是依据其与 P.4004＋S.4706＋P.3067＋P.4908 的相关内容略同而进行的。实际上,BD11988 不但与 P.4004＋S.4706＋P.3067＋P.4908 的相关内容基本

---

① 陈菊霞《翟使君考》,《敦煌研究》2009 年第 5 期,第 84—90 页。
② 东洋文库敦煌文献研究委员会《スタイン敦煌文献及び研究文献に引用绍介せられたる西域出土汉文文献分类目录初稿——非佛教文献之部·古文书类》Ⅱ,1967 年,第 62 页。
③ 金滢坤《敦煌社会经济文献缀合拾遗》,《敦煌研究》2006 年第 2 期,第 89—90 页。

相同,而且还与 S.4215 的相关内容甚为一致,而我们前面已讨论过, P.4004＋S.4706＋P.3067＋P.4908 和 S.4215 中的庚子年不应是 940 年, 而应是 1000 年,故 BD11988 的年代也应在 1000 年前后。此外, S.11553AV 和 S.11553BV 的字迹出自同一人之手,二者应为同一件文书, 只是无法直接拼接在一起。在增补了这几件什物文书的同时,郝春文先生 又未将《释录》中收录的 S.6050、P.2555P5、S.6276、S.4525 和 S.4525V 统 计入寺院什物文书,可能是认为其不属于寺院文书之故。前面已经提到,唐 耕耦先生后来又将 P.2555P5《诸亲借毡褥名目如数》视为寺院什物文书;至 于 S.6050 和 S.6276 残存的内容不多,唐耕耦先生一直将其视为寺院什物 历,虽未说明理由,但应是正确的,如前者中有梁法律、银金刚杵等,后者记 录的什物如火珠、伞、镜子、珠子、铜铃等在其他寺院什物历中也有,而且还 有"菩萨"字眼;最后需要说明的是 S.4252V 和 S.4525,二者的书写格式和 字迹相同,应为同一件文书,《英藏敦煌文献》第 6 卷将其统一拟名为《都司 (?)付什物历》,[①]该件文书中出现了永安寺、龙兴寺、乾元寺、大云寺等寺院 及邀䎡社、车社等社邑,说明其与敦煌僧团有密切关系,至于具体是什么机 构的文书,不好确定,《英藏敦煌文献》推测为都司文书也是有可能的。

此外,S.9496B 是什物历文书残片,荣新江先生认为是某寺什物历,[②] 《英藏敦煌文献》第 12 卷在公布其图版时也拟名为《某寺常住什物点检 历》。[③] 又 BD16291、BD16292、S.1733V(2)、S.10524B、S.11553A、 S.11553AV、S.11553B、S.11553BV、BD16112A－G、BD16166A、BD16166B 的内容也与什物历有关,由于这些文书残存的内容不多,故对判断其所属者 带来了困难,其中 BD16112A－G、BD16166A、BD16166B 可能并不是寺院什 物历,其他的应属于寺院什物历。

二、什物历的名称及意义

虽然目前学界一般将记录敦煌寺院什物的相关文书称为"历",如点检 历、交割点检历、交割点检历状等,但是这些文书均未保存下来原来的标题。 实际上,从这些文书中的有关信息来看,其中有些文书原来的标题也许不是 "历",而是"籍"。如 S.1947V《唐咸通四年癸未岁(863)敦煌所管十六寺和

---

① 中国社会科学院历史研究所等编《英藏敦煌文献》第 6 卷,四川人民出版社 1992 年,第 125—126 页。
② 荣新江编著《英国国家图书馆藏敦煌汉文非佛教文献残卷目录(S.6981—S.13624)》,第 257 页。
③ 中国社会科学院历史研究所等合编《英藏敦煌文献》第 12 卷,第 260 页。

三所禅窟以及抄录再成毡数目》首行云"癸未年五月廿三日抄录官算籍上明照手下再成毡定数如后",其后罗列毡褥等物,这里的"官算籍"是官方对寺院财物进行点检算会后形成的帐册。P.3432《龙兴寺卿赵石老脚下依蕃籍所附佛像供养具并经目录等数点检历状》首行云"龙兴寺卿赵石老脚下依蕃籍所附佛像供养[具并经目录佛衣及头冠]等数如后",其后罗列供养具等物,这里的"蕃籍"也是指吐蕃时期对寺院的供养具等常住什物登载的帐册。显而易见,这些关于常住什物等的帐册并未称为"历",而是称为"籍"。又P.2613《唐咸通十四年(873)正月四日龙兴寺交割常住物等点检历状》第35行载:"破碎氍毹壹,不堪用,次籍除。"第68—69行载:"生铁大火炉壹,破碎不堪用,再写煮油铛用,次籍除。"这里的"次籍"是相对于"本籍"而言,本籍是本次什物籍,而次籍指的是下次什物籍,由于一件氍毹和一个生铁大火炉不堪用了,故在下次什物籍中作破除处理,不再登载。这些资料说明,敦煌寺院残缺标题的什物历,起码有的原本标题应为"籍"。当然,前面我们已经讨论过,"籍"与"历"的名称在敦煌文书中有时可互用,同时财物历、财物籍意思一致,故无论将其称为什物籍还是什物历,并不会改变其性质。

对寺院常住什物进行点检交割是唐宋时期世俗政权和寺院内部对寺院财产进行管理的重要手段,而什物历就是这种管理的产物,故不惟敦煌地区,其他地区也应普遍存在这种文书。唐末五代人严子休撰《桂苑丛谈》"太尉朱崖辩狱"条载:

> 太尉朱崖出镇浙右,有甘露知主事者诉交代得常住什物,被前主事隐用却常住金若干两。引证前数辈皆有递相交割文字分明,众词皆指以新得替者隐用之。但初上之时交领既分明,及交割之日不见其金,鞫成具狱,伏罪昭昭,然未穷破用之所由。或以僧人不拘细行而费之,以是无理可伸,甘之死地。一旦引虑之际,公疑其未尽,微以意揣之,髡人乃具实以闻曰:"居寺者乐于知事,前后主之者,积年已来空交分两文书,其实无金。郡众以某孤立,不杂辈流,欲乘此挤排之。"因流涕不胜其冤。公乃悯而恻之曰:"此固非难也。"俯仰之间,曰:"吾得之矣。"乃立召兜子数乘,命关连僧入对事,咸遣坐兜,下帘子毕,令门不相对,命取黄泥各令模前后交付下次金样,以凭证据。僧既不知形段,竟模不成。公怒,令鞫前数辈,皆一一伏罪,其所排者遂获清雪。①

---

① [五代]严子休《桂苑丛谈》,上海古籍出版社编《唐五代笔记小说大观》上,上海古籍出版社2000年,第1560页。

引文讲述的是太尉李德裕曾查破唐代浙右甘露寺现任知事僧等人诬陷某前任知事僧在交割常住财物过程中贪腐寺院金两之事,可见在唐代浙右的甘露寺也对常住财物进行交割。文中提到"交割文字""文书"应即什物点检历或什物点检历状。虽然在敦煌文书面世以前,我们在秦汉简牍中也能看到记录器物的资料,而且与敦煌寺院的什物历一样,也会对器物的相关情况如新、破及是否可用等信息进行注明,但关于寺院的什物历文书在出土文献和唐代以前的传世文献中不见记载,故敦煌寺院什物历文书不但在寺院经济、佛教信仰、中西交流和名物研究等方面具有重要价值,而且在补此类文献之阙方面也具有积极意义。

第二节 什物历文书考释数则

一、僧寺什物历考释

(一) S.1733V(2)《公元 8 世纪后期莲台寺交割前直岁金印欠负常住什物历》

S.1733V(2)仅残存两行,《释录》第 3 辑和《英藏敦煌社会历史文献释录》第 7 卷均有释录,[①]具体内容如下:

1 前直岁金印交割。欠负长幡一口。牌皮一张。经巾一,阔(阔)
  四尺。手巾一。
2 朕盘子一。木油椀一。木油叠子四。□▢▔▔▔▔▔▔▔
  (后残)

直岁金印的"印"字以往没有被释录出来。金印还见于 P.3060《诸寺付经僧尼历》,P.3060 中的僧人一般都见于吐蕃统治敦煌早期,故其也应是 8 世纪末至 9 世纪早期的文书。又 S.2729《吐蕃辰年(788)三月沙州僧尼部落米净昚牒(算使勘牌子历)》中莲台寺僧人名单的第三位是齐金印,说明金印俗姓齐。由于金印再未出现在其他文书中,并且 P.3060 和 S.2729 的时间接近,故 S.1733V(2)与 P.3060、S.2729 中的金印很可能是同一人。同

---

① 唐耕耦、陆宏基编《敦煌社会经济文献真迹释录》第 3 辑,第 112 页。郝春文、赵贞编著《英藏敦煌社会历史文献释录》第 7 卷,社会科学文献出版社 2010 年,第 576 页。

时，在 S.1733V(2) 中金印任直岁，可见当时其年纪尚轻，而在 S.2729 中金印已位列莲台寺僧人第三位，说明 S.1733V(2) 的年代可能还要早于 S.2729 的 788 年。

《英藏敦煌文献》第 3 卷在公布 S.1733V(2) 的黑白图版时将其拟名为《寺库什物交历》，①《英藏敦煌社会历史文献释录》第 7 卷拟名为《某寺交割什物历》，我们可将其拟名为《公元 8 世纪后期莲台寺交割前直岁金印欠负常住什物历》。

(二) S.8750＋S.8750V《公元 925 年或 985 年前后乾元寺交割常住什物点检历》

S.8750 和 S.8750V 的黑白图版公布于中国社会科学院历史研究所等合编《英藏敦煌文献》第 12 卷，②正面存 11 行，背面存 2 行，正、背面的内容前后相接，具体如下：

1 □
2 铜悉罗□
3 内壹在令狐法[律]□
4 王法师借踏床□
5 壹叶。又踏床□
6 齐法律边。牙床□
7 库台盘壹个。安□
8 上安樏壹个，南库伏上安樏壹个，大柜八个，在南库。
9 又四个，在寺主库。又小柜子壹个，在行进。又柜
10 壹个，在愿成。大桱圈三个，内两个在南库，壹在净法律
11 仓，又壹田法律。大经案三条，内壹在张库，又小经案
12 两条，壹欠在戒因。又小经案壹，李法律。又李法律
13 床壹叶。~~王法师床壹叶。~~集张法律大床壹面。

由于从残存内容无法直接得知这是哪所寺院的文书，故我们对其所属寺院进行考证。文书中的令狐法律等人几乎均见于 P.3779V《徒众转帖》：

---

① 中国社会科学院历史研究所等合编《英藏敦煌文献》第 3 卷，四川人民出版社 1990 年，第 140 页。
② 中国社会科学院历史研究所等合编《英藏敦煌文献》第 12 卷，第 212 页。

1 徒众转帖　刘法律　孙法律　令狐法律　王法律　永张法律
　　净心法律
2 齐法律　李法律　田法律　集法律　王法律　令狐法律
　　老宿
3 承庆　启弘　戒行　慈愿　启随　戒因　戒宗　戒寂　戒初
　　戒轮
4 戒果　弥愿恩　愿保　保坚　保集　保隆　保松　保戒
5 通愿　会兴　智存　智德　遂子　王三　打鸟子　顺子
6 已上徒众，次着八角拽硙，人各阿蓝壹，
7 锹钁壹事，须得本身，不用厮着替，
8 帖至，限今月廿八日于寺内取[齐]，捉二人，
9 罚麦叁斗，全不来，罚麦柒斗，
10 其帖至，第相分付，不得停滞
11 帖者，准条科[罚]，帖周却付本[司]，用凭
12 告罚。乙酉年四月廿七日寺主帖。①

　　从内容来看，这是由某寺院的寺主向本寺僧人发出的转帖，其中净心法律、集法律应是 S.8750＋S.8750V 中净法律、集法律，又其他如令狐法律、齐法律、田法律、李法律、戒因等均在 S.8750＋S.8750V 中有载。既然 P.3779V《徒众转帖》与 S.8750＋S.8750V 中的僧人高度一致，说明二者就是同一寺院的文书。那么，这是哪所寺院的文书呢？P.3779V《徒众转帖》中的其他僧人又多见于与乾元寺相关的文书，如沙弥愿恩、愿保、保坚、保隆、保戒、会兴、智存、智德集中出现在 P.3423《丙戌年五月七日乾元寺新登戒僧次第历》中，又愿保、戒轮、戒行、戒宗、戒果、戒初也集中见于 S.4443V《乾元寺宋苟儿诸杂难字一本》，S.4443V 中写有僧俗两界二三十人的官名、俗名或法名，其中僧人有长千、富祐、愿保、保定、戒轮、戒行、戒宗、戒果和戒初等。② 这说明，P.3779V《徒众转帖》中的僧人都是乾元寺的僧人，该转帖为乾元寺的转帖。此外，S.9532 和 S.9533V 系两件碎片，二者本应属同一件文书，S.9533V 的下部和 S.9532 的上部可以拼接在一起，拼接后残存的几位僧人的僧官名或法名是：[老]宿、孙法律、令狐法律、齐法律、启通、愿

---

① 上海古籍出版社、法国国家图书馆编《法藏敦煌西域文献》第 28 册，上海古籍出版社 2004 年，第 34 页。
② 中国社会科学院历史研究所等合编《英藏敦煌文献》第 6 卷，第 75 页。

成、乘启、启信、启随、应戒，①这几名僧人大多也见于 P.3779V《徒众转帖》和 S.8750+S.8750V，说明 S.9532+S.9533V 也应是乾元寺文书，而且应是乾元寺的另外一件转帖。既然 P.3779V 和 S.9532+S.9533V 都是乾元寺的转帖，那么 S.8750+S.8750V 也就是乾元寺的文书了。

明白了 S.8750+S.8750V 的所属寺院后，我们再来看看其大致的年代。愿恩、愿保、保坚、保隆、保戒、会兴、智存、智德在 P.3779V《徒众转帖》中是沙弥，在 P.3423《丙戌年五月七日乾元寺新登戒僧次第历》中也是新登戒僧，说明 P.3779V 中的乙酉年和 P.3423 中的丙戌年前后紧邻。郝春文先生依据 P.3423 中有几名新登戒僧的法名又见于 P.2250V 中的不同寺院，同时这几人在 P.2250V 中已是正式僧人，而其又将 P.2250V 的年代定在 937 年前不久，从而认为 P.3423 中的丙戌年是 926 年。② 虽然 P.3423 和 P.2250V 中有几名僧人的法名相同，但是在 P.2250V 中，这几名僧人分属不同的寺院，而 P.3423 中的沙弥主要属乾元寺，故二者中法名相同者可能不是同一人。此外，在 P.2250V 中的乾元寺僧人中也有沙弥承庆，而 P.3779V《徒众转帖》中的承庆已不是沙弥且排位靠前，若此承庆是同一人的话，P.3779V 的年代应晚于 P.2250V 才对。总之，从现有资料不好确定 P.3779V 中乙酉年和 P.3423 中丙戌年的公元纪年，乙酉年应是 925 年或 985 年，S.8750+S.8750V 的年代也就在 925 年或 985 年前后。

从内容来看，S.8750+S.8750V 是对乾元寺什物的点检交割文书，故我们将其拟名为《公元 925 年或 985 年前后乾元寺交割常住什物点检历》。

（三）P.3587《公元 900 年前后乾元寺常住什物交割点检历》

P.3587 是关于寺院什物的点检文书，前后残缺，共存 25 行，《释录》对 P.3587 进行了录文，并拟名为《年代不明（10 世纪）某寺常住什物交割点检历》。③《法藏敦煌西域文献》第 26 册将其拟名为《某佛寺常住器物交割点检历》。④ P.3587 中的什物没有按类记录，大多什物右上角用朱笔画有勾符。该件文书应属乾元寺，理由如下：

首先，P.3587 第 25 行载："瓮一口，在南库。"关于南库的记载非常少见，除此以外，还仅见于前述乾元寺文书 S.8750+S.8750V《公元 925 年或 985 年前后乾元寺交割常住什物点检历》："上安㯏壹个，南库伏上安㯏壹个，大柜八个，在南库……大桱圌三个，内两个在南库"，说明南库是乾元寺

---

① 中国社会科学院历史研究所等合编《英藏敦煌文献》第 12 卷，第 273 页。
② 郝春文《唐后期五代宋初敦煌僧尼的社会生活》，第 31—32 页。
③ 唐耕耦、陆宏基编《敦煌社会经济文献真迹释录》第 3 辑，第 46—47 页。
④ 上海古籍出版社、法国国家图书馆编《法藏敦煌西域文献》第 26 册，第 4 页。

的仓库。

其次,文书载有氾寺主、贺阇梨、阴上座、善应、洪济几名僧人欠负或临时拥有寺院的某种什物,其中善应、洪济同时出现在 S. 2614V《沙州诸寺僧尼名簿》中的乾元寺僧名簿中,而且在其他寺院僧尼名号中很罕见。

善应、洪济同时见载于 S. 2614V《沙州诸寺僧尼名簿》,而 S. 2614V 写于 895 年或 10 世纪初,说明 P. 3587 与 S. 2614V 的年代相当,故我们可将 P. 3587 拟名为《公元 900 年前后乾元寺常住什物交割点检历》。

(四) P. 3161《公元 918 年前后永安寺常住什物交割点检历状》

《释录》第 3 辑在将 P. 3161 进行释录的同时,拟名为《年代不明(公元 10 世纪)某寺常住什物交割点检历》。P. 3161 中出现的僧人较多,有愿德、绍满、宗定、文智、大善、智会、绍净、智山、智圆、法遂、弘义、惠诠、定深、孟老宿、石法律、高法律等。其中愿德、绍满、宗定见于 S. 2614V《沙州诸寺僧尼名簿》中永安寺僧名簿中,文智、大善见于 P. 2250V 中永安寺僧名中,郝春文先生据此将 P. 3161 定为永安寺文书,年代在 10 世纪前半期。[①] 这个判定是正确的,除了这几名僧人外,其他僧人也在相关永安寺文书如 P. 2555B、S. 474V 中有记载,而且在 P. 3161 的背面写有"第二秩永","永"即指永安寺。S. 474V《戊寅年(918)三月十三日永安寺算会分付行像司斛斗凭》中记载到永安寺的孟老宿、绍净、绍建、愿会等人,可见,在 P. 3161 和 S. 474V 中,孟老宿、绍净的身份与地位一致,这也说明 P. 3161 的时间与 S. 474V 相近,应在 918 年前后,故可将其拟名为《公元 918 年前后永安寺常住什物交割点检历状》。

(五) S. 10285 + S. 10286《公元 918 年前后永安寺常住什物交割点检历》

S. 10285 和 S. 10286 均为残卷,荣新江先生较早对其有过介绍,虽然未具体说明,但是认为二者是同一件文书,并且拟名为《某寺常住什物历》。[②]《英藏敦煌文献》第 13 卷在公布 S. 10285 和 S. 10286 的黑白图版时,也指出二者为同一件文书,并将二者均拟名为《某寺常住什物案》。[③]《英藏敦煌文献》第 13 卷中 S. 10285 和 S. 10286 的图版并不清楚,主要是 S. 10285 图版中有 S. 10286 图版的一角,而 S. 10286 图版中又有 S. 10285 图版的一部分,因而不利于对二者进行拼接释录。从国际敦煌项目网站(IDP)上公布的彩色图版来看,S. 10285 和 S. 10286 分别残存 11 行和 6 行,

---

[①] 郝春文《唐后期五代宋初敦煌僧尼的社会生活》,第 128 页。
[②] 荣新江编著《英国国家图书馆藏敦煌汉文非佛教文献残卷目录(S. 6981—S. 13624)》,第 257 页。
[③] 中国社会科学院历史研究所等合编《英藏敦煌文献》第 13 卷,第 32—33 页。

而且每行的上部文字不同程度残缺,每行存有文字多则七八个,少则一二个。从文书形态及相关文字来看,S.10285 和 S.10286 可以拼接在一起,即 S.10285 第 1 行与 S.10286 最后一行为同一行,S.10285 最后三个字有一部分残存在 S.10286 上,这三个字拼接后是"貳卧伍",其中"伍"字大部分在 S.10286 上。

S.10285+S.10286 与 P.3161《公元 918 年前后永安寺常住什物交割点检历状》的字迹相同,应为同一人所写,二者的记录格式也相同,即若某什物欠在某人时,在该什物下用朱笔注明。S.10285+S.10286 中出现的印子及僧人智山、法遂均见于 P.3161,故 S.10285+S.10286 也应是永安寺的点检历文书。P.3161 依次记录的是供养具、铜铁器、家具、瓦器、铛釜,其中供养具和铛釜又有残缺,同时也缺毡褥类,而 S.10285+S.10286 由于每行上部文字残缺,故看不到对什物的分类情况,但有的明显是毡褥类;同时,S.10285+S.10286 中的其他什物在 P.3161 中也找不到对应者,故不排除 S.10285+S.10286 与 P.3161 为同一件文书的可能,即便不是,二者的时间也紧邻。据此,我们可将 S.10285+S.10286 拟名为《公元 918 年前后永安寺常住什物交割点检历》。

(六) S.7939V+S.7940BV《公元 820—860 年间金光明寺(?)什物点检历》与 S.7941V《公元 820—860 年间金光明寺(?)什物点检历》

S.7939V、S.7940BV 与 S.7941V 的图版公布于《英藏敦煌社会文献》第 12 卷,并已发现 S.7939V、S.7940BV 应系同一件文书,拟题为《某寺什物点检历》。同时,该书中公布的 S.7940B 与 S.7940BV 的图版相同,应是将 S.7940BV 误为 S.7940B。① S.7939V 的最后一行与 S.7940BV 的第一行恰好可以缀合在一起,缀合后的文书共有 12 行文字。S.7941V 残存 13 行,荣新江先生较早对其进行介绍时拟题为《某寺什物点检历》。② 郝春文先生指出,S.7941V 的内容与 S.7939V+S.7940BV 略同,两件应为一什物历的不同抄件,其年代应在吐蕃统治敦煌时期。③ 经比较,S.7941V 与 S.7939V+S.7940BV 不但字迹相同,而且二者中第 1—12 行的文字完全相同,甚至各对应行的文字也完全一致,说明它们是同一件文书的两个写本,仅是 S.7941V 较 S.7939V+S.7940BV 多存一行。无论是 S.7941V,还是 S.7939V+S.7940BV,文字均较漫漶,所幸二者对应文字完全相同,故又为

---

① 中国社会科学院历史研究所等合编《英藏敦煌文献》第 12 卷,第 71、73 页。
② 荣新江编著《英国国家图书馆藏敦煌汉文非佛教文献残卷目录(S.6981—S.13624)》,第 71 页。
③ 郝春文《唐后期五代宋初敦煌僧尼的社会生活》,第 125 页。

释读提供了帮助,兹据图版将其内容释录如下:

1 壹,在智□。阁上座白□壹领。大釜□□□
2 长壹丈壹尺。法凝施青花毡壹领。僧潜闰施椀伍枚□
3 青铜瓮壹售(隻),壹斗。吴和尚五色花□壹领,长壹丈,阔肆尺伍[寸],
4 在高教授。捌尺错彩经壹,在宝济。伍两银盏壹,鏒铜屈□壹,
5 小经藏子壹,在氾教授。[又小]经藏子壹,善最。又威焰经藏子 壹 ,
6 在智惠寂,并画油食床壹张。又小经藏子壹,在高教授。
7 玄觉大床壹张,在王上座。当□案□壹,在师子赟。常济□
8 子壹,在王上座。幡僧瓮壹口,在□□。亡僧胜济施黑□子二□。
9 白木盛子壹并盖,故食单壹条,杜寺主施黑毡壹条,氾法通[施]
10 绯绫幢子壹,紫绢兰并住子。海集施四环锡杖壹,铁壹斤,□
11 壹张。   寺主胜神新附稽   新白□毡肆领,新白羊毛□
12 玖条,内壹条在开元寺。秤砣锤两具,□□壹张,亡僧海云念
13 □□□□。捌尺 经 □壹具,□□小柜子壹,圣光□

第 7、8 行为 S.7939V、S.7940BV 的拼接处。文书中出现的僧人较多,但善最、海集、胜神不见于其他敦煌文书,其他僧人如智惠寂、潜润、海云、宝济、法凝等也很少出现。法通和海云见于 P.T.1261V《公元 820 年前后僧人分配斋馔历》中,而在 S.7939V+S.7940BV 与 S.7941V 中,海云已经亡故,故 S.7939V+S.7940BV 与 S.7941V 的年代在 820 年以降。潜润见于 S.1364《欠经历》,该件中还有灵图寺的伍真和像英、灵修寺的戒胜花和遍觉、普光寺的光显、智满、无证、明藏等,普光寺的这几名僧人同时又见于 P.3600V《戌年(818)普光寺等馔状及勾馔历》,故 S.1364《欠经历》的时间也应在 9 世纪前半期或中期左右。智惠寂见于 BD11899《破历》,该件中仅有其和明振两人,[1]而 BD13975《大波若波罗蜜多经卷第 323》尾题"比丘明振写",明振还见于 P.3249V《军籍残卷》和 P.4611《诸寺付经历》,并且在

---

① 任继愈主编,中国国家图书馆编《国家图书馆藏敦煌遗书》第 110 册,北京图书馆出版社 2009 年,图版参第 140 页。

P.4611中明确是金光明寺僧,P.3249V《军籍残卷》的年代当在咸通二年(861),①P.4611《诸寺付经历》中还有大乘寺的平等性、圣光寺的体坚等人,而这两人在大约写于865—870年的S.2669《沙州诸寺尼籍》中已分别是54岁、55岁了。②从这些信息来判断,将S.7939V+S.7940BV与S.7941V的年代定在公元820至860年间为宜。

又法凝见于S.6237《公元10世纪上半叶灵图寺算会应在人上欠》和写于895年或9世纪末、10世纪初的S.2614V《沙州诸寺僧尼名簿》,但由于这两件文书的时代较晚,故这几处的法凝不是同一人。又P.4810V《金光明寺请僧疏》中记载金光明寺有法凝者,而该件文书中的许多金光明寺僧如法显、向秀、法雨等又见于P.3730《吐蕃酉年正月金光明寺维那怀英等请僧淮济补充上座等状并洪㲀判辞》和P.T.1261V《公元820年前后僧人分配斋馕历》,其中P.3730的年代在829或841年。③从时间上来看,P.3730和P.T.1261V中金光明寺的法凝与S.7939V+S.7940BV、S.7941V中的法凝属于同一时期,不排除二者是同一人的可能,若是,则S.7939V+S.7940BV和S.7941V有可能是金光明寺文书,故我们暂将其拟名为《公元820—860年间金光明寺(?)什物点检历》。

(七) S.2607V+S.9931V《公元9世纪末至10世纪初金光明寺交割常住什物点检历状》

《释录》没有收录S.9931V,但对S.2607V进行了录文,并拟名为《年代不明(10世纪)某寺交割常住什物点检历》。④《英藏敦煌文书》第4卷先公布了S.2607V的图版,并拟名为《某寺一伴交历》,⑤又在第12卷公布S.9931V的图版时,指出二者是同件文书,并拟名为《某寺常住什物案》。⑥《英藏敦煌社会历史文献释录》将S.2607V和S.9931V拼接在一起

---

① 冯培红《P.3249背〈军籍残卷〉与归义军初期的僧兵武装》,《敦煌研究》1998年第2期,第141—147页。
② 关于S.2669的年代,藤枝晃先生在《敦煌の僧尼籍》中推定为865—875年间,竺沙雅章先生在《敦煌吐蕃期の僧尼籍》(载《中国佛教社会史研究(增订版)》"补编"部分第11—13页)中同意藤枝晃的观点,并进而认为不会晚于870年;[日]池田温著,龚泽铣译《中国古代籍帐研究》"录文与插图"部分第429—435页认为在865—875年间;唐耕耦、陆宏基编《敦煌社会经济文献真迹释录》第4辑第215—228页认为在865—870年间。
③ 该件文书的酉年,池田温认为是841年,参其著《中国古代籍帐研究》"录文与插图"部分,第407—408页。竺沙雅章认为是829年,参其著《中国佛教社会史研究(增订版)》"补编"部分,第22页。唐耕耦先生在《敦煌社会经济文献真迹释录》第4辑第38页中定为829年或841年。
④ 唐耕耦、陆宏基编《敦煌社会经济文献真迹释录》第3辑,第42—45页。
⑤ 中国社会科学院历史研究所等合编《英藏敦煌文献》第4卷,第115—116页。
⑥ 中国社会科学院历史研究所等合编《英藏敦煌文献》第12卷,第286页。

进行了释录,并拟题为《某寺交割常住什物点检历》。①

S.2607V＋S.9931V中出现的人物皆为僧人,主要有石寺主、阴寺主、庆寂、道政、法真、平老宿、吴老宿、王教授、都判官、管内法律等,这些僧人要么欠着寺院的什物,要么就是什物暂时存放在这些僧人处。在这些僧人中,都判官、管内法律仅是僧职,没有法名和世俗姓名,故不好确定其所属寺院。石寺主在其他文书中仅见于BD02296《布历》和Дх.02449＋Дх.05176《转帖》,道政见于S.3905《唐天复元年(901)十一月十八日金光明寺造窟上梁文》,庆寂仅见于Дх.02449＋Дх.05176《转帖》、P.2250V《公元925—937年间儭司勾儭历》、S.6417《后唐同光四年(926)三月金光明寺徒众庆寂等请僧法真充寺主状并都僧统海晏判辞》和S.6417《后唐清泰二年(935)三月金光明寺上座神威等请善力为上座状并龙叠判辞》中,在这几件文书中,仅BD02296存三四行,所属寺院不明,而在其他几件文书中,道政、石寺主和庆寂均明确属金光明寺僧人。与平老宿同姓的僧人在敦煌文书中出现得很少,BD11502(1)《敦煌十一寺五十人名录(拟)》记录有11所寺院僧人的俗姓,其中金光明寺的姓氏有平、吴、价、罗、汜、王、武,但其他10所寺院中不见"平"姓,又P.4981《当寺(金光明寺)转帖》中记载金光明寺有平法律,而P.3388记载开运四年(947)三月九日节度使曹元忠为故兄追念所请金光明寺僧中也有"平家新戒",故此平老宿亦应系金光明寺僧。其他僧人如法真在P.5000V、P.3060等文书中出现过,而且属开元寺、龙兴寺、灵修寺等不同寺院,但其也与庆寂同时出现在S.6417《后唐同光四年(926)三月金光明寺徒众庆寂等请僧法真充寺主状并都僧统海晏判辞》、S.6417《后唐清泰二年(935)三月金光明寺上座神威等请善力为上座状并龙叠判辞》中,僧人道政也在P.3250V、P.3619、S.2711、P.3250等文书中出现过,而且在后两件中也明确记载是金光明寺僧,又道政还见载于S.3905《唐天复元年(901)十二月十八日金光明寺造窟上梁文》。总之,从相关资料来判断,S.2607V＋S.9931V中出现的僧人应系金光明寺僧,该文书也应属金光明寺。

至于S.2607V＋S.9931V的时间,从前述资料来看,金光明寺僧庆寂和法真主要出现在10世纪早期的文书中;道政除在S.3905记载在901年出现外,其他记载道政的文书如P.3250V、P.3619、S.2711等的具体时间不明,但从这几件文书所载的其他僧人来看,都应属9世纪后期的文书。此外,S.2607V＋S.9931V还记载到教授这一僧职,该僧职是吐蕃时期设置

---

① 郝春文等编《英藏敦煌社会历史文献释录》第12卷,社会科学文献出版社2015年,第499—513页。

的,在归义军早期有时还有这一称谓,结合这些情况判断,S.2607V＋S.9931V 的年代应在 9 世纪末或 10 世纪初,故可将其拟名为《公元 9 世纪末至 10 世纪初金光明寺交割常住什物点检历状》。

(八) S.6217(1)《乙巳年(945)二月十二日报恩寺常住什物点检历》和 S.6217(2)《丙午年(946)四月十五日报恩寺分付常住什物历》

S.6217 共有三部分,其中前两部分之间中空一行,分别记载的是乙巳年二月十二日和丙午年四月十五日对寺院常住新什物,如椀、楪、盛、统、盘子、盆、魁等的清点记录与交付,我们将其分别编号为 S.6217(1) 和 S.6217(2)。《英藏敦煌文献》将这两部分分别拟题为《乙巳年二月十二日某寺常住什物案》《丙午年四月十五日某寺分付常住什物与仓家抄》,①《释录》分别拟题为《乙巳年(945?)二月十二日交割常住什物历》《丙午年(946?)四月十五日分付常住什物历》。② 关于该件文书的所属寺院,学界没有讨论说明,我们认为其应系报恩寺文书,理由如下:

首先,S.6217(1)中出现了僧人法眼、法政、智员,其中法眼、法政同时见于 S.2614V《沙州诸寺僧尼名簿》中的报恩寺僧人名簿和 S.6226《公元 10 世纪中期报恩寺僧油付身历》。

其次,S.6217(1)中有云:"常住新椀楪盛统盘子盆魁,都计数壹伯伍拾壹个,现分付法律智员、法政等仓家柒人。"说明该寺院的仓家负责人由七个人组成。敦煌寺院的仓家负责人往往组成团或所由的形式,但人数不固定,有时一人,有时若干人,如 S.4613《庚申年(960)八月至辛酉年(961)三月后执仓所由于前执仓所由等手上现领得豆麦粟历》记载某寺庚申年八月十九日后的执仓所由系法律惠澄、福臻、法清、智光、戒论等五人,而前任执仓所由系法律惠清、福达、保员、惠慈等四人,可见,即便是同一寺院,每任所由的人数也不一定是固定的。从敦煌文书的记载来看,一般寺院的仓家所由人数为五人左右或更少,但报恩寺的仓家所由人数较多,如 S.4701《庚子年(1000)十二月十四日报恩寺前后执仓法进愿盈等算会分付回残斛斗凭》记载当时报恩寺的执仓所由是法律法进、法律惠文等八人,而 P.3631《辛亥年(951)正月廿九日报恩寺善因愿通等柒人将物色折债抄录》记载报恩寺的执仓所由是七人,这正好也与 S.6217(1)中所载的仓家人数相同。

以上情况表明,S.6217(1)应是报恩寺文书。至于其年代,唐耕耦先生

---

① 中国社会科学院历史研究所等合编《英藏敦煌文献》第 10 卷,四川人民出版社 1994 年,第 196—197 页。
② 唐耕耦、陆宏基编《敦煌社会经济文献真迹释录》第 3 辑,第 41 页。

估测其中的乙巳年和丙午年分别是945年和946年,从前述法眼、法政同时出现在写于895年或9世纪末、10世纪初的S.2614V和10世纪中期的S.6226来看,该定年应是对的。至此,我们将S.6217(1)和S.6217(2)可分别拟题为《乙巳年(945)二月十二日报恩寺常住什物点检历》和《丙午年(946)四月十五日报恩寺分付常住什物历》。

二、尼寺什物历考释

(一) BD16291《乙丑年(905)二月十七日大乘寺交割常住什物点检历状》

BD16291首全尾残,共存23行,《国家图书馆藏敦煌遗书》第146册公布了其图版,同时对其进行了释录,拟名为《乙丑年二月十七日交割仓内什物历》,并指出是9—10世纪归义军时期的写本。[①]

BD16291开首云:"乙丑年二月十七日,判官与当寺徒众就仓内交割前典座真性、直岁修果所有常住幡伞氎褥釜鋑函柜床荐家具什物等,一一并点检分付后典座福妙、直岁法□",可见这是敦煌寺院对什物的"点检历状"类文书,其中尼僧真性、修果同时出现在S.2614V《沙州诸寺僧尼名簿》中的大乘寺尼名簿中,二人当时均为式叉尼,说明BD16291可能是大乘寺文书。对此推论,我们还可以从BD16291所载的常住什物来进一步证明。

BD16291所存什物包括供养具、幡伞类、家具漆器,其中供养具和幡伞是完整的,家具漆器仅残存三行。我们发现,BD16291中的供养具、幡伞类与其他大乘寺文书如S.1774《后晋天福七年(942)大乘寺法律智定等交割常住什物点检历状》、S.1776(1)《后周显德五年(958)大乘寺交割常住什物点检历状》、S.1624+S.1776(2)《后晋天福七年(942)大乘寺交割常住什物点检历》等中的供养具(含幡伞类)的一致性颇高。经详细比较,由于幡伞类主要以织物为主,加以二者年代相差较久,故变化稍大。其他数十种供养具主要是耐久使用的木器、石器、铁器,甚至是金银器,故基本未变,主要的变化是BD16291中的黑石枕有一个,而S.1774、S.1776(1)中的黑石枕有三个。这进一步说明,BD16291就是大乘寺文书。

那么,BD16291中的乙丑年是哪一年呢?前述记载大乘寺尼僧真性、修果的S.2614V写于895年或9世纪末、10世纪初,当时二人均为式叉尼,故此乙丑年只能是905年或965年。敦煌寺院的直岁大多由年纪较轻的沙弥、沙弥尼担任,若是965年的话,此时真性、修果二人的年龄起码到80岁

---

① 任继愈主编、中国国家图书馆编《国家图书馆藏敦煌遗书》第146册,图版见第88页,录文见"条记目录"第39页。

左右了,如此高龄担任寺院典座、直岁的可能性不大,故乙丑年只能是905年。至此,我们可将 BD16291 拟名为《乙丑年(905)二月十七日大乘寺交割常住什物点检历状》。

(二) BD16292《公元 10 世纪前期大乘寺常住什物点检历》

BD16292 首残尾全,共残存 7 行,《国家图书馆藏敦煌遗书》第 146 册公布了其图版,同时对其进行了释录,拟名为《某寺杂物点检历》,并指出是 9—10 世纪归义军时期的写本。① 为了方便讨论该件文书的所属寺院及其年代,我们将其释录如下:

1 ▢▢▢▢▢▢▢▢▢]所由手
2 ▢▢▢▢]紫锦
3 圣僧座子壹,在▢▢▢云▢。
4 中台盘子一,欠在政心。花▢子贰,欠在
5 修果等。酱座子一,欠在修▢▢▢
6 子一不欠。▢▢子壹,天使下纳又破
7 盘一,在善惠法律。

由于该件文书的结尾并不是状文格式,故其应非历状而系什物历。从文书中的相关信息来看,其应是大乘寺文书。首先,文书中的紫锦圣僧座子又见于 BD16291《乙丑年(905)二月十七日大乘寺交割常住什物点检历状》;其次,文书中的政心、修果、善惠也在大乘寺的文书中集中出现,如年代在 895 年或 9 世纪末、10 世纪初的 S.2614V《沙州诸寺僧尼名簿》中记载大乘寺有善惠、政心、修果,又大乘寺的修果还见于 S.1625《后晋天福三年(938)十二月六日大乘寺徒众诸色入破历算会牒》。同时,从 BD16291、S.2614V、S.1625 的年代来判断,BD16292 的年代也应在 10 世纪前期,故可将其拟名为《公元 10 世纪前期大乘寺常住什物点检历》。

---

① 任继愈主编、中国国家图书馆编《国家图书馆藏敦煌遗书》第 146 册,图版见第 89 页,录文见"条记目录"第 40 页。

第四章　诸色入破历文书

第一节　诸色入破历的结构与性质

诸色入历记录的是收入,使用的收入符号主要是"入""领入""领得""得"等,但是在四柱帐状的收入柱明细帐中很少使用"领入""领得"。在入历中,寺院仓司后任负责人从前任负责人手上交接斛斗等物时的"领得"或"领入",仅仅是寺院上一会计期回残物的交接,不是新的收入,也没有构成寺院的实际增收;其他的收入如地产收入、砲课、布施等所得也可以称为领得,这种领得属于新的收入。有的入历中每笔收入均用领得或领入,有的入历中则不尽用"领得"一词,这说明,入历中用不用"领得"一词表示收入,与收入来源及其性质没有必然关系。① 诸色破历记录的是支出,使用的支出符号主要是"用""破""破用""破除""出""使""支""付",其中"用"还可与其他支出符号连用,如"支……用""充……用""付……用"等。虽然这些支出符号应没有特殊的区别,但是有其使用上的习惯,如在破历标题上,一般仅用"破";在四柱帐状的第三柱表示支出总数时也多用"破除"。虽然入历和破历的记录方向相反,但是二者在结构特征方面大致是相似的。

一、诸色入历和破历的结构特征

虽然入历和破历的主要记帐特征是一一列示帐目,但是由于各种原因,造成不同的寺院入历和破历的结构并不完全统一,下面我们主要从标题、签

---

① 吴简中也有许多用"领"作为收入符号的"领簿",其性质应与敦煌寺院的领得历相类。关于吴简中的领簿及其性质的讨论,可参:陈明光《走马楼吴简所见孙吴官府仓库账簿体系试探》,《中华文史论丛》2009年第1期,第27—56页,该文后收入长沙简牍博物馆编《走马楼吴简研究论文精选》(下),岳麓书社2016年,第223—238页;凌文超《吴简与吴制》,北京大学出版社2019年,第181—193页。

押和数据统计等方面来了解敦煌寺院入历和破历的结构特征。

在标题方面,入历和破历有保存下来原标题者,入历主要有 P.3234V(5)《壬寅年(942)正月一日已后净土寺直岁沙弥愿通手上诸色入历》、P.2032V(2)《甲辰年(944)一月已后直岁惠安手下诸色入历》和 P.2040V(2)《乙巳年(945)正月廿七日已后净土寺东库胜净戒惠二人手下诸色入》,这几件入历标题大致由日期、负责人、诸色收入物和"历"字组成,要素比较全面,其中 P.2040V(2)在标题末尾没有"历"字,这并不是漏写,而应是略写。这种略写在净土寺编制四柱帐过程中整理的分类历中普遍使用,如 P.2032V、P.2040V、P.3234V 等中的"麦入""粟入""西仓麦入"等等,都是略去了"历"字,仅在品名后加"入"字,其中西仓的分类入历在品名前还加"西仓"二字,像净土寺的这些入历标题就极为简略,这也说明敦煌寺院入历文书的标题并不固定,要素会有增减变化。破历主要有 P.3505V《辛亥年四月三日起首修法门寺使白面历》、S.6829V《丙戌年(806)正月十一日已后缘修造破用斛斗布等历》、P.2912V《五年(821)四月已后儭家缘大众送路人事及都头用使破历》、S.800V《午年正月十九日出苏油面米麻毛等历》、P.3578《癸酉年(913)正月沙州梁户史氾三沿寺诸处使用油历》、S.1519(2)《辛亥年(891 或 951)十二月七日后某寺直岁法胜所破油面等历》、S.5937《庚子年(1000)十二月廿二日报恩寺都师愿通沿常住破历》、P.3234V(9)《癸卯年(943)正月一日已后净土寺直岁沙弥广进面破[历]》、S.4649+S.4657(2)+S.7942《庚午年(970)报恩寺沿寺破历》、P.3490V(2)《辛巳年(921)净土寺面破历》和 S.1653《公元 10 世纪前期付面历》等,其中 P.3234V(9)在标题末尾也略去了"历"字,同时,前述 P.2032V、P.2040V、P.3234V 等中的破历也往往简略为"豆破""西仓豆破""粟破""油破""布破"等等。可见,破历的标题也不固定,有的标题结构是"破用符号+破用物+历",如使某历、破用某历、出某历、使用某历、付某历,有的称为某物破历或某物破,或直接称为破历、破用历而不用标明破用物的名称,有时标题中还会说明破用原因、日期和负责人。从标题上来说,敦煌寺院入历、破历中的要素并不是固定的,要素的增减变化受入历、破历的性质、用途等因素的影响。

在被学界称为"历"的敦煌寺院入历和破历文书中,有一部分文书由于开头残缺,故其标题情况不明。还有一部分文书虽然没有"某某历"的明确标题,但开头是完整的,这些文书有的没有标题,直接条列帐目;有的称为"抄录如后""破某数""破除数"等,然后再条列帐目,其中"抄录如后"者较多,如 S.5495《唐天复四年(904)灯司都师会行深信依梁户朱神德手下领得课油抄录》开首云"天复四年甲子岁二月一日,灯司都师会行、深信依梁户朱神德手下领得课油抄录如后",P.4021《庚子年(940)某寺寺主善住领得历》开首也云"辛未年正月六日,沙弥善胜于前都师慈恩手上,现领得函柜铛鍑椀楪毡褥门户镮钥,一一诣实,抄录如后",其后一一条列帐目。其他如S.1823《癸卯年(943)都师道成于梁户价进子张员住手上领得油抄录》、S.4373《癸酉年(913或973)六月一日硙户董流达园硙所用抄录》等均属此类。虽然这些文书没有称为"历"的明确标题,但是其形式与有标题的历实则一致,若将首句的"抄录如后"改为"历",则二者无论在记录形式上还是在标题上均一致了,故从形式上来说,将这些文书拟为"历"或"抄录"都是可以的。如S.4116《庚子年(940?)十月报恩寺分付康富盈见行羊籍算会凭》和Дx.01424《庚申年十一月僧正道深付牧羊人王拙罗寔鸡羊数凭》都是寺院和牧羊人之间交付羊只的凭据,二者结构相同,开头先交代日期、羊只所属的寺院或其负责人、牧羊人等,然后是羊只明细,再后是术语"后算为凭"四字,最后是牧羊人签名画押。在羊只明细前面,前者云"分付见行羊籍",后者云"抄录谨具如后",可见,前者的"羊籍"对应后者的"抄录谨具如后"。如前所论,条列帐目的"籍"与"历"是相通的,既然这里的"籍"与"抄录如后"相同,那么"抄录如后"也相当于"历",而 S.4116 和 Дx.01424 是将历的内容与凭据的格式结合在了一起。①

　　在签押方面,无论是有标题的入历和破历,还是无标题的会计历,均有签字或画押者,如前者中的 S.800V、S.5937 和 S.4649＋S.4657(2)＋S.7942,后者中的 S.1733V(1)、S.5495、P.3977、S.1823、S.6297、S.4613、P.4021、S.6981、S.8443、P.3875V 和 Дx.01426＋P.4906＋Дx.02164 等。这些会计历中签字或画押的方式不同,有的是在每笔帐后面进行,有的是在文书末尾进行,还有的没有规律,时而连续每笔帐签押,时而又间隔数笔或数十笔帐进行签押,如 S.4649＋S.4657(2)＋S.7942《庚午年(970)报恩寺沿寺破历》、Дx.01426＋P.4906＋Дx.02164《公元962年报恩寺诸色破历》和 P.3875V《丙子年(976或916)修造及诸处伐木油面粟等破历》即是如此。这些有签押的会计历,有的是较为原始的记录,有的应是经过整理的,但这种整理不是全寺徒众集体进行的,而是由相关负责人自己整理的,故由其进行签押,以示对帐目内容负责。当然,有的入历和破历中没有签字画押,其原因是多方面的,如尾部残缺而没有保存下来签押,又如 P.2032V、P.2040V、P.3234V 等中全寺徒众为了编制四柱帐而重新整理成的入历、破历也没有签字画押。方宝璋先生将宋代财政财务收支历分为两种,一种是

---

① 录文参唐耕耦、陆宏基编《敦煌社会经济文献真迹释录》第3辑,第576、578页。

最原始的财物出入记录,一种是根据仓库收支原始凭证以及最原始的财物出入记录而按照某段时间或出入财物类型整理编制的收支历。① 这种情况也适用于敦煌寺院的诸色斛斗历,在有签押的斛斗历中,有的就属于第一种,而在没有签押的斛斗历中,有的属于第二种。

在数据统计方面,诸色入历和破历不仅对每笔帐条列记录,有时还要对所有的单笔帐进行汇总统计,如入历 S.1733V(1)《子年(796 或 808)至寅年(798 或 810)莲台寺诸色入历》、S.4613《庚申年(960)八月至辛酉年(961)三月后执仓所由于前执仓所由等手上现领得豆麦粟历》等对收入的帐目在结尾处进行了合计。又如前述 P.2032V、P.2040V、P.3234V 等中的各类入历、破历一般都在末尾进行合计。当然,有的历对帐目的统计方法不尽相同,如 P.3505V《辛亥年四月三日起首修法门寺使白面历》载:

1 辛亥年四月三日起首修法门寺使白面历。
2 　四日早上面壹斗,午时面肆斗,夜料叁斗。
3 　五日早上面壹斗,午时面陆斗伍升,夜料面叁斗。
4 　六日早上面贰斗捌升,午时面伍斗伍升,夜料断,造水 面 贰升。
5 　十八日早上面壹斗伍升,午时面伍斗,夜料面贰斗。
6 通计使面叁硕肆斗伍升。
7 　十九日早上面壹斗叁升,午料面肆斗伍升,夜料叁斗壹升。
8 　廿日早上面壹斗柒升,午料面柒斗,夜料叁斗。
9 　廿一日早上面壹斗叁升,造水面贰升,午时面陆斗,
10 　夜料面贰斗伍升,已上计面叁硕陆升。
11 通前都计面陆硕伍斗壹升。
12 　廿二日早上面壹斗伍升,午料面伍斗,又壹斗,夜料面叁斗。
13 　廿三日早上壹斗贰升,午料面柒斗叁升,夜
14 　料面贰斗柒升,廿四日早上料面壹斗叁升,午料面
15 　陆斗,造水面贰升,夜料面贰斗柒升。
16 　　　已上计叁硕壹斗捌升。
17 通前都计使面玖硕陆斗玖升。
　　(后略)

该件文书较长,首全尾残,共 65 行,残存四月三日至五月二十九日的面

---

① 方宝璋《宋代财经监督研究》,中国审计出版社 2001 年,第 161—162 页。

支出帐,支出符号是"使",每笔帐按序时记录,格式比较分明,帐目清晰,每3—5天将支出的面合计一次,使用的合计符号是"通计"或"已上计",而且每次合计时,要将本次支出数与前次支出总数合计在一起,使用的合计符号是"通前都计",而且将通前都计数的最后一个字如"升"或"半"的一竖写得很长。该件使用的是递进统计法,"通计""已上计"是初级合计符号,"通前都计"是递进级或终级合计符号,而从其他敦煌寺院的入历、破历和入破历中可以看到,在递进合计时,初级合计符号也可用"计",递进级或终级合计符号也可用"通计""都计"。若没有递进统计时,则仅用"计""都计""都合"等合计符号。像 P.3505V 的数据统计方式在敦煌寺院文书中似乎仅此一例,一般的入历和破历均是在结尾处进行汇总统计,如 S.6829V《丙戌年(806)正月十一日已后缘修造破用斛斗布等历》的格式如下:

1 丙戌年正月十一日已后,缘修造破用斛斗布等历。
2 　十九日,买张奉进木,付麦肆硕。
　　（中略）
26 八月二日,出布陆拾尺,兴道悝修佛坐赏物。
27 　同日,出布陆拾柒尺,付灵图金光佛,充杜邕木价。
　　（中略）
32 以前都计出麦粟五十二石二斗一升 内一十七石八斗一升麦，卅四石四斗粟。 油九升,
33 布三百卅九尺。又布一丈一尺出卖,每尺五升。无念。

该件也是一件序时流水式的破历,记录了丙戌年正月至八月因修造而支出斛斗、布的情况,支出符号是"出",时间跨度较长,为了更具层次性,每月的第一笔帐顶格记录,其他当月帐俱退后一格记录,其对支出斛斗、布等的统计方法与 P.3505V 不同,具体是在结尾处对支出的斛斗和布分别进行了合计,合计符号是"以前通计",等同于 P.3505V 中的"通前都计",末尾"无念"二字可能是记录该破历的僧人的法名。

不但敦煌寺院的入历和破历对帐目的统计方法不尽相同,而且有的入历和破历没有对帐目进行统计汇总,其原因应该是多方面的,如有的文书尾部残缺造成统计数据缺失,有的是寺院财务负责人或硙户、梁户等个人记录的非正式的帐历,还有的仅记录几笔帐而再未统计。

以上现象说明,由于各种原因,敦煌寺院的入历和破历在结构格式上并不完全统一,但正式规范的入历和破历应有比较固定的格式。虽然我们尚未见到唐代官方正式的斛斗入历或破历文书,但与常住什物历和状文相结

合而形成什物历状一样,诸色斛斗历也可以与状文的格式相结合而形成历状,而通过这种斛斗历状也可以了解规范的斛斗历的格式,如吐鲁番阿斯塔那506号墓出土的历状共有二十多件,其中第四件73TAM506:4/32-5《唐天宝十三载(754)礧石馆具迎封大夫马食䝱历上郡长行坊状》如下:

```
1 礧石馆   状上
2 合郡坊帖馆迎封大夫马从十二月一日至十九日食䝱历
3 十二月一日迎封大夫郡坊帖银山礧石马共卅九疋,食青麦叁硕
    肆斗叁胜。
   (中略)
21 十七日郡坊帖马卅六疋,共食青麦肆硕玖斗贰胜,䝱子史俊付
    健儿钟俊、坊官扬卿。
22 十八日郡坊帖马廿五疋,食青麦壹硕柒斗伍胜,䝱子史俊付健
    儿钟俊、坊官扬卿。
23 十九日郡坊马五十疋,共食青麦叁硕肆斗,䝱子史俊付健儿钟
    俊、坊官扬卿。
24    右郡坊帖马迎封大夫从□二月一日至十九□计侵食当馆
25    东西料青麦卅七石一斗六升,具食历如前,在馆见阙
26    䝱料,望请支填处分。
27 牒件状如前谨牒。
28          天宝十三载十二月廿五日䝱子史俊牒
29              捉馆官许献芝
30              捉馆官前镇将张令献
31 五日□
32       正月五日摄录事严  仙泰
33       摄录事参军折冲都尉  范
34       连 彦 庄白
35              廿五日①
```

该件文书全貌是状文形式,开头是"礧石馆状上",上状者是䝱子史俊等人。若去掉该件历状中状文的格式,我们也可从中看到唐代地方基层组织

---

① 国家文物局古文献研究室、新疆维吾尔自治区博物馆、武汉大学历史系编《吐鲁番出土文书》(录文本)第10册,第113—117页。

的破历结构。文书第 2—25 行是天宝十三载十二月一日至十九日的食谱历,第 2 行是破历的标题,第 3—23 行是破历的条列帐目,采用序时记帐,即按日记录马匹数量及其食用的青麦数量,每笔帐后都要注明谱子史俊将青麦付给了健儿钟俊及长行坊坊官扬卿,第 24—25 行为对所食青麦的合计统计数。这也说明,如标题、具体帐目(含收支数目、来源、支出目的和事由等)、统计数据、负责人等应是斛斗入历和破历的基本构成要素,至于签押,原始的历一般有,而改编的历则可以缺如。

从构成要素上来看,虽然敦煌寺院的入历和破历一般要说明每笔帐的收入来源和破用事由,但是也有个别特殊的破历仅记录破用物的种类和数量而不说明事由,如 S.3920V(3)《公元 9 世纪前期某寺月计诸色粮物破历》的内容如下:

(前残)

1 七月麦九斗,一石一斗,一斗,五斗,计二石六斗。

2 白面三石八斗,二斗(石),计五石八斗。　　粗面二斗,二斗,二斗,计六斗。

3 黄麻三石　　　　　　　　　　　　　　　　油二斗

4 苏二升,半升,计二升半。

5 八月麦九斗,二石二斗四升,一斗五升,廿二石,三石,计廿八石二斗九升。

6 白面二斗五升,二石一斗五升,一斗,计二石五斗。　　粗面二升,一斗,一斗,一斗,一斗,一斗,一斗,二斗五升,计一石一斗五升。

7 [粳]米五升,四升,计九升。　　粟米五升,九升,计一斗四升。

8 □一升,八升,计九升。　　米七升。　　皮鞋一量。

9 □子皮二张。　　羖羊皮一张。

10 九月麦九斗,一斗五升,七斗,六斗,一石一斗,四斗,一斗五升,六斗,七斗,一石七斗五升,五斗,一斗五升,计八石四斗。　　粟一石五斗,七斗,计二石二斗。

11 [白]面二石,二斗,一斗五升,一斗,二石一斗,四斗,计六石七斗五升。黄麻三石五斗,三石六斗,计[七石一斗]

12 □八升半,三升,八升半,一升七合,三升,计二斗四升七合。　　粟面一斗。　　米七升,七升,七升,计二斗一升。

13 □二升。　　白羊皮拾张。　　靴一量。

(中略)

20 十二月麦四斗五升,五斗,八斗,六斗三升,二石六斗,三石,一石五斗,三石,四斗二升,四斗,二石二斗四升,十一石六斗,一斗五升,二石,一石四斗,计十五石五斗四升。

21 粟四斗五升,八斗,一石八斗,计三石五斗。

22 白面二斗,二斗,二斗,一斗,三斗,一斗,五斗,一斗,二斗,四石一斗,五斗,一斗,三斗,二石,计九石二斗。

23 粗面二斗,二斗,二斗,一斗,二斗,二斗,二斗,计一石九斗。

24 □二斤半。　　胶七两。

25 豌豆三斗,四斗,计七斗。　　油一升,半升,半升,一斗八升,一升,八升半,
26 □一升半,一升,半升,计三升。　　三斗二升,计六斗一升半。
27 米三斗五升,七升,计四斗二升。　　草豉一升半,二升,计三升半。
28 纸四帖。①　　　　　　　　　　　粳米三升。

该件仅保存下来了七月至十二月的帐目,虽然没有说明是对收入还是破用帐的记录,但是从每月都有许多笔数额很小的白面、粗面及其他帐来看,其不会是寺院的䂥面及其他收入,故《英藏敦煌文献》认为该件为破历是正确的。该件是对破用物的逐月分类统计记录,记录的破用物既有斛斗及其加工物,又有皮鞋、靴、羊皮、胶、纸等物,在每类破用物下也记录有一笔笔的破用帐,有时多达十几笔,每笔帐仅记录破用数目而省略了破用事由,然后用朱笔将每笔帐合计在一起,而在末尾处再未将每月的破用帐进行合计。那么,这种省略事由的破历的性质如何?其与说明事由的破历又有什么关系呢?我们来看 S.3920V(4)《公元 9 世纪前期某寺诸色粮物破历》的记载:

（前略）

14 袴与惠灯。十一月三日,出白面肆斗、油壹胜□再(载)砲
15 车合时用。同日,出白面壹石肆斗、油叁胜半,煮
16 油造饼将石长(场)博士食。同日,出白面贰斗,修车[博]
17 士食。五日,出椀(豌)豆叁硕,付邓讬德故(雇)车价。同日,[出]
18 椀(豌)豆壹硕壹斗,造牛䏶付石长(场)头用。八日,出白
19 面两硕伍斗、粗面伍斗、麨壹硕,再(载)砲车牛□
20 付都师。十日,出床壹硕肆斗,沽酒壹瓮,付都[师]
21 于石长(场)用。十五日,出椀(豌)豆壹硕、白面伍斗伍[升]、
22 油贰胜,造饼煮油造䏶迎车用;又出白面□
23 斗,造食人食。十七日,出白面壹硕伍斗伍胜、
24 油叁胜、床两硕壹斗,与再(载)砲车回设博士;
25 又出面伍胜、草豉半胜、椀(豌)豆壹,沽酒五胜。准上
26 计用麦廿硕玖斗,白面壹拾贰硕贰[斗]
27 伍胜,粗面壹硕伍斗,豆柒硕贰斗,

---

① 中国社会科学院历史研究所等合编《英藏敦煌文献》第 5 卷,四川人民出版社 1992 年,第 202 页。

28 床粟陆硕叁斗,麨壹硕,油壹斗伍胜,
29 靴底叁两,又靴底两两,造牛靴,已上物缘
30 取硙用。都计麦粟面麨豆等□□①

  该件与前一件的编号都是 S.3920V,并且开头都有残缺,所记物品也基本一致,不但都有麦、白面、粗面、豆、粟、床、豌豆、麨、油、草豉等,而且还有羊皮、靴,这种既记录斛斗,又记录羊皮、靴的破历在敦煌文书中再无他例,故二者应是同一寺院的破历。虽然二者所记十一月的破用帐都是完整的,但是具体帐目对不上,故应不是同一年的破历。从同一寺院拥有这样的两种破历来分析,省略破用事由的破历应是相关人员专门对各类破用物的破用数目进行的统计,而其统计的依据应是说明破用事由的破历,其目的应是为了统计出说明破用事由的破历中的每类破用物的破用数及其合计数,故省略事由的破历并不是用来作为凭证的,也不需要相关人员进行签名画押。虽然目前所见这种省略破用事由的寺院破历极少,但是其在现实会计活动中应是普遍存在的,同时,省略收入来源的入历也应如是。

  敦煌寺院会计文书主要都是汉文写本,寺院的藏文会计文书非常罕见,目前我们尚未发现用藏文书写的较为规范的寺院入历或破历。即便是非寺院的藏文会计文书,其数量也极少,其中 P.T.1097《薪俸支出粮食清册》是一件用藏文书写的官方破历文书,我们据之可以了解藏文破历文书的记帐问题,其内容如下:

  ……(龙)年孟春上旬,司俸禄之岸(本)由张文安……和宋锷三人,从所管库内,将小米、青……支付官方酬酢及食用糌粑、油料胡麻,由某位尚论盖印,确定付给人员,点名填造清册如下:
  七日,支出俸禄酒粮小米三十蕃斗,付与安锷、华梁森与酿酒人张汉(汉)、石毕秋诸人。又,同一日,支出韩安锷马料,自冬季十二月二十五日起至春季正月十日共十五日(之用)。小米五蕃斗,系付与书办公廨之参参。
  又同日,支给庐班地方之吴师吉麦子三蕃斗,油料一蕃斗,交付吴师吉本人。
  十日,支出肃州人侯国享所辖之百姓侯安子与史泽象等口粮小米六蕃斗,麦子六蕃斗,交付安子和泽象等人。

---

① 中国社会科学院历史研究所等合编《英藏敦煌文献》第5卷,第203页。

又同日,支付郭子良麦子十蕃斗,小米十蕃斗,交付子良本人。

又同日,水渠渠头竣工敬神支出酒料小米十蕃斗,交与酿酒人张汉汉、康辛辛、石毕秋诸人。

又同日,支付张黑子酒粮小米五蕃斗,交其本人。

十七日,支付官用酬酢酒粮小米三十蕃斗,交与安锷、华梁森和酿酒人张汉汉、石毕秋诸人。

又同日,支付官用会共顺缘,油料胡麻五蕃斗,未去皮之小米五蕃斗,系交付长史陈文君者。

又此日,支付张黑子酒粮小米五蕃斗,付其本人。

二十八日,支付长官会供粮磨面麦子四十蕃斗,油料胡麻四蕃斗,大米三大蕃斗,交与长史陈文君。

此日,支与韩安锷马料,自十日至二十四日间共十四日之用。小米五蕃斗,交与书办公廨之参参。

又此日,支出官用酬酢粮小米三十蕃斗,交与安锷、华梁森和酿酒人张汉汉、毕秋诸人。

又此日,支与肃州人侯国亨属下百姓侯安子和史泽象诸人,食用麦子四蕃斗,小米三蕃斗,交付其本人。

又此日,支给……酒粮小米……蕃斗,交与他们本人。

又此日……①

该件是按照时间顺序条列每笔支出帐,系序时流水式破历。从要素来看,有仓库的管理人及其盖印、具体支出负责人、支出日期和支出物的名称、数量、承受者及其用途等,其中在此类文书上加盖相关负责人的印章是吐蕃时期藏文文书中的常见现象,如 P. T. 1111《寺庙粮食帐目清单》记载:"……收入小麦、青稞一百九十二克,此项粮食于猴年春后,告各粮官登记入册,清册之抄本盖印,交与论刺腊藏(zla-bzang)和论嘘律卜藏(klu-bzang)驾前校对。"②其中明言清册要盖印。P. T. 1097 末尾残缺,也许还有支出物的合计数及其他内容。可见,P. T. 1097 与汉文寺院破历文书的构成要素基本是一致的。从书写格式上来看,尽管翻译者按照日期将每笔支出帐分行分段书写,使得其在格式上与前述寺院破历 P. 3505V、S. 6829V 一致,但是从图版

---

① 郑炳林、黄维忠主编《敦煌吐蕃文献选辑》,民族出版社 2013 年,第 62—65 页。该件文书较早由王尧和陈践翻译成汉文,收入王尧、陈践译注《敦煌吐蕃文献选》,四川民族出版社 1983 年,第 52—53 页。在编入《敦煌吐蕃文献选辑》时,对个别文字进行了改动。
② 王尧、陈践编著《敦煌吐蕃文书论文集》,第 21 页。

来看,原件并未如此,而是将所有的内容连续书写在一起,不同的支出帐之间用垂符分开(图4-1)。

图4-1 P.T.1097图版

二、诸色入破历及其结构特征

唐耕耦先生将敦煌寺院财务方面的历分为入历、破历等,其中没有入破历。不过,唐先生在《释录》第3辑的"入历"中将 S.1574V、P.T.1118、S.6981 三件寺院文书又分别拟名为《己未年(959)四月某寺诸色斛斗入破历》《年代不明麦粟入破历》和《辛酉至癸亥年入破历》,[①]但这三件应不属于入破历,如 S.1574V 载:

---

① 分别参唐耕耦、陆宏基编《敦煌社会经济文献真迹释录》第3辑,第124、132、140页,其中 P.T.1118 在《释录》中的编号是 P.T.336。

1　己未年四月,于　官仓领得神佛料麦两硕、黄麻壹硕贰
2　斗、粟肆硕,窟上作料用。麦两硕,金光明寺索僧政施入。
3　粟两硕贰斗,五月　官斋施入。粟壹拾硕、麦伍硕,于大众
4　仓领入。麦伍硕、粟壹拾叁硕、黄麻肆硕捌[斗],于砲户张富
5　昌手上领入。保定

唐先生后又依据砲户张富昌和僧人保定而将该件文书定为报恩寺文书,并拟名为《己未年(1019或959)报恩寺诸色斛斗入破历》。① 《敦煌遗书总目索引新编》也将其拟名为《己未年某寺入破历》。② 学界将该件拟名为入破历的原因应是第一笔帐"窟上作料用",但该笔帐实际上强调的是从官仓领入,其他几笔均是收入,故实际上是入历。《英藏敦煌文献》第3卷和《英藏敦煌社会历史文献释录》第7卷虽未说明理由,但二者均将其拟名为《己未年四月某寺粮麻入历》是正确的。③ 至于文书中的己未年,我们可以根据金光明寺索僧政和砲户张富昌来考证。金光明寺索僧政见于后面我们将要讨论的 S.1519(1)《庚戌年(950)金光明寺诸色破历》、S.1519(2)《辛亥年(951)十二月七日至壬子年(952)金光明寺直岁法胜手下油面等破历》和写于961年的 P.4981《当寺(金光明寺)转帖》中,砲户张富昌见于 S.6154《丁巳年(957)稍后报恩寺算会见存历稿》和 S.286《公元980年前后报恩寺诸色入破历算会牒稿》,④ 故己未年应为959年,该件文书可拟名为《己未年(959)报恩寺诸色斛斗入历》。

又 P.T.1118 记录的是因各种事项而支出的麦和粟,支出符号用"分付""纳",其中"纳"也是交纳支出,故该件也应非入破历,而是破历。至于 S.6981,我们在后面第六章将会专门讨论,其应与 S.1600(1)、S.1600(2)和 Дx.01419 为同一件文书,是灵修寺招提司的诸色入破算会牒稿,不属于入破历。

虽然敦煌寺院的入破历很少,但是不等于没有。真正的入破历主要有 P.2032V(11)、P.3234V(1)、P.3234V(2)和 BD12003 等,其中 P.2032V

---

① 唐耕耦《敦煌寺院会计文书研究》,第315页。
② 敦煌研究院编《敦煌遗书总目索引新编》,中华书局2000年,第48页。
③ 中国社会科学院历史研究所等合编《英藏敦煌文献》第3卷,第94页;郝春文、赵贞编著《英藏敦煌社会历史文献释录》第7卷,第261—262页。
④ 唐耕耦先生在《释录》第3辑第526页推测 S.6154 中的丁巳年可能为957年,后又在《敦煌寺院会计文书研究》一书第319—320页考证出该件系报恩寺文书,同时推测文书中丁巳年可能是1017或957年。本书第六章第一节将会讨论,S.6154 中丁巳年的公元纪年应是957年。

(11)内容较长,我们移录部分内容如下:

1 净土寺西仓司愿胜广进等。
2 右从甲辰年八月廿九日已后,于前司愿达、保应等
3 手下,见领得南楗圌豆柒拾捌硕,北楗圌豆柒拾肆硕壹斗,
4 又得豆壹拾贰硕,又得新豆捌拾贰硕,见
5 领得旧粟陆拾硕陆斗。九月廿日,见领得麦陆拾壹硕
6 伍斗,豆拾硕,粟陆拾玖硕陆斗,又麦壹
7 拾硕。廿九日,领得粟壹伯肆拾硕,麦叁硕。十月
8 伍日,得粟玖拾伍硕捌斗,豆肆硕叁斗,麦壹
9 硕陆斗,廿三日,领得粟捌拾伍硕,麦柒硕柒
10 斗,豆柒硕肆斗。十一月廿三日,得粟肆拾硕,麦肆
11 硕捌斗。豆两硕陆斗。十二月十九日,领得粟捌
12 硕伍斗,豆壹硕伍斗,得粟捌硕肆斗。正月廿
13 七日,得马延德粟壹硕伍斗。三月廿四日,得曹
14 安信豆壹硕伍斗,得阴通信粟壹硕伍斗。
15 二月三日,得康永吉粟壹硕叁斗,得汜清儿
16 粟壹硕伍斗,得王再宁豆玖斗。九月十日,得
17 义忠粟陆硕,郭怀义粟叁硕肆斗。十月十八日,
18 得邓住子粟柒硕肆斗、王恒启麦两硕贰斗伍升。
19 十一月十七日,得粟贰拾壹硕壹斗,得荣通豆替
20 麦壹硕伍斗,又得粟叁硕伍斗。十九日,得麦
21 伍硕陆斗伍升,粟肆硕伍斗,又得麦两硕,
　(中略)
33 伍硕,石佛德粟壹硕伍斗,又得王德友粟肆硕,
34 石流升粟两硕,索丑儿粟壹硕伍斗,
35 郭顺子粟两硕。
36 　　　　上件计得麦壹伯硕,计粟
37 　　　　伍伯玖拾捌硕柒斗,计豆贰
38 　　　　伯捌拾壹硕壹斗伍升。
39 　　得当年人上利麦及替贰拾叁
40 　　硕伍斗,得人上利粟及豆替伍拾贰硕贰
41 　　斗伍升,得人上利豆伍拾叁硕陆斗伍胜。
42 　　　两件通计得本利麦壹伯贰

43　　　　　拾[叁]硕伍斗,得粟陆伯伍拾硕玖
44　　　　　斗伍升,得豆叁伯叁拾肆硕捌斗。
45 内麦两䭾、粟壹䭾,园子春粮用。豆两硕,
46 雇驴拔毛用。豆拾硕,于索家郎君买铜用。
47 麦两硕、粟两硕,恩子春粮用。豆肆硕,于索
48 押衙换铜用。豆壹硕伍斗,杨孔目墼地稞用。
49 麦壹硕、粟壹硕,李文信梁子价用。麦贰
50 拾硕、粟贰拾硕,买罗家地价用。粟壹斗,
51 宋僧政处分支与史都料用。粟壹斗,烈
52 钥匙博士用。麦壹䭾,园子秋粮用。粟
53 壹䭾,亦园子秋[粮]用。麦两硕、粟两硕,恩子
54 秋粮用。麦贰斗、粟贰斗,初交仓日买
55 胡饼沽酒众僧吃用,麦拾硕伍斗,支与
56 □□□□用。豆拾硕,索家郎君□
（后缺）[①]

该件是净土寺西仓司愿胜、广进手上斛斗的各类收入及其支出情况。广进和愿胜频繁见于相关净土寺文书中,如唐耕耦先生整理的《净土寺癸卯年(943)正月一日以后直岁广进手下诸色入破历算会稿》《净土寺甲辰年(944)正月一日以后直岁惠安手下诸色入破历算会稿》和《净土寺乙巳年(945)正月以后诸色入破历算会稿》中均有广进,又《净土寺己亥年(939)诸色入破历算会稿》和《净土寺壬寅年(942)诸色入破历算会稿》中有愿胜,[②]故该件中的甲辰年和乙巳年应分别是944年和945年,可将其拟名为《甲辰年(944)和乙巳年(945)净土寺西仓司愿胜广进等手上诸色入破历》。第12行以前是甲辰年的收入,从第12行"正月"以后至第35行应是乙巳年的收入,登载比较规整,先登载收入,单笔收入帐的符号用"得",并且对收入的麦、粟、豆等进行了合计统计,合计符号是"计得"或"计",然后登载支出,单笔支出帐的符号是"用",支出部分尾部有缺,应该也有对支出数据的合计,合计符号不明。有的入破历的登载比较随意,如P.3234V(1)《公元10世纪20—40年代净土寺应庆手上诸色入破历》载:

[①] 唐耕耦、陆宏基编《敦煌社会经济文献真迹释录》第3辑,第474—476页。
[②] 详参唐耕耦《敦煌寺院会计文书研究》,第77—280页。

1 应庆于愿达手上交库日得麦一百一十六石,二月八日得麦
2 两石五斗,春佛食麦四石二斗,安押衙社麦四斗,供凉州
3 僧油面替得麦两石四斗。
4 　　　　　　　　通计春前麦一百二十五石五斗。
5 内碨面麦四十七石三斗,碨粗面麦三石,又麦六石八斗碨课
6 园子粮恩子等破除及存麦六十八石四斗。更得秋入麦七十
　　七石。
7 见法深领得麦一百二十三石七斗,得吴法律地课麦八斗,又秋破
　　八石五斗。
8 得粟一百九十七石,比交库得出秋粟本十六石一斗,破粟
9 四石六斗,又得酒本粟两石一斗,又得粟十八石,又得粟三石
10 一斗,又菜价粟三斗,又散施及秋入粟一百两石五斗,都计
11 三百三十六石五斗,内破粟四十八石八斗,得见粟二百五十
　　五石
12 二斗,得人上粟本十四石七斗,讷赞粟七斗。
13 得油一斗七升,又八升半,又三石六斗,都计三石八斗五升半,
14 内破油两石六斗九升。①

该件虽然是按照麦、粟、油的顺序记录的,但是记录还是较为杂乱,就拿麦子的记录来说,第1—4行是春季麦的收入明细及合计数,所用符号分别是"得"和"通计",第5—7行先记录了麦的几笔支出帐和见存帐,接着又记录了麦的几笔收入帐和一笔破用帐,而没有麦的最终统计数。其后对粟、油的记录也大致如此。又后面将要讨论的P.3234V(2)《公元10世纪30—40年代净土寺油入破历》专门记录的是油的收支情况,收、支无序记录,也没有对油的收支数进行统计。

上述几件入破历中没有负责人的签名或画押等信息,说明其是经过整编而形成的非原始入破历,而BD12003应是一件原始的入破历,其内容如下:

1 　　　　　　　]硕。端[
2 　　　　　　　]麦壹硕伍[

---

① 录文参唐耕耦、陆宏基编《敦煌社会经济文献真迹释录》第3辑,第438页。该件所属寺院及年代的考证参本章第二节。

164

3 ▭付寺主,还李都▭
4 ▭五月十六日附寺主▭
5 ▭付粟两硕壹斗,六月▭
6 ▭六月九日得粟壹硕贰▭
7 ▭月廿日,得粟壹硕叁斗,邓僧▭
8 ▭得粟壹硕肆斗,帖园□用。端
9 ▭三日,付寺主粟肆硕玖斗。端
10 □月十八日,得粟壹硕捌斗。端①

该件残缺严重,从所存内容来看,其记帐方法与前面几件不同,是按照日期顺序逐条记录麦、粟的收支帐,而不是先记录收入帐,后记录支出帐,也未将收支数目进行合计,特别是每笔帐后有"端"字签押,说明这是寺院负责人记录的原始入破历。

以上情况说明,敦煌寺院的入破历与入历、破历一样,在结构特征方面并不完全统一。与寺院的入破历不同,官方正式的入破历应是有比较固定的格式的。前引《唐六典》卷12载:"若用府藏物所造者,每月终,门司以其出入历为二簿闻奏。"可惜唐代财物出入历的面貌如何,我们不见实物资料,而《庆元条法事类》记载了宋代"州县场务收支历"的格式如下:

1 州县场务收支历(起置历头依常式):
2 某州
3 　某月初一日
4 　　本州
5 　　　税务
6 　　　　收若干
7 　　　　　经制钱若干
8 　　　　　系省钱若干
9 　　　　　封桩钱若干
10 　　　　应窠名依此开
11 　　　　支若干
12 　　　　　经制钱若干发赴甚处

---

① 任继愈主编,中国国家图书馆编《国家图书馆藏敦煌遗书》第110册,图版参第198页,录文参"条记目录"第58页。

13　　　系省钱若干发赴甚处
14　　　应寨名依此开
15　　　酒务等处依前开应寨名
16　某县依此开
17　某月一日至初十日终通计
18　　　收若干
19　　　支若干
20　　　见在若干依此开
21　某月一日至月终通计
22　　　依旬结开
23　　　税务印
24　团印径四寸
25　条印阔一寸长六寸
26　皆具某年某州镇寨商税务某印
27　　　当职官书字

  关于该收支历的格式，不同版本的《庆元条法事类》所载有所不同，以上格式见于中国书店 1990 年线装本，而《中国珍稀法律典籍续编》编入的《庆元条法事类》中因有几处将多行合并为一行而仅有 8 行。学界对该收支历内容的理解有异，方宝璋先生认为该"收支历是每日登记场务收支钱物数，每一旬一月通计一次，即进行帐面结算，这种通计之数可能就是史籍所载之'历尾'"。[①] 而孙继民先生不同意此说，认为其是宋代地方各种场务收支文书的标准（通用）格式，是宋代各类场务日帐、旬帐和月帐等三类收支文书的集成格式，而非具体场务收支文书的具体应用文。[②] 虽然对文本内容的理解不同，但是这并不影响其体现的是宋代各类场务收支历规范格式的事实。而从该"州县场务收支历"可知，完整的收支历应包括标题、单位、日期、收入、支出、结存、负责人等信息，这些要素在前述敦煌寺院的入破历中大多也有，只是寺院入破历的记帐结构不统一。

[①] 方宝璋《宋代财经监督研究》，第 163 页。
[②] 孙继民《〈庆元条法事类·州县场务收支历〉与〈宋人佚简·日状〉比较研究》，孙继民、魏琳《南宋舒州公牍佚简整理与研究》，上海古籍出版社 2011 年，第 164—176 页。该文原以《〈庆元条法事类·州县场务收支历〉考释》为题发表于《文史》2008 年第 1 辑，收入该书时进行了改编。

三、诸色入破历的性质

关于敦煌寺院诸色入历、破历和入破历等会计历的性质,学界主要从会计帐簿和会计凭证的角度进行过讨论,如唐耕耦先生将敦煌寺院入历和破历看作是帐簿,并从帐簿性质角度,将入历分为序时流水式入历和汇总的诸色入历,将破历分为序时流水式破历、汇总的诸色破历和分类破历。[①] 陈敏先生认为,敦煌文书中常用"历"作为凭证帐簿的名称,从其中"历""历状"的内容来看,"历"多指凭证,也包括一部分帐簿。同时又云,敦煌文书中有一部分凭证与帐簿没有直接的关系,而另一部分凭证则直接替代了帐簿或与帐簿结合在一起。[②] 宋小明先生则认为,在一定意义上,"历"即相当于后世的"账簿",虽然部分"历"文书包含经办人签名(或签押),具有一定的凭据性作用,但总体来看,其更偏重于账簿性质,而非典型的会计凭证。[③] 可见学界从会计学角度对有的会计历文书是会计帐簿还是会计凭证的看法存在一定分歧。除了从会计的角度讨论敦煌寺院会计历文书的性质外,我们还可以从审计的角度进一步认识其性质,因为会计历文书有时也是审计的凭证,如《宋会要辑稿》载:"(宣和元年)四月二十七日,讲议司言:'勘会收支官物,州县官司则凭簿历,朝廷、省部、监司则凭帐状……'"[④]这说明,簿历、帐状都是勘会的凭证,只是州县官司凭簿历,朝廷省部和监司则凭帐状,其中簿历应包括入历、破历、入破历和历状等。敦煌吐鲁番文书中也不乏这方面的实例,如敦煌文书 P.3446V《吐蕃巳年沙州仓曹状上勾覆所牒》、P.2803《唐天宝九载(750)八月九月敦煌郡仓纳谷牒》等中的帐目旁均有"会历同""会案历同""会案同""前帐同"等朱批语,这是唐代财务勾检制度中的勾检语,其意是说,经勘会,该笔帐与历、案的记录相同,这是会计历作为勾勘帐务凭据的明证。与之相应,唐代文献中还有勾帐、勾历的记载,说明会计历不仅是审计的凭证,而且有的审计活动还可以直接在相关会计历上进行,称为勾历。[⑤] 但是,由于敦煌寺院会计历的造历者身份、造历目的和所属寺院各不相同,从而会导致其在会计和审计活动方面的功能和性质也不一致,故在讨论寺院会计历的性质时不能一概而论,而是要针对不同的会计历文书分别

---

① 唐耕耦《敦煌寺院会计文书研究》,第 9—32 页。
② 陈敏《唐五代宋初敦煌寺院会计制度研究》,湖南大学博士学位论文,2012 年,第 40、89 页。
③ 宋小明、陈立齐《敦煌"历"文书的会计账实质》,第 93 页。
④ [清]徐松辑,刘琳、刁忠民、舒大刚、尹波等校点《宋会要辑稿》,上海古籍出版社 2014 年,第 7239—7240、7582 页。
⑤ 相关研究参王永兴《唐勾检制研究》,上海古籍出版社 1991 年,第 82—136 页;李锦绣《唐代财政史稿》上卷,北京大学出版社 1995 年,第 237—249 页。

进行。

在敦煌寺院的会计历中,有的是由寺院财务负责人如直岁、都师、寺主等人自己编造的,也有如碨户、梁户、酒户等人日常所造的,只不过相关文书保存下来的不多,主要有P.3997《庚子年(1000)十一月卅日至辛丑年(1001)五月报恩寺布褐等入历》、S.6981(4)《辛未年(971)至壬申年(972)灵图寺某某领得历》、S.6297《丙子年(976)都师明信领得面麦黄麻历》、S.5937《庚子年(1000)十二月廿二日报恩寺都师愿通沿常住破历》和S.5495《唐天复四年(904)灯司都师会行深信依梁户朱神德手下领得课油抄录》等,这些由有关人员自己所造的历往往是较为原始的历,一般有签押,造这些历的目的是作为以后寺院算会和统一造历时的凭证,因为在一个会计期结束后,寺院徒众要集体对一个会计期收支情况进行算会,同时还要统一造入历、破历和入破历,如P.2032V(3)《公元939年净土寺诸色破历》载:"粟二斗,沽酒造破历用。"P.2032V(12)《后晋天福四年(939)净土寺诸色破历》第74行载:"粟壹斗,造破历用。"S.6452(1)《公元981或982年净土寺诸色破历》第23—24行载:"(十一月)廿日,面贰斗,造破历用。"S.6452(3)《壬午年(982)净土寺常住库酒破历》第33—34行载:"(七月)廿八日,屈董都料沽酒粟两斗,造破历酒贰斗。"这里的造破历就是指寺院统一进行的造破历活动。又如P.2032V(3)载:"面五升、粟二斗,沽酒,抄破历斋食用。""面三升,抄破历僧食用。"这里的抄破历也与寺院统一的造历活动有关。寺院统一造历的凭证就是由相关负责人所造的入历、破历等私历,以及便物历、契约、施入历、施入疏等。如P.3490V《辛巳年(921)净土寺诸色斛斗历》包括两部分,[①]第一部分是油破历,第二部分是面破历,二者的破用原因基本一致,在这两部分破历帐中还分别记载到"已后至六月十七日善胜自有私记""已后至六月十七日善胜自有私手记",这里的私记、私手记指的就是善胜自己所记录的破历。又如第一部分还记载到:"油壹斗,善胜破历不明违漏用。"这里的"善胜破历"对应的就是其私记。这也说明,P.3490V的内容不仅仅来自善胜私记的破历,有的破用内容来自其他破历,而"油壹斗,善胜破历不明违漏用"这笔帐正是寺院统一算会造历过程中对善胜所负责帐务进行审计时发现的,故善胜的私历不仅是寺院统一造历的原始凭证,而且也是审计的凭证。与造破历一样,造入历时,相关负责人私记的入历,如前面所说的领得历等

---

① 录文参唐耕耦、陆宏基编《敦煌社会经济文献真迹释录》第3辑,第186—191页。关于该件文书所属寺院及其年代的讨论,参郁晓刚《敦煌寺院入破历文书校释与研究》,南京师范大学硕士学位论文,2010年,第23—24页。

也成了寺院统一造入历的凭证,只是寺院的收入来源主要就是梁课、硙课、布施、地产、利息之中的某几项,同时在一个会计期内,每项收入帐的笔数很少,但破历中记录的破用帐笔数很多,故从内容上来看,入历比破历少得多,这一点在四柱式算会牒中的收入柱和破用柱表现得非常清楚。寺院不仅会统一造入历和破历,还会造入破历,如前述 P.2032V(11)《甲辰年(944)和乙巳年(945)净土寺西仓司愿胜广进等手上诸色入破历》即是,该件是净土寺西仓司的入破历。由于净土寺管理诸色斛斗和面、油等的机构分为西仓和东库两个机构,故寺院在算会时先要将西仓和东库负责人的私历作为凭证分别造具有帐簿性质的入破历,然后再造全寺统一的入破历,如 P.2049V《后唐长兴二年(931)正月沙州净土寺直岁愿达手上诸色入破历算会牒》第237—238 行载:"粟贰斗,算西仓写帐众僧斋时沽酒用。"第300—301 行载:"油壹抄,算西仓写帐众僧斋时炒臛用。"第371—372 行载:"面壹斗伍胜,算西仓写帐众僧用。"又 P.3234V(9)《癸卯年(943)正月一日已后净土寺直岁沙弥广进面破历》载:"面五斗五升,算会愿通中间六日及写帐人食用。"P.2032V(12)《后晋天福四年(939)净土寺诸色破历》载:"面九斗、油二升、粟一石五斗,沽酒,算会东库及西仓兼交库写帐等众僧食用。"这些都记载到对净土寺西仓和东库分别算会写帐之事,这里的写帐就是分别造西仓和东库的入破历,而不是写四柱式算会牒,因为四柱式算会牒是将西仓和东库的收支和结存帐统一在一起的。① 由于不同寺院内部设置的机构不同,故造历的过程有时也不一致,如后面第六章将要考证的 S.4782《丑年(869)或寅年(870)乾元寺堂斋修造两司都师文谦手下诸色入破历算会牒》载:"白面叁斗、油半升、粟肆斗,已上充神宝幢写帐日食用……白面柒斗伍升、麦贰斗、粟贰斗,充交库日食用。面肆斗伍升、油壹升,充第二日交库日食用。"此即记载了乾元寺仓库管理的算会交接及写帐之事,但由于乾元寺的诸色斛斗油面并不是由不同的机构执掌,故统一造历时,不需要像净土寺一样先造不同机构的历,再造统一历,而是直接造全寺的各类统一历。虽然不同寺院的造历过程有时会不同,但由相关负责人造私历和寺院统一造历都是不可或缺的。

　　寺院统一所造的入历、破历和入破历的性质与造历的目的密切相关,目的不同,性质有别。寺院统一造历的目的主要可以归纳为两个方面,一是为

---

① 关于净土寺西仓和东库的执掌及寺院财产的管理情况,可参王祥伟《归义军时期敦煌净土寺的财产管理——敦煌寺院财产管理的个案研究》,《中国社会经济史研究》2010 年第 1 期,第 90—97 页。

了前后两任负责人之间进行交割。如同什物交割时造什物点检历一样,诸色斛斗油面织物等交割时也要造历,这种历也被称为"交历",如 P.2049V《后唐同光三年(925)正月沙州净土寺直岁保护手下诸色入破历算会牒》第272—273 行载:"粟壹斗,写交历日沽酒用。"P.3631《辛亥年(951)正月廿九日报恩寺善因愿通等柒人将物色折债抄录》载:"其文书内物于李法律算时总入破了,更无词理。其文书内黄麻及麦粟并入愿通交历及李法律交历。"仓司负责人在交割时造"交历"的情况是僧俗社会的普遍现象,如宋代"诸仓库监专应替,并差官监交,仍置交历四本,分新旧官及本州转运司为照"。① 虽然目前我们没有见到完整的敦煌寺院诸色斛斗交历,但是通过第二章引用的施物交历残卷 P.2846《甲寅年(954?)都僧政愿清等交割讲下所施麦粟麻豆等破除见在历稿》可知,诸色斛斗交历中应具备前后任执掌者及其斛斗的总数、破除数和见在数等,同时还应像什物交割历一样应有交割日期,也即交历是在入破历的基础上增加了交割的要素如下任负责人和日期等。斛斗交历不仅是本次交割的证据,同时也是下次算会交割时会计记帐和审计的凭据,如四柱会计报告中的"回残"数就是依据交历中的"见在"数记帐的。虽然敦煌文书中不见完整的寺院诸色斛斗交历,但是交割凭证却比较多,如 S.474V《戊寅年(918)三月十三日永安寺算会分付行像司斛斗凭》、S.5806《庚辰年(920 或 980)十一月算会仓麦交付凭》、S.4701《庚子年(1000)十二月十四日报恩寺前后执仓法进愿盈等算会分付回残斛斗凭》、S.4702《丙申年(996)十二月九日报恩寺算会索僧正等领麻凭》和 P.3290《己亥年(999)十二月二日报恩寺算会分付黄麻凭》等均是。② 虽然交割对象有的是某一种斛斗,有的是诸色斛斗,但是格式相同,一般均要说明在何时经算会后,前任负责人将回残斛斗若干分付给后任负责人,结尾有后任负责人的姓名或法名及画押,其中 S.5806《庚辰年(980)十一月算会仓麦交付凭》载:

```
1 庚辰年十一月就殿上算会,旧把仓僧李校(教)授、应会
2 四人等,麦除破外,合管回残麦陆拾壹硕肆斗柒升,
3 现分付新把麦人仓司惠善、达子四人等,一一为凭。
4         把麦人达子(押)
```

---

① 谢深甫编撰,戴建国点校《庆元条法事类》,杨一凡、田涛主编《中国珍稀法律典籍续编》第 1 册,黑龙江人民出版社 2002 年版,第 559 页。
② 关于学界对 S.4701、S.4702 和 P.3290 所属寺院和年代的考证,参后面第六章第一节的介绍。

```
5            把麦人法达(押)
6            把麦人法云(押)
7            把麦人惠善(押)①
```

  这些算会交割凭据不再记录收入和破用帐,也不记录回残的明细帐而仅仅记录回残总数,其与交历在算会交割时均可作为交割证据和记帐凭证。

  寺院统一造历的另一目的是为了编造四柱式算会牒而向都司等汇报本寺的财务收支情况。前面我们所说的 P.3490V 中的油破历和面破历分别是仅记录油、面一种物品的分类历,又 P.2032V、P.2040V、P.3234V 等中包含有数十件分别专门记录麦、粟、油、面、织物等的分类入历和破历。除了这些分类历,还有记录诸色斛斗油面等收入或破用情况的汇总的入历和破历,对于这些分类历和汇总历的性质,唐耕耦先生如是认为:汇总历不是正式的常设帐簿,而是临时编制的汇总稿,是供编制诸色入破历算会稿新入和破用分类帐用的;以往学者往往将它(指分类历)当作入历、破历,其实它应归入诸色入破历算会(牒)一类,它是从登载各种物品的汇总的诸色破历和入历等上面分类移录而成的,可以称它为入历、破历分类文书,是为直接供编造四柱式算会稿的破用柱和新入柱所用。② 可见,唐先生一边将这些文书称为汇总历和分类历,一边又强调应将其归入算会(牒)类而非历类文书。对此观点,我们说明如下:

  首先,就 P.2032V、P.2040V、P.3234V 等中的分类历和汇总历本身而言,其不仅具有历的结构形式如标题、具体帐目和统计数,而且有的标题还明确称为"历",如 P.2032V(2)的原标题是"甲辰年一月已后直岁惠安手下诸色入历",P.3234V(5)的原标题是"壬寅年正月一日已后直岁沙弥愿通手上诸色入历",还有的略掉了"历"字,如 P.2040V(2)的原标题是"乙巳年正月廿七日已后胜净戒惠二人手下诸色入",这几件均属于汇总历;分类历中也有相关标题者,如 P.3234V(9)的原标题是"癸卯年正月一日已后直岁沙弥广进面破",该标题中将最后的"历"字略掉了。又 P.3490V(2)是专门记录净土寺面破用的分类历,其原标题是"辛巳年正月一日已后破历"。可见,这些分类历和汇总历系历类文书是无疑的,只是这种历非原始历而是整编历。唐耕耦先生将这些分类历和汇总历又归入算会(牒)的原因是利用这些历中的大多数可以整理编制成相关的算会牒稿,其据之整理的算会牒稿有

---

① 唐耕耦、陆宏基编《敦煌社会经济文献真迹释录》第 3 辑,第 346 页。
② 参唐耕耦《敦煌寺院会计文书研究》,第 14—32 页。

《净土寺己亥年(939)诸色入破历算会稿》《净土寺壬寅年(942)诸色入破历算会稿》《净土寺癸卯年(943)正月一日以后直岁广进手下诸色入破历算会稿》《净土寺甲辰年(944)正月一日以后直岁惠安手下诸色入破历算会稿》和《净土寺乙巳年(945)正月以后诸色入破历算会稿》。① 唐先生在将这些历整理编制成算会牒稿时,其中分类历是直接编入,而汇总历因不能直接编入,故将其中的每类斛斗和织物又分门别类地整理入相应算会牒稿的收入、破用明细帐中。我们在整理这些历类文书时,将其中不能直接编入算会牒稿中的分类历和汇总历不再归入算会牒稿类,而是仍然归入入历、破历或入破历中。

其次,至于分类历与汇总历的关系,也即分类历是从汇总历等上面分类移录而成的观点不一定绝对准确,因为寺院也有可能先依据原始历整理分类历,后依据分类历整理汇总历。

最后,就净土寺而言,寺院统一所造的分类破历和入历是直接供四柱式算会牒稿的破用柱和新入柱所用应是正确的,因为净土寺的四柱算会牒如P.2049V《后唐同光三年(925)正月沙州净土寺直岁保护手下诸色入破历算会牒》、P.2049V《后唐长兴二年(931)正月沙州净土寺直岁愿达手下诸色入破历算会牒》中的破用柱和新入柱,均是将不同的斛斗及其加工物如麦、粟、面、粗面、黄麻、豆等分类登载的,即若因同一事项破用了麦、粟、油,则将因该事项破用的麦、粟、油分别登载到麦、粟、油的破用明细帐中。但是,不同寺院的情况有别,也有寺院的四柱算会牒中新入柱和破用柱与汇总的入历、破历一样,并未按照物品类别而是按照事项登载的,即将因某事项破用的麦、粟、油等一起登载在该事项下,如S.4782《丑年(869)或寅年(870)乾元寺堂斋修造两司都师文谦手下诸色入破历算会牒》、P.2838(1)《唐中和四年(884)正月安国寺上座比丘尼体圆等诸色入破历算会牒附悟真判》和P.2838(2)《唐光启二年(886)安国寺上座胜净等诸色入破历算会牒》等即属此类,故汇总的诸色入历和破历也有可能直接供编造四柱式算会牒的新入柱和破用柱所用。

从以上讨论来看,这种在寺院统一编制四柱式算会牒过程中而形成的入历和破历,不管是分类历还是汇总历,都是在相关负责人所记录的原始凭

---

① 详参唐耕耦《敦煌寺院会计文书研究》,第77—280页。需要说明的是,P.2032V、P.3234V、P.2040V、P.3763V 并非本来就是同一件文书,只是其中有的内容可以整理在一起而成为一件算会牒稿文书。至于称为算会牒稿的原因,系由于从内容、格式和书写等方面来讲,这类文书还不属于最终的算会牒,而是算会牒编造过程中形成的草稿,如没有牒状的格式、内容不完整、书写和标准的算会牒有别、仍然保留着编入的分类历的格式等等。

证基础上审核归类整理而来,是为造四柱帐所用,故具有记帐凭证的性质,但不是用来作为交割和审计的证据。

总之,讨论敦煌寺院诸色入破历的性质时,只有从造历者的身份、造历目的等方面去具体分析,才能对其性质作出更准确的认识。

第二节　诸色入破历文书考释

一、报恩寺诸色入破历考释

(一) P.4021《庚子年(940)报恩寺寺主善住领得历》

P.4021 首全尾残,仅存 18 行,其中第 18 行的文字仅残留有少许字迹。P.4021 的所属寺院及年代不明,《释录》第 3 辑在对其进行录文的同时还附有黑白图版,并拟题为《庚子年(940?)某寺寺主善住领得历》。[1] 后《法藏敦煌西域文献》在专门公布黑白图版时也将其拟名为《庚子年某寺寺主善住领得历》。[2] 我们认为,该件文书应为报恩寺文书,理由如下:

首先,P.4021 所载的寺院土地与报恩寺的地产分布情况一致。P.4021 的内容由三部分组成,第一部分记录了庚子年二月十一日后寺主善住于前寺主海住手上领得回残麦粟黄麻油面等;第二部分记录的是寺主善住于庚子年七月以后领得诸渠地产收入;第三部分为其他收入,但仅存一笔帐,即"庚子年春秋于官仓领得佛食麦捌硕",其他残缺。在地产收入中,主要记载有来自千渠、大让渠、多浓渠、北园、城南等处寺院的厨田收入。由于敦煌寺院坐落在不同的地方,故不同寺院的土地分布也应是不同的。我们发现,报恩寺的地产分布与 P.4021 中的记载一致,也主要分布在千渠、大让渠、多浓渠、北园等处,如 S.5049《庚辰年(980)正月报恩寺寺主延会诸色入破历算会牒稿》第 15—25 行载:"戊寅年豆两石五斗,于大让和尚手上领入。麦三石,大让沈法律手上领入。粟三石,于西仓沈法律团领入……麦一石五斗,千渠保真手上厨田领入。麦三石,于上头庄佛住手上领入……麦三石,多农王师手上领入。"[3] 相同内容在 P.2821+BD15246(1)+BD15246(4)《庚辰年

---

[1] 唐耕耦、陆宏基编《敦煌社会经济文献真迹释录》第 3 辑,第 130 页。
[2] 上海古籍出版社、法国国家图书馆编《法藏敦煌西域文献》第 31 册,上海古籍出版社 2005 年,第 1 页。
[3] 唐耕耦《敦煌寺院会计文书研究》,第 288 页。

(980)正月报恩寺寺主延会诸色入破历算会牒》中也有记载。① P.4021 所载的寺院土地与报恩寺地产分布一致的现象应非偶然,说明 P.4021 所载的也应是报恩寺的地产收入情况。

其次,P.4021 中的寺主善住、海住等在 S.5139V《社司转帖》中系报恩寺僧人。S.5139V 的内容属于杂写,其中有一件以上座惠贞名义于四月十三日写的《社司转帖》较为完整,其系因常年春坐局席,由上座惠贞于四月十三日所发的要求社员每人交一定量的面、油、粟等至主人灵进、保会家的转帖,除了惠贞、灵进和保会外,转帖中的僧人还有僧政、乐法律、都司法律、张法师、刘法律、郭老宿、龙法律、索法律、阎上座、吴阇梨、张寺主、田禅师、信戒、灵进、善净、寺主法政、保会、海住、愿住、保达、沙弥善住、永保、海青、智恩等人。文书中将这些僧人抄写了两遍,第二遍还写明是由报恩寺沙弥善住记。② 在敦煌文书中,对该件转帖的抄写并非独此一处,我们发现 BD08172V《社司转帖习字杂写(拟)》系对转帖内容的习字,其中所抄的社司成员有:乐法律、都司法律、张法师、郭孝子、阎上座、吴判、张寺主、龙法律、索法律、灵进、信□、信达、员子、保会、保达、愿住和沙弥善住、永保、海清、智恩、善圆、法政、智得。③ 将二者比较发现,这应是对同一件转帖的抄写,其中绝大多数僧人是一致的,仅有个别僧人不统一,这应是由抄写习字的随意性所致。虽然这件转帖没有说明该社司的社员是否均系报恩寺僧人,但是从其他年代相当的文书记载来看,这些僧人绝大多数应来自报恩寺,这一点我们可以任举数例说明,如灵进见于 P.4649《丙申年(936)十月十七日报恩寺算会抄录》、保会见于 BD07310 尾题"甲申年七月七日报恩寺僧比丘保会诵持受记"、法政和保会见于 S.6226《公元 10 世纪中期报恩寺僧油付身历》、智恩见于 S.4689+S.11293《后周显德元年(954)正月一日功德司愿德状》,又信达、信戒、惠贞、善净等人见于 P.4765《都僧录为报恩寺水则道场帖》:

　　都僧录　　帖。
　　水则道场,次至报恩寺,敷设庄严,仍须殊妙。

---

① 对该件文书的拼接缀合和录文,详参唐耕耦《敦煌寺院会计文书研究》第 281—288 页,其中唐先生没有用北敦编号 BD15246(1)、BD15246(4),而是分别用北图 1446(1)和北图 1446(4)的编号。
② 图版参中国社会科学院历史研究所等合编《英藏敦煌文献》第 7 卷,四川人民出版社 1992 年,第 25—26 页。录文参可,郝春文辑校《敦煌社邑文书辑校》,第 153—154 页。
③ 任继愈主编,中国国家图书馆编《国家图书馆藏敦煌遗书》第 101 册,北京图书馆出版社 2008 年,第 120 页。

若故违者,罚当所由。于中失脱,仰当翻僧祇
当。前旬六月八日圣光寺竟,次旬九日为始。
第一翻:慈惠、广绍、庆弁、愿度、沙安住、进定、敬信、宝圆、理贞。
第二翻:信德、绍建、海眼、信达、沙宝甲、信戒、善净、惠贞、□愿。
(后缺)

  本次水则道场在报恩寺举行,参加的僧人中就有信达、信戒、惠贞、善净等,而这些僧人俱应是报恩寺僧人,因为如慈惠、广绍、庆弁、信德及沙弥愿度、海眼、宝甲、绍建等人均见于年代当在895年或9世纪末、10世纪初的S.2614V《沙州诸寺僧尼名簿》中的报恩寺僧名簿中,愿度、绍建、海眼、宝甲四人在S.2614V中均系沙弥,而除了宝甲仍然是沙弥外,愿度、绍建、海眼三人在P.4765中已不属于沙弥,故P.4765的年代比S.2614V稍晚一点,应在10世纪前期。① 总之,S.5139V、BD08172V中所载的社司成员主要由报恩寺僧人组成,S.5139V与P.4021中的善住、海住应分别是同一人,这也可进一步说明P.4021就是报恩寺文书。

  确定了P.4021的所属寺院后,我们再来讨论其年代问题。《释录》第3辑将P.4021中的庚子年推测为是940年,同时又注有问号表示存疑。上面我们讨论到,P.4765《都僧录为报恩寺水则道场帖》和S.5139V、BD08172V中的转帖均记载到报恩寺僧人信达、信戒、惠贞、善净等人,其中信戒、惠贞、善净三人在P.4765中系沙弥,而在S.5139V、BD08172V中已经是排位在前的僧人,其中惠贞还是上座,故转帖的年代要晚于P.4765。又S.5139V《社司转帖》与《刘少晏状》、千字文等杂抄在一起,在转帖中杂写有甲申年,而《刘少晏状》明确写于乙酉年六月,学界一般认为乙酉年是925年,这样,甲申年应是924年,S.5139V和BD08172V中转帖的时间也应在924年前后。② 由于善住在S.5139V和BD08172V中是沙弥,而在P.4021中已成寺主,故P.4021的时间要晚于924年。此外,P.4021中的张胡胡又见于其他文书,如P.2049V《后唐同光三年(925)正月沙州净土寺直岁保护手下诸色入破历算会牒》第187行载:"粟玖斗,张胡胡麦粟利润入。"P.2049V《后唐长兴二年(931)正月沙州净土寺直岁愿达手下诸色入破历算会牒》第182—183行载:"麦叁硕,张胡胡边买金水陆钱,渡菩萨头冠用。"综合这些信息来

---

① 郝春文先生认为P.4765的年代在10世纪上半叶,参郝春文《唐后期五代宋初敦煌僧尼的社会生活》,第224页。
② 但邓文宽先生认为《刘少晏状》中的乙酉年系己酉年之误,即状文应成于889年。详参邓文宽《〈凉州节院使押衙刘少晏状〉新探》,《敦煌学辑刊》1987年第2期,第62—68页。

判断，P.4021 中的庚子年只能是 940 年，这也符合僧人善住由沙弥到寺主的成长过程。

至此，我们可将 P.4021 拟名为《庚子年（940）报恩寺寺主善住领得历》。

（二）羽 068《公元 944—945 年报恩寺算会酒户张盈子手下酒破历》

羽 068 仅残存 11 行，其图版首次公布于《敦煌秘笈》（影片册）第 1 册，被拟名为《酒户张盈子记数簿》，①现将其内容释录如下：

```
1 ____□正月廿日酒户张盈子□____
2 ____欠常住酒参瓮（签）。廿二日，团□____
3 ____斗，疗治佛炎用。廿七日，又付上座□____
4 ____酒壹斗看仆射用。五日，酒壹斗□____
5 ____六日，酒壹斗，看仆射时用。七日，酒壹瓮
6 付社虞侯张胜全。酒半瓮，付擎像。酒□____
7 伍瓮，付上座用。十日，东窟上酒壹角，众□____
8 师僧。酒贰斗，十五日和尚吃。酒伍升，十七日
9 付祐连。三月五日祭拜酒半瓮。七日，至□____
10 九日，酒半瓮，付官踏謌（歌）人用。酒□____
11 十四日，酒半瓮，付当寺百姓□____
```

该件在《敦煌秘笈》中被定名为《酒户张盈子记数簿》。从羽 068 中的"仆射""虞侯""当寺百姓"等来看，该件文书应属于晚唐五代宋初的归义军时期。据研究，归义军节度使中有仆射之称者前后有张议潮、张淮深、曹议金和曹元忠四人，其中张议潮称仆射的时间大约在 858—861 之间，张淮深在 887—890 之间，曹议金约在 920—924 之间，曹元忠约在 944—945 之间。② 又羽 068 中第 2 行的签字为"签"，该签字又见于 S.4689＋S.11293《后周显德元年（954）正月一日报恩寺功德司愿德状》、S.5050《公元 980 年前后报恩寺诸色入破历算会牒稿》等报恩寺文书中，我们在后面第六章将会专门讨论，其系指报恩寺僧人道深，故羽 068 也应为报恩寺文书。从道深的签名见于 10 世纪中后期来看，羽 068 的年代也应在此时，故文书中的仆射应是曹元忠，也即文书的年代应在曹元忠称仆射的 944—945 年间。

---

① 武田科学振兴财团、杏雨书屋编《敦煌秘笈》（影片册）第 1 册，第 406 页。
② 荣新江《归义军史研究——唐宋时代敦煌历史考索》，上海古籍出版社 1996 年，第 62—122、129—130 页。

羽068的公布为我们提供了认识寺院与酒户之间的关系，特别是寺院对酒户进行算会的新资料。① 尽管在以往公布的敦煌寺院会计文书中经常记载有酒的支出情况，有个别文书如 S.6452(3) 等还是专门记载酒支出帐目的，但是目前我们所能看到明确是寺院对酒户进行算会的文书非常少，主要有 Дx.06045＋Дx.06045V 和 S.5786《甲申年(984)十一月算酒讫欠酒凭》，如前者载："二月一日就寺内院算会酒户江通请本酒目：酒壹升，阙歌就店吃用。酒壹角，阙歌就店吃用。阙歌酒角，就店看□客用。又酒壹□，阙歌就店吃□□□算酒后，江通余酒三瓮。"② 这是某寺院对酒户江通领得酒本后已支酒的算会。又 S.5786 载："甲申年十一月廿六日对徒众算酒讫，更欠酒两瓮。（押）"③ 这也应是某寺院徒众对酒户支酒情况算会后的记录。仔细审读羽068的内容，我们发现羽068与Дx.06045、S.5786无疑是同类文书，其内容主要是对酒户张盈子从正月至三月期间向寺院支付酒的详细情况的算会，至算会之时，酒户张盈子还欠寺院酒叁瓮。

在确定了羽068的所属寺院、年代及性质之后，我们可将其拟名为《公元944—945年报恩寺算会酒户张盈子手下酒破历》。

（三）Дx.01426＋P.4906＋Дx.02164《公元962年报恩寺诸色破历》

1. Дx.01426＋P.4906＋Дx.02164 拼接缀合

Дx.01426、P.4906 与 Дx.02164 是三件残片，其字迹、格式相同，并且有的残破处正好可以完全拼接缀合在一起，故这三件残片本属同一件文书，只是被撕裂开来后分藏于俄罗斯和法国。Дx.01426 的左侧边缘与 P.4906 的右侧边缘完全可以拼接在一起。Дx.01426 前后残缺，所存内容有 10 行，其中前面 7 行中，每行后部也有部分文字残缺，第 9 行文字中后面有几个字并不是很完整，即"午料用粟壹斗"几个字的很少部分笔迹残存在 P.4906 第 1 行。至于第 10 行，仅开头两个字存有一点笔迹，这两个字主要存在于 P.4906 第 2 行，即第 2 行开头的"砲博"二字。相应地，P.4906 第 1 行中前面的几个字蛛丝不存，后面仅存"午料用粟壹斗"几个字的一些笔迹。P.4906 第 2 行除了"砲博"二字有点笔迹残留在 Дx.01426 上外，第 2 行第 5 个字"𠂇"的最后一笔的部分笔迹非常清楚地留在 Дx.01426 第 10 行。总之，在将 Дx.01426 和 P.4906 拼接在一起后，Дx.01426 的第 9 行文字与

---

① 关于酒户与寺院间的关系，姜伯勤先生有过详细讨论，参其著《唐五代敦煌寺户制度》，第 298—309 页。
② 俄罗斯科学院东方研究所圣彼得堡分所等编《俄藏敦煌文献》第 12 册，上海古籍出版社、俄罗斯科学出版社东方文学部 2000 年，第 329 页。
③ 唐耕耦、陆宏基编《敦煌社会经济文献真迹释录》第 3 辑，第 538 页。

P.4906 的第 2 行文字就拼接在了一起，Дх.01426 的第 10 行文字与 P.4906 的第 1 行文字则拼接在了一起。

Дх.02164 也前后残缺，其右侧边缘和 P.4906 的左侧边缘也完全可以缀合。P.4906 的最后一行，即第 59 行中的最后几个字——"众僧东窟造作"各有大部分保存在 P.4906 上，但也有部分存留在 Дх.02164 中，其中"众僧东"三字，特别是繁写的"衆"和"東"字有明显的笔迹残存在 Дх.02164 上，而最后的"窟造作"三字存留在 Дх.02164 上面的字迹更多。如"作"字的右边部分"乍"存在于 P.4906，而左侧的单人旁"亻"则保存在 Дх.02164 上，故《释录》中没有将这个字释录出来；①"造"字的走字头"辶"的左侧部分在 Дх.02164 上，该字的其他部分在 P.4906 上；"窟"字的穴字头的一部分和下面"屈"字中的"丿"保留在 Дх.02164 上。

为了了解缀合后的文书全貌，下面我们就将 Дх.01426＋P.4906＋Дх.02164 的内容进行释录，其中将残留在两件文书中而缀合在一起的文字置于"【】"内。

（前残）

1 油壹合、粟二斗，沽酒▢▢▢▢▢▢▢▢▢▢▢▢
2 张僧政用。白面壹斗，麨▢▢▢▢▢▢▢▢▢▢
3 木众僧及博士用。白面壹斗▢▢▢▢▢▢▢▢
4 壹斗付庆祥团埚园用。※▢▢▢▢▢▢▢▢
5 壹斗、油两合，早料，看博士四人及▢▢▢▢
6 伍升，麨面壹斗、油一合，午料吃。白面壹［石］
7 贰斗，沽酒，夜料，看博士用。十三日，白面伍▢▢▢
8 壹斗伍升，众僧及博士早料用。白面伍升，午料，看
9 博士。麦贰斗，买胡饼（饼）众【僧午料用。粟壹斗】，与
10 【砲博】士用。※麦四石九斗、粟五石一斗，张留德
11 买地价用。粟壹石，与擎佛人粮用。面肆斗、
12 油肆升，造䴺飳、沙饼（饼）、蒸饼（饼）。面肆斗，胡饼（饼）。面贰斗伍升
13 奠饼。面贰斗，没饦。面贰斗，抄䥷油两合，造局席看
14 邓镇使及工匠用。粟肆硕，与尹博士用。麦六石叁斗，
15 大让种子用。麦两硕伍斗，园门种子用。※油壹

---

① 唐耕耦、陆宏基编《敦煌社会经济文献真迹释录》第 3 辑，第 235 页。

第四章 诸色入破历文书

16 升,与酒户安富子寒食节料用。白面肆斗,造胡併(饼),持
17 园众僧吃用。粟壹斗,沽酒,和尚吃用。粟叁斗,沽酒,寺
18 门看官家用。🌣三月五日付集子本粟柒硕,
19 🌣。粟一斗,沽酒,看写博士用。白面壹斗伍升,造胡併(饼)。
20 白面伍升,造䬳併(饼)。白面壹斗,造没饦。油叁合,砂(炒)
   䭚及
21 造小胡併(饼)子用。白面壹斗叁升、油叁合,造烧併(饼),写鎚
22 赛神。白面壹斗、油两合,早料看博士用。白面贰斗
23 造胡併(饼)。白面壹斗伍升,造䬳併(饼)。白面贰斗伍升,煮
24 油贰升半,入钌造局席,写鎚了看博士用。🌣十
25 日,白面壹斗、油两合,修碾槽夜料看博士用。🌣面壹
26 斗,造墼僧吃用。白面壹斗,与牧羊人用。🌣粟壹
27 斗,与牧羊人董保晟用。粟壹斗,大众迎张僧统用。
28 麦肆拾硕,春碨涛麦面。麦拾硕,碨干麦面用。油半
29 升,春碨面用。粟壹硕贰斗,沽酒,调马骑看
30 阿郎用。🌣白面陆斗,造胡併(饼)。白面贰斗,煮油。白
31 面伍斗、䴹面壹硕、油贰升两合,造食生盛拔
32 毛用。白面贰斗、油壹升,造食,石众井看画师用。
33 白面叁斗、油两合,众僧施面用。白面壹斗、油
34 壹升,通达男亡祭盘用。白面壹斗、粟贰斗,斫橼僧
35 吃用。䴹面壹斗,造局席日女人吃用。🌣白面贰斗、
36 䴹面六斗、油陆合,众僧垒园早午食用。油六①
37 油壹合,夜 ▭▭▭▭▭▭▭▭ 叁斗,博
38 士人夫早料用。 ▭▭▭▭▭▭ 午料用。
39 白面叁斗伍升,夜料 ▭▭▭▭ 壹斗伍升,䴹面
40 叁斗,博士人夫早料用。白面壹斗玖升、䴹面叁斗,工匠
41 及人夫午料用。白面叁斗伍升,工匠人夫夜料用。五日,白
42 面壹斗、䴹面叁斗,博士人夫早料用。白面壹斗柒升、䴹
43 面叁斗,博士店心及人夫午料用。白面叁斗伍升,博士
44 人夫夜料用。六日,白面壹斗、䴹面叁斗,博士人夫
45 早料用。白面壹斗、䴹面叁斗,博士人夫午料用。七

---

① 第36行和37行之间有残缺,残缺的主要是四月的支出帐。

46 日,白面伍升、䴰面叁斗,博士人夫早料用。白面壹
47 斗、䴰面贰斗,博士人夫午料用。白面叁斗,博士人夫
48 夜料用。十五日,䴰面贰斗,众僧桃园食[用。□
49 面壹斗,造油胡饼(饼)。白面贰斗,生成西窟上迎□□□
50 尚法律食用。白面贰斗叁升、油壹升,莲张判官亡
51 纳赠用。粟壹斗,大让河破沽酒看水官用。五月廿六日,
52 白面壹石伍斗伍升、油肆升半,造食,大众和尚转经
53 看用。䴰面伍升,造食女人吃用。白面壹斗,造胡
54 饼(饼)送暮(慕)容县令葬就墓头和尚食用。六月六日,
55 白面叁斗,造道粮。白面贰斗,造胡饼(饼)。白面叁斗,生成、
    上座、
56 沈法律等三人紫亭去剪羔子毛食用。䴰面壹石、
57 粟面壹石,就羊群头付与住罗悉鸡用。白面壹斗,剪
58 毛到来解火用。白面壹斗、䴰面贰斗伍升、油两合,众僧
59 座葱食用。白面叁斗,送路牧羊人用。十四日,白面壹
60 斗、䴰面叁斗、油两合,早料。白面壹斗、䴰面叁斗、
61 造粢饼(饼),午料用,众僧教化柴食用。白面壹斗、䴰
62 面叁斗、油两合,早料。白面壹斗、䴰面叁斗、油两合,
63 众僧垒园两时食用。七月十三日,白面壹斗、䴰面
64 陆斗、油一合,三时百姓造作及女人食用。白面肆石伍斗、油
65 壹斗肆升,七月十五日造破盆用。䴰面四斗,造食
66 女人吃用。黄麻两石伍斗,压油用。八月十七日,白面
67 捌斗、䴰面壹石、油半升,生成[用]。白面贰斗,造胡饼(饼)。
68 油贰升,大众条灰泥。已上油面【众僧东窟造作】
69 五日食用。廿二日,白面肆斗陆升、油壹升陆合,金光
70 明寺汜僧正身亡纳赠用。麦叁拾石,秋碨
71 涛麦用。九月一日,白面陆斗、油贰升,造食,众僧就碛门[兰]
72 若看大和尚用。白面贰斗、油壹合,众僧开孔何食[用]。
73 二日,白面壹斗、䴰面贰斗伍升、油两合,众
74 斗,造胡饼(饼),亦开孔何众僧午料食用。
75 斗、油伍升,造局席看官
76 女人用。䴰面肆斗伍升、油
77 十四日,白面贰斗肆升捌合、油

78 六日,白面贰斗肆升、油捌合,□
79 叁石伍斗,付彭保定压□
80 面肆斗、麨面玖斗、油捌□
81 油壹升半,造食,众僧所□
82 斗、油两合,又白面肆斗□
83 斗、油两合,早午 食 用 □
84 □□

（后缺）

Дx.01426+P.4906+Дx.02164 中第 9、10 行是 Дx.01426 和 P.4906 的拼接处,第 68 行是 P.4906 的最后一行与 Дx.02164 的第 1 行拼接处。三件残片拼接缀合后,前后仍然残缺,并且所存内容均是寺院二月至九月间麦、粟、面等的破用帐历。

2. Дx.01426+P.4906+Дx.02164 的所属寺院、年代及拟名

《俄藏敦煌文献》第 8 册将 Дx.01426 拟名为《粮油酒历》,①《释录》第 3 辑将 P.4906 拟名为《年代不明（10 世纪）某寺诸色破用历》,②《俄藏敦煌文献》第 9 册将 Дx.02164 拟名为《金光明寺僧造食用麦油等历》,③之所以认为是金光明寺文书,可能是受第 69—70 行"廿二日,白面肆斗陆升、油壹升陆合,金光明寺氾僧正身亡纳赠用"这笔帐的影响,但这笔帐正好说明,该件文书并非是金光明寺文书。Дx.01426+P.4906+Дx.02164 中多次出现签字"",前面已经论及,该签字又见于 S.4689+S.11293《后周显德元年（954）正月一日报恩寺功德司愿德状》、S.5050《公元 980 年前后报恩寺诸色入破历算会牒稿》和羽 068《公元 944—945 年报恩寺算会酒户张盈子手下酒破历》等报恩寺文书中,故 Дx.01426+P.4906+Дx.02164 也应是报恩寺文书。

Дx.01426+P.4906+Дx.02164 中出现的人物如张留德、慕容县令、董保晟、住罗悉鸡、彭保定、石众井等多人又见于其他文书。如 P.2049V《后唐同光三年（925）正月沙州净土寺直岁保护手下诸色入破历算会牒》第 180 行载:"粟壹硕,张留德利润入。"P.3234V（9）《癸卯年（943）正月一日已后净土寺直岁沙弥广进面破历》第 16 行载:"豆伍斗,张留德利润入。"后面将要考

---

① 俄罗斯科学院东方研究所圣彼得堡分所等编《俄藏敦煌文献》第 8 册,第 165 页。
② 唐耕耦、陆宏基编《敦煌社会经济文献真迹释录》第 3 辑,第 233 页。
③ 俄罗斯科学院东方研究所圣彼得堡分所等编《俄藏敦煌文献》第 9 册,第 57 页。

证的 S.4120《壬戌年(962)至甲子年(964)报恩寺布褐等破历》第 4—5 行载:"布叁仗伍尺,暮容悬(县)令亡吊孝诸娘子用。"而牧羊人董保晟和住罗悉鸡分别见于 P.2484《戊辰年(968)十月十八日归义军算会群牧驼马牛羊现行籍》和 S.5964《分付牧羊人王住罗悉鸡等见在羊数凭》,前者第 89 行载有"牧羊人董保晟群见行大白羊羯壹伯伍拾叁口",后者记载了给牧羊人王住罗悉鸡分付羊只之事并有其画押,而王住罗悉鸡在 Дx.1424《庚申年十一月僧正道深付牧羊人王拙罗寔鸡羊数凭》中又写作王拙罗寔鸡,① 可见住罗悉鸡是寺院牧羊人。又彭保定见于 P.2032V(13):"粟伍斗,彭保定利润入……黄麻伍升,彭保定利润入"。石众井在多件文书中都有记载,如下面将要讨论的 S.4649＋S.4657(2)＋S.7942《庚午年(970)报恩寺沿寺破历》载:"员昌店沽酒,石众井(后缺)",P.4004＋S.4706＋P.3067＋P.4908《庚子年(1000)后报恩寺交割常住什物点检历状》第 4—5 行载:"又经桉贰,内壹在惠弁,内壹在石中井"。石众井与张留德、尹博士还同时见于 Дx.01428《公元 962 年报恩寺诸色织物破历》第 3—6 行:"又土布壹疋,付张流德地贾用。✧ 昌褐半疋,石塚井画刘萨诃堂人助用……善因立机壹疋……又惠口褐壹疋,又昌褐半疋,尹博士手工用。"石众井、石众井和石塚井应是同一人。

在以上载有相关人物的文书中,有的已知具体的年代,有的年代不明。其中 P.2049V 中的张留德出现于后唐同光三年(925)而显较早,不能确定其与 Дx.01426＋P.4906＋Дx.02164 中的张留德是否为同一人。其他人一般都出现在 10 世纪中期左右或中后期,说明 Дx.01426＋P.4906＋Дx.02164 的年代也应在此期间。特别是 S.4120《壬戌年(962)至甲子年(964)报恩寺布褐等破历》与 Дx.01426＋P.4906＋Дx.02164 同样记载到慕容县令去世之事,这对判断 Дx.01426＋P.4906＋Дx.02164 的年代甚为关键。S.4120 第 4—8 行载:"布叁仗伍尺,暮(慕)容悬(县)令亡吊孝诸娘子用……癸亥年(963)二月……",由于此处将慕容县令去世之事记载在"癸亥年(963)二月"之前,故陈菊霞先生据此认为慕容县令死亡的时间在 962年至 963 年二月之间,并且认为该慕容县令与 P.4906 中的慕容县令及P.2985V 中的"县令慕容长永"均为同一人。② 若此,则说明 P.4906 的年代也在 962 年至 963 年二月之间。后郁晓刚先生也依据 P.4906 和 S.4120 中对慕容县令去世之事的记载,将 P.4906 的年代推断为 962 年,并将其拟题

---

① 唐耕耦、陆宏基编《敦煌社会经济文献真迹释录》第 3 辑,第 578 页。
② 陈菊霞《再议 P.5032(9)〈沙州阇梨保道致瓜州慕容郎阿姊书〉的定年及相关问题》,《敦煌研究》2007 年第 2 期,第 72 页。

为《962年(?)报恩寺诸色破历》。[①] 虽然郁晓刚在将P.4906的年代推断为962年时并没有详细讨论,但这个推断应是正确的。S.4120记载的是壬戌年、癸亥年、甲子年三年的支出帐目,癸亥年的帐目应是从"癸亥年二月"开始记载的,此前的应属于壬戌年帐目,而没有癸亥年正月的帐目,因为根据敦煌寺院会计文书的记帐习惯,在记录某年帐目时,年代一般只出现一次,此后以月、日记录,月份前再不冠以"年代",如S.4120从第7行"癸亥年二月"直至第21行"甲子年正月"间只出现月、日,甲子年正月后也只出现月、日。据此可以判断,虽然S.4120中将慕容县令去世之事记载在"癸亥年(963)二月"之前,但其不可能是在癸亥年正月去世,而只能是在壬戌年(962)去世。而P.4906记载到慕容县令的安葬时间:"五月廿六日,白面壹石伍斗伍升、油肆升半,造食,大众和尚转经看用。麨面伍升,造食女人吃用。白面壹斗,造胡饼(饼)送暮(慕)容县令葬就墓头和尚食用。六月六日……"既然是五月廿六日安葬的,一般来讲,慕容县令应是在962年五月去逝的。由于P.4906中记载的是报恩寺同一年三月至七月的斛斗破用帐历,故这些帐均属962年。而在将P.4906、Дх.01426和Дх.02164拼接缀合后,其残存的内容虽有所增多,但是主要还是报恩寺二月至九月的斛斗破用帐历,故将Дх.01426+P.4906+Дх.02164可拟名为《公元962年报恩寺诸色破历》。

(四) S.4649+S.4657(2)+S.7942《庚午年(970)报恩寺沿寺破历》

S.4649首全尾残,共存19行。从图版来看,S.4657由两部分组成,前面8行文字写于一纸,后面16行文字写于另一纸,两纸文字天头地脚颠倒粘贴在一起,二者不属于同一件文书,为了区别,我们将后面16行和前面8行分别编号为S.4657(1)、S.4657(2)。

《释录》第3辑认为S.4649的最后一行和S.4657(2)的第1行可能连接,从而将二者直接缀合在一起。[②] 但从文书的边缘形态及文字来看,这两件之间还应有残缺的内容而不能直接拼在一起,只是所缺内容应不多。此外,我们发现,S.7942残存的3行文字与S.4657(2)也应是同一件文书,虽然二者分开后边缘部分又有残损,故S.4657(2)的尾部与S.7942的首部并不能无缝拼接,但是S.4657(2)的最后一行和S.7942的第1行残存的部分文字的字迹刚好可以拼在一起,也即这两行文字本为同一行文字,具体是

---

① 郁晓刚《敦煌寺院入破历文书校释与研究》,南京师范大学硕士学位论文,2010年,第20—21页。
② 唐耕耦、陆宏基编《敦煌社会经济文献真迹释录》第3辑,第215—216页。

"□□亡用。粟捌斗，沽酒，邓都□娘子亡荣□□"，其中"粟捌斗沽酒邓"几个字的左侧大部分字迹残留在 S.7942 上，右侧少部分残留在 S.4657（2）上，"子亡荣"三字的字迹绝大部分残留在 S.4657（2）上。至此，我们认为 S.4649、S.4657（2）和 S.7942 本应是同一件文书，只是后来被撕裂为三部分。

《释录》在对 S.4649＋S.4657（2）进行释录时，由于所依据的缩微胶片太淡，故文存在较多问题。下面我们先依据彩色图版对 S.4649＋S.4657（2）＋S.7942 的内容进行释录，其中将 S.7942 与 S.4657（2）中拼接在一起的文字置于【】中，然后对相关问题进行讨论说明。

以下 S.4649：
1 庚午年二月十日沿寺破历。
2 同日，粟肆硕，緬盘就佛人用。正月十五日，西窟上雇驴
3 粟叁斗。三月五日，粟叁斗，送路仆射用。廿日，粟叁斗，沽酒，
4 迎仆射用。廿三日，粟壹斗，付米延德浇园用。同日，粟肆
5 斗，沽酒，阚胡来看判官用。廿四日，粟贰斗伍升，金光明
6 寺刘法律亡纳赠用。廿六日，粟壹硕肆斗，北园子杜员住
7 春粮用。同日，粟叁斗，于阿雄面上雇驴千渠拔毛用。
8 廿七日，粟贰斗，沽酒，打口看史张友用。廿八日，粟贰斗，
9 沽酒买纸，口头祭拜用。四月八日，粟叁斗，沽酒，解劳施
10 主用。又粟壹斗，大众阇僧用。十六日，粟壹硕贰斗，沽
11 酒，看达家娘子叠（垒）园用。五月五日，粟贰斗，沽酒，就
12 寺看太子用。六日，粟贰斗，沽酒，小和尚涛麦用。十四
13 日，粟叁硕，于李定住面上雇锯壹量，大王宜秋
14 庄造作用。廿二日，粟柒硕，黑儿酒本用。粟柒硕，
15 李留德酒本用。粟两硕壹斗，牧羊人王盈信
16 春粮用。同日，粟叁斗，沽酒，就大和尚□□
17 指扔滞经来吃用。廿五日，粟贰斗，沽酒，打幡棹□
18 博士吃用。同日，粟叁斗，沽酒，佛住入桑解劳小和尚用。
19 六月十八日，粟肆斗，沽酒，东窟造作众僧吃用。粟肆
以下 S.4657（2）＋S.7942：
1 斗，雇驴用。又粟贰斗，迎大众用。粟陆斗，沽酒，□渠庄
2 刘麦众僧吃用。粟贰斗，沽酒，李僧正涛麦吃用。七月
3 十八日，粟叁斗，沽酒，大和尚淘麦用。同日，粟柒硕，

4 付石黑儿酒本用。粟柒硕,付李流德酒本用。显德
5 寺吴法律亡纳赠粟贰斗伍升。粟肆硕,石黑
6 儿男循妻财领用。又粟壹硕伍斗,折毡价用。
7 九月十七日,粟壹硕贰斗,员昌店沽酒,石众井
8 【□□亡用。粟捌斗,沽酒,邓都□娘子亡荣□□】
9 看使君指㧞用。粟贰斗,沽酒,大和尚荣暖房
10 用。

《释录》将 S.4649 第 2 行中的"緷盘"、第 7 行的"阿姊"、第 15 行的"李留德"、第 17 行的"橎棹"分别录为"经盘""何姊""李富德""橎伞",同时将第 13 行中的"叁硕,于李定住"和"锯"、第 14 行中的"造作用"、第 16 行中的"同日,粟叁斗,沽酒"和"大和尚"、第 17 行中的"滞经""吃用"等文字没有释录出来;将 S.4657(2)+S.7942 第 1 行中的"贰"录为"壹",第 4、5—6 行中的"石黑儿"录为"石墨儿",第 3 行中的"大和尚淘麦用"录为"大众用□□月",同时将第 8 行中的文字没有释录出来。

《目录初稿》认为 S.4657(2) 的年代在 970 年,[1]《英藏敦煌文献》将 S.4649 和 S.4657(2) 拟名为《庚子年某寺破历》,将 S.7942 拟名为《粟破历》,[2]《释录》将 S.4649+S.4657(2) 拟名为《庚午年(970)二月十日沿寺破历》,但均未说明是哪所寺院的文书。文书第 15—16 行"粟两硕壹斗,牧羊人王盈信春粮用"这笔帐后有签字"🖊",而该签字又见于前述 Дx.01426+P.4906+Дx.02164《公元 962 年报恩寺诸色破历》、Дx.01428《公元 962 年报恩寺诸色织物破历》、S.4689+S.11293《后周显德元年(954)正月一日报恩寺功德司愿德状》、S.5050《公元 980 年前后报恩寺诸色入破历算会牒稿》和羽 068《公元 944—945 年报恩寺算会酒户张盈子手下酒破历》等报恩寺文书,故 S.4649+S.4657(2)+S.7942 也应为报恩寺文书。

僧人"🖊"的签名主要出现在公元 10 世纪中期或中后期的报恩寺会计文书中,同时 S.4649+S.4657(2)+S.7942 中的许多人如牧羊人王盈信、石众井、李流德、李定子、员昌等也在该时期的其他文书中出现,如 P.2484《戊辰年(968)十月十八日归义军算会群牧驼马牛羊现行籍》第 101 行载:"牧羊人王盈信群见行大白羊羯贰拾捌口……",P.2155V《归义军时期(945—947

---

[1] 东洋文库敦煌文献研究委员会《スタイン敦煌文献及び研究文献に引用紹介せられたる西域出土汉文文献分类目录初稿——非佛教文献之部・古文书类》Ⅱ,1967 年,第 103 页。
[2] 中国社会科学院历史研究所等合编《英藏敦煌文献》第 6 卷,第 200、219 页;中国社会科学院历史研究所等合编《英藏敦煌文献》第 12 卷,第 74 页。

年)驼马牛羊皮等领得历》第 8—9 行载:"王盈信群白羊皮壹拾柒张",P.2703V(1)《壬申年(972)十二月故都头知内宅务安延达等状》第 7—8 行载:"宅官慕容祐子合领王盈信群壹拾玖斤"。石众井主要见于其他报恩寺文书,如 Дх.01426+P.4906+Дх.02164《公元 962 年报恩寺诸色破历》第 32 行载:"白面贰斗、油壹升,造食,石众井看画师用。"又 P.4004+S.4706+P.3067+P.4908《庚子年(1000)后报恩寺交割常住什物点检历状》第 4—5 行载:"又经桉贰,内壹在惠弁,内壹在石中井。"其他如李流德、李定子、员昌等也在该时期的相关文书出现。从这些信息来看,虽然《目录初稿》和《释录》未说明理由,但是将文书中的庚午年定为 970 年是正确的。

《释录》之所以将 S.4649+S.4657(2)拟题为《庚午年(970)二月十日沿寺破历》,应是受到第 1 行"庚午年二月十日沿寺破历"的影响所致。但实际上,S.4649+S.4657(2)+S.7942 残存的是正月至九月的破历,说明该件有可能记录的是庚午年全年的破用帐,故我们可将其拟名为《庚午年(970)报恩寺沿寺破历》。

(五) S.6226《公元 10 世纪中后期报恩寺僧油付身历》

S.6226 的图版公布于《英藏敦煌文献》第 10 卷,拟题为《某寺付油历》。[①] 文书内容不多,为了讨论方便,我们先将其释录如下:

(前残)
1 王判官油一升付保定　　　愿威油一升付身
2 张法律油一升付身　　　　惠晏油一升付身
3 索判官油一升付身　　　　保藏油付身
4 张法律油一身付身　　　　保力油付身
5 田老宿油一升付身　　　　保慈油一升付海弁
6 愿庆油付身　　　　　　　保端油付身
7 张上座油一升付身　　　　保祥油一升付身
8 法政油付身　　　　　　　保济油付身
9 保会油一升付身　　　　　海弁油一升付身
10 □□□□□法眼　　　　　保瑞油一升付身
11 □□□□□□　　　　　　保遂油一升付身
12 □□□□□□　　　　　　惠智油一升付身
13 □□□□□□　　　　　　□□油一升付身

---

① 中国社会科学院历史研究所等合编《英藏敦煌文献》第 10 卷,第 201 页。

（后残）

郝春文先生对该件文书进行过录文研究，[1]此处录文时依据图版对其中个别文字进行了校改和增补。郝春文先生认为这件可能是某寺被请僧人分配所得物品的文书，其年代在10世纪后半叶，文书中的僧人是同一所寺院的僧人，但没有说明具体是哪所寺院。S.6226中的僧人一般均见于10世纪中后期的相关报恩寺文书，如法政、法眼均见于S.2614V《沙州诸寺僧尼名簿》中的报恩寺僧名簿中；保力、保祥见于BD15246(2)＋P.3364＋S.5008《公元947—954年间报恩寺诸色入破历算会牒》；愿威、保遂、保瑞见于P.3631《辛亥年(951)正月廿九日报恩寺善因愿通等柒人将物色折债抄录》；保定、保力、保藏、保端见于S.4199＋P.3598《庚辰年(967)后报恩寺常住什物交割点检历状稿》、S.4215《庚子年(1000)后报恩寺交割常住什物点检历》；惠晏见于S.4689＋S.11293《后周显德元年(954)正月一日报恩寺功德司愿德状》；保会见于BD07310尾题："甲申年七月七日报恩寺僧比丘保会诵持受记"。既然S.6226中的僧人集中出现在10世纪中后期的报恩寺文书中，那么S.6226也应为报恩寺文书，其年代也应在10世纪中后期，故可将其拟题为《公元10世纪中后期报恩寺僧油付身历》。

（六）S.4120《壬戌年(962)至甲子年(964)报恩寺布褐等破历》

S.4120首尾均残，现残存27行，《释录》第3辑进行了释录并附有黑白图版，拟名为《壬戌年—甲子年(962—964)布褐等破历》。[2]《英藏敦煌文献》第5卷公布了S.4120的高清黑白图版，拟名为《某寺布褐绫绢破历》。[3] S.4120的内容主要是对壬戌、癸亥、甲子三年间寺院褐、绫、布等破用的记载。

S.4120的残存内容没有说明其所属寺院，郁晓刚先生认为应属普光寺，并认同了《释录》对该件文书的定年问题，理由是该件中出现的史兴子之名又见于P.2856V《乾宁二年(895)三月十一日僧统和尚营葬牓》和P.2856《唐景福二年(893)癸丑岁十月十一日某寺纳草历》，其身份是普光寺的常住百姓；又文书中的善因之法名见于P.3167V《乾宁二年(895)安国寺道场司常秘等状》，其身份是普光寺的沙弥尼，同时善因在S.2614V《沙州诸寺僧尼名簿》中仍为普光寺的沙弥尼，而S.4120记载癸亥年(963)十二月三日破用"布尺五，善因亡吊孝新戒用"。从而认为这符合善因的年龄情况。[4]

---

[1] 郝春文《唐后期五代宋初敦煌僧尼的社会生活》，第361—362页。
[2] 唐耕耦、陆宏基编《敦煌社会经济文献真迹释录》第3辑，第213—214页。
[3] 中国社会科学院历史研究所等合编《英藏敦煌文献》第5卷，第254页。
[4] 郁晓刚《敦煌寺院入破历文书校释与研究》，南京师范大学硕士学位论文，2010年，第33页。

S.4120 第 21 行载:"甲子年(964)正月,布三尺,史兴子亡,吊孝住子不勿用。"若此史兴子与 P.2856、P.2856V 中的史兴子为同一人的话,虽然 P.2856、P.2856V 中史兴子的年龄不明,但起码已是成年人,此后其又经历了从癸丑年(893)至甲子年(964)共 71 年的时间后才去世,这种可能性不是很大。我们认为,S.4120 与 P.2856、P.2856V 中的史兴子应不是同一人,至于善因,在其他文书中也有出现,故 S.4120 中的善因也应不是普光寺尼。那么,S.4120 是哪所寺院的文书呢?

  S.4120 中僧俗两界的人物大多见于报恩寺文书,如善因、王上座又见于 P.3631《辛亥年(951)正月廿九日报恩寺善因愿通等柒人将物色折债抄录》,慕容县令、集子、沈法律又见于 Дx.01426＋P.4906＋Дx.02164《公元 962 年报恩寺诸色破历》,其第 18 行载:"三月五日,付集子本粟柒硕",第 53—56 行载:"白面壹斗,造胡饼送暮(慕)容县令葬就墓头和尚食用。六月六日,白面叁斗,造道粮。白面贰斗,造胡饼。白面叁斗,生成、上座、沈法律等三人紫亭去剪羔子毛食用"。沈法律和丑子还见于 S.5039＋S.4899《丁丑年(977)至戊寅年(978)报恩寺诸色破历》:"十八日粟壹硕壹斗、麦叁斗,付丑子卧酒屈肃州僧用。""麦陆斗,就丑子店沽酒,沈都头亡看都官用。""粟贰斗伍升,沈法律亡赠用。"从这些情况来判断,S.4120 应属于报恩寺文书。虽然《释录》在将 S.4120 中的壬戌年、癸亥年、甲子年分别定为 962、963、964 年时未说明理由,但以上资料均在 10 世纪中后期,特别是 Дx.01426＋P.4906＋Дx.02164《公元 962 年报恩寺诸色破历》记载到慕容县令亡而破用白面壹斗,而 S.4120 也记载"布叁仗伍尺,暮(慕)容悬(县)令亡吊孝诸娘子用"。故《释录》的定年是正确的,我们可将其拟名为《壬戌年(962)至甲子年(964)报恩寺布褐等破历》。

  (七) Дx.01423《公元 978 年前顷报恩寺索老宿团于沈法律团等处领得斛斗历》

  《俄藏敦煌文献》第 8 册公布了 Дx.01423 的黑白图版,并拟名为《领粟凭》。[①] Дx.01423 首残尾全,仅存 6 行,其内容如下:

(前残)
1 _____索老宿[团于]沈_____
2 _____大和尚粟伍拾壹硕壹斗_____
3 _____□□六日索老宿团于沈法律_____

---

① 俄罗斯科学院东方研究所圣彼得堡分所等编《俄藏敦煌文献》第 8 册,第 164 页。

4 _____肆硕□□得粟肆伯陆拾玖硕（盈）_____
5 _____及□物都计陆拾柒硕壹斗_____
6 _____于沈法律手见领得粟伍石贰_____

该件主要是对索老宿团于沈法律团等处领得斛斗的记录，其应是报恩寺的文书，理由如下：

首先，文书中的沈法律与大和尚多见于报恩寺会计文书，如Дx.01426＋P.4906＋Дx.02164《公元962年报恩寺诸色破历》载："白面叁斗，生成、上座、沈法律等三人紫亭去剪羔子毛食用。""九月一日，白面陆斗、油贰升，造食，众僧就碛门[兰]若看大和尚用。"S.4120《壬戌年（962）至甲子年（964）报恩寺布褐等破历》载："布贰尺，又布尺五，李僧正阿姨亡吊孝及沈法律用。"S.4649＋S.4657(2)＋S.7942《庚午年（970）报恩寺沿寺破历》载："同日，粟叁斗，沽酒，就大和尚□□指扔滞经来吃用。""七月十八日，粟叁斗，沽酒，大和尚淘麦用。""粟贰斗，沽酒，大和尚荣暖房用。"

其次，报恩寺的财务管理人员往往组织成"团"的形式，如S.4701《庚子年（1000）十二月十四日报恩寺前后执仓法进愿盈等算会分付回残斛斗凭》、S.4702《丙申年（996）十二月九日报恩寺算会索僧正等领麻凭》和P.3631《辛亥年（951）正月廿九日报恩寺善因愿通等柒人将物色折债抄录》中都记载有报恩寺的执物僧团、把物团。又S.5049《庚辰年（980）正月报恩寺寺主延会诸色入破历算会牒稿》和P.2821＋BD15246(1)＋BD15246(4)《庚辰年（980）正月报恩寺寺主延会诸色入破历算会牒》中更是记载戊寅年（978）报恩寺有"西仓沈法律团"和"西仓索法师团"，其很可能就是Дx.01423中的沈法律团和索老宿团。

我们再来讨论Дx.01423的年代。S.5039＋S.4899《丁丑年（977）至戊寅年（978）报恩寺诸色破历》载有一笔帐："粟贰斗伍升，沈法律亡赠用。"说明报恩寺的沈法律逝于977或978年，又S.5049和P.2821＋BD15246(1)＋BD15246(4)记载有978年时从西仓沈法律团和西仓索法师团领入斛斗的相关帐目，据此推测沈法律应逝于978年，而Дx.01423记载索老宿团于沈法律团领入斛斗之事，故其年代要稍早于978年。

结合以上情况，我们可将Дx.01423拟名为《公元978年前顷报恩寺索老宿团于沈法律团等处领得斛斗历》。

（八）P.3175V《公元10世纪后期报恩寺诸色破历》

P.3175V的黑白图版公布于《法藏敦煌西域文献》第22册，并拟名为

《转经食历》。① 国际敦煌项目网站（IDP）还公布了其彩色图版。P.3175V 的尾部残缺，其内容主要记载的是白面、油、粟等的破用帐，详情如下：

（一）

1 □□贷白面一斗，造儿斋（？）
2 □贰升，七月十五日已后上座将去

（二）

1 食转经
2 食历壹个共大会转经食历：破白面壹硕柒斗，油伍升半。

（三）

1 大椀子一枚，就紫停（亭）山拔毛时将起不回来。

（四）

1 癸年二月一日，寺内八日教化麦，王上座手上麦两石。
2 寒食寺主取油一升。又王上座取白面陆斗，就库贷，紫停拔毛用。伊汉儿白面
3 陆斗，贷取。索僧政贷油玖升。索法律团家罚保藏日就库
4 贷白面壹斗。又王上座贷麨面叁斗，□渠刈麦用。柜头合
5 □内粟叁斗，寺主还债用。王上座贷白面伍斗，□社送皮用。
  锥法
6 律贷贰斗，转经时屈尼僧用。李法律于库内贷粟两硕，王上座
7 ＿＿＿＿＿＿＿＿＿＿＿＿＿＿＿＿＿＿＿＿＿＿＿＿＿＿

P.3175V 的内容主要由四部分组成，各部分之间有一定的空白，其中第一部分与其他几部分的书写方向相反，即倒过来书写。虽然第二部分是转经食历，但是其他部分是因各种缘由的破用。从相关细节来看，P.3175V 应为报恩寺文书。

首先，文书中的保藏和王上座同时见于 S.4199＋P.3598《庚辰年（967）后报恩寺常住什物交割点检历状稿》，保藏还见于其他报恩寺文书如 BD11988《庚子年（1000）前后报恩寺交割常住什物点检历》、P.3997《庚子年（1000）十一月卅日至辛丑年（1001）五月报恩寺布褐等入历》、P.4004＋S.4706＋P.3067＋P.4908《庚子年（1000）后报恩寺交割常住什物点检历

---

① 上海古籍出版社、法国国家图书馆编《法藏敦煌西域文献》第 22 册，上海古籍出版社 2002 年，第 88 页。

状》、S.4215《庚子年(1000)后报恩寺交割常住什物点检历状》、S.6226《公元10世纪中后期报恩寺僧油付身历》等中,王上座也见于P.3631《辛亥年(951)正月廿九日报恩寺善因愿通等柒人将物色折债抄录》和S.4120《壬戌年(962)至甲子年(964)报恩寺布褐等破历》。此外,P.2054V《请僧疏》中也载有报恩寺僧人锥法律。

其次,紫亭拔毛或剪毛之事目前似乎仅见于报恩寺文书,如Дх.01426＋P.4906＋Дх.02164《公元962年报恩寺诸色破历》载:"白面叁斗,生成、上座、沈法律等三人紫亭去剪羔子毛食用。"

最后,该件文书中记载到索法律团,而前述S.4701、S.4702、P.3631、S.5049和P.2821＋BD15246(1)＋BD15246(4)中都有记载到报恩寺仓司负责人往往组织成团的形式。

虽然P.3175V中提到癸年,但是该癸年的具体公元纪年不明。从记载王上座、保藏等的报恩寺文书来看,其应是10世纪后半期的某一年。至此,我们可将P.3175V拟名为《公元10世纪后期报恩寺诸色破历》。

二、净土寺诸色入破历考释

(一) P.2032V(12)《后晋天福四年(939)净土寺诸色破历》

P.2032V中内容众多,大约由不同的20部分帐历组成,《释录》第3辑将其统一拟名为《后晋时代净土寺诸色入破历算会稿》。① 虽然这些内容统一编号为P.2032V,但相互之间的关系杂乱无章。后来唐耕耦先生又专门对该件文书内容进行了整理,将其中大部分内容与其他文书如P.3234V、P.2040V、P.3763V等中的内容整理成5件净土寺算会牒稿文书。② 在整理过程中,P.2032V中的第12部分的内容并未与其他相关文书整理在一起,这部分内容共有115行,主要是关于净土寺的斛斗等破用帐。

P.2032V中的内容是对净土寺不同年份的收支帐进行的记录,其中P.2032V(12)没有任何纪年信息。谭蝉雪先生在考证归义军节度使曹元德的卒年时,利用P.2032V(12)中的天使、司空、太保等信息对其年代进行了讨论,认为文书中的司空、太保都是指曹元德,而曹元德逝世于939年年底,至于文书中的天使是后晋天福三年(938)出使于阗的张匡邺等人,而文书的

---

① 唐耕耦、陆宏基编《敦煌社会经济文献真迹释录》第3辑,第455—412页。
② 详参唐耕耦《敦煌寺院会计文书研究》,第77—280页。

年代应为天福四年(939)。① 考证可信。

《释录》第3辑将P.2032V中约二十部分的内容统称为算会稿。从文书的书写、涂改、格式等方面来看，将这些内容认为是寺院算会过程中形成的底稿是没有问题的，不过就单独每件的内容而言，主要都是记录相关收支的会计历类文书，其中P.2032V(12)的格式与正式的算会牒不同，在纸面上部没有留出空间，而是顶格书写，内容也是以支出事项为纲，条列记录因某事而破用了相关麦粟等斛斗及其加工物、织物的帐目，故其应属破用历，而可将其名拟为《后晋天福四年(939)净土寺诸色破历》。

(二) P.3234V(1)《公元10世纪20—40年代净土寺应庆手上诸色入破历》

P.3234V(1)共存14行，内容是关于寺院麦粟油等的收支帐目，开行即云"应庆于愿达手上交库日得麦"云云，可知其为应庆手上的诸色斛斗等的收支帐，《释录》第3辑有录文，并拟名为《年代不明(10世纪中期)应庆麦粟油入破历稿》。②

P.3234V(1)中出现的相关人物有应庆、愿达、法深、吴法律、讷赞等，除了应庆外，其他人都在净土寺文书中集中出现，如P.2049V《后唐长兴二年(931)正月沙州净土寺直岁愿达手下诸色入破历算会牒》记载愿达在930年时任净土寺的直岁，P.2032V(11)《甲辰年(944)和乙巳年(945)净土寺西仓司愿胜广进等手上诸色入破历》记载愿达在甲辰年八月廿九日前曾任净土寺西仓司负责人。法深也见于净土寺文书，如P.2040V(1)载："布二尺，法深妹亡吊孝用。"P.2032V(6)载："布贰尺，法深兄亡时吊孝用。"

我们再来看看讷赞其人。P.2776+S.0366《后唐同光二年(924)净土寺诸色入破历算会牒》载："豆壹硕，二月与园子讷赞用。"P.2049V《后唐长兴二年(931)正月沙州净土寺直岁愿达手下诸色入破历算会牒》第203行载："粟壹硕，正月与讷讚用。"第323行载："油壹胜，岁付讷讚用。"P.2032V(12)《后晋天福四年(939)净土寺诸色破历》载："麦壹䭾，粟壹䭾，讷赞秋粮用。"可见，讷赞是净土寺的园子。

从以上情况来看，P.3234V(1)系净土寺文书无疑，其年代应在10世纪20—40年代，故可将其拟名为《公元10世纪20—40年代净土寺应庆手上诸色入破历》。

(三) P.3234V(2)《公元10世纪30—40年代净土寺油入破历》

P.3234V(2)仅有9行，内容是关于油的支出和收入情况，《释录》第3

---

① 谭蝉雪《曹元德曹元深卒年考》，《敦煌研究》1988年第1期，第52—57页。
② 唐耕耦、陆宏基编《敦煌社会经济文献真迹释录》第3辑，第438页。

辑在录文的同时将其拟名为《年代不明(10世纪中期)油入破历》。①

P.3234V(2)中记载与寺院经济收支相关的人物如义员、法深、弘建、道深、雷僧政等在其他净土寺文书中也集中出现。义员在净土寺文书中的出现非常频繁，P.2049V《后唐长兴二年(931)正月沙州净土寺直岁愿达手下诸色入破历算会牒》第349—350行载："面壹斗伍胜，义员垒界墙众僧解斋斋时用。"第396—397行载："面壹斗，垒义员界墙日，众僧解斋斋时食用时。"第402—403行载："面叁胜，义员出粪及扫羊粉（粪）食用"。P.3234V(9)《癸卯年(943)正月一日已后净土寺直岁沙弥广进面破历》第44行载："面叁斗，支与义员妇产用。"第54行载："面一斗，义员出粪食用"。第60—61行载："面一斗五升，两件刘菜女人及义员儿食用。"第66—67行载："面壹斗，陈水官上梁时造食女人及义员用。"第71行载："面五升，义员二日出粉（粪）用。"从这些记载来看，义员长期在净土寺从事劳作活动，寺院也为义员及其家人有时提供食物等。

僧人法深、弘建和道会见于前述唐耕耦先生整理的几件净土寺算会牒稿及其他文书中，如P.2040V(8)《公元10世纪30—40年代净土寺诸色入历》载："豆贰斗，弘建利闰入。"P.3234V(9)载："面二斗，三日木匠画人兼弘建撩治佛炎二时食……面伍斗，造粥祭盘赠弘建用……面伍胜，荣弘建劝孝女人用。"P.2032V(6)载："布贰尺，法深兄亡时吊孝用。"法深和义员还同时出现在P.2040V(1)："布二尺，王应子亡时吊孝义员用……布二尺，法深妹亡吊孝用。"道会见于P.2049V《后唐长兴二年(931)正月沙州净土寺直岁愿达手下诸色入破历算会牒》第319—320行："油三斗，付道会燃长明灯用。"

不但以上相关人物出现在931—943年的净土寺文书中，而且P.3234V(2)第4行还记载"雷僧政解斋油一升"。我们在后面第六章将会论及，雷僧政解斋用油、面之事还见于P.2049V《后唐长兴二年(931)正月沙州净土寺直岁愿达手下诸色入破历算会牒》《净土寺壬寅年(942)诸色入破历算会牒稿》《净土寺甲辰年(944)正月一日以后直岁惠安手下诸色入破历算会牒稿》《净土寺癸卯年(943)正月一日以后直岁广进手下诸色入破历算会牒稿》等净土寺文书，且在931年前的净土寺文书如P.2049V《后唐同光三年(925)正月沙州净土寺直岁保护手下诸色入破历算会牒》等中，雷僧政被称为雷阇梨，故P.3234V(2)属净土寺文书无疑，并且其时间也应在10世纪30—40年代，据此，我们可将其拟名为《公元10世纪30—40年代净土寺油入破历》。

---

① 唐耕耦、陆宏基编《敦煌社会经济文献真迹释录》第3辑，第439页。

(四) S.5952V(2)《公元 10 世纪前期净土寺粟入历》

S.5952V(2)仅有 6 行文字,《释录》第 3 辑专门对其进行了释录,并附有黑白图版,拟名为《粟入历残片》,①内容如下:

1 粟入　粟壹硕柒斗,春官斋嚫入。
2 粟贰拾叁石,无穷厨田入。粟贰拾贰
3 硕,城东厨田入。粟拾贰硕~~贰斗~~,自
4 年众僧菜价入。粟伍硕贰斗,自年人上菜
5 价入。
6 　　　计六十三石九斗

由于缩微胶卷漫漶,《释录》未将第 3 行的"粟"、第 4 行的"硕贰斗"及第 5、6 行的文字录出。

从格式上来看,S.5952V(2)与 P.2040V、P.2032V、P.3234V 等中保存下来记录净土寺粟入、麦入等的帐历完全一致,开头先写"粟入"或"麦入"二字,然后记录每笔帐的收入来源及数量,最后记录合计数。

S.5952V(2)中的"粟贰拾叁石,无穷厨田入"及相关菜价收入也见于其他净土寺文书,如 P.2040V(2)《乙巳年(945)正月廿七日已后净土寺东库胜净戒惠二人手下诸色入历》载:"粟贰拾叁硕,无穷厨田税入……粟玖硕肆斗,众僧自年菜价入。麦壹硕伍斗、粟一石五斗,自年人上菜价入。"P.2049V《后唐长兴二年(931)正月沙州净土寺直岁愿达手下诸色入破历算会牒》第 111—114 行记载:"粟壹拾柒硕叁斗,无穷厨田入。粟玖硕柒斗,自年人上菜价入。粟陆硕,自年众僧菜价入。"这说明净土寺在无穷渠拥有土地,而且实行租佃经营。菜价收入目前主要见载于净土寺文书,虽然收入数额不定,但一般分为"僧上菜价入"和"人上菜价入"两部分。又如 P.2040V(17)记载净土寺 943 年的收入时云:"粟壹硕捌斗,自年人上菜价入……粟拾硕,自年僧菜价入。"P.2032V(2)《甲辰年(944)一月已后净土寺直岁惠安手下诸色入历》载:"粟拾硕贰斗,自年僧上菜价入。麦一石七斗,粟一石七斗,人上菜价入。"从这些资料来看,S.5952V(2)显系净土寺文书,其年代也应与上述几件净土寺文书相距不远,同时在 S.5952V(1)中还写有"长兴三年八月十六日弟子检校左仆射兼御史大夫曹",故推测 S.5952V(2)的时间在 10 世纪前期,据此我们可将其拟名为《公元 10 世纪前期净土寺粟入历》。

---

① 唐耕耦、陆宏基编《敦煌社会经济文献真迹释录》第 3 辑,第 119 页。

(五) S.8443F5《公元940年前后净土寺布緤入历》

S.8443F5首尾残缺,仅存8行,《释录》没有对其进行收录。荣新江先生较早对S.8443F5进行过简单介绍,并拟题为《某年某寺布帛入历》,[①]稍后,《英藏敦煌文献》第12卷公布了其黑白图版,并拟题为《某寺布入历》。[②] 为了窥其详情,我们先将其内容释录如下:

1 □□□众□□□郭□□
2 □□□布一疋,春官斋施入。布一疋,八月诸
3 □□□官家施入。马押衙施入立机一疋,充梁
4 [子]替用。唐住住入立机一疋,亦充梁子替用。
5 [布]□丈,薛营田斋儭入。秋官斋布一
6 [疋],十一月廿五日小娘子患□官家施入。立机一疋,
7 [布]□尺五寸,富德慈母斋儭入。
8 [布]一丈八尺,城门前念诵入。

S.8443F5残存内容系关于布、立机(即立机緤)的收入,虽然没有明确说明是哪所寺院的帐历,但是其应为净土寺的布入帐,原因如下:

首先,S.8443F5中因春官斋和秋官斋而分别收入一匹布的情况在净土寺文书P.2049V《后唐同光三年(925)正月沙州净土寺直岁保护手下诸色入破历算会牒》及《净土寺己亥年(939)诸色入破历算会牒稿》《净土寺壬寅年(942)诸色入破历算会牒稿》《净土寺甲辰年(944)正月一日以后直岁惠安手下诸色入破历算会牒稿》等中频繁出现,其中P.2049V第241—242行载:"布壹疋,春官斋儭入……布壹疋,秋官斋儭入。"

其次,P.3763V中第1—12行也专门登载的是净土寺布、立机緤等织物收入,这部分内容被唐耕耦先生整理入《净土寺壬寅年(942)诸色入破历算会牒稿》,其中不但登载有因春秋官斋而分别收入布一匹,而且其字迹与S.8443F5一致,二者似出自同一人之手。

最后,S.8443F5中的富德也见载于净土寺文书,如P.2032V(11)《甲辰年(944)和乙巳年(945)净土寺西仓司愿胜广进等手上诸色入破历》记载收到"富德粟玖斗"。

---

① 荣新江编著《英国图书馆藏敦煌汉文非佛教文献残卷目录(S.6981—13624)》,第86—87页。
② 中国社会科学院历史研究所等合编《英藏敦煌文献》第12卷,第132页。

从以上情况来看,S.8443F5应为净土寺文书,其年代也应在940年前后,再结合残存的内容,我们将其拟名为《公元940年前后净土寺布緤入历》。

三、金光明寺诸色入破历考释

(一) S.1519(2)《辛亥年(951)十二月七日至壬子年(952)金光明寺直岁法胜手下油面等破历》

S.1519(2)残存21行,首部完整,尾部残缺,内容主要是关于寺院在辛亥年十二月七日后及壬子年面、油、粟等的支出记录。那波利贞在《梁户考》一文中较早对该件文书进行了录文,①《释录》第3辑在对该件文书进行释录时还附有其黑白图版,②后《英藏敦煌社会历史文献释录》第7卷对其重新进行了释录,③《英藏敦煌文献》第3卷专门公布了其黑白图版。④

该件文书中出现了直岁法胜、应祥、大因、平法律、张法师、索僧正、贾法律等,这些僧人和僧官又集中见于P.4981《当寺转帖》,其内容如下:

```
1 当寺  转帖
2 都僧録和尚  索僧正  解僧正  氾僧正  大刘法律  大
3 贾法律  □法律  □法律  祥刘法律  马法律  平法律  张
   法律
4 □□□  □法律  小吴法律  武法师  张法师  吴法师
5 神藏  法证  道宽  定宗  慈志  智力  大力  法胜
6 福□  愿安  应祥  弘□  承定  会集  □保荣  愿保
7 □真  理祥  理□  教兴  保达  子□  定兴  □儿
8 黑子  丑儿  理乘  再富  不勿  安通  庆(?)儿  愿遂
9 □清  保兴  丑胡  苟奴  富盈
10   右件徒众,今缘裝寺水漂破怀(坏),切要众
11   力修助,僧官各钶镒壹个,散众锹鏣一事,又
12   二人落舆一枚。帖至限今月十四日卯时
13   依寺内取齐,捉二人后到,决丈(杖)七下,全不来
```

---

① [日]那波利贞《梁户考》,收入那波利贞《唐代社会文化史研究》,创文社1974年,第318—319页。该文原载《支那佛教史学》第2卷第1、2、4号,1938年。
② 唐耕耦、陆宏基编《敦煌社会经济文献真迹释录》第3辑,第178页。
③ 郝春文、赵贞编著《英藏敦煌社会历史文献释录》第7卷,第205—206页。
④ 中国社会科学院历史研究所等合编《英藏敦煌文献》第3卷,第88页。

```
14      罚酒壹瓮,的无容免。其速付,帖周却
15      付本司,用凭告罚。
16              闰三月十三日蓝□僧正  帖
```

从"当寺"可知,该转帖中记载的是同一所寺院的僧人。既然 S.1519(2)中的前述僧人集中出现在该转帖中,说明二者是同一寺院的文书。那么,这是哪所寺院的文书呢? S.1519(2)和 P.4981 中的许多僧人,如法政、道宽、定宗、智力、大力、马法律、大因、应祥、愿遂和神藏等又同时见于 P.2250V《公元 925—937 年间僟司勾僟历》金光明寺僧名中,这说明这些僧人应属金光明寺僧。我们还可以通过其他资料来进一步说明该问题, P.3388《开运四年(946)三月九日归义军节度使曹元忠追念设供请僧疏》记载有金光明寺的二索法律、二张法律、二贾法律、刘法律、就法律等僧人,而这些姓氏的法律也大多见于 P.4981《当寺转帖》,并且该转帖中有几名法律的姓氏残损,否则二者的契合度将会更高。又 P.2914《王梵志诗卷第三》有如下尾题:

```
1 大汉天福叁年庚戌岁润(闰)四月九日金光明寺僧自手建(书)记
  写毕
2 大汉天福叁年岁次甲寅七月廿九日金光明寺僧大力自手记
```

该题记后还有四行文字,包括杂写、王梵志诗卷第一之类,其中最后一行是:"谨诣金光明寺都僧录和尚、索僧政、贾法律、刘(后缺)。"①从字迹来看,这四行文字与前两行题记为同一人所写,而其中记载的金光明寺都僧录和尚、索僧政、贾法律、刘[法律]均见于 P.4981《当寺转帖》,索僧政、贾法律也见于 S.1519(2),这充分说明 P.4981 是金光明寺的转帖,而 S.1519(2)也是金光明寺的文书。

关于 S.1519(2)的年代,《释录》认为文书中的辛亥年是 891 年或 951 年而将其拟名为《辛亥年(891 或 951)十二月七日后某寺直岁法胜所破油面等历》,②《英藏敦煌社会历史文献释录》第 7 卷没有具体说明,翟理斯先生则将其中的辛亥年和壬子年分别推断为 951 和 952 年,方广锠先生推断为唐大

---

① 图版参上海古籍出版社、法国国家图书馆编《法藏敦煌西域文献》第 20 册,上海古籍出版社 2002 年,第 52 页。
② 唐耕耦、陆宏基编《敦煌社会经济文献真迹释录》第 3 辑,第 178 页。

顺二年(981)和唐景福元年(982)。① 既然 S.1519(2)中的僧人同时出现在 P.2250V《公元 925—937 年间僧司勾僧历》、P.4981《当寺(金光明寺)转帖》或 P.2914《王梵志诗卷第三》尾题中,说明它们的年代应相近,P.4981《当寺(金光明寺)转帖》的年代也不会距 925—937 年太远。P.4981《当寺(金光明寺)转帖》发出时间是某年闰三月十三日,查《二十史朔闰表》可知,距此较近的是后晋天福七年(942)和宋建隆二年(961)的闰三月。② P.2914《王梵志诗卷第三》的题记有误,因为天福为后晋年号,且天福三年没有闰四月,而后汉乾祐三年庚戌岁有闰四月,故池田温和刘永明先生均认为题记中的天福叁年应为后汉乾祐三年(950),"岁次甲寅"应为"岁次庚戌"。③ 结合这些情况来判断,P.4981 中的闰三月应是宋建隆二年(961)的闰三月,而 S.1519(2)中的辛亥年、壬子年分别是 951、952 年。

虽然 S.1519(2)的首行即云"辛亥年十二月七日直岁法胜所破油面历",但是实际上也有粟、酒等支出,故可将其拟名为《辛亥年(951)十二月七日至壬子年(952)金光明寺直岁法胜手下油面等破历》。

(二) S.1519(1)《庚戌年(950)金光明寺诸色破历》

S.1519(1)残存 25 行,尾部完整,首部残缺,内容主要是关于寺院在十一、十二月的面、油、粟、麦等的支出记录。那波利贞在《梁户考》一文中较早对该件文书进行了释录,④《释录》第 3 辑也对该件文书进行了释录,⑤后《英藏敦煌社会历史文献释录》第 7 卷又对其重新进行了释录。⑥ S.1519(1)抄写在 S.1519(2)之前,二者字迹相同,应系一人所写。同时 S.1519(1)中的僧人如吴和尚、西院索僧政、马法律均见于 S.1519(2),故 S.1519(1)也应是金光明寺文书。

S.1519(1)没有明确的纪年,《释录》将其拟名为《辛亥年(891 或 951)某寺诸色斛斗破历》,《英藏敦煌文献》第 3 卷在公布其黑白图版时拟名为《某寺油面破历(庚戌年)》,⑦即二者分别认为此件为"辛亥年""庚戌年"的帐历。虽然双方均未说明理由,但是均应与紧抄在该件后面的 S.1519(2)中所载

---

① 参方广锠《敦煌佛教经录辑校》,江苏古籍出版社 1997 年,第 518 页。
② 陈垣《二十史朔闰表》,古籍出版社 1956 年,第 116、118 页。
③ [日]池田温编《中国古代写本识语集录》,东京大学东洋文化研究所 1990 年,第 490 页;刘永明《散见敦煌历朔闰辑考》,《敦煌研究》2002 年第 6 期,第 17 页。
④ [日]那波利贞《梁户考》,收入那波利贞《唐代社会文化史研究》,创文社 1974 年,第 317—318 页。
⑤ 唐耕耦、陆宏基编《敦煌社会经济文献真迹释录》第 3 辑,第 177 页。
⑥ 郝春文、赵贞编著《英藏敦煌社会历史文献释录》第 7 卷,第 201—202 页。
⑦ 中国社会科学院历史研究所等合编《英藏敦煌文献》第 3 卷,第 88 页。

的辛亥年有关。S.1519(2)开首四行云：

1 辛亥年十二月七日直岁法胜所破油面历。
2 面壹斗、粗面壹斗、油半升、酒壹斗，交割直岁大因众
3 僧吃用。又粟壹斗，都僧统东窟到来迎用。油柒升、
4 苏半升，八日，灵药食用。面五升、油壹抄，造吴和尚斋

可见，其第一笔是辛亥年(951)十二月七日的支出帐，其后还有十二月八日及以后的帐，而 S.1519(1)也记载有十二月八日至十六日的支出帐，故 S.1519(1)不应是辛亥年的帐历。同时，S.1519(2)记录的是直岁法胜负责时期金光明寺的油面等支出，而其第一笔帐是因交割直岁大因所管帐务时的支出，据此推测，S.1519(1)记录的应是法胜的前任即大因任直岁时金光明寺的帐历，故其年代可能是在辛亥年(951)前的庚戌年，即950年。至此，我们可将 S.1519(1)拟名为《庚戌年(950)金光明寺诸色破历》。

（三）P.3264《庚戌年(950)金光明寺麸破历》

P.3264 仅残存 7 行，所存皆为麸的破用帐，《释录》第 3 辑有录文，并拟名为《庚戌年(890或950)某寺麸破历》，[①]具体内容如下：

1 庚戌年四月廿五日，麸两硕，马僧录将用。又麸壹硕，西
2 院索僧政将用。又麸肆斗，东院索僧政将用。又
3 麸肆斗，贾僧政将用。
4 十二月廿三日，麸叁硕，僧录马吃用。又麸壹
5 硕伍斗，净索僧政马吃用。又麸壹硕
6 伍斗，道贞、索僧政马吃用。又麸壹硕伍
7 斗，贾僧政马吃用。

文中的十二月、道贞在《释录》中被分别录为五月、道真。文书中出现了西院索僧政、东院索僧政，而在金光明寺文书如 S.1519(1)、S.1519(2)中记载有金光明的西院索僧政。又道贞也见于 P.2250V《公元925—937年间儭司勾儭历》的金光明寺僧名中。从这些信息来看，P.3264是金光明寺文书。

我们再从金光明寺索僧政和道贞的活动时代来判断 P.3264 的年代。金光明寺的索僧政还见于其他文书，如 P.3388《后晋开运四年(946)三月九

---

① 唐耕耦、陆宏基编《敦煌社会经济文献真迹释录》第 3 辑，第 176 页。

日归义军节度使曹元忠追念设供请僧疏》记载有金光明寺的马僧政、索僧政、就法律、刘法律、二索法律等僧人，又写于961年的P.4981《当寺（金光明寺）转帖》记载有都僧录、索僧政等，S.6981V（8）＋Дx.01419V＋S.1600V（1）《辛酉年（961）至癸亥年（963）大乘寺诸色破用历》也载有"沽酒粟贰斗，将金索僧正取物用"。除了索僧政外，P.3264中的马僧录与P.3388中的马僧政、P.4981中的都僧录也可能是同一人。又前述道贞见于P.2250V《公元925—937年间僦司勾僦历》。据此判断，P.3264中的庚戌年应是950年。至此，我们可将P.3264拟名为《庚戌年（950）金光明寺䴷破历》。

（四）Дx.01412《丁卯年（967）至己巳年（969）金光明寺斛斗等破历》

Дx.01412的图版公布于《俄藏敦煌文献》第8册，① 残存13行，内容如下：

```
1 二人卯辰巳叁年沿寺□
2 伯叁拾硕伍斗，黄麻□
3 弘法律。黄麻捌硕□
4 壹硕伍斗。又□水磑□
5 ［斗］。又矜道弘法律□
6 硕伍斗，内玖硕在□
7 六斗，在平押衙。又肆□
8 刘法律。又矜庆进□
9 法律法胜二人麻拾□
10 粟壹伯伍拾柒硕捌［斗］□
11 惠清入立机壹疋，［折］□
12 法胜入褐袋一口，布一疋□
13 牙盘一面。
```

文书是对卯、辰、巳三年寺院矜免、折欠斛斗等帐变化的记载。文书中出现了道弘、刘法律、法胜、惠清、庆进等僧人，这些僧人在金光明寺文书中均出现过。如P.2250V《公元925—937年间僦司勾僦历》记载金光明寺有惠清、庆进、道洪，不排除道洪与道弘是同一人的可能，又金光明寺的惠清还见于P.4518《中书门下牒》。金光明寺的刘法律见于P.4981《当寺（金光明

---

① 俄罗斯科学院东方研究所圣彼得堡分所等编《俄藏敦煌文献》第8册，第155页。

寺)转帖》、P.3388《开运四年(946)三月九日归义军节度使曹元忠追念设供请僧疏》和 Дx.01425＋Дx.11192＋Дx.11223《辛酉年(961)某寺或儭司吊孝等破用布褐等历》。法胜还见于 P.4981《当寺(金光明寺)转帖》、S.1519(2)《辛亥年(951)十二月七日至壬子年(952)金光明寺直岁法胜手下油面等破历》。这些金光明寺的文书不但记载了 Дx.01412 中的僧人,而且年代较为集中,故 Дx.01412 也应是金光明寺文书。S.1519(2)记载在 952 年时法胜为直岁,而在 Дx.01412 中法胜已是法律,故 Дx.01412 的年代应在 S.1519(2)之后,其中卯、辰、巳只能是丁卯(967)、戊辰(968)、己巳(969)年或己卯(979)、庚辰(980)、辛巳(981)年,但是为后者的可能性不大,因为记载有金光明寺僧人惠清、庆进、道弘的 P.2250V《公元925—937年间儭司勾儭历》距离 981 年已有 45—56 年之久了。综合以上分析,我们暂时将 Дx.01412 拟名为《丁卯年(967)至己巳年(969)金光明寺斛斗等破历》。

四、其他寺院诸色入破历考释

(一) S.1733V(1)《子年(796或808)至寅年(798或810)莲台寺诸色入历》

S.1733V(1)前部有残缺,主要记录了子、丑、寅三年间麸、面、麦、豆等的收入。姜伯勤、唐耕耦、郝春文和赵贞等先生对该件文书进行过释录,[①]其内容如下:

(前残)

1 麸伍硕,僧法吼

2 吴秀□

3 四月十三日,入回造面伍硕陆斗。法吼(签字)

4 八月十日,入田收麦壹拾叁硕捌斗。法吼(签字)

5 十月八日,入豆壹硕,于草价处收得了。法吼(签字)

6 　同日,入利闰麦伍硕。法吼(签字)

7 　同日,入利闰面壹硕壹斗。法吼(签字)

8 寅年二月十五日入白面□硕陆斗。法吼

9 九月十八日入面壹拾捌硕。法吼

---

① 姜伯勤《唐五代敦煌寺户制度》,第 125 页;唐耕耦、陆宏基编《敦煌社会经济文献真迹释录》第 3 辑,第 112 页;郝春文、赵贞编著《英藏敦煌社会历史文献释录》第 7 卷,第 578—580 页。

10　入租地价麦壹拾贰硕伍斗、豆壹硕。
11　入利闰麦拾硕。
12　入租墾地壹拾贰石玖斗。入博面麦两硕贰斗。
13　从子丑寅年已前计见在捌拾叁硕肆斗叁胜
14　面肆拾硕贰斗，已上等回残物。

该件文书第1、3—9行后有僧人法吼和某人的签字，但诸家录文中没有释录法吼其人。法吼还见于S.2729《吐蕃辰年(788)三月沙州僧尼部落米净曶牒(算使勘牌子历)》，其为莲台寺僧人，俗姓王，在当时莲台寺僧人中位列第二。又P.3060的正、背面有诸寺僧尼的付经历，其中也有法吼，而且这些僧尼多见于吐蕃时期，故其也应是8世纪末至9世纪前期的文书。S.1733V(1)中的法吼应与S.2729、P.3060中的法吼为同一人，S.1733V(1)也应为莲台寺文书，其子、丑、寅应分别为796、797、798年或808、809、810年，故可将其拟名为《子年(796或808)至寅年(798或810)莲台寺诸色入历》。

(二) S.3074V《公元820年前后乾元寺白面破历》

S.3074V前后残缺，共残存56行，每行记录一笔关于白面的支出帐，《释录》第3辑和《英藏敦煌社会历史文献释录》第15卷在对其进行录文的同时，分别拟名为《吐蕃占领敦煌时期某寺白面破历》和《吐蕃时期某寺破历》。[①] S.3074V第26行记录的一笔支出帐是因"本寺修造在后罚席上用"，说明这确是某寺院的支出帐。那么这是哪所寺院的帐历呢？为了说明此问题，我们将其中几笔帐按行号移录如下：

3　九日，出白面陆斗，付安大娘，充外庄直岁食。
10　廿六日，出粟两硕伍斗，付惠炬，充庄头人粮。
15　廿六日，白面肆斗，付龙真英，充屈水官。
38　十六日，出白面壹硕伍斗，付利珍，充众[僧]堂食。
44　十二月一日，出白面壹硕贰斗，付张什二，充众僧堂食。
51　七日，出白面贰硕，付智清，充众僧堂食。

这几笔帐中的安大娘、龙真英和张什二同时出现在S.542V《沙州诸寺

---

① 唐耕耦、陆宏基编《敦煌社会经济文献真迹释录》第3辑，第169—171页；郝春文等编著《英藏敦煌社会历史文献释录》第15卷，社会科学文献出版社2017年，第209—212页。

寺户妻女名簿》中乾元寺寺户妻女名下,而僧人惠炬、利珍、智清也见于其他文书,如 P.3855《付经历》记载有乾元寺僧人惠炬、像照,P.3138V《付经历》记载有乾元寺僧人利珍、戒盈、净真等,S.476V《沙州僧团勘经部帙数目》记载有乾元寺的僧人智清、真诠、像照、离俗。又 S.2729《吐蕃辰年(788)三月沙州僧尼部落米净䎝牒(算使勘牌子历)》也记载到乾元寺僧,其中有宋戒盈、令狐像照、杜离珍,说明戒盈、像照分别姓宋、令狐,而杜离珍可能就是利珍,其姓宋。从这些僧人及寺户妻女来看,S.3074V 无疑是乾元寺文书。

既然乾元寺寺户及妻女安大娘、龙真英和张什二同时出现在 S.3074V 和 S.542V《沙州诸寺寺户妻女名簿》中,说明二者年代接近,而 S.542V《沙州诸寺寺户妻女名簿》的年代稍晚于《戌年(818)沙州诸寺丁口车牛役簿》,[1]据此推测,S.3074V 的时间也应在 820 年前后,故我们可将其拟名为《公元 820 年前后乾元寺白面破历》。

(三) S.6981V(8)＋Дx.01419V＋S.1600V(1)《辛酉年(961)至癸亥年(963)大乘寺诸色破用历》

S.6981V 的内容较多而杂乱,其中第八部分是寺院的支出帐,写在三张纸上,前后残缺。《释录》第 3 辑较早对 S.6981V(8)进行了录文并附有图版,拟题为《年代不明诸色斛斗破历》。[2]《英藏敦煌文献》第 12 卷专门公布了 S.6981V 的图版,并将 S.6981V(8)拟题为《某寺诸色斛斗破历》。[3] Дx.01419V 前后残缺,仅残存数行文字,其图版公布于《俄藏敦煌文献》第 8 册,拟题为《内法寺麦粟破历》。[4] S.1600V(1)仅残存三行,这三行文字在国际敦煌项目网站(IDP)公布的彩图和《英国国家图书馆藏敦煌遗书》第 38 册公布的黑白图版上都比较清楚,[5]但在《英藏敦煌文献》第 3 卷公布的图版上则看不出任何字迹,[6]《释录》所附图版中也没有这三行文字,当然也没有对这三行文字进行释录。[7]《英藏敦煌社会历史文献释录》第 7 卷在释录 S.1600V

---

[1] 藤枝晃、土肥义和将 S.542V《戌年沙州诸寺丁口车牛役簿》中的戌年定为 806 年,竺沙雅章、池田温、姜伯勤、陈国灿等定为 818 年,并基本为学界所认同。参姜伯勤《唐五代敦煌寺户制度》,第 38 页;陈国灿《敦煌所出诸借契年代考》,《敦煌学辑刊》1984 年第 1 期,第 2—3 页。

[2] 唐耕耦、陆宏基编《敦煌社会经济文献真迹释录》第 3 辑,第 142—144 页。

[3] 中国社会科学院历史研究所等合编《英藏敦煌文献》第 12 卷,第 15—17 页。

[4] 俄罗斯科学院东方研究所圣彼得堡分所等《俄藏敦煌文献》第 8 册,第 159 页。

[5] 方广锠、吴思芳主编《英国国家图书馆藏敦煌遗书》第 38 册,广西师范大学出版社 2013 年,第 103 页。

[6] 中国社会科学院历史研究所等合编《英藏敦煌文献》第 3 卷,第 100 页。

[7] 唐耕耦、陆宏基编《敦煌社会经济文献真迹释录》,第 528 页。

时也没有对这三行文字进行释录。①

　　从文书边缘及内容、字迹来看，S.6981V(8)、Дx.01419V、S.1600V(1)本为同一件文书而完全可以拼接缀合在一起。拼接后，S.6981V(8)第39—43行与Дx.01419V第1—5行原来各自残缺的文字得以互相补充完整，并且原来因被撕裂而分别存留部分字迹于二者边缘处的同一文字也得以复原，如S.6981V(8)第39行残存有该行第二个字——"酒"字的一部分字迹，另一部分字迹存留在Дx.01419V第1行；S.6981V(8)第40行残存有该行第四个字——"麨"字的一小部分字迹，而大部分字迹存留在Дx.01419V第2行；S.6981V(8)第41行残存有该行第五个字——"油"字的一部分，另一部分字迹存留在Дx.01419V第3行；S.6981V(8)第42行最后残存有"窟□□"三字右侧的一部分，而这三字左侧部分存留在Дx.01419V第4行；S.6981V(8)第43行开头的几个字及最后一个"用"字则存留在Дx.01419V第5行。Дx.01419V尾部与S.1600V(1)开头边缘处也可以拼接缀合在一起，Дx.01419V的最后一行，也即第10行，与S.1600V(1)的第1行可以拼接成同一行，但该行文字主要存留在Дx.01419V上，其中开头数字漫漶不清，而该行最后的"破得油壹"几字中，"破"字左侧偏旁中的"丿"有一部分在S.1600V(1)上，"油"字的左侧部分留存在S.1600V(1)上，右侧部分存留在Дx.01419V上，而"壹"字主要存留在S.1600V(1)上，仅右上角的一丝笔迹存留在Дx.01419V上。

　　在完成对S.6981V(8)＋Дx.01419V＋S.1600V(1)的拼接缀合后，下面我们将其相关内容进行释录，其中将Дx.01419V和S.1600V(1)的文字分别置于"【】""〖〗"中，而将分别存留部分字迹于S.6981V(8)和Дx.01419V、Дx.01419V和S.1600V(1)两件文书边缘处的同一文字分别置于"○""〈〉"中，录文如下：

　　1 □□□□ 面 壹 斗
　　2 □五日，沽酒粟贰斗，将金索僧正取物用。麨面壹斗、
　　　（略）
　　38 升，永连亡时造祭盘用。面壹石叁斗、油肆
　　39【升】、〖酒〗壹瓮，翟阇梨收骸骨时造顿用。
　　40【面两石】、〖麨〗面伍斗、油肆升、酒两瓮，修构唐
　　41【用。面叁斗】、〖油〗壹升，付打番桙索博士用。

---

① 郝春文、赵贞编著《英藏敦煌社会历史文献释录》第7卷，第311页。

42【面肆斗，造使面】傅饦用。粟陆斗，西〔窟□□〕
43【迎僧统用。粟壹斗】，官转经领粟【用】。
44【［辛酉］年内沿寺破除所用□面伍拾贰硕陆】
45【斗］，□壹硕陆斗陆升半，粟贰拾陆硕柒】
46【斗。壬戌年内沿寺破得面肆拾叁硕柒斗】，
47【油壹硕陆斗［捌］升□，麦两硕柒斗】
48【　　　　　　】癸亥年〈破〉【得】〈油壹〉
49〖硕叁斗陆升半，面壹拾贰硕叁斗，〗
50〖麦两硕伍斗，粟贰拾捌硕玖斗。〗

　　S.6981(8)＋Дx.01419V＋S.1600V(1)中有辛酉年、壬戌年、癸亥年，其具体的公元纪年可以通过文书中的相关人物来考证。梁户赵阿朵多次出现在其他相关文书中，如 P.3231(11)《癸酉年至丙子年(974—976)平康乡官斋籍》第四件中载有："饦饼：氾员昌、赵阿朵、张憨儿、氾丑儿、张海生、付面九斗，造饼九十五分。"第五件载有："饦饼头：氾定子、氾员昌、赵阿朵、张憨儿面壹石，造饼一百五分。"而在 S.4703《丁亥年(987)六月七日买菜人名目》中还明确记载到梁户赵阿朵、梁户李富德，[①]在 S.286《公元 980 年前后报恩寺诸色入破历算会牒稿》中也记载有梁户李富德、硙户张富昌等，说明赵阿朵与李富德是同时期的梁户，他们主要活动在 10 世纪后半期。又 S.6981(9)＋Дx.01419V＋S.1600V(1)载："面叁斗、油壹升、粟叁斗，图张判官亡纳大众用。""面陆斗、油贰升半、粟伍斗，三界寺王僧正亡纳大众用。"关于灵图寺张判官和三界寺王僧正去世之事，Дx.01425＋Дx.11192＋Дx.11223《辛酉年(961)某寺或儭司吊孝等破用布褐等历》也有记载，其第 17—18 行载："(辛酉年)四月二日，图［张］判官亡，吊□□□□□头、张押衙用布陆尺。"第 21—22 行载："(辛酉年)五月七日，界王僧正亡，吊高都衙、李僧正、张僧□、□僧正、二张都头、高都头、九娘子等用布贰拾尺。"[②]虽然 S.6981(9)＋Дx.01419V＋S.1600V(1)中没有具体记载因灵图寺张判官和三界寺王僧正去世而支出帐的日期，但是这两笔帐在三月六日至五月二十三日之间，而 Дx.01425＋Дx.11192＋Дx.11223 中相应两笔帐正好发生在四月二日、五月七日，故二者所载的灵图寺张判官和三界寺王僧正必为同一

---

① 对该件文书的定年，参金滢坤《敦煌社会经济文书定年拾遗》，第 12—13 页。录文参唐耕耦、陆宏基编《敦煌社会经济文献真迹释录》第 3 辑，第 239—245 页。
② 俄罗斯科学院东方研究所圣彼得堡分所等编《俄藏敦煌文献》第 8 册，第 165 页。

人无疑。又施萍婷先生依据 Дx.01425＋Дx.11192＋Дx.11223 中的闰三月而将辛酉年定为 961 年。① 结合这些情况可知，S.6981(8)＋Дx.01419V＋S.1600V(1)中的辛酉年应是 961 年，而壬戌年、癸亥年分别是 962、963 年。

接下来我们再对 S.6981(8)＋Дx.01419V＋S.1600V(1)的所属寺院进行讨论。前述《俄藏敦煌文献》第 8 册将 Дx.1419V 拟题为《内法寺麦粟破历》，若此，那么 S.6981(8)＋Дx.01419V＋S.1600V(1)也应属于内法寺文书。但实际上，在唐宋时期的敦煌佛教史上，并没有名为"内法寺"的这所寺院，《俄藏敦煌文献》之所以将 Дx.01419V 认为是内法寺文书，其原因应是将 Дx.01419V 中第 6 行、第 7 行，也即 S.6981(8)＋Дx.01419V＋S.1600V(1)中第 44 行"内沿寺破除"、第 46 行"壬戌年内沿寺破得面肆拾叁硕柒斗"中的"内沿寺"误认为是"内法寺"所致。总之，S.6981(8)＋Дx.01419V＋S.1600V(1)不属于所谓内法寺文书。S.6981V(8)＋Дx.01419V＋S.1600V(1)中记载了多笔因其他寺院僧人去世、上梁等原因而支出的帐目，这些寺院有僧寺金光明寺、灵图寺、三界寺、报恩寺和乾元寺，故该文书记载的应是这几所寺院之外敦煌某寺的帐目。S.6981V(8)＋Дx.01419V＋S.1600V(1)中出现的人物较多，其中有的人物有助于我们判定该文书所属的寺院，如第 37—39 行"面壹斗、油壹升，永连亡时造祭盘用。面壹石叁斗、油肆升、酒壹瓮，翟阇梨收姥骨时造顿用"中的永连、翟阇梨，又如第 2—3 行"麨面壹斗、白面壹斗、油壹升，付愿子将病用"、第 6 行"油壹升，愿子精病发时用"、第 9—10 行"面壹斗、油壹升，愿子亡造祭盘用"、第 20—21 行"酒壹角，愿子逢暮顿递造顿用"等几笔帐中的愿子，永连、翟阇梨、愿子又同时见于 P.2944。② P.2944 残存有大乘寺、圣光寺及某寺的尼僧名目，其中大乘寺的尼僧是完整的，在每名尼僧法名下用小字注有另外一名僧尼的法名或世俗人的姓名等信息而用以说明二者的关系，在大乘寺的正会、善香、善行下分别注有翟阇梨、愿子、永连，既然永连、翟阇梨、愿子同时出现在大乘寺的尼僧名目中，同时 S.6981V(8)＋Дx.01419V＋S.1600V(1)中记载了因他们三人的支出帐目，这说明 S.6981V(8)＋Дx.01419V＋S.1600V(1)应是大乘寺的文书。

---

① 施萍婷《俄藏敦煌文献经眼录(二)》，季羡林等主编《敦煌吐鲁番研究》第 2 卷，北京大学出版社 1997 年，第 328 页。
② 竺沙雅章在《中国佛教社会史研究(增订版)》"补编"部分第 24 页注释 7 中推测 P.2944 为归义军后期的文书。从 P.2944 中永连、愿子和翟阇梨三人均在世，而 S.6981(8)＋Дx.1419V＋S.1600V(1)中永连、愿子已经去世来看，P.2944 的年代应在 10 世纪前半期。

从内容来看,S.6981V(8)+Дx.01419V+S.1600V(1)中前面残存的43行属破用明细,第44—50行分别记载了辛酉年、壬戌年、癸亥年每年的破用总帐,破用物有麦、粟、油、面、酒等。总之,该件文书记载的是辛酉年(961)至癸亥年(963)大乘寺的斛斗等破用帐目,故我们可将其拟题为《辛酉年(961)至癸亥年(963)大乘寺诸色破用历》。此前我们所能看到记载大乘寺经济状况的文书主要是S.1625《后晋天福三年(938)十二月六日大乘寺徒众诸色入破历算会牒》,故虽然S.6981(8)+Дx.01419V+S.1600V(1)仅仅保存下来了大乘寺于961—963年的部分破用帐,但是其对认识当时大乘寺的经济状况具有积极意义。

(四) S.1600V(2)《壬戌年(962)四月癸亥年(963)二月某寺麦粟历》

S.1600V(1)的最后一行后有数行的空白位置,空白位置后为纸缝,纸缝后还有四行文字,也即S.1600V(2)的内容,详情如下:

1 壬戌年四月三日,涛麦拾伍硕,秋涛拾柒硕,干
2 麦肆硕,硙面粟两硕。癸亥年二月十四日,春涛
3 涛麦拾柒硕,干麦两石伍斗,秋涛麦叁拾
4 贰硕。

关于这部分内容,《释录》认为与正面的灵修寺算会文书为同一件文书,并编号为S.1600,拟题为《壬戌年至癸亥年(962—963年)灵修寺麦破》。[①]《英藏敦煌文献》第3卷将其拟题为《壬戌年四月癸亥年二月灵修寺涛(淘)麦碾面斛斗抄》,[②]而《英藏敦煌社会历史文献释录》第7卷拟题为《壬戌年(962年)四月至癸亥年(963年)二月灵修寺涛麦硙面斛斗抄》。[③] 仅从S.1600V(2)中的四行文字来看,没有直接证据证明其为灵修寺文书,更不能说明其与正面的灵修寺文书为同一件文书。《释录》等都应是受正面灵修寺文书的影响,同时又没有注意到与S.1600V(2)同在背面的S.1600V(1)系大乘寺的文书,甚至将S.1600V(1)也认为是灵修寺文书,故作出了前述判断。当然,S.1600V(2)究竟是灵修寺还是大乘寺,亦或其他寺院的文书,暂难断定。至于S.1600V(2)中的壬戌年、癸亥年也应与S.6981V(8)+Дx.01419V+S.1600V(1)中的壬戌年、癸亥年一样,分别是962年和963

---

① 唐耕耦、陆宏基编《敦煌社会经济文献真迹释录》第3辑,第528页。
② 中国社会科学院历史研究所等合编《英藏敦煌文献》第3卷,第100页。
③ 郝春文、赵贞编著《英藏敦煌社会历史文献释录》第7卷,第311页。

年,故《释录》等虽未说明理由,但其对 S.1600V(2)的年代判断是正确的。此外,S.1600V(2)仅记载了壬戌年四月三日和癸亥年二月十四日的两笔帐,而不是记载壬戌年四月三日至癸亥年二月十四日之间发生的系列序时帐,故可将其拟名为《壬戌年(962)四月癸亥年(963)二月某寺麦粟历》。

(五) Дх.01425＋Дх.11192＋Дх.11223《辛酉年(961)某寺或僧司吊孝等破用布褐等历》

Дх.01425＋Дх.11192＋Дх.11223 的图版公布于《俄藏敦煌文献》第 8 卷,拟名为《辛酉年吊仪用布历》,共残存 22 行,同时每行文字又有不同程度的残损,主要记录的是辛酉年因吊孝等所用布、褐数目。①

施萍婷先生依据文书中的闰三月而将辛酉年定为 961 年。② 从文书内容来看,除了两笔昌褐帐因残损不明支出原因外,其他每笔帐均是关于布的吊孝支出,逝者和吊孝者不但有僧人,而且频繁出现世俗人,如逝者有翟押衙、龙兴寺宋法律母亲、达家大娘子、杨都头母亲、金光明寺全刘法律母亲、灵图寺张判官、某寺王僧正等,而吊孝者有僧正、都头、娘子、指挥、押衙、法律、夫人、龙兴寺张僧正和张判官、龙僧正、罗家娘子、亲表、镇使、三界寺梁法律、尼阇梨等,这些僧正、都头、娘子等往往不仅有一人,而是有不同的僧正、都头、娘子。这种由某一所寺院集中为众多僧俗两界的吊孝者支用布匹的现象不见于其他敦煌文书,故该件文书不一定是某寺院的帐历。同时,僧司布匹支出的原因之一就是吊孝,如 P.2638《后唐清泰三年(936)沙州僧司教授福集等状》载:"布贰阡柒伯壹拾尺,三年中间沿僧门、八日法师、七月十五日设乐、三窟禅僧衣直、布萨、庆阳、吊孝等用。"故不排除该件文书系僧司文书的可能。至此,我们暂将该件文书拟名为《辛酉年(961)某寺或僧司吊孝等破用布褐等历》。

(六) P.2642V《公元 10 世纪灵图寺诸色斛斗破历》

P.2642V 前部有残缺,仅剩 14 行,第 1 行仅最后几个字有少许字迹存留,其他 13 行文字完整。《释录》第 3 辑较早对该件文书进行了释录,并附有黑白图版,拟名为《年代不明(公元 10 世纪)诸色斛斗破用历》。③ 后《法藏敦煌西域文献》第 17 册也专门公布了其黑白图版。④ 虽然 P.2642V 残存的内容中没有明确记载其所属的寺院及年代,但是我们认为其应系灵图寺文

---

① 俄罗斯科学院东方研究所圣彼得堡分所等编《俄藏敦煌文献》第 8 册,第 165 页。
② 施萍婷《俄藏敦煌文献经眼录(二)》,第 328 页。
③ 唐耕耦、陆宏基编《敦煌社会经济文献真迹释录》第 3 辑,第 209 页。
④ 上海古籍出版社、法国国家图书馆编《法藏敦煌西域文献》第 17 册,上海古籍出版社 2001 年,第 73 页。

书,理由如下:

首先,文书最后一行末尾有签字,该签字与 S. 6981(4)《辛未年(971)至壬申年(972)灵图寺某某领得斛斗历》中的签字相同,即为"愿"字,说明两件文书中的"愿"应是同一负责人。

其次,P. 2642V 中所有"用"字的写法与我们在第六章考证的其他灵图寺文书如 P. 3165V、Дх. 01329B＋Дх. 02151V＋Дх. 01329A、Дх. 00285V＋Дх. 02150V＋Дх. 02167V＋Дх. 02960V＋Дх. 03020V＋Дх. 03123V 等中的"用"字相似。

最后,P. 2642V 第 3 行载有:"粟八斗,沽酒,城南园泥厅舍用。"第 7—8 行载有:"粟陆斗,沽酒,唐单子算羊来用。"而 P. 3165V《公元 944 或 945 年灵图寺诸色入破历算会牒稿》第 26 行载有"四斗,唐单子用",第 29—30 行载有"六斗,南园下韭用",这说明,唐单子其人与灵图寺关系密切,灵图寺拥有南园,其僧众会在南园进行劳作活动。

唐耕耦先生认为 P. 2642V 末尾的签字"愿"与 S. 5937《庚子年(1000)十二月廿二日报恩寺都师愿通沿常住破历》、P. 3997《庚子年(1000)十一月卅日至辛丑年(1001)五月报恩寺布褐等入历》中的签字"愿"当是指"愿通",并认为这几件文书的年代相近,属曹氏归义军统治时期。但后来又在依据签字"愿"等信息而将 S. 5937 和 P. 3997 考证为是报恩寺文书时,并未将 P. 2642V 也考证为报恩寺文书,说明唐先生后来意识到 P. 2642V 与 S. 5937、P. 3997 中的"愿"不是同一人。① 从唐单子又见于 P. 3165V《公元 944 或 945 年灵图寺诸色入破历算会牒稿》来看,P. 2642V 也应属 10 世纪的文书,但其具体年代不明。从书写格式、内容及负责人的签字来看,P. 2642V 应是对破用流水帐的记录,故我们可将其拟名为《公元 10 世纪灵图寺诸色斛斗破历》。

(七) S.6217(3)＋S.6217V《公元 10 世纪某寺诸色破历》

S. 6217 包括三部分内容,前两部分所载的是报恩寺常住什物,即 S. 6217(1)《乙巳年(945)二月十二日报恩寺常住什物点检历》和 S. 6217(2)《丙午年(946)四月十五日报恩寺分付常住什物历》,第三部分是关于麦、粟、酒、面、胡饼等的破用历,共有 7 行,我们将其编号为 S. 6217(3)。S. 6217(3)与 S. 6217(2)之间中空约六七行,空间较大,字迹似非一人所写。

---

① 经考证后,唐耕耦先生将 P. 3997、S. 5937 分别拟名为《庚子年(940 或 1000)十一日卅日起报恩寺入历》《庚子年(940 或 1000)十二月廿二日起报恩寺都愿通沿常住破历》,参其著《敦煌寺院会计文书研究》,第 311—314 页。

我们发现，S.6217V 也有一行文字，该行文字恰好和 S.6217(3) 的最后一行相接，二者系同一内容，具体如下：

1 八月廿三日，寺家淘麦日看用酒一角。又尚（和）上淘麦日酒一斗。
2 秋间寺家砣面人五日供饭逐日面三斗、酒一斗。
3 水官马醋（䐗）麦粟两石。又烟火麦粟三石。又
4 当黄赛神胡并（饼）叁十、薄并（饼）四十、酒拾
5 杓。又后件帝砣河，众僧用胡并（饼）四十、酒半瓮。
6 又秋间李家砣门修河用白刺车枝拾伍
7 束，槪拾行。与李押衙羯羊一口，断麦四石。又当
8 黄赛神羊价麦一石，又石川牧一石。

在第8行后还写有"文晟师兄"，但应与破用帐历之间没有关系。《释录》仅录了 S.6217(3) 中的七行文字，而没有将其与 S.6217V 中的一行文字，即上录第8行文字拼接在一起，同时将第7行最后的"当"字释为"折断"二字。① 实际上，该"当"字与第8行的"黄"字组成"当黄"一词，该词又出现在第4行，可能系地名。

虽然 S.6217(3)＋S.6217V 与 S.6217(1)《乙巳年（945）二月十二日报恩寺常住什物点检历》、S.6217(2)《丙午年（946）四月十五日报恩寺分付常住什物历》写在同一卷号，但是据已有信息难以判定其是否系报恩寺文书，至于年代应差距不太大，故可将其拟名为《公元10世纪某寺诸色破历》。

---

① 唐耕耦、陆宏基编《敦煌社会经济文献真迹释录》第3辑，第230页。

第五章 帐状文书

第一节 帐状文书的名称和结构

一、帐状文书的名称

后面我们将要专门讨论，帐状文书的结构是由四柱帐历和状文的格式相结合而形成的，是对一个会计期内财务收支结存情况进行算会的牒状，相当于会计报告，学界一般将其拟名为"算会牒"，或者称为"状""计会牒"。其实，这类会计文书的名称在历史上一直处于演变之中，不同时期的名称并不统一。汉代的时候，这种四柱会计报告可称为"簿"，如《居延汉简释文合校》中128·1简册载：

广地南部言永元五年六月官兵釜磴月言簿
承五月余官弩二张、箭八十八枚、釜一口、磴二合。
今　余官弩二张、箭八十八枚、釜一口、磴二合。
　　赤弩一张，力四石，木关。
　　陷坚羊头铜　箭卅八枚。
　　故釜一口，锼有锢口呼长五寸。
　　磴一合，上盖缺二所各大如疎。
● 右破胡隧兵物
　　● 赤弩一张，力四石五，木破，起缴往往绝。
　　　盲矢铜　箭五十枚。
　　　磴一合，敝尽不任用。
● 右涧上隧兵物
● 凡弩二张、箭八十八枚、釜一口、磴二合。毋入出。

> 永元五年六月壬辰朔一日壬辰。广地南部
> 候长信叩头死罪敢言之。谨移六月见官兵物
> 月言簿一编。叩头死罪敢言之。
> 广地南部言永元五年七月见官兵釜䃜月言簿
> 承六月余官弩二张、箭八十八枚、釜一口、䃜二合。
> (后略)①

该简册内容较多,包括三件"月言簿"和两件"四时簿",引文中第1—16行为永元五年六月的月言簿,最后两行为七月的月言簿部分内容。从内容可知,六月的月言簿记录的兵物主要是官弩二张、箭八十八枚、釜一口、䃜二合,这些兵物属于右破胡隧和右洞上隧,而月言簿的内容也是按照前帐结余和今帐新入、破用、结余四部分记录的,如"承五月余"是前帐结余,"毋入出"指在本月没有收入和支出,最后的"凡"是今帐结余,而该结余又是下一月月言簿中的"承六月余",如引文最后一行七月月言簿记录的即是。该简册中其他月言簿和四时簿也是如此。这说明,汉代"簿"的内容非常广泛,四柱会计报告也可以称为"簿"。

在唐宋时期,四柱会计报告可称为"案""帐",这在敦煌寺院和官府的四柱会计报告中有集中体现。如P.2838(1)的末尾有都僧统悟真判云:"勘算既同,连附案记。正月十九日。都僧统悟真。"S.1625的结尾也云:"右通前件斛斗油面粟等,破除及见存,一一诣实如前,谨录文案,与充后算为凭。"S.1600(1)+S.1600(2)+Дx.01419+S.6981(1)云:"庚申年十二月十一日已后,至癸亥年十二[月日]中间首尾三年,应入诸渠厨田兼诸家散施及官仓佛食、阇梨手上领入、常住仓顿设料,承前案回残,逐载梁颗(课)麦粟油面豆麻等前领后破,谨具分析如后:面贰拾伍硕,麦一十五石,粟九石三斗,麻九石三斗五升,油柒斗八升,前案回残入。"又如官府的四柱文书S.2472V云:"辛巳年十月三日,算会州司仓公廨斛斗,前主持第五队押衙阴保升、押衙杜幸德等两队,准旧案上硕数升斗,合管交过与新把仓第一队头押衙龙员昌、队头裴万通等……。"可见,这些唐宋时期的四柱会计报告均可被称为"案""文案",文书中的"前案""旧案"即指上一会计期的四柱报告。②

唐宋时期的四柱会计报告不仅可以称为"案",而且也可以称为"帐"。

---

① 谢桂华、李均明、朱国炤《居延汉简释文合校》,第211—213页。
② "案"作为财务文书的名称在汉简中就已经存在,如居延汉简中的《始建国天凤四年四月尽六月当食者案》保存完整,记录了四月至六月戍卒的食用帐。释文参胡之主编《内蒙古居延汉简》(二),重庆出版社2008年,第20页。

如 P.2838(2)载:"从辰年正月已后,至午年正月已前,中间叁年应入硙颗(课)、梁颗(课)、厨田及前帐回残斛斗油苏等,总叁佰肆拾捌硕玖斗叁胜……叁拾叁硕陆斗叁胜斛斗油等前帐旧。"P.3352 也载:"合从乙巳年正月一日已后,至丙午年正月一日已前,中间一周年,徒众就北院算会法松手下应入常住梁课、硙课及诸家散施兼承前帐回残及今帐新附所得麦粟油面黄麻夫查豆布毡等总肆伯贰拾六石四斗六升九合。"又 P.2974V《唐乾宁四年(897)金光明寺直岁庆果手下诸色入破历算会牒稿》载:"从丙辰年正月五日已后至丁巳年正月十九日已前,中间承前帐及今帐新附麦粟黄麻豆油苏等总叁佰壹硕柒斗壹胜半壹抄……壹佰伍拾玖硕陆斗壹胜半壹抄麦粟黄麻豆油苏等前帐旧。"这些四柱会计报告中的"前帐"与前述几件中的"前案""旧案"是一回事,就是指前一会计期的四柱会计报告。

既然唐宋时期的四柱会计报告可以称为"案""帐",而其又是状文的格式,故也可以称其为"案状""帐状"。《唐会要》卷 59"比部员外郎"条载:

> 建中元年四月,比部状称,天下诸州及军府赴勾帐等格,每日诸色勾征,令所由长官录事参军、本判官,据案状子细勾会。其一年勾获数及勾当名品,申比部。[①]

引文中有案状和勾帐,虽然案的种类、内容很多,即便是财物记录方面的案,在格式和内容方面也不一致,但是也不排除此处案状的内容就是四柱记帐形式的可能;同时,唐代的勾帐不但也在使用四柱帐式,而且也会有状文的格式,[②]故此处的勾帐也可能是四柱帐式的帐状。唐代传统文献中有关案、帐的记载非常多,但是关于案状、帐状的名称很少,这可能是一般将其分别略称为案、状所致。在宋代的传统文献里面,"帐状"一词比比皆是,帐状的种类也非常繁多,有不同地方、不同机构的帐状,如《宋会要辑稿》"食货六九"载:"一州之帐状,司法主之,一路之帐状,漕属主之,率诸路帐状上之户部。"[③]即州、路各有帐状。若以时间言之,有年帐、半年帐、季帐、月帐、旬帐等,这在宋人李元弼《作邑自箴》卷 5"规矩"条中有载:

> 一年终帐状限次年正月二十日,半年帐状限次半年孟月十五日,每季

---

① [宋]王溥撰《唐会要》,中华书局 1955 年,第 1036 页。
② 参李锦绣《唐代财政史稿》上卷,第 237—249 页。
③ [清]徐松辑,刘琳、刁忠民、舒大刚、尹波等校点《宋会要辑稿》,第 8063 页。

帐状限次季孟月初十日,月帐状限次月初五日,旬申帐状限次旬二日,夏秋税管额帐当年五月一日纳毕,单状税满,限四十日并要申发讫呈检。①

宋朝还专门设置总管天下帐状的机构——提举帐司,如《宋史》卷163载:"绍兴中,专置提举帐司,总天下帐状,以户部左曹郎官兼之。"②帐状也可以简称为"帐",如《宋会要辑稿》"食货六二"记载宋神宗熙宁九年四月二十六日诏曰:

诸在京、府界仓、库所供月、季、年帐,并于合满后依限申省,月、季帐二十五日,半年帐四十日,年帐五十日。③

这里的月、季、年帐在《作邑自箴》则相应地称为帐状。关于宋代官府帐状的性质,方宝璋先生认为一般是对各种会计凭证旁、帖、券和原始半原始记录历、簿等各种会计资料的汇总和简括,基本上全面反映地方路州县或中央太府寺、司农寺等所辖仓场库务经济活动的面貌。④ 从格式和内容来看,虽然宋代的帐状非常复杂,但是其中不乏四柱式的帐状,除了前面引用的敦煌文书中的四柱帐状外,后面我们将要引用的"诸州申钱帛帐""诸州申粮草帐"等等都是四柱帐状。

总之,从敦煌文书和传统文献的记载来看,在唐宋时期,四柱会计报告可称为案状、帐状,也可略称为案、帐。

也许由于敦煌文书中没有明确的"案状""帐状"之名,故学界一般没有将敦煌的四柱会计报告称为案状或帐状,而是称为"算会牒",偶尔会称为"状"或"计会牒",如下表所示:

表 5-1

文书卷号	《敦煌社会经济文献真迹释录》的拟名	《法藏敦煌西域文献》的拟名	《英藏敦煌文献》的拟名
P.2049V	后唐同光三年(925)正月沙州净土寺直岁保护手下诸色入破历算会牒	净土寺直岁保护牒	

---

① [宋]李元弼《作邑自箴》,第27—28页,四部丛刊续编本,商务印书馆1934年。
② [元]脱脱等撰《宋史》,中华书局1977年,第3849页。关于提举帐司设置的具体年代,《续资治通鉴》卷144记载是绍兴七年(1137),其载:"绍兴七年,臣僚有请仿本朝三司之制,专置提举帐司,总天下帐状,以户部左曹郎官兼之,积习既久,视为文具。"
③ [清]徐松辑,刘琳、刁忠民、舒大刚、尹波等校点《宋会要辑稿》,第7555—7556页。
④ 方宝璋《略论宋代会计帐籍》,第22页。

(续　表)

文书卷号	《敦煌社会经济文献真迹释录》的拟名	《法藏敦煌西域文献》的拟名	《英藏敦煌文献》的拟名
P.2049V	后唐长兴二年(931)正月沙州净土寺直岁愿达手下诸色入破历算会牒	净土寺直岁愿达牒	
P.2838(1)	唐中和四年(884)正月上座比丘尼体圆等诸色斛斗入破历算会牒附悟真判	中和四年上座比丘尼体圆等牒	
P.2838(2)	唐光启二年(886)安国寺上座胜净等诸色斛斗入破历算会牒	光启二年安国寺上座胜净牒	
P.3352	丙午年(886或946)三界寺招提司法松诸色入破历算会牒	三界寺招提司法松状	
P.2974V	唐乾宁四年(897)金光明寺直岁庆果手下诸色斛斗入破历算会牒稿	乾宁四年某寺诸色斛斗入破历算会牒稿	
P.2821	庚辰年(920)正月报恩寺寺主延会诸色入破历算会牒	庚辰年正月报恩寺寺主延会诸色入破历算会牒	
S.4191V2	戌年正月乾元寺常住诸色斛斗入破历算会牒		酉年乾元寺常住所入诸色斛斗计会牒
S.4191V1	亥年三月某寺寺主义深诸色斛斗入破历算会牒		亥年三月某寺寺主义深诸色斛斗入破计会牒
S.4782	寅年乾元寺堂斋修造两司都师文谦诸色斛斗入破历算会牒		乾元寺堂斋修造两司都师文谦诸色斛斗入破计会牒
S.1625	后晋天福三年(938)十二月六日大乘寺徒众诸色斛斗入破历算会牒		天福三年(938)十二月六日大乘寺诸色斛斗入破历计会

可见，《释录》和《法藏敦煌西域文献》一般将此类文书称为"算会牒"，《英藏敦煌文献》一般称为"计会牒"。从文书的格式来看，除了P.2049V中的两件首尾完整外，其他几件要么开头完整而尾部残缺，要么尾部完整而开头残缺。这些文书的开头一般是"某寺状"或"某寺某僧人状"，结尾一般有"牒件状如前，谨牒"，故无论是称为牒还是状都是没问题的。同时，敦煌文

215

书中将寺院在编制四柱会计报告过程中的相关会计活动称为"算会",学界在引用这些文书时也习惯于称为"算会牒",故我们在整理此类文书时也沿用"算会牒"的题名。

二、帐状文书的"四柱"结构形式

关于敦煌寺院四柱帐状的结构,北原薰先生较早利用有关净土寺文书进行过分析介绍,①后唐耕耦先生又专门撰文对这一问题进行了更加详细的解剖说明。② 虽然敦煌文书中的四柱帐状文书数量较多,但是大多为残卷,完整的四柱帐状很少,其中编号为 P.2049V 的两件净土寺帐状文书最具代表性,此即《后唐同光三年(925)正月沙州净土寺直岁保护手下诸色入破历算会牒》和《后唐长兴二年(931)正月沙州净土寺直岁愿达手下诸色入破历算会牒》。③ 这两件文书不仅完整,而且内容非常多,各有 474 行,是目前我们所能看到清代以前规模最大的四柱帐文献,前者记载了从甲申年正月一日至乙酉年正月一日间净土寺诸色入、破、见在帐,但由于将一笔新入帐记错了,故又重新记录而导致"新入柱"有两柱。由于这两件文书很典型地体现了四柱帐状的结构,同时又为了与其他帐状文书作比较说明,故我们将第二件文书的主体结构移录如下:

1	净土寺直岁愿达
2	右愿达,从庚寅年正月一日已后,至辛卯年正月一日已前,众
3	僧就北院算会,愿达手下丞(承)前帐回残及一年中间
4	田收、园税、梁课、散施、利润所得麦粟油苏米面黄
5	麻麸浑豆布緤纸等总壹阡捌伯叁半抄。
6	伍伯贰拾柒硕伍斗肆胜
7	麦,伍伯玖拾捌硕贰斗
8	玖胜粟,陆硕捌斗伍胜
9	半抄油,贰胜苏,壹斗
10	玖胜米,壹伯贰硕肆斗

---

① [日]北原薰《晚唐·五代の敦煌寺院经济——收支决算报告を中心に》,第 418—425 页。
② 唐耕耦《四柱式诸色入破历算会牒的解剖》,载白化文等编《周绍良先生欣开九秩庆寿文集》,中华书局 1997 年,第 126—141 页。
③ 录文可分别参唐耕耦、陆宏基编《敦煌社会经济文献真迹释录》第 3 辑,第 347—365、369—389 页。

11	壹胜面,玖硕叁斗伍
12	胜半连麸面,壹斗伍
13	胜谷面,捌拾玖硕贰
14	斗半胜黄麻,伍拾陆硕
15	肆斗麸,壹伯叁拾叁
16	饼滓,贰伯捌拾柒硕
17	玖胜豆,捌伯捌拾壹尺
18	布,贰伯贰拾壹尺緤,
19	贰伯张纸。

20 壹阡伍伯肆拾玖硕柒斗陆胜半抄麦粟油苏米面黄麻麸查豆布緤纸等丞前帐旧

21	肆伯伍拾叁硕柒斗壹胜
22	麦,伍伯叁拾伍硕贰斗
23	玖胜粟,叁硕捌斗壹
24	胜半抄油,壹斗肆胜米,
25	伍拾贰硕捌斗壹胜面,
26	伍硕肆斗伍胜半连麸面,
27	壹斗伍胜谷面,捌拾柒
28	硕伍斗伍胜半黄麻,肆
29	拾肆硕肆斗麸,壹伯陆
30	饼滓,贰伯柒拾陆硕肆
31	胜豆,陆伯捌拾壹尺布,
32	玖拾柒尺緤,贰伯张纸。

33 贰伯伍拾叁硕贰斗肆胜麦粟油苏米面黄麻麸查豆布緤纸等自年新附入

34	柒拾叁硕捌斗叁胜麦,
35	陆拾叁硕粟,叁硕肆胜
36	油,贰胜苏,伍胜米,肆拾
37	玖硕陆斗面,叁硕玖斗
38	连麸面,壹硕陆斗伍胜
39	黄麻,壹拾贰硕麸,贰
40	拾柒饼滓,壹拾壹硕伍
41	胜豆,贰伯尺布,壹伯贰
42	拾肆尺緤。

（明细帐略）

153　叁伯贰拾肆硕柒斗壹胜半抄麦粟油面黄麻麸查豆布緤等沿寺
　　　修造破用

154	壹伯肆拾陆硕叁斗
155	麦,陆拾伍硕壹斗壹
156	胜粟,叁硕叁斗肆胜
157	半抄油,肆拾柒硕伍
158	斗叁胜面,叁硕贰斗
159	叁胜连麸面,玖硕黄
160	麻,玖硕贰斗麸,壹
161	拾壹饼查,玖硕豆,
162	贰伯捌拾叁尺布,贰
163	拾陆尺緤。

（明细帐略）

433　壹阡肆伯柒拾捌硕贰斗玖胜麦粟油苏米面黄麻麸查豆布緤纸
　　　等沿寺破除外应及见在

434	叁伯捌拾壹硕贰斗肆
435	胜麦,伍伯叁拾叁硕
436	壹斗捌胜粟,叁硕伍
437	斗壹胜油,贰胜苏,壹
438	斗玖胜米,伍拾肆硕捌
439	斗捌胜面,陆硕壹斗贰
440	胜半连麸面,壹斗伍胜
441	谷面,捌拾硕贰斗半
442	胜黄麻,肆拾柒硕
443	贰斗麸,壹伯贰拾贰
444	饼滓,贰伯柒拾捌硕
445	玖胜豆,伍伯玖拾捌尺
446	布,壹伯玖拾伍尺緤,
447	贰伯张纸。
448	右通前件算会,出见破除,一一诣实
449	如前,伏请　处分。
450	长兴二年辛卯岁正月　日净土寺愿达

（此后净土寺僧众签押略）

从该件可知,帐状的结构主要由这样几部分组成:第一部分,即第1行说明帐状的责任者是愿达。第二部分,第2—19行说明在责任人愿达负责期间寺院诸色斛斗面油苏纸织物等的收入总帐,包括前帐回残和今帐新附两部分,其中第6—19行是记录各类收入物数量的分类帐。第三部分,第20行为前帐各类回残物的总帐(即回残柱),第21—32行是记录各类回残物数量的分类帐。第四部分,第33行是愿达负责期间净土寺的各类新收入物的总帐(即新入柱),第34—42行是各类新收入物数量的分类帐,第43—152行是各类新收入物的明细帐,具体记录每笔帐的物品名称、数量及来源,有的还要记录日期。第五部分,第153行为愿达负责期间净土寺各类物的破用总帐(即破用柱),第154—163行为各类破用物的分类帐,第164—432行是各类破用物的明细帐,具体记录每笔帐的物品名称、数量、目的或缘由,有的也要记录破用日期。第六部分,第433行是应及见在各类物的总帐(即应及见在柱),第434—447行为应及见在各类物的分类帐。第七部分,第448行以后是帐状的结尾部分,依次是请求处分语、日期和责任者、全寺徒众的签押。简单一点讲,帐状的结构就是由四柱帐历与状文的形式组成,其中四柱之间的计算关系,用公式可表示为:前帐回残＋新附入－破用＝应及见在。

　　从形式上来看,为了让帐状的每部分内容清楚可见,层次分明,记帐时非常注重不同内容的书写位置,如说明帐状责任者的第1行顶格书写,第2—5行关于帐目发生的会计期及回残和新入总帐低于顶格两字位置书写,而其后的分类帐再进一步低几个字的位置书写;前帐旧、新入、破用、应及见在的总帐都是顶格书写,而分类帐低于顶格几个字的位置书写,明细帐又高于分类帐而低于总帐书写,当然,由于内容太多,明细帐部分没有移录。

　　总之,P.2049V的记帐是非常规范清楚的,而敦煌寺院帐状文书的结构和形式也大抵如是。但是,帐状的记帐形式在细节上也会有变化而非绝对一致,这主要体现在以下方面:

　　首先,记帐顺序会发生变化,这种变化又表现在多方面,如回残柱与新入柱的先后顺序、分类帐与总帐或明细帐的先后顺序等均会发生变化,这些变化在P.2638《后唐清泰三年(936)沙州僧司教授福集等状》中有比较集中的体现,[①]但是该件文书内容较长,我们不再将其全部移录,而是对相关情况进行介绍说明。P.2638是关于僧司于癸巳年(933)、甲午年(934)、乙未年

---

① 录文参唐耕耦、陆宏基编《敦煌社会经济文献真迹释录》第3辑,第391—395页。

(935)三年间回残、新入、破用、见在四柱帐的帐状文书,其具体的记帐顺序是:唱卖收入明细帐和总帐、回残明细帐及回残和唱卖收入合计总帐、破用明细帐及其总帐和见存帐、僧尼分𪎭支出帐、剩余帐,可见把新入与回残两柱的记帐顺序换位了,同时也没有从一开始就记录回残和新入的合计总帐,而是将其记录到回残帐后面。在记录破用和见存帐时,把分𪎭支出和其他破用帐分开来记录,并且在记录完其他破用后,就计算了一次见存帐,在记录完分𪎭支出后,又计算了一次见存帐,也就是文书中所说的剩余帐。总之,该件文书不仅将回残柱和新入柱的前后顺序倒过来了,而且在回残、新入、破用三柱中,也是先记录明细帐,后记录总帐。分类帐与明细帐的顺序还有一种变化,那就是不再像 P.2049V 一样,在新入和破用柱中先记录各种物品的分类总帐,再记录各种物品的明细帐,而是先记录一种物品的分类总帐和明细帐,然后再记录另一种物品的分类总帐和明细帐,如 S.5753《癸巳年(933)灵图寺招提寺福盈手下诸色入破历算会牒》的新入柱内容如下:

```
14 叁伯壹硕陆斗斛斗纸布什物等今帐新附
15       壹伯柒拾玖硕叁斗麦。
16         陆拾硕贰斗,上砲入。陆拾硕贰斗,下
17         砲入。两硕,公廨汜法律手内贷入。壹
18         硕玖斗,城上转经料入。壹硕,五月
19         官斋入。叁拾肆硕捌斗,于公廨苏
20         老宿手下入。两硕,陈郎麻替入。壹拾
21         硕,官家开经𪎭入。叁硕捌斗,后
22         ───散禅料入。壹硕捌斗
23         ───[壹]硕叁斗,张定子麻
```

虽然第 23 行后的内容残缺,但是可以看到,第 15 行是麦的分类总帐,第 16—23 行是麦收入的明细帐,而从第 14 行可知,新入中除了麦外,还有其他斛斗等物,说明该件就是先记录麦的分类总帐和明细帐,其他物品的分类总帐和明细帐的记录也是如此。这种四柱帐状中记帐顺序的变化方式比较多,甚至在同一件文书中,记帐顺序都会出现不同,如后面第六章将要讨论的羽 681+羽 677+BD15469+羽 703+BD15489+BD15472《公元 914 年灵图寺或金光明寺诸色入破历算会牒稿》中新入柱的记帐顺序是:总帐—分类帐—明细帐,而破用柱的顺序是:分类帐—总帐—明细帐。

其次，分类帐的记录方式有变化。在 P.2049V 的每部分的分类帐中，每类物品没有单独占有一行，而是在写满一行后再从下一行继续书写，这样的帐状文书还有如 S.6064《未年（815 或 827）正月报恩寺诸色入破历算会牒稿》、S.4191V2《戌年正月乾元寺常住诸色入破历算会牒》、S.4782《丑年（869）或寅年（870）乾元寺堂斋修造两司都师文谦手下诸色入破历算会牒》、P.6002(1)《卯年（859 或 871）或辰年（860 或 872）乾元寺堂斋修造两司诸色入破历算会牒》和 S.1600(1)＋S.1600(2)＋Дх.01419＋S.6981(1)《庚申年十二月十一日至癸亥年十二月灵修寺招提司典座愿真等诸色入破历算会牒稿》等；但是，有的帐状文书中的分类帐是每类物品独占一行，如 P.2838(2)《唐光启二年（886）安国寺上座胜净等诸色入破历算会牒》、P.3352《丙午年（886 或 946）三界寺招提司法松诸色入破历算会牒》、P.2974V《唐乾宁四年（897）金光明寺直岁庆果手下诸色入破历算会牒稿》、S.372＋S.378《丁亥年（927）正月某寺诸色入破历算会牒稿》、S.5753《癸巳年（933）灵图寺招提寺福盈手下诸色入破历算会牒》、S.5049《庚辰年（980）正月报恩寺寺主延会诸色入破历算会牒稿》和羽 052《宋雍熙三年（986）二月大云寺都师定惠手下诸色入破历算会牒》等均是如此，这样做的目的，应该还是为了追求帐目的清晰，其中如 P.2838(2) 的回残和新入柱如下：

```
13 叁拾叁硕陆斗叁胜斛斗油等前帐旧：
14          柒硕陆斗麦，
15          贰拾贰硕叁斗粟，
16          贰硕肆斗黄麻，
17          壹硕叁斗叁胜油。
18 叁佰壹拾伍硕叁斗斛斗油苏等从
19 辰年正月已后至午年正月已前叁年新附入：
20          贰佰贰硕贰斗麦，
21          玖拾捌硕肆斗粟，
22          捌硕肆斗黄麻，
23          陆硕油，叁斗荍豆。
```

除了最后一行油和荍豆合行外，其他的麦、粟、麻都是各自占一行。在这类帐状文书中，有时不但将分类帐中每类物如麦、粟、麻等独记一行，而且还会专门将不同类物的品名对应整齐，甚至将品名用朱笔书写，从而使得帐目更加整齐清楚，如 P.2821＋BD15246(1)＋BD15246(4)《庚辰年（980）正月报恩寺寺主延会诸色入破历算会牒》、S.5050《公元980年前后报恩寺诸色入破历算会牒稿》、羽681＋羽677＋BD15469＋羽703＋BD15489＋BD15472《公元914年灵图寺或金光明寺诸色入破历算会牒稿》等中均用朱笔书写品名,其中P.2821的图版见图5-1所示。从彩色图版来看,P.2821中不但分类帐中的品名用朱笔书写,而且收入总帐、回残柱总帐、新附入柱总帐中的麦、粟、黄麻、豆、油、面等品名均用朱笔书写。

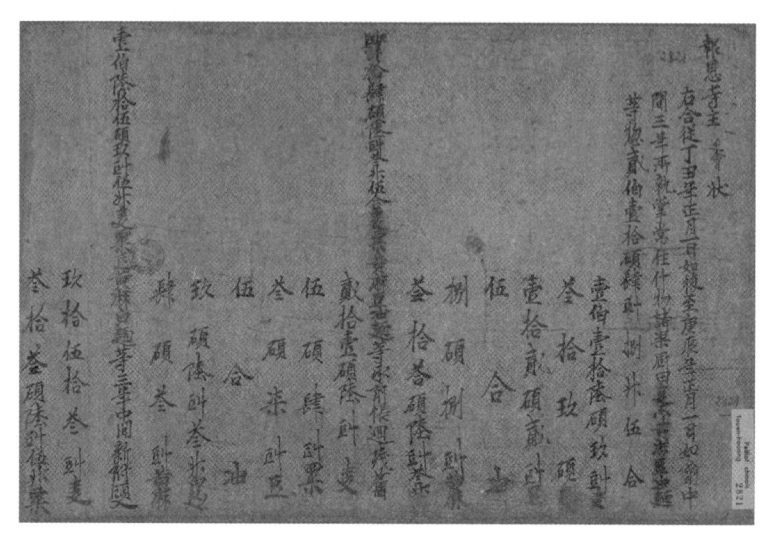

图 5-1 P.2821 图版

最后,明细帐的记录方式会有变化。在 P.2049V 中,无论是新入柱还是破用柱中的明细帐,均是分类记录,也即依次记录麦、粟、油、面、黄麻、渣、豆、织物等的收支明细帐。另外,S.4642V《公元10世纪某寺诸色入破历算会牒》的明细帐也是将麦、粟、面、黄麻、油等分类记录的。但是有的帐状文书是以事项为纲记录收支明细帐的,即将因某事而支出的斛斗、面、油等同时记录在相关事项之下,这样的例子非常多,再不赘举。还有的帐状文书既不按麦、粟、油等品名的顺序依次记录,也不按事项为纲将不同品名的收支记录在一起,而是将因不同事项收支的不同品名的单笔帐交叉记录,如 BD15246(2)＋P.3364＋S.5008《公元947—954年间报恩寺诸色入破历算会牒》、S.5039＋S.4899《丁丑年(977)至戊寅年(978)报恩寺诸色破历》、S.5049《庚辰年(980)正月报恩寺寺主延会诸色入破历算会牒稿》、S.286《公元980年前后报恩寺诸色入破历算会牒稿》等属于此类,而且在这几件文书的明细帐中,每类品名也用朱笔书写,其中 S.5039 的局部图版见图5-2所示。从 S.5039 的彩图可见,其明细帐中粟、麦、白面、黄麻等品名都是朱笔书写,并且不同品名的破用帐是交叉记录的。

图 5-2 S.5039 图版(局部)

以上现象说明,帐状的记帐形式也是比较灵活的,只要能规范清楚地记录每笔帐及四柱中各柱帐之间的关系,形式上细微的变化是无关紧要的。

第二节 四柱帐状的记帐符号和数据合计方法

一、四柱帐状的记帐符号

从上一节引用的几件敦煌四柱帐状文书可以看到,在表示前一会计期的结余帐和本会计期的收入、支出、结余帐时所使用的记帐符号并不固定。纵观四柱记帐法的发展历史,这种现象不只出现在敦煌文书中,而是存在于很长的历史时期。随着四柱记帐法的发展演变,至明清时期,四柱记帐符号才最终统一。郭道扬先生在讨论四柱符号的发展演变问题时有云:唐代的四柱符号一般为元给或旧额、新加、所用或支使、见在,宋代早期的有元管、新收、已支、见在,在宋哲宗时期,四柱名目又发生变化,"元管"改作"旧管","已支"改作"开除","见在"改作"实在",这之后,旧管、新收、开除、实在的四

223

柱册名目与样式便被固定下来,为明清所沿用。① 但是,四柱符号的发展演变问题较为漫长复杂,为了更为全面清楚地了解其演变过程,下面我们再对其进行讨论说明。

现在我们能看到时间比较早、内容比较完整的四柱记帐法是汉简中的相关资料,如前引《居延汉简释文合校》中128·1简册即是其中之一,其四柱符号依次是:承余、入、出、余。又《居延汉简释文合校》中209·2A载:

十一月己卯,掾疆所收五年余茭钱二千五十五,
元年茭钱万四千五百廿八●凡万六千五百八十三。
出钱五千七百廿五□收掾车给官费,
出钱三千八百六十六□居延责钱,
出钱千县所□□,
凡出万五百九十一。
今余钱五千九百九十二。
出钱四百五十一,十一月壬辰付令史根□□□
出钱三百,十一月壬辰付士吏□□□□□②

李孝林和杨际平先生从四柱结算法的角度对这件文书进行过详细研究,③其中杨际平先生认为这是王莽天凤元年(14年)某候官茭钱出入簿,第1行为始建国五年结余茭钱数,第2行为天凤元年新收茭钱数及其与结余茭钱总计,第3、4、5行为分类支出茭钱数,第6行为各类支出合计数,第7行为结余茭钱数,第8、9行为结帐后的追记。显然,该件使用"收余""出""余"分别作为前一会计期的结余和本会计期的支出、结余符号。由于"受"在汉简中常作为收入符号,故"收余"也可写作"受余",同时,虽然第2行没有写明收入符号,但其应为"入""受"或"收"。

魏晋时期,承余、入、受、出、余依然是常见的表示相关上一会计期结余及本期收入、支出、剩余等帐的符号,如吴简中有"承余、新入簿""入受簿""出簿"等。④ 而《魏书》卷114"释老志"载永平四年(511)夏,宣武帝诏曰:

---

① 郭道扬编著《中国会计史稿》(上册),第315—316、395—396页。
② 谢桂华、李均明、朱国炤《居延汉简释文合校》,第322—323页。
③ 李孝林《"四柱法"溯源》,《北京商学院学报》1987年增刊,第59—60页;杨际平《四柱结算法在汉唐的应用》,《中国经济问题》1991年第2期,第62—63页。
④ 参陈明光《走马楼吴简所见孙吴官府仓库账簿体系试探》,第27—56页;凌文超《吴简与吴制》,第181—1214、234—237页。

尚书检诸有僧祇谷之处，州别列其元数，出入赢息，赈给多少，并贷偿岁月，见在、未收，上台录记。①

这里所说的记帐符号有元数、出、入、见在、未收，其中元数即上期结余，未收即唐宋时期的"应在"，见在和未收即前述汉简和魏晋简牍中的"余"，也即唐宋时期的"应及见在"，即本期结余。

唐宋时期，四柱符号依然不固定，如部分敦煌四柱帐文书中的相关四柱符号如下表所示：

表 5-2

文书卷号	年代	四柱符号			
P.2763V＋P.2654V＋P.3446V	801—802 年	应见在前帐（含应在和见在）	新加附		
S.6064	815 或 827 年	交得附	收附		
S.4782	丑年(869)或寅年(870)	前帐回残	新附入	破用	
S.6061	9 世纪前期	前帐旧	新加附		
P.2838(2)	886 年	前帐旧	新附入	破除	
P.3352	886 或 946 年	前帐回残	新附入		
P.2974V	897 年	前帐旧	新附入		
P.2049V	925 年	承前帐回残	新附入	破用	应及见在
P.2049V	931 年	承前帐旧	新附入	破用	应及见在

虽然由于这些文书多为残卷，四柱符号不全，但是从中可知，四柱符号并不统一，特别是表 5-2 中作为前一会计期结余帐的符号有"应见在前帐""前帐回残""前帐旧""承前帐回残""承前帐旧"等，其中"承前帐回残""承前帐旧"与前述汉简和魏晋简牍中的"承余"符号具有承继性。与敦煌文书中的现象一样，唐宋时期传统文献中所载的四柱记帐符号也不统一，如《唐会要》卷 59"比部员外郎"条载：

长庆元年六月，比部奏：……每年据留州定额钱物数，破使去处，及

---
① ［北齐］魏收撰《魏书》，中华书局 1974 年，第 3041 页。

支使外余剩见在钱物,各具色目,分明造帐,依格限申比部。①

文中所说的帐目包括留州钱物、支出、剩余三部分,也即三柱结算法,其中破使和支使是支出符号,余剩见在是结余符号。宋代传统文献中的四柱记帐符号非常多,如《文献通考》卷23《食货考·国用一》载:

止斋陈氏曰……淳化五年十二月,初置诸州应在司,具元管、新收、已支、见在钱物申省。②

虽然这里所说的四柱符号是元管、新收、已支、见在,但是其并未成为宋代统一的四柱记帐符号,如《庆元条法事类》中记载有许多四柱式的"帐",③其中的四柱符号如下表所示:

表5-3

诸帐名称	四柱符号			
欠帐	旧管	新收	开破	见欠
转运司申铸钱计帐	前帐应在见管数、前帐见在	收	支	应在(旧管、新收、开破、见管)、见在
诸州铸钱监申铸钱物料帐	前帐应在见管数、前帐见在	新收	支破	应在(旧管、新收、开破、见管)、见在
诸州申钱帛帐	前帐应在见管数、前帐见在	新收	支破	应在(旧管、新收、开破、见管)、见在
转运司申钱帛计帐	前帐应在见管数、前帐见在	收	支	应在(旧管、新收、开破、见管)、见在
杂物帐	前帐应在见管数、前帐见在	新收	支破	应在(旧管、新收、开破、见管)、见在
诸州申粮草帐	前帐应在见管数、前帐见在	新收	支破	应在(旧管、新收、开破、见管)、见在
转运司申粮草计帐	前帐应在见管数、前帐见在	收	支	应在(旧管、新收、开破、见管)、见在
僧道童行等帐	旧管	新收	开落	见在(不存在应在外欠)

---

① [宋]王溥撰《唐会要》,第1036页。
② [元]马端临《文献通考》,中华书局1986年,第228页。
③ 这些四柱帐主要分布在《庆元条法事类》卷32"财用门三"、卷37"库务门二"、卷51"道释门二"、卷79"畜产门"等中。

(续　表)

诸帐名称	四柱符号			
季申官马帐	旧管	新收	死失	见管
岁申军下官马帐	旧管	收	死	见在
卖不堪官马等物钱帐	前帐应在见管数、前帐见在	新收	支	应在（旧管、新收、开破、见管）、见在

从以上资料来看，唐宋时期的四柱符号仍在发展演变而尚未完全确定，这种演变与时代和四柱帐登载的对象等有关。如"帐"字明确作为与会计核算相关的"帐目"之义始于南北朝时期，盛于隋唐，故在唐宋时期四柱帐的四柱符号中频繁出现了"前帐回残""前帐旧""前帐应在""前帐见在"等。同时，随着四柱记帐法的发展，四柱帐登载的对象越来越广，登载的对象不同，四柱符号也会发生相应的变化，如在表5-3"僧道童行等帐"中，表示僧尼道士和寺观数量的减少时，不能用"支破""支"，故用了"开落"一词；又"季申官马帐""岁申军下官马帐"分别用"死失"和"死"表示马匹的损减。

元代的四柱符号处于定型前，故体现出承上启下的特点。《元典章·户部》卷7云：

> 各设仓库，照勘旧管、新收、已支、见在各项数目，每旬一次申覆本管上司，每月一次备申宣慰司，每上下半年开呈省府，仍仰各仓库每季依上结附赤历，申解上司印押。

又云：

> 另项寄收钱物，每季开写旧管、收、支、见在各项，开呈省府。[①]

此处旧管、新收、已支、见在的四柱符号也常见于宋代的四柱帐，故系对宋代的承袭，而元末孔齐在《至正直记》卷3"出纳财货"条云：

> 人家出纳财货者谓之掌事，盖傭工受雇之役也。古云："谨出纳，严盖藏。"此掌事者大字铭也。然计算私籍，其式有四，一曰旧管，二曰新

---

① 陈高华等点校《元典章》，中华书局、天津古籍出版社2011年，第765页。

收,三日开除,四日见在。盖每岁、每月、每日各有具报,事目必依此式然后分晓,然后可校有无多寡之数,凡为子弟亦然……此式私记谓之曰黄簿,又曰帐目。①

这里用"开除"替代了"已支"。此时,除了"见在"外,旧管、新收、开除三柱的符号则与后来明清时期完全一致了。

明清时期,四柱符号完全定型。明代法律文献《诸司职掌》载:

> 凡各处户口,每岁取勘明白,分豁旧管、新收、开除、实在总数,县报于州,州类总报之于府,府类总报之于布政司,布政司类总呈达本部立案,以凭稽考。

> 凡所在有司,仓廪储积粮斛,除存留彼处卫所二年官军俸粮外,务要会计周岁该支数目,分豁见在若干,不敷若干,余剩若干,每岁开报合于上司,转达户部定夺施行,仍将次年实在粮米,及该收该用之数,一体分豁旧管、新收、开除、实在开报。②

可见,明代在钱粮和户口管理中均在使用四柱记帐法,四柱符号一般均为旧管、新收、开除、实在。当然,四柱记帐法在明代的使用范围已非常广泛,不仅仅局限于钱粮和人口管理中。清代法律文献中也对四柱法的应用与四柱符号有规定,如《大清会典》卷19《户部》载:

> 凡奏销,必以四柱之册,一曰旧管,二曰新收,三曰开除,四曰实在。司若道以册申于总督、巡抚加印而送部焉。

清初钱大昕在《十驾斋养新录》卷19"四柱"条中也云:

> 今官司钱粮交代,必造四柱册。四柱者,旧管、新收、开除、实在也。《至正直记》云:人家出纳财货者,谓之掌事、谓算私籍,其式有四,一曰旧管,二曰新收,三曰开除,四曰见在,则元时已有此名目。③

---

① [元]孔齐撰,庄敏、顾新点校《至正直记》,上海古籍出版社1987年,第118页。
② 见杨一凡、田涛主编《中国珍稀法律典籍续编》第3册,第121、116页,又见《明会典》卷24、卷20。
③ [清]钱大昕《十驾斋养新录》,上海书店1983年,第449页。

可见,清代规定,凡是钱粮奏销都采用四柱式,而四柱符号也统一用旧管、新收、开除、实在,也即清代档案等文献中经常所说的"管收除在"。实际上,不仅钱粮交代,四柱记帐法在清代的应用非常普及,在官私各行各业的帐务统计活动中均在广泛应用,并且四柱符号一般也是旧管、新收、开除、实在,这四个符号可以适用于各种登载对象,特别是"开除"一词的使用在统一四柱记帐符号方面具有重要意义,如前所说,人口的减少和牲畜的死亡数用破用、支破、支出来登载不恰当,但用"开除"来登载则甚是适宜。

总之,在很长的历史时期内,四柱记帐法的记帐符号并不统一,直至明清时期,四柱符号才最后得以定型。而此演变过程既与时代的变化和四柱记帐法的登载对象有关,又与四柱记帐法的发展和国家法律对四柱记帐符号的规定等密切相关。

二、四柱帐状的数据合计方法

在敦煌寺院的四柱帐状中,登载的物品往往不是单一的,而是种类较多,这些物品包括斛斗如麦、粟、豆、黄麻、青麦、米、豌豆等及相关加工物如面、油、饼渣等,也有各种织物如布、毡、䌷、绫、褐、绢等,另外还有纸、木材、柴草、服饰及其他,较为丰富。斛斗的计量单位一般用石(硕)、斗、升、合、抄,[①]织物的计量单位一般有疋、段、丈、尺、寸等,纸的计量单位有帖和张,柴草的计量单位有束、车等。敦煌四柱帐状中往往是需要在每一柱中将所有物品的数量进行合计的,但不同类别的物品计量单位是不同的,即便同一类物品,有时也会出现计量单位不同的情况,那么,四柱帐状是如何对不同物品的数量进行合计的呢?下面我们来看看具体情况。

(一) 统一计量单位合计法

敦煌寺院的四柱帐状一般记录的是以石、硕为单位的诸色斛斗及其加工物如面、油等,同时还有少量其他计量单位的物品如织物、纸等物。在既有斛斗及其加工物,又有纸和织物等的情况下,由于麦粟在当时敦煌地区扮演着等价物的角色,故一般是将纸和织物等折算成麦粟来进行合计。根据学界对晚唐宋时期敦煌市场物价的研究情况可知,相关物品与麦粟的比价

---

① 当然,在现实生活中,计量斛斗、面、油也可以用其他单位,如 S. 6303《丁未年(947)二月兵马使高员信等便麦黄麻历》有载:"十二日,氾家印儿便黄麻贰斗,秋叁斗。又一椀,秋一椀子半。"又 S. 8443(E)《宋狗奴等便黄麻历》中载:"洪池宋狗奴便黄麻一斗,至[秋]一斗伍升,又黄麻一椀子。口承人连□奴。"可见黄麻也可以用"椀"来计量。而在 P. 4635《某年某月七日社家女人便面历》中,面可以用"秤"和"斤",油可以用"瓶子"来计量,如其中有载:"赵憨子便面两秤,至秋叁秤。""米流流便面贰斤半,至秋壹秤。张贤住便面柒斤半,至秋拾斤半。""穆家女便油两[平]子,至秋叁平子。史家女便油壹平子,至秋壹平子半。"

关系是：一尺布＝麦粟一斗，一个饼渣＝麦粟一斗，一张纸＝麦粟一升，一尺褐＝麦粟一斗，一尺粗緤＝麦一斗，一尺细緤＝麦一石六斗。[①] 由于布、緤、纸、饼渣与麦粟的比价是比较稳定的，故在文书中一般不会再注明，而是在合计时直接按此比价计算可。此外，虽然黄麻、油的实际价值要比麦粟高得多，但是由于油和黄麻的计量单位和麦粟一样是石、硕，故不再将其折算成价值相等的麦粟数量。

统一计量单位的合计法在敦煌寺院四柱帐状中的使用非常普遍，如前引 P. 2049V《后唐长兴二年(931)正月沙州净土寺直岁愿达手下诸色入破历算会牒》中的"应及见在"柱中，除了登载有斛斗及其加工物外，还有纸、饼淬、布、緤等，而将壹伯贰拾贰个饼淬、伍伯玖拾捌尺布、壹伯玖拾伍尺緤、贰伯张纸分别折合成 12.2 石、59.8 石、19.5 石、2.0 石麦粟后，分类帐的合计数正好就是"应及见在"柱的总数 1478.29 石。又如 P. 3352《丙午年(886 或 946)三界寺招提司法松诸色入破历算会牒》中的回残柱如下：

19　一百五十六石五斗八升九合麦粟油面黄麻夫豆緤布等应前帐回残
20　　　叁拾硕贰斗　　　　　麦
21　　　肆拾硕　　　　　　　粟
22　　　叁斗五胜九合　　　　油
23　　　壹拾叁硕叁斗　　　　白面
24　　　二十七石九斗三升　　麻
25　　　壹拾玖硕五斗　　　　豆
26　　　叁硕柒斗　　　　　　连麸面
27　　　肆硕二斗　　　　　　粟面
28　　　柒硕二斗　　　　　　麸
29　　　捌拾尺　　　　　　　布
30　　　贰丈二尺　　　　　　緤

该部分帐中既有斛斗及其加工物，又有织物，第 19 行为回残合计数 156.589 石，第 20—30 行为分类帐，在将捌拾尺布和贰丈二尺緤分别折合成 8.0 石和 2.2 石斛斗后，分类帐合计数正好也是 156.589 石。

[①] 主要相关研究成果有：郑炳林《晚唐五代敦煌贸易市场的物价》，《敦煌研究》1997 年第 3 期，第 14—32 页；唐耕耦《敦煌寺院会计文书研究》，第 411—460 页；郑学檬《唐代物价散论》，载敦煌研究院编《2000 年敦煌学国际学术讨论会文集(历史文化卷)》(上册)，甘肃民族出版社 2003 年，第 1—10 页。

这种统一计量单位的合计法也应运于专门登载织物的四柱会计帐中，当然此时不再将织物折算成斛斗，而一般是将织物的计量单位如疋、丈、尺等统一折合成"尺"来计算。如 P.2638《后唐清泰三年(936)沙州儭司教授福集等状》登载的回残和新入合计数如下：

24　　　　　上件应出唱衣物,计得布伍
25　　　　　万捌阡伍伯贰尺。
26 回残:楼机绫叁疋,生绢伍疋,黄小绫袄子壹领,乌玉要(腰)
27 带壹,鞓踝具玖事,计又得见布捌伯肆尺;粗緤
28 叁拾疋,细緤柒疋,绢壹伯贰拾捌尺,绵绫贰疋,
29 官施见布肆伯尺,粗緤壹拾壹疋,大绫贰疋,
30 宰相锦袄子价楼机绫贰疋,散施绵绫叁疋;又
31 绵绫壹疋,王僧统袄子价入;细緤陆疋,粗緤柒
32 疋;又粗緤玖疋,绢价入。
33　　　　　上件三年共得大小绫柒疋,
34　　　　　生绢伍疋,绵绫伍疋,生绢
35　　　　　壹伯贰拾八尺,粗緤伍拾
36　　　　　柒疋,计壹阡肆伯伍拾贰
37　　　　　尺。细緤壹拾叁疋,计叁伯
38　　　　　贰拾伍尺。布壹阡贰伯肆
39　　　　　尺。已前出唱衣物及见緤,右
40　　　　　都计陆万壹阡肆伯伍拾陆
41　　　　　尺。

文中第 24—25 行是癸巳年、甲午年、乙未年三年新收入布的总数,第 26—32 行是回残数,其中因回残物黄小绫袄子壹领、乌玉腰带壹和鞓踝具玖事而入的 804 尺布应是其唱卖收入。第 33—41 行是新入和回残合计数。虽然这里登载的大小绫、绵绫、生绢、粗緤、细緤、布等均系织物,但是它们的计算单位是不同的,有的用疋,有的用尺,故在合计时,也是统一折合成"尺"来进行,再不需要折算成斛斗。与以斛斗为主的四柱帐状中忽略不同斛斗实际价值有别的情况一样,专门登载织物的四柱报告中在将各类织物的计量单位统一成"尺"的过程中,并不在意相同长度的粗緤、细緤、布、绫、绢等织物的价值不等的事实,只要其计量单位统一则可。

除了斛斗、面、油、纸和织物外,四柱帐状中有时还登载有柴草、木材及

231

其他物品,由于这些不是经常性的收入,在生活中也没有固定的折算价格,故有时会在帐目中明确注明其应折合成的斛斗数,然后将其合计入总帐中,如 P. 6002(1)《卯年(859 或 871)或辰年(860 或 872)乾元寺堂斋修造两司诸色入破历算会牒》的新入柱如下:

1　贰伯柒硕伍斗柒胜麦粟油面豆米［等缘寅卯二］年油梁课硙课［等新］入。
2　　　陆拾捌硕伍斗麦,伍拾叁硕
3　　　玖斗白面,两硕粗面,壹硕
4　　　叁斗豆,肆拾玖硕壹斗粟,
5　　　叁硕壹斗粟面,壹硕伍斗
6　　　黄麻,叁硕柒胜油,茨柴
7　　　叁车,柽两车半,磨柴两
8　　　车,纸壹帖,布半疋,
9　　　罗轮子壹,木叁条。
10　　叁拾陆硕麦,麦拾硕回造白面入,
11　　麦两硕回造粗面入,粟壹拾玖
12　　硕叁斗,粟壹硕柒斗回造粟面入,
13　　纸壹帖准麦伍斗,已上寅年硙课入。
14　　麦肆硕,麦柒硕回造白面入,油壹
15　　硕陆斗,粟陆硕,已上寅年油梁课入。麦壹
16　　拾伍硕捌斗,麦贰拾肆硕回造白面入,
17　　粟壹拾捌硕壹斗,粟壹硕肆斗
18　　回造粟面入,豆壹硕叁斗,布半
19　　疋折麦两硕,油捌胜折麦［壹］
20　　硕陆斗。罗轮价麦壹硕肆斗。
21　　买(卖)木叁条麦叁硕肆斗,柴两车
22　　折粟肆硕,麦壹硕伍斗,已上卯年硙课入。
23　　麦捌硕叁斗,粟叁硕柒斗,油壹
24　　硕叁[斗]玖胜,黄麻壹硕伍斗折油贰
25　　斗壹胜,柽壹车折麦柒石,粟
26　　两硕叁斗,茨柴壹车折麦两硕_{油梁课入}。
27　　白面玖硕叁斗回造入,又白面玖
28　　斗,麦贰硕柒斗造白面［入］,已上厨田及行像家入。

29	麦壹硕柒斗,张悬(县)丞施入。麦柒斗,
30	达末施入。麦陆斗,安寺主施入。
31	茨柴壹车折麦两硕柒斗。□□
32	拾束折粟壹硕贰斗。磨柴两车
33	折麦壹硕贰斗。粟壹硕贰斗,
34	麦壹硕陆斗,粟两硕,已上雇车价入。

第1行为新入柱总帐,第2—9行为新入柱分类帐,第10—34行为明细帐。新入帐中不仅有斛斗、织物、纸,而且还有茨柴叁车、柽两车半、磨柴两车、罗轮子壹、木叁条,这些物品折成的麦粟数在明细帐中都有注明,如罗轮价麦壹硕肆斗、木叁条折麦叁硕肆斗、柽壹车折麦柒石、磨柴两车折壹硕贰斗等等。而且,同样是一车茨柴,折价并不相同,如其中一车折麦两硕,另一车折麦两硕柒斗。像一车柴草的折价在生活中并不固定,交易时由双方商量决定,若不专门注明,帐目是无法审查的。当然,本件中对纸、布的折价也有注明,而且其折价与当时敦煌地区纸、布与斛斗的普遍折价相等。对特殊物品的折价进行情况注明一般在新入柱中进行,在破用、见在、回残等柱中就不再注明了,而是依据收入柱中的折价计算即可。

(二) 不同计量单位的物品数量分别合计法

在敦煌寺院帐状文书中,使用这种合计法的主要是羽065《甲申年十二月某寺直岁愿住手下诸色入破历算会牒稿》,其载:

1 计残四十玖硕陆斗陆升捌合
2 甲申年十二月十七日,当寺　都僧统大师与诸僧正法律法师徒众等就众
3 堂内算会,直岁愿住从癸未年十二月四日已后至甲申年十二月九日
4 中间手下麦粟麻豆油滓布褐肆伯捌拾壹硕壹斗八升叁合肆拾
5 肆併肆伯柒拾捌尺伍寸
6 　　　　　　　　叁　伯　贰　拾　陆　硕　肆　斗　　[麦]
7 　　　　　　　　壹　伯　叁　拾　叁　硕　陆　斗　贰　升　[粟]
8 　　　　　　　　壹　　拾　　伍　　硕　　　　　　　　[麻]
9 　　　　　　　　两　　硕　　玖　　斗　　　　　　　　[豆]
10 　　　　　　[叁　硕　贰　斗　陆　升　叁　合　　　　　油]
11 　　　　　　[肆　　拾　　肆　　　　　　　　　　　　併]

(后残)

羽065的图版首次公布于《敦煌秘笈》（影片册）第1册，[①]前面残存有与佛教经律有关的两行文字，中空约一行后写有该件文书内容。由于第1行字迹明显与其他几行墨迹不同，并且"计残"一词是表示某一会计期结束后结存的数目，置于首行显然是不合适的，故该行与后面几行的内容最初应无关。《敦煌秘笈》将该件文书拟名为《直岁愿住算会某寺入历残》，而从残存的几行文字来看，其显然是敦煌寺院会计文书中帐状的开头部分，而不属于"入历"，只是开头没有上状者，可能是草稿。第6—9行麦、粟、麻、豆的品名残缺，系推补。又第10—11行原来也残缺，由于麦、粟、黄麻、豆的合计数为477.92石，而此数加上油的数量就是第4行合计数481.183石，故油的数量应是3.263石。饼渣的数量是固定的，即44个。但布、褐之和是肆伯柒拾捌尺伍寸，二者各自具体的数量不明，故无法推补。

从羽065第4—5行"麦粟麻豆油滓布褐肆伯捌拾壹硕壹斗八升叁合肆拾肆饼肆伯柒拾捌尺伍寸"来看，这里没有将斛斗与织物换算成统一的计量单位，而是将斛斗、饼滓、织物等不同计量单位的物品分别进行合计的。

虽然这种将不同计量单位的物品数量分别进行合计的方法在敦煌寺院四柱帐状中非常少见，但在官府会计文书中是非常普遍的，如羽036《唐开元廿三年(735)沙州会计历》第10—17行载：

```
10 肆伯捌拾叁硕叁斗柒胜贰合叁勺麦米面等，玖阡伍伯捌拾肆文
   钱，铛壹口。
11              诸管戌应在并缘交替回残覆欠：
12              陆硕叁斗玖胜壹合米、肆拾叁硕伍斗贰胜捌合叁勺
                小麦、
13              叁伯贰拾伍硕柒斗玖胜玖合粟、柒斗陆胜麦䐛、
14              捌拾柒硕玖斗贰胜陆合面、壹硕捌斗麨麴、
15              壹斗麨麦[饭]、捌硕肆斗青麦、
16              捌硕陆斗贰胜捌合床、玖阡伍伯捌拾肆文钱、
17              壹口铛。[②]
```

[①] 武田科学振兴财团、杏雨书屋编《敦煌秘笈》（影片册）第1册，第394—396页。

[②] 图版参武田科学振兴财团、杏雨书屋编《敦煌秘笈》（影片册）第1册，第240—243页。陈国灿先生对羽036进行了释录，并发现其与P.3841是同一件文书而将二者缀合在了一起，拟名为《唐开元廿三年(735)沙州会计历》，详参陈国灿《读〈杏雨书屋藏敦煌秘笈〉札记》，《史学史研究》2013年第1期，第120—122页。

该件第 10 行是总帐,第 12—17 行是分类帐,总帐中将各类斛斗及其加工物合计在一起,又将钱和锴分别记录,再没有将这些物品全部折合成斛斗单位或钱币单位进行合计。至于未将不同的物品全部用统一的计量单位合计在一起的原因,应是不好折算之故,而且随着四柱帐登载的物品类别越多越杂,会愈加不好统一合计在一起了,故只能分类分别进行合计。

（三）不同计量单位的物品数量直接合计法

这种数据合计方法不再统一计量单位,而是将不同计量单位的物品的数量直接相加在一起,此种方法在敦煌官府的四柱帐状中比较常见,如后面我们将要详细介绍引用的 P.2763V(4)＋P.2654V＋P.3446V《吐蕃巳年(789 或 801)沙州仓曹状上勾覆所牒》载：

1　仓　状上勾覆所
2　合巳年正月一日巳后至六月卅日以前,管新旧斛斗钱总玖阡叁伯叁拾壹硕贯□
3　斗叁胜玖合捌勺柒伯叁拾文。
4　　　肆阡柒伯伍拾陆硕伍斗捌胜麦。
5　　　壹伯壹拾陆硕陆斗柒胜大麦。
6　　　贰伯肆拾玖硕陆斗陆胜七合粟。
7　　　捌拾肆硕壹斗肆胜荜豆。
8　　　柒拾贰硕叁斗伍胜豌豆。
9　　　壹斗捌胜胡枣。贰斗玖胜乔麦。
10　　壹伯肆拾肆硕肆斗叁胜黄麻。
11　　壹硕柒斗黑豆。壹伯玖拾陆硕陆斗贰胜伍合红蓝。
12　　贰拾硕陆斗玖胜麻子。
13　　捌拾硕贰斗捌胜白面。肆拾硕伍斗伍胜麨。
14　　贰拾陆硕贰斗柒胜油。叁硕叁斗麦饭。
15　　壹伯叁拾硕捌斗贰胜米。肆拾玖硕肆斗床。
16　　壹拾捌硕柒斗陆胜肆合伍勺麸。
17　　贰拾玖硕壹斗豆䴺。贰硕伍斗贰胜叁合伍勺麦。
18　　伍硕叁斗白皮䴺。叁硕爜麦。
19　　叁硕伍斗陆胜柒合陆勺䴴。
20　　壹阡柒拾捌硕肆斗肆胜肆合贰勺草子。
21　　壹阡贰拾玖硕壹斗叁胜杂面。壹拾捌硕柒斗捌胜柒合$^{豆}_{面}$。

235

22　　　　壹阡壹伯陆拾玖贯[柒伯叁]拾文钱。

显然,第4—22行中的各类斛斗、红蓝、面、豆䜺、草子等及钱币的数字直接合计在一起后,即为第2—3行的总计数。又如P.3359+P.3664《唐天宝十三载(754)敦煌郡会计牒》载:

1 当郡,从天十二载冬季勾后,据帐管诸色应在勾征[覆]
2 欠等斛斗疋段羊马驼牛什物等总肆萬玖阡贰[伯]
3 柒拾硕贯张具团口□□□零贰丈肆尺柒寸[大绢],
4 玖拾叁文钱,壹斗壹胜贰合玖勺斛斗,贰两 肆 [钱]
5 䐗药,叁段贰分肉,捌分皮。
6　　壹阡柒伯捌拾壹硕贯疋零贰斗叁胜叁丈[陆尺捌]
7　　寸,钱叁伯壹拾伍文,正帐,入　敕限,并勾征,并[天]
8　　十二载侍候御准　敕交覆,并缘官贷便及□□
9　　马料未填。
10　　　　玖伯伍拾壹硕贰斗叁胜斛斗并[粟]。
11　　　　伍伯柒拾伍疋叁丈陆尺捌寸大[绢]。
12　　　　贰伯伍拾伍贯叁伯壹拾伍文钱。
13　　壹阡伍伯陆拾捌硕贯疋零贰斗叁胜叁丈陆[尺]
14　　捌寸,钱叁伯壹拾伍文,正帐应在,窦侍御准
15　　敕交覆欠。所由典令狐良嗣。
16　　　　柒伯叁拾捌硕贰斗叁胜,正仓粟;
17　　　　伍伯柒拾伍疋叁丈陆尺捌寸,陈留郡大绢和籴;
18　　　　贰伯伍拾伍贯叁伯壹拾伍文钱,阙官料 钱 。

(后略)①

本件的登载对象有钱币、织物、斛斗、什物和羊、马、牛等动物,在合计数据时,分"总"和"零"两部分,"总"是指将各类登载对象数据的整数部分合计在一起,"零"是指将每类登载对象数据的尾数部分分别登载。整数部分合计在一起总共肆萬玖阡贰[伯]柒拾硕贯张具团口□□□,尾数部分分别是

---

① 录文参:[日]池田温著、龚泽铣译《中国古代籍帐研究》,中华书局2007年,"录文"第335—337页;唐耕耦、陆宏基编《敦煌社会经济文献真迹释录》第1辑,书目文献出版社1986年,第463—467页。对该件文书的详细研究,可参李锦绣《唐代财政史稿》上卷,第252—260页。

236

贰丈肆尺柒寸大绢、玖拾叁文钱、壹斗壹胜贰合玖勺斛斗、贰两肆钱胭药、叁段贰分肉、捌分皮。整数部分合计数后面的贯、张、具、团、口及其后三个无法释录的字均是不同登载对象的单位，这说明，该合计数是将不同计量单位的数据直接相加在了一起。虽然由于文书残缺而导致我们无法对该合计数进行验算，但是该件文书中分类项的数据合计法与总帐相同，也是将不同计量单位的数据直接相加在一起，故我们可用分类项中的数据来进行验算。文书第13—18行是一部分分类帐，其中第13—14行是分类帐的总帐，第16—18行是明细帐，明细帐中的粟、大绢、钱的整数部分合计起来正好是总帐中的壹阡伍伯陆拾捌硕贯疋，尾数部分也正好对应。

这种将不同计量单位物品的数量直接合计在一起的方法在宋代的帐目统计也在使用，如《宋会要辑稿》载：

是岁（熙宁九年），诸路上司农寺岁收免役钱。收一千四十一万四千五百五十三贯硕匹两：金、银、钱、斛、匹、帛一千四十一万四千三百五十二贯硕匹两，丝、绵二百一两。支金、银、钱、斛、㯺子六百四十八万七千六百八十八两贯硕匹；应在银、钱、斛、匹、帛二百六十九万三千二十贯匹硕两；见在八百八十七万九千二百六十七贯硕匹两。①

显然，这里的收入、支出、应在、见在数，也都是将不同计量单位的物品数目直接合计在一起，然后在合计数后加上计量单位贯、硕、匹、两。

既然这种数据统计法在官府会计文书中的使用较为普遍，那么寺院的会计文书中也会使用，只不过在目前保存下来的敦煌寺院四柱帐状文书中没有使用的实例而已。

（四）特殊物品的数量可不合计入总数

从寺院四柱帐状的实例来看，比较特殊的物品如木材、柴草、金银等物也可以不计入回残、新入、见在等柱的合计数及分类帐，如P.2049V《后唐长兴二年（931）正月沙州净土寺直岁愿达手下诸色入破历算会牒》的破用柱明细帐中有如下帐目：

---

① ［清］徐松辑，刘琳、刁忠民、舒大刚、尹波等校点《宋会要辑稿》，上海古籍出版社2014年，第7806、7889页。该条资料除了见载于《宋会要辑稿》食货65、66外，还见载于《文献通考》卷12《赋役一》、《宋史》卷177《食货上五》等，但是《宋史》中将"见在八百八十七万九千二百六十七贯硕匹两"记为"见在八十七万九千二百六十七贯石匹两"，脱漏"八百"二字，经考证，《宋史》所载有误。参马玉臣《〈宋史〉勘误一则》，《中国史研究》2003年第2期，第70页。

180 麦叁硕肆斗,寒苦入桱一车用。西仓
181 麦两硕贰斗,李信子买水银壹量用。
182 麦叁硕,张胡胡边买金水陆钱,渡
183 菩萨头冠用。麦叁硕,张兵马使买银
184 壹量,打椀用。麦陆硕,张兵马使买
185 金花柒钱,渡金刚头冠用。麦叁硕,
186 李员住买金壹钱付库。麦两硕
187 叁斗,徐和员买金半钱,亦付东库保
（中略）
320 灯用。油贰斗,梁户入苦水桱一车用。油
321 壹斗伍胜,梁户入粗緤壹疋用。油贰斗
322 肆胜,入布伍拾尺用。油伍胜,梁户买
323 栓枻木用。油壹胜,岁付讷费用。

虽然这些帐主要登载的是麦、油等的支出,但是从中可知,净土寺在930年的收入中有桱、水银、金、枻木、粗緤和布等,水银和金是用麦子买来的,寒苦交纳的一车桱是折合为其应向寺院交纳的叁硕肆斗麦而来,而梁户所入的桱、布、粗緤收入是由梁户将应交纳的梁课——"油"折合而来。在这几种收入物中,桱、水银、金、枻木均未计入该件的新入柱分类帐和明细帐,也没有统计入新入柱总帐中,相反,粗緤、布均被计入新入柱分类帐,同时在新入柱明细帐中也有相应登载,如"布伍拾尺,梁户郭怀义折油入……粗緤贰拾肆尺,梁户郭怀义折油入"。

除了木材、柴草、金银外,还有其他不便折算成斛斗的物品也可不计入四柱帐状中每一柱的合计数,如第六章第四节将要专门释录讨论的BD14801《同光贰年（924）十二月廿七日都师金刚锐手下诸色入破历算会牒》仅存四柱帐状的见在柱及结尾部分,其中在第11—14行专门登载了衣物。经计算,第2—10行的各类斛斗、面、油之和是997.3565石,按1尺大绫折1石麦粟计,50尺大绫折合5石麦粟,二者共计1002.3565石,与第1行见在柱的合计数基本相同。这说明,尽管见在柱中明确说包含"衣物",但衣物部分实际上没有计算在见在柱合计数中,故在记帐时也没有将衣物部分与斛斗、油、面、大绫等分类帐对齐书写。这些衣物没有计入见在总数的原因可能是其作为布施收入,暂时不能得知其与斛斗的具体折价,在通过唱卖或其他交易活动之后,才可以将其计入见在总数。

此外,S.5753《癸巳年（933）灵图寺招提寺福盈手下诸色入破历算会牒》

的回残柱载：

9	贰伯柒拾伍硕叁斗贰胜壹抄斛斗纸布什物等同前帐存	
10	壹伯叁拾柒硕捌胜	麦
11	肆拾伍硕贰斗捌胜	粟
12	玖拾贰硕玖斗陆胜壹抄	黄麻
13	肆　拾　贰　尺	布

  这里回残柱的总数为275.321石，而此数正好是分类帐中麦、粟、黄麻的合计数，这说明，第13行的肆拾贰尺布没有计算在回残总数之内，这种既没有将布计入回残总数，又没有在回残柱中单独记录布的数量的现象在敦煌四柱帐状中是非常罕见的，似乎仅此一例，不排除是记帐失误的可能。同时，第9行回残柱中还提到什物，虽然敦煌寺院四柱帐状中一般不会记录什物，但是从该件来看，假如记录什物的话，什物的数目要么不计入回残总数中，要么就像前引羽036《唐开元廿三年(735)沙州会计历》一样，将其数目分类合计。

  通过以上讨论可以看到，在敦煌寺院的四柱帐状中，凡是斛斗、纸及织物中的布、䌷、绫、绢、毡等一般均要计入每一柱的合计数及分类帐中，合计时，遵循将不同计量单位的物品折算成统一的计量单位来进行的原则。但比较特殊的物品如木材、柴草、金银、衣物等的数量则可不被计入每一柱的合计数中，其原因是有的物品的斛斗折价暂时不明，有的物品可能在同一会计期内即进即出，如前述相关文书中的柴草、木材等均在修造等活动中又可被支用掉，不登载也不会对帐目平衡造成影响。

第三节　四柱帐状对外欠帐的登载

  虽然四柱帐一般由回残、新入、破用、见在四柱构成，但是在唐宋时期的四柱帐中，也可以单独设置外欠柱用以登载外欠帐，如敦煌寺院文书P.4957《申年(864或876)或酉年(865或877)乾元寺诸色入破历算会牒》的结构和内容如下：

    （前缺）

1　　　　　□□胜□□□□□捌斗柒胜，

2　　　　　　　油贰斗,充烟火价。又油贰斗,充修
3　　　　　　　油梁秄放。粟陆硕五斗,申年佛食
4　　　　　　　入。豆伍斗散施入。
5 壹伯陆斗叁胜麦粟油面黄麻豆布等缘寺诸色破除讫。
6　　　　　　　叁拾陆硕陆斗捌胜面,两硕叁斗柒
7　　　　　　　胜半,两硕玖斗粗面,贰胜半苏,
8　　　　　　　柒斗捌胜粟面,叁拾伍硕叁斗伍胜
　　　　　　　（中略）
46 壹伯陆拾玖硕捌斗捌胜半麦粟油苏米面黄麻豆绢等破用外应见在。
47　　　　　　 伍拾硕叁斗贰升麦,陆硕柒斗白面,
48　　　　　　 捌拾硕玖斗陆升半粟,贰斗壹升米,
49　　　　　　 玖硕贰斗捌升半豆,陆斗壹升油,贰
50　　　　　　 斗壹升黄麻,生绢叁疋,伍升苏,麻
51　　　　　　 查拾伍饼。
52 伍拾柒硕叁斗半胜麦粟油苏米面黄麻豆等应在人上。
53　　　　　　 贰拾贰硕贰斗麦、肆硕捌斗粟,已上在
54　　　　　　 砲户张苟苟下。
55　　　　　　 两硕玖斗粟、壹斗捌胜白面、壹硕玖斗
56　　　　　　 柒升麦、捌硕贰斗豆、叁斗柒胜油、柒
57　　　　　　 胜苏、壹斗捌升半米、叁斗肆升黄麻,
58　　　　　　 已上在威胜下。
59　　　　　　 两硕陆斗麦、两硕玖斗粟,已上在张苟苟午年
60　　　　　　 砲课欠负未入。
　　　　　　　（后缺）①

该件文书是申年敦煌乾元寺的斛斗等四柱帐,申年应该是公元864年或876年。文书仅残存60行,其中"回残"柱全缺,"新附入"柱也仅保存下来了一部分,即第1—4行。第5—45行为破用帐,第46—51行为见在帐,第52行以后为外欠帐。我们看到,在形式上,外欠帐与破用帐、应见在帐一样单独成为一柱,这样在形式上就形成了回残、新附入、破除、应见在、外欠等五柱。此外,该件文书第60行后有残缺,根据同类唐代四柱帐文书来看,

---

① 录文参唐耕耦、陆宏基编《敦煌社会经济文献真迹释录》第3辑,第316—319页。

第五章 帐状文书

往往是应见在(有时也径称为"应在")帐包含应在帐和见在帐两部分,即:应见在＝应在＋见在。如吐鲁番文书《唐神龙二年(706)七月西州史某牒为长安三年(703)七至十二月军粮破除见在事》也是一件与四柱结算法相关的文书,其前部残缺,仅存有支出帐的一部分和应见在帐,其应见在帐的情况如下:

18 四千五百卅二石五斗六升□合四勺一撮,长安四年正月一
　 日应[见]在。
　　(明细帐略)
29 五百五十四石六斗一升七合五勺未纳
　　(明细帐略)
47 三千九百七十七石九斗五升一合一勺一撮见在
　　(明细帐略)

文书第18—28行为"结存"部分,即"应见在"柱,其中第18行为结存总数,第19—28行为粟、米、青稞、枣、糜、小麦等的分类明细;第29—46行为"未纳"部分,即外欠帐,其中29行为"未纳"总数,第28—46行为粟、米、青稞、枣、糜等的分类明细;第47—62行为"见在"部分,其中第47行为"见在"总数,第48—62行为粟、米、青稞、枣、糜、小麦等的分类明细,而第29行"未纳"总数和第47行"见在"总数之和正好等于第18行"应在"柱总数,即"未纳"和"见在"数包含在了"应见在"数里面,也即"应见在"为虚数,"见在"为实数。[①] 又如P.3290《己亥年(999年)十二月二日报恩寺算会分付黄麻凭》记载:

1 己亥年十二月二日,徒众就库舍院齐坐算会。先执
2 黄麻人法律惠兴、寺主定昌、都师戒宁三人手下主
3 持入换油黄麻,除破外,合回残黄麻麦肆拾伍硕贰斗
4 伍升壹合。内法律惠兴、寺主定昌、都师戒宁等三人欠黄
5 麻陆硕叁斗伍升壹合;又僧正员行欠换油黄麻两硕;并分
6 付与后执仓黄麻人徐僧正、寺主李定昌、都师善清
7 三人身上讫。一一诣实,后算为凭。

---

① 参王祥伟《一件新出吐鲁番文书及其在四柱结算法研究中的意义》,《西域研究》2012年第3期,第90—95页。

(后略)①

本件文书专门记录的是算会后的回残(应见在)帐,其中第 4 行"内"字以后为外欠之数,"内"字明确表明属于外欠的一部分数目已经包含于"回残"之中,回残总数与外欠数之差为见在数,可见,本件中的见在(实数)和外欠(应在)也包含于回残(应见在)中,这种现象应在当时的四柱帐中具有普遍性,随后我们将要引用的相关敦煌四柱帐文书如 S.6064《未年(815 或 827)正月报恩寺诸色入破历算会牒稿》、P.2763V(4)+P.2654V+P.3446V《吐蕃巳年(789 或 801)沙州仓曹状上勾覆所牒》也是如此。这样来看,P.4957《申年(864 或 876)或酉年(865 或 877)乾元寺诸色入破历算会牒》最后还应可能有"见在"柱,可是其外欠帐中黄麻和苏两笔帐的数目比"应见在"中的要略大,这不符合"应见在＝见在＋外欠",可能是记帐有误。

在当作为本期结余的应见在、应在(外欠)、见在三柱转存入下一会计期的四柱帐作为回残时,则下期四柱帐在形式上会有更多柱,下面我们就来看看将作为本期结余的应见在帐转存入下一会计期而成为回残帐的实例。S.6064《未年(815 或 827)正月报恩寺诸色入破历算会牒稿》载:

1 报恩寺
2 合从午年正月一日已后,至未年正月十六日已前,应收纳诸色
　[斛斗及面]
3 总一千六百六十石四斗三升,油一斗四升。
4 　　　一千五百廿石五斗五升麦,六十八石三斗八升豆,
5 　　　卌二石八斗粟,一石五斗红蓝,二石一斗黄麻,
6 　　　廿五石一斗面,一斗四升油。
7 一百一十四石九斗于前直岁交得附:
8 　　　一百一十三石一斗交得
9 　　　[五十]九石三斗□,九石一斗青麦,
10 　　　卌六石五斗豆,八石二斗粟。
11 　　　一石八斗小麦欠。

该件是报恩寺的一件帐状文书残卷,后面第六章将要对其专门进行详

---

① 录文参唐耕耦、陆宏基编《敦煌社会经济文献真迹释录》第 3 辑,第 539 页。

细讨论,此处仅移录11行,从第12行开始是新入柱和破用柱的内容。在这11行内容中,第2—3行是回残和新入总数,第4—6行是收入分类帐,第7行是从报恩寺前直岁"交得附",即回残总数柱,第8行为交得总数,第9—10行为交得附分类帐,第11行是外欠帐。显然,第8行的交得总数与第11行的外欠帐之和等于第7行的"交得附"总数,故第7行的"交得附"含有虚数(外欠),相当于"应及见在",而第8行的"交得"为实在数,相当于"见在"。可见,作为本期回残帐的交得附(含交得和外欠)实际上是作为前一会计期结余的应见在帐而转入本期的。从形式上来看,虽然本件中"外欠"与"交得"两行均较"交得附"行低约两字的位置,但是又比第9—10行的交得明细帐要高出两字的位置,故实际上也相当于单独成为一柱。

不仅寺院文书,敦煌官府帐状文书中也有登载外欠帐的实例,如P.2763V(4)+P.2654V+P.3446V《吐蕃巳年(789或801)沙州仓曹状上勾覆所牒》载:

1 仓　状上勾覆所
2 合巳年正月一日已后至六月卅日以前,管新旧斛斗钱总玖阡叁伯叁拾壹硕贯□
3 斗叁胜玖合捌勺柒伯叁拾文。
4 　　肆阡柒伯伍拾陆硕伍斗捌胜麦。
5 　　壹伯壹拾陆硕陆斗柒胜大麦。
6 　　贰伯肆拾玖硕陆斗陆胜七合粟。
7 　　捌拾肆硕壹斗肆胜䔧豆。
8 　　柒拾贰硕叁斗伍胜豌豆。
　　　　　　(中略)
23 肆阡贰伯玖拾贰硕贯零柒斗叁胜柒合玖勺柒伯叁拾文应见在前帐。
24 　　贰阡贰伯壹拾玖硕伍斗玖胜青小麦。
25 　　玖拾柒硕捌斗玖胜大麦。玖拾玖硕肆斗陆胜伍合粟。
26 　　柒拾陆硕贰斗陆胜䔧豆。
27 　　陆拾叁硕贰斗伍胜豌豆。壹斗捌胜胡枣子。
28 　　贰斗玖胜乔麦。壹伯肆拾肆硕肆斗叁胜黄麻。
29 　　壹硕柒斗黑豆。壹伯玖拾伍硕叁斗贰胜伍合红蓝。
　　　　　　(中略)
35 　　肆拾叁硕玖斗肆胜肆合叁勺草子。叁硕燋麦。

36　　　壹阡壹伯陆拾玖贯柒伯叁拾文钱。

37 壹拾玖硕肆斗，诸人贷便应在。

38　　　壹拾柒硕肆斗麦，贰硕粟。

39　　　贰硕麦，十月廿三日牒，贷吐蕃监使软勃匐强。

40　　　捌硕肆斗麦，十一月七日贷监部落使名悉思恭。

41　　　肆硕，十一月廿四日牒，贷何庭等二人，各贰硕。

42　　　　　贰硕麦，贰硕粟。

43　　　壹硕麦，十二月一日牒，贷曹俊之。

44　　　壹硕麦，十二月三日牒，贷译语舍人樊明俊。

45　　　壹硕麦，十二月廿八日牒，贷董英朝。

46　　　贰硕麦，十二月卅日牒，张齐荣便。

47 肆阡贰伯捌拾贰硕贯零肆斗伍胜柒合玖勺柒伯叁拾文钱，见在。

48　　　贰阡贰伯壹拾玖硕伍斗玖胜青小麦。

49　　　玖拾柒硕捌斗玖胜大麦。捌拾捌硕肆斗陆胜伍合粟。

　　　（中略）

60　　　肆拾叁硕玖斗肆胜肆合叁勺草子，

61　　　壹阡壹伯陆拾玖贯柒伯叁拾文钱。

62 伍阡叁拾捌硕捌斗肆胜贰合新加附。

63　　　贰阡伍伯叁拾陆硕玖斗玖胜麦。

64　　　壹拾捌硕柒斗捌胜大麦。玖硕壹斗豆。

65　　　壹伯伍拾玖硕贰斗壹胜粟。

66　　　柒硕捌斗捌胜荜豆。

　　　（后略）

该件文书包括 P.2763V(4)、P.2654V、P.3446V 三部分，杨际平和李锦绣先生先后分别对这三件残片进行了拼接研究，并对拼接后仍然残缺的内容进行了部分推补复原，但拼接后的文书仍残缺"破用"和"本期见在"两柱。① 该件是沙州仓曹状上勾覆所的四柱会计报告，上面有相关的勾帐符号和对部分数字的校改等，此处移录时不再将勾帐符号录出，帐目数字也按校改后的移录。其中第23—36行为"应见在前帐"的总帐和明细帐；第37—46

---

① 参杨际平《现存我国四柱结算法的最早实例——吐蕃时期沙州仓曹状上勾覆所牒研究》，载韩国磐主编《敦煌吐鲁番出土经济文书研究》，厦门大学出版社1986年，第163—172页；李锦绣《唐代财政史稿》上卷，第238—245、261—289页。

行为"贷便应在"的总帐和明细帐,即外欠帐,这里外欠也单独成为一柱;第47—61行为"上期见在"的总帐和明细帐;第62行及后为"本期新入"的总帐和明细帐。杨际平先生认为本件会计报告的时间在公元801—803年间,此时正是吐蕃统治敦煌时期,其反映的是以半年为会计核算期的情况,具体是巳年七月对当年1—6月发生的收支帐目进行的核算报告及勾检情况,故作为本期回残帐的"应见在前帐""贷便应在"和"上期见在"实际上是巳年前一年(即辰年)后半年核算的"结余"而转入本期的,其中"贷便应在"柱中记载的贷便业务均发生在7—12月之间也说明了这个问题。这样,当沙州仓曹本期会计报告的结余也由本期应见在、本期贷便应在、本期见在三柱组成时,该报告在形式上至少包括应见在前帐、上期贷便应在、上期见在、新加附、破用、本期应见在、本期贷便应在、本期见在等八柱。

虽然在将外欠帐专门作为一柱进行登载时,四柱帐在形式上会成为五柱、六柱,甚至更多柱,但在四柱公式的计算中,外欠帐所在柱并不参与。如经核算,P.2763V(4)+P.2654V+P.3446V《吐蕃巳年(789或801)沙州仓曹状上勾覆所牒》中"应见在前帐"与"新加附"两柱中麦、大麦、粟等的合计数恰好与会计报告开头所记新旧总数——"管新旧斛斗钱"中的分类数相等,这说明,"贷便应在"和"上期见在"两柱中记载的相关粮食、钱等在四柱计算中没有参与,因为"贷便应在"和"上期见在"两柱的帐目已经包含在"应见在前帐"中了。也就是说,作为上期结余总帐的"应见在前帐"包括"上期贷便应在"和"上期见在"两部分,"应见在前帐"是虚数,若"上期贷便应在"和"上期见在"两柱再参与四柱计算,则等于是外欠帐和见在帐重复参与了计算。总之,由于在"应见在帐"下将外欠帐和见在帐又分别单独成柱,故四柱帐在形式上往往又多于四柱,但由于外欠帐和见在帐又含在"应见在帐"中而不再参与四柱公式的计算,故不但"外欠"柱在形式上还是附属于"应见在"柱而存在,而且形式上的变化并未改变四柱结算法的计算原理。

至宋代,相关法规还对四柱帐中将外欠帐专门登载在外欠柱的情况进行了规定,如《庆元条法事类》卷37中《仓库式》规定"诸州申钱帛帐"的格式如下:

某州今供某年钱帛帐:
军资库。三京,即云左藏库。余式称"军资库"准此。
一 前帐应在见管数,已在今帐应在项内作旧管声说
一 前帐见在(只撮计都数,某色若干,余色依此。)
一 新收。每色撮计都数。支破、应在、见在项准此。所收钱物,每

项各开请纳米处名数,内系入便者,更具客人姓名。钱若干,余色若干。

  实收(略)

  转收(略)

一　支破。如系支前帐见在数,亦依式开破。钱若干,余色若干。

  实支(略)

  杂支(略)

  转支(略)

  上供(略)

一　应在

  旧管。谓前帐见管名数,撮计逐色都数,如今帐开破不尽,即并入见管项内收。

  新收。各具名数,未破事因。钱若干,余色若干……

  开破。并前帐见管,如今帐开破,亦入此项……

  见管。每三年一次,全供窠名。钱若干,余色若干。

一　见在。内朝廷及尚书户部封桩钱物别项桩坐,并前帐见在,如今帐开破不尽,亦并入此项……①

  从形式上来看,该钱帛帐由前帐应在、前帐见在、新收、支破、应在、见在六柱组成,其中应在帐即属外欠帐。从第一柱所云"前帐应在见管数,已在今帐应在项内作旧管声说"来看,这里的前帐应在柱可能不登载应在帐的数目而单独作为一柱,应在帐被登载在应在柱的"旧管"下,而在应在柱下又以旧管、新收、开破、见管四柱的形式登载应在帐的变化情况,其中旧管是前帐应在帐、新收是本期应在帐、开破是本期收回的应在帐、见管是本期应在帐。应在帐和见在帐是并列关系,即见在帐中不含应在帐,见在为实数。在帐目的计算中,《诸州申钱帛帐》依然按照四柱公式进行,即:前帐见在+新收-支破=见在。在此过程中,虽然应在柱不参与计算,但是其内部也有自己的四柱计算公式,即:旧管+新收-开破=见管。与前述唐代几件在外欠柱中登载外欠帐的四柱结算实例相较,《诸州申钱帛帐》保留了应在帐和见在帐两柱,而缺少了二者的合计帐——应见在帐所在柱,从而使得"外欠"柱在形式上不再附属于"应见在"柱而更具有独立性。

  除《诸州申钱帛帐》外,《庆元条法事类》卷37中《仓库式》下的《转运司申钱帛计帐》《杂物帐》《诸州申粮草帐》《转运司申粮草计帐》等均采用与《诸

---

① 杨一凡、田涛主编,戴建国点校《庆元条法事类》第1册,第581—584页。

州申钱帛帐》完全相同的四柱帐式,包括对应在帐的登载也一致。① 既然在宋代法规中对外欠帐的登载方式有了统一的规定,那么在宋代官方的财计制度中,将应在柱登载在见在柱前面而单独成为一柱应是普遍遵循的格式。至于在寺院的四柱帐中是否也遵循此格式,目前尚未看到具体的实例,不过设置外欠柱登载外欠帐的情况则应是存在的。从四柱帐的发展历史来看,至明清时期,一般不再专门设置外欠柱登载外欠帐,而是可将外欠帐登载在回残、新入、实在等柱中,比较随便,没有定例。②

第四节 "帐尾"的含义及相关欠帐历的作用

"帐尾"一词与四柱帐状有密切的关系。敦煌文书中关于"帐尾"的记载主要见于 S.4452《后晋开运三年(946)某寺算会破除外见存历稿》、S.6237《公元 10 世纪上半叶灵图寺算会应在人上欠》和 P.3881V《宋太平兴国六年(981)正月一日灵图寺招提司算会应在人上欠》,③其中 P.3881V 中写作"掌尾"而非"帐尾",二者应同义,因为敦煌寺院会计文书中"帐""掌"有时互用,如"执掌"有时写作"执帐","前掌"也可写作"前帐"。

"帐尾"一词在传统文献中的记载较敦煌文书稍晚,《宋会要辑稿》"食货五一"记载大中祥符五年(1012)十二月,诏左藏库云:

> ……又监官、专、副年满日交割,仰将旧界得替末帐前月帐尾见在官物,勒行人看验,据帐内桩讫名目交割,不得信纵乱有看验,致与元帐不同……④

这是目前所见传统文献中对"帐尾"一词的较早记载。又《宋会要辑稿》"食货五四"和"食货六二"中记载宣和七年(1125)四月二十七日,讲议司言:

> 勘会收支官物,州县官司则凭簿历,朝廷、省部、监司则凭帐状,而

---

① 杨一凡、田涛主编,戴建国点校《庆元条法事类》第 1 册,第 584—593 页。
② 参王祥伟《四柱结算法登载外欠账的方式及其演变》,《中国经济史研究》2019 年第 3 期,第 125—137 页。
③ 郁晓刚曾对这组文书的结构、作用和意义等进行过讨论,详参郁晓刚《敦煌寺院财务结算浅析——以应在帐为中心》,《中国经济史研究》2012 年第 4 期,第 133—141 页。
④ [清]徐松辑,刘琳、刁忠民、舒大刚、尹波等校点《宋会要辑稿》,第 7153 页。

帐内官物与簿历不同,簿历内又与仓库见在不同,至有帐尾见在钱物一二十万,而历与库内全无见在。①

这里明确言帐尾是帐状之尾。那么,何为"帐尾"？郭道扬先生既认为是后人所命名的"四柱移交清册",又认为是对四柱清册中旧管、元管的又一称呼。② 方宝璋先生认为,宋代把某种帐籍的期末结存称为"帐尾""历尾"等。③ 郁晓刚就郭、方二氏的观点云:"所谓旧管或末期结存就相当于敦煌寺院四柱帐的'应及见在'柱",④ 此即认为帐尾就是四柱帐中的"应及见在"帐。下面我们再对"帐尾"的含义及相关欠帐历的作用进行分析讨论。

一、"帐尾"含义辨析

首先,"帐尾"可指"应在及见在"帐或见在帐。从上引《宋会要辑稿》中"帐尾见在"来看,见在帐属于帐尾是无疑的。那么,帐尾是否包含外欠(应在)帐呢？我们来看看 P.3881V《宋太平兴国六年(981)正月一日灵图寺招提司算会应在人上欠》的部分内容:

```
1    太平兴国六年庚辰岁正月一日,徒众就众堂算会,招提司惠
     觉自
2    年祼(课)及前掌回残斛斗纸布褐什物等,应在人上欠:
3  准掌尾麦壹伯壹拾玖硕叁斗。陆硕柒斗,戌年在贺祐奴;
4    叁硕肆头(斗),亥年在贺祐奴;贰拾叁硕,子年在礜保富;贰
     拾硕,
5    丑年在礜保富;贰拾壹硕陆斗,寅年在礜保富;贰拾肆硕
6    陆斗,寅年在王再德;贰拾硕,□年在礜保富。
7  准掌尾粟。
8  准掌尾麻玖拾壹硕壹斗。内叁拾陆硕伍斗,付后都师法员;陆
9    斗,在僧福昌;叁硕,在氾僧正;壹硕伍斗,在押衙氾善俊;柒
     斗,在
10   应净;肆斗,在应集;两硕玖斗,在马孔目;壹硕肆斗,在程
     僧正;
```

---

① [清]徐松辑,刘琳、刁忠民、舒大刚、尹波等校点《宋会要辑稿》,第 7239—7240、7582 页。
② 郭道扬编著《中国会计史稿》(上册),第 397、400 页。
③ 方宝璋《宋代财经监督研究》,中国审计出版社 2001 年,第 197 页。
④ 郁晓刚《敦煌寺院财务结算浅析——以应在帐为中心》,第 138 页。

（中略）

18　壹硕肆斗,在大画法律;肆硕贰斗,在惠觉。

该件文书中将"帐尾"写作"掌尾",记录了灵图寺徒众算会招提司都师惠觉任内回残帐中麦、粟、黄麻三类的外欠帐,每类开头有"准掌尾"三字,然后详细记录外欠帐目,其中第7行仅有"准掌尾粟"而没有详细帐目,说明粟没有外欠。从该件内容我们可以看到,帐尾不但包括见在帐,又可包括外欠帐,理由有二:一是文书云这些欠帐属于"前掌回残",而在有外欠的情况下,回残往往包括见在和外欠两部分;又文书第8行云"准掌尾麻玖拾壹硕壹斗。内叁拾陆硕伍斗,付后都师法员",然后再记录其他人所欠的黄麻帐。显然,此处帐尾中黄麻总数为玖拾壹硕壹斗,其中叁拾陆硕伍斗为"见在"帐,二者之差为外欠帐,见在帐已经算会交接给下一任负责人都师法员了,外欠帐则专门详细罗列。可见,这里的帐尾明确包括见在帐和外欠帐两部分。

当帐尾包括见在帐和外欠帐两部分时,其相当于表5-2、5-3所列敦煌四柱帐中的"应及见在柱"和《庆元条法事类》诸四柱帐中的"应在"和"见在"两柱。当帐尾转入下一会计期的四柱帐时,则分别相当于敦煌四柱帐中的"前帐回残"或"前帐旧"和《庆元条法事类》诸四柱帐中的"前帐应在见管数"和"前帐见在"。当然,当外欠帐全部收回时,帐尾则仅有见在帐而相当于"见在"柱了,此时,当帐尾转入下一会计期的四柱帐时,则相当于"前帐回残""前帐旧"或"前帐见在"了。

其次,"帐尾"可专指外欠帐。从传统文献、出土文献和明清档案来看,历史上还有以外欠帐为核心的四柱帐,即专门将外欠帐也用四柱格式记录,[①]甚至宋代的相关法律条文中还专门对以外欠帐为核心的四柱帐格式进行了规定,如《庆元条法事类》卷32"财用门三"之"理欠式"中《欠帐》的格式如下:

　　某州
　　　今供某年欠帐
　　　一旧管,已在今帐见欠项内开具。
　　　一新收,前若干,若干准某处关到某色人某姓名,欠某名目。余
　　　　　人依此。余色依此。

---

① 参王祥伟《四柱结算法登载外欠账的方式及其演变》,第125—137页。

一开破,催纳到钱若干,于某处送纳,附某年某帐若干,某色人,
　　某姓名,欠某名目,余人依此。余色依此……
一见欠,旧管(谓除今帐催纳到及除破关与别处钱物外,实欠
　　数。)钱若干,某色人,某姓名,欠某名目,纳外见欠若干,
　　余人依此,余色依此。

后略①

该《欠帐》是依据旧管、新收、开破、见欠四柱的格式进行造帐的,其中旧管是上一会计期的外欠帐,新收是本期的外欠帐,开破是本期收回的外欠帐,见欠是本期结存的外欠帐。在该《欠帐》中,帐尾就是"见欠",而此"见欠"专指外欠帐。

在前述记录帐尾的几件敦煌文书中,S.4452《后晋开运三年(946)某寺算会破除外见存历稿》中的帐尾也应专指外欠帐,其内容如下:

(一)
1 开运叁年丙午岁二月十五日,当寺徒众就中院算会,
2 癸卯年直岁保集应入诸司斛斗苏油布緤等,一周
3 年破除外见存:
4 准帐尾麦叁石陆斗,欠在保集;
5 准帐尾粟肆硕柒斗,欠在保集;准帐尾油贰斗
6 叁升一抄,欠在保集;准帐尾黄麻叁硕
7 陆斗,欠在保集;准帐尾豆肆硕贰斗,
8 欠在保集;准帐尾布六尺,欠在保集;
9 准帐尾麦两[石]六斗、粟两石七斗,僧政法律徒
10 众矜放保集用。

(二)
1 开运三年丙午岁三月一日,当寺徒众就中院算会,甲辰年
2 直岁福信应入诸司斛斗油面布緤等,一周年破除
3 外见存:
4 准帐尾麦肆石五升,欠在福信;准帐尾粟肆石
5 叁斗,欠在福信;准帐尾油贰斗肆升,欠在福信;
6 准帐尾黄麻两石贰升,欠在福信;准帐尾豆

---

① 杨一凡、田涛主编,戴建国点校《庆元条法事类》第1册,第520—521页。

7 叁硕壹斗,欠在福信;准帐尾布緤贰拾贰尺,
8 欠在福信;准帐尾麦肆石五斗、粟肆石三
9 斗,伏缘都师造簷一年周新(辛)苦,和尚及徒
10 众矜放福信。

S.4452中的两件分别将外欠帐记录在负责人直岁保集、福信名下,这与S.6237《公元10世纪上半叶灵图寺算会应在人上欠》和P.3881V《宋太平兴国六年(981)正月一日灵图寺招提司算会应在人上欠》将外欠帐记录在众多其他人员名下不同。从敦煌寺院的财务管理制度来看,将一个会计期内其他人员的欠帐记录在本会计期负责僧人名下的现象是比较普遍的,故保集、福信所欠的也可能是其担任直岁内其他人的欠帐,其中因辛苦等原因而矜免掉的一部分欠帐应是其经营不善造成的。与P.3881V中云当年课税及回残帐中"应在人上欠"有所不同,S.4452强调的是直岁在一周年内斛斗油面等的"破除外见存",可是这里的"见存"没有见在帐而仅有欠帐,故S.4452可能不是对一年内寺院各类收支结存的算会记录,而与《庆元条法事类》中的《欠帐》一样,仅是专门对外欠帐算会的记录,只是记录时没有采用四柱格式,其中的"破除"是指本期收回的外欠帐,"见存"是指本期结存的外欠帐,当然,其中的帐尾也应是专指外欠帐,相当于《欠帐》中的第四柱"见欠"。

"帐尾"不但可以指四柱帐中的外欠帐,而且从后世文献来看,还可以指日常生活和经济活动中人与人之间的欠帐,如明代方汝浩著《禅真后史》第二回有濮氏与其父亲的一段对话如下:

濮氏道:"爹爹讲的是。儿还有一件事体与爹爹酌议。当初你女婿在河南做客时,被一卢店户拖欠下绒缎银一千余两,将及十年光景,并无下落,只留下一张空券。数日前,有一船户来通消息,说这店家近来发迹,每思往彼取讨,奈无可托之人。今欲烦瞿师长带一苍头同到河南,清楚帐目,倘得银时,就将百十两谢他也不为过,不知爹爹尊意若何?"员外点头道:"好,好!这人可托,谅不误事。我也有些帐尾在彼,一发劳他顺便取之,一举两得也。"濮氏甚喜。①

又明末清初人陈忱著《水浒后传》第十六回云:

----
① [明]方汝浩著,欧苇点校《禅真后史》,浙江古籍出版社1987年,第7页。

却说戴宗与蒋敬追还银子，领了批回，自到河北去。蒋敬讨完帐目，共有五百两本钱，还剩二三十两的零星帐尾，一时不得清楚，寻思道："建康连年亢旱，荒歉无收，米价涌贵；湖广甚是丰熟，若贩米到这里发粜，自然多有利息。倘耽迟久了，米船来得多，利钱轻了。把这帐目且丢在这里，后次再来催讨。"①

显然，无论是《禅真后史》中濮氏与其父亲对话中所言的帐尾，还是《水浒后传》中所说的帐尾，虽然与四柱帐状无涉，但是其含义与专指四柱帐状中的外欠帐相同，都是指没有结清的欠帐。

总之，当"帐尾"是指四柱帐状之尾时，其既可以指四柱帐状中的应在帐和见在帐，又可以专指见在帐或外欠帐；当"帐尾"并非指四柱帐状之尾时，其一般专指外欠帐。

二、欠帐历的作用

记载有"帐尾"的 S.4452、S.6237 和 P.3881V 与寺院的四柱帐状、前后任负责人之间的交接凭据一样，开头都交代算会的时间、地点、人员及负责人等，这说明三者都是在一个会计期结束后全寺统一算会时形成的文书。当然，S.4452、S.6237 和 P.3881V 与帐状、凭据在结构、性质方面是不同的，在开头交代完算会的时间、地点、人员及负责人等后，开始详细罗列外欠帐目，结尾部分没有相关人员的签名画押，故属于"欠帐历"。我们知道，寺院在算会时会整编相关的入历、破历和入破历，而入历、破历和入破历中一般没有记载外欠帐，故这种欠帐历与入历、破历和入破历一样，也是全寺算会时专门对外欠帐的记录。这种算会时形成的欠帐历的内容较广，既有可能是借贷外欠帐，也有可能是粱课或碨课的外欠帐，还有可能是其他外欠帐，相应地，算会时编写外欠帐的依据也较多，如便贷契约、便物历、碾碨和油梁的出租经营契约、各类欠物凭据、欠帐偿还历和寺院财务管理人员平日私记的欠帐历等等。

作为寺院算会时形成的欠帐历，其与算会时整编的入历、破历和入破历一样，也应是编造帐状的凭证，如从前述 P.4957《申年（864 或 876）或酉年（865 或 877）乾元寺诸色入破历算会牒》等来看，在敦煌寺院的四柱帐状中有时也会专门登载外欠帐，而登载外欠帐的依据就是算会时形成的欠帐历。

---

① ［明］陈忱著《水浒后传》，岳麓书社 1998 年，第 116 页。

欠帐历也是财务交接的依据,这一点可以通过交接凭据文书得以说明,如 S.4701《庚子年(1000)十二月十四日报恩寺前后执仓法进愿盈等算会分付回残斛斗凭》载:

1 庚子年十二月十四日,徒众就后殿齐坐算会,
2 先执仓常住仓司法律法进、法律惠文等
3 八人所主持斛斗,从去庚子年正月一日入算后,
4 除破用兑利外,合管回残麦壹伯伍拾硕贰
5 升陆合,粟壹伯肆拾硕壹斗伍升捌合,豆伍
6 硕肆斗贰升,黄麻陆拾陆硕玖升陆合叁圭,
7 内惠阴法律、寺主定昌、戒宁等三人身上欠
8 麻叁硕贰斗贰升,徐僧正、寺主戒福、善清等
9 三人身上欠麻两硕叁斗伍升,行索僧正欠麻
10 壹硕壹斗柒升,又添烽子豆肆硕。已上物一一诣
11 实,后算为凭
12　　　　　　执物僧愿盈(押)
13　　　　　　执物僧住兴
14　　　　　　执物僧愿兴(押)
15　　　　　　执物僧善法(押)
16　　　　　　执物僧法兴
17　　　　　　执物僧道通
18　　　　　　执物僧团头法律惠员(押)[1]

该件也是算会后寺院的前后两任负责人交接的凭据,结尾有后任负责人的签名画押,交接的内容主要是寺院在上一会计期回残的麦、粟、豆和黄麻,而回残的黄麻包括见在和外欠两部分,其中外欠部分是前次历任负责人手上所欠,这些欠帐就相当于欠帐历文书 S.4452 中保集、福信的欠帐,也就是说,将欠帐历中的欠帐也记入了交接凭据中。由于算会记录欠帐活动在前,而交接活动在后,故欠帐历也是交接凭据和财务交接活动的依据。

此外,虽然在交接凭据中会记录外欠帐,但是一般不会详细罗列外欠帐目的明细,而是将外欠帐的各类合计数记录在相关寺院财务管理人员名下,

---

[1] 唐耕耦《敦煌寺院会计文书研究》,第 308—309 页。

同时,在寺院的四柱帐状中有时还不会登载外欠帐,故在这种情况下,寺院财务管理人员无法依据交接凭据和帐状向欠帐者索帐,而像 S.6237 和 P.3881V 之类记录欠帐明细的欠帐历与便贷契约、便物历等一样,还可以作为追回欠帐的依据。

第六章 帐状和凭据文书考释

第一节 报恩寺帐状文书及其经济考略

一、报恩寺帐状文书考释

(一) S.6064《未年(815或827)正月报恩寺诸色入破历算会牒稿》

S.6064残损较多,共由5个碎片组成,北原薰先生对其中部分内容进行过释录。① 唐耕耦先生在《释录》第3辑中对其进行释录的同时附有黑白图版。② 此外,《英藏敦煌文献》第10卷专门公布了黑白图版,③而国际敦煌项目网站(IDP)上还公布了彩色图版。可能是由于文书由5个独立的碎片组成,同时对5个碎片之间的内容关系没有仔细审视,故不同地方公布的5个碎片的图版顺序不但不同,而且已公布的这些图版顺序并不符合文书内容应有的顺序,《释录》中的录文也错乱了文书的内容。除了《释录》中的录文外,学界似乎并未对S.6064给予较多关注,也未发现《释录》录文中存在的问题。实际上,S.6064是一件吐蕃统治敦煌时期报恩寺算会本寺财务收支情况的状文,而吐蕃统治时期的这种状文非常少见,故该件文书在研究敦煌寺院经济、吐蕃政权的寺院经济政策及四柱结算法等方面均具有一定的学术价值。下面我们先按照 S.6064的正确顺序将其内容进行释录,然后对相关问题进行说明。

  1 报恩寺

---

① [日]北原薰《晚唐·五代の敦煌寺院经济——收支决算报告を中心に》,第453—454页。
② 唐耕耦、陆宏基编《敦煌社会经济文献真迹释录》第3辑,第296—298页。
③ 中国社会科学院历史研究所等合编《英藏敦煌文献》第10卷,第64—65页。

255

2 合从午年正月一日已后，至未年正月十六日已前，应收纳诸色［斛斗及面］
3 总一千六百六十石四斗三升，油一斗四升。
4 　　　　一千五百廿石五斗五升麦，六十八石三斗八升豆，
5 　　　　卅二石八斗粟，一石五斗红蓝，二石一斗黄麻，
6 　　　　廿五石一斗面，一斗四升油。
7 　　　　一百一十四石九斗于前直岁交得附：
8 　　　　　　一百一十三石一斗交得
9 　　　　　　　　［五十］九石三斗□，九石一斗青麦，
10 　　　　　　　卅六石五斗豆，八石二斗粟。
11 　　　　　　一石八斗小麦欠。
12 　　　　一百六十石六斗田收附：
13 　　　　　　五十七石青麦，二石一斗黄麻，
14 　　　　　　一石五斗红蓝，一百石三斗小麦。
15 　　　　廿九石麦，租韭价附。
16 　　　　五十三石五斗麦，安勿赊施入附。
17 　　　　一石□□打钟斛斗，八斗麦。
18 　　　　一石麦，出沽苏一升及陪叠子一枚价附。
19 　　　　二石六斗麦，博面与吐浑收附。
20 　　　　三石二斗麦，出卖钢八两价附。
21 　　　　▭▭▭▭▭□施入附。
（此处内容有残缺）
22 　　　　▭▭▭▭▭▭□□□□
23 　　　　▭▭▭▭▭一量佛圣物附。
24 　　　　四石二斗麦，施入长明灯附。
25 　　　　四石六斗麦，施入种子附。
26 　　　　一千［一十七石］一斗一升斛斗及面，油一斗四升，硙上交得附：
27 　　　　　　五百卅七石七斗三升，见收斛斗，_{内廿二石五斗粟}
28 　　　　　　八石，折纳布一疋。
29 　　　　　　一百七十二石七斗麦，杂支用。
30 　　　　　　二百六十三石五斗八升，回造。
31 　　　　　　廿五石一斗面。

第六章　帐状和凭据文书考释

32		一斗四升油。

33　一千四百卅六石七斗七升，未年正［月］十六日已前［诸色斛斗
　　　破用］：

34		［五］十七石二斗三升	豆
35		廿五石一斗	面
36		卅七石四斗二升	粟
37		一千三百一十七石二升	麦

38　正月一日，麦一石，沽苏供僧食。九日，麦一十六石四斗，

39　还裙价。十一日，麦一十石，乞音声。二斗麦，买苡蓉。

40　十三日，六斗 麦 　　　 □子一。十四日，四石三斗麦，

（后缺）

　　以上为 S.6064 残存的全部内容，北原薰仅将以上录文的第 1—15、26—33 行前后释录在一起。《释录》中的录文与以上录文有很大的不同，主要是错乱了文书的内容顺序，具体是将以上录文中的第 1—15 行、16—21 行、22—25 行、26—32 行、33 行、34—37 行、38—40 行分别安排在第 12—26 行、35—40 行、31—34 行、4—10 行、11 行、27—30 行、1—3 行。特别是由于将第 38—40 行、26—32 行、33 行的内容安排到最前面而成为第 1—11 行，容易使人误认为第 1—11 行内容是另一所寺院的帐目，而其他内容是报恩寺的帐目。除了内容顺序有很大的差错外，《释录》对个别文字的释录也存在问题，如将第 12 行的"一百六十石六斗"补录为"一百六十三石六斗"，但从图版来看，此处并未缺"三"字，且据第 13—14 行数字可知，第 12 行文字应为"一百六十石九斗"。同时，《释录》还将第 13 行的"二石"录为"一石"，将第 37 行的"一千三百"录为"一千六百"。

　　从内容来看，该件属敦煌寺院会计文书中的算会牒类文书，是报恩寺对本寺从午年正月一日以后至未年正月十六日以前诸色斛斗等收支情况进行算会的状文底稿，下面我们就对文书内容及结构等进行说明。

　　按照同类文书，第 1 行"报恩寺"三字后空几格应有"状"或"状上"等文字，而该件中的这类文字残缺。第 2—6 行是总收入帐，其中第 2—3 行是收入总数，第 4—6 行是麦、豆、粟等的收入分类帐；第 7—11 行是上任直岁交得的上一会计期的结余帐，也即"回残"收入；第 12—32 行是本会计期的土地收入、布施收入、碾硙收入等各类新收入，新入部分没有新入总帐而有分类帐和明细帐，其中第 21 行和 22 行分别为两个碎片的末行和首行，由于中

间应有残缺而不能直接拼接;第33—40行是本会计期的破用支出帐,其中第33行为破用总帐,但该行末尾残缺数个文字,根据文书内容及同类文书可知,所缺文字应为"诸色斛斗破用"之类,第34—37行为破用分类帐,第38行以后为破用明细,但可惜破用明细大多残缺。从收入总数为一千六百六十石四斗三升斛斗、面和一斗四升油,而破用为一千四百卅六石七斗七升斛斗和面来看,本会计期一定有大约二百二十多石斛斗和一斗四升油的结余,即本期见在,只可惜结余帐已残缺。总之,S. 6064原卷含有回残、新入、破用、见在,是一件典型的采用四柱记帐法的文书,只是没有特别注明新入总帐。

S. 6064属吐蕃时期的文书是无疑的,如第16行记载向报恩寺布施的安勿赊还见于S. 5760,而S. 5760是某年七月因官斋配征催纳"苏"的帖文,其中出现的"突田"及计量单位"驮"都是吐蕃时期的特征。① 又S. 6064中出现的未年和午年是吐蕃时期和归义军初期敦煌文书中常用的地支纪年法,《释录》云:"此件纪年为未年,西域出土文献分类目录初稿Ⅱ定为吐蕃占领敦煌时期,属公元九世纪前期。"② 对该件文书中的未年和午年,我们还可作进一步的考察。

在吐蕃统治敦煌时期,报恩寺经历了重建,如S. 3873《索淇牒文》载:

（前缺）

1 ▭▭▭▭▭▭ 上 代水硙三所,园田家
2 ▭▭▭▭▭▭ 督信敬心,重建造报恩寺
3 ▭▭▭▭▭▭ 斋两所水硙、园田家客施入
4 ▭▭▭▭▭▭ 供养三宝,不绝愿心。
5 ▭▭▭▭▭▭ □其硙是时被殿下[欺]
6 ▭▭▭▭▭▭ 日出卖与报恩寺
7 ▭▭▭▭▭▭ 五十余载,师僧受
8 ▭▭▭▭▭▭ 淇自力微,无处申
9 ▭▭▭▭▭▭ 照察,讫赐上祖水
10 ▭▭▭▭▭▭ 牒

---

① 图版参中国社会科学院历史研究所等合编《英藏敦煌文献》第9卷,第127页。
② 唐耕耦、陆宏基编《敦煌社会经济文献真迹释录》第3辑,第298页。

11　［咸］通年十一月　日索淇谨状[①]

这件状文的呈状者是索淇，在 P.3410《年代不详僧崇恩析产遗嘱》的末尾有索崇恩的侄子都督索琪，其应为同一人。由于状文残损，故其具体内容不是很明确，大致记载在五十多年前重建报恩寺时，索淇祖代将三所水硙中的两所及田园家客施入报恩寺之事，而另外一所水硙可能被吐蕃的某殿下通过欺骗的手段也卖给了报恩，[②]索淇要求赐回的水硙可能应是这一所。状文写于咸通年间，即 860—874 年，而从咸通年间往前推五十多年，则可知报恩寺重建的时间约在公元 800—820 年左右。后面我们将要讨论到，S.6064 中记载的土地收入比此后报恩寺的土地收入要多很多，其原因应系重建报恩寺时，报恩寺所得的布施田地增多，土地收入也随之增加，而至 832 年时，吐蕃对敦煌寺院的土地进行了调整，像索淇祖代布施给报恩寺的土地又重新被分配给民户，报恩寺的土地减少，地产收入也相应减少。而在调整寺院土地的 832 年之前及重建报恩寺期间的未年有 815 年和 827 年，故 S.6064 中的未年应是 815 或 827 年，午年应是 814 年或 826 年。

唐耕耦先生将 S.6064 拟题为《未年正月十六日报恩寺诸色入破历算会稿》，《英藏敦煌文献》第 10 卷拟题为《报恩寺午年正月一日至未年正月十六日诸色斛斗入破历计会》。该文书显系为算会的牒文，同时从文书中的数字均用小写，且个别帐目有误来看，其无疑为状文的底稿，故唐耕耦先生的拟题更为准确。同时，从同类文书来看，状文末尾的日期一般具体到年月，偶尔有具体到日者，而且算会活动不一定一天就完成，就 S.6064 而言，算会活动的结束并不一定就在正月十六日，也许还在十七日后，故为了稳妥起见，我们可将其拟题为《未年(815 或 827)正月报恩寺诸色入破历算会牒稿》。

(二) S.4689+S.11293《后周显德元年(954)正月一日报恩寺功德司愿德状》

S.4689 残存 8 行，S.11293 残存 11 行，荣新江先生较早发现 S.11293 的首部与 S.4689 的尾部相衔接。[③] 我们先将二者录文如下：

[①] 学界对该件文书的录文较多，此处移录时依据已有录文并结合彩色图版对其中个别文字进行了重录。

[②] 吐蕃时期的敦煌文书中记载的殿下可能是吐蕃赞普的某儿子或吐蕃官员，详参陆离《有关吐蕃太子的文书研究》，《敦煌学辑刊》2003 年第 1 期，第 29—41 页。

[③] 荣新江编著《英国图书馆藏敦煌汉文非佛教文献残卷目录(S6981—S13624)》，第 186—187 页。

以下为 S.4689：

（前缺）

1 右通前件斛斗□麦緤布等，一一勘

2 算，谨具分析如前。谨录

3 状上。

4 牒件状如前，谨牒。

5 显德元年甲寅岁正月壹日功德司愿德状。

6 徒众

7 徒众

8 徒众

以下为 S.11293：

1 徒众

2 徒众（押）

3 同监（䍧）

4 同监永

5 尊宿智恩

6 尊宿（䍧）

7 法律

8 法律海诠

9 法律宝深

10 法律惠晏

11 释门僧政（䍧）

S.4689 的最后一行与 S.11293 中第一行的"徒众"二字均残缺不全，且双方所残存的"徒众"二字正好可以彼此互补，故二者为同件文书无疑。《释录》第 3 辑将 S.4689 定名为《后周显德元年（954）正月一日功德司愿德状》，[①]《英藏敦煌文献》第 6 卷和第 13 卷将 S.4689 与 S.11293 均定名为《显德元年（954）正月一日敦煌都司功德司愿德勘算斛斗緤布等状》。[②] 但 S.4689＋S.11293 应为报恩寺文书，其中的功德司不属于都司下设机构，而应为报恩寺功德司，理由如下：

---

① 唐耕耦、陆宏基编《敦煌社会经济文献真迹释录》第 3 辑，第 524 页。
② 中国社会科学院历史研究所等合编《英藏敦煌文献》第 6 卷，第 239 页。中国社会科学院历史研究所等合编《英藏敦煌文献》第 13 卷，第 207 页。

第六章　帐状和凭据文书考释

首先,敦煌报恩寺设有功德司,如后面我们将要讨论的 P.2042V《己丑年(989)正月报恩寺功德司道信手下诸色入破历算会牒稿》就记载了报恩寺功德司所执掌的寺院常住斛斗和织物的情况。

其次,S.4689＋S.11293 中的僧人应为报恩寺僧人,其中海诠见于Дx.05843,该件文书仅存"报恩寺僧海诠自□"数字。① 海诠与惠晏又同时见于 S.2142《当寺上藏内诸杂部帙录》,其中"当寺"应是指报恩寺。② 又 S.4689＋S.11293 末尾释门僧政的签名是"𢖺",该签字又见于前述 Дx.01426＋P.4906＋Дx.02164《公元 962 年报恩寺诸色破历》、羽 068《公元 944—945 年报恩寺算会酒户张盈子手下酒破历》、S.4649＋S.4657(2)＋S.7942《庚午年(970)报恩寺沿寺破历》和 P.5579(5)《公元 10 世纪中后期报恩寺道深领得细褐等凭》等报恩寺文书中,在土肥义和所辑录的 S.4689＋S.11293 中的人名中有"道深"者,应是对"𢖺"的释录,③该释录应是正确的,因为道深任僧政的记载多见于敦煌文书,如 P.2846《甲寅年(954?)都僧政愿清等交割讲下所施麦粟麻豆等破除见在历》记载了甲寅年(954)正月廿一日,都僧政愿清和僧政道深等人负责交割斛斗织物的情况。④ 又 Дx.01424《庚申年十一月僧正道深付牧羊人王拙罗寋鸡羊数凭》载:

1　庚申年十一月廿三日,僧正道深见分付常住牧羊人
2　王拙罗寋鸡白羊殺羊大小抄录,谨具如后:
（中略）
7　　　牧羊人王拙罗寋鸡（押）
8　　　牧羊人　弟王悉罗（押）。⑤

这是僧正道深作为寺院负责人给牧羊人王拙罗寋鸡和其弟王悉罗交付寺院羊只的凭据,这两个牧羊人又见于 S.5964《分付牧羊人王住罗悉鸡等见在羊数凭》,其中王拙罗寋鸡被写作王住罗悉鸡,而 Дx.01426＋P.4906＋

---

① 俄罗斯科学院东方研究所圣彼得堡分所等编《俄藏敦煌文献》第 12 册,第 255 页。
② BD01150《龙兴寺僧惠晏文一本》载:"贞明陆年(920)拾贰月拾叁日,龙兴寺僧惠晏文一本,永望转读,莫口文本。"陈大为据此认为 S.2142 中的当寺系指龙兴寺。参陈大为《敦煌龙兴寺与其他寺院的关系》,《敦煌学辑刊》2009 年第 1 期,第 61 页。
③ ［日］土肥义和编《八世纪末期～十一世纪初期敦煌氏族人名集成·索引篇》,汲古书院 2016 年,第 268 页。
④ 录文参唐耕耦、陆宏基编《敦煌社会经济文献真迹释录》第 3 辑,第 525 页。
⑤ 唐耕耦、陆宏基《敦煌社会经济文献真迹释录》第 3 辑,第 578 页。

Дx.02164《公元962年报恩寺诸色破历》第56—57行载:"沈法律等三人紫亭去剪羔子毛食用。麨面壹石、粟面壹石,就羊群头付与住罗悉鸡用。"说明住罗悉鸡,即王拙罗寔鸡为报恩寺的牧羊人,道深也应是报恩寺僧人。又BD15438《道深为与弟惠晏分割债负牒》记载了道深与弟惠晏分割债负之事,①可知道深与惠晏不仅同为报恩寺僧人,而且应是兄弟关系。顺便说明一下,道深的僧职并未止于释门僧政,如BD09382V载:

(前残)
1　　法律
2　　法律(画押)
3　　应管内都僧正 ②

该件文书仅存此三行,管内都僧正的签名与前述 S.4689＋S.11293、Дx.01426＋P.4906＋Дx.02164、羽068、S.4649＋S.4657(2)＋S.7942 和 P.5579(5)中道深的签名一致,说明道深后来升任都僧政一职,时间当在970年前后。

总之,S.4689＋S.11293 应为报恩寺文书,从其残存内容可知,是954年报恩寺对功德司愿德所管斛斗算会后的上报牒文,故我们可将其拟名为《后周显德元年(954)正月一日报恩寺功德司愿德状》。

(三) BD15246(2)＋P.3364＋S.5008《公元947—954年间报恩寺诸色入破历算会牒》

BD15246(2)、P.3364 与 S.5008 是三件残卷,所载内容均为寺院的破用帐目。虽然学界对这三件文书残卷都进行过释录或研究,但是学界在讨论时并没有注意到 P.3364 与 S.5008、BD15246(2)的关系而将三者联系起来,从而在一定程度上影响了对三件文书的认识。实际上,这三件文书残卷本为同一件文书的三个断片,并且是报恩寺文书,下面我们就对这三件文书残卷的详细情况进行讨论说明。

《释录》第3辑较早对S.5008进行了释录,③后唐耕耦先生又在《敦煌寺

---

① 任继愈主编,中国国家图书馆编《国家图书馆藏敦煌遗书》第143册,北京图书馆出版社2012年,图版见369页,录文见"条记目录"第29页。
② 图版见任继愈主编,中国国家图书馆编《国家图书馆藏敦煌遗书》第105册,北京图书馆出版社2008年,第327页。
③ 唐耕耦、陆宏基编《敦煌社会经济文献真迹释录》第3辑,第555—556页。

院会计文书研究》一书中将其重录。[1] 此外,唐先生还较早对 BD15246(2)进行了释录。[2] 学界对 P.3364 的释录似乎较晚,目前所见到的主要是王慧慧先生的录文。[3] 但是这些录文均未将三者缀合起来释录于一起,同时录文中也有个别差误。为了一睹三件残卷缀合后的内容全貌和接下来讨论的方便,我们先对其内容根据图版进行移录。

以下 BD15246(2)
（前缺）
1 就龙兴寺著罚用。白面贰斗,三
2 峐山到来日界(解)火用。白面壹斗、麨面
3 壹斗、油壹抄,北园修菜法律破用。白面
4 壹斗、麨面壹斗、油壹抄,北园托树子破
5 用。白面壹硕柒斗、油陆升,春转经局席
6 用。白面壹硕玖斗、麨面壹硕、油壹升,
7 两日中间北园修垒破用。粟贰斗,沽酒,就
8 安阇梨院和尚、法律吃用。粟叁斗,沽
9 酒,摘葱子日,就安阇梨院和尚、法律用。
10 粟陆斗,沽酒,大众马僧录园头破用。
11 麨面壹升,东园保觉脱墼午料用。
12 粟叁斗,煞葱叶日沽酒就安阇梨
13 院和尚、安阇梨、法律破用。白面贰斗伍升、
14 油捌合子,开元寺王法律亡纳赠用。白
15 面贰斗、油壹抄,下柰子日就园和尚、
16 法律破用。白面壹硕贰斗伍升、麨面肆
17 斗、油贰升,造食,生诚西窟上水贰拾
18 人料破用。白面壹斗伍升、白面壹斗伍升,
19 造食,打孔口日众僧破用。白面贰斗、白
20 面贰斗、麨面贰斗、白面壹斗肆升、

---

[1] 唐耕耦《敦煌寺院会计文书研究》,第 320—323 页。
[2] 但唐耕耦先生在释录时没有使用"BD15246(2)"编号,而是使用"北图新 1446(2)"或"北图新 1446(3)"的编号,详情参:唐耕耦《北图新一四四六号诸色入破历算会牒残卷》,《九州学刊》第 5 卷第 4 期,1993 年,第 124—125 页;唐耕耦《敦煌寺院会计文书研究》,第 323—325 页。
[3] 王慧慧《从 P.3364〈某寺面油破历〉看民俗佛教的一些特点》,《敦煌研究》2013 年第 4 期,第 101—106 页。

21 油壹升半,造食,众僧座葱日用。麨
22 面贰斗,看官家日东园下春菜相张
23 再住用。白面壹斗、麨面壹斗、油壹抄,
24 雨唾日就王上座院吃苏用。白面贰斗、
25 白面叁斗、麨面叁斗、油壹升,北[园]刘麦[用]。
26 白面壹斗、油壹抄,北园下春日,就和尚
27 院造食,和尚、法律破用。白面叁斗、麨面
28 叁斗、油壹升,东窟叁拾叁天造作
29 人夫用。麨面壹斗、白面壹斗,造设女人料
30 用。麨面壹斗、白面壹斗,亦造食女人
31 吃用。麨面壹斗、白面壹斗,又造食女

以下 P.3364

1 人吃用。麨面壹斗、白面壹斗,造食女
2 人午料用。白面叁斗,造设到来日解火
3 用。白面贰斗、油壹升,翟家阿师子
4 亡纳赠用。白面壹斗、麨面壹斗,柒月拾
5 贰日百姓泥寺院破用。麨面壹斗、白面
6 伍升,拾叁日造食女人吃用。白面壹硕、
7 麨面捌斗,东窟造设生诚用。白面
8 叁斗、油叁升,造饽饦、䬾饼、䭎䭎
9 看新建家用。油贰升,付[寺]主拾伍日造佛
10 盆用。白面叁斗,造食,看新建家用。
11 麨面壹斗、白面伍斗,七月拾陆日造食
12 女人吃用。白面伍升、麨面壹斗,女人午
13 料用。白面肆斗,造食,拔麻日众僧
14 吃用。白面伍升,唐僧政来造食看
15 用。油陆升半,付寺主造佛食佛食用。
16 油半升,付寺主赛天王食用。油贰
17 升,付留德新妇将产用。白面壹斗伍
18 升、油壹升壹合,官启窟斋大众
19 看夫人用。白面肆斗、麨面柒斗叁升,
20 油两合,两日中间大让众僧平地食
21 用。白面壹斗、油壹抄,造食,李法律
22 东窟上将起用。白面壹斗伍升,造

23 食,秋救粟转经时和尚法律破用。白面
24 柒斗、油叁升,太保启窟斋生诚将
25 起用。油壹升,付彦讨拾伍日节料用。
26 油壹升,付李延德拾伍日节料用。白面
27 叁斗肆升、麨面捌斗、油两抄,叁日
28 中间法门寺上沙麻人夫吃用。麨面
29 壹斗,刈麻日沙弥寺主吃用。白面
30 壹硕柒斗伍升、麨面伍升、油柒升,
31 秋转经局席用。白面壹硕贰斗,

以下 S.5008

1 西窟用。粟贰斗,立幡干用。粟壹硕
2 肆斗,卧麦酒用。白面柒斗、油叁升,
3 安和儿修新妇客料用。白面柒斗、
4 油叁升,李延德女嫁客料用。油壹
5 升,算仓付索法律用。油壹升,付卧麦
6 酒用。白面壹硕伍升、油贰胜,冬至三
7 日解斋用。白面壹斗伍升、油壹抄,就
8 和尚院吃用。油壹升,腊月捌日抄药
9 食用。白面壹斗、油两合子,造食□□
10 用。油壹升,与延德卧麦酒用。白面□
11 斗伍升、油壹升半,造食看石匠用。
12 白面壹斗、油壹抄,造饦(飥)僧官吃用。
13 白面壹硕叁斗、油贰升壹抄、麨面
14 陆斗,王上座、保力二人圆砲用。白面壹
15 斗,看山场使用。油壹升,砲场店铛
16 及灯油用。油半升,付慧智抄菁韰用。
17 油壹升,付牧羊人张进通用。油壹升,付
18 愿德阿娘卧麦酒用。油肆斗贰升,付
19 粪贾(价)用。白面肆硕,于愿通买布
20 壹疋用。粟捌斗,于康义盈买昌
21 褐伍尺用。白面两硕,于保祥买昌褐
22 贰仗(丈)用。油壹斗,斜放史堆子用。油壹
23 伍升,于史堆子买粘羊壹荫子用。

24 油贰斗伍升，于张咄子买柽一车用。
25 麦壹硕肆斗、粟壹硕肆斗，烟火贾(价)
26 用。麦叁斗，网鹰料用。麦贰斗，马圈
27 口佛盆用。麦柒斗，开口羊贾(价)用。麦
28 壹硕、粟壹硕，水官马料用。麦叁斗
29 伍升、粟叁斗伍升，四大口马料用。麦
30 壹斗、粟壹斗，狗料用。麦壹斗，马圈
31 口灯油用。麦壹斗、粟壹斗，拔柴料
32 用。麦壹斗伍升、粟壹斗伍升，椓贾(价)用。
33 麦壹硕、粟壹硕，买白刺两车用。麦
34 贰斗、粟贰斗，买芘䕡纳官用。□
35 贰斗、粟贰斗，买芘篱纳水官用。
36 □□硕贰斗□□

（后缺）

图 6-1　S.5008(局部)　　图 6-2　BD15246(2)(局部)+P.3364

　　以上即为 BD15246(2)、P.3364 与 S.5008 残存的内容，唐耕耦先生在《敦煌寺院会计文书研究》中将 BD15246(2)第 22 行的"官家"和第 28 行的"叁拾叁"分别录为"官众""三十三"；王慧慧先生将 P.3364 第 8 行的"饽饻、䭌饼、餢餢"数字录为"饽馍、烧饼、□□"，将第 13 行的"拔麻"录为"乞麻"，另外将第 11 行的"拾陆日"、第 27 行的"叁日"和第 30 行的"柒斗""柒升"中的大写数字录为小写；S.5008 第 9 行的"□□"，图版残损不清，唐耕耦先生在《释录》第 3 辑和《敦煌寺院会计文书研究》中分别将其录为"筵局""[延][局]"，第 23 行的"秸"字在《敦煌寺院会计文书研究》中漏录，第 36 行文字在《释录》第 3 辑和《敦煌寺院会计文书研究》中均未录。

第六章　帐状和凭据文书考释

唐耕耦先生在讨论BD15246(2)和S.5008的关系时认为：两者都为诸色入破历算会第三柱破用明细帐，破用斛斗都是麦、粟、油、白面、麨面，品名都用朱笔书写，两者出自同一人手笔，且两者每行均为十二至十六字。从内容、形式、笔迹，可以推断两者为同一件文书的两个断片。① 实际上，不仅BD15246(2)和S.5008是同一件文书，而且P.3364与BD15246(2)和S.5008也是同一件文书，原因如下：

第一，P.3364与BD15246(2)、S.5008的字迹相同，为同一人所写，内容都是麦、粟、油、白面和麨面等的破用明细帐，破用斛斗的品名都用朱笔书写，纸面上部都留有较多空白，②如图6-1、6-2所示。

第二，不管是从文书形态还是内容来看，BD15246(2)与P.3364可以完全直接拼接在一起。从文书的形态来看，BD15246(2)的左边缘和P.3364的右边缘恰好可以拼接在一起，说明二者本为一纸而被撕裂为二；从内容来看，BD15246(2)最后一行即第31行为："吃用。麨面壹斗、白面壹斗，又造食女"，而P.3364第1行为："人吃用。麨面壹斗，白面壹斗，造食女"，内容刚好衔接，即两者衔接的一句话是："麨面壹斗、白面壹斗，又造食女人吃用。"并且P.3364第1行中"麨面壹斗"之"斗"字的一横、"白面"之"麵"字的偏旁"麦"的一捺和"食"字上部的一捺的末笔还有一点残留在BD15246(2)的左边缘，参图6-2。

第三，P.3364与BD15246(2)、S.5008中支出物品的数量不但均用大写，而且其中表示日期和天数的数字也用大写，如S.5008第8—9行载："油壹升，腊月捌日抄药食用。"BD15246(2)第27—29行载："白面叁斗、麨面叁斗、油壹升，东窟叁拾叁天造作人夫用。"P.3364第4—6行载："白面壹斗、麨面壹斗，柒月拾贰日百姓泥寺院破用。麨面壹斗、白面伍升，拾叁日造食女人吃用。"第9—12行载："油贰斗，付[寺]主拾伍日造佛盆用。白面叁斗，造食，看新建家用。麨面壹斗、白面伍斗，七月拾陆日造食女人吃用。"这种日期和天数用大写的情况在敦煌寺院会计文书中并不是很常见，但却在P.3364、BD15246(2)和S.5008中同时出现。

第四，有的人名在P.3364与BD15246(2)、S.5008中同时出现。如

---

① 唐耕耦《敦煌寺院会计文书研究》，第325页。
② 虽然敦煌寺院会计文书中将品名用朱笔书写的情况较为常见，但在收支明细帐中将每笔帐的品名都用朱笔书写的情况倒是少见，而且这种情况主要出现在报恩寺文书中，如P.2821+BD15246(1)+BD15246(4)《庚辰年(980)正月报恩寺寺主延会诸色斛斗入破历算会牒》、S.286《公元980年前后报恩寺诸色斛斗入破历算会牒》、S.6154《丁巳年(957年)后报恩寺算会见存历稿》等中都是如此。

267

P.3364第26行载:"油壹升,付李延德拾伍日节料用。"S.5008第3—4行载:"白面柒斗、油叁升,李延德女嫁客料用。"第10行载:"油壹升,与延德卧麦酒用。"这里李延德即出现了三次。又BD15246(2)第16—18行载:"白面壹硕贰斗伍升、麨面肆斗、油贰升,造食,生诚西窟上水贰拾人料破用。"P.3364第6—7行载:"白面壹硕、麨面捌斗,东窟造设生诚用。"第23—25行载:"白面柒斗、油叁升,太保启窟斋生诚将起用。"这几条记载中的"生诚"可能是人名,其也出现了几次。

第五,P.3364与BD15246(2)、S.5008背面纸缝处均有签字"养"。

总之,BD15246(2)与P.3364、S.5008本为同件文书而被撕裂开来分藏于中国、法国和英国,至于该件文书的其他内容可能已不存于世。

那么,BD15246(2)与P.3364、S.5008内容的前后顺序如何呢?前面已说,无论是从文书形态还是内容来看,BD15246(2)的末尾和P.3364的开首恰好可以拼接在一起,说明BD15246(2)的内容在P.3364之前。关键是S.5008的内容应该置于何处呢?该问题我们可以从这三件残卷中所载的时间来进行说明。BD15246(2)第5—6行载:"白面壹硕柒斗、油陆升,春转经局席用。"第19—20行载:"白面贰斗、白面贰斗、麨面贰斗、白面壹斗肆升、油壹升半,造食,众僧座葱日用。麨面贰斗,看官家日东园下春藜相张再住用。"第25—27行载:"白面叁斗、麨面叁斗、油壹升,北[园]刘麦[用]。白面壹斗、油壹抄,北园下春日,就和尚院造食,和尚、法律破用。"P.3364第4—12行载:"白面壹斗、麨面壹斗,柒月拾贰日百姓泥寺院破用,麨面壹斗、白面伍斗,拾叁日造食女人吃用……油贰斗,付[寺]主拾伍日造佛盆用……麨面壹斗、白面伍斗,七月拾陆日造食女人吃用。"第29—31行载:"白面壹硕柒斗伍升、麨面伍升、油柒升,秋转经局席用。"可见,BD15246(2)与P.3364中所载的时间及相关活动主要依次发生在春夏秋三季,而S.5008中所载的活动主要发生在冬季,如第6—9行载:"白面壹硕伍升、油贰胜,冬至三日解斋用……油壹升,(腊)月捌日抄药食用。"故S.5008的内容应在最后面,即三件残卷的内容顺序应是BD15246(2)→P.3364→S.5008。需要说明的是,P.3364最后一句为"白面壹硕贰斗",S.5008开头一句为"西窟用",内容似乎也可衔接,但从文书形态来看,P.3364的左边缘和S.5008的右边缘不能完全拼接在一起,故在P.3364和S.5008之间还有无残缺的内容,暂时不好断定。

在完成对BD15246(2)、P.3364与S.5008的缀合释录后,我们接着讨论其所属的寺院、年代及定名问题。

唐耕耦先生根据S.5008中第14行的王上座和保力二人又见于

P.3598《丁卯年(967或907)后报恩寺常住什物交割点检历稿》而推测其为报恩寺文书，同时又认为BD15246(2)与S.5008为同一件文书，故而也将BD15246(2)推断为报恩寺文书。① 既然BD15246(2)、S.5008为报恩寺文书，那么P.3364作为同件文书的一部分也应为报恩寺文书。此外，P.3364、BD15246(2)和S.5008的背面纸缝处均有签字"签"，前已所论，此签字又见于S.4689+S.11293《后周显德元年(954)正月一日报恩寺功德司愿德状》等多件报恩寺文书，即是报恩寺僧人道深的法名。总之，BD15246(2)+P.3364+S.5008属报恩寺文书无疑。

学界对BD15246(2)、P.3364和S.5008的年代都有过讨论。《国家图书馆藏敦煌遗书》第141册认为BD15246(2)是9—10世纪归义军时期的写本。② 唐耕耦先生在《释录》第3辑中指出S.5008的时间在公元10世纪中期，③后又在《敦煌寺院会计文书研究》一书中推断其年代在980或920年。④ 宁可和郝春文先生根据P.3364中所载的"法门寺"和"太保"而认为P.3364的年代为947年，其云："据土肥义和考证，敦煌法门寺存在于五代后晋至后周显德初年，则伯三三六四《某寺面油破历》应在公元九三六至九五四年间。我们还可以根据'太保启斋窟'将这件文书的年代确定得更具体一点。据荣新江考证，九三六至九五四年间敦煌使用过'太保'称号的有曹元德(九三九年)和曹元忠(九四七年、九五〇年至九五五年)。'启窟斋'当指所建之窟落成时举行的庆窟活动。曹元德与曹元忠在位期间都曾在莫高窟修建过功德窟，但据贺世哲考证，曹元德在兴建莫高窟第一百窟时使用的称号是'司空'，而曹元忠在新建第六十一窟时其夫人的题名是'浔阳郡夫人翟氏'，这正符合后汉天福十二年(九四七)留守节度使妻可封为郡夫人的规定，是时曹元忠正自称'太保'。曹元忠新建之窟还有第五十五窟，但贺世哲已考出第五十五窟建于公元九六二年前后，曹元忠已在此前的九五六年称令公，这样，伯三三六四《某寺面油破历》只能是在曹元忠自称太保的九四七年。"⑤但陈菊霞先生认为："郝先生将第61窟的建成时间定在947年还是稍显证据不足，因为曹元忠是于947、950—955年间称太保；翟氏夫人是947—957年间称浔阳郡夫人；法门寺存在于936—954年间。依据这三个条件只

---

① 唐耕耦《敦煌寺院会计文书研究》，第320—325页。
② 任继愈主编，中国国家图书馆编《国家图书馆藏敦煌遗书》第141册，北京图书馆出版社2011年，"条记目录"第8—9页。
③ 唐耕耦、陆宏基编《敦煌社会经济文献真迹释录》第3辑，第555—556页。
④ 唐耕耦《敦煌寺院会计文书研究》，第320—323页。
⑤ 宁可、郝春文《敦煌社邑文书辑校》，第165—166页。

能将 P.3364《某寺面油破历》的年代推定在 947、950—954 年间,而不能定断在 947 年……此处(指 P.3364)的'启窟斋'并非仅仅指第 61 窟的'启窟斋'。"①陈菊霞先生的看法也是有道理的,因为若在 947 年和 950—954 年间,曹元忠新建的洞窟不只有莫高窟第 61 窟的话,依据敦煌法门寺存在的年代、曹元忠称太保和翟氏夫人称浔阳郡夫人的年代,P.3364 的年代只能推断在 947、950—954 年间。从目前所知曹元忠在 947、950—954 年间新建的洞窟仅有莫高窟第 61 窟来看,似乎 BD15246(2)+P.3364+S.5008 所载的帐目应发生在 947 年。但我们又会发现,BD15246(2)+P.3364+S.5008 与 S.4689+S.11293《后周显德元年(954)正月一日报恩寺功德司愿德状》有许多相似性,首先,二者将表示日期的数字均大写;其次,二者背面纸缝处都有僧人道深的签字"𥝌";最后,二者的字迹也相似。虽然这几点还不足以将二者缀合在一起,但不排除二者是同一件文书的可能。若是,则 BD15246(2)+P.3364+S.5008 的年代也在 954 年。但为了谨慎起见,此处我们暂时不对 BD15246(2)+P.3364+S.5008 的具体年代作出定断,仍然将其年代存疑在 947 年或 950—954 年间。同时,BD15246(2)+P.3364+S.5008 中的破用都发生在同一年,而敦煌寺院的算会时间一般在年底或年初,故其算会时间当在 947、948 或 950—954 年中的某一年。

《国家图书馆藏敦煌遗书》第 141 册将 BD15246(2)拟名为《诸粮食破用历》。②《释录》第 3 辑将 S.5008 拟名为《年代不明(公元 10 世纪中期)某寺诸色入破历算会牒》,③后唐耕耦先生又将其定名为《980 或 920 年报恩寺诸色入破历算会牒残卷》,④《英藏敦煌文献》第 7 册将其拟名为《某寺诸色斛斗入破历计会》。⑤《敦煌遗书总目索引新编》将 P.3364 拟名为《油面历(残)》,⑥《法藏敦煌西域文献》第 23 册将其拟为《某寺面油破历》,⑦学界一般也沿用此题名。但根据我们在前面的讨论可知,BD15246(2)+P.3364+S.5008 不属于破历,而是诸色入破历算会牒第三柱的破用明细帐,并且从破用物品都为斛斗及其加工物、帐目数字都用大写、没有涂抹修改的痕迹等来看,其

---

① 陈菊霞《S.2687 写本与莫高窟第 61、55 窟的关系》,《敦煌研究》2010 年第 3 期,第 99 页。
② 任继愈主编、中国国家图书馆编《国家图书馆藏敦煌遗书》第 141 册,图版见第 180—181 页,录文见"条记目录"第 8—9 页。
③ 唐耕耦、陆宏基编《敦煌社会经济文献真迹释录》第 3 辑,第 555—556 页。
④ 唐耕耦《敦煌寺院会计文书研究》,第 320—323 页。
⑤ 中国社会科学院历史研究所等合编《英藏敦煌文献》第 7 卷,第 14 页。
⑥ 敦煌研究院编《敦煌遗书总目索引新编》,第 279 页。
⑦ 上海古籍出版社、法国国家图书馆编《法藏敦煌西域文献》第 23 册,上海古籍出版社 2002 年,第 353 页。

应为正式的算会牒,故我们可将其拟名为《公元947—954年间报恩寺诸色入破历算会牒》。

(四) S.4657(1)《公元978年前后报恩寺诸色入破历算会牒》与BD09282《公元978年前后报恩寺诸色斛斗破历》

我们在第四章第二节已经介绍过,S.4657的内容包括两部分,前面一部分倒写有8行文字,后面部分共16行文字,并且将前后两部分分别编号为S.4657(2)、S.4657(1)。S.4657(1)与BD09282是两件寺院会计文书,二者前后残缺,前者保存下来了16行内容,后者残存有11行内容。S.4657的黑白图版较早公布于《敦煌宝藏》第37册,①《释录》第3辑中较早对S.4657进行了释录,同时附有黑白图版。② 后来《英藏敦煌文献》第6卷又专门公布了S.4657的黑白图版。③《国家图书馆藏敦煌遗书》第105册公布了BD09282的黑白图版,并对其内容进行了释录,同时指出S.4657与BD09282的人物、事项多相同,但日期略有参差,详情待考。④ 时至今日,似乎没人再对这两件文书间的关系专门进行过详细讨论。实际上,这两件文书同属报恩寺,年代也应同时,下面我们就对相关问题进行讨论说明。

S.4657(1)与BD09282的具体内容如下:

以下 S.4657(1)
1 壹斗,大众迎僧录用。四月六日,粟贰斗,沽酒,和
2 尚涛用。又粟贰斗,沽酒,和尚、法律、老宿就库吃
3 用。豆两硕伍斗伍升,将去。粟伍斗,于木匠邓再通
4 面上读锅子用。十七日,粟肆斗,付大让渠人买木贾(价)
5 用。粟壹斗,西窟迎大众用。五月六日,粟壹硕肆
6 斗伍升,令落沽酒用。豆叁硕贰斗,还阎员保家
7 用。粟贰斗伍升,开元寺阴法律亡纳赠用。又粟
8 壹斗,东窟上迎大众用。粟壹硕肆斗,付丑挞酒
9 本用。六月七日,粟贰斗伍升,金光明吴法律亡纳[赠]
10 用。又粟贰斗伍升,程法律亡纳赠用。又粟贰斗,春
11 官斋罚幡伞著罚用。又粟叁斗,付牧羊人安君

---

① 黄永武主编《敦煌宝藏》第37册,新文丰出版公司1982—1986年,第263页。
② 唐耕耦、陆宏基编《敦煌社会经济文献真迹释录》第3辑,第530页。
③ 中国社会科学院历史研究所等合编《英藏敦煌文献》第6卷,第219页。
④ 任继愈主编,中国国家图书馆编《国家图书馆藏敦煌遗书》第105册,图版见第217页,录文见"条记目录"部分第39—40页。

12 足用。又豆肆斗,沽酒,众僧及看寿昌家用。
13 十日,豆壹斗,大众分梨用。又豆伍斗,图就僧正亡纳[赠用]。
14 豆贰斗,还阎员保用。麦捌斗,沽酒,木上(匠)泥上(匠)三时
15 吃[用]。粟柒斗,园子米流定春粮用。麦叁斗,买胡併(饼)
16 沽酒迎大众用。豆伍斗,当寺僧吃用。粟叁斗

以下 BD09282

1 斗,沽酒,和尚紫亭家吃用。七月一日,豆壹斗,就和尚院
2 吃酒用。又豆壹斗,北头院胡和尚吃用。二日,豆肆斗,沽酒,
3 众僧及看寿昌家用。豆贰斗龙兴寺纳幡伞僧统
4 罚用。又豆贰斗,沽酒,就和尚院法师徒众吃用。十日,豆壹
5 斗,大众分梨用。又豆壹斗,和尚吃酒用。廿二日,豆壹斗
6 沽酒,就和尚院吃用。又豆伍斗,图就僧正亡纳赠用。
7 豆贰斗,还阎员保豆不足帖斗用。麦贰斗,沽酒,
8 木匠泥匠夜料用。又麦贰斗,付泥匠令狐友德用。又麦
9 壹斗,屈工匠用。粟柒斗,付园子米流定春粮用。
10 八月十日,麦叁硕,付都师[沙]弥法海涛麦用。麦贰斗沽酒,就
11 和尚院□□□□□□□ □□□□□□□□□

（后残）

《释录》第 3 辑将 S.4657(1)中第 11 行的"著罚"和第 14 行的"木上(匠)泥上(匠)三时"分别释录为"若罚"和"木上泥图时"。BD09282 中多次出现的"院"字,图版中都写作"阮",这是敦煌文书中对"院"字的常见写法,但《国家图书馆藏敦煌遗书》在将其录作"院"的同时,又在其后括弧内注明是"充"字,应不确。此外,《国家图书馆藏敦煌遗书》将 BD09282 中第 5 行的"分梨"和第 8 行的"泥匠"分别录为"分菜"和"漆匠",第 7 行的"帖"字则没录出。

虽然 S.4657(1)与 BD09282 都未记载其所属的寺院,并且二者的字体不同而非一人所写,但从残存下来的帐目关系来看,二者应为同一寺院的文书。

首先,S.4657(1)与 BD09282 中有几笔帐完全相同。如 S.4657(1)第 12 行与 BD09282 第 2—3 行均有"豆肆斗,沽酒,众僧及看寿昌家用";S.4657(1)第 13 行与 BD09282 第 4—5 行均有"十日豆壹斗,大众分梨用";S.4657(1)第 15 行与 BD09282 第 9 行均有"粟柒斗,园子米流定春粮用";S.4657(1)第 13—14 行"又豆伍斗,图就僧正亡纳[赠用]。豆贰斗,还阎员

保用"与 BD09282 第 6—7 行"又豆伍斗,图就僧正亡纳赠用。豆贰斗,还阎员保豆不足帖斗用"一致。

其次,BD09282 从第 1 行的"七月一日"始至第 9 行结束为该寺七月份的帐目,最后第 10—11 行为八月份的部分帐目。其中第 3—4 行载有一笔帐:"豆贰斗龙兴寺纳幡伞僧统罚用。"但这笔帐后又被涂抹掉了,原因何在?仔细观察,这笔帐其实就是 S.4657(1)中第 10—11 行所载的发生在六月份的一笔帐,此即:"又粟贰斗,春官斋罚幡伞著罚用。"从而可知,这次交罚用的帐发生在六月份,而且交罚用的是"粟贰斗"而非"豆贰斗",同理,这笔帐在 BD09282 中六月份的帐目中应已进行了登载,故在七月份帐目中是重复登载,且误将"粟贰斗"记为"豆贰斗"后又涂抹掉了。当然,由于 BD09282 中六月份的帐目没有保存下来,故我们无法看到这笔帐。

再次,S.4657(1)从第 9 行"六月七日"开始,以下残存帐目似乎全登载在六月份下,但通过参照 BD09282 可知,这实际上应是记帐不严谨所致,这些帐目有的属于七月份甚至八月份。如第 13 行的"十日"是指七月十日而非六月十日,因为从 S.4657(1)第 12 行"又豆肆斗,沽酒,众僧及看寿昌家用"至第 15 行"粟柒斗,园子米流定春粮用"与 BD09282 中七月份的帐目基本一致,除了前面已经提到的双方完全相同的几笔帐如"二日,豆肆斗,沽酒,众僧及看寿昌家用""十日,豆壹斗,大众分梨用""又豆伍斗,图就僧正亡纳[赠用]。豆贰斗,还阎员保用""粟柒斗,园子米流定春粮用"外,又 S.4657(1)第 16 行载有"豆伍斗,当寺僧吃用"。这笔本寺僧人吃用的帐记得较为模糊,其实这是将几笔帐合在一起记载的,而这笔帐在 BD09282 中却是分开来记录的,此即 BD09282 第 1—2 行的"七月一日,豆壹斗,就和尚院吃酒用",第 4 行的"又豆贰斗,沽酒,就和尚院法师徒众吃用"和第 5—6 行的"又豆壹斗,和尚吃酒用。廿二日,豆壹斗沽酒,就和尚院吃用",这几笔帐中所吃用豆的合计数正好为五斗,且都是用于本寺院僧人的吃用,地点都在"和尚院",而该和尚无疑是本寺院的一名著名僧人。当然,BD09282 中七月份帐目中关于豆的吃用支出还剩下一笔,此即第 2 行的"又豆壹斗,北头院胡和尚吃用"。但是这次吃用地点在"北头院"而非"和尚院",胡和尚也与文书中多次提到的本寺院的某和尚非同一人,所以这笔帐不能归入"当寺僧吃用"中去。

最后,除了粟、豆的帐目外,在 S.4657(1)和 BD09282 残存的七月份帐目中,还剩关于麦的支出帐,虽然二者关于麦的支出数目不一致,但也主要是用于工匠的费用支出。

总之,就残存的内容而言,S.4657(1)和 BD09282 内容重叠的部分主要是 7 月份的帐目,虽然二者 7 月份的支出帐目不能完全一一对应,但大部分帐目要么完全一致,要么关系密切,故二者无疑属同一寺院的文书。

至于 S.4657(1) 和 BD09282 的所属寺院,可通过将 BD09282 与另外一件寺院会计文书 S.5039＋S.4899 中的相关内容进行比较就明白了。《释录》第 3 辑较早对 S.5039、S.4899 进行了释录,分别拟名为《年代不明(10 世纪)诸色斛斗破用历》《戊寅年(918 或 978)诸色斛斗破历》,同时指出二者应为同一件文书的两个断片,但未将二者直接缀合。[①] 后唐耕耦先生又依据 S.5039 中出现的寺主教真及邓县令、承恩等人又见于其他报恩寺文书,从而将其拟名为《年代不明(1000 或 940 年前后)报恩寺诸色斛斗入破历算会稿》。[②] 金滢坤先生在此基础上将 S.5039 和 S.4899 缀合并拟名为《宋丁丑至戊寅年(977—978)报恩寺诸色斛斗破历》。[③] 从内容来看,BD09282 与 S.5039＋S.4899 之间的关系非常密切,如 BD09282 第 10 行载有"八月十日,麦叁硕,付都师[沙]弥法海涛麦用",S.5039 第 5—7 行载有"麦拾硕叁斗,付都师法海硙面用……黄麻壹硕,付都师法海用";BD09282 第 8 行载有"又麦贰斗,付泥匠令狐友德用",S.5039 第 30 行载有"粟壹硕肆斗,付泥匠令狐友德用"。可见,都师法海、泥匠令狐友德等同时在 BD09282 与 S.5039＋S.4899 中出现,且沙弥法海在二者中均为寺院的都师,说明 BD09282 与 S.5039＋S.4899 为同一寺院,即报恩寺的文书,当然,S.4657(1) 也就是报恩寺文书了。特别是 S.4657(1) 的记帐格式、字迹与 S.5039＋S.4899 相同,很有可能二者就是同一件文书。

如前所述,S.4657(1) 和 BD09282 残存内容重叠的主要是七月份的支出帐目。由于双方七月份的支出帐目大多一致,也就是说双方对本寺七月份的支出帐都进行了登载,故二者极有可能写于同一年,即便不是,时间上也定是紧邻的。《国家图书馆藏敦煌遗书》第 105 册认为 BD09282 是公元 9—10 世纪归义军时期的写本。[④]《释录》第 3 辑中依据 S.4657(1) 前有 8 行倒写的庚午年(970)诸色斛斗破历,从而推测 S.4657(1) 也是 970 年的文书,并将其拟题为《年代不明(970?)某寺诸色破历》。从图版来看,虽然 S.4657(1) 前有几行倒写的庚午年(970)帐历,但二者是分别书写于两页纸

[①] 唐耕耦、陆宏基编《敦煌社会经济文献真迹释录》第 3 辑,第 228—229、184 页。从图版来看,S.5039 已断裂为两片,《释录》第 3 辑第 228—229 页所附的图版和录文将两片的前后顺序倒置,《英藏敦煌文献》第 6 卷第 16 页的图版已更正,后来唐耕耦先生在《敦煌寺院会计文书研究》第 316—318 页释录时也将其内容顺序进行了纠改。

[②] 唐耕耦《敦煌寺院会计文书研究》,第 316—318 页。

[③] 金滢坤《敦煌社会经济文献缀合拾遗》,第 89 页。

[④] 任继愈主编,中国国家图书馆编《国家图书馆藏敦煌遗书》第 105 册,第 40 页。

上后粘贴在一起的,并且字迹、每行文字个数、书写特点等都不同,故据此推测 S.4657(1) 为 970 年的文书证据不足。S.5039+S.4899 与 BD09282 中都记载,沙弥法海当时任报恩寺都师一职,说明这几件文书的时间非常接近,而敦煌寺院中都师一职的任期一般为一年,偶有二年以上者,[①]据此判断,S.4657(1)、BD09282 的年代应与 S.5039+S.4899 一致,也应在戊寅年(978)前后。

《释录》第 3 辑在将 S.4657(1) 拟名为《年代不明(970?)某寺诸色破历》的同时,又说:"此件内容为破用历,但上部空白,可能为入破历算会之破用部分。"[②]《英藏敦煌文献》第 6 卷将 S.4657(1) 拟名为《某寺诸色斛斗入破历计会》。仅仅从 S.4657(1) 残存下来的内容来看,其内容记载的是支出帐目,应为"破历"。但从文书的格式和形态来看,这些残存的支出内容没有占有整个纸面去书写,而是在纸面的上部留有大部分空白,这是敦煌寺院算会牒类文书中的普遍书写格式,故依据前面的讨论,我们可将其拟名为《公元 978 年前后报恩寺诸色入破历算会牒》。

《国家图书馆藏敦煌遗书》第 105 册将 BD09282 拟名为《某寺某年六月到八月诸色斛斗破历》。虽然 BD09282 的字体比 S.4657 更显灵动洒脱,但是仅剩破用部分,且图版中也看不出纸面上部有空白等算会牒类文书的特征,故将其理解为破用历应是正确的。同时结合前面的讨论,我们可将其拟名为《公元 978 年前后报恩寺诸色斛斗破历》。

在一个会计期结束后,敦煌寺院往往要对寺院的收支情况进行算会统计并上报,而算会的依据就是寺院或其内部各部门的收支凭据,即入历、破历或入破历等。这样,在全寺的算会文书中就会出现与入历、破历或入破历内容一致的现象。由于 S.4657(1) 是对报恩寺某一个会计期的统一算会,BD09282 是报恩寺的破用历,即 BD09282 应是 S.4657(1) 算会时的凭据,故而出现了 S.4657(1) 和 BD09282 残存的七月份帐目基本一致的现象。当然,由于受算会时会对某些帐目进行核算处理及记帐不严谨等多种因素的影响,有时会出现算会文书和入历、破历或入破历个别帐目不对应的现象,这也应是 S.4657(1) 和 BD09282 中七月份个别帐目不一致的原因所在。

---

① 对敦煌寺院中都师一职的讨论,请参姜伯勤《敦煌社会文书导论》,新文丰出版公司 1992 年,第 95 页;田德新《敦煌寺院中的都师》,《敦煌学辑刊》1997 年第 2 期,第 123—127 页;郑炳林、邢艳红《晚唐五代宋初敦煌文书所见都师考》,《西北民族学院学报(哲学社会科学版)》1999 年第 3 期,第 96—100 页;湛如《敦煌佛教律仪制度研究》,中华书局 2003 年,第 49 页。其中《晚唐五代宋初敦煌文书所见都师考》一文后又收入郑炳林主编《敦煌归义军史专题研究续编》,兰州大学出版社 2003 年,第 578—585 页。
② 唐耕耦、陆宏基编《敦煌社会经济文献真迹释录》第 3 辑,第 530 页。

(五) P.2042V《己丑年(989)正月报恩寺功德司道信手下诸色入破历算会牒稿》

P.2042V 所存内容不多,仅如下数行:

```
1  报恩寺功[德]司道信状
2   右合从戊子年正月一日已后至己丑年正月已前
3   中间沿常住一周年所用什物等总陆伯陆拾
4   贰硕壹斗壹升伍合麦粟黄麻油粗面等
5        贰伯玖拾
```

从该件文书的图版来看,第5行"贰伯玖拾"四字字号比前四行大,应不属于同一内容。第5行后空约两行还写有四行文字,依次是:"己丑年破历麦伍硕粟柒硕黄麻捌硕""麦两硕粟肆硕黄麻陆硕白面叁拾硕""庚寅年正月""须菩提",其中"须菩提"三字倒写。① 从文书内容可知,该功德司斛斗的支出是用于报恩寺常住,说明此功德司属报恩寺而非都司下设机构。

至于该件文书中的戊子年和己丑年的具体年份,我们可以通过状文中的僧人道信进行考察。功德司负责僧人道信又见于 Дх.01378《当团转帖》:

```
1  当团转帖   老宿   张法律   阴法师   程法律   阴法律   员启
2  明戒   戒会   法海   愿奴   法定   法藏   法弁   定昌   法行
   惠文   法
3  净  曹午   流进   道信   安定兴   兴延   富顺   会真   阴苟子
   张不勿
4  张清住   愿成   愿盈   右件徒众修堤,人各枝两束,二人落礜
   一副。
(后略)②
```

除了道信外,Дх.01378 中的僧人多见于其他报恩寺文书,如明戒、戒会、法净见于 P.4004+S.4706+P.3067+P.4908《庚子年(1000)后报恩寺交割常住什物点检历状》,并且都任过报恩寺的寺主。明戒、法净还见

---

① 上海古籍出版社、法国国家图书馆编《法藏敦煌西域文献》第3册,上海古籍出版社 1994年,第97页。
② 唐耕耦、陆宏基编《敦煌社会经济文献真迹释录》第4辑,第161页。

于 S. 286《公元 980 年前后报恩寺诸色入破历算会牒稿》,惠文、愿盈见于 S. 4701《庚子年(1000)十二月十四日报恩寺前后执仓法进愿盈等算会分付回残斛斗凭》。其他人如张不匆见于 P. 3231(11)《癸酉年至丙子年(947—976)平康乡官斋籍》,阴苟子见于 P. 3424《甲申年春硙粟麦历》。可见,Дx. 01378 中的团主要是由报恩寺的僧人及相关人员组成,而这些僧人活动的时间主要在 10 世纪末,故 Дx. 01378 和 P. 2042V 的年代也必在此时,[①]而 P. 2042V 中的戊子年和己丑年应分别是 988 年和 989 年。

《法藏敦煌西域文献》将该件文书拟题为《报恩寺功德司道信状》,从文书所存的几行内容来看,其实就是敦煌文书中的算会牒和算会牒稿类文书的开头部分,为了更能体现出文书的内容与性质,我们可将其拟名为《己丑年(989)正月报恩寺功德司道信手下诸色入破历算会牒稿》。

二、报恩寺经济考略

S. 6064《未年(815 或 827)正月报恩寺诸色入破历算会牒稿》是目前所见唯一一件吐蕃时期记载报恩寺经济收支的文书,对研究报恩寺的相关经济问题具有积极意义,下面我们就以该件文书为基础,并结合其他相关报恩寺文书,对报恩寺经济规模的变化及其原因试作讨论说明。

虽然敦煌文书中保存下来了较多的记录寺院财务收支帐目的文书,但是由于这些文书大多是残损的,故一般不知其所属寺院;同时,由于文书一般用地支或干支纪年,故其具体年代也不明了。可喜的是,经过学界坚持不懈地拼接缀合和研究,有许多文书的年代、所属寺院等问题得到了解决,这其中就有不少报恩寺的文书,对研究报恩寺的经济甚为重要。

唐耕耦先生曾致力于敦煌寺院会计文书的整理研究,并取得了重要的成绩,其在《敦煌寺院会计文书研究》一书中整理考证出多件报恩寺会计文书,我们按其拟名列示如下:

P. 2821＋北图新 1446(1)＋北图新 1446(4)《庚辰年(980 或 920 年)正月报恩寺寺主延会诸色斛斗入破历算会牒》

S. 5049《庚辰年(980 或 920 年)正月报恩寺寺主延会诸色斛斗入破历算会牒稿》

S. 286《年代不明(980 或 920 年前后)报恩寺诸色斛斗入破历算会牒稿》

---

① 此前学界认为该转帖属吐蕃统治时期,年代与 P. T. 1261 相距不远。参陆庆夫、郑炳林《俄藏敦煌写本中九件转帖初探》,《敦煌学辑刊》1996 年第 1 期,第 8—9 页。

S.5050《年代不明(980或920年前后)报恩寺诸色斛斗入破历算会稿》

P.3290《己亥年(999或939年)报恩寺算会分付黄麻凭》

S.4701《庚子年(1000或940年)报恩寺算会分付斛斗凭》

S.4702《丙申年(996或936年)报恩寺算会索判官索僧正领黄麻凭》

P.3997《庚子年(1000或940年)十一月卅日起报恩寺入历》

S.5048V《庚子年(1000或940年)报恩寺麸破历》

S.5937《庚子年(1000或940年)十二月廿二日报恩寺都师愿通沿常住破历》

P.4697《辛丑年(1001或941年)正月一日起报恩寺粟酒破历》

S.1574V《己未年(1019或959年)报恩寺诸色斛斗入破历》

S.5039《年代不明(1000或940年前后)报恩寺诸色斛斗入破历算会稿》

P.4674《乙酉年(985或925年)报恩寺麦粟破历》

S.6154《丁巳年(1017或957年)后报恩寺算会见存历稿》

S.5008《年代不明(980或920年前后)报恩寺诸色斛斗入破历算会牒》

北图新1446(3)《年代不明(980或920年前后)报恩寺诸色斛斗入破历算会牒》

P.3631《辛亥年(1011或951年)正月廿九日善因愿通等柒人将物色折债抄录》

唐先生在《释录》第3辑中对以上文书中的P.2821、S.4701、S.4702、S.5048V、S.5937、P.4697、S.1574V、S.6154等仅有一种定年,即以上定年中的第二种。但随着研究的深入,后又在《敦煌寺院会计文书研究》中将以上诸色斛斗文书与什物文书如S.4215《庚子年(1000)后报恩寺交割常住什物点检历状》、P.4004＋S.4706＋P.3067＋P.4908《庚子年(1000)后报恩寺交割常住什物点检历状》、S.4199＋P.3598《丁卯年(967)后报恩寺交割常住什物点检历状稿》等置于一起来继续讨论其所属寺院和年代问题,虽然这次讨论时对每件文书都有两个定年,但是强调倾向于前一定年,至于未完全确定的原因,我们在第三章第一节已经介绍过,是S.5048V《庚子年(1000或940年)报恩寺麸破历》中记载有"麸贰硕伍斗,还暮(慕)容使君桎价",而P.2943《宋开宝四年(971年)正月一日内亲从都头知瓜州押推氾愿长等牒》记载在971年前慕容使君已经去世。① 对此矛盾,陈菊霞先生讨论认为,P.2943和S.5048V中的慕容使君不是同一人,从而肯定唐先生对这组文书

---

① 唐耕耦《敦煌寺院会计文书研究》,第281—335页。

的前一个定年是正确的,并举证讨论了其中 S.5039 及 S.4899 中的戊寅年为 978 年。[①] 此外,金滢坤先生将 S.5039＋S.4899 缀合并考订拟名为《宋丁丑至戊寅年(977—978)报恩寺诸色斛斗破历》,[②]将 S.4701 中的庚子年也定为 1000 年。[③] 沙知先生也将 S.4701 和 S.4702 分别拟名为《庚子年(1000?)某寺执物僧团头法律惠员执仓凭》和《丙申年(996?)某寺算会索僧正等领麻凭》,是认同前一定年。[④] 从讨论来看,唐耕耦先生对以上文书的前一种定年大多可能是正确的,但也有个别文书的定年还需斟酌,如 S.1574V《己未年(1019 或 959 年)报恩寺诸色斛斗入破历》、S.6154《丁巳年(1017 或 957 年)后报恩寺算会见存历稿》和 P.3631《辛亥年(1011 或 951 年)正月廿九日善因愿通等柒人将物色折债抄录》中的前一种定年并不一定正确,因为这三件文书的时间绝不会晚于藏经洞封闭的时间。关于藏经洞封闭的时间有多种说法而目前并无定论,其中一种说法是封闭于 1002 年以后不久,[⑤]而 1019 年、1017 年和 1011 年显然比这种说法晚很多年,《英藏敦煌社会历史文献释录》第 7 卷仍然将 S.1574V 拟名为《己未年四月某寺粮麻入历》而没有确定己未年的具体公元纪年,[⑥]可能是出于此考虑。总之,对这三件文书的定年,我们还是倾向于后者。此外,关于 S.5008 的年代,我们在前面将其与 BD15246(2)、P.3364 缀合后考证出应在 947—948 年或 950—954 年间的某年。

虽然目前考证出的报恩寺经济文书达到 20 余件,但是大多残损严重,可用来考察报恩寺经济规模变化的并不多,下面我们就依据相关文书将反映报恩寺经济规模的指标如回残、新入、破除、见在等整理统计如下表:

表 6-1　　　　　　　　　　　　　　　　　　　　　　　　　单位:石

文书卷号	年份	回残	新入	破除	见在
S.6064	814 或 826 年	114.9	1545.67	1436.77	227.71
S.6154	957 年稍后				约 72.471
P.2821+BD15246(1)+BD15246(4)	977—979 年	44.635	165.95/3=55.31	182.4/3=60.8	31.69

---

① 陈菊霞《翟使君考》,第 84—90 页。
② 金滢坤《敦煌社会经济文献缀合拾遗》,第 89 页。
③ 金滢坤《敦煌社会经济文书定年拾遗》,第 11 页。
④ 沙知《敦煌契约文书辑校》,第 391、410 页。
⑤ 荣新江《敦煌藏经洞的性质及其封闭原因》,季羡林等主编《敦煌吐鲁番研究》第 2 卷,北京大学出版社 1979 年,第 23—48 页。
⑥ 郝春文、赵贞编著《英藏敦煌社会历史文献释录》第 7 卷,第 261 页。

(续表)

文书卷号	年份	回残	新入	破除	见在
S.5050	980年前后			46.982	
S.4701	1000年	361.70			

表中的年份是指本会计期。敦煌寺院对斛斗、面和油等收支帐的算会可能是某一会计期结束当年的年底,也有可能是某一会计期结束后下一年的年初,会计期有一年者,也有二年以上者,故表中指会计期的年份不一定是对寺院斛斗等进行算会的年份。同时,虽然在市场交换中,黄麻、油的价值大于麦、粟等,但是由于考虑到并不影响我们的讨论,故表中再没有将相关斛斗、面和油统一折算成某一种斛斗,而是将麦、粟、豆、黄麻、面、油等数据直接相加在一起,这也是大多敦煌寺院会计文书中对数据的合计方法。从上表可以看到,在814或826年时,报恩寺的新入和破除数额多达1500石左右,而至977—979年时,平均每年的新入和破除仅为55.31石和60.8石,980年前后某年的破除也大致相当,为46.982石;957年稍后某年的见在约70多石,977年初的回残和979年的见在分别为44.635石和31.69石,远少于814年或826年的114.9石和227.71石。从这些数据来看,起码在归义军时期的957年至980年前后,报恩寺的经济规模远比吐蕃时期814或826年的小。至1000年时,报恩寺的回残收入又有361.7石,比此前任何时期的回残收入都要多很多,这或许说明1000年时报恩寺的经济规模又得以扩大。至于报恩寺的经济规模在吐蕃时期的814年或826年比980年前的归义军时期大很多的原因,我们认为应与吐蕃时期重建报恩寺时,报恩寺的某些收入来源发生变化有关,下面我们就此问题进行具体分析。

从S.6064《未年(815或827)正月报恩寺诸色入破历算会牒稿》记载的报恩寺收入情况来看,其收入来源较多,除了上一会计期的回残收入外,午年(814或826)的收入包括土地收入、买卖收入、布施收入、碾硙收入等,其中最主要的是"硙上交得"的1017.11石斛斗和面及0.14石油。敦煌寺院的碾硙收入一般被称为硙课,即寺院出租碾硙的租费或用碾硙为他人加工斛斗而收取的加工费。[①] S.6064中没有用"硙课"一词而用"交得附",这应与"交得附"并不完全属于硙课,也即碾硙收入有关。这些硙上交得包括见收斛斗、折纳布、支用、回造等,其中杂支用是指用于寺院的支出,而这部分

---

① 参姜伯勤《唐五代敦煌寺户制度》,第231—239页;唐耕耦《敦煌寺院会计文书研究》,第461—487页。

支出是从碾硙收入中支出的；回造的263.58石斛斗是在硙上准备加工面粉的，这在"破用"部分中还要做销帐处理，故这部分应不属于因碾硙而获得的收入；见收斛斗、折纳布及面、油几项应属于碾硙收入，其中折纳布应是指将碾硙收入的8石斛斗折合成了布。即便除去回造部分，碾硙收入依然多达700多石而占到报恩寺午年新收入的一半左右，说明碾硙收入是当时报恩寺最主要的收入来源。但是这种情况在后来发生了变化，如S.6154《丁巳年(957)稍后报恩寺算会见存历稿》第2—7行载："麦叁拾伍硕柒斗柒升陆合，粟陆硕伍斗柒升壹合，黄麻壹硕肆斗，在丁巳年都师愿进下硙户张富昌、李子延两人身上。油肆斗柒升，在都师愿进下梁户史怀子身上。麻渣捌饼，又在史怀子身上。"S.1574V《己未年(959)报恩寺诸色斛斗入历》第3—5行载："粟壹拾硕、麦五硕，于大众仓领入。麦五硕、粟壹拾叁硕、黄麻肆硕捌〔斗〕，于硙户张富昌手上领入。保定。"S.1574V中从硙户张富昌手上领入的斛斗约22.8石，大约是S.6154中硙户张富昌、李子延手上碾硙收入的一半，说明此时报恩寺可能有两所碾硙。又S.286《公元980年前后报恩寺诸色入破历算会牒稿》第22—28行载："油八斗，梁户价□子纳入。黄麻壹石、粟一石、弓一张，折麦□□，硙户何愿昌折领入。又白褐壹段，折麦粟两硕，何愿昌折债入。栓(橛)一束，硙户石盈昌折债入，准折麦粟七石。油伍升，于梁户李富德领入。黄麻两石，张富昌硙稞(课)领入。"从这几件文书的记载来看，从957年至980年，报恩寺不但有碾硙收入，而且有油梁收入，只是碾硙收入数仅有20石左右而远远少于S.6064所载814年或826年的700多石。报恩寺碾硙收入的减少应与其拥有的碾硙数量的减少密切相关，前述S.3873《索淇牒文》中记载在报恩寺重建时仅索淇祖上的三所碾硙就属报恩寺所有了，而报恩寺在刚重建好时所拥有的碾硙应不止此三所。但是后来，由于像索淇请求收回的报恩寺碾硙等可能已被收回，故报恩寺拥有的碾硙数及碾硙收入也就减少了。此外，P.2821＋BD15246(1)＋BD15246(4)《庚辰年(980)正月报恩寺寺主延会诸色入破历算会牒》记载报恩寺在丁丑年(977)、戊寅年(978)两年没有碾硙收入，这也许是碾硙收入被拖欠而暂时没有收回，同时也不排除在980年后报恩寺没有了碾硙的可能。

  S.6064记载午年(814或826)报恩寺的土地收入包括青麦、黄麻、红蓝、小麦共计160.6石，姜伯勤先生据此推算出报恩寺拥有地产二顷左右。① 而P.2821＋BD15246(1)＋BD15246(4)《庚辰年(980)正月报恩寺寺主延会诸色入破历算会牒》和S.5049《庚辰年(980)正月报恩寺寺主延会诸

---

① 姜伯勤《唐五代敦煌寺户制度》，第124页。

色入破历算会牒稿》均记载报恩寺在丁丑年(977)、戊寅年(978)两年的土地收入包括麦、粟、豆、黄麻分别共计为47.1石、34石,也就是说,丁丑年、戊寅年两年的土地收入仅为午年土地收入的四分之一左右,造成这种较大差距的原因可能与吐蕃时期对寺院土地的调整有关。S.2228背面有6件古藏文文书,其中第3件"关于林苑归属的诉状"即记载了吐蕃对敦煌寺院土地的调整问题,杨铭、贡保扎西先生将其翻译如下:

1 以前,张德列(cang de lig)将位于第一渠的农田、林苑
2 以及房屋等,作为供养献给寺院(lha ris)。林苑归属寺院后,作为凭据,
3 [寺院]写好了契约,并加盖了印章赐给他。鼠年调整草地和农田时,
4 从各方将作为供养的所有农田收回,并赐给百姓
5 作为口分地。此时,德列作为供养所献的林苑,
6 不再属于寺院。而作为口分地,分给了张鲁杜(cang klu vdus)。
7 [而后]寺院给鲁杜赔偿了土地,林苑仍属于寺院,并立契盖印。
8 不管是否赔偿土地,林苑都归属我寺院。[然而]鲁杜
9 却借口说林地属于他。去年,在论·康热(blon khong bzher)等
10 座前,曾经上诉申辩,[林苑]判给寺院所有,
11 判决后的告牒,存于都督(todog)处。[后来]我等再向德伦·尚
12 列桑(bde blon zhang legsbzang)申诉,要求仍然赐给寺院;
13 如以前的仲裁和判决,希望赐给予寺院。
14 草地和农田调整时,籍账和税册中已经规定,农田和草地等,
15 无论是作为供养捐献或出售,或者做如何处理,
16 均属于所拥有的主人。如果主人绝嗣,则需上缴。
17 德列作为供养所献的门口的林地,应该上缴。
18 树木为寺院所有,并由寺僧护养长大和拥有,
19 如是理应为佛法三宝所拥有,
20 不应有任何借口和狡辩,请就此裁决。
21 如德列没有作为供养捐献,而被[他人]窃去,也就无从裁决,
22 确切无疑。若为寺院所有,应从中明判。①

---

① 杨铭、贡保扎西《Or.8210/S.2228系列古藏文文书及相关问题研究》,《敦煌研究》2016年第5期,第77—79页。

该件文书记载吐蕃在鼠年调整草地和农田时,将以前各方布施给寺院的所有农田收回,并赐给百姓作为口分地,体现了吐蕃对敦煌寺院经济的管制态度。关于文中的鼠年,杨铭、贡保扎西先生认为是公元808年,但陈国灿先生讨论认为是832年,从讨论情况来看,后者之说更为可信。① 在这次调整土地时,寺院的土地一定有不少被分配给了民户,报恩寺也不例外,如像 S.3873 中所载索淇祖上布施给报恩寺之类的田地也应被收回分给了索家或其他民户,土地数量的缩减直接导致了土地收入的减少。

除了碾硙收入和地产收入外,S.6064 记载午年(814 或 826)报恩寺的布施收入也不菲,如第 16 行记载安勿赊施入 53.5 石麦,第 24 行和 25 行分别记载施入 4.2 石麦和 4.6 石麦,仅这几笔布施收入就高达 62.3 石麦。此外,第 21 行的具体施入物品及其数量残缺,又在第 21 和 22 行之间还有残缺内容,并且残缺内容正好是在记载布施收入处,而从文书内容来看,此处残缺约 270 石的斛斗收入,这些收入中还应有布施收入,故实际上,报恩寺午年(814 或 826)的布施收入不止 62.3 石麦。经对敦煌寺院的布施收入进行统计发现,不是每所寺院在每一个会计期内都有布施收入的,即便是有,也没发现哪所寺院一年的布施收入会高达 60 多石麦。② 至于报恩寺在午年(814 或 826)的布施收入之所以比较高的原因也应与报恩寺的重建有关,因为重建前后不仅布施的信众较多,而且布施数量也较多。

总之,S.6064《未年(815 或 827)正月报恩寺诸色入破历算会牒稿》记载报恩寺在午年(814 或 826)时的经济规模明显大于其后归义军时期的经济规模,而其原因应与报恩寺重建时其收入来源如碾硙收入、地产收入、布施收入等的增加有关。

第二节 灵图寺帐状文书及其经济问题

一、灵图寺帐状文书考释

(一) S.5753《癸巳年(933)灵图寺招提司福盈手下诸色入破历算会牒》

S.5753 残存 23 行,《释录》第 3 辑较早对其进行了释录,并拟名为《癸

---

① 陈国灿《试论吐蕃占领敦煌后期的鼠年变革——敦煌"永寿寺文书"研究》,《敦煌研究》2017 年第 3 期,第 5—6 页。
② 参王祥伟《吐蕃至归义军时期敦煌佛教经济研究》,第 68—70 页。

283

巳年(933?)正月一日以后某寺诸色斛斗入破历算会牒残卷》。① 该件第 1 行的九个文字仅剩左侧部分字迹,不是很好辨认,故《释录》并未将其释录出来。土肥义和将该件拟题为《灵图寺招提司入破历计会》,②由于其仅仅是对该件文书中的人名进行集录,故未说明将这件文书定为灵图寺文书的原因。经仔细辨认图版,第 1 行九个字其实是"灵图寺招提司福盈状",土肥义和可能就是据这几个字而确定该件系灵图寺文书的。同时从土肥义和集录的本件文书中的人名中没有福盈来看,其并没有释读出僧人"福盈"。这样,该件文书的前三行应是:

1 灵图寺招提司福盈　状
2 合从癸巳年正月壹日已后□□□□
3 年应入两轮硙课及前帐□□□□

这部分与同类文书的开头部分完全一致,如 P.3352《丙午年(886 或 946)三界寺招提司法松诸色入破历算会牒》的开头也载:

1 三界寺招提司法松　状
2 　合从乙巳年正月一日已后,至丙午年正月一日已前,
3 　中间一周年,徒众就北院算会法松手下
4 　应入常住梁课、硙课及诸家散施兼承
5 　前帐回残及今帐新附所得麦粟油面

S.5753 记载寺院拥有两轮碾硙,而且这两轮碾硙分别被称为上硙、下硙,如第 16—17 行载:"(麦)陆拾硕贰斗,上硙入;陆拾硕贰斗,下硙入。"又 S.6981(4)《辛未年(971)至壬申年(972)灵图寺某某领得斛斗历》第 6 行载:"于下硙户樊善友领得课粟贰拾玖硕陆斗",第 8 行载:"领硙户李章佑旧硙课粟伍硕叁斗",第 16—17 行载:"又于下硙户李章友、令狐再定粿(课)粟贰拾玖硕",这说明上硙、下硙就是对灵图寺两所碾硙的称呼,而 S.5753 就是灵图寺文书。

《释录》认为 S.5753 中的癸巳年可能是 933 年,同时又加一问号以存疑。S.5753 中的灵图寺僧人福盈又见于 BD02496V《后晋天福年间(936—

---

① 唐耕耦、陆宏基编《敦煌社会经济文献真迹释录》第 3 辑,第 390 页。
② [日]土肥义和编《八世纪末期～十一世纪初期敦煌氏族人名集成·索引篇》,第 280 页。

944)僦司唱卖僦施得布支给历》,该件记载的分僦僧人绝大多数是灵图寺的僧人,其中第 2—3、7 行分别载有"支图(灵图寺)福盈一百五十尺,余二十尺""支福盈一百五十尺"。林聪明、郝春文先生将 BD02496 的年代定在后晋天福年间(936—944),[①]则僧人福盈的主要活动年代在 10 世纪前半期,而 S.5753 中的癸巳年也应是 933 年。

从 S.5753 的记帐格式及数字用大写来看,其无疑属算会牒文书,且从内容来看,其记载的应是灵图寺对招提司负责人福盈在癸巳年(933)一年所执掌的财务收支结存进行的算会情况,故可将其拟名为《癸巳年(933)灵图寺招提寺福盈手下诸色入破历算会牒》。

(二) Дx.00285V + Дx.02150V + Дx.02167V + Дx.02960V + Дx.03020V + Дx.03123V《公元 10 世纪后期灵图寺诸色入破历算会牒稿》

Дx.00285V + Дx.02150V + Дx.02167V + Дx.02960V + Дx.03020V + Дx.03123V 的图版较早公布于《俄藏敦煌文献》第 6 册,[②]其上部为《须大拏太子变文》和《祭慈母文》,下部为寺院的破用帐目,帐目残缺太甚,虽然存有近 60 行,但是每行文字完整者并不多。郁晓刚先生对这部分帐目进行了释录,并将其拟名为《归义军时期(十世纪中叶前后)报恩寺诸色斛斗入破历算会稿》。[③] 但后面我们将要讨论,该件文书并不属于报恩寺而应系灵图寺文书。由于该件文书残损漫漶严重,故释录较为困难,为了后面讨论的方便,下面我们在郁晓刚录文的基础上对其部分内容再校录如下:

1 音声用。六斗,董法律将(讲)
2 下日用。三石五斗,冬至节
3 料用。十斗,众僧拜节用。
4 三斗五升,荣僧政、老宿节料用。
5 一石伍斗,付冷谡及赏用。
6 一石二斗,诸法律节料用。一石,
7 □□妻男月子日用。二斗,付牧
8 羊人用。上破:一十四石
9 付工廨司法律德惠用。两石,

---

① 郝春文《唐后期五代宋初敦煌僧尼的社会生活》,第 312—314 页。
② 俄罗斯科学院东方研究所圣彼得堡分所等编《俄藏敦煌文献》第 6 册,上海古籍出版社、俄罗斯科学出版社东方文学部 1996 年,第 187—198 页。
③ 郁晓刚《敦煌寺院入破历文书校释与研究》,南京师范大学硕士学位论文,2010 年,第 16—18 页。

10 还罗穀子用。两石八斗，

（中略）

26 南梁康七☐☐

27 下碨破：三斗，马圈☐☐

28 行者☐用，五斗

（中略）

42 十三尺，丑年赏建昌用☐☐

43 尺，赏冷谡用。布☐☐

44 吊氾僧政、程僧政用☐☐

45 阇阇梨亡，吊阇僧政☐☐

46 阴判官、阇法律用，☐☐☐

（后略）

  郁晓刚认为该件是报恩寺文书的依据有三：一是文书中的冷谡又见于 S. 5050《年代不明（980 或 920 年前后）报恩寺诸色斛斗入破历算会稿》；二是文书中的公廨司法律法惠又见于 P. 2164V《沙州诸寺僧尼名籍》中的报恩寺僧籍；三是文书中的僧人法兴又见于 S. 4701《庚子年（1000）十二月十四日报恩寺前后执仓法进愿盈等算会分付回残斛斗凭》及 P. 4004＋S. 4706＋P. 3067＋P. 4908《庚子年（1000）后报恩寺交割常住什物点检历状》等报恩寺文书。但我们认为该件应是灵图寺文书，下面对此进行分析说明。

  关于冷谡，在 S. 5050 第 16—17 行中并非为"冷谡"，而是"冷谏"。此外，P. 2629《年代不明（964）归义军衙内酒破历》第 14 行中也出现了冷谏，与 S. 5050 中的"谏"字完全一致，对 S. 5050 和 P. 2629 中的冷谏，唐耕耦先生分别释作"冷让""冷谖？"。① 总之，S. 5050 和 P. 2629 中的冷谏与 Дx. 00285V＋Дx. 02150V＋Дx. 02167V＋Дx. 02960V＋Дx. 03020V＋Дx. 03123V 中的冷谡应不是同一人。

  关于公廨司法律法惠，从图版来看实则为"德惠"，系误将"德"释为"法"所致，而在 S. 6981（4）《辛未年（971）至壬申年（972）灵图寺某某领得斛斗历》第 17 行载有"又于仓司法律德惠罚粟壹硕"，二者中德惠均为法律，只不过前者中为公廨司法律，后者中为仓司法律。

  至于僧人法兴在敦煌文书中出现得较为频繁，而且出现在不同寺院，不仅报恩寺有，灵图寺也有，如 BD02496V《后晋天福年间（936—944）儭司唱

---

① 唐耕耦、陆宏基编《敦煌社会经济文献真迹释录》第 3 辑，第 535、272 页。

卖㑇施得布支给历》记载分㑇的灵图寺僧人中也有法兴,在其第 8—9 行载有"支图法兴一百五十尺"。

除了德惠、法兴外,Дх.00285V＋Дх.02150V＋Дх.02167V＋Дх.02960V＋Дх.03020V＋Дх.03123V 还记载氾僧政、程僧政、阎僧政吊孝用布及武法律去世之事,这几名僧官在其他灵图寺文书中也同时出现,如 P.3881V《宋太平兴国六年(981)正月一日灵图寺招提司算会应在人上欠》第 9—17 行载:"[麻]叁硕,在氾僧正……壹硕肆斗,在程僧正……在阎僧正……壹硕肆斗,寅年在程僧正……辰年在氾僧正。"此外,程僧正、阎僧正、武法律还同时出现在 Дх.11085《当寺(灵图寺)转帖》中。①

从以上情况来看,Дх.00285V＋Дх.02150V＋Дх.02167V＋Дх.02960V＋Дх.03020V＋Дх.03123V 中所载的德惠、氾僧政、程僧政、阎僧政、武法律等均为灵图寺僧人。同时,该件文书还记载寺院拥有上碾、下碾,而前述 S.6981(4)《辛未年(971)至壬申年(972)灵图寺某某领得斛斗历》也记载灵图寺拥有上碾、下碾。综合这些信息来判断,该件文书应属灵图寺文书无疑。

我们再来看看 Дх.00285V＋Дх.02150V＋Дх.02167V＋Дх.02960V＋Дх.03020V＋Дх.03123V 的年代。从前述法律德惠又见于 S.6981(4)《辛未年(971)至壬申年(972)灵图寺某某领得斛斗历》及氾僧政、程僧政、阎僧政同时又见于 P.3881V《宋太平兴国六年(981)正月一日灵图寺招提司算会应在人上欠》来看,其年代也应在 10 世纪后期,而该文书中有一笔帐云"布十三尺,丑年赏建昌用",这里的丑年不属于地支纪年,而是对干支纪年的简写,虽然这种现象在 10 世纪时期的敦煌文书中并不多见,但是在其他灵图寺文书中也有使用,如 P.3881V 其载:"太平兴国六年庚辰岁正月一日,徒众就众堂算会……陆硕柒斗,戌年在贺祐奴;叁硕肆头(斗),亥年在贺祐奴;贰拾叁硕,子年在礬保富;贰拾硕,丑年在礬保富;贰拾壹硕陆斗,寅年在礬保富;贰拾肆硕陆斗,寅年在王再德;贰拾硕,□年在礬保富。"宋太平兴国六年为辛巳年(981),故其中的戌年、亥年、子年、丑年、卯年应分别是甲戌年(974)、乙亥年(975)、丙子年(976)、丁丑年(977)、己卯年(979)。据此可知,Дх.00285V＋Дх.02150V＋Дх.02167V＋Дх.02960V＋Дх.03020V＋Дх.03123V 中的丑年应是乙丑年(965)、丁丑年(977)、己丑年(989)中的某一年。又由于程僧政、阎僧政在 Дх.11085《当寺(灵图寺)转帖》和 P.3881V

---

① 对该件文书的考释,参郁晓刚《敦煌寺院入破历文书校释与研究》,南京师范大学硕士学位论文,2010 年。

中同时出现,且均为僧政,故二者时间应接近,即转帖的年代距981年也应不远。又 Дx.11085 中记载有灵图寺的孔法律、武法律,其中孔法律后来升任僧政,并且在981年去世,如 S.6452(1)《公元981或982年净土寺诸色破历》记载:"十三日,灵图寺孔僧正亡,纳赠面伍斗、粟伍斗、油三合。"这说明 Дx.11085 的时间在981年之前。至于武法律,在 Дx.00285V＋Дx.02150V＋Дx.02167V＋Дx.02960V＋Дx.03020V＋Дx.03123V 中记载刚去世,故其年代既晚于 Дx.11085,又在981年之前。这样,Дx.00285V＋Дx.02150V＋Дx.02167V＋Дx.02960V＋Дx.03020V＋Дx.03123V 中的丑年只能是乙丑年(965)或丁丑年(977),至于具体是哪一年,尚难断定。

从书写格式及记帐特征来看,Дx.00285V＋Дx.02150V＋Дx.02167V＋Дx.02960V＋Дx.03020V＋Дx.03123V 属灵图寺的算会牒稿,故可将其拟名为《公元10世纪后期灵图寺诸色入破历算会牒稿》。

(三) Дx.01329B＋Дx.02151V＋Дx.01329AV《公元10世纪前期灵图寺诸色入破历算会牒稿》

Дx.01329AV 和 Дx.01329B＋Дx.02151V 的图版较早公布在《俄藏敦煌文献》第8册,[①]其中 Дx.01329B＋Дx.02151V 纸面上部大多缺失,下部为寺院帐,残存13行,而在第7、8行中间为《道场司请诸寺分配牓稿》。Дx.01329AV 的内容也包括上下两部分,《俄藏敦煌文献》云上部的内容为"书信草稿",但上部右侧残存并不完整的三行文字,其中有"开元法律神心"和"大乘真性",与此三行间隔数行有"令公仁恩照察"等文字,似为杂写;下部依然是寺院的入破帐,但仅在下部左侧有两行文字残存有开头数字,第一行残存"下硙一石",第二行残存"沽酒"二字。

从书写格式上来看,Дx.01329AV 和 Дx.01329B＋Дx.02151V 纸面内容均分上、下两部分,寺院帐均写在下部,字迹相同,而且在 Дx.01329B＋Дx.02151V 的第8行开始记载"上硙"破用,Дx.01329AV 残存的第1行记载"下硙",即此后为下硙破用内容,故 Дx.01329AV 和 Дx.01329B＋Дx.02151V 应系同一件文书,其内容如下:

  1 □亡日□葬用。一石,登高
  2 日沽酒用。四斗,看石匠用。
  3 两石一斗,付酒迎送硙车
  4 用。一石二斗,赏曳(拽)硙人用。

---

① 俄罗斯科学院东方研究所圣彼得堡分所等编《俄藏敦煌文献》第8册,第96、97页。

5 □□□□东窟上用。六斗，于

6 硙场上看石匠用。六斗，看□

7 酒看妳钵力。三石五斗，秄都师 破 。

8 上硙破：六斗，赛马神日沽酒用。

9 六斗，和尚东行来日迎[用]。

10 二斗，修□□酒用。三斗，吊□

11 僧政用。二斗，买罗□子用。

12 二石，造延□秄放用。

13 ⎯⎯⎯⎯⎯⎯⎯⎯⎯⎯⎯⎯⎯⎯⎯

（中缺）

14 下硙[破]：一石⎯⎯⎯⎯⎯⎯⎯

15 沽酒⎯⎯⎯⎯⎯⎯⎯⎯⎯⎯⎯⎯

我们认为，该件应是灵图寺文书，理由如下：

首先，该件文书与 S.5753《癸巳年（933）灵图寺招提寺福盈手下诸色入破历算会牒》、Дx.00285V＋Дx.02150V＋Дx.02167V＋Дx.02960V＋Дx.03020V＋Дx.03123V《公元10世纪后期灵图寺诸色入破历算会牒稿》等灵图寺文书一样，记载有寺院的上硙、下硙及其破用。

其次，该件文书与 Дx.00285V＋Дx.02150V＋Дx.02167V＋Дx.02960V＋Дx.03020V＋Дx.03123V 的格式相同，即下部记录寺院帐，上部书写其他与寺院帐无关的内容。

最后，该件文书与 Дx.00285V＋Дx.02150V＋Дx.02167V＋Дx.02960V＋Дx.03020V＋Дx.03123V 一样，数字用小写，字迹相似，特别是"用"字的写法非常一致，即先写两横，其他笔画一笔完成，而且，末笔并未上钩，而是甩向下方或左下方。

郝春文先生认为 Дx.01329B＋Дx.02151V 第7、8行中间的《道场司请诸寺分配牓稿》的年代在920年前后。① 又 Дx.01329AV 上部右侧残存杂写的三行文字中有开元寺的法律神心和大乘寺的真性，这两名僧尼见于10世纪前期的文书，如开元寺的神心又见于 P.2250V《公元925—937年间傔司勾傔历》和年代当在895年或9世纪末、10世纪初的 S.2614V《沙州诸寺僧尼名簿》，大乘寺的真性也见于 S.2614V。这些杂写的内容应该比下部

---

① 郝春文《唐后期五代宋初敦煌僧尼的社会生活》，第29—31页。

寺院帐的时间要晚，即 Дx.01329B＋Дx.02151V＋Дx.01329AV 的时间应在 10 世纪前期，故可将其拟名为《公元 10 世纪前期灵图寺诸色入破历算会牒稿》。

（四）P.3165V《公元 944 年或 945 年灵图寺诸色入破历算会牒稿》

P.3165V 残存有 41 行，上部留有大量空白，其间写有一篇 9 行文字的祈祷文。《释录》第 3 辑较早对该件文书进行了释录，由于缩微胶片太漫漶，故有较多文字并没有释录出来。① 后郁晓刚又根据图版对其进行了重录，从而在很大程度上提高了释文的准确性。②

从书写和内容来判断，P.3165V 应属灵图寺文书，理由如下：

首先，文书中所有"用"字的写法与其他灵图寺文书如 P.2642V、Дx.01329B＋Дx.02151V＋Дx.01329A、Дx.00285＋Дx.02150＋Дx.02167＋Дx.02960＋Дx.03020＋Дx.03123V 相似。

其次，P.3165V 第 26 行载："四斗，唐单子用。"第 29—30 行载："六斗，南园下韭用。"而 P.2642V 第 3 行载："粟八斗，沽酒，城南园泥厅舍用。"第 7—8 行载："粟陆斗，沽酒，唐单子算羊来用。"这说明，唐单子其人与灵图寺关系密切，灵图寺拥有南园，其僧众会在南园进行劳作活动。

最后，我们将要讨论，文书还记载了僧统孔龙辩去世及寺院接待孔家亲情之事，而龙辩就是灵图寺僧，如 P.2671V 就记载有"灵图寺比丘龙弁"，龙弁又可写为龙晉，学界又往往释录为龙辩。

由于 P.3165V 在纸面上部留有空白，这与其他敦煌算会牒类文书相同，同时所存帐目主要是破用部分，故《释录》第 3 辑将其拟名为《年代不明（10 世纪）某寺入破历算会牒残卷》。P.3165V 第 17—20 行记载："一石二斗，僧统亡纳赠用……四斗，看氾僧统用"，郁晓刚据此认为文书的年代可能在这两位僧统的交接之际，并依据荣新江对敦煌都僧统在位时间的研究、文书第 34 行的"祝骨子"又见于 P.3277V《乙丑年（965）龙勒乡百姓祝骨子合种地契》，从而推测文书的绝对年代为 945 年左右。这种推测大致不误，文书中的氾僧统应为大约于 944 年任都僧统的氾光惠，而去世的僧统应为氾光惠的前任孔龙辩，该件文书第 36—37 行所云"一石二斗，和尚荣斋看孔家亲情用"应即与孔龙辩的去世有关，孔家亲情即孔龙辩所在家族。另外，第 7 行还记载："四斗，孔指挥□用。"第 23—24 行记载："三斗，孔□官荣斋

---

① 唐耕耦、陆宏基编《敦煌社会经济文献真迹释录》第 3 辑，第 540—541 页。
② 郁晓刚《敦煌寺院入破历文书校释与研究》，南京师范大学硕士学位论文，2010 年，第 52—53 页。

用。"这些孔姓应为同一家族人员。荣新江认为龙辩可能去世于 944 年,[①]则该件文书的支出帐也应发生在 944 年。从敦煌寺院的算会情况来看,这次算会有可能在 944 年底进行,也可能在 945 年初进行,又帐目数字用小写,且有涂改、增补之处,故应属于算会牒稿。据此,我们可以将 P.3165V 拟名为《公元 944 或 945 年灵图寺诸色入破历算会牒稿》。

以上我们考证的几件灵图寺经济文书均为残卷,并且有的文书本身还是由若干件残卷缀合而成的。以往我们所能看到明确是灵图寺的经济文书主要有 S.1475V、P.3422V、P.2686、S.5873V＋S.8567 等,这几件文书均为贷便文书。此外,郁晓刚还考证出了灵图寺的几件经济文书,此即前述 S.6981(4)《辛未年(971)至壬申年(972)灵图寺某某领得斛斗历》、P.3881V《宋太平兴国六年(981)正月一日灵图寺招提司算会应在人上欠》和 S.6237《公元 10 世纪上半叶灵图寺算会应在人上欠》,这些文书为我们探讨灵图寺的经济问题提供了资料依据。

二、灵图寺的相关经济问题

敦煌灵图寺是唐宋时期敦煌地区的大寺之一,名僧较多,BD14670《灵图寺徒众举纲首牒并都僧统金光惠判词》云"今则伽蓝业广,寺宇基鸿",P.3100《唐景福二年(893)灵图寺徒众供英等请律师善才充寺主状及都僧统悟真判辞》中悟真云灵图寺"寺舍广大",说明灵图寺的基业较大。那么,灵图寺的经济状况究竟如何呢? 下面我们对此进行讨论说明。

(一) 经济规模

目前较能完整体现灵图寺经济规模的是 S.5753《癸巳年(933)灵图寺招提寺福盈手下诸色入破历算会牒》,其基本记载了当年灵图寺的回残、新入等经济状况,内容如下:

```
1 灵图寺招提司福盈   状
      (中略)
9 贰伯柒拾伍硕叁斗贰胜壹抄斛斗纸布什物等同前帐存:
10          壹伯叁拾柒硕捌胜   麦,
11          肆拾伍硕贰斗捌胜   粟,
12          玖拾贰硕玖斗陆胜壹抄  黄麻,
13          肆  拾  贰  尺    布。
```

[①] 荣新江《归义军史研究——唐宋时代敦煌历史考索》,第 289 页。

14 叁伯壹硕陆斗纸布什物等今帐新附：
15 　　　壹伯柒拾玖硕叁斗麦。
16 　　　　陆拾硕贰斗，上砲入。陆拾硕贰斗，下
17 　　　　砲入。两硕，公廨氾法律手内贷入。壹
18 　　　　硕玖斗，城上转经料入。壹硕，五月
19 　　　　官斋入。叁拾肆硕捌斗，于公廨苏
20 　　　　老宿手下入。两硕，陈郎麻替入。壹拾
21 　　　　硕，官家开经僦入。叁硕捌斗，后
22 　　　　□□□散禅料入。壹硕捌斗
23 　　　　□□□壹硕叁斗，张定子麻
（后缺）

文书的收入部分不全，破用和见在部分完全缺失，不过麦的收入明细之和是178.7硕，与麦总数179.3硕仅差0.6斗，故麦收入帐残缺很少。灵图寺招提司还见于P.3881V和P.4983《景福元年壬子岁(892)具注历》后的杂写，其负责全寺的斛斗帐，相当于仓司。虽然该件第3行云包括"银器纸布什物等"，但是其主要登载的是斛斗与布，其中前帐回残约为275硕，新入为301.6硕。与其他敦煌寺院相较，虽然灵图寺的这种经济规模比较好，但是与同时期净土寺的经济规模还有很大的差距。虽然S.5753记载的是仅灵图寺公元933年的经济状况，但这应是当时灵图寺经济规模的大致情形，不妨我们再来看看S.6981(4)《辛未年(971)至壬申年(972)灵图寺某某领得斛斗历》的记载，其内容如下：

（前缺）
1 五月官斋僦粟壹硕柒斗。又领得修仓买
2 柞贾（价）及酒本粟壹拾捌硕。愿。九月廿九日，领得
3 修仓车牛贾（价）粟两硕。愿。十一月十七日，于厨田司
4 福行领得诸处厨田粟壹拾伍硕、豆伍硕伍
5 斗，又领得智荣张老宿三周斋僦粟柒斗。愿。
6 廿一日，于下砲户樊善友领得课粟贰拾玖硕陆斗，
7 又领车前粟叁斗，又领得宋僧统赠粟柒斗。愿。
8 十二月十四日，领砲户李章祐旧砲粿（课）粟伍硕叁斗。愿。
9 十七日，领得南梁户杨再住算领粟两硕。愿。壬申年正月

10 一日,弁才亡赠粟肆硕。愿。二月二日,领得应清施粟柒[硕]。
11 愿。于公廨司法律法晏领得二月八日酒本粟壹
12 拾肆硕。愿。四月八日,就愿通施粟捌斗,又领得就虞候斋儭
13 粟肆斗,领得汜法律赠粟两硕捌斗。十六日,领得小娘子患施
14 粟参拾贰硕,又于大仓领得粟贰拾伍硕。愿。五月十六日,领
15 得官斋儭粟壹硕柒斗。愿。七月,领得厨田粟拾硕。
16 愿。十二月四日,于上砲户苟福住领得粿(课)粟肆硕,又于下砲户李
17 章友、令狐再定粿(课)粟贰拾玖硕,又于仓司法律德惠罚粟壹硕。
18 愿。又于寺主福行手下领得羊贾(价)粟参硕。愿。

该件除了第4行厨田收入这一笔帐中既有粟又有豆外,其他每笔帐记载的全是粟的各类收入,故其可能是关于粟收入的专门记录。第1—9行是辛未年(971)的粟收入帐,其中1—4月的残缺;第10—18行是壬申年(972)的粟收入帐,内容完整。公元972年粟收入共128.7硕,其中有一笔大宗收入较为特殊,即小娘子患施入32硕,这种大笔的布施收入是偶然所得而非固定收入,若除去这笔收入,该年粟的收入不到100硕。又公元971年5—12月粟的收入约为70多硕,虽然前四个月的收入残缺,但是参考972年的收入可知,前四个月的收入主要是布施收入而没有其他固定收入,故辛未年的收入与壬申年应差距不大。而S.5753记载灵图寺933年的麦粟等各类收入总计301.6硕,其中麦入179.3硕,故推测粟的收入最多也就在100硕左右。总之,在这些不同年份里,灵图寺粟的收入大致相当,由于麦与粟的收入来源大致相同,故这些年份中麦的收入数量也应变化不大。麦粟是寺院的重要经济收入,既然灵图寺历年的麦粟收入数量差别不大,说明其经济规模也较为稳定。

(二) 主要收入来源

虽然 S.5753 在"今帐新附"中记载到灵图寺的收入来源,但是由于文书残缺较多,故所载收入来源不全,而 S.6981(4)中记载灵图寺的收入来源较为全面,结合这两件文书可知,灵图寺的收入来源主要有砲课入、公廨司入、厨田入、布施入等,下面我们就详细情况进行分析讨论。

首先是砲课收入。从前述 S.5753、Дx.00285V+Дx.02150V+Дx.02167V+Дx.02960V+Дx.03020V+Дx.03123V 和 Дx.01329B+Дx.02151V+

Дx.01329AV 等文书可知,灵图寺有上、下两所碾硙,其中 S.5753《癸巳年(933)灵图寺招提寺福盈手下诸色入破历算会牒》记载公元 933 年两所碾硙的硙课收入相同,分别是陆拾硕贰斗麦,这也说明灵图寺的碾硙采取的是租佃经营。又 S.5945《丁亥年(987)长史米定兴于显德寺仓借回造麦历》记载:

1 丁亥年四月三日,长史米定兴于显德寺仓借
2 回造麦壹佰硕(印)。口承二判官(签字)。六月十四日又显
3 德寺仓借回造麦十九硕,付硙户樊善友(签字)。①

硙户樊善友又见于 S.6981(4)《辛未年(971)至壬申年(972)灵图寺某某领得斛斗历》第 6 行:"于下硙户樊善友领得课粟贰拾玖硕陆斗",可知樊善友负责的是灵图寺下硙。樊善友加工长史米定兴从显德寺仓借来的麦子,说明在租佃经营中,硙户在向寺院交纳硙课的前提下,可以对本寺之外送来的斛斗进行加工,硙户从中收取加工费用。

S.5753 记载灵图寺于公元 933 年收入斛斗和纸布什物等共 301.6 硕,其中麦 179.3 硕,而硙课收入的麦是 120.4 硕,占麦收入总数的 67.2%,占总收入的约 36%,占比很高,但这还不是灵图寺当年硙课收入的全部,因为敦煌寺院硙课的收入往往是既有麦,又有粟、黄麻等斛斗,灵图寺的硙课收入可能也是如此,可惜由于 S.5753 的后面内容残缺,故具体情况不明。不过这一点我们可以通过其他文书的记载得以说明,如前引文书 P.3881V《宋太平兴国六年(981)正月一日灵图寺招提司算会应在人上欠》记载:

1　　太平兴国六年庚辰岁正月一日,徒众就众堂算会,招提司惠觉自
2　　年祼(课)及前掌回残斛斗纸布褐什物等,应在人上欠:
3　　准掌尾麦壹伯壹拾玖硕叁斗。陆硕柒斗,戌年在贺祐奴;
4　　叁硕肆头(斗),亥年在贺祐奴;贰拾叁硕,子年在攀保富;贰拾硕,
5　　丑年在攀保富;贰拾壹硕陆斗,寅年在攀保富;贰拾肆硕
6　　陆斗,寅年在王再德;贰拾硕,□年在攀保富。
7　　准掌尾粟。

---

① 唐耕耦、陆宏基编《敦煌社会经济文献真迹释录》第 2 辑,第 237 页。

8	准掌尾麻玖拾壹硕壹斗,内参拾陆硕伍斗,付后都师法员;陆
9	斗,在僧福昌;参硕,在氾僧正;壹硕伍斗,在押衙氾善俊;柒斗,在
10	应净;肆斗,在应集;两硕玖斗,在马孔目;壹硕肆斗,在程僧正;
11	壹硕壹斗,在李再□;贰硕,在阎僧正;两硕捌头(斗),卯年[在]贺弘子;
12	两硕捌斗,午年在李章友;壹硕贰斗,酉年在李章友、令狐
13	再定;两石捌[斗],亥年在贺祐奴;两石捌斗,子年在氾保富;壹
14	两硕肆斗,丑年在王再德;两硕捌头(斗),寅年在王再德;肆石壹斗,
15	丑年在马法师;壹硕肆斗,寅年在程僧正;陆斗,在应集;
16	两硕捌斗,卯年在攀保富;两石捌斗,卯年在王再德;参
17	硕伍斗,辰年在氾僧正;壹硕贰斗,辰年在古福登法律;
18	壹硕肆斗,在大画法律;肆硕贰斗,在惠觉。[①]

文书首行的庚辰岁应系辛巳岁之误。该件是灵图寺全寺僧众在太平兴国六年正月一日算会寺院斛斗时专门对外欠斛斗进行登载的帐目,外欠帐是按照麦、粟、黄麻三部分登载的,其中第 7 行登载的是粟,只是本次算会时粟没有外欠帐,而第 3—6 行、8—11 行分别是麦和黄麻的外欠帐。文书明确说明外欠帐包括年课和前掌回残两部分,回残外欠系指前任负责人没有收回的各种外欠帐,年课外欠指的是硙户欠缴的硙课。虽然文书没有明确说明这些欠负斛斗者中谁是硙户,但是除了僧官、普通僧人和有世俗职务的孔目、押衙之外,其他世俗人如贺祐奴、攀保富、王再德、贺弘子、李章友、令狐再定等主要都是灵图寺的硙户,其中李章友和令狐再定在前引 S.6981(4)中明确记载是下硙户,这些硙户有的数年间租佃着寺院的碾硙,如攀保富起码在丙子(976)、丁丑(977)、戊寅(978)、己卯(979)四年中一直经营着灵图寺的碾硙,王再德也至少在丁丑(977)、戊寅(978)、己卯(979)三年中是灵图寺的硙户,同时他们也积欠着这些年的硙课麦或黄麻。这种硙户积欠硙课的现象在灵图寺历史上长期存在,如 S.6237《公元 10 世纪上半叶灵图

[①] 录文参唐耕耦、陆宏基编《敦煌社会经济文献真迹释录》第 3 辑,第 537 页。此处移录时对个别文字进行了校改。

寺算会应在人上欠》的时间比 P.3881V 早数十年,其性质与 P.3881V 完全一样,也是专门登载历年硙课外欠和回残外欠的文书,外欠斛斗有麦、粟、黄麻三部分,其中欠负硙课的硙户有曹加进、张义全、朱员住、马养奴、张信子、氾海盈、令狐荣子、赵安君、王义通、王义信等人。① 我们注意到,P.3881V 和 S.6237 中记载的这些硙户所欠的黄麻大多是 2.8 硕,此数在敦煌寺院的硙课中较为普遍,如安国寺从公元 884 年至 886 年每年的硙课不但均有麦、粟、黄麻,而且其中的黄麻也是 2.8 硕,②故 2.8 硕黄麻也可能是灵图寺每所碾硙每年的硙课黄麻收入。

关于灵图寺硙课中粟的数量在前引 S.6981(4) 中有相关记载,该件文书中专门登载的粟的收入包括硙课粟,如第 6 行记载在辛未年"于下硙户樊善友领得课粟贰拾玖硕陆斗",第 16—17 行记载在壬申年十二月四日"于上硙户苟福住领得粿(课)粟肆硕。又于下硙户李章友、令狐再定粿(课)粟贰拾玖硕"。辛未年和壬申年的硙课粟仅差 6 斗,而上、下硙的课粟差距较大,其原因是硙户尚有欠缴的硙课,不过从中可知灵图寺一所碾硙一年的硙课粟收入至少有 29 硕。

讨论至此,我们明白,灵图寺的硙课收入中有麦,也应有粟和黄麻,S.5753 中原来也应登载有灵图寺 933 年硙课收入中的粟和黄麻,只是缺失而已。若缺失的粟和黄麻分别按照上、下硙各 29 硕、2.8 硕计算的话,则公元 933 年灵图寺硙课收入占全寺总收入的比重在 60% 以上,可以说,硙课收入是灵图寺最主要的收入来源。

其次是利息收入。S.5753 和 S.6981(4) 均记载到灵图寺因公廨司的收入,此处公廨司应该系灵图寺的公廨司,相关收入主要是灵图寺公廨司的贷便收入,也即利息收入。关于灵图寺进行贷便活动的记载较早见于吐蕃统治时期,相关情况如下表 6-2 所示:③

表 6-2

文书卷号	年份	贷方	借方	借贷原因	利息
S.1475V	823?	灵图寺	部落百姓马其邻	无种子、年粮	无
S.1475V	823?	灵图寺	当寺僧义英	无	无

---

① 录文参唐耕耦、陆宏基编《敦煌社会经济文献真迹释录》第 3 辑,第 337—338 页。
② 参王祥伟《吐蕃至归义军时期敦煌佛教经济研究》,第 79—81 页。
③ 本表及相关说明,参王祥伟《吐蕃至归义军时期敦煌佛教经济研究》,第 171—172 页。

(续　表)

文书卷号	年份	贷方	借方	借贷原因	利息
S.1475V	823？	灵图寺	悉董萨部落百姓翟米老	无	无
S.1475V	817？	灵图寺	下部落百姓曹茂晟	无	无
S.1475V	817？	灵图寺	行人部落百姓张乜奴	无	无
S.1475V	823？	灵图寺	当寺僧义英	不明	无
S.1475V	823？	灵图寺	当寺僧神宝	负债	无
S.1475V	823前后	灵图寺	当寺僧神寂	负债	无
S.1475V	823前后	灵图寺	当寺僧惠云	不明	无
S.1475V	823前后	灵图寺	阿骨萨部落百姓赵卿卿	无种子	无
S.1475V	823前后	灵图寺	史奉仙	不明	无
S.1475V	817前后	灵图寺	寺户严君	无斛斗	无
S.1475V	823？	某寺	当寺人户索满奴	无斛斗	无
P.3422V	823？	灵图寺	曷骨萨部落百姓武光儿	少种子、年粮	无
P.2686	837？	灵图寺	普光寺人户李和和	少种子、年粮	无

　　从上表可知，吐蕃时期不同部落的百姓、僧人、寺院属民等均可向灵图寺进行借贷。虽然在以上灵图寺的借贷活动中没有利息说明，很可能是无息借贷，但是这不代表灵图寺的借贷都是无息借贷，如S.6235《子年便麦粟历》载：

1　子年拢领负及官仓如后：昌归边便粟两石，至秋四石。索家仓三驮麦，突田仓

2　四月十日贷青麦两驮，又于灵图寺神麦边便麦一石二斗，至秋两石四斗。又于面师

3　边便粟一汉石五斗本，至秋三石。①

　　虽然本件中子年的具体年代不明，但是从"突田"等信息来看应属吐蕃时期，其记载向灵图寺所贷便的麦子不但有息，而且利息率高达100%。

---

① 唐耕耦、陆宏基编《敦煌社会经济文献真迹释录》第2辑，第202页。

至归义军时期,灵图寺依然在从事贷便活动,如 S.5873V+S.8658《戊午年(958)灵图寺仓出便与人名目》载:

1 戊午年灵图寺仓少有斛斗,出便与人名目,谨具如后。
2 九月九日,当寺僧谈会便粟两硕,至秋叁硕。(押)口承永德。
3 同日,洪润马定奴便麦肆[硕],至秋陆硕。(押)又粟两硕伍斗,至秋叁硕柒斗伍升(押)。
4 同日,洪润马员定便麦肆硕,至秋陆硕。(押)口承男再昇。
5 同日,洪润索愿盈便麦叁硕,至秋肆硕伍斗。(押)又便粟柒硕,至秋拾硕伍斗。(押)口承弟法律谈惠。
6 十二日,莫高李流德便麦壹石,至秋壹石伍斗。(押)口承僧保进。
7 十三日,神沙吴阿朵刘盈德等二人便粟陆石,至秋玖硕。(押)
8 同日,洪润张通信便麦壹硕,至秋壹硕伍斗。(押)口承男保盈。
9 十六日,洪润索愿盈便粟叁硕,至秋肆硕伍斗。(押)口承人弟阿朵。
10 _____ 两硕,至秋叁硕。(押)口承男残子,见人索愿盈。
11 _____ 硕二斗五升,口[承]人贾押牙。
(后缺)①

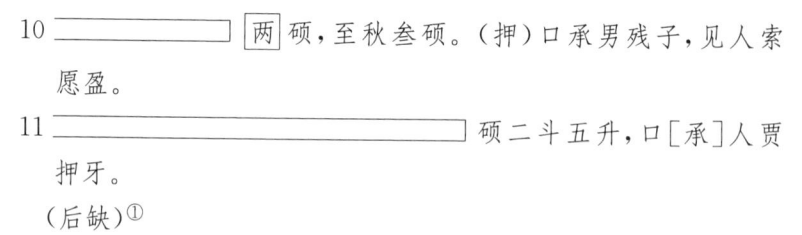

本件记载了灵图寺在958年出便麦粟等斛斗的情况,利息率为50%,这是归义军时期敦煌地区最为普遍的斛斗借贷利息率。尽管该件文书云灵图寺仓在当年"少有斛斗,出便与人",但是灵图寺的利息收入有时在其总收入中可能占有比较大的比重,如 S.5753 中从公廨司苏老宿手下收入的麦子是 34.8 硕,占当年麦子收入总数 179.3 硕的 19.4%。

此外,S.6981(4)第9行还记载"领得南梁户杨再住算领粟两硕",敦煌寺院的梁课一般交纳的是油和饼渣,也有交纳麦、粟者,但是此处的粟是不是梁课,南梁户杨再住是不是灵图寺的梁户,或者说灵图寺有无油梁暂时不便确定。

---

① 唐耕耦、陆宏基编《敦煌社会经济文献真迹释录》第 2 辑,第 228 页。但《释录》将编号误为 S.5873V+S.8567。

第三节　乾元寺和净土寺帐状文书考释

一、乾元寺帐状文书考释

（一）S.4782《丑年(869)或寅年(870)乾元寺堂斋修造两司都师文谦手下诸色入破历算会牒》

S.4782 首全尾残，共残存 70 行。从书写格式和内容来看，是乾元寺徒众于寅年年初或丑年年底算会堂斋修造两司都师文谦手下丑年二月廿日后诸色斛斗布纸收支帐的算会牒，其中破用部分保存下来了一部分，见在部分全缺，其他部分完整。那么，丑年的公元纪年是哪一年呢？学界似乎对此没有明确讨论，《释录》第 3 辑仅云："可能属归义军节度张氏统治时期。目录初稿Ⅱ定为九世纪后半期。"①

乾元寺的僧人文谦还见于 P.3977V 残卷。P.3977V 所存内容应是唱卖分齱的帐历，其中有"入乾（乾元寺）文谦贰伯叁十叁尺四寸"的记载，同时还记载有安国寺的善意，大乘寺的圆会及其他僧尼如坚信、法惠、广惠等，可惜该件文书年代不明。

S.4782 用地支纪年，同时第 45—47 行载："油陆升，充段升子手功直用……布贰丈伍尺，充赏段升子用。"而段升子还见于 P.T.1102V《申年二月廿日社司转帖》。又 S.4782 第 56 行载："面叁斗伍升、油壹升，充僧统亡煮粥用。"第 64—65 行载："面贰斗、油壹升半，司空解斋用。"说明其应是归义军早期的文书。这个大致时间还可以通过 S.4782 中出现的僧尼来进一步说明，其第 39 行载"面壹斗伍升、油壹升，充光显祭盘用"。说明光显在丑年时去世。光显在其他敦煌文书中的记载很少，主要出现在 P.3600V《戌年(818)普光寺等齱状及勾齱历》、S.542V《坚意请处分普光寺尼光显状》和 S.1364《欠经历》中。P.3600V 和 S.542V 均载光显为普光寺尼，后者的具体年代不明，前者的年代是 818 年。S.1364《欠经历》记载有十多名僧尼，其中有的标明了所属寺院，如大乘寺的胜性和心智、灵图寺的伍真和像英、灵修寺的戒胜花和遍觉等，其他如光显、智满、无证、明藏等没有标明所属寺院，这几名尼僧同时又见于 P.3600V《戌年(818)普光寺等齱状及勾齱历》，说明她们也应是普光寺尼；又大乘寺的胜性和心智见于大约写于 865—870

---

① 唐耕耦、陆宏基编《敦煌社会经济文献真迹释录》第 3 辑，第 312 页。

年的 S.2669《沙州诸寺尼籍》,且载两人的年龄已经六十多岁了。从这些信息来看,光显为普光寺尼,其生活在吐蕃后期至归义军初期,而 S.4782 中的丑年也应在归义军初期。至于普光寺尼去世由乾元寺造祭盘的现象也不足为奇,相似情况如 S.6034《报恩寺状》载:"安国寺尼法证亡,祭盘着报恩寺。"

归义军初期最早的三个丑年是 857、869 和 881 年,那么 S.4782 中的丑年是哪一年呢? 前述 P.3600V 登载了 818 年普光寺的 127 名尼僧,其中光显排在 63 位,正好在中间。在 S.2669《沙州诸寺尼籍》中大乘寺的 200 多名尼僧中,排在中间者一般是 20 多岁,我们据此推测光显在 818 年时的年龄也应在 20 多岁至 30 岁,则至 881 年去世时有 90 岁左右,这种可能性应不太大,而至 869 年时大约将近 80 岁,至 857 年时将近 70 岁,这两种可能性都是存在的,也即 S.4782 中的丑年应是 857 年或 869 年。同时,前面已经提到,S.4782 第 56 行记载:"面叁斗伍升、油壹升,充僧统亡煮粥用。"那么,在 857 年或 869 年去世的僧统是谁呢? 巧合的是,翟法荣就是在都僧统任上于咸通十年(869)去世的,[①]故 S.4782 中的丑年更应是 869 年。

这里有一个问题需要面对,S.4782 中的"司空解斋"之司空是对归义军节度使的称呼,据荣新江先生研究,张氏归义军节度使有司空称谓者仅张议潮和其孙张承奉二人,张议潮称司空的时间是 861—867 年,张承奉称司空的时间大约是从 904 至 910 年,[②]据此,S.4782 中的司空既不能是张议潮,也不可能是张承奉,因为张承奉称司空的时间太晚,而张议潮也早在 867 年就已至长安而再未回归敦煌。但是这不能说明我们对 S.4782 中丑年具体年份的判断是错误的,因为假设不是 869 年,而是 857 年,甚或是 881 年,均与荣新江先生所考张议潮和张承奉称司空的时间不吻合。相同情况在其他文书中也有反映,如 P.2838(1)《唐中和四年(884)正月上座比丘尼体圆等诸色入破历算会牒附悟真判》第 44—45 行载:"麦两硕、油壹斗壹升、粟叁斗,太保解斋用。"P.2838(2)《唐光启二年(886)安国寺上座胜净等诸色入破历算会牒》载:"麦两硕贰斗、粟叁斗,太保解斋日用。"这里的"太保解斋",荣新江先生认为是沙州尼众为故去的太保即张议潮设斋的记录,张议潮是在 872 年去世后被追赠为太保的,其后节度使称太保者首先是曹议金,时间在 925—926 年。[③] 即便此处的太保就是张议潮,但按照学界对"解斋"一词的

---

① 对翟法荣相关问题的考证,可参竺沙雅章《中国佛教社会史研究(增订版)》,第 338—339 页;郑炳林、郑怡楠辑释《敦煌碑铭赞辑释(增订本)》,第 487—488 页。
② 参荣新江《归义军史研究——唐宋时代敦煌历史考索》,第 62—95、129—132 页。
③ 参荣新江《归义军史研究——唐宋时代敦煌历史考索》,第 72—78、100—107 页。

解释，①"太保解斋"似仍解释不通。至于 S.4782 中的司空究竟指谁，此处暂且存疑。

S.4782 是关于乾元寺丑年（869）斛斗收支情况的算会牒，由于不明算会是在丑年年底还是寅年年初，故我们可将其拟名为《丑年（869）或寅年（870）乾元寺堂斋修造两司都师文谦手下诸色入破历算会牒》。

（二）P.6002(1)《卯年（859 或 871）或辰年（860 或 872）乾元寺堂斋修造两司诸色入破历算会牒》

P.6002(1)首尾均残，共计 64 行。从内容及记帐格式来看，P.6002(1)是对寅、卯二年某寺斛斗收支情况进行算会的算会牒文书，存有新入部分及破用的一部分。《释录》第 3 辑对该件录文并拟题为《辰年某寺诸色入破历算会牒残卷》，同时依据该件中的达末、山娘见于 S.4782 而推断二者年代相近，可能属公元 9 世纪后期。② 经比较发现，P.6002(1)与 S.4782《丑年（869）或寅年（870）乾元寺堂斋修造两司都师文谦手下诸色入破历算会牒》关系非常密切，主要表现如下：

首先，有关人名在二者中同时出现。P.6002(1)第 29—30 行载："麦柒斗，达末施入。"第 48 行载："粟叁斗、豆壹斗伍胜，充山娘用。"而 S.4782 第 22 和第 34 行也分别载有"麦壹硕，达末施入""白面陆斗、油贰升，山娘平安用"。达末、山娘同时出现，其中山娘与该寺关系密切，或为寺院的寺属人户。

其次，二者均载有油梁和碾硙经营，且梁课收入相同。P.6002(1)第 14—15 行载："麦肆硕、麦柒硕，回造白面入，油壹硕陆斗、粟陆硕，已上寅年油梁课入。"第 23—26 行载："麦捌硕叁斗、粟叁硕柒斗、油壹硕叁斗玖胜、黄麻壹硕伍斗折油贰斗壹胜、柽壹车折麦柒斗、粟两硕叁斗、茨柴壹车折麦两硕，〔卯年〕油梁课入。"可见寅年和卯年的梁课收入均是：麦 11 石，粟 6 石，油 1.6 石。而 S.4782 第 21—22 行载丑年的梁课收入也是"麦壹拾壹硕、粟陆硕、油壹硕陆斗，油梁课入"。连续三年的梁课收入相同，说明油梁采用契约式的租佃经营。除了梁课收入外，P.6002(1)记载了寅、卯二年的硙课收入，S.4782 记载了丑年的硙课入，如第 P.6002(1)第 10—13 行载："叁拾陆

---

① "解斋"之义，张弓先生作如是解释：释门以午时为斋，后禁荤成为斋的引申义，所谓解斋，即解除日常斋忌——不限午食，不禁荤膻，以示贺节。高启安先生的观点与此基本一致——解斋即解除某些饮食戒律之意，敦煌的解斋，大多指"非时而食"。参张弓《敦煌秋冬节俗初探》，载段文杰等编《敦煌学国际研讨会文集：史地语文编》，辽宁美术出版社 1995 年，第 593 页；高启安《唐五代敦煌僧人饮食的几个名词解释》，《敦煌研究》1999 年第 4 期，第 132—133 页。

② 唐耕耦、陆宏基编《敦煌社会经济文献真迹释录》第 3 辑，第 313—315 页。

硕麦,麦拾硕,回造白面入。麦两硕,回造粗面入。粟壹拾玖硕叁斗,粟壹硕柒斗,回造粟面入。纸壹帖准麦伍斗,已上寅年硙课入。"S.4782第20—21行载:"麦贰拾伍硕,回造白面入,麦叁硕捌斗、粟柒硕,硙课入。"与梁课不同的是,硙课的收入并不相同,这应与硙课的经营方式或硙户欠负硙课等有关。

再次,二者明细帐的记帐格式相同。收入帐主要都是硙课、梁课和布施收入,而且都是先登载硙课和梁课收入明细帐,然后登载布施收入明细帐;破用明细帐都是以破用缘由为纲登载的,即将因某事而支出的斛斗如麦、粟、油等一起登载在该事项下。

最后,二者破用柱的表述方式及破用缘由相同。P.6002(1)云"寅卯二年众僧解斋及七月十五日修造等诸色破用",S.4782云"自年缘寺修造及众僧破用",也即主要都是众僧解斋及修造破用。

从以上情况来看,P.6002(1)也无疑是乾元寺文书,虽不好判断其与S.4782孰前孰后,但二者的年代相近,P.6002(1)中的寅年应是870或858年,卯年应是871或859年,至于算会时间,要么在卯年年底,要么在辰年年初。同时,由于P.6002(1)与S.4782的破用均是用来解斋和修造,故P.6002(1)也应是乾元寺堂斋修造两司所掌斛斗的算会牒,故可将其拟名为《卯年(859或871)或辰年(860或872)乾元寺堂斋修造两司诸色入破历算会牒》。

(三) P.4957《申年(864或876)或酉年(865或877)乾元寺诸色入破历算会牒》

P.4957首尾均残,共残存60行。从内容及记帐格式来看,其是对某寺院斛斗收支情况进行算会的算会牒文书,主要存有破用、见在及外欠内容,第5—45行是破用帐,第46—51行是应见在帐,第52—60行是应在人上欠帐,而从算会牒文书的结构来看,第1—4行应是新附入帐,但这4行中残存的几笔帐中既有收入,也有破用。从字迹来看,第1—17行与第18—60行不像是同一人所写。P.4957中均用地支纪年,如第3—4行云:"粟陆硕五斗,申年佛食入。"第29行云:"麻查陆饼,充未年羊膳用。"《释录》第3辑录文并拟题为《申年(?)某寺诸色入破历算会牒残卷》。①

P.4957与S.4782《丑年(869)或寅年(870)乾元寺堂斋修造两司都师文谦手下诸色入破历算会牒》和P.6002(1)《卯年(871或859)或辰年(872或860)乾元寺堂斋修造两司诸色入破历算会牒》关系非常密切,主要表现

---

① 唐耕耦、陆宏基编《敦煌社会经济文献真迹释录》第3辑,第316—319页。

如下：

首先，P.4957第18—60行与S.4782字迹相同，似为同一人所写。

其次，P.4957第19—20行载"粟面叁斗，充山娘食用"，而山娘在前述S.4782和P.6002(1)中均有出现。

再次，从P.4957的相关内容来看，该寺也拥有油梁和碾硙，如第41—42行载"粟叁[硕]□斗，已上充修油梁掘木及迎丑娘破用"。这是因修油梁的支出。而该件最后"应在人上"部分专门登载的是外欠帐，如第59—60行载"两硕陆斗麦、两硕玖斗粟，已上在张苟苟午年硙课欠负未入"。说明寺院有碾硙经营。

最后，破用明细帐的记帐格式与S.4782和P.6002(1)相同，均是以破用缘由为纲进行登载的。

以上现象说明，P.4957也应是乾元寺文书。

唐耕耦先生依据P.4957的笔迹与S.4782相似和其中的山娘又见于P.6002(1)而认为本件写作年代可能属归义军张氏时期，同时又说P.4957中的午年、申年的绝对年代待考。① 确实如是，这三件文书的年代，也即P.4957中的未年、申年与S.4782中的丑年、P.6002(1)中的寅年、卯年很接近，而我们在前面已经考证出S.4782中的丑年为869年，故P.4957中的申年应为864或876年，未年应为863或875年。P.4957第36—37行载："白面肆斗伍升、油贰升、估醋豆柒升，已上灵满亡日煮粥及祭盘用。"僧人灵满在敦煌文书中的记载非常少，主要见于BD16453A《水则道场转经两翻名目》、S.3180V《请僧疏》和P.3249V《军籍残卷》，其中前两件文书的年代不明，而P.3249V《军籍残卷》残存包括16名僧兵在内的兵士共一百多人，康灵满为僧兵之一，前已提及，冯培红先生推断该军籍的年代当在咸通二年（861）。从时间上来看，此康灵满与P.4957中僧人灵满的生活时间一致，应是同一人。P.4957中最晚的纪年是申年，故本次算会应是在申年年底或其后的酉年进行的，该酉年应为865或877年，至此，我们可将P.4957拟名为《申年（864或876）或酉年（865或877）乾元寺诸色入破历算会牒》。

（四）BD11577《公元869—882年间乾元寺诸色入破历算会牒》

BD11577的黑白图版公布于《国家图书馆藏敦煌遗书》第109册，并且在"条记目录"中还进行了录文说明，② 其内容如下：

---

① 唐耕耦、陆宏基编《敦煌社会经济文献真迹释录》第3辑，第319页。
② 任继愈主编，中国国家图书馆编《国家图书馆藏敦煌遗书》第109册，北京图书馆出版社2009年，图版见第281页，录文见"条记目录"第76页。

303

```
1 □□□□□□□□□ 充 张寺 □□□□□□□
2 □□□□□□□□□ 叁车折麦叁硕伍 □□□
3 □□□□□□□ 麦柒斗、粟两硕叁斗，贾
4 □□□□□ 半疋弔　大夫用。布丈 □□
5 □□□ □□□□用。麦壹硕肆 □□□□
6 □□□□□□□□ 麦叁硕肆斗 □□□□
7 □□□□□□□ 麦两硕充买车 □□□□
8 □□□□□□□□ 丑丑数年看守 □□□
9 □□□□□□□□ 秄放。油肆升充 □□□
10 □□□□□□□□□□□□□□□□
```

《国家图书馆藏敦煌遗书》将第 2 行的"折麦"录为"折壹拾"，将第 3 行的"贾"字录为"买"，将第 4 行的"弔"字录为"矛"。同时指出，第 1 行的张寺应为张寺加，第 8 行的丑丑应为贺丑丑，二人均见于 S.02214《见在凉州行名录》，张寺加还见于 S.000283《大般若经》卷 453 题记和 BD04343《无量寿宗要经》题名，均为吐蕃时期人物，从而认为这是 8—9 世纪吐蕃统治时期的写本，并拟名为《吐蕃时期某司破历》。

BD11577 前后残缺，所存几行内容前后也有残缺，字迹、格式与 BD11578、S.4782《丑年(869)或寅年(870)乾元寺堂斋修造两司都师文谦手下诸色入破历算会牒》一致，应为同一人所写，时间也应接近，也就是距 869 年和 870 年很近。其中第 4 行"半疋弔大夫用"之"大夫"前有空缺以示尊重，故此大夫应是归义军时期的某节度使。据荣新江先生研究，归义军时期有大夫称者仅有索勋，并且其仅在 893 年称大夫。[①] 但索勋称大夫的 893 年距离 869 年和 870 年太远，故 BD11577 中的大夫不应是索勋，其年代也不应在 893 年。那么，该大夫是指谁呢？据李军先生考证，张淮深大致在咸通十年(869)至中和二年(882)之间也称大夫，[②] 这个时间也恰好包含了 869 年和 870 年，故 BD11577 中的大夫应指张淮深，而 BD11577 的时间也应在 869—882 年间。虽然 BD11577 残缺太甚，记帐格式无从明辨，但是该件文字甚佳，书写工整，没有涂改，应为算会牒类文书，故可将其拟名为《公元 869—882 年间乾元寺诸色入破历算会牒》。

---

① 参荣新江《归义军史研究——唐宋时代敦煌历史考索》，第 89—90 页。
② 李军《归义军节度使张淮深称号问题再探》，《敦煌研究》2015 年第 4 期，第 44—45 页。

第六章　帐状和凭证文书考释

（五）BD11578《公元869—882年间乾元寺诸色入破历算会牒》

BD11578的黑白图版公布于《国家图书馆藏敦煌遗书》第109册，并且在"条记目录"中还进行了录文说明，①我们再据图版将其释录如下：

1 ▭▭▭▭▭▭▭▭▭ □□叁帖纸。
2 ▭▭▭▭▭▭▭▭▭ □□应在人上[欠]
3 ▭▭▭▭▭▭▭▭ 叁硕玖斗粟，已上在张□□上欠
4 ▭▭▭▭▭▭▭▭▭▭ 贰斗
5 ▭▭▭▭▭▭▭ 叁升半，以上缘文谦
6 ▭▭▭▭▭ [众]僧矜放。
7 ▭▭▭▭▭▭ 纸等诸色破除及见在
8 ▭▭▭▭] 硕贰斗捌升麦，叁硕伍
9 斗]捌升白面，贰拾陆硕柒斗陆

《国家图书馆藏敦煌遗书》没有释录出第2行和第3行的"上欠"，将第5行的"缘"释录为"锡?"，将第6行的"僧矜放"释录为"惜矜放"，将第7行的"破除及见在"释录为"破途见在内"。同时认为BD11578系9—10世纪归义军时期的写本，并拟名为《诸色破历》。

BD11578残损太甚，从内容及格式来看，应是寺院对斛斗、纸等收支帐的算会牒，其中第7行为算会后的见在总数，第1—6行为破用和外欠。该件字迹和记帐方式与S.4782《丑年（869）或寅年（870）乾元寺堂斋修造两司都师文谦手下诸色入破历算会牒》相同，而且两件文书中同时出现了僧人文谦，说明BD11578也是乾元寺文书，年代与S.4782接近。

BD11578第5—6行载有"缘文谦……[众]僧矜放"，其意思应是因文谦在负责本寺财务的会计期内产生了部分错帐或造成了部分损失，全寺徒众因其辛劳而矜免了这部分帐。这样的情况在其他寺院文书中也有佐证，如前引文书S.4452《后晋开运三年（946）某寺算会破除外见存历稿》中第二件载："开运三年丙午岁三月一日，当寺徒众就中院算会，甲辰年直岁福信应入诸司斛斗油面布緤等，一周年破除外见存：……准帐尾麦肆石五斗，粟肆石三斗，伏缘都师造籊一年周新（辛）苦，和尚及徒众矜放福信。"这里的福信是该寺甲辰年的直岁，最后一笔帐是徒众对直岁的矜免，而矜免的原因是"缘

---

① 任继愈主编，中国国家图书馆编《国家图书馆藏敦煌遗书》第109册，图版见第281页，录文说明见"条记目录"第76—77页。

305

都师造篷一年周新(辛)苦"。可见，BD11578 中残存前 6 行的内容与 S.4452 性质相同，也是记载外欠帐及对文谦任寺院财务负责人时造成的损失帐进行的矜免。虽然 BD11578 与 S.4782 均记载到乾元寺财务负责人文谦，但二者可能不是同一件文书，因为 S.4782 记载当年乾元寺有两帖纸，而 BD11578 记载有叁帖纸。BD11578 中对文谦的矜放可能是对其此前任负责人时造成的相关帐务的矜免，这也说明，BD11578 的时间应紧邻 S.4782 之后，但具体年份也不好确定。

此外，BD11578 与 BD11577 字迹相同，BD11577 仅存部分破用帐，而 BD11578 主要存外欠和见在帐，二者很可能是同一件文书的两个碎片，故我们将 BD11578 也拟名为《公元 869—882 年间乾元寺诸色入破历算会牒》。

二、净土寺帐状文书考释

(一) P.2776＋S.0366《后唐同光二年(924)净土寺诸色入破历算会牒》

P.2776 与 S.0366 是寺院算会文书的两件残片，前者残存有 50 行，后者残存有 13 行，其中最后一行文字漫漶不清。虽然《释录》第 3 辑较早对 P.2776 与 S.0366 进行了释录，并附有黑白图版，[①]《英藏敦煌社会历史文献释录》也对 S.0366 进行了释录，[②]但是已有的录文并没有将这两件文书缀合起来。从彩色图版来看，这两件文书的字迹出自同一人之手，记帐格式和方法相同，P.2776 的末端和 S.0366 的前端边缘相吻合，完全可以拼接缀合在一起，也即 P.2776 中最后的第 50 行与 S.0366 的第 1 行恰好是前后相连的，S.0366 第 1 行中的收、麨、秋三个字的笔划"捺"各有一丝笔迹存留在 P.2776 上。缀合后的 P.2776＋S.0366 如图 6-3 所示，共有 63 行，其中第

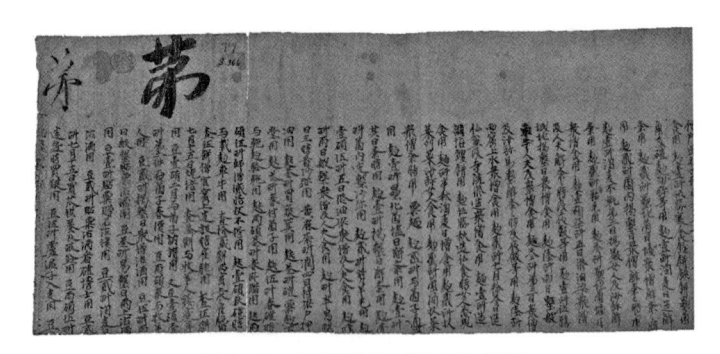

图 6-3 P.2776(局部)＋S.0366

---

① 唐耕耦、陆宏基编《敦煌社会经济文献真迹释录》第 3 辑，第 543—546 页。
② 郝春文编著《英藏敦煌社会历史文献释录》第 2 卷，社会科学文献出版社 2003 年，第 170—171 页。

51 行就是 S.0366 的第 1 行,而第 50—51 行的内容为:

> 50 与驼面骆驼用。麸两硕叁斗,春卧醋用。麸两
> 51 硕伍斗,师僧贷将收不得用。麸壹硕,秋砠时

缀合后的文书内容前后依然残缺,所存仅为面、麻、豆等一部分破用帐。从书写格式来看,纸面上部留有较多空白,而且书写工整,故其是算会牒文书中的部分残卷。

以往学界好像没有说明 P.2776 与 S.0366 所属寺院及年代问题,如《释录》将 P.2776 拟题为《年代不明(10 世纪)诸色斛斗入破历算会牒》,将 S.0366 拟题为《年代不明(10 世纪)某寺诸色斛斗入破历算会牒稿》,《英藏敦煌文献》第 1 卷和《英藏敦煌社会历史文献释录》第 2 卷也将 S.0366 拟题为《某寺诸色斛斗破历》。① 从记帐特点、记帐格式、文书中的相关人物等来看,P.2776＋S.0366 应为净土寺文书,理由如下:

首先,P.2776＋S.0366 中的相关人物较为集中地出现在其他净土寺文书中。P.2776＋S.0366 第 1—2 行载有"面柒斗,看吴判官绛衣及众僧等用"。第 55 行载有"豆壹硕,二月与园子讷讃用"。吴判官在 P.3638《辛未年(911)沙州净土寺沙弥善胜领得历》中第 37 行也有载:"铜君迟壹,在吴判官。"又 P.4958(3)《当寺转帖》是 10 世纪初期净土寺的转帖,其中记载有吴判官等净土寺的僧人。② 园子讷讃在其他净土寺算会文书中也有出现,如 P.2049V《后唐长兴二年(931)正月沙州净土寺直岁愿达手下诸色入破历算会牒》第 203、323 行分别载"粟壹硕,正月与讷讃用""油壹胜,岁付讷讃用"。又 P.2032V(12)《后晋天福四年(939)净土寺诸色破历》第 63 行载有"麦壹驮,粟壹驮,讷讃秋粮用"。P.2776＋S.0366 第 15 行载有"面陆斗,雷闍梨解斋用"。第 62 行载有"豆伍斗,卢温子入麦用"。这两笔帐中的卢温子和雷闍梨同时见于 P.2049V《后唐同光三年(925)正月沙州净土寺直岁保护手下诸色入破历算会牒》,如其第 114 行载有"麦柒斗,卢温子利润入"。第 348 行载有"油伍胜半,十二月中间八日并雷闍梨解斋用"。第 398—399 行载有"面两硕伍斗,十二月中间十日及雷闍梨解斋等用"。其中后两笔所载的雷闍梨解斋之事在净土寺文书中多有记载,如 P.3490V(1)《辛巳年(921)净土

---

① 中国社会科学院历史研究所等合编《英藏敦煌文献》第 1 卷,四川人民出版社 1990 年,第 156 页。
② 对该件转帖的考证,参陈大为《唐后期五代宋初敦煌僧寺研究》,上海古籍出版社 2014 年,第 70—71 页。

寺油破历》第 48 行载有"油壹胜半,雷阇梨解斋用。"第 91—92 行载有"面肆斗伍胜,十二月九日雷阇梨解斋用"。①

其次,P.2776+S.0366 与相关净土寺文书的记帐特点相同。虽然同是算会牒文书,但是不同寺院的算会牒在记帐方面有不同的特点,如同样是记载破用,有的是分类进行记录,即将麦粟黄麻油面等逐类进行记录,这时往往将因相同原因而支出的斛斗等记在不同的类别下;有的是按照支出原因进行的记载,即将因相同原因而发生的各类斛斗破用帐记录在一起。从 P.2049V《后唐同光三年(925)正月沙州净土寺直岁保护手下诸色入破历算会牒》、P.2049V《后唐长兴二年(931)正月沙州净土寺直岁愿达手下诸色入破历算会牒》及唐耕耦先生整理的几件净土寺算会牒文书来看,净土寺的这些文书的记帐特征较为统一,而与这些文书相较,P.2776+S.0366 所残存的主要是面、黄麻等的部分破用帐,采用的是分类记帐,其记帐顺序是:面—粗面—粟面—黄麻—麸—查—豆,这与 P.2049V 等净土寺破用帐的顺序一致,而目前所见其他寺院的记帐顺序一般并非如此。

最后,P.2776+S.0366 与相关净土寺文书登载的斛斗等种类及支出原因相同。在不同寺院的算会牒中,收支中一般都有麦、粟、面等,在净土寺的同类文书中往往还载有"查",即麻渣,有时写为麻滓或滓,如 P.2776+S.0366 及 P.2049V 等净土寺算会牒文书中一般都有,但是在其他寺院的相关文书中很少见登载麻渣。同时,寺院斛斗等的支出目的五花八门,即便同一寺院,不同年份的破用帐的支出目的也有很大变化,但如 P.2776+S.0366 及 P.2049V 等净土寺算会牒文书中的破用帐中往往都有因易墼、造墼、搬墼、垒园墙、西窟劳作、堆园等及付给园子、牧羊人的支出。

总之,从以上情况来看,P.2776+S.0366 应为净土寺的算会牒文书。

关于 P.2776+S.0366 的年代,虽然文书中没有出现干支或年号等信息,但是其大致年代我们可以进行考证。前面已述,P.2776+S.0366 中的吴判官、卢温子、雷阇梨均见于 10 世纪初的净土寺文书,其中雷阇梨见于 P.2049V《后唐同光三年(925)正月沙州净土寺直岁保护手下诸色入破历算会牒》和 P.3490V(1)《辛巳年(921)净土寺油破历》,而雷阇梨在其他稍晚的净土寺文书中又称为雷僧政,如 P.2049V《后唐长兴二年(931)正月沙州净土寺直岁愿达手下诸色入破历算会牒》第 311—312 行载:"油贰胜,十二月

---

① 唐耕耦、陆宏基编《敦煌社会经济文献真迹释录》第 3 辑将 P.3490V 拟名为《辛巳年(921 或 981)某寺诸色斛斗历》,后郁晓刚先生考释出该件为净土寺文书,辛巳年为 921 年,参郁晓刚《敦煌寺院入破历文书校释与研究》,南京师范大学硕士学位论文,2010 年。

九日,雷僧政解斋用。"第382—383:"面伍斗柒胜,十二月九日,雷僧政解斋用。"又前述唐耕耦先生整理的几件净土寺文书中也多有记载,如《净土寺壬寅年(942)诸色入破历算会牒稿》第126行载:"面六斗,九日雷僧正解斋用。"《净土寺乙巳年(945)正月以后诸色入破历算会牒稿》第293—294行载:"油贰升半,十二月雷僧政解斋用。"第330行载:"面七斗,十二月九日雷僧政解斋用。"又《净土寺甲辰年(944)正月一日以后直岁惠安手下诸色入破历算会牒稿》第177—178行载:"面七斗五升,十二月九日雷僧政解斋用。"《净土寺癸卯年(943)正月一日以后直岁广进手下诸色入破历算会牒稿》第201—202行载:"面八斗,十二月九日雷僧政解斋用。"第325行载:"面伍胜,荣雷僧政解斋女人用。"从这些记载来看,雷阇梨或雷僧政解斋的时间都在每年12月,雷阇梨与雷僧政也应是同一人,在925年左右时,其被称为雷阇梨,起码在931年开始,雷阇梨被称为雷僧政了,而在P.2776V+S.0366V中,其被称呼为雷阇梨,说明P.2776+S.0366的年代应在931年之前附近。而P.2776+S.0366第47—48行载:"黄麻柒斗,润四月付梁户押油用。"查《二十史朔闰表》可知,后梁龙德三年(923)有闰四月,该年四月以后,后唐改年号为同光元年(923),而敦煌历中该年的闰月也与中原历同。① 再往前,闰四月出现在唐天祐元年(904),②此时距离923年已经有将近20年了,故P.2776+S.0366中的闰四月应是后唐同光元年的闰四月,即P.2776+S.0366中的破用帐发生在公元923年。从净土寺的算会活动往往在某一会计期结束后的下一年正月进行来看,P.2776+S.0366的算会活动很可能在924年正月,故可将其拟名为《后唐同光二年(924)净土寺诸色入破历算会牒》。

(二) P.2040V(7)+P.3234V(10)《公元946—950年间净土寺诸色入破历算会牒稿》

P.2040V(7)、P.3234V(10)在《释录》中均有录文,③前者系作为P.2040V的第五部分与其他部分统一拟题为《后晋时期净土寺诸色入破历算会稿》,后者拟题为《年代不明(10世纪中期)诸色入破历算会稿》。实际上,P.2040V(7)和P.3234V(10)关系密切,均是对净土寺某年诸色斛斗的收支进行登载和算会的文书,为了说明问题,我们有必要将其内容转录如下:

---

① 参刘永明《散见敦煌历朔闰辑考》,第16页。
② 陈垣《二十史朔闰表》,第114、112页。
③ 分别见唐耕耦、陆宏基编《敦煌社会经济文献真迹释录》第3辑,第421、450—451页。

以下 P.2040V(7)：

1 五百四(五)十四(七)石五斗八升一合麦粟油面黄麻麸查豆布緤褐等沿寺破除用
2 　　九十石麦,五十二石七斗五胜西仓
3 　　麦,一百七十石九斗二升粟,
4 　　十七石七斗五升西仓粟,三
5 　　石二斗六升一合油,四十六石
6 　　二斗面,十三石七斗粗面,
7 　　三石九斗谷面,九石黄麻,
8 　　二十五石八斗麸,六十三并(饼)滓,
9 　　十一石八斗豆,九石西仓豆,
10 　　六百三十九尺布,五十尺緤,（七百六十四尺）
11 　　~~三百~~九十四尺昌褐。

以下 P.3234V(10)：

(一)

1 计粟一十七石七斗五升。
2 计豆九石。

(二)

1 白面四十五石三斗,粗面十三石七斗,谷三
2 石九斗,油三石二斗四升一合,粟一百七十
3 九石九斗二升,麦九十石五升,
4 豆十一石八斗,~~麸六石五斗~~,緤五十尺,
5 布六伯三十九尺,褐~~三百~~九十四尺,
6 二十五石八斗麸,黄麻九石,滓六十三饼(饼)。

(三)

1 一千九百八十五石三斗四升四合麦粟油苏米面黄麻麸查豆布緤纸等沿寺破外应及见存。
2 　　壹伯三拾七石四斗四升麦,捌
3 　　百九十七石三斗五升半粟,
4 　　四石四斗三升玖合油,二胜苏,
5 　　一斗九胜米,一百一十石六斗八
6 　　升面,一十一石一斗九升粗面,
7 　　一石六斗谷面,七十二石八

8　　　　斗九升黄麻,二十四石七斗麸,

9　　　　一百十一併(饼)滓,五伯二十二石

10　　　七斗四升豆,一千五百五十六尺布,

11　　　三百三十四尺緤,九十四尺褐,

12　　　二百张纸。

  P.2040V(7)是算会牒稿的"破用柱",P.3234V(10)包括三部分,第一部分仅两行,其和第二部分之间有大约两行的间隔,第三部分是算会牒稿的最后一柱——"应及见在柱"。虽然 P.2040V(7)和 P.3234V(10)尚未形成一件完整标准的算会牒文书,但经对二者帐目内容进行比较可以发现,P.2040V(7)与 P.3234V(10)的第一、二部分关系密切,相关帐目可以对应,具体情况是:P.2040V(7)的第 1 行为破用总帐,第 2—11 行是净土寺西仓和东库的破用分类帐合计,P.3234V(10)的第一部分是对西仓破用分类帐的合计,只是仅存粟、豆的合计帐,前面残缺西仓麦和粟的分类帐及五十二石七斗五胜麦的合计帐,P.3234V(10)的第二部分是净土寺东库的破用分类帐,将西仓与东库的麦粟黄麻面油布等分类合计所得就是 P.2040V(7)第 2—11 行每类物品的破用数,将这些破用数全部合计在一起就是 P.2040V(7)第 1 行的破用总数。当然,其中粟的数据稍有误差,这应是记帐失误所致,因为无论是 P.2040V(7)还是 P.3234V(10),均有多处涂改。总之,P.2040V(7)和 P.3234V(10)是在编制同一算会牒过程中形成的底稿。

  我们再来看看 P.2040V(7)+P.3234V(10)的年代。在净土寺的相关算会牒或算会牒稿残卷中,唐耕耦先生整理的《净土寺壬寅年(942)诸色入破历算会牒稿》中没有"应及见在柱",但经对其中的豆、饼渣、布等进行验算可知,P.3234V(10)的第三部分并不是该件算会牒稿中的"应及见在柱",故 P.2040V(7)+P.3234V(10)的年代应不在 942 年。P.3234V(10)的"应及见在柱"登载当年见在"一斗九胜米",米在敦煌寺院的斛斗中出现得很少,许多寺院一般没有米的储存,更不会轻易破用米。据 P.2049V 记载,净土寺于 923 年回残了壹斗肆升米,在 925 年仍见在,直至 930 年新入了伍升米,从而米的数量达到了壹斗玖升。这壹斗玖升米在此后很长年份内一直存在而没有破用,如唐耕耦先生整理的净土寺 943、944、945 年的算会牒稿文书中均登载仅有壹斗玖升米。据此判断,P.3234V(10)的年代应在 930—942 年或 946 年及以后。

  从相关净土寺文书的记载可知,在 10 世纪前半期,净土寺的斛斗数量呈历年上升的趋势,如公元 925、931、942、943、944、945 年的见在斛斗总数

依次是 1219.64、1478.29、1932.44、1926.80、1951.09、1960.03 石。不仅总数如此,即便是麦、粟、豆、黄麻等单项的数量也基本呈增长趋势。P.3234V(10)中的见在总数是 1985.344 石,高于前述历年的见在数,故 P.3234V(10)的年代应在 945 年以后。又 P.3234V 由十多件内容组成,主要为净土寺的斛斗帐,其中第 6、7、8、10、12 部分被唐耕耦先生整理入 943、945 年的算会牒稿中,故 P.3234V(10)的时间应在 945 年以后不久,最迟不会晚于 950 年,也就是说,其年代应在 946—950 年间。

最后,我们将 P.2040V(7)+P.3234V(10)拟名为《公元 946—950 年间净土寺诸色入破历算会牒稿》。

(三) P.4081《戊辰年(907 或 967)正月一日净土寺直岁保全戒弁手下诸色入破历算会牒》

P.4081 首全尾残,仅存 5 行,其黑白图版见《敦煌宝藏》第 133 册、①《法藏敦煌西域文献》第 31 卷,②谢和耐先生对其进行过录文说明,③其内容如下:

```
1 净土寺直岁保全戒弁
2     右戒弁保全等,从丁卯年正月壹日已后,至戊辰年正月壹日已
3     前,中间十二个月,众僧就北院算会手下壹周年,承前
4     帐回残及自年新附施得、田收、利润、园税及沿像散施、
5     诸家念诵、春秋佛食、斋儭麦粟油苏黄麻麸滓豆布
```

这 5 行文字是净土寺徒众于戊辰年正月一日对直岁保全和戒弁手下诸色入破进行算会的牒文的开头部分,与 P.2049V《后唐同光三年(925)正月沙州净土寺直岁保护手下诸色入破历算会牒》和 P.2049V《后唐长兴二年(931)正月沙州净土寺直岁愿达手下诸色入破历算会牒》的开头一致,而净土寺算会牒的开头部分目前也仅见这三件。谢和耐推测其中丁卯年可能是907 年,同时又说这是一个大约时间。该件文书应属归义军时期,由于残存内容太少,净土寺的保全与戒弁又不见于其他文书,故其具体年代暂不可考,其中丁卯年应为 906 或 966 年,戊辰年应为 907 或 967 年,故我们可将

---

① 黄永武主编《敦煌宝藏》第 133 册,第 71 页。
② 上海古籍出版社、法国国家图书馆编《法藏敦煌西域文献》第 31 册,第 91 页。
③ [法]谢和耐《中国五—十世纪的寺院经济》,第 120—121 页。

其拟名为《戊辰年(907或967)正月一日净土寺直岁保全戒弁手下诸色入破历算会牒》。

从 P.4081 和 P.2049V 可以注意到,净土寺的算会时间往往在正月一日,算会地点在北院,收入来源也较为一致,斛斗品名也相同。

第四节　其他寺院帐状和凭据文书考释

一、其他僧寺帐状和凭据考释

(一) Дx.00981＋Дx.01311＋Дx.05741＋Дx.05808＋S.5927V＋S.9405《子年(856)或亥年(855)龙兴寺诸色入破历算会牒》

俄藏敦煌文书 Дx.00981＋Дx.01311＋Дx.05741＋Дx.05808 本为几个碎片,《俄藏敦煌汉文写卷叙录》先将 Дx.00981 和 Дx.01311 缀合在一起,拟题为《面油麦数帐契约》,[①]后《俄藏敦煌文献》又将其与 Дx.05741、Дx.05808 缀合在一起,拟题为《亥年某寺破历》。[②] S.5927V 亦前后残缺,唐耕耦先生对其进行了释录,并拟名为《戌年(？)某寺诸色斛斗入破历算会残卷》,[③]《英藏敦煌文献》第 9 卷图版中将其定名为《某寺诸色斛斗破历》。[④] 从 Дx.00981＋Дx.01311＋Дx.05741＋Дx.05808 和 S.5927V 的图版来看,二者卷面、字迹完全相同,显系一人所写,并且内容一致,均为某寺院的面、麦、粟、油等支出,故应为同一件文书,只是被分割开来而分藏于俄、英两地。同时,由于两件文书中间还有残缺,故不能直接拼接缀合。至于二者的先后顺序,后面我们会讨论到,Дx.00981＋Дx.01311＋Дx.05741＋Дx.05808 在前,S.5927V 在后。

S.9405 仅残存 5 行,荣新江先生较早介绍该件文书时将其拟题为《归义军时期诸色破历》,[⑤]后《英藏敦煌文献》公布了其图版,并拟题为《诸色破历》。[⑥] 郁晓刚先生认为 S.9405 与 Дx.00981＋Дx.01311＋Дx.05741＋Дx.05808 字迹相同、书记方式相同等,进而认为二者是同一件文书,但又说

---

① 参[俄]孟列夫主编,袁席箴、陈华平译《俄藏敦煌汉文写卷叙录》(上册),第 647—648 页。
② 俄罗斯科学院东方研究所圣彼得堡分所等编《俄藏敦煌文献》第 7 册,第 239—241 页。
③ 唐耕耦、陆宏基编《敦煌社会经济文献真迹释录》第 3 辑,第 306 页。
④ 中国社会科学院历史研究所等合编《英藏敦煌文献》第 9 卷,第 213 页。
⑤ 荣新江编著《英国国家图书馆藏敦煌汉文非佛教文献残卷目录(S.6981—S.13624)》,第 138 页。
⑥ 中国社会科学院历史研究所等合编《英藏敦煌文献》第 12 卷,第 224 页。

两件文书尚不能直接拼合。① 实际上,S.9405 正好可以与 S.5927V 完全拼接在一起,因为 S.9405 就是 S.5927V 的左下角上撕下来的一块碎片,二者的边缘形态基本吻合,S.5927V 的最后第 15—19 行与 S.9405 仅残存的 1—5 行分别是同一行文字,如 S.5927V 第 15 行最后的饼、充二字有一部分残存在 S.9405 第 1 行,第 16 行最后"胜"字的月字旁残存在 S.9405 第 2 行,第 17 行的"麵"字、第 19 行的"苆"字都各有一部分残存在 S.9405 第 3、5 行,将二者拼接在一起后,文字就完整了,如图 6-4 所示。

图 6-4　S.5927V＋S.9405V 图版

下面我们将缀合后的文书进行释录,其中将 S.5927V 和 S.9405 拼接处残存在二者上的文字置于【】中,具体内容如下:

以下 Дх.00981＋Дх.01311＋Дх.05741＋Дх.05808:
(前残)

1 面叁斗,粗面肆 ▭
2 豉各壹抄,缘众僧 ▭
3 斗,粗面肆斗 ▭
4 各壹抄,亥年正月 ▭
5 两硕叁斗伍 ▭
6 面贰斗 二月八日贴解斋用 ▭ 麦叁斗、油壹胜、麦壹斗,

---

① 郁晓刚《敦煌寺院入破历文书校释与研究》,南京师范大学硕士学位论文,2010 年。

7 沽醋。草豉半胜、苜芹子壹抄、荜豆贰胜^{煮粥赠上座}。

8 粗面肆斗,充博士食用。白面柒斗、^麦麦肆斗捌胜、

9 油叁胜、苜芹子壹抄,荜豆草豉□

10 充设修硇轮博士用。布捌拾叁尺^{赏志}□□

11 柒缥布两疋,共捌拾贰尺^{尼贤胜亡赠尚书用}。面□

12 胜、麦伍胜,沽醋。苜芹、草豉各壹抄□

13 初移日尊宿等食用。白面两硕壹斗、粗[面]

14 两硕柒斗、□面叁硕、油伍胜,充修硇人夫粮用。

15 麦柒斗、油伍胜,六月廿日就八角看尚书用。油壹胜,七月

16 十七日就硇置解斋用。柒缥布肆拾壹尺^{赏寺}□□。

17 面捌斗、麦壹斗,沽醋。油叁胜^{吴僧统庆窟日众僧解斋用}。

18 油壹胜,秋回造点灯用。面贰斗伍胜、油半胜、苜芹子

19 壹抄,煮粥赠灵照用。粟叁斗伍胜^{缘尚书令六封库门日沽酒用}。

20 面伍斗、油叁胜^{于张荀庄斫木般载两日食用}。面壹硕壹斗、油

21 陆胜半、麦贰斗,沽醋。苜芹子壹胜、豆贰斗、

22 麦壹斗,买苁蓉一□

以下 S.5927V+S.9405：

1 买盐用。面陆斗^{春硇回造麦两车与硇主食用}。面叁硕伍斗、油叁

2 胜半^{从十七日至廿二日中间六日众僧解斋用}。面贰斗伍胜、油半胜半^{煮粥赠吴僧统用}。

3 面壹硕、油壹胜,充两日解斋用。面捌斗、油肆胜半,

4 阴教授斋日加廿人料用。面叁硕、油叁胜^{充六日解斋用}。

5 面壹硕陆斗、油柒胜、粟两硕壹斗、苏壹胜,沽□。

6 麦贰斗伍胜^{充设当寺人户徒众行人等用}。麦肆硕叁斗叁胜壹

7 抄、粟两硕叁斗叁胜壹抄、油叁斗伍胜两抄,已

8 上麦粟油等缘看梁人善信落蕃至今不回,众

9 僧矜放。菜子柒胜,戌年春种菜用。麦伍硕肆[斗],[看]

10 园人善奴价直用。面两硕、油贰胜,充四日[解斋用]。

11 面叁斗、油半胜,煮粥赠智旻用。麦壹硕伍斗、粟壹[硕]

12 伍斗,买刺柴两车用。粟陆斗,买盐用。麦捌斗,买草豉贰
　　硕[用]。

13 麦壹斗,买菌子一斗用。面拾贰硕肆斗、油壹斗叁胜、

14 苜芹子贰胜半、草豉壹胜，充解斋用。麦肆斗，雇牛
15 具种菜用。麦壹斗，粟壹斗，麹两【饼】^{充醋本用。}
16 面伍斗、油壹胜、草豉半【胜、苜】芹子壹抄，煮
17 粥两瓮用^{赠李阇梨绍见阇梨}【面】陆斗、油叁胜、苏壹胜，估□。
18 麦叁斗，麦伍斗^{已上物八月十三日门楼下设　尚书用。}
19 醋，油壹胜，【苜】芹、草豉各壹抄，贴尚书解斋用。
（后缺）

  从卷面来看，文书内容均不是占有整个纸面去书写的，在文书内容上部还有相当大的空白纸面，在这些空白纸面的个别地方还写有其他内容。如在 Дx.00981+Дx.01311+Дx.05741+Дx.05808 中第 4、5 行上端的 3 行文字为："愿胜：二月廿二日一石四斗，出粟两硕八斗，二月廿一日出。"又第 17、18 行上端的 3 行文字为："二月三日愿胜粗面一石、又粗面三斗、粟面六斗、又粗面捌斗。"同样，在 S.5927V 的上端有《天复二年(902)樊曹子刘加兴租佃土地契》，此契内容较长，我们不再将其移录。从字迹来看，所有纸面上端的这些文字并非一人所写，与中下端的帐目文字也明显不同，内容更不相关，故即便是卷面上有天复二年(902)的契约，且愿胜之法名又与 10 世纪敦煌净土寺文书中的愿胜有为同一人的可能，①但并不能说明帐目的时间也在 10 世纪以后。唐耕耦先生曾对 S.5927V 注释说："本件上部有后写的唐天复二年刘加兴樊曹子互佃契稿，则本件写作年代当在天复二年以前。目录初稿Ⅱ注明本件为公元九世纪前期，属吐蕃占领敦煌时期。"②在这里，唐耕耦先生显得较为谨慎，笼统地说 S.5927V 的时间在天复二年以前，并对《目录初稿》关于 S.5927V 属吐蕃时期的观点未置是否。

  文书中的诸多信息，如教授之僧官称谓、戌年和亥年之地支纪年及落蕃、当寺人户等无不体现出吐蕃和归义军初期的特征。同时文书中还出现了尚书和吴僧统，这里的尚书一般是对归义军节度使的称呼，僧统是唐代僧官名号，吐蕃统治敦煌后将其改称为教授，归义军时期又改为僧统，故文书应属于归义军时期。而在归义军时期，节度使中称尚书者有张议潮、张淮

---

① 净土寺文书中对愿胜多有记载，如 P.2040V 载："布二尺，愿胜父亡吊孝用。""粟壹硕，愿胜不办诵戒纳直入。""麦两石，愿胜不办诵戒纳直入。"P.2032V(3) 载："面四斗伍升、油一胜半，算会愿胜净胜了日造解劳用。"P.2032V(11) 载："净土寺西仓司愿胜广进等。"
② 唐耕耦、陆宏基编《敦煌社会经济文献真迹释录》第 3 辑，第 306 页。

深、张淮鼎、索勋、张承奉、曹议金,①那么这里的尚书究竟是指谁呢?

文书中出现了智旻、贤胜、善信、灵照、绍见等僧尼法号,智旻又见于S.1350《唐大中五年(851)僧光镜负儭布买钏契》,在该契约的末尾有见人"僧龙心、僧智旼、僧智恒",②其中智旼可能就是智旻。尼贤胜又见于P.T.1261《公元820年前后僧人分配斋儭历》,同时还见于莫高窟中唐第159窟,该窟西壁龛下南侧供养人像列北向第二身题名"孙尼灵修寺法律贤胜",可知贤胜在灵修寺出家为尼。又该窟西壁龛下北侧供养人像列南向第一身题名"姪孙张氏十三娘",③可知该窟与张氏家族有关,尼贤胜应为张氏家族成员。据研究,第159窟营建的具体时间是吐蕃统治敦煌时期的9世纪初至839年左右,④而从第159窟中尼贤胜的供养像来看,其在吐蕃统治的9世纪初期显然已为一成年女性,又我们已经确定文书属归义军时期,故从时间及贤胜的年龄上来判断,其去世的时间当在归义军初期是合理的。此外,绍见、灵照二人同时出现在P.3947《龙兴寺应转经卌一人分为两蕃定名》中,如第一蕃龙兴寺转经僧有:李寺主、翟寺主、杜法律、归真、智海、常性、惠归、真一、法清、颙判官、伯明、绍见、法住、神归、灵照、灵尊、光赞、惠海、福智、法藏等人,⑤这些僧人大多又在P.T.1261《公元820年前后僧人分配斋儭历》中也出现过。据此,我们不但可以推断 Дх.00981+Дх.01311+Дх.05741+Дх.05808+S.5927V+S.9405应是龙兴寺的文书,而且可将其时间进一步暂定为归义军初期,而归义军初期节度使称尚书者只能是张议潮和张淮深。

据荣新江研究,张议潮称尚书的时间约从848年始,至858年结束,其后约在858—861年称仆射,在861—867年称司空;张淮深称尚书的时间从872年始,约至890年结束。⑥ 但是要确定文书中的尚书属此二人之一,我们还需要借助文书中所记载的吴僧统。据研究,归义军初期的吴僧统是被誉为"释门巨擘"的归义军首任都僧统吴洪辩,其在辅助张议潮逐蕃归唐及归义军初期的统治中影响极大。一般认为,洪辩任都僧统的时间为851年始直至去世,但对其去世的时间说法不同,主要有862年左右、853年左右、

---

① 荣新江《归义军史研究——唐宋时代敦煌历史考索》,第62—132页。
② 唐耕耦、陆宏基编《敦煌社会经济文献真迹释录》第2辑,第43页。
③ 敦煌研究院编《敦煌莫高窟供养人题记》,文物出版社1986年,第75页。
④ 樊锦诗、赵青兰《吐蕃占领时期莫高窟洞窟的分期研究》,《敦煌研究》1994年第4期,第76—94页;沙武田《吐蕃统治时期敦煌石窟供养人画像考察》,《中国藏学》2003年第2期,第84页。
⑤ 上海古籍出版社、法国国家图书馆编《法藏敦煌西域文献》第30册,第275页。
⑥ 荣新江《归义军史研究——唐宋时代敦煌历史考索》,第62—88、131页。

869年等几种观点。① 不管这几种观点孰是孰非,从时间上来看,在张淮深于872年称尚书时吴洪辩已经去世,故文书中的尚书只能是张议潮,这也就是文书记载在尼贤胜作为张氏家族成员亡后,寺院还支出"柒缥布两疋"纳赠尚书用的原因。又由于张议潮在858年以后不再称尚书而称仆射,故文书的内容只能属858年以前,而其中亥年、戌年只能分别是855、854年无疑了。需要说明的是,虽然S.5927V+S.9405第9行明确提到戌年春的菜子支出,但这是对菜子支出的追记,并不代表这笔帐之后的其他支出均是戌年的帐目,也不代表S.5927V+S.9405的内容在 Дx.00981+Дx.01311+Дx.05741+Дx.05808之前,因为 Дx.00981+Дx.01311+Дx.05741+Дx.0580815第15—16行记载"油壹胜,七月十七日就砲置解斋用"。而S.5927V+S.9405第1—2行也记载"面叁硕伍斗、油叁胜半,从十七日至廿二日中间六日众僧解斋用"。这两处支出的时间相同,缘由一致,即因砲上劳作而支出;又 Дx.00981+Дx.01311+Дx.05741+Дx.05808先后出现了亥年正月、二月八日、六月廿日、七月十七日,而 S.5927V+S.9405第18行出现了八月十三日,这些月份也是前后衔接的。总之,Дx.00981+Дx.01311+Дx.05741+Дx.05808+S.5927V+S.9405所残存的内容主要是亥年的破用帐,其中"亥年正月"之前的内容应是戌年(854)的破用帐。而从文书的书写格式、数字用大写、书写工整优美等来判断,其应是算会牒,也即龙兴寺在子年(856)年初或亥年(855)年底对戌(854)、亥(855)二年的收支结存情况进行算会汇报的状文,故可将其拟名为《子年(856)或亥年(855)龙兴寺诸色入破历算会牒》。

(二) 羽052《宋雍熙三年(986)二月大云寺都师定惠手下诸色入破历算会牒》

羽052的图版最早公布于《敦煌秘笈》(影片册)第1册,②残存38行,其内容如下:

(前缺)

---

① 关于对都僧统洪辩进行研究的学者及成果很多,较早如竺沙雅章、戴密微、藤枝晃、马世长、李永宁、贺世哲、苏莹辉、吴其昱、金维诺、石璋如、马德等先生均进行过研究,荣新江先生在《关于沙州归义军都僧统年代的几个问题》(《敦煌研究》1989年第4期,第70—78页)一文中有简要介绍。郑炳林、郑怡楠辑释《敦煌碑铭赞辑释(增订本)》第277—282、531—532页等中亦有讨论。近年来对洪辩研究的成果还有彭建兵《归义军首任河西都僧统吴洪辩生平事迹述评》,《敦煌学辑刊》2005年第2期,第157—163页;李尚全《洪辩禅师行迹考》,《社会科学战线》2010年第3期,第88—93页。
② 武田科学振兴财团、杏雨书屋编《敦煌秘笈》(影片册)第1册,第345—347页。

1　　　　造芘蓠 ☐▅▅▅▅▅▅▅▅▅▅▅▅
2　　　　油壹胜 ☐▅▅▅▅☐法律亡纳大众
3　　　　迎司徒十 ☐▅▅▅▅☐及开阴法律亡纳大众。
4　　　　面叁斗、油壹胜伍合,三件赛天王用。
5　　　　面贰硕贰斗伍胜,邓都衙雇驼用。
6　壹佰贰拾肆硕陆斗玖胜捌合 见 在 库。
7　　　　　　叁拾壹硕壹斗　　　　　麦,
8　　　　　　伍拾捌硕伍斗　　　　　粟,
9　　　　　　贰硕伍斗伍胜　　　　　黄麻,
10　　　　　贰硕柒斗捌胜叁合　　　　油,
11　　　　　贰拾壹硕贰斗捌胜伍合　　面,
12　　　　　捌硕肆斗捌胜　　　　　连麸面。
13　右通前件承前帐回残及今帐新附厨田散施诸
14　色斛斗及除破兼见在库,一一诣实如前,伏请
15　处分
16 牒件状如前　谨牒
17　　　　　雍熙三年二月 日大云寺都师定惠牒
18　　　　　　　　　徒众(押)
19　　　　　　　　　徒众(押)
20　　　　　　　　　徒众(押)
21　　　　　　　　　徒众(押)
22　　　　　　　　　徒众(押)
23　　　　　　　　　徒众祥
24　　　　　　　　　徒众右
25　　　　　　　　　徒众(押)
26　　　　　　　　　法师
27　　　　　　　　　法律(押)
28　　　　　　　　　法律(押)
29　　　　　　　　　法律(押)
30　　　　　　　　　法律(押)
31　　　　　　　　　法律(押)
32　　　　　　　　　法律(押)
33　　　　　　　　　法律
34　　　　　释门僧正赐紫(押)

35	释门僧正赐紫（押）
36	释门僧正赐紫（押）
37	释门僧正赐紫（押）
38	释门僧正护诚大师

该件在《敦煌秘笈》中被定名为《大云寺牒》，而依据文书内容及同类敦煌文书，我们可将其定名为《宋雍熙三年(986)二月大云寺都师定惠手下诸色入破历算会牒》，从中可知，大云寺在雍熙三年二月库存有麦、粟、黄麻、油和面等壹佰贰拾肆硕之多。

在该件文书公布以前，敦煌寺院的算会牒文书和入破历文书中不见属大云寺者，同时，从时间上来说，该件是目前所见敦煌寺院算会文书中确切时间比较晚的一件，故其不但弥补了以往敦煌文书中关于大云寺进行财产算会的空白，而且还丰富了敦煌寺院的算会牒文书，从而为我们进一步认识敦煌寺院经济状况提供了珍贵的资料。

羽052的末尾除有8名徒众的签名外，还有1位法师、7位法律、5位僧政的签名押署，这应是敦煌寺院算会牒文书中的普遍现象，但是目前保存下来完整尾部的算会牒并不多，主要有P.2049V《后唐同光三年(925)正月沙州净土寺直岁保护手下诸色入破历算会牒》、P.2049V《后唐长兴二年(931)正月沙州净土寺直岁愿达手下诸色入破历算会牒》、S.1625《后晋天福三年(938)十二月六日大乘寺徒众诸色入破历算会牒》、S.4689＋S.11293《后周显德元年(954)正月一日报恩寺功德司愿德状》和BD14801《同光贰年(924)十二月廿七日某寺都师金刚锐手下诸色入破历算会牒》，其中净土寺于925年的算会牒文书末尾有1位直岁、16位徒众、3位释门法律和1位老宿的签名，于931年的算会牒文书末尾有1位直岁、22位徒众、1位释门法律和1位释门僧政的签名，而末尾签名的僧官往往就是隶籍于本寺院的僧人。当然，羽052末尾签名的僧政和法律也应是大云寺僧人，他们与徒众一起向都僧统汇报本寺的财务收支情况。该件中大云寺僧政和法律的人数要远远多于前述净土寺和大乘寺，这也体现出了大云寺作为唐代官寺在10世纪末的敦煌诸寺院中依然享有较高的地位。

敦煌寺院算会文书因是对某一会计期内寺院财务收支结存情况的统计，故一般是在年底12月，或来年正月进行，个别情况下在11月或来年2月进行。羽052第17行"雍熙三年二月日"中的"二月"从图版来看又更像是"一月"或"十月"，但"一月"一般是用"正月"表示，而"十月"又不符合当时寺院算会的惯例及算会目的，故在录文时暂将其录为"二月"。此外，一般的算会牒文书最后云本寺现结存有多少斛斗织物时的表述法为："数目＋见在"，而该件却在第 6 行表述为："数目＋见在＋库"，即"壹佰贰拾肆硕陆斗玖胜捌合见在库"，又在第 14 行云"斛斗及除破兼见在库"，这种在算会牒中特意强调寺院"仓库"的现象在同类文书中是稀见的。

（三）P.4694《公元 946—954 年间金光明寺诸色入破历算会牒》

P.4694 仅存 10 行关于麦的收入帐，从书写及纸面情况来看，系算会牒文书，《释录》第 3 辑对其进行了录文，并附有黑白图版，拟名为《年代不明某寺诸色斛斗入破历算会牒残卷》。①

P.4694 第 8—10 行载："（麦）拾硕，南仓司平法律手下贷入。陆硕，亦平法律手下贷入。又陆硕，南仓司祥法律、阴法律二人手下贷入。"可见，该寺院有南仓司，而平法律、祥法律、阴法律负责过南仓司。关于南仓司的记载很少，S.1519(1)《庚戌年(950)金光明寺诸色破历》记载："又麦贰拾肆硕贰斗、粟贰拾贰硕捌斗，还南仓司马法律团用。"同时，P.4694 中南仓司的负责人平法律又见于 P.4981《当寺（金光明寺）转帖》，该转帖中还有祥刘法律，或许其就是 P.4694 中的祥法律，故推测 P.4694 应是金光明寺文书，而且其年代也距 P.4981 的年代，即宋建隆二年(961)不远。

我们再看 P.4694 中的其他相关信息。P.4694 中的索通达见于 P.2049V《后唐长兴二年(931)正月沙州净土寺直岁愿达手下诸色入破历算会牒》第 126 行："粟柒斗伍胜，索通达利润入。"又 P.4694 第 5 行记载："壹硕壹斗，净索僧政施入。"净土寺索僧政在净土寺文书中出现得较为频繁，但据《净土寺乙巳年(945)正月以后诸色入破历算会牒稿》第 75 行载"粟叁硕，索僧政将豆入"可知，其在 945 年时还在世。又 P.4694 第 7 行载有"（麦）叁硕，翟家阿师子裙价入"，即是对翟家阿师子布施裙子进行唱卖后的收入，而在本章第一节缀合整理的 BD15246(2)＋P.3364＋S.5008《公元 947—954 年间报恩寺诸色入破历算会牒》中载有"白面贰斗、油壹升，翟家阿师子亡纳赠用"。此条记载说明翟家阿师子是在 947—954 年间去世的。据此推测，P.4694 的年代应在 946—954 年间，故我们可将其拟题为《公元 946—954 年间金光明寺诸色入破历算会牒》。

（四）P.2974V《唐乾宁四年(897)金光明寺直岁庆果手下诸色入破历算会牒稿》

P.2974V 残存 31 行，现存四柱帐状的开头、回残、新入的分类帐及其部分明细帐，其中开头云：

---

① 唐耕耦、陆宏基编《敦煌社会经济文献真迹释录》第 3 辑，第 565 页。

1 乾宁肆年丁巳岁正月十九日,当寺尊宿、法律、判官、徒众等就厨
　　　院厅
　　2 内算会直岁庆果手下斛斗,从丙辰年正月五日已后至丁巳
　　3 年正月十九日已前,中间承前帐及今帐新附麦粟黄麻豆
　　4 油苏等,总叁佰壹硕柒斗壹胜半壹抄。

说明这是乾宁四年(897)对直岁庆果于丙辰年(896)正月五日后至丁巳年(897)正月十九日前之间所掌寺院斛斗等收支结存情况进行算会的四柱帐,该件上部空白处还抄写有相关内容,应是习字者所为,其中最后几行上部是将该件的部分收入明细帐又抄写了一遍,而开头上部还写有如下内容:

　　1 乾宁伍年戊伍(午)年正月廿日,当
　　2 寺尊宿、法律、判官、徒众等
　　3 就厨院厅内算会直岁
　　4 神威手下斛斗,从丙
　　5 辰年正月五日已后至丁
　　6 巳年正月十日已前,中间

显然,这几行也是四柱帐状的开头部分,是乾宁五年(898)对直岁神威于丙辰年(896)正月五日后至丁巳年(897)正月十日前之间所掌寺院斛斗收支结存情况进行算会的记录,不过其中的时间应该有误。从对直岁庆果和神威所掌斛斗收支进行算会的时间、人员、地点来看,这应是同一所寺院的算会记录。

庆果在 S.2614V、P.2856V、S.6104、P.2803V、Дx.1329B＋Дx.2151V 中也有记载,除了 S.2614V 和 Дx.1329B＋Дx.2151V 中的庆果是普光寺尼僧外,其他文书中的庆果所属寺院不明。P.2803V 的主要内容是 16 件唐代天宝九载(750年)八月至九月敦煌郡仓的纳谷牒,其间又有后来杂抄的其他内容,如《景福二年(893)押衙索大力状》《大唐国沙州金光明寺僧伽所于辰年九月十五日布萨文》及"辰年正月都师庆果下"等,[①]这些杂抄主要是同一人所写,如将"辰"字都写为"展",虽然辰年的具体公元纪年不明,但也

---

① 录文参池田温著,龚泽铣译《中国古代籍帐研究》"录文与插图"部分第 328—333 页;唐耕耦、陆宏基编《敦煌社会经济文献真迹释录》第 1 辑,第 445—462 页。图版参上海古籍出版社、法国国家图书馆编《法藏敦煌西域文献》第 18 册,上海古籍出版社 2001 年,第 297—307 页。

应在9世纪末,此处的庆果有可能是金光明寺僧。同时,敦煌寺院中掌管斛斗收支的都师和直岁职责相似,甚至都师和直岁的称呼可互用,①故此都师有可能与P.2974V中的直岁庆果是同一人。神威在敦煌文书中也多次出现,其中明确记载神威所属寺院,并且年代与乾宁五年相近的有S.2614V《沙州诸寺僧尼名簿》、P.2250V《公元925—937年间僧司勾僧历》、S.6417《后唐同光四年(926)三月金光明寺徒众庆寂等请僧法真充寺主状并都僧统海晏判辞》和S.6417《后唐清泰二年(935)三月金光明寺上座神威等请善力为上座状并龙晉判辞》,S.2614V中的神威是莲台寺僧人,其他三件中的神威都是金光明寺僧人。S.2614V的时间在9世纪末、10世纪初,此时神威位已位列莲台寺僧第三位,说明其僧腊较长,地位较高,而敦煌寺院的直岁一般由地位较低的沙弥担任,故P.2974V中的神威应不是莲台寺僧人。同时,S.6417记载清泰二年时神威已是金光明寺的上座,从乾宁五年至清泰二年的37年间,神威从沙弥升任为上座是完全可能的,故P.2974V中的神威应是金光明寺僧,其记载的也是金光明寺的算会情况。

《释录》和《法藏敦煌西域文献》都将P.2974V拟名为《乾宁四年(897)某寺诸色斛斗入破历算会稿》,②我们则将其中对直岁庆果算会的部分拟名为《唐乾宁四年(897)金光明寺直岁庆果手下诸色入破历算会牒稿》。

(五) 羽681+羽677+BD15469+羽703+BD15489+BD15472《公元914年灵图寺或金光明寺诸色入破历算会牒稿》

羽677、羽681、羽703的图版公布于《敦煌秘笈》(影片册)第9册,分别拟名为《癸酉甲戌二年某寺谷油等入破历残缺》《麦粟黄麻豆油苏历》《辛未年某寺谷物油苏等破历》,③这三件文书均前后残缺,其中羽677、羽703分别残存36行、32行,而羽681上面还裱贴着一层,故部分文字被覆盖,并且破损严重,释录非常困难,其中有16行文字中的部分可以释录出来。BD15469、BD15472、BD15489图版公布于《中国国家图书馆藏敦煌遗书》第144册,均为碎片,前者被拟名为《粮油破历》,后二者被拟名为《杂物历》。④

从图版来看,羽677、羽681、羽703、BD15469、BD15472、BD15489的字迹相同,为同一人所写,并且有的文书残卷完全可以拼接在一起,下面我们

---

① 参郑炳林、邢艳红《晚唐五代宋初敦煌文书所见都师考》,第96—100页。
② 唐耕耦、陆宏基编《敦煌社会经济文献真迹释录》第3辑,第335—336页。上海古籍出版社、法国国家图书馆编《法藏敦煌西域文献》第20册,第296页。
③ 武田科学振兴财团、杏雨书屋《敦煌秘笈》(影片册)第9册,第37—38、45、108—109页。
④ 任继愈主编,中国国家图书馆编《国家图书馆藏敦煌遗书》第144册,北京图书馆出版社2012年,第7、8、21页。

进行具体说明。

BD15469仅残存6行,每行前面的文字又有残缺,这几行文字恰好就是羽677第30—35行每行后面残缺的文字,也即BD15469的第1—6行分别和羽677的第30—35行完全可以拼接在一起,如羽677第30行最后的"牧羊"二字及32—35行各行最后的"用""粮""用""再"字,分别有一部分残存在BD15469中,二者拼接在一起后如图6-5所示。

羽703和BD15489的边缘部刚好可以拼接在一起,即羽703的第27、29—32行与BD15489的第1—5行文字分别是同一行,如羽703第27、29行的最后一个字"诸""石"及"石"字右下角改写的"七"字各有部分字迹残存在BD15489上,二者拼接在一起后的情形见图6-6所示,图6-6中前面两件拼接在一起的即是羽703+BD15489。同时,图6-6中末尾还有一碎片未能与前面部分完全拼接在一起,此即BD15472。从边缘形态来看,虽然BD15472无法直接与其他几件拼接,但其字迹也与其他几件相同,内容也密切相关,如这几件文书残卷记录的是麦、粟、黄麻、豆、油、苏、布的收支结存情况,其中羽703+BD15489最后四行是结存的麦、粟、黄麻、豆的分类帐,而BD15472的第1—3行所残存的恰好是油、苏、布的分类帐,第4行应是分类总帐,说明BD15472的内容实际上紧接在羽703+BD15489之后,都是四柱式算会牒稿中最后一柱——"见在"柱中的内容,只是边缘处有残损而不能无缝拼接在一起。

虽然拼接后的羽677+BD15469与羽703+BD15489+BD15472之间因有残缺而不能拼接在一起,但是它们不仅字迹相同,而且在帐目、人名等方面的关系非常密切。首先,帐目对应。如羽677+BD15469第9行"布一十九尺,张畜子折欠麦一石九斗入"对应羽703+BD15489+BD15472第26—27行"麦一石九斗,□张畜子折欠硙课入布用",羽677第7行"布九十四尺,孔佛德癸酉、甲戌二年折油纳入"对应羽703+BD15489+BD15472第5—6行"油四斗□升,折先年欠［硙］颗(课)入布九十四尺用",可见记帐时做到了"有进必有出,进出必相等"的原则。同时,羽677+BD15469破用分类帐中第17行记载布的破用总数为二百一尺,而羽703+BD15489+BD15472破用明细中第27—28行记载破用布二百一尺作为诸家吊礼及博士功直用,这两笔帐也是对应的。从同类敦煌文书来看,在破用明细帐中,往往是将斛斗记在前面,而将布等织物记在最后,据此可知,羽703+BD15489+BD15472中第27—28行所载二百一尺布不但是唯一一条关于布的破用明细,同时也是布的破用总数。其次,羽677+BD15469中出现的孔佛德、再兴、畜子等人同时在羽703+BD15489+BD15472中也出现。最后,羽677+BD15469和羽703+BD15489+BD15472的上下边缘和中间均有一道较为明显的磨损痕迹。这些现象说明,羽677+BD15469和羽703+BD15489+BD15472就是同一件文书。

虽然羽681无法直接与其他几件拼接,但是其与其他几件也是同一件文书,因为除了字迹相同外,羽681中分类帐中的品名麦、粟、黄麻等与羽677+BD15469和羽703+BD15489+BD15472一样,均用朱笔书写,羽703+BD15489+BD15472第33行残存的"斗七升半"在羽681中第7行也出现,并且二者中均将"半"字标注在"升"字右侧。此外,从内容来看,羽681和羽677+BD15469应是前后衔接的,羽677+BD15469中黄麻、豆、油、粟收入明细帐与羽681中的分类帐数目也能够对应上。

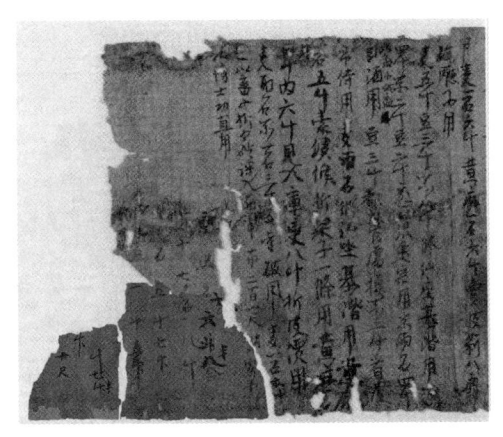

图6-5 羽677(局部)+BD15469　图6-6 羽703(局部)+BD15489+BD15472

总之,羽681、羽677、BD15469、羽703、BD15489和BD15472本是同一件文书,只不过被撕裂开来而分藏于中国和日本,下面我们将缀合在一起后的内容进行释录,其中将拼接处残存在两件文书上的文字置于【】中,将BD15469、BD15489的文字置于{}中,内容如下:

以下羽681:

1 ☐石☐
2 ☐ ☐
3 ☐五斗三升半麦粟黄麻油☐
4 　　二石　　　麦
5 　　☐石九斗　粟

325

6　　　　九石二斗　　黄麻
7　　　　一(?)石三斗七升半　豆
8 一百八十五石□□□[麦]粟黄麻豆油苏□□□
9 帐新附入
10　　　　□□石八斗　　　　麦
11　　　　□□八石七斗二升　粟
12　　　　□□九斗　　　　黄麻
13　　　　□□三斗□□　　　豆
14　　　　三石二斗　　　　油
15　　　　□□六升　　　　苏
16 □□石二斗□□□入。麦六斗，南□□□
（中缺）

以下羽677＋BD15469：
17 粟八石□斗，戌年菜价入。粟一石二斗，缘罗上(?)座(?)充
18 酒价入。粟八石□□，诸家散施入。粟一石二斗□□□弔(?)
　　日入。
19 豆两石四斗，张□□都头施入。豆五石九斗五升，诸家散施入。
20 油三石二斗，梁课入。苏一斗六升，群牧入。
21 黄麻两石八斗，砲颗(课)入。康伯达黄麻九斗，黄
22 麻一石二斗，唐文德厨田入。
23 布九十四尺，孔佛德癸酉、甲戌二年折油纳入。　布
24 一十九尺，安家雇车价入。布三丈七尺，泥(?)□□
25 家入。布一十九尺，张畜子折欠麦一石九斗入。布廿尺，车(?)
26 □尪折梁入。布廿尺，
27 阇□□施入　　　　□十七石八斗四升　　　麦
28　　　　　　　　　　六十一石七斗　　　　　粟
29　　　　　　　　　　三石九斗　　　　　　黄麻
30　　　　　　　　　　一石三升　　　　　　　豆
　　　　　　　　　　　　　　　　　　六斗三升
31 破油两石六斗半升两抄两合　两石七斗九升半两抄两合　油

32　　　　　　　　　一斗八升半一合　　　　　　苏

33 一百四十七石二斗七升半一合 二百 一尺　　布

　　　　　　　　　半一合
34 一百四十七石四斗二升~~两抄两合~~麦粟黄麻豆油苏。

35 麦□升、油半升,粟三斗,十二月大进算会众僧食用。粟两石一□,

36 廿五日充牧羊人粮用。油二升半,充城上转经僧两日斋时食用。

37 油两抄、粟三斗,打碉车博士食用。粟二斗,买炭用。粟一石,

38 写钟(?)博士食用。麦四斗,充与张全全买逐(?)价用。油六升

39 半、粟一石四斗,正月十五日窟上赛天王食用。油二升半、粟一石

40 二斗,亦正月廿一日天子上窟众僧食用。油四升、粟两石四斗,缘□

41 老宿赠送用。油一抄,解碉波子食用。油一抄,修佛衣皮(?)匠(?)

42 食用。油叁升半,二月八日斋时食用。粟五斗、苏二升,

43 贴顿纳官用。油三升一合、粟一石二斗,赠罗上座用。油二升、麦一石,春碉罗麦用。

44 粟一石二斗,送罗上座第二日看众僧食用。油一升一合,与牧[羊]

45 人、再兴、眼子三人用。麦三斗,充与裴略忠三月粮用。

46 油一升、粟四斗,剪羊毛日看牧羊人用。油一抄,【牧羊】{人食用}

47 油一升、苏半升,修碉日众僧食用。油一合,{造园门博士}

48 □用。粟两石,充与园子买锹及粮【用】。{粟一石八斗,与牧}

49 [羊人]月粮用。粟三斗,与园子三月【粮】{用。油二升,苏}

50 □升、粟七斗,充迎苏□□粳脚【用】。{麦二斗、粟一斗,买}

51 □□□轴贴车用。□□斗,充与【再】{兴月粮用。□}

52 □　□□　□　　　油

（中缺）

以下羽703＋BD15489＋BD15472：

53 □一斗□□□□———斗 破 用 ,□都(?)应(?)

54 付。油一升、苏一升,□□算破用。油四升,赠王法□。

55 油 七斗,尚书恩赦矜放。油二斗,纳烟火价。油二斗,

56 徒众矜放孔佛德。油 八 升,缘樑买□木柱

57 子等破用。油一升,再兴唱歌等破用。油四斗□

58 升,折先年欠[梁]颗(课)入布九十四尺用。油一斗□

59 升一合,是辛未年欠徒众矜放戒净身上

60 出破用。

61 缘砲破麦九斗、粟九斗,卖(买)充天木价用。麦七

62 斗,卖(?)波子木用。麦九斗、粟九斗,卖(买)砲匣木用。[麦]

63 两石、粟八斗,纳烟火价用。麦四石二斗,下□

64 刺三车用。麦一斗、粟七斗,卖(买)枝一车打□

65 查用。麦五石、粟五石,尚书恩赦矜放。麦五

66 石、粟五石,缘自年秋日不行,矜放张怀怀等

67 四人。又麦八石四斗,缘张怀怀、令狐荣子二人造局(?)

68 席,亦矜放二人用。麦两石,贾忠贤折羊刺□

69 车用。麦一石、粟一石,张怀怀□□□□折刺柴一车

70 用。麦一石六斗、黄麻一石六斗,卖(买)皮莉(篱)八扇

71 改厅子用。

72 麦五斗、豆三斗、粟八斗,修佛座基阶用。粟

73 四斗、粟二斗、豆二斗,应张建宗用。粟两石四斗,破盆小破盆

74 卧酒用。豆三斗,都判(?)官处换粟三斗,看罗

75 常侍用。麦两石,修佛坐基阶用。黄麻

76 一石五斗,索虞候折梁子一条用。黄麻 一 石

77 四斗,内六斗见入库,八斗折皮价用。

78 麦两石、粟一石三斗,缘寺破用。麦一石九斗,

79 □张畜子折欠砲课入布用。布二百一尺,【诸】{家吊礼}

80 及 博士功直用。

81   三十(?)五石{六升半八合} 麦

82   一十七{石八斗} 粟

83   ——石{五斗七升} 黄 麻

84	▭石{二斗五升}	豆
85	▭斗七升半	油
86	▭升	苏
87	▭一尺	布
88	▭布等▭	

缀合后的羽 681＋羽 677＋BD15469＋羽 703＋BD15489＋BD15472 是一件对寺院斛斗进行算会的四柱帐文书：第 3—7 行是回残的总帐和分类帐；第 8—15 行为新附入的总帐和分类帐，第 16—27 行为新附入的明细帐，其中第 12—15 行黄麻、豆、油、苏新附入分类帐的数目不完整，据新附入明细帐计算，依次应是 4.9、8.35、3.2、0.16 石；第 27—34 行是破用分类帐和总帐，第 35—80 行是破用明细帐；第 81—88 行是见在分类帐及其总帐。至于四柱帐的开头和结尾部分缺失。

羽 681＋羽 677＋BD15469＋羽 703＋BD15489＋BD15472 是算会牒稿文书，因为不但帐目改动非常多，而且记帐也不甚严谨，如从第 27 行的"□十七石八斗四升麦"至第 33 行的"二百一尺布"为破用分类帐，但其中第 33 行的"一百四十七石二斗七升半一合"不属于破用分类帐，这笔帐实际上与第 34 行同样为破用总数，应是对第 34 行的破用总帐进行的改动。又如记帐顺序也不完全一致，其中回残柱的顺序是：总帐—分类帐，新附入也是：总帐—分类帐—明细帐，但是破用部分却是：分类帐—总帐—明细帐。

接下来我们再讨论羽 681＋羽 677＋BD15469＋羽 703＋BD15489＋BD15472 的年代问题。该件文书中记载到癸酉年、甲戌年和辛未年，要对这些年代进行推断，我们可以借助文书中记载到的僧人法号和世俗人名。该件文书中的僧人大进见于 BD02496V《后晋天福年间（936—944）儭司唱卖儭施得布支给历》第 10 行："支图大进一百五十尺。"又 P.2250V《公元 925—937 年间儭司勾儭历》保存下来了龙兴寺、乾元寺、开元寺、永安寺和金光明寺五所寺院的分儭记录，其中金光明寺中也有大进，其第 105 行载："愿德阴五尺一寸，金惠法勾。大进阴五尺一寸，金惠法勾。"又 S.6417《后唐清泰二年（935）三月金光明寺上座神威等请善力为上座状并龙聱判辞》的尾部徒众签名中也有大进。文书中的其他人如康伯达、张建宗、眼子、张全全、净戒等人还见于其他文书，如康伯达见于 P.4640V《己未年—辛酉年（899—901）归义箇内破用纸布历》第 127—128 行："十七日，支与押衙康伯达路上赛神画纸拾张。"又第 232—233 行载："同日支与押衙康伯达天使院修文字细纸壹贴。"张建宗见于 P.3490V(1)《辛巳年(921)净土寺油破历》第 37 行:"油贰胜,寒食付塑匠张建宗用",又 P.2032V(17)载:"豆叁斗,张建宗利润入。"净戒见于 P.2049V《后唐同光三年(925)正月沙州净土寺直岁保护手下诸色入破历算会牒》第 236 行:"豆壹硕,净戒利润入。"眼子见于 P.2049V《后唐同光三年(925)正月沙州净土寺直岁保护手下诸色入破历算会牒》第 140—141 行:"粟陆斗,眼子利润入。"又第 199—200 行载:"豆两硕,张眼子利润入。"张全全和令狐荣子同时见于 S.6237《公元 10 世纪上半叶灵图寺算会应在人上欠》第 7—29 行:"柒硕叁硕欠在张全全……肆硕玖斗在令狐荣子……伍硕肆斗在令狐荣子……壹硕壹斗在张全全……壹硕肆斗在张全全……贰硕捌斗戌年在张全全……贰硕捌斗亥年在张全全。"

虽然我们不能绝对保证上述文书中与羽 681+羽 677+BD15469+羽 703+BD15489+BD15472 中法号或姓名相同者均为同一人,但是绝大多数应是。同时我们注意到,羽 681+羽 677+BD15469+羽 703+BD15489+BD15472 中的这些人物均集中出现在 10 世纪前半期的敦煌文书中,故羽 681+羽 677+BD15469+羽 703+BD15489+BD15472 中的癸酉年应是 913 年,甲戌年是 914 年,辛未年是 911 年。又羽 681+羽 677+BD15469+羽 703+BD15489+BD15472 第 55 行载:"油七斗,尚书恩赦矜放。"第 65 行载:"麦五石、粟五石,尚书恩赦矜放。"而在 914 年前后称尚书者仅有曹氏归义军首任节度使曹议金,其称尚书的时间在 914 年至约 920 年。① 至于曹议金发布恩赦令的原因一定是有重要纪念意义的事情发生。目前学界一般公认,曹议金是 914 年取代张承奉重建归义军政权的,而羽 681+羽 677+BD15469+羽 703+BD15489+BD15472 中记载的最晚年代是甲戌年(914),说明这次恩赦的原因应是曹议金于 914 年取代张承奉而荣任了归义军节度使,其在上任伊始就发布了这道恩赦令。这也进一步说明,我们对文书年代的判断是正确的。根据唐宋时期敦煌寺院一般在年底或年初对寺院财产进行算会来看,羽 681+羽 677+BD15469+羽 703+BD15489+BD15472 所载的算会时间应在 914 年底或 915 年初。虽然文书中出现了辛未年、癸酉年和甲戌年三个年份,但是从文书内容来看,主要记录的是甲戌年的收支帐,至于与辛未年和癸酉年有关的主要是两笔帐,一笔是第 58—60 行载"油一斗□升一合,是辛未年欠徒众矜放戒净身上出破用"。另一笔是第 23 行载"布九十四尺,孔佛德癸酉、甲戌二年折油纳入"。前者是对往年欠帐的矜免,后者记录了梁户孔佛德将癸酉和甲戌二年应纳梁课折合成

---

① 荣新江《归义军史研究——唐宋时代敦煌历史考索》,第 95—132 页。

布交纳,说明癸酉年所欠梁课也是在甲戌年交纳。又第65—67行载:"麦五石、粟五石,缘自年秋日不行,矜放张怀怀等四人。"这里的"自年"就是文书中最晚的甲戌年(914),可见这次算会应是在甲戌年(914)底进行的。

那么,这是哪所寺院的文书呢？文书第35行载:"麦□升、油半升、粟三斗,十二月大进算会众僧食用。"这是说在某年十二月寺院对僧人大进负责的寺院财产进行了算会,说明大进曾担任过该寺院财产的负责人,也即该寺院是僧人大进所在寺院。前面已经提到,BD02496V《后晋天福年间(936—944)馺司唱卖馺施得布支给历》明确记载大进为灵图寺僧,但S.6417《后唐清泰二年(935)三月金光明寺上座神威等请善力为上座状并龙晋判辞》和P.2250V《公元925—937年间馺司勾馺历》记载金光明寺也有僧人大进,这两件文书的年代相近。此外,大进还见于其他文书,如S.6308记载了丙午年正月廿日僧政因买唐养子土地而给其支付地价物如粟、褐、土布等,见人中有大进和法律宣保、马上座、押衙氾保员。① 又P.3902V记载:"善住还独斧替钁子壹,寺家秤称得叁拾量,分付后寺主大进。"②但这两件文书中的大进所属寺院不明。前面还提到羽681＋羽677＋BD15469＋羽703＋BD15489＋BD15472中的张全全和令狐荣子又见于S.6237,而S.6237中频繁记载到张全全和令狐荣子欠负灵图寺斛斗,说明张全全、令狐荣子与灵图寺关系甚为密切。此外,羽681＋羽677＋BD15469＋羽703＋BD15489＋BD15472中所载物品的种类及数量又与P.2974V《唐乾宁四年(897)金光明寺直岁庆果手下诸色入破历算会牒稿》较为一致,特别是二者砲课收入中都有两石八斗黄麻,梁课收入中都有三石二斗油。从这些信息来看,羽681＋羽677＋BD15469＋羽703＋BD15489＋BD15472应是灵图寺或金光明寺文书,但具体所属寺院不便确定,故为了谨慎起见,我们暂时将其拟名为《公元914年灵图寺或金光明寺诸色入破历算会牒稿》。

(六) S.474V《戊寅年(918)三月十三日永安寺算会分付行像司斛斗凭》

S.474V共有14行内容,学界较早就通过录文、公布图版、研究等形式对其进行了关注,《英藏敦煌社会历史文献释录》第2卷对相关情况进行了详细介绍,并云"此件为归义军都僧统司下行像司之算会凭"。③ 但我们认为,该件并不是对都司下设行像司所管斛斗的算会,为了讨论方便,我们先

---

① 图版参中国社会科学院历史研究所等合编《英藏敦煌文献》第11卷,四川人民出版社1994年,第1页。
② 上海古籍出版社、法国国家图书馆编《法藏敦煌西域文献》第29册,上海古籍出版社2003年,第137页。
③ 郝春文编著《英藏敦煌社会历史文献释录》第2卷,第368—369页。

引录该件文书的几行内容如下:

1 戊寅年三月十三日,都僧统法律徒众就中院算
2 会赵老宿孟老宿二人行像司丁丑斛斗本利,
3 准先例,一一声数如后:
　　(略)
9 分付二老宿、绍建、愿会、绍净等五人执帐,逐年于先
10 例加柒生利,年支算会,不得欠折。若有欠折,一仰
11 伍人还纳者。
12　　　　法律绍进
13　　　　法律洪忍
14　　　　管内都僧统法严

在这次算会活动中,都僧统法严也参与其中。文书中的孟老宿、绍建、愿会、绍净等人同时又见于 P. 3555BP1《当寺转帖》,①该转帖残损非常严重,现由十几个碎片组成,发帖的目的也较为少见,即"各有少多贷便",于"库门纳齐",保存下来的僧人除了孟老宿、绍建、愿会、绍净外,还有刘法律、高法律、孟法师、智通、绍满、智□、遥老宿、定安、智圆、智德等,要是该转帖完整,也许赵老宿、洪忍也应在其中,当然,遥老宿可能就是赵老宿之误。又 S. 2614V《沙州诸寺僧尼名簿》中最前面数行僧人的所属寺院残缺,在该寺的新沙弥中就有绍建、愿会、智通、绍满等人。这不但说明 S. 474V、P. 3555BP1 应是同一所寺院的文书,而且 S. 2614V 开头几行所载的僧人也属于该寺院。那么,这是哪所寺院的文书呢?

从相关记载来看,上述几件文书中的相关僧人较为集中地出现在永安寺,如 P. 3223《永安寺法律愿庆与老宿绍建相净根由责勘状》记载了永安寺僧老宿绍建和法律智光、法律愿庆之间因贷便寺院斛斗而产生矛盾并勘问情由之事,②而绍建、智光及智通、智德又见于 P. 2250V 中永安寺名下。此外,绍满、绍净、智圆、高法律、孟老宿还见于 P. 3161《公元 918 年前后永安寺常住什物交割点检历状》。从这些现象来看,S. 474V 与 P. 3555BP1 应是永安寺文书,P. 3555BP1 为永安寺转帖,S. 474V 中的行像司不是都司下设

---

① 图版可参上海古籍出版社、法国国家图书馆编《法藏敦煌西域文献》第 25 册,上海古籍出版社 2002 年,第 240 页。
② 对该件文书的专门研究,参郝春文《〈勘寻永安寺法律愿庆与老宿绍建相净根由状〉及相关问题考》,载戒幢佛学研究所编《戒幢佛学》第 2 卷,岳麓书社 2002 年,第 79—84 页。

的行像司,而应是永安寺的行像司,其内容是对永安寺行像司斛斗的算会及交接。

竺沙雅章推断S.2614V《沙州诸寺僧尼名簿》中前面几行所载的可能是灵图寺或金光明寺的僧人,并据其中的几名沙弥就是S.474V中的僧人而将S.474V中的戊寅年定为918年。[①] 虽然S.2614V中前面几行的僧人不是灵图寺或金光明寺僧,而是永安寺僧,但S.474V中的戊寅年就是918年。因为除了竺沙雅章谈及的依据外,上述记载永安寺相关僧人的其他文书如S.2614V、P.2250V等的年代也在10世纪前期。这样,S.474V中的戊寅年也只能在10世纪前期,也即918年。

《释录》将S.474V拟名为《戊寅年(918)三月十三日行像司算会分付绍建等斛斗数纪录》,[②]《英藏敦煌社会历史文献释录》第2卷拟名为《戊寅年三月十三日分付行像司便粟算会》,但该件文书的性质属于算会后的交接凭据,故我们将其拟名为《戊寅年(918)三月十三日永安寺算会分付行像司斛斗凭》。

(七) P.5579(5)《公元10世纪中后期报恩寺道深领得细褐等凭》

P.5579(5)仅残存两行,前部残缺,尾部完整,《释录》没有录文,其内容如下:

1 子延面上得细褐贰仗,其褐未□□□□
2 已上布褐除折与了,并无交加。㊟

文书最后的签字"㊟"又见于前述Дx.01426＋P.4906＋Дx.02164《公元962年报恩寺诸色破历》、S.4689＋S.11293《后周显德元年(954)正月一日报恩寺功德司愿德状》、羽068《公元944—945年报恩寺算会酒户张盈子手下酒破历》、S.4649＋S.4657(2)＋S.7942《庚午年(970)报恩寺沿寺破历》和S.5050《公元980年前后报恩寺诸色入破历算会牒稿》等报恩寺文书中,即报恩寺僧人道深,故P.5579(5)也应为10世纪中后期报恩寺的文书。文书中的子延很可能是硙户李子延,如S.6154《丁巳年(957)稍后报恩寺算会见存历稿》记载:"麦叁拾伍硕柒斗柒升陆合,粟陆硕伍斗柒升壹合,黄麻壹硕肆斗,在丁巳年都师愿进下硙户张富昌、李子延二人身上。"从P.5579(5)残存的这两行文字来看,文书是记录道深领得细褐等的凭据,故我们可将其拟

---

① [日]竺沙雅章《中国佛教社会史研究(增订版)》,第351页。
② 唐耕耦、陆宏基编《敦煌社会经济文献真迹释录》第3辑,第344页。

名为《公元10世纪中后期报恩寺道深领得细褐等凭》。

二、尼寺和佚名寺院帐状考释

(一) S.1600(1)＋S.1600(2)＋Дx.01419＋S.6981(1)《庚申年(960)十二月十一日至癸亥年(963)十二月灵修寺招提司典座愿真等诸色入破历算会牒稿》

S.1600和S.6981分别由几部分文书残件构成,其中有些文书残件本属同一件文书而可以缀合,按照顺序,我们将与缀合相关者编号为S.1600(1)、S.1600(2)、S.6981(1)。金滢坤先生曾认为S.1600(2)和S.6981(1)的书写字迹、格式、内容和时间均相同,属同一寺院文书,从而将其缀合在一起。① 这两件文书缀合后,中间依然残缺,而残缺的这部分内容恰好留存于Дx.01419中。

从图版来看,S.1600(2)末尾残缺部分与Дx.01419开头残缺部分基本吻合,②S.1600(2)第6行中"麦四石二斗"几个字残缺不全,这几个字的部分字迹残留在Дx.01419的第1行中。同时,S.1600(2)第7行最后两字与Дx.01419第2行最后两字均残缺不全,将二者拼接在一起后可以确定为是"阇梨"二字,其中"阇"字虽然基本上存留在Дx.01419上面,但同时还有一丝笔迹存留在S.1600(2)上面,而"梨"字绝大部分存留在S.1600(2)上面,仅有一小部分存留在Дx.01419上面。故实际上,S.1600(2)的第6、7行分别与Дx.01419的第1、2行为同一行文字。Дx.01419与S.6981(1)字迹相同,两件文书中"阇梨"二字的写法也一样。同时,S.6981(1)的前部和ДХ.01419的后部边缘刚好可以拼接在一起,即S.6981(1)前5行与Дx.01419第6—10行完全可以拼接,如S.6981(1)第1行"于仓入粟"几字各有部分字迹残存在Дx.01419第6行,S.6981(1)第2行"一"字的部分又残留在ДХ.01419第7行。S.6981(1)第5行第一个字"麦"的部分又残留在ДХ.01419第10行。这样,我们可以确定S.1600(2)、Дx.01419和S.6981(1)为同件文书而可以将其拼接缀合在一起了。缀合后的内容包含了辛酉、壬戌、癸亥三年的支出情况。此外,S.1600(1)与上述几件字迹完全相同,其内容恰好是对庚申年十二月十一日至癸亥年十二月三年间灵修寺收支情况进行的记录,并且行文及格式也是敦煌寺院算会牒和算会牒稿类文书中的

---

① 金滢坤《敦煌社会经济文献缀合拾遗》,第88—89页。
② S.1600(1)和S.1600(2)的图版见中国社会科学院历史研究所等合编《英藏敦煌文献》第3卷,第99页。Дx.01419的图版见俄罗斯科学院东方研究所圣彼得堡分所等编《俄藏敦煌文献》第8册,第159页。

第六章　帐状和凭据文书考释

开头部分,故 S.1600(1)与上述三件文书完全可以缀合。下面我们将缀合后的文书进行释录,其中把凡是残存在两件文书上的文字置于"【】"中,具体内容如下:

以下 S.1600(1):
1 灵修寺招提司□□□□□□□□
2 净明、典座愿真、真(直)岁愿□□□□□□□□□
3 庚申年十二月十一日巳后至癸亥年十二[月　日]前,
4 中间首尾三年,应入诸渠厨田兼诸家散
5 施及官仓佛食、阇梨手上领入、常住仓顿设
6 料,承前案回残,逐载梁颗(课)麦粟油面豆
7 麻等前领后破,谨具分析如后:
8 　　　面贰拾伍硕,麦一十五石,粟九石
9 　　　三斗,麻九石三斗五升,油柒
10 　　　斗八升,前案回残入。

以下 S.1600(2)+Дх.01419+S.6981(1):
1 辛酉年诸渠厨田及散施入:麦十石,城南张
2 判官厨田入。麦肆硕,刘生厨田入。麦叁
3 石三斗,氾判官厨田入。麦两石,史家厨田
4 入。麦肆石贰斗、麻四斗,春佛食入。粟
5 十五石,城北三处厨田入。麦四硕二斗、
6 麻肆斗,秋佛食入。【麦四石二斗】,二月八日
7 □□入。油壹斗、麦伍拾硕,于【阇梨】
8 手上领入。□两硕伍斗
　　　　　　麦四石一斗于阇梨手上领入
9 壬戌年:麦叁拾陆硕、粟两硕,于阇梨
10 [手]上领入。粟四石,于仓领入。粟一石二
11 斗,于[仓]入。粟一石,【于仓入。粟】五石,于仓
12 领入。麦五斗,索【□】经施入。麦【一】石,阴
13 都知娘子施入。粟四石一斗,于仓领入。麦
14 五斗,德[子]磨施入。粟三斗,沙弥入名时
15 入。【麦】五斗,邓法律入。麦一石,邓家三娘
16 子施入。粟两石一斗,戒师局席时领入。
　(中略)

335

25 麦两石,张法律施入。油两石五斗,自年颗(课)入。
26 癸亥年:麦四斗、粟四斗,春秋卧醋阇梨手
27 上领入。粟十石四斗,于仓领入。粟三石,
28 七月写釜子时于仓领入。麦八石四斗、
29 麻八斗,春秋佛食入。麦六石,城南鄯家
30 厨田入。麦七石,城南氾判官厨田入。
31 麦一石五斗,刘阿朵子厨田入。麦
32 十七石,康家厨田入。麦一石,于大众仓

　　　　　油两石,自年梁课入。　　一百六十二石七斗
33 领入。三年内入得麦一百四石□斗,
　　　　　　　　　　　一十一石九斗
34 粟八十三石四斗,麻两石四斗九升。
35 辛酉至癸亥三年油八石二斗八升。
36 辛酉至癸亥三年中间沿寺破得麦
37 一百四十三石二斗六升,粟八十石三
38 斗。
39 梁户准案三年中间破除外空欠油八
（后缺）

S.1600(2)+Дx.01419+S.6981(1)中第6—7行是由S.1600(2)的第6—7行与Дx.01419的第1—2行拼接而成,第11—15行是由Дx.01419的第6—10行与S.6981(1)的第1—5行拼接而成。虽然缀合后文书的结构和内容与敦煌寺院文书中的算会牒和算会牒稿相似,但是内容还不完整,同时有修改情况,并且图版中S.1600(1)和S.1600(2)之间还间隔数行,故无论是从内容还是形式来看,该件应是对寺院斛斗进行算会而编制算会牒的底稿。

在完成文书的缀合后,我们还需要讨论文书的时间及对其进行拟名。《目录初稿》将S.1600中的庚申年、辛酉年、癸亥年分别定为960、961、963年。[①] 姜伯勤先生也认为S.1600(1)和S.1600(2)中的庚申年、辛酉年、癸亥年应分别为960、961、963年。[②] 唐耕耦先生将S.1600(1)、S.1600(2)和S.6981(1)分别拟名为《庚申年至癸亥年(960—963)灵修寺招提司典座愿真等诸色斛斗

---

① 东洋文库敦煌文献研究委员会《スタイン敦煌文献及び研究文献に引用紹介せられたる西域出土汉文文献分类目录初稿——非佛教文献之部·古文书类》Ⅱ,1967年,第87—88页。
② 姜伯勤《唐五代敦煌寺户制度》,第181—182页。

入破历算会稿》《辛酉年(961)灵修寺诸色斛斗入历》和《辛酉至癸亥年入破历》。① 《英藏敦煌文献》第3卷将其分别定名为《庚申至癸亥灵修寺招提司诸色斛斗入破历计会》《辛酉年灵修寺诸色斛斗入历》《辛酉至癸亥三年间灵修寺诸色斛斗入破历计会》。② 郝春文先生将 S.1600(1) 和 S.1600(2) 分别拟名为《庚申至癸亥年(960—963)灵修寺招提司诸色斛斗入破历算会稿》《辛酉年(961)灵修寺诸色斛斗入历》。③ 金滢坤先生依据 S.6981(1) 中的押衙阴再昌又见于 P.5032《某年六月索押牙妻身亡转帖(10世纪上半叶)》和 S.1600(1) 中的愿真又见于 P.2049V《后唐同光三年(925)正月沙州净土寺直岁保护手下诸色入破历算会牒》而将文书中的"辛酉年"定为901年,"癸亥年"定为903年,并将缀合后的文书 S.1600+S.6981 拟名为《唐辛酉年至癸亥年(901—903)灵修寺招提司典座愿真等诸渠厨田及散施入历》。④ 虽然愿真的法名在敦煌寺院会计文书,特别是净土寺文书中频繁出现,但是 S.1600(1) 中的愿真是灵修寺的典座,故二者中的愿真应不是同一人,当然也就无法据愿真将 S.1600(1)+S.1600(2)+Дx.01419+S.6981(1) 中的庚申年、辛酉年、壬戌年、癸亥年定为900、901、902、903年了。我们注意到,S.6981(1)、Дx.1419、S.1600(1)正、反面的文书年代都是一致的,正面是灵修寺庚申年十二月十一日以后,包括辛酉年、壬戌年、癸亥年的帐目文书,反面是辛酉年、壬戌年、癸亥年大乘寺的帐目文书,这种正、反面两所寺院文书中连续三四年的年代一致并非偶然,而说明它们就是相同年份的文书。反面大乘寺的文书我们在前面第四章已经缀合考证拟名为 S.6981V(8)+Дx.01419V+S.1600V(1)《辛酉年(961)至癸亥年(963)大乘寺诸色破用历》,既然反面大乘寺文书中的辛酉年、壬戌年、癸亥年分别是961、962、963年,那么正面灵修寺文书中的庚申年、辛酉年、壬戌年、癸亥年也应分别是960、961、962、963年。至此,我们可将 S.1600(1)+S.1600(2)+Дx.01419+S.6981(1) 拟名为《庚申年(960)十二月十一日至癸亥年(963)十二月灵修寺招提司典座愿真等诸色入破历算会牒稿》。

(二) S.11282+S.11283《唐中和三年(883)正月某寺都师宝德手下诸色入破历算会牒》

S.11282 存36行,首尾均残。S.11283 仅存13行,首残尾全。二者的

---

① 分别见唐耕耦、陆宏基编《敦煌社会经济文献真迹释录》第3辑,第527、528、140页。
② 参中国社会科学院历史研究所等合编《英藏敦煌文献》第3卷第99页和《英藏敦煌文献》第12卷第1页。
③ 郝春文、赵贞编著《英藏敦煌社会历史文献释录》第7卷,第306—310页。
④ 金滢坤《敦煌社会经济文献缀合拾遗》,第88—89页。

图版公布于《英藏敦煌文献》第 13 卷。① S. 11283 是算会牒文书的结尾部分,其中第 7 行交待了牒文时间和负责人:"中和三年正月都师宝德牒"。荣新江指出二者是同一件文书,并根据上状者都师宝德又见于 S. 2614V《沙州诸寺僧尼名簿》中报恩寺僧籍而认为其是报恩寺文书。② 当将 S. 11282、S. 11283 缀合在一起后,第 1—30 行是破用柱的明细帐,第 31—37 行为见在柱及其分类帐,第 38—49 为算会牒的结尾。我们认为,S. 11282＋S. 11283 应不是报恩寺文书,因为第 38—40 行云:"右通前件前帐回残及寅丑贰年新附碨课并油梁课及诸家散施麦粟油面黄麻豆等一一具实如前",第 14—16 行载"面壹斗伍胜、麦壹斗、油壹胜,充书油梁契日食用。"第 23—24 行载"面壹斗伍胜、油壹胜,充书碨契日食用。"可知该寺院既有油梁,又有碾碨,并且油梁和碾碨都是租佃经营。但实际上报恩寺仅有碾碨而无油梁经营。S. 11282＋S. 11283 中的僧人宝德与 S. 2614V《沙州诸寺僧尼名簿》中报恩寺的宝德可能不属于同一人。

经比较发现,S. 11282＋S. 11283 与乾元寺的算会牒文书有点相似。首先,书写碾碨出租经营契约的记载也见于 S. 4782《丑年(869)或寅年(870)乾元寺堂斋修造两司都师文谦手下诸色入破历算会牒》第 51—52 行:"面贰斗,充书碨契日食用。"说明乾元寺的碾碨也是出租经营。而且在 S. 4782、P. 4957、P. 6002(1)中均记载到乾元寺既有碾碨、又有油梁。其次,敦煌算会牒文书中在回残、新入、破用、见在每柱分类帐下一般是先按照麦、粟、豆、黄麻的顺序登载斛斗,然后登载油、面等,但在乾元寺算会牒文书如 S. 4782、P. 4957、P. 6002(1)、S. 4191V2 中,普遍不遵循这种顺序,有时最先登载白面,有时先登载麦,而 S. 11282＋S. 11283 第 31—37 行见在柱的内容如下:

31 ☐☐☐☐粟油面黄麻豆等诸色破除外 ☐☐☐☐ 库。
32   ☐拾壹硕壹斗伍胜白面 ☐☐☐☐
33   ☐☐胜粟,壹硕伍斗陆胜[油],
34   ☐☐硕叁斗贰胜豆,壹硕捌斗
35   伍胜黄麻,壹硕壹斗粗面,
36   贰斗肆胜粟面,

---

① 中国社会科学院历史研究所等合编《英藏敦煌文献》第 13 卷,第 195—196 页。
② 荣新江编著《英国国家图书馆藏敦煌汉文非佛教文献残卷目录(S. 6981—S. 13624)》,第 182 页。

37　　　　　　伍硕壹斗伍胜麦。

显然，这里分类帐的登载顺序较为混乱，先是白面，然后是粟及其他。而且品类主要有白面、粗面、粟面、麦、粟、豆、油和黄麻，这也与前几件乾元寺算会牒文书一致。

至于S.11282＋S.11283是不是乾元寺文书，还有待更多的证据来证明，此处暂时将其拟名为《唐中和三年（883）正月某寺都师宝德手下诸色入破历算会牒》。

（三）BD14801《后唐同光贰年（924）十二月廿七日某寺都师金刚锐手下诸色入破历算会牒》

BD14801前后残缺，所存23行，《国家图书馆藏敦煌遗书》第134册公布了其黑白图版，并在"条记目录"中进行了释录说明，拟题为《同光二年（924）都司金刚锐牒》。[①] 此处依据图版再将其内容释录如下：

1　　壹阡贰硕叁斗柒胜半麦粟黄麻油面豆绫衣物等见在库。
2　　　　　　　　叁伯捌硕贰胜麦，
3　　　　　　　　叁伯叁拾陆硕贰斗
4　　　　　　　　陆胜壹抄粟，陆拾硕
5　　　　　　　　玖斗玖胜贰抄黄麻，
6　　　　　　　　肆斗捌升贰抄半胜油，
7　　　　　　　　壹拾伍硕捌斗面，
8　　　　　　　　贰伯柒拾伍硕捌
9　　　坚信　　　斗壹抄豆，伍
10　　　　　　　　拾尺大绫。
11　　　　　　　衣物：故黄罗帔子壹条，市锦
12　　　　　　　肆尺，白练玖尺，绯罗绣壹
13　　　　　　　丈伍尺，红罗裙壹腰，青
14　　　　　　　绣裙壹腰。
15　　右通前件都师金刚锐承前掌回残及今掌新附
16　　厨田砲颗（课）散施诸色破除等，一一谐实如前
17　　伏请　　处分

---

① 任继愈主编，中国国家图书馆编《国家图书馆藏敦煌遗书》第134册，图版见第1页，录文见"条记目录"第3页。

18 牒件状如前谨牒
19 　　　　　　　同光贰年(924)岁次丁亥十二月廿七日都师金刚锐牒
20 　　　　　　　　　　　　　　　徒众
21 　　　　　　　　　　　　　　　徒众
22 　　　　　　　　　　　　　　　徒众
23 　　　　　　　　　　　　　　　徒众
（后残）

《国家图书馆藏敦煌遗书》第 134 册将第 11 行的"衣物"释录为"花物",将第 15 行的"回残"释录为"当回残",将第 19 行的"都师"释录为"都司"。

从文书的书写格式及数字用大写来看,这是一件正式的算会牒文书,只是前面回残、新入、破用等内容残缺,仅剩"见在"这一柱的内容,算会时间在后唐同光二年(924)十二月,最后呈状的时间是十二月廿七日,这也是较为少见的将呈状日期具体到日者的一件算会牒文书,而负责本会计期寺院财务收支活动及呈状的是僧人都师金刚锐,徒众没有签名和画押。都师金刚锐又见于 P.2846《甲寅年(954)都僧政愿清等交割讲下所施麦粟麻豆等破除见在历》:"甲寅年正月廿一日,都僧政愿清、僧政智端、僧政道□、僧政道深、僧政金刚锐、执掌法律庆戒、德荣等,奉官处分,令交割讲下所施麦粟麻豆布緤褐铜铁等……"可见,三十年后,金刚锐的职务已由寺院的都师升迁至都司的僧政了。

另外,BD14801 第 9 行是骑纸缝书写的,而在该行文字上部书写有"坚信"二字,此为僧人坚信的签押。坚信的签押还见于另一件寺院算会牒文书 S.2325V 的纸缝,《英藏敦煌社会历史文献释录》第 11 卷云 S.2325V 中的"坚信"二字与算会牒无关,应为后人随意所书。[①] 此说应不妥,"坚信"的签押恰好说明此时他的地位应比较高,这点可通过其他相关文书中的签押得到印证,如北京大学图书馆藏敦煌文书 D.162V 中十五件"施舍疏"的纸缝间均有"荣照"的签押,[②] 又 P.2837V 中十四件"施舍疏"的纸缝处也均有"荣照"签押。P.2837V 中前三件施舍疏注明是辰年,其他 11 件虽没有注明具

---

① 郝春文等编著《英藏敦煌社会历史文献释录》第 11 卷,社会科学文献出版社 2014 年,第 457 页。
② 图版参北京大学图书馆、上海古籍出版社编《北京大学图书馆藏敦煌文献》第 2 册,上海古籍出版社 1995 年,第 157 页。

体年代,但既然全卷纸缝处都有荣照签押,说明这些施舍疏应属同期,其中辰年池田温定为是 836 年,[1]而此时荣照已任敦煌都教授。[2] 坚信也多次出现在其他如 P.3977、P.2729、S.10967《付经历》、S.1973V《转帖》、P.3600V 等文书中,但这些文书中的坚信要么是尼僧,要么在 9 世纪前期或中期,距离 924 年较远,应与 BD14801 中的坚信非同一人。此外,在年代约在 895 年或 9 世纪末、10 世纪初的 S.2614V《沙州诸寺僧尼名簿》中开元寺和大云寺的僧人中都有坚信,又 S.8262《某老宿斋录见到僧名数》、P.2930《都僧政和尚荣葬差发帖》中也记载到僧人坚信,郝春文先生将 S.8262 和 P.2930 的时间分别定在 895—902 年、920—930 年间。[3] 可见,这几件文书中的坚信与 BD14801 中的坚信所处的时代一致,故这几处的坚信要么是开元寺僧,要么是大云寺僧。

BD14801 首行回残柱云"壹阡贰硕叁斗柒胜半麦粟黄麻油面豆绫衣物等见在库",但一般在算会牒文书的见在柱中仅云"见在",而很少特意强调寺院"仓库"为"见在库"。除 BD14801 外,目前在算会牒文书中仅羽 052《宋雍熙三年(986)二月大云寺都师定惠手下诸色入破历算会牒》也用"见在库"的说法,同时二者的上状者均是都师而非直岁,当然这还不足以肯定 BD14801 就是大云寺文书,故我们暂时将其拟名为《后唐同光贰年(924)十二月廿七日某寺都师金刚锐手下诸色入破历算会牒》。

(四) S.2325V《公元 924 年左右某寺诸色入破历算会牒》

S.2325V 前后残缺,所存 23 行,其中前面 11 行为收入明细,第 12 行为破用总数,第 13—23 行为破用分类帐,除了第 12 行破用总帐顶格书写外,其他新入明细和破用分类帐均在上部留有大片空白,并且数字用大写,没有改动,故应为正式的算会牒文书。唐耕耦先生较早对 S.2325V 进行了录文介绍,[4]《英藏敦煌社会历史文献释录》第 11 卷也对 S.2325V 进行了录文,并拟题为《某寺诸色入破历算会》,[5]此处移录部分内容如下:

1 　　　拾柒硕,诸家利上入。黄麻
2 　　　陆硕,利上入。油两硕伍斗,梁颗(课)

---

[1] [日]池田温著,龚泽铣译《中国古代籍帐研究》,"录文与插图"部分第 403 页。
[2] 关于荣照任教授的时间,参[日]竺沙雅章《中国佛教社会史研究(增订版)》"补编"部分第 46 页。
[3] 郝春文《唐后期五代宋初敦煌僧尼的社会生活》,第 333—334 页、377 页。
[4] 唐耕耦《敦煌寺院会计文书研究》,第 45 页。
[5] 郝春文等编著《英藏敦煌社会历史文献释录》第 11 卷,第 457—459 页。

3		入。油柒斗,破黄麻押入。麦
4		伍拾陆硕,硇颗(课)入。粟伍拾陆
5		硕,硇颗(课)[入]。粗緤壹疋,长贰丈
6		肆尺,贾都头施入。细緤壹
7		疋,长贰丈陆尺,米都头施入。
8		布捌拾尺,官斋儭。布肆
9		拾尺,经儭入,鸡赤白大绫
10		壹疋,长伍拾尺,于大众将物
11		换入。
12	肆伯叁拾肆硕壹斗柒胜半麦粟黄麻油面豆绫绢緤布随年破除。
13		壹伯叁拾壹硕伍斗麦,
14		壹伯叁拾伍硕捌斗粟,
15	坚信	壹拾贰硕肆斗黄麻,
16		叁硕肆斗叁胜半油,
17		柒拾柒硕贰斗肆胜面,
18		叁拾伍硕肆斗豆,
19		叁拾叁尺小绫子,
20		叁拾玖尺生绢,壹丈
21		捌尺青绢,贰拾陆尺
22		细緤,贰丈肆尺粗緤,
23		壹 拾 肆 尺 布 □

(后残)

由于 S.2325V 与 BD14801 格式相同,卷面情况也高度相似,其中在第 14 和 15 行之间的纸缝处也有"坚信"二字,同时 S.2325V 残存有新入柱和破用柱的部分内容,而 BD14801 存有见在柱的内容,故极易让人认为二者是同一件文书。但经仔细辨别,二者文字似非同一人所写,故应不是同一件文书。虽然 S.2325V 和 BD14801 不是同一件文书,但是二者纸缝处均有坚信的签押,品名都是麦、粟、黄麻、油、面、豆和各类织物,并且均登载有 50 尺大绫,故二者应是同一寺院的文书,年代也应接近,即 S.2325V 的年代也应在 924 年左右。BD14801 记载到该寺的收入有厨田、硇课、布施等,而从 S.2325V 的记载来看,该寺还有利息收入、梁课收入,其中硇课一年收入麦和粟各伍拾陆硕。

经过以上讨论,我们可将 S.2325V 拟名为《公元 924 年左右某寺诸色入破历算会牒》。

(五) Дх.10260＋BD07977V《某寺诸色入破历算会牒稿》

Дх.10260 的图版公布于《俄藏敦煌文书》第 14 卷,仅残存 16 行,而且每行文字也不完整。① 施萍婷先生将其拟名为《油酒破历》。② BD07977V 的图版公布于《国家图书馆藏敦煌遗书》第 100 册,并在"条记目录"部分进行了释录,拟名为《麦粟油破除历》。③ Дх.10260 和 BD07977V 的字迹相同,为同一人所写,Дх.10260 尾部和 BD07977V 首部的边缘处可以拼接,其中 Дх.10260 的最后两行,即第 16、17 行与 BD07977V 的第 1、2 行分别是同一行,BD07977V 的第 1 行仅残存一个"登"字,且登字的最后一横主要残存在 Дх.10260 的第 16 行,Дх.10260 的第 17 行与 BD07977V 的第 2 行拼接后的文字是"油半升,纳官西窟迎仆射用",其中仅"油""半"二字在 BD07977V 上,其他几个字在两件上都残存有部分字迹,二者拼接在一起后如图 6-7 所示。

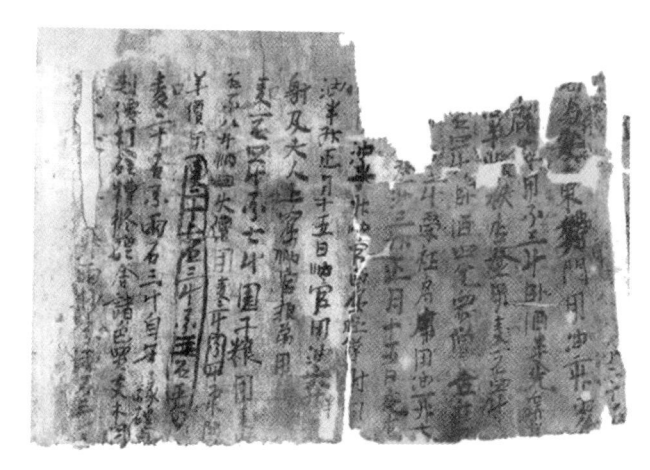

图 6-7　Дх.10260(局部)＋BD07977V

接下来我们将拼接后的具体内容释录如下:

1　用。油一升半,□木日众□□
2　用。油一升,煮□屈使都□□
3　使军持用。油三升一抄,两□

---

① 俄罗斯科学院东方研究所圣彼得堡分所等编《俄藏敦煌文献》第 14 册,第 250 页。
② 施萍婷《俄藏敦煌文献经眼录(二)》,第 325 页。
③ 任继愈主编、中国国家图书馆《国家图书馆藏敦煌遗书》第 100 册,北京图书馆出版社 2008 年,图版见第 50 页,录文见"条记目录"第 8 页。

4 迎众僧食用。油五升□□
5 □众僧三日遂价日食用。[粟]
6 七斗,卧[酒]一瓮,就东窟看僧□
7 用。粟六斗,沽酒半瓮,安□□
8 □众僧食用。粟七斗,卧酒一瓮,□
9 价了日众僧食□━━━━━━┛
　（中缺）
10 ┗━━━━━━━━━━┛二十石,
11 与安东□门用。油二升,两□
12 群食用。粟三斗,卧酒半瓮,算羊[用]。
13 油半升,秋店(点)登(灯)用。麦一石四斗,□
14 □石四斗,卧酒四瓮,众僧合社用。
15 □□□二斗,荣社局席用。油一升,大
16 □□店(点)登(灯)油三升,正月十五日夜店
17 登用。油半升,纳官西窟迎仆射用。
18 油半升,正月十五日纳官用。油六升半,仆
19 射及夫人上窟纳官顿弟用。
20 麦一石四斗、粟七斗,园子粮用。麦两
21 石、粟八斗,纳烟火价用。麦三斗、粟一斗五升,□
22 羊价用。麦三十二石三斗、粟三石五升、
23 麦二十石、粟两石三斗,自年缘砲白
24 刾价打砲槽修砲舍诸色买支用。
25 ┗━━━━━━━┛升两抄、粟两石三斗
　（后残）

从残存内容来看,Дx.10260＋BD07977V 主要是油、粟、酒的破用帐。从书写格式来看,这些破用帐没有占有整个纸面书写,而是在纸面上部留有很大空间,在上部也写有其他内容,这些内容仅残存有几个字,开头明确是"姊妹文",敦煌文书中似乎再没有发现其他"姊妹文"。从这些现象来判断,该件文书不是破历,而是算会牒文书,同时内容又有涂改,故应是算会牒稿文书,故我们可将其拟名为《某寺诸色入破历算会牒稿》。

第七章　敦煌寺院会计文书中的破用帐及相关问题

　　敦煌寺院会计文书中的破用帐主要登载在破历、入破历、帐状文书中，其中帐状文书中的破用柱所载的破用帐内容相对最为详细完整，这些破用帐在研究寺院经济、佛教社会史、民间信仰等方面均具有重要意义，虽然学界也在相关研究中对这些破用帐广为征引，但是目前对敦煌寺院破用帐专门进行研究的成果并不是很多。北原薰先生对 P.2049V《后唐同光三年（925）沙州净土寺直岁保护手下诸色入破历算会牒》和 P.2049V《后唐长兴二年（931）正月沙州净土寺直岁愿达手下诸色入破历算会牒》等净土寺文书中的各类破用和收入帐进行了详细列表统计说明。[1] 郝春文先生在讨论敦煌僧尼的丧事操办时对相关纳赠、助葬破用帐有所论及。[2] 罗彤华先生从迎送对象、迎送意义、支出比重等方面对敦煌寺院的迎送破用帐进行了研究。[3] 此外，郭永利先生对敦煌寺院会计文书中的纳赠破用帐进行了讨论，认为敦煌佛教僧官如僧统、僧政、法律、判官亡故时，各寺院都要用油、粟、面等物为其纳赠，但普通僧人，包括寺院三纲则得不到纳赠，纳赠数额因僧职等级高低而有不同，反映了佛教教团严格的等级。[4] 杨森先生也利用寺院的破用帐等资料对唐宋时期敦煌地区的助供、纳赠等问题进行了讨论，认为唐代敦煌寺院在纳赠中多用"助供""助"，而在五代宋时期多用"助藏""送纳""助送"等词语，展现了唐宋时期敦煌寺院内外的赠纳习俗和互助活动。[5] 敦煌寺院会计文书中破用帐的内容非常丰富，从破用缘由或目的来看，有劳作、人事、迎送、吊孝、纳赠、买卖、设斋、春秋佛食及佛事活动等诸多破用，其

---

[1] ［日］北原薰《晚唐·五代の敦煌寺院经济——收支决算报告を中心に》，第 426—440 页。
[2] 郝春文《唐后期五代宋初敦煌僧尼的社会生活》，第 375—386 页。
[3] 罗彤华《归义军期敦煌寺院的迎送支出》，《汉学研究》2003 年第 1 期，第 193—221 页。
[4] 郭永利《晚唐五代敦煌佛教寺院的纳赠》，《敦煌学辑刊》2005 年第 4 期，第 77—83 页。
[5] 杨森《敦煌唐宋时期的"助供"》，《敦煌研究》2005 年第 5 期，第 107—109 页。

中如迎送、纳赠等学界已有讨论,本章则专门对劳作、人事、吊孝和教化等破用帐及其相关问题进行分析讨论。

第一节　人事破用帐

敦煌寺院会计文书中有一类名为"人事"的破用帐。关于"人事"一词,从古至今有着诸多含义,①其含义之一即是指赠送的礼物或酬物,如韩愈《奏韩弘人事物表》云:"右臣先奉恩敕撰《平淮西碑文》,伏缘圣恩以碑本赐韩弘等;今韩弘寄绢五百匹与臣充人事,未敢受领,谨录奏闻,伏听进上。谨奏。"②但是在不同时期,"人事"又成为因升迁而进行讨好贿赂的行为,如《后汉书·黄琬传》记载:"时权富子弟,多以人事得举。"甚至发展到唐代,在诸道州府的非财政支出中就有一项名为"人事用度"。李锦绣先生研究认为:人事支出成为唐代地方固定支出项目,为唐后期财政史上的独特现象。人事支用应始于肃代之际,长庆之后,人事风气愈演愈烈,中央不但允许人事存在,还颁令定额,力求限制。③　正是人事风气的泛滥,从而导致了其性质的变异,故《唐会要》卷79"诸使杂录下"大中三年四月敕文对"人事"做了如是解释:"如闻朝臣出使外藩,皆有遗赂,是修敬上之心,或少或多,号为人事。"④这里的人事即为贿赂,超出了普通意义上的礼物或酬物的范畴。敦煌寺院会计文书中也记载了许多人事破用帐,这些破用帐对认识唐宋之际民间人事活动及敦煌佛教具有重要意义,下面我们就这些人事破用帐进行整理讨论。

一、人事破用帐的类别

(一) 庆贺人事破用帐

首先是庆寺破用帐。P.2638《后唐清泰三年(936)沙州儭司教授福集等状》第44—45行载:"生绢贰疋,大云、永安庆寺人事用。"又第50行载:"绵

---

① 《汉语大词典》释之为:人之所为;人力所能及的事;人情事理;人世间事;人为的动乱;指仕途;说情请托,交际应酬;指赠送的礼品;男女间情欲之事;官员的任免升降等事宜;指人与人之间的关系。《辞海》(语言分册)解释类似。
② 《谢许受韩弘人事物状》《谢进王用碑文状》《谢许受王用男人事物状》等均有对"人事"的记载。见[唐]韩愈著,钱仲联、马茂元点校《韩愈全集》,上海古籍出版社1997年,第332—333页。
③ 李锦绣《唐代财政史稿》下卷,北京大学出版社2001年,第1116—1118页。
④ [宋]王溥撰《唐会要》,第1452页。

绫壹疋,圣光寺庆钟用。"又第51—52行载:"绵绫壹疋,安国寺庆寺人事用。"P.2040V载:"缥破:官布壹疋,高孔目起兰若人事用。""粟柒斗,卧酒,乾元寺写钟人事用。"P.3234V(7)第24—25行载:"官布壹疋,乾元寺写钟人事用。"P.2032V(3)《公元939年净土寺诸色破历》载:"粟柒斗卧酒、官布壹疋,莲台寺起钟楼人事用。"又P.2032V(12)《后晋天福四年(939)净土寺诸色破历》载:"粟壹石壹斗,沽酒,粗缥壹疋,报恩寺起幡设人事用。"由于人事活动是双向的,故有人事破用,就有人事收入,如P.3763V第3—4行记载:"又布壹拾贰疋,起寺设时官私及诸寺人事入。"P.2040V(11)+P.2040V(10)《净土寺己亥年(939)诸色入破历算会牒稿》载:"布壹疋,大众起钟楼人事入。布壹疋,官家人事入。布壹疋,杨孔目人事入。布贰拾尺,索校楝人事入……布壹疋,三界寺人事入……细缥贰拾伍尺、粗缥伍拾尺,大众起钟楼人事入。粗缥贰拾伍尺,莲台寺人事入。粗缥贰仗伍尺,报恩寺人事入……褐贰仗伍尺,大众人事入。褐贰丈,安生人事入。"从这些记载来看,庆寺不只是在修建新的寺院或兰若时进行,但凡寺院内部的建造如修造钟楼、鼓楼等均属于庆贺的对象。由于建造寺院以及寺院中的钟楼、鼓楼等均是一种功德,其他寺院或个人一般要进行庆贺,故寺院关于这方面的收支记载也较多。

其次是庆婚嫁与生育破用帐。婚嫁与生育是人生中的重大喜事,故敦煌文书中也有对此等事宜进行庆祝的记载,不但世俗人乐此不疲,而且佛教界也加入其中。如P.2638中第45—46行载:"又生绢贰疋,郎君小娘子会亲人事用。"又第51—61行载:"绵绫壹疋,甘州天公主满月人事用……细缥壹拾柒疋,天公主满月及三年中间诸处人事等用。粗缥伍拾柒疋,三年中间诸处人事、七月十五日赏乐人、二月八日赏法师禅僧衣直、诸寺兰若庆阳等用。"此件文书所记载的是僟司的人事活动,但因僟司与寺院均属佛教教团,故实际上也反映了寺院在该方面进行的人事活动。

最后是上梁破用帐。P.2638中第51行载:"绵绫壹疋,开元寺南殿上梁用。"又第49行载:"生绢壹疋,天公主上梁人事用。"P.2040V(4)记载:"粟柒斗,卧酒,宋都衙窟上梁人事用。"P.3234V(7)第23—24行载:"布壹疋,宋都衙窟上梁人事用。"P.2032V(6)载:"布壹疋,水官上梁人事用。"上梁是唐五代时期敦煌地区盛行的一种风俗,是在修建房屋和开凿洞窟上大梁时举行的一种驱邪求吉的民俗,上梁时亲戚朋友也要对建造者行人事以示庆祝。敦煌文书中保存下来的几件上梁文如S.3905《唐天复元年辛酉岁一月十八日金光明寺造窟上梁文》、P.3302《维大唐长兴元年癸巳岁二十四日河西都僧统和尚依宕泉灵迹之地建龛一所上梁文》等对当时的上梁活动

347

有较详细的记载。①

从以上资料来看,庆贺人事所破用的物品一般为织物,也有斛斗和面,虽然织物中有粗緤和布,但是也有价值更高的绵绫、细緤、生绢、官布,而且数量较大,这在一定程度上反映了当时敦煌民间庆贺的习俗。

(二) 送路人事破用帐

"送路"在古代文献是较为常见的一项活动,近似于今天的饯行、送行。但当时的送路又似乎具有特殊的文化意义,故文献中对此多有记载。如《入唐求法巡礼行记》卷 4"会昌五年"载:"李侍御送路[不]少:吴绫十疋、檀香木一、檀龛像两种、和香一瓷瓶、银五股拔折罗一、毡帽两顶、银字《金刚经》一卷见内里物也、软鞋一量、钱二贯文,数在别纸也。"又载:"刺史施两疋绢。诸人皆云:'此处是两京大路,乞客浩汗,行人事不辨。若不是大官,是寻常衣冠酢大来,极是殷勤者,即得一疋两疋。和尚得两疋,是刺史殷重深也。'"②可见,送路人事是以赠送礼物为前提的,而且礼物的多寡、是否行人事等均要取决于双方的关系等。送路的物品也可以称之为"信物",如《入唐求法巡礼行记》卷 4"会昌七年"条载:"[八月]九日,得张大使送路信物,数在别。"③

敦煌文书特别是寺院会计文书中记载了大量有关迎送活动的资料,寺院的迎送对象主要为往来外地的使客、统治阶层及其家族、僧官与寺院高层等三类人,迎送支出也成为寺院支出中的一部分,尽管迎送支出在寺院诸多支出项目中所占数量很小,但出现频率则相对较高,更重要的是寺院送往迎来所发挥的功能及代表的意义却很大。④ 其中迎送活动中有一项称之为送路人事,如前引 P.2912V《丑年(821)四月已后儭家缘大众送路人事及都头用使破历》载:

1 四月已后,儭家缘大众要送路人事及都头用使破历。

2 五月十五日,上宋教授柒综布壹拾伍疋。

3 十七日,瓜州论乞林没热儭绢一疋,慈灯收领。

4 廿四日,奉 教授处分,付都头慈灯柒综布拾疋。

5 奉教授处分,送路宋国宁两疋。

---

① 参高国藩《敦煌民俗学》,上海文艺出版社 1987 年,第 433—442 页。
② [日]圆仁著,[日]小野胜年校注,白化文、李鼎霞、许德楠修订校注,周一良审阅《入唐求法巡礼行记校注》,花山文艺出版社 2007 年版,第 462、468 页。
③ [日]圆仁著,[日]小野胜年校注,白化文、李鼎霞、许德楠修订校注,周一良审阅《入唐求法巡礼行记校注》,第 508 页。
④ 罗彤华《归义军期敦煌寺院的迎送支出》,第 193—223 页。

第七章　敦煌寺院会计文书中的破用帐及相关问题

6 大云寺主都师布二疋,出福渐下。

7 教授送路布十五疋,准麦六十七石五斗。都头分付

8 [慈]灯布十疋,准麦四十五石。与宋国宁布两疋。

9 [准]　麦九石。都计一百廿一石五斗。

（后略）

从文书记录来看,"送路人事"或称之为"送路",或称之为"人事",这说明"送路人事"可以简称为"送路"。送路破用的主要是布,而且数额较大。但是我们同时又会注意到这样一种现象：寺院在送路时一般以食物（包括酒）为主,偶尔才会出现以织物送路的现象。罗彤华先生对P.2049V、P.3763V和P.3234V中的迎送支出做了统计,结果表明这几件文书中麦的支出数共有55笔,粟有211笔,油有108笔,面有227笔,而织物中仅有緤,且仅有一笔,共26尺。[①] 这种现象可能与出行信仰有关,因为唐宋之际敦煌人在出行前往往要通过写经、道场施舍、设斋等诸多方式来祈福,[②]正是由于这些出行者可能在出行前到寺院祈求佛神保佑自己出行顺愿、平安归来,故寺院同时用食物为之招待送行。但这种仅用食物的"送路"与附送织物等的"送路人事"是否性质相同呢？对此我们难以给予明确的答案。或许将送有礼物的送路可以称之为"送路人事",简称为"送路",但不是所有的送路均可称之为"送路人事"。

（三）其他人事破用帐

首先是句意不明或难解者。P.2642V《公元10世纪灵图寺诸色斛斗破历》第5—7行记载："七日,粟壹硕贰斗,沽酒,梁和尚旋车人事用……十六日,粟壹硕贰斗,沽酒,衙内人事用。"衙内即归义军节度使衙。P.3490V(1)《辛巳年（921）净土寺油破历》第4—5行记载："油贰胜,氾法律起衣人事用。面肆斗,氾法律起衣人事用。"P.2049V中第256—257行载："粟柒斗,吴法律旋车人事用。"P.2032V(3)记载："粟柒斗,卧酒,安平水举发人事用。"P.2032V(10)载："吴僧统和尚收灰骨人事用。粟柒斗,高□□上席人事用。"P.2032V(19)载："面伍斗,造蒸饼,高法律上席延局人事用。""面二升,造高法律人事蒸饼时女人用。"P.4957《申年（864或876）或酉年（865或877）乾元寺诸色入破历算会牒》第30—32行载："荜豆贰升,煮粥参瓫,内一

---

① 罗彤华《归义军期敦煌寺院的迎送支出》,第216—218页。
② 余欣《神道人心——唐宋之际敦煌民生宗教社会史研究》,中华书局2006年,第330—354页。

瓮王阁梨亡日人事（用），两充官灵真及索帐人事用。"这些破用帐中，除了"举发"是举办丧事之意外，①其他的旋车人事、起衣人事、索帐人事均不知何意。

其次是与招待有关。P.2049V《后唐长兴二年（931）正月沙州净土寺直岁愿达手下诸色入破历算会牒》中第231—232行载："粟壹硕壹斗，莲台寺设人事用。"P.2040V（11）＋P.2040V（10）《净土寺己亥年（939）诸色入破历算会牒稿》载："褐捌尺，看卜师人事入。"设、看、迎、供、屈等词在敦煌文书中有招待之意，②故这些人事破用应为寺院招待时的费用支出。

最后是与劳作有关。如P.2049V记载930年净土寺支出"粟壹硕壹斗，报恩寺垒北园墙沽酒人事用"。P.2040V（5）记载："油叁升，报恩寺垒园人事用。"P.2032V（19）载："面柒斗，报恩寺垒园时人事用……面壹斗，荣报恩寺垒园时人事女人用。"这类人事似乎可以看作是劳作时的人力或费用支出，但我们也可以理解为这是敦煌民间人事活动的另一种含义，因为这些支出均非本寺院劳作时的支出，而是针对其他寺院或个人事务的支出，故它可能反映了当时敦煌民间因贫困而注重人事实用性的一面，也即"资助"，这一点我们在后面将要讨论。

以上我们对敦煌寺院会计文书中的人事破用帐进行了分类梳理，从中可以看到，寺院与敦煌社会各阶层，包括佛教界、官府、上层社会、普通民众间均有人事往来，寺院的人事破用物品主要有食物（包括酒）与织物两类，它们的数量一般并不是很大。

二、人事性质的再认识

敦煌寺院会计文书中的人事破用帐不仅是寺院帐目的组成部分，而且是认识古代民间人事性质的重要资料，它既有与传统史料记载的官府上层人事性质相同的一面，同时又具有民间人事活动注重现实性的一面，下面我们就对敦煌寺院的人事活动性质再作进一步的分析。

首先，敦煌寺院与社会各阶层之间在人事往来中要赠与对方诸如褐、绫、碟、布之类的织物作为礼品，故这时的人事应与前面所述以赠送礼物为出发点的人事性质是一致的，即是一种礼仪活动。但是，同样是具有礼仪性的活动，人事和后面将要讨论的吊孝是不同的，这在敦煌寺院会计文书破用帐中有明确体现，如前引文书P.3234V（7）中就对因各种人事及吊孝活动而

---

① 曾亮《敦煌文献字义通释》，厦门大学出版社2001年，第78页。
② 施萍婷《本所藏〈酒帐〉研究》，《敦煌研究》1983年创刊号，第151页。

破用布、緤的情况进行了记载,集中体现了二者的不同:"布破:布尺五,吊祥会弟亡用。布壹疋,宋都衙窟上梁人事用。官布一疋,乾元寺写锺人事用。布二尺,吊保应父亡时用。布二尺,高法律大阿娘亡吊用。熟布一疋,送路高法律张阇梨东行用。布贰尺五寸,王僧政兄亡吊用。布二尺,梁户郭怀义妻亡吊用。计一百三十尺。緤破:立緤一疋,送路官家用……"显然,这里人事和吊孝是分别记载的,这种现象在其他文书中也屡有反映,如 P.2638《后唐清泰三年(936)沙州儭司教授福集等状》记载:"右通前件三年中间,沿众诸色出唱人事、吊孝赏设破除及见在,一一诣实如前,谨录状上,伏请处分。"S.2472V《辛巳年(981)十月三日勘算州司仓公廨斛斗前后主持者交过分付状稿》云:"辛巳十月三日,算会州司仓公廨斛斗……内除一周年迎候　阿郎、娘子及诸处人事、吊孝买布、拜节、贴设肉价并修仓供工匠,计用得麦叁拾伍硕肆斗柒升、粟肆拾肆硕叁斗。"从礼仪的角度来讲,吊孝也可称之为人事,但这里明确将二者独自并列记录,并未将吊孝归入人事,说明他们在性质上是不一致的。从前面我们所征引的事例来看,人事一般针对的是喜庆之事,而吊孝活动恰好相反。

其次,我们既可以把敦煌寺院会计文书中的人事认为是一种庆贺礼仪活动,又可以视为是一种资助行为。正因为如此,敦煌寺院会计文书中还经常有"人助"的记载。S.6452(3)《壬午年(982)净土寺常住库酒破历》第34—43行载:"八月六日,显德寺人助酒壹瓮……十七日,酒壹瓮,安国寺人助用……廿二日,酒壹瓮,翟家人助用。"P.2930P1《公元10世纪某寺诸色破历》记载:"绍建麦伍斗、粟柒斗,沽酒,乾元寺起钟楼日人助用。"S.4120《壬戌年(962)至甲子年(964)报恩寺布褐等破历》记载:"昌褐壹疋,李僧政造车人助用。""昌褐壹疋,李集子男修新妇人助用。"S.6981V(8)＋Дх.01419V＋S.1600V(1)《辛酉年(961)至癸亥年(963)大乘寺诸色破用历》第8行载:"面伍斗,乾元寺上梁人助用。"P.2049V《后唐同光三年(925)正月沙州净土寺直岁保护手下诸色入破历算会牒》载:"粟柒斗,亦与马家付本卧酒报恩寺起钟楼人助用。"P.3763V 记载:"粟柒斗卧酒,高孔目起经楼人助用。"从这些资料来看,"人助"的内容与"人事"基本一致,两者均含有造寺、修钟楼、鼓楼、上梁、嫁娶等事项。这说明人事具有资助性质,故"人事"有时也被称作"人助"。

总之,敦煌寺院会计文书中的破用帐记载的人事活动不同于唐代地方财政支出中以贿赂等为目的的人事活动,它主要是人们为了庆贺与资助而进行的一种行为,特别是具有资助性质的人事活动,它可能更深刻地反映了当时民间人事活动的性质,故有助于我们进一步全面地了解人事的涵义。

而敦煌寺院与佛教界和世俗社会之间保持着频繁的具有庆贺与资助性质的人事关系说明,当时的敦煌佛教界并不是一心拜佛而不问尘事的,相反,他们在积极与世俗社会进行礼仪往来。

第二节 吊孝破用帐

从敦煌文书的记载来看,吊孝活动是敦煌社会一项重要的礼俗活动,是构成敦煌社会礼仪的一个主要方面,相关记载主要保存在两类文书中:一类是书仪,如 P.2622《新集吉凶书仪》、P.3691《新集书仪》、P.3442《吉凶书仪》、S.1725 等等,周一良、赵和平、吴丽娱等先生已利用这些文书对唐五代敦煌的吊孝礼仪进行了深入细致的研究;[①]另一类就是寺院会计文书,如入历、破历、帐状文书等,这类文书中记载有许多吊孝破用帐,为研究敦煌社会的吊孝礼俗提供了宝贵的资料。如果说前者是用书面的形式对吊仪的细节进行了规定,那么后者则是对活生生的吊孝实例的记载,是对前者从实践上的印证。

一、吊孝破用帐的内容及特点

敦煌寺院会计文书中的吊孝破用帐内容较多,根据吊孝对象身份的不同,我们大致可以归纳为如下几类:

(一) 一般世俗人或不明身份者的吊孝破用帐

P.2049V《后唐长兴二年(931)正月沙州净土寺直岁愿达手下诸色入破历算会牒》载:"布捌尺,张家阿婆亡时,吊都头及小娘子用。""布叁尺,康博士女亡吊用。"S.4120《壬戌年(962)至甲子年(964)报恩寺布褐等破历》载:"土布尺五,石郎亡吊孝翟法律用。""甲子年正月,布三尺,史兴子亡吊孝住子不匆用。""布五尺,石幸者亡,吊孝翟法律用。"P.2040V(1)记载:"布贰丈,史军举发时,吊孝诸郎君及小娘子及郭僧正等用。布壹丈叁尺,阎家娘子亡时,吊尚书都衙及小娘子等用……布二尺五寸,康都料孙子亡吊孝用。布二尺,王应子亡时吊孝义员用……布九尺,小骨亡时吊僧政行像汉儿贺博士等用。"P.2032V(3)《公元 939 年净土寺诸色破历》载:"布一丈四尺,张家

[①] 周一良、赵和平先生的相关论文收入两人合著的《唐五代书仪研究》,中国社会科学出版社 1995 年;对书仪的整理录校和初步研究又见赵和平《敦煌写本书仪研究》(新文丰出版公司 1993 年)和赵和平《敦煌表状笺启书仪辑校》(江苏古籍出版社 1997 年);吴丽娱《唐礼摭遗——中古书仪研究》,商务印书馆 2002 年。

第七章 敦煌寺院会计文书中的破用帐及相关问题

小娘子亡时吊都衙用。布三尺，氾家四郎亡时吊和尚用。""布伍尺，十郎亡时吊和尚用。""布三尺，七郎亡时吊和尚用。"P.2032V(18)载："布二尺，康都料姊亡时吊用……布壹拾捌尺，阴家小娘子亡时吊天公主县令孔目等用。"这些破用帐中记载的吊孝对象有工匠或其亲属，还有不明身份者等。

（二）僧人或其亲属的吊孝破用帐

首先是僧官。P.2049V《后唐长兴二年(931)正月沙州净土寺直岁愿达手下诸色入破历算会牒》载："布叁尺，氾阇梨亡时吊僧政用。"S.4120《壬戌年(962)至甲子年(964)报恩寺布褐等破历》载："土布叁尺，赵老亡吊孝用。"这里赵老可能应为"赵老宿"。P.2032V(18)记载："布肆尺五寸，僧统亡时吊宋法律祇愿用。""布八尺，僧录亡时吊善惠愿达等三人用。"僧统、僧录均为僧官，但从这些记载来看吊孝用布数量并不大。

其次为普通僧人。S.4120《壬戌年(962)至甲子年(964)报恩寺布褐等破历》载："同日(十二月三日)布五尺，善胜亡吊孝新戒用。"P.2032V(18)载："布贰尺，愿真亡时吊不勿用。"关于寺院为亡故僧人进行吊孝的记载于文书中并不多见，这可能与僧人的死亡率有关，因为我们所能引用的资料只能是寺院在某一会计核算期内的相关记载，时间跨度不是很长，在此期间内亡殁的僧人人数可能并不多。[①] 同时我们也不能排除与非本寺院僧人亡故后该寺院有时不再进行吊孝有关。前面所引亡僧善胜、愿真本为净土寺僧人，其亡后新戒、不勿可能代表寺院或其个人前去吊孝，这说明愿真的丧事活动可能是由其俗家亲属主持，并在其俗家操办的，因为俗家亲属主持亡僧丧葬活动的情况于敦煌文书中可征明确记载。如 P.4525《宋太平兴国八年(983)养女契(稿)》是某僧人为了养老送终而收养异姓女的情况，文载："其女作为养子尽终事奉，如或孝顺到头亦有留念衣物。"又如 S.2199《咸通六年(865)沙州尼灵惠唯(遗)书》载："灵惠只有家生婢子一名威娘，留与侄女潘娘，更无房资。灵惠迁变之日，一仰潘娘葬送营办。"等等。关于僧人丧事的操办，详细情况可参考郝春文先生的有关论述。[②]

最后为僧人亲属。P.2049V《后唐长兴二年(931)正月沙州净土寺直岁愿达手下诸色入破历算会牒》载："布肆尺，吴法律弟亡吊用。"S.4120《壬戌年(962)至甲子年(964)报恩寺布褐等破历》载："土布壹尺五寸，善因阿嫂亡吊孝用。""布肆尺五寸，索僧统新妇亡吊孝及王上座用。""布贰尺，马僧录侄

[①] 郝春文曾推算出唐五代宋初敦煌僧人的年死亡率大约为1.8%。见郝春文《唐后期五代宋初敦煌僧尼的社会生活》，第13页。

[②] 郝春文《唐后期五代宋初敦煌僧尼的社会生活》，第375—390页。

353

男亡吊孝用。""布贰尺,又布尺五,李僧正阿姨亡吊孝及沈法律用。"P.2040V(1)载:"布九尺,高僧政新妇亡时,吊孝索校拣索僧政高僧政等用……布二尺五寸,善胜新妇亡时吊孝用……布二尺,愿胜父亡吊孝用。布二尺,法深妹亡吊孝用。"P.2032V 中诸件记载:"布肆尺,宋法律侄女亡时弔法律及祥应用。布二尺五寸,应启姊亡时吊用。""布二尺,保镜父亡吊用。布二尺,进员母亡吊用。布二尺,愿通父亡吊用。布三尺,高阇梨母亡吊用。布二尺,吊应进父亡用。布二尺五寸,张僧政兄亡吊用。""布二尺五,保会阿㚖亡吊孝用。布贰尺,法深兄亡吊孝用。""布叁尺,吴僧政侄亡吊孝用。""布三疋,愿真兄亡吊孝用。"P.3234V(7)载:"布尺五,弔祥会弟亡用。""布二尺,吊保应父亡时用。布二尺,高法律大阿娘亡吊用。""布贰尺五寸,王僧政兄亡吊用。"从这些破用帐来看,僧官亲属亡故后的吊孝用布一般为 2—3 尺,而普通僧人用布一般也不会超过二尺,惟独 P.2032V 中所记愿真兄亡时吊孝用"布三疋",堪称特殊。

(三)世俗官员或其亲属的吊孝破用帐

S.4120《壬戌年(962)至甲子年(964)报恩寺布褐等破历》载:"布叁丈伍尺,暮(慕)容悬(县)令亡,吊孝诸娘子用……布叁尺,曹乡官亡吊孝阴家娘子用……布三尺,邓马步亡吊孝用……布尺五,孔都头阿娘亡吊孝用。"P.2040V(1)载:"布一丈二尺,索校拣母亡时,吊孝校拣郎君及小娘子等用……布九尺,张乡官小娘子亡时,吊孝水官张郎君乡官等用。布壹丈伍尺,索乡官亡时,吊孝长史水官陈都头长史娘子等用。"P.2032V 中诸件记载:"布叁尺,孔将头亡时吊宋法律用。""布贰丈九尺,太保亡时,吊公主郎君小娘子等用。""布柒尺,孔乡官亡时吊僧统及高僧政用。布叁尺,曹押衙亡吊孝用。布陆尺,张都头亡时吊新妇及男用。""布壹丈五寸,张乡官亡时吊和尚张法律阳孔目阿婆等用。布三尺,阳押衙妻亡时吊和尚用。粟叁斗,高家吊孝时沽酒看僧官用。""布三尺,孔乡官母亡时吊僧统用。""布二丈一尺,索都衙亡时吊小娘子诸郎君僧政等用。布陆尺,阴都头亡时吊和尚及一娘子用。布二尺,吊法进用。布七尺,罗指挥亡吊小娘子郎君用。布二尺五寸,吊王都头用。""布叁尺,邓都头亡吊小娘子用。"Дх.01428《公元 962 年报恩寺诸色织物破历》载:"布贰尺,氾押牙亡,吊孝僧政用。布三尺,杨押衙妻亡,吊孝张僧统用……布三尺,曹都头娘子亡,吊孝张僧统用。""布壹丈,沈押衙亡,吊孝夫人及小娘子都衙翟法律等用。"[①] Дх.01425+Дх.11192+Дх.11223《辛酉年(961)某寺或僦司吊孝等破用布褐等历》载:"辛酉年正月

---

① 俄罗斯科学院东方研究所圣彼得堡分所《俄藏敦煌文献》第 8 册,第 166 页。

五日,翟押衙亡,吊翟僧正都头二杨都头□高法律□官等用布四十尺。"这些破用帐中记录的吊孝对象有太保、县令、乡官、押衙、长史、都头、校栋、押衙、指挥等及其亲属,上有归义军节度使,下有基层普通官员。

从以上记载来看,敦煌佛教不再是以"不拜君亲"的唯我独尊的态度来处世,而是积极地投入世俗社会的吊孝礼仪中去。当时寺院的吊孝对象是相当广泛的,基本上反映了 P.2622《新集吉凶书仪》等中所记载的吊人父母亡、吊人翁婆亡、吊人伯叔姑兄姊亡、吊人弟妹亡、吊人妻亡、吊人姨舅亡、吊人小孩亡、姑亡吊姑夫、姊妹亡吊姊妹夫、吊人妻父母亡、吊人女婿亡、吊人子在外亡等情况。此外,书仪中还有吊小殓、吊二殓、吊成服、吊临葬、吊临圹、吊殡埋毕、葬回吊、诸追七吊、百日吊、小祥吊、大祥吊、除服吊等吊词,这些场合的吊仪活动于文书中不多见,但这并不意味着这些记载只是书面规定而没有起到实际意义,如 Дх.01425+Дх.11192+Дх.11223《辛酉年(961)某寺或僧司吊孝等破用布褐等历》载:"十五日,达家大娘子葬,就墓头吊夫人□□□娘子亲表等用布两疋一丈。"这应即是对书仪中吊临葬、吊临圹等记载的反映,这一切俱证明书仪中的种种规定在当时敦煌社会中真正发挥着礼仪规范作用,同时也反映了当时吊孝礼俗的实际情况。寺院在吊孝对象的广泛性上是有别于其纳赠对象的狭窄性的,因为敦煌寺院在都僧统等高级僧官及一般僧官亡殁后都要为其纳赠,而普通僧人亡后,本寺院一般要纳赠助葬,非本寺院一般则不再纳赠。[①] 当然,寺院吊孝对象的广泛性也是相对的,如前述吊孝破用帐中记载的吊孝对象一般均为僧俗官员或其亲属。

一般而言,寺院在吊孝活动中破用的布匹应该是以寺院名义进行的,但从以上破用帐可以注意到,有些吊孝用布并不是由本寺院或其属僧人所支用,而是由其他非本寺人员来使用,这些人大致有如下两类:一是都司僧官如僧统、僧政等,虽然不排除这些僧官是代表本寺院吊孝的可能,但是也有可能是非本寺僧人;二是世俗官员如长史、都头、县令、乡官、水官及其亲属如公主、郎君、小娘子等。多数情况下,吊孝活动是由僧官与世俗官员及其亲属同时进行的,这在前引文书 Дх.01428、P.2040V、P.2032V 和 Дх.01425+Дх.11192+Дх.11223 中均有记载,如 Дх.01425+Дх.11192+Дх.11223 中"辛酉年正月五日,翟押衙亡,吊翟僧正都头二杨都头□高法律□官等用布四十尺"说明,在翟押衙亡故后,吊孝者有翟僧正、都头、法律等

[①] 郝春文《唐后期五代宋初敦煌僧尼的社会生活》,第 375—386 页;郭永利《晚唐五代敦煌佛教寺院的纳赠》,第 77—83 页。

僧俗官员。僧俗官员在进行吊孝活动为自己建立人情关系,却从寺院得到数量不等的吊孝用布,而且这些布似乎是无偿所得,因为我们从相应的寺院会计文书如入历、入破历算会等文书中不见相关的偿还收入记录,这种现象说明当时寺院与敦煌上层社会保持着密切的关系,同时僧俗官员的这种行为无疑会造成寺院财产的流失。

二、吊孝破用物品及有关问题分析

敦煌寺院会计文书中的破用帐记载的吊孝物品主要有布、斛斗和面。

(一) 布

从前面梳理的吊孝破用帐来看,吊孝所用布的绝对数字均很小,一般平均每名吊孝者用布在一尺五寸到四尺之间。虽然有时吊孝用布绝对数字也比较大,但这与吊孝人员比较多有关,如 S.4120 载:"布叁丈伍尺,暮(慕)容悬(县)令亡吊孝诸娘子用。"P.2040V(1)载:"布一丈二尺,索校拣母亡时,吊孝校拣郎君及小娘子等用……布壹丈伍尺,索乡官亡时,吊孝长史水官陈都头长史娘子等用。布贰丈,史军举发时,吊孝诸郎君及小娘子及郭僧正等用。布壹丈叁尺,阎家娘子亡时,吊尚书都衙及小娘子等用。"P.2032V(6)载:"布二丈一尺,索都衙亡时,吊小娘子诸郎君僧政等用。"P.2032V(18)载:"布壹拾捌尺,阴家小娘子亡时,吊天公主县令孔目等用。"P.2032V(3)《公元939年净土寺诸色破历》载:"布三疋,愿真兄亡,吊孝用……布一丈四尺,张家小娘子亡时,吊都衙用。"P.2032V(12)《后晋天福四年(939)净土寺诸色破历》载:"布壹丈五寸,张乡官亡时,吊和尚张法律阳孔目阿婆等用……布贰丈九尺,太保亡时,吊公主郎君小娘子等用。"这几项吊孝用布的数字比较大,个别没有说明吊孝人数,但大多吊孝人员比较多,平均下来,每个吊孝者所用布也仅几尺而已。

吊孝用布数量很小也是吊孝活动不同于助葬和纳赠的一个主要区别。从文书记载来看,助葬用布一般数量比较大,如 P.4640《己未年—辛酉年(899—901)归义军衙内破用纸布历》载:"(四月)廿七日,支与押衙罗文达助葬粗布叁疋……(七月)廿七日,奉判支与员外男僧助葬粗布两疋……(八月)十六日,奉判支与兵马使刘英杰助葬粗布壹疋。"这是归义军衙内在助葬时的粗布支出记录,数量有一疋、三疋不等。在社邑内部,纳赠的数量不仅大,而且价值比布高的褐、绢、绯、绵绫等类织物比较常见,如 S.1845《丙子年(976)四月十七日祝定德阿婆身故纳赠历》载:"张阇梨并(饼)粟,白斜褐一丈二尺,白斜褐一丈一尺。"又 S.2472V《辛巳年(981)十月廿八日荣指挥葬巷社纳赠历》载:"僧高继长并(饼)油柴,生绢绯绵绫一丈五尺,当处分付

第七章 敦煌寺院会计文书中的破用帐及相关问题

主人。"不仅社邑内部,寺院在相关人员亡故后的纳赠物也比吊孝所用布的价值大,为了便于比较,我们将相关寺院的部分纳赠破用帐整理如下表:

表 7-1

文书卷名	纳赠破用帐
S.5039＋S.4899《丁丑年(977)至戊寅年(978)报恩寺诸色破历》	粟贰斗伍升,乾沨判官亡纳赠用;粟伍斗,三界寺董僧正亡纳赠用;粟贰斗伍升,沈法律亡赠用;粟伍斗,乾元寺何僧正亡纳赠用;麦贰斗,沽酒纳赠用。
P.2049V《后唐长兴二年(931)正月沙州净土寺直岁愿达手下诸色入破历算会牒》	粟贰斗,纳唐法律赠用;粟叁斗陆胜,灵图寺氾僧政纳赠用;油两抄半,纳唐法律赠用;油壹胜,赠图氾僧政用;面贰斗伍胜,赠唐法律用;面叁斗,赠氾僧政用。
P.4909《辛巳年(981)十二月十三日后诸色破历》	史判官亡,面贰斗伍升、油壹升,纳赠用;金马法律亡,粟贰斗伍升、面贰斗伍升、油壹升,纳赠用。
S.4649＋S.4657《庚午年(970)二月十日沿寺破历》	粟贰斗伍升,金光明寺刘法律亡纳赠用;显德寺吴法律亡纳赠粟贰斗伍升。
S.6452(1)《公元981或982年净土寺诸色破历》	灵图寺孔僧正亡,纳赠面伍斗、粟伍斗、油三合;大云寺令狐法律亡,纳赠面壹斗叁升、粟壹斗、油两合。
Дx.01426＋P.4906＋Дx.02164《公元962年报恩寺诸色破历》	白面贰斗叁升、油壹升,莲张判官亡纳赠用。
S.4642V《公元10世纪某寺诸色入破历算会牒》	粟叁斗,大云寺田禅亡时纳赠用;粟贰斗伍胜,龙画法律亡时纳赠用;粟肆斗伍胜,莲宋僧政亡时纳赠用;粟贰斗伍胜,龙张判官亡时纳赠用;面叁斗,云田禅亡时纳赠用。
P.3234V(9)《癸卯年(943)正月一日已后净土寺直岁沙弥广进面破历》	面四斗,高僧政亡时纳赠用;面伍斗,赠憨儿用;面伍斗,造食赠保达用。
S.4657(1)《公元978年前后报恩寺诸色入破历算会牒》	粟贰斗伍升,开元寺阴法律亡纳赠用;粟贰斗伍升,金光明吴法律亡纳赠用;又粟贰斗伍升,程法律亡纳赠用;豆伍斗,图就僧正亡纳[赠用]。
S.5050《公元980年前后报恩寺诸色入破历算会牒稿》	粟肆斗伍升,纳赠用;粟贰斗贰升,图罗判官亡纳赠用;粟贰斗贰升,莲李法律亡纳赠用。
P.3165V《公元944年或945年灵图寺诸色入破历算会牒稿》	三石六斗,和尚亡纳(赠)用;一石二斗,僧统亡纳赠用。

从上表中纳赠破用帐来看,纳赠物主要是斛斗及其加工物如粟、面、油

357

等。按单笔纳赠破用帐来计算，表中大部分纳赠用粟在 2—4 斗之间，而前述平均每名吊孝者用布一般在一尺五寸到四尺之间，折合成麦粟大约也在 1.5—4 斗之间，二者基本一致。但实际上，给每名亡故者纳赠时，纳赠物不仅仅有粟，还会有面、油，如表中 P.4909、S.6452(1)、P.2049V 中的纳赠帐即是。至于其他几件文书中纳赠物仅有粟或面的原因主要有二，一是文书中将不同的纳赠物分类记录，二是文书残缺，如 S.4642V 中大云寺田禅师亡时纳赠的叁斗粟和叁斗面就是分别记录在粟破用帐和面破用帐中的。故将纳赠的粟、面、油计算在一起时，纳赠物的价值远远高于吊孝用布的价值。

吊孝用布的数量和价值远小于助葬和纳赠物的现象说明，吊孝与助葬、纳赠的性质是不同的，吊孝是一种礼仪交往，助葬和纳赠是一种资助行为。只有在个别情况下，僧人或其亲属亡殁后，寺院要支出大量的吊孝用布，如前引文书 P.2032V(3) 中"布三疋，愿真兄亡吊孝用。"如此大数目的吊孝用布，除用来制作亡者殓服、丧服、吊服等外，可能也用来购置丧葬事务中所需的物品，因为在晚唐五代宋初敦煌厚葬之风盛行，丧葬往往成为人们的沉重负担，[①]而布在敦煌市场可以充当等价物。[②] 故从这个意义上来说，吊孝也是一种助葬行为而具有双重性质。

从相对数字来看，寺院吊孝破用布的数量并不小。下面我们据敦煌文书中有关布匹破用帐较为完整的记载，把当时寺院在某一年度内或某一会计核算期内布匹支出总数与吊孝用布支出数额情况做一比较，详情如下表：

表 7－2

文书卷号	寺院名称	年代	用布总数(尺)	吊孝用布(尺)	吊孝用布比率(%)
P.2049V	净土寺	931	283	28	10.0
P.2040V(1)	净土寺	942	1963	98	5.0
P.2032V(6)	净土寺	943	144	104	72.2
P.2032V(18)	净土寺	944	134	54	40
P.3234V(7)	净土寺	945	130	10	7.8

从上表中我们可看到，吊孝用布在寺院布匹支出总数中占有较大的比

---

① 宁可、郝春文《敦煌社邑的丧葬互助》，《首都师范大学学报(社会科学版)》1995 年第 6 期，第 32—40 页。
② 郑炳林《晚唐五代敦煌贸易市场的等价物》，第 14—32 页。

例,最高者竟达到72.2%。当然,此表可能反映不了当时的普遍情况,但可以从侧面反映出寺院在吊孝活动中破用布的数量及其参与吊孝礼仪的情况。

(二) 斛斗和面

除了布以外,在寺院的吊孝破用物中还有斛斗和面,如 P.4907《庚寅年(930?)九月十一日至辛卯年(931?)七月九日某寺诸色斛斗支付历》载:"十二月廿五日,吊孝达家夫人社粟壹斗、小社粟壹斗……十四日,吊孝索家娘子粟叁斗……吊孝善昌都头粟壹斗……都官社吊孝粟壹斗,亲事吊孝邓家阿师子粟壹斗……六月十三日,吊孝保盈张都头粟壹斗,又壹斗。十六日,付荆都头粟玖硕叁斗,亲使吊孝粟壹斗。"这些吊孝所用的是粟,而且数量很小,基本上都是一斗,可折合成一尺布。又 S.4642V 载:"面壹硕叁胜,惠兴亡时劝孝用。"这笔劝孝破用面数额较大,可能劝孝应不是简单的吊孝。从文书记载来看,寺院在吊仪中破用斛斗和面的记载很少,这与寺院在纳赠活动中大量破用斛斗和面而较少使用织物的现象相反,其原因可能在于前者主要是一种礼仪交往,而后者重点在于助葬。

虽然目前所见敦煌寺院会计文书中的吊孝破用物主要是布、粟、面,但是这并不能反映出当时寺院乃至敦煌社会在吊仪中所用物品的全貌,因为吊仪所用物品的范围是很广泛的,如 S.4571(2V)《随使宅案孔目官孙海状》载:

1 钱财驼马壹箱、酒壹瓶。
2 　　右伏蒙
3 　　大德眷私,以　　遐聆
4 　　讣告,方积哀摧,回垂
5 慰问之
6 缄封,特遣
7 吊仪之
8 厚礼。弥增悲感,益认
9 优隆。已依
10 仁旨,只留讫。谨修状陈
11 谢,伏惟
12 照察。谨状。

13　　　三月　日随　使宅案孔目官孙　海状①

本状文中所载的吊仪物品就有钱财、酒等物色。有时还用价值比较高的纺织品，如 S.5804V《僧智弁吊喭孟阇梨母亡状》载：

1 自拙将治染时疾，徨遽眠在铺席，忽闻孟阇梨慈母亡
2 没，便合奔赴吊问。致为力不赴心，行李寸步不前，伏望不
3 责。白罗壹段、紫褋壹、绯䌷壹段色物三事，谨遣堂子□
4 苟奴送赴。伏惟　照察，谨状。
5　　　　　　　　　　六月十七日　智弁状②

该状文中的吊仪物品有白罗、紫褋、绯䌷等，像钱财和价值比较高的纺织品一般只在助葬的时候才使用，故而这种在吊孝活动中为孝家（或凶家）提供吊仪厚礼的现象使得吊仪在作为一种礼仪而存在的同时也具有助葬的性质。但如前所论，吊孝和助葬是两种性质不同的行为，并不是在所有的吊孝活动中都要提供其他助葬物品，如前述寺院在吊孝活动中一般一名吊孝者仅用几尺布而已，不再提供"吊仪厚礼"。那种在吊孝的同时提供助葬物色的现象可能仅存在于社邑成员之间或具有特殊关系者之间。

第三节　劳作破用帐

敦煌寺院的劳作者主要是僧尼、各种工匠、硙户、梁户、依附人户、园子、牧羊人等，这些人在为寺院劳作时，寺院往往要提供饭食等，从而形成寺院的劳作破用帐，而劳作破用帐也是寺院破用帐的主体。

一、僧尼的劳作破用帐及敦煌寺院经济的性质

郝春文先生研究指出，晚唐五代的敦煌寺院一般不供应僧人日常饭食。③ 但是，当僧尼参加寺院内部的一些劳作活动时，寺院往往会供应僧尼

---

① 唐耕耦、陆宏基编《敦煌社会经济文献真迹释录》第 5 辑，第 34 页。
② 唐耕耦、陆宏基编《敦煌社会经济文献真迹释录》第 5 辑，第 8 页。
③ 参郝春文《唐后期五代宋初敦煌僧尼的社会生活》，第 88—92 页。在 S.3074V《吐蕃占领敦煌时期某寺白面破历》中记载有许多僧人堂食、小食的破用帐，但是吐蕃时期的这种寺院破用帐非常少，故吐蕃时期敦煌寺院是否供应僧人饭食的情况还需更多材料来进一步证明。

饭食,这在寺院破用帐中多有记载。

(一) 僧尼的劳作破用帐

1. 农业劳作破用

敦煌寺院的农业劳作者应该有寺户、常住百姓、僧尼、园子等,但目前所见敦煌寺院会计文书中记载的农业劳作者主要是僧尼和园子,其中以僧尼为主。

僧尼在寺院内的农业劳作主要是耕种寺院土地和庄园。P.3234V(9)《癸卯年(943)正月一日已后净土寺直岁沙弥广进面破历》载:"面壹斗,两件耕地僧用。"S.4649+S.4657《庚午年(970)报恩寺沿寺破历》载:"粟陆斗,沽酒,□渠庄刈麦众僧吃用。"S.6452(3)《壬午年(982)净土寺常住库酒破历》第5—6行载:"(二月)十三日,酒壹角,李僧正种麦用。"P.2930P1《公元10世纪某寺诸色破历》第6行载:"麦四斗,沽酒,歌水道(割水稻)日众僧食用。"这几条破用帐说明敦煌僧人会亲自参与农业生产活动如耕地、播种、收割庄稼等,期间由寺院供应饭食。

敦煌僧人在寺院庄园中参加劳作的活动更为频繁,如S.3074V《吐蕃占领敦煌时期某寺白面破历》载:"同日(六月一日),出白面三斗,修桃园众僧食,付金紫。"P.2930P1《公元10世纪某寺诸色破历》载:"面柒斗,于园头看一勾头众僧食用……粟三斗,沽酒,法律、老宿、法师于园头食用。"Дx.01426+P.4906+Дx.02164《公元962年报恩寺诸色破历》第16—17行载:"白面肆斗,造胡饼,持园众僧吃用。"第35—36行载:"白面贰斗、麨面六斗、油陆合,众僧垒园早午食用。"第58—59行载:"白面壹斗、麨面贰斗伍升、油两合,众僧座葱食用。"第62—63行载:"白面壹斗、麨面叁斗、油两合,众僧垒园两时食用。"特别是关于净土寺僧人在园中劳作的记载非常多,如P.2049V《后唐同光三年(925)正月沙州净土寺直岁保护手下诸色入破历算会牒》第328—329行载:"油贰胜,寒食祭拜和尚及众僧修园用。"第341行载:"油壹胜,垒园车道日,众僧斋时用。"第365—366行载:"面柒斗,寒食祭拜和尚及第二日修园众僧食用。"第375—376行载:"面叁斗伍胜,垒园墙两日众僧食用。"P.2049V《后唐长兴二年(931)正月沙州净土寺直岁愿达手下诸色入破历算会牒》第317—318行载:"油壹胜,堆园日众僧斋用。"第333行载:"面贰斗,堆园日众僧食用。"第344—345行载:"面壹斗伍胜,园中栽树众僧斋时用。"第388行载:"面贰斗,堆园日众僧斋时用。"第392行载:"面贰斗,堆园日,众僧食用。"第394—395行载:"面壹斗,园内栽树子日众僧食用。"第400—401行载:"面壹斗伍胜,垒园日众僧食用。"第403—404行载:"面贰斗,卯年堆园日众僧斋时用。"P.3234V(9)第50行载"面贰斗柒

361

胜半,堆园日众僧食用",第54行载:"粗面叁斗,堆园僧食用",第71行载"面叁斗,堆园众僧食用"。P.2032V(3)记载净土寺939年破用"面伍斗五升、油叁胜一抄、粗面叁斗、粟柒斗卧酒,寒食祭拜及第二日园内造作,众僧食用"。P.2032V(18)记载净土寺944年破用"面三斗,堆园众僧用……面贰斗伍胜,延康渠底畔及园内锄渠畔僧食用……面伍斗,垒园众僧用……面二斗,堆园众僧用"。P.2032V(19)记载净土寺945年破用"面伍升,桃园栽树子日僧食用"。P.2776+S.0366《后唐同光二年(924)净土寺诸色入破历算会牒》第23行载:"面壹斗伍胜,九日堆园众僧斋时用。"第25—26行载:"面壹斗伍胜,寒食蒸饼馉饼垒园角及碨面沙弥等用。"第27—28行载:"面贰斗,垒北园墙日众僧解斋斋时用。面贰斗,园内揭墼日众僧解斋斋时用。"第30—31行载:"面三斗,垒北园墙日众僧食用。"第39—41行载:"面贰斗,收菜刈菜沙弥女人食用。面贰斗,园间收菜众僧斋时用。"这些在庄园中的劳作,有的是对庄园的维修,有的是对园中果树、蔬菜等的种植与护理,是敦煌僧人参与农业劳作的一部分,期间也由寺院供应饭食。

  敦煌僧人也在西窟(西千佛洞)进行修堰、上水等与农业相关的劳作。P.3490V(1)《辛巳年(921)净土寺油破历》第9—10行载:"油叁胜两抄,西窟修堰造食、燃灯用。"第33—34行载:"油肆胜,西窟上水及乞麻日斋时解火等用。"第77—78行载:"面壹斗,园间累胡卢架众僧食。"第80—81行载:"面陆斗叁胜,西窟修堰僧食用。面叁斗,西窟修堰回日迎顿解火用。"第87行载:"面肆斗伍胜,西窟上水及乞麻解火等用。"又P.2049V《后唐同光三年(925)正月沙州净土寺直岁保护手下诸色入破历算会牒》第350行载:"油壹胜,西窟修堰僧食用。"第373—374行载:"面叁斗,西窟上水修堰众僧食用。"第417—418行载:"面叁斗,与西窟上水僧用。"S.11351B载:"断西窟上水僧名目:海柱、永口、定定、法真、善庆、沙弥保定、保行,已上七人各七斗三升。"P.3234V(9)《癸卯年(943)正月一日已后净土寺直岁沙弥广进面破历》载:"面肆斗,将西窟上水用……面壹斗,西窟上水时造食女人用。"P.2032V(19)记载净土寺945年破用"面叁斗,西窟上水用"。P.2776+S.0366《后唐同光二年(924)净土寺诸色入破历算会牒》载:"面陆斗,西窟上水众僧食用。"等等。修堰就是修筑堰堤,而堰堤主要是用来灌溉的,说明西窟拥有土地。至于文书中所载的"上水"意思虽不太明朗,但不排除与农业生产有关。对此,马德先生指出,西窟前有被党河水冲刷而成的可耕地,这些土地可引党河水浇灌,故修堰和上水便是经常性的工作。[①] 又P.2049V

[①] 马德《10世纪敦煌寺历所记三窟活动》,《敦煌研究》1998年第2期,第84页。

《后唐同光三年(925)正月沙州净土寺直岁保护手下诸色入破历算会牒》第297—299行载:"粟肆硕贰斗,付众僧及女人卧酒冬至岁聚粪西窟、交割西仓等用。"此处的聚粪亦应与农业生产相关。① 可见,净土寺在西窟拥有地产是无疑的,而僧人在西窟从事修堰、上水、聚粪等农业劳作活动时也由寺院供应饭食。

此外,基于土地的役负——渠河口作也与农业劳作密切相关,如 P.3257《甲午年(934)索义成付与兄怀义佃种凭》载:"甲午年二月十九日,索义成身着瓜州,所有父祖口分地叁拾贰亩,分付与兄索怀义佃种。比至义成到沙州得来日,所着官司诸杂烽子、官柴草等小大税役,并总兄怀义应料,一任施功佃种。若收得麦粟,□自兄收,颗粒亦不论说。义成若得沙州来者,却收本地。渠河口作税役,不忓□兄之事……"② 可见,谁要耕种索义成的土地,谁就得承担基于其土地的"渠河口作税役"。由于敦煌寺院拥有土地,而这些土地有的往往需要浇水灌溉,故寺院也要参与渠河口作,即修渠事宜,这在寺院破用帐中有明确记载,如 P.2049V《后唐同光三年(925)正月沙州净土寺直岁保护手下诸色入破历算会牒》第252—255行载:"麦壹斗,与无穷渠人修口用……麦壹斗,后件无穷[渠]人来修河用。"又 P.2040V(3)载:"粟二斗,菜田渠修渣(闸)木价用。""粟四斗,无穷修查(闸)与渠人用。"无穷渠、菜田渠是寺院土地较集中的水渠,作为水利灌溉系统,主干河、水渠、河口、水闸及其他设施等都是系统地组织在一起的,故修河、修河口、修闸等均属渠河口作的内容,而寺院要为承担渠河口作者提供饭食及相关费用。郝春文先生认为这些文书中的"渠人"是指承担渠河口作的百姓,而寺院不直接承担渠河口作,寺院一般是雇人或寺属佃农替寺院承担渠河口作,寺院提供给他们一定数量的粮食作为补贴。③ 但实际上,渠人中也有僧人,也即僧人也可能会是渠人,如 P.3412V《壬午年(982)五月十五日渠人转帖》载:

```
1  渠人  转帖  索法律  张延住  吴富员  泷长盈
2      已上渠人,今缘水次逼近,要通底河口,人各锹镢
3      壹事,白刺壹束,柽一束,橛壹笙,须得庄(壮)夫,不
```

---

① 张弓先生认为,敦煌冬至节聚粪是备来春施用,不仅寺院如此,更是民间习俗。冬至聚粪同敦煌的寒食日堆园、中原的元日告成一样,显示着中古时代敦煌岁节行事所包孕的祈农情结。参张弓《敦煌秋冬节俗初探》,载《敦煌学国际研讨会文集》,辽宁美术出版社1995年,第593页。
② 唐耕耦、陆宏基编《敦煌社会经济文献真迹释录》第2辑,第29页。此处移录时据图版对个别文字做了校改。
③ 郝春文《敦煌的渠人与渠社》,《北京师范学院学报》1990年第1期,第90—97页。

363

4　　用斯(厮)儿。帖至,限今[月]十六日卯时于皆(阶)和口头取齐。

5　　捉二人后到,决丈(杖)十一,全不来,官有重责。其帖各自

6　　示名递过者。

7　　　　　　壬午年五月十五[日]王录事帖①

该件明确系渠人转帖,其中有僧人索法律,说明索法律也属于渠人,其应拥有土地,故与其他渠人一样要承担修渠义务。又Дx.01378《当团转帖》是某僧正下给某僧团老宿、张法律等人的帖文,其内容如下:

1　当团　转帖　老宿　张法律　阴法师　程法律　阴法律　员启

2　明戒　戒会　法海　愿奴　法定　法藏　法牟　定昌　法行　惠文　法

3　净　曹午　流进　道信　安定兴　兴延　留顺　会真　阴苟子　张不勿

4　张清住　愿成　愿盈　右件徒众修堤,人各枝两束,二人落举一副,

5　　　　　锹钁一事。帖至,限今日限夜,于堤上取齐,

6　　　　　捉二人后到,决杖十五,全不来,官有重责。

7　　　　　其帖各自示名递过,不得亭流(停留)者。

8　　　　　今月日僧正帖②

这是一件关于修河堤的转帖,而该团的成员主要为僧人,不排除这些僧人属同一寺院的可能。这说明,在现实生活中,寺院僧侣会亲自承担修河堤等渠河口作的任务。当然,不管是僧人,还是其他人,只要其替寺院承担渠河口作,寺院就可能会为其提供与之相关的食用等费用支出。

敦煌的僧尼不仅会参加寺院内部的农业生产活动,而且由于一部分僧尼与家人或与亲属生活在一起,他们也有自己个人的房舍,他们与世俗家

---

① 唐耕耦、陆宏基编《敦煌社会经济文献真迹释录》第1辑第408页和宁可、郝春文辑校《敦煌社邑文书辑校》第380页对该件文书中个别文字的释录有所不同,此处移录时对二者录文和图版均进行了参照。

② 录文参唐耕耦、陆宏基编《敦煌社会经济文献真迹释录》第4辑,第161页。

第七章 敦煌寺院会计文书中的破用帐及相关问题

庭、家族互为依存,许多僧人出家后在家中的经济地位、经济权利都未发生变化;[1]同时,有的僧侣还通过博换、买卖、请田等方式占有土地,甚至修建庄园的现象甚为普遍。[2] 在此背景之下,僧人自然也会参与农业劳作,但这种寺外的劳作与寺院破用帐没有关系,此处不再展开。

2. 修造劳作破用

在寺院内部,往往不可避免地会进行一些修造工作,而僧人也会参与其中,寺院也要相应地破用食物等。P.2049V《后唐长兴二年(931)正月沙州净土寺直岁愿达手下诸色入破历算会牒》第 294—295 行载:"油三胜半,修土门时看都头乡官工匠并众僧等用。"P.2049V《后唐同光三年(925)正月沙州净土寺直岁保护手下诸色入破历算会牒》第 333—335 行载:"油叁胜,六月修寺院及上屋泥三日中间,众僧解斋时用。油壹胜,修造了日,众僧及泥匠斋时用。"第 381—384 行载:"面柒斗,寺院和泥及上屋泥修基阶三日,众僧及功匠解斋斋时夜饭等用。面三斗,修造了日,众僧及泥匠斋时食用。"第 426—427 行载:"面柒斗伍胜,修佛殿上屋泥三日,众僧解斋斋时用。"可见,净土寺僧众在当年参与的寺院修造有修土门、修寺院、上屋泥、修基阶和修佛殿等,其修建劳作较为频繁。又《净土寺甲辰年(944)正月一日以后直岁惠安手下诸色入破历算会牒稿》第 169 行载:"面九斗,三日中间接墙盖厨舍众僧及博士用。"第 202 行载:"面一石二斗,三日间接墙盖厨舍众僧用。"第 214—215 行载:"(谷)面六斗,三日间接墙盖舍众僧用。"这三笔帐记载了净土寺僧众在接墙盖厨舍时劳作了三天时间。P.2032V(3)《公元 939 年净土寺诸色破历》载:"面叁斗,粗面伍斗,油半□,粟一斗,垒树圌众僧食用。"圌系用来存储粮食的仓库,但树圌不知是否也是,不过垒圌也应属于修造活动。僧人在寺院参加的修造劳作五花八门,P.3490V(1)《辛巳年(921)净土寺油破历》第 12—15 行载:"油伍胜两抄,北院修造中间肆日众僧及功匠斋时解夜饭炒臛䬼䭃等用。油三胜半半抄,北院修造了日屈工匠及众僧兼第二日榟打博功解斋等用。"第 78 行载:"面三斗,驮沙日众僧斋时用。"这是净土寺僧众修造本寺北院及驮沙的记载。P.4909《辛巳年(981)十二月十三日后诸色破历》载:"[壬午年正月]十九日,众僧安门午料连面柒升。"这是某寺僧众安门的记载。在修造劳作中,还有僧人掘井的记载,如 P.2930P1《公元

---

[1] 参郝春文《唐后期五代宋初敦煌僧尼的社会生活》,第 76—88、369—374 页。
[2] 关于吐蕃归义军时期敦煌僧侣广占土地的情况,可参王祥伟《吐蕃归义军时期敦煌僧侣的占田及税役负担——敦煌世俗政权对佛教教团经济管理研究之二》,《敦煌学辑刊》2011 年第 2 期,第 13—27 页。该文又收入王祥伟《吐蕃至归义军时期敦煌佛教经济研究》,第 333—352 页。

10世纪某寺诸色破历》载:"面七斗,修井日众僧斋时食用。"S.1053V《己巳年(909或969)某寺诸色入破历算会牒》载:"粟肆斗,淘(掏)井日用。"S.1733《公元9世纪前期诸色入破历算会牒稿》云:"(前缺)充缝皮鞋博士及屈(掘)井押油人粮用。面一石七斗,屈(掘)井及刈麦人等食用。"这些资料有的虽不明是什么人掘井,但有的明确是僧人参与其中。

从破用帐的记载来看,在相关修造过程中,往往要用到墼、①木材等物资,故僧人也会加入到制作或搬运墼、砍运木材等劳作中去。P.2032V(12)《后晋天福四年(939)净土寺诸色破历》载:"白面壹斗、粗面贰斗,中院垒界墙众僧食用。白面四斗伍升、粗面四斗伍升,众僧般墼食用。"这是净土寺僧人为了在中院垒界墙而搬运墼的记载。又P.2049V《后唐长兴二年(931)正月沙州净土寺直岁愿达手下诸色入破历算会牒》第399—400行载:"面贰斗,两日易墼僧食用。"P.2032V(18)记载净土寺944年破用帐云:"面肆斗,后件脱墼僧用……[谷]面贰斗,两日折麻及交库众僧食用。面四斗,两日垒界墙[众僧]食用。面壹斗,垒园人用。面陆斗伍胜,垒行像堂及下城[朵]用。面五斗五升,弈(易)墼及接墙僧食用。"这些资料均记载了净土寺僧人的易墼、脱墼及用墼垒园、垒行像堂、接墙等修造活动。由于墼在寺院日常的修造中是主要的材料,故破用帐中的相关记载也较多,又如Дx.01426+P.4906+Дx.02164《公元962年报恩寺诸色破历》第25—26行载:"麨面壹斗,造墼僧吃用。"P.2776+S.0366《后唐同光二年(924)净土寺诸色入破历算会牒》第3—6行载:"面陆斗伍胜,两日般墼随车牛人夫众僧等用。面壹斗伍胜,第三日众僧易墼斋时解斋用。面壹斗伍胜,揭墼日众僧斋时食用。"第32—35行载:"面壹斗伍胜,城北揭墼日众僧食用。面陆斗,两日般墼车牛人夫及众僧食用。面叁斗,第三日众僧及沙弥易墼解斋斋时及夜饭等用。"第43—47行载:"面壹斗,揭墼日解斋用。面壹斗。园内造墼沙弥用……面肆斗。两日般墼众僧及人夫食用。面斗半,易墼日三时看沙弥用。"可见,僧人造墼、搬运墼而参与修造在当时的敦煌地区是甚为普遍的现象。②

同样,僧人在参加修造劳作时,也会参与砍运木材的工作。Дx.01426+P.4906+Дx.02164《公元962年报恩寺诸色破历》第34行载:"白面壹斗、粟贰斗,斫椽僧吃用。"P.3875V《丙子年(976或916)修造及诸处伐木油

---

① 敦煌地区的墼一般是不用烧制也无法烧制而可直接使用的土坯,参刘再聪《说河西的墼——以敦煌吐鲁番出土材料为中心》,《华夏考古》2009年第2期,第130—140页。
② 对敦煌文书中易墼、脱墼、造墼、搬墼、踏墼等词意的考释,可参陈晓强《论敦煌文献中的"墼"》,《敦煌研究》2017年第6期,第108—112页。

面粟等破历》载:"面壹斗、粗面三斗、王僧政庄载[木]看博士众僧食用。面三斗、油半升、粗面陆斗,亦第四日张都衙庄载木众僧食用。"这几条破用帐记载了僧人斫木、载木之事。

除了在寺院内参加修造劳作外,敦煌僧侣还会在寺外参加修造劳作。P.2049V《后唐长兴二年(931)正月沙州净土寺直岁愿达手下诸色入破历算会牒》第345—346行载:"面伍胜,易城垛日众僧解斋用。"第395—396行载:"面壹斗,易城垛日,众僧食用。"易城垛的劳作应是在寺外进行。P.2049V《后唐同光三年(925)正月沙州净土寺直岁保护手下诸色入破历算会牒》第291—292行载:"粟贰斗,垒盐团街日沽酒众僧吃用。"第340行载:"油壹抄,垒盐团街众僧斋时用。"这里僧人"垒盐团街"之意不好理解,可能与修路有关。莫高窟也是敦煌僧侣参加修造劳作的主要场所,唐耕耦先生整理的《净土寺癸卯年(943)正月一日已后直岁广进手下诸色入破历》第173—174行载:"面陆斗,窟上脱墼及垒墙两件将。面肆斗,窟上垒墙时造食用。面叁斗,到来日解火用。"这里的"窟"即莫高窟,净土寺僧人在莫高窟也参加了脱墼、垒墙劳作,寺院也要因此破用面。Ch.00207《乾德四年(966)归义军节度使曹元忠夫妇修莫高窟北大像功德记》记载:"助修勾当:应管内外都僧统辨正大师赐紫钢惠、释门僧正愿启、释门僧正信力、都头知子弟虞侯李幸思,一十二寺每寺僧二十人、木匠五十六人、泥匠十人,其工匠官家供备饭食,师僧三日供食,已后,当寺供给。"①一十二寺是指敦煌的十二所僧寺,在归义军节度使曹元忠夫妇修莫高窟北大像时,敦煌十二僧寺的僧人提供劳作助役,而且官家仅为这些僧人提供三天的饭食,此后由寺院自己供给。

3. 加工业劳作破用

敦煌寺院的加工业主要是经营油梁和碾硙,而油梁和碾硙的经营有寺院自营和租佃经营两种。②从相关破用帐的记载来看,无论是自营还是租佃经营,寺院均要提供能够正常运转的油梁、碾硙及相关设施,而在此过程中,寺院僧人往往要参与到相关劳作中去。

S.4373《癸酉年(913或973)六月一日硙户董流达园硙所用抄录》第6—14行记载:

---

① 荣新江《海外敦煌吐鲁番文献知见录》,江西人民出版社1996年,第11页。
② 参姜伯勤《唐五代敦煌寺户制度》,第31—239页;唐耕耦《敦煌寺院会计文书研究》,第61—487页。

6 橛十七笙,上头修大渣(闸)用。七月十日,面五斗、酒四抅,众
7 僧碨后打略吃用。又餬饼(饼)三十、酒壹角,众僧盖
8 桥来吃用。餬饼伍拾、酒半瓮,众僧修写口来
9 吃用。廿日,枝十五束、橛拾笙,上头修渣(闸)用。下手碨
10 轮酒壹斗。又入碨轮日酒半瓮,赛神及众僧吃用。
11 八月三日,桱壹车,又枝壹车、橛三十笙、木大少(小)十二条,
12 官家处分于阎家碨后修大渣(闸)用。麦七斗、渣(闸)头赛
13 神羊买用。羊一口、酒两瓮、细供四十分,去碨轮局席
14 看木匠及众僧吃用。枝三十束、橛廿笙,碨后用。石①

　　这是寺院碨户董流达经营碾碨时的相关破用帐,其中僧人参加的劳作活动有修大闸、盖桥、修泻口等,这些劳作显然与碾碨经营密切相关,因为敦煌寺院的碾碨既有旱碨,又有水碨,这里董流达负责的是水碨,故有修大闸、盖桥、修泻口等劳作。相关情况在其他破用帐中也有记载,如 S.6217(3)+S.6217V《公元10世纪某寺诸色破历》第5—7行载:"又后件帝碨河,众僧用胡并(饼)四十、薄并(饼)四十、酒半瓮。又秋间李家碨门修河用白刺车枝拾伍束,橛拾行。"又 P.2838(2)《唐光启二年(886)上座胜净等诸色入破历算会牒》载:"麦贰斗伍升、油壹升、粟肆斗,修桥看博士用。""粟陆斗,买飞桥木用。"这是安国寺的破用帐,其中的修桥也应与碾碨经营相关,只是这里的具体劳作是由工匠而非尼僧完成。但是,这并不是说尼僧作为女性就绝对不会参与相关劳作了,如 P.2838(1)《唐中和四年(884)正月上座比丘尼体圆等诸色入破历算会牒附悟真判》第24—25行载:"麦壹硕、油叁胜、粟壹硕,合寺徒众修河斋时用。"这里的合寺徒众即是比丘尼体圆所在尼寺的全体尼僧,她们也参与了修河劳作。又该件第65—66行还记载:"麦两硕壹斗,修碨舍及桥用。"碨舍即安装碾碨的房间,修桥也与碾碨经营有关,只不过此处没有明确说明劳作者是尼僧还是其他人员。羽681+羽677+BD15469+羽703+BD15489+BD15472《公元914年灵图寺或金光明寺诸色入破历算会牒稿》载:"油一升、苏半升,修碨日众僧食用。"这里众僧的修碨也应是对碾碨的修理或修造碨舍。

　　从相关破用帐来看,寺院在碾碨加工粮食的劳作,有时也是由僧人完成或参与,如 S.1053V《己巳年(909或969)某寺诸色入破历算会牒》第6行载:"粟叁斗,春淘麦日用。"第26行载:"粟贰斗,和尚淘麦日用。"第33行

---

① 唐耕耦、陆宏基编《敦煌社会经济文献真迹释录》第3辑,第183页。

载:"粟叁斗,和尚淘麦日破用。"又 S.6452(3)《壬午年(982)净土寺常住库酒破历》第 6 行载:"(二月)廿四日,酒壹斗,周和尚淘麦用。"第 16 行载:"(四月)廿三日,酒壹斗,李僧正淘麦用。"第 22 行载:"又酒壹斗,小张僧正淘麦用。"淘麦是将小麦从碾硙上加工成面粉前的一道程序,即将小麦淘湿到一定湿度,敦煌文书中与淘麦相对应的称为干麦。淘麦者除了地位较高的和尚、僧正外,也有普通僧人和沙弥,如 P.2776+S.0366《后唐同光二年(924)净土寺诸色入破历算会牒》第 7—8 行载:"面壹斗,淘麦僧食用。"第 29—30 行载:"面壹斗,淘麦不干,第二日扬簸女人及沙弥解斋用。"第 39 行载:"面斗半,秋淘麦日僧食用。"从该件文书的第一条破用帐来看,僧人仅仅是从事了淘麦劳作,而具体的加工工作由"硙博士"完成。

寺院破用帐中还记载了僧侣参与油梁经营的相关劳作。P.4957《申年(864 或 876)或酉年(865 或 877)乾元寺诸色入破历算会牒》第 41—42 行载:"粟叁[石]□斗,已上充修油梁掘木及迎丑娘破用。"这条破用帐提到维修油梁之事,但不明僧人是否参与其中。而 P.2049V《后唐同光三年(925)正月沙州净土寺直岁保护手下诸色入破历算会牒》第 367 行载:"面壹斗伍胜,垒油梁西墙斋时众僧食用。"P.2032V(12)《后晋天福四年(939)净土寺诸色破历》载:"面二斗、油半胜、粟捌斗,众僧垒油梁墙食用。粟三斗,垒油梁墙博士用。"这里明确记载了净土寺僧人修建油梁房舍的事实,而净土寺文书中关于此方面的破用帐非常多,又如 P.2776+S.0366《后唐同光二年(924)净土寺诸色入破历算会牒》第 2—3 行载:"面壹硕,五日修油梁众僧及人夫解斋斋时及夜饭等用。"第 31—32 行载:"面壹硕柒斗,五日修油梁众僧及人夫解斋斋时及夜饭等用。"第 44—45 行载:"面壹硕伍斗,五日修油梁众僧及人夫食用。"《净土寺乙巳年(945)正月以后诸色入破历算会牒》第 233—234 行载:"粟柒斗,卧酒,造入梁延局屈索邓二僧政工匠及众僧等吃用。粟叁硕贰斗,第二件修油梁用。"第 313—315 行载:"面壹硕陆斗,造入梁局席工匠及邓索二僧政众僧等用。面陆硕壹斗,第二件修油梁人夫及博士用。面壹硕壹斗,第三件修梁安油槃安门及造门兼隔垒东头舍子博士及人夫等用。"第 347—348 行载:"面叁硕壹斗,第二件修油梁用。面陆斗,第三件修梁用。"第 358—360 行载:"谷面破:面二斗,二日修[油]梁吃用。面壹硕贰斗,第二件修油梁用。面三斗,第三日修油[梁]用。"在这些破用帐中也记载到净土寺僧人维修油梁的事例。

敦煌寺院会计文书中除了记录僧尼从事农业、修造、加工业的破用帐外,还记录有僧尼参加其他劳作时的破用帐,如 P.2049V《后唐长兴二年(931)正月沙州净土寺直岁愿达手下入破历算会牒》331—338 行载:"面壹硕伍斗,二月二日至六日中间,供缝伞尼阇梨三时食用……面陆斗,再缝伞两日,尼阇梨三时食用。"这是供尼阇梨缝伞时的破用帐。又《净土寺甲辰年(944)正月一日以后直岁惠安手下诸色入破历算会牒稿》第189—190行载:"面贰斗伍胜,窟上孚刺僧食用。面四斗,交库两日众僧折麻吃用。面伍斗五升,窟上大众栽树子食用。"第199行载:"面三斗,六月六日众僧擘毛用。面三斗,擀毡僧食用。"这几条破用帐记载净土寺僧人还在莫高窟孚刺、栽树;至于"折麻"之义,姜伯勤先生认为折麻与乞麻是取下麻子准备榨油,①但乞麻可能与乞讨化缘麻有关,而折麻也不一定是准备榨油;擀毡显属手工业,擘毛可能是擀毡的前期工作,说明敦煌僧人还会从事手工业劳作活动。同时,敦煌僧尼不仅作为寺院成员参与寺院或僧团的劳作活动,而且还会以家庭成员的身份在寺外参加相关劳作,除了前述的农业劳作外,一定还会参与其他劳作,考虑到有的僧尼俗居在寺外,想必其劳作的范围比在寺内更应广泛,这也是敦煌佛教民间化的体现之一。

姜伯勤先生在讨论敦煌僧人的劳务时认为:随着寺户——常住百姓劳役制度的衰落,以沙弥为代表的下层僧徒承担的劳务亦日渐增多,净土寺沙弥在内的僧徒,几乎参加了原来寺户——常住百姓承担的多种多样的劳务,归义军时期比吐蕃时期僧徒的劳务明显增加,表明随着寺户制度的没落,寺院内部失去了寺户上役制度的支撑,在僧侣地主与广大僧徒的进一步分化中,下层僧徒被派作劳务。它从一个侧面反映出,寺户制度的衰落,动摇了中古律寺的原有体制,并从而加剧了僧侣中的分化,下层僧徒日益成了自营部门的一部分劳动力。② 由于敦煌寺院会计文书中的破用帐主要集中在归义军时期,而吐蕃时期的非常少,故我们对吐蕃时期和归义军时期僧尼的劳作情况不好进行准确比较和评论。同时,前述破用帐中记载的劳作者不仅有沙弥,而且从"众僧""合寺徒众"来看,一般僧尼也会参加,甚至如地位较高的和尚、僧正也会参加淘麦等劳作。

(二) 敦煌寺院经济的性质

在讨论僧尼的劳作,特别是农业劳作问题时,我们自然会将其与农禅联系起来。在佛教传入中土的早期,就有僧人从事农耕的记载,如《高僧传》卷3记载法显为沙弥时也"尝与同学数十人于田中刈稻",③《弘明集》卷6记载

---

① 姜伯勤《唐五代敦煌寺户制度》,第215页。
② 姜伯勤《唐五代敦煌寺户制度》,第212—217页。
③ [梁]释慧皎撰,汤用彤校注《高僧传》,中华书局1991年,第87—92页。

东晋义熙元年(405)释道恒在《释驳论》中抨击沙门"或垦殖田圃,与农夫齐流"。① 说明当时僧人垦田种地的现象已不少见。当然,这些仅是零星的个人行为,还没有成为全体僧众的共同行为,也没有形成禅风而与修行相融合。至禅宗四祖道信大师(580—651)时,其亲自带领徒众开荒种地,主张"坐作并重",是一种较早的农禅生活方式。在唐宪宗年间,百丈怀海改革教规,制订了符合当时中国佛教发展实况的《百丈清规》,要求僧侣一体参加劳动,强调"一日不作,一日不食",农禅制度正式确立。虽然敦煌僧尼也从事农业等劳作,但是其与农禅制度大为不同,主要表现如下:

首先,敦煌寺院主要是律寺性质。学界对敦煌寺院的性质多有讨论,竺沙雅章先生在《敦煌の僧官制度》一文中认为敦煌寺院的僧职没有受到禅宗清规制度《百丈清规》的影响而延续了唐代律寺的制度。② 姜伯勤先生也认为,敦煌寺院在组织上有律寺特点。③ 湛如法师依据敦煌寺院的组织结构依然是三纲,且三纲职位多由律师担任、敦煌寺院律师和禅师普遍存在、唐宋时期敦煌禅宗文献数量非常可观等而认为:

> 禅宗在敦煌以及西藏都有一定的影响,在教团组织上则波及甚微。敦煌佛寺继续以律寺的形态存在,即使在中原禅宗与教下已分河饮水,尤其五代以后禅宗走向全盛的时期,而敦煌佛寺在圆融各宗的基础上,禅律同居的现象仍然保持。究其原因,我们认为:在中原禅宗的独立与帝王及士大夫的直接支持有关,而划时代的百丈禅师的出现,无疑在禅宗走向独立的进程中起了至关重要的历史作用。禅师在各地以一山林为中心,分灯举扬,过着独立于教下的丛林生活。敦煌佛教史上,虽有禅宗传灯的相续,普寂禅风西旋及摩诃衍等人的驻锡,但对敦煌整个教团组织机构没有产生太大波澜,致使禅宗无法独立于教下寺院之外。④

总之,虽然吐蕃归义军时期敦煌地区的禅师众多,禅宗较盛,但禅律同居而并未独立,敦煌寺院的性质主要还是律寺。

其次,吐蕃归义军时期的敦煌寺院并没有深处山林,而主要分布在敦煌

---

① 《大正新修大藏经》卷52,第35页。
② [日]竺沙雅章《中国佛教社会史研究(增订版)》,第394页。
③ 姜伯勤《敦煌毗尼藏主考》,《敦煌研究》1993年第3期,第1—9页。
④ 湛如《敦煌佛教律仪制度研究》,第76—77页。

城,也有个别的建在莫高窟。① 虽然这些寺院占有的土地规模和地产收入不等,但是总体来看,敦煌寺院占有的土地数量不大,地产收入较小,有的寺院在有的年份甚至没有地产收入;在敦煌寺院经济的收入构成中,有的寺院以借贷利息收入为主,有的寺院以油梁或碾硙收入为主,此外还有布施等收入。② 敦煌寺院的这种经济收入及构成情况与以农业收入为主的农禅经济并不一致。

再次,虽然敦煌僧尼会在寺内从事农业等劳作活动,但是并没有"行普请法,上下均力",很多劳作还是由普通僧人和沙弥承担,寺院的各类劳作也并非一定由僧尼完成。吐蕃在贞元二年(786)攻占敦煌后,③此时原本逐渐走向灭亡的中土寺户制度却在敦煌得以暂时生存了下来。在吐蕃后的归义军时期,虽然敦煌的寺户制度也走向没落,但其仍以常住百姓的形式遗留了下来。在寺户和常住百姓存在的背景下,寺院的许多劳作往往是由这些寺院的依附人口来完成的,如吐蕃时期,寺院土地有寺院自己经营的,也有寺户耕种的;在归义军时期,寺院土地有租佃经营和自营,而在寺院自己经营的土地和庄园上,劳作者除有僧人外,还会有园子、庄头人、外庄直岁、恩子、常住百姓及其家眷等,而且这些人在从事农业劳作的同时,也会从事修造、手工业、加工业、造食、杂役等劳作。

最后,前面已说,敦煌僧尼的俗居现象很普遍,而这些俗居在外的僧尼会在寺外以家族成员的身份进行各种劳作,而这种劳作不属于禅林内的集体劳作。僧人俗居现象可能会在不同时期由于不同原因而存在于不同地区,如公元5—7世纪时期的高昌国就是如此,④且高昌僧侣也可将自己的财产嘱授给俗家亲人。⑤ 不仅边地如此,中原内地也不排除这种情况存在的可能,如《入唐求法巡礼行记》卷1载扬州"国清寺常有一百五十僧久住,夏节

---

① 关于敦煌寺院的地理分布,可参李正宇《敦煌地区古代祠庙寺观简志》,《敦煌学辑刊》1988年第1、2期合刊,第70—85页。此外,荣新江先生认为三界寺在莫高窟。参荣新江《敦煌藏经洞的性质及其封闭原因》,第23—48页;荣新江《再论敦煌藏经洞的宝藏——三界寺与藏经洞》,载郑炳林主编《敦煌佛教艺术文化论文集》,兰州大学出版社2002年,第14—29页。
② 关于敦煌寺院的地产规模、地产收入及其他收入在寺院经济中的构成情况,可参王祥伟《吐蕃至归义军时期敦煌佛教经济研究》,第63—94页。
③ 目前学界对吐蕃占领敦煌的时间观点并不一致,主要有大历十二年(777)、建中二年(781)、贞元元年(785)、贞元二年(786)、贞元三年(787)及贞元四年(788)等说法,这里我们暂时采用贞元二年说。
④ 姚崇新《试论高昌国的佛教与佛教教团》,载季羡林等主编《敦煌吐鲁番研究》第4卷,北京大学出版社1999年,第65—68页。
⑤ 姚崇新《在宗教与世俗之间:从新出吐鲁番文书看高昌国僧尼的社会角色》,《西域研究》2008年第1期,第45—60页。

有三百已上人泊。禅林寺常有四十人住,夏即(节)七十余人"。又同书卷 2 载莱州北海县观法寺有"十二来僧尽在俗家,寺内有典座僧一人"。① 这些记载说明在晚唐的扬州、莱州均有在俗家居住的僧侣,但内地的这种俗居现象不像吐蕃归义军时期的敦煌那样普遍,而且敦煌俗居在外的僧人有的还有妻室,② 这种现象的形成可能与吐蕃对敦煌的统治有关,而僧尼的俗居及其在寺外的劳作也说明敦煌佛教具有很强的民间色彩。

当然,敦煌僧尼的劳作与农禅有别,并不等于说与禅宗的发展没有任何关系,相反,二者之间关系密切。

首先,敦煌禅僧会参与农业劳作。起码从东晋十六国时期开始,敦煌就有禅僧的修禅活动,如前秦建元二年(366),禅僧乐僔在莫高窟开凿了第一个石窟用来修禅。此后,至南北朝时期,敦煌地区出现的著名禅僧有单道开、竺昙猷、释道绍、释道法、释法颖、释超辨、释慧远、昙摩密多等高僧,敦煌地区的禅修传统绵延不绝。在吐蕃归义军时期,敦煌僧团中有众多的禅师,莫高窟、东千佛洞、西千佛洞也被称为三所禅窟,在禅窟上有众多的僧人禅修,这些僧人被称为住窟禅师、住窟禅僧、窟禅等。③ 有的僧人还禅律同修,如 P.4660《沙州释门都教授张金炫阁梨赞并序》云沙州释门都教授毗尼大德炫阁梨"先住金光明伽蓝,依法秀律师受业……请住乾元寺,共阴和上(尚)同居。阐扬禅业,开化道俗,数十余年。阴和尚终,传灯不绝"。P.4660《沙州释门都法律氾和尚写真赞》云沙州释门都法律氾和尚"非论持律,修禅最能。因兹秉节,编入高僧"。P.4660《敦煌报恩寺三藏法师王禅池图真赞》称敦煌报恩寺的王阇梨为"禅律公"。④ 这些禅僧本身可能会参加农业等劳作活动,如南朝刘宋时,罽宾国沙门昙摩密多"遂度流沙,进到炖煌,于闲旷之地,建立精舍。植奈千株,开园百亩,房阁池沼,极为严净。顷之,复适凉州,仍于公府旧事,更葺堂宇,学徒济济,禅业甚盛"。⑤ 昙摩密多不仅在敦煌、凉州弘扬禅业,而且还在敦煌建立精舍,植奈千株,开园百亩,垦殖土地。我们前面引述的敦煌文书中记载的参加农业等劳作活动的僧人一定也有不少是禅僧或禅律同修者。

---

① 分别参[日]圆仁著,[日]小野胜年校注,白化文、李鼎霞、许德楠修订校注,周一良审阅《入唐求法巡礼行记校注》,第 107、234 页。
② 参李正宇《晚唐至宋敦煌听许僧人娶妻生子——敦煌世俗佛教系列研究之五》,季羡林、饶宗颐主编《敦煌吐鲁番研究》第 9 卷,中华书局 2006 年,第 339—352 页。
③ 学界对敦煌禅窟的研究成果较多,主要研究成果可参湛如《敦煌佛教律仪制度研究》第 55—61 页的介绍。
④ 郑炳林、郑怡楠辑释《敦煌碑铭赞辑释(增订本)》,第 538、546、561 页。
⑤ [梁]释慧皎撰,汤用彤校注《高僧传》,第 120—122 页。

其次，内地的农禅思想及生活方式会对敦煌僧尼产生影响。在吐蕃攻占敦煌之初，虽然《百丈清规》尚未创制，但随着从南北朝以来，特别是进入唐代以后，寺院和僧侣享免赋役等经济特权的逐渐丧失，[1]佛教在中土的生存与发展遇到了挑战，为了能够生存发展下去，必须要适时变通，将劳作与修行相结合则是变通方式之一，如道信早就倡导坐作并重的农禅方式，并且《百丈清规》的正式创立已无多时，故此时的农禅思想和生活方式已趋于成熟。同时，在吐蕃攻占敦煌之前，敦煌地区与内地佛教交流密切，唐朝的佛教政策在敦煌地区得以贯彻执行，如在朗达玛灭佛之前，吐蕃多名赞普诏令保护寺院财产，寺院和僧侣免纳税役，故吐蕃本土的寺院和僧侣是享免税役负担的。但在吐蕃统治敦煌时期及其后的归义军时期，敦煌寺院也要承担相关税役而并未享有经济特权，这应是对唐代向寺院和僧尼征税课役政策的沿袭。[2] 在这样的背景之下，敦煌地区的禅宗及其农禅思想也会受到内地影响，从而促使敦煌僧尼参加农业等劳作活动。

总之，敦煌地区的僧尼劳作，既与农禅有别，又与禅宗发展密切相关，而造成这种状况的原因与敦煌寺院的地理分布、吐蕃和归义军政权的统治等因素有关。

二、世俗人员的劳作破用帐

除了僧人的劳作破用帐外，敦煌寺院会计文书中还登载有世俗人员的劳作破用帐，这些世俗劳作者主要有寺户、常住百姓等各种依附人户及佣工、工匠等，最常见的是园子、牧羊人、人夫、女人及各类工匠等，还有的直书其名，没有说明身份，下面我们就对该类相关破用帐进行讨论说明。

首先是园子及有关没有说明身份者的破用帐。这类破用帐见于不同的寺院文书，如 P.2838(1)《唐中和四年(884)正月上座比丘尼体圆等诸色入破历算会牒附悟真判》载："麦陆斗与园子粮用……麦叁斗、粟肆斗，刘再晟出粪价用。粟贰斗、麦壹斗，放羊人赛神用……麦贰拾陆硕贰斗、粟拾伍硕壹斗，从子年至卯年，与放羊人及园子价用。" S.6981V(8)＋Дx.01419V＋S.1600V(1)《辛酉年(961)至癸亥年(963)大乘寺诸色破用历》第22—23行载："粟壹斗、面壹斗，付刘生妇刈麦用。面壹斗、粟壹斗，付园子用。"安国寺

---

[1] 参[日]诸户立雄《中国佛教制度史の研究》，平河出版社1990年，第338—473页；谢重光《略论唐代寺院僧尼免赋特权的逐步丧失》，参何兹全主编《五十年来汉唐佛教寺院经济研究》，第240—250页，该文原载《中国社会经济史研究》1983年第1期，第66—72页；谢重光《魏晋隋唐佛教特权的盛衰》，《历史研究》1987年第6期，第47—60页。

[2] 参王祥伟《吐蕃至归义军时期敦煌佛教经济研究》，第266—278、293—306页。

第七章　敦煌寺院会计文书中的破用帐及相关问题

和大乘寺是目前所见尼寺中有园子破用帐者,安国寺中还有放羊人和不明身份的刘再晟破用帐,大乘寺刘麦的刘生妇身份也不明。

僧寺中关于园子和未说明身份者的破用帐比较多,如 S. 4657(1)《公元978年前后报恩寺诸色入破历算会牒》第15行载:"粟柒斗,园子米流定春粮用。"S. 4649＋S. 4657(2)＋S. 7942《庚午年(970)报恩寺沿寺破历》第6—7行载:"(三月)廿六日,粟壹硕肆斗,北园子杜员住春粮用。"Дx. 00981＋Дx. 01311＋Дx. 05741＋Дx. 05808＋S. 5927V＋S. 9405《子年(856)或亥年(854)龙兴寺诸色入破历算会牒》载:"麦伍硕肆斗,[看]园人善奴价直用。"特别是在净土寺文书中,这类破用帐比较集中,如 P. 2049V《后唐同光三年(925)正月沙州净土寺直岁保护手下诸色入破历算会牒》第255—256行载:"麦叁硕柒斗伍胜,并西库付园子春秋粮用。"第310—311行载:"粟壹硕柒斗,与园子春秋粮用。"P. 2049V《后唐长兴二年(931)正月沙州净土寺直岁愿达手下诸色入破历算会牒》载:"麦壹硕,正月与园子用……麦两硕伍斗,后件与园子充春秋粮用……粟两硕伍斗,后件园子粮用……麦壹硕,恩子冬粮用……麦两硕柒斗,丑年恩子粮用……粟壹硕,恩子冬粮用……面壹斗,寒食与恩子用……面壹斗,寒食与恩子用。"P. 4909《辛巳年(981)十二月十三日后诸色破历》载:"(三月)二日,白面壹斗,连面壹斗,园子不勿吃用。"从这些资料可以注意到,关于园子的破用帐有比较固定的春秋粮用和其他食用等破用两类,不同寺院的园子春秋粮是不同的,即便是净土寺,不管是不同年份还是同一年份,园子的春秋粮破用帐也不固定。至于恩子的粮用情况,虽然 P. 2049V《后唐长兴二年(931)正月沙州净土寺直岁愿达手下诸色入破历算会牒》中仅记载了冬粮麦和粟各壹硕及丑年所欠的粮用,但在其他净土寺文书中,恩子的春秋粮用比较统一,如 P. 3763V 载:"麦壹硕肆斗,支与园子春粮用。麦两硕,支与恩子春粮用……麦壹硕肆斗,园子秋粮用。麦两硕,支与恩子秋粮用。"可见恩子的春秋粮各为两硕麦。这种情况在其他文书的破用帐中也有记载,如 P. 2040V(4)载:"西仓麦两驮,园子春粮用。麦两硕,恩子春粮用。麦壹驮,园子秋粮用。麦两硕,恩子秋粮用。"P. 3234V(8)《公元943年净土寺西仓粟破历》载:"西仓粟一石四斗,园子春粮用……粟两硕恩子春粮用……粟一石四斗,亦园子粮用……粟两硕,恩子秋粮用……粟柒斗,园子秋粮用。"P. 2032V(10)载:"西仓粟壹驮,园子秋粮用。粟两硕,恩子春粮用……粟壹驮,园子秋粮用。粟两硕,恩子秋粮用。"这几条记载中,园子的春秋粮用依然不一致,而恩子的春秋粮要么均是两硕麦,要么是两硕粟,但这并不是说,恩子的春秋粮只能分别是两硕麦或两硕粟,如 P. 2032V(11)《甲辰年(944)和乙巳年(945)净土寺西仓司愿胜广进等手

375

上诸色入破历》载:"麦两硕、粟两硕,恩子春粮用……麦两硕、粟两硕,恩子秋粮用。"可见,恩子的春秋粮各包括两硕麦和两硕粟,前述几件文书由于是残卷,故对恩子的粮用记载不完整。

学界对园子和恩子的身份多有讨论,谢和耐认为园子是"依附者",堀敏一认为园子是家人或常住百姓,姜伯勤认为园子的身份有两种可能,即寺院家人或雇农(也称为作人),同时又云不排除净土寺园子有领取园子价的雇工存在的可能性。① P.2776+S.0366《后唐同光二年(924)净土寺诸色入破历算会牒》第41—42行载:"(粟)面贰豆,与园子通渠用……麸叁斗,春付园子用……豆壹硕,二月与园子讷赟用。又豆壹硕壹斗,第二件与园子春价用。"这是净土寺文书中最早记载园子者,其中"园子春价"相当于"园子春粮",故园子领取的春秋粮可能就是其雇价,也即净土寺的园子很可能就是雇工。至于净土寺文书中的恩子,谢和耐认为是奴隶阶级,池田温和北原薰认为是人名,姜伯勤也认为是人名,并认为其身份相当于奴婢。② 蒲成中则认为,恩子是被寺院收养的少男少女,并不属于奴婢阶层。③ 可见,学界对恩子身份的认识并不统一。从领取的春秋粮数量来看,恩子比园子的要多。

其次是关于牧羊人的破用帐。P.2032V(3)《公元939年净土寺诸色破历》载:"面二斗、粗面一石三斗、油一升,牧羊人食用。豆八斗,与牧羊人喂瘦羊用。粟七斗五升、麦一斗五升,卧酒及沽酒三件,看牧羊人用……面七斗、粗面一石、谷面一石,拔毛时将充牧羊人月粮用……粗面壹石五斗、粟面壹石四斗、白面一斗、粟五斗,牧羊人粮及来去看侍用……粟贰斗,与牧羊人用……粟一石三斗、麦七斗、粗面一石、面三斗,牧羊人用……粗面一石三斗,后件牧羊人粮用。白面一斗,牧羊[人]食用。"从这部分破用帐可以看到,与牧羊人相关的破用帐主要有这样几类:第一类是虽在牧羊人名下,但实际上并不属于牧羊人的消费破用,如喂瘦羊的破用是。又如S.1053V《己巳年(909或969)某寺诸色入破历算会牒》第2—3行:"粟叁斗,麦壹斗☐☐饭饭赛神日用。"该件文书中记载饭饭是牧羊人,这笔赛神的破用帐也应不属于饭饭的私人消费。第二类是牧羊人因各种原因的临时食用帐,这种食用帐在文书中的记载较多,如S.1519(1)《庚戌年(950?)金光明寺诸色破历》第3行载:"麦壹斗,与牧羊人苏什德沽酒吃用。"这类破用帐有时是与牧羊人的妻子和家人有关,如P.2032V(4)《公元10世纪30—40年代净

---

① 详参姜伯勤《唐五代敦煌寺户制度》,第208—211页。
② 详参姜伯勤《唐五代敦煌寺户制度》,第217—221页。
③ 蒲成中《非奴婢而是被收养人:敦煌文书中"恩子"的身份》,《上海师范大学学报(哲学社会科学版)》2017年第5期,第144—152页。

土寺诸色破历》载:"戊戌年十一月,粟面叁硕、连麸面两硕、白面六斗,与牧[羊]人李阿竹子粮用。粗面一石五斗、粟面一石五斗,十二月与牧羊人李阿竹子妻粮用。"其中既有牧羊人李阿竹子,又有其妻子的破用帐,而且数额较大。第三类是比较固定的月粮用。除了月粮外,还有春秋粮,如 S. 1053V《己巳年(909 或 969)某寺诸色入破历算会牒》第 14—15 行载:"麦两硕肆斗、粟壹[硕]伍斗,牧羊人馺馺秋粮用。"S. 4649+S. 4657(2)+S. 7942《庚午年(970)报恩寺沿寺破历》载:"粟两硕壹斗,牧羊人王盈信春粮用。"寺院不但会付给牧羊人粮油面作为春秋粮用,而且有时还付给织物作为春衣,如S. 4120《壬戌年(962)至甲子年(964)报恩寺布褐等破历》第 5 行载:"昌褐贰仗肆尺,牧羊人春衣用。"但是关于付给牧羊人春衣的记载似乎仅此一例。

关于敦煌寺院牧羊人的身份,张弓先生分为佣工、寺院依附人户(寺户和常住百姓)、寺院奴婢三类,并认为寺奴婢牧羊人从寺院领取"月粮",而寺户牧羊人领取"春粮"和"秋(冬)粮"[①]。这种从领取月粮和春秋(冬)粮的角度区分牧羊人的身份并不可靠。姜伯勤先生认为,敦煌寺院的牧羊经历了从寺户牧役到雇请牧羊人的转变,而归义军时期的牧羊人相当于农业中的雇农,地位相近于作人,即雇农长工。牧羊人与寺户、常住百姓不同,常年由寺院供给口粮。[②]

再次是关于人夫和女人的破用帐。人夫和女人的破用帐一般没有春秋粮和月粮之说,全部是因从事劳作而支出的食用帐。人夫的劳作活动非常广泛,凡是与寺院相关的劳作,如修造、田作、造食等等,人夫均可参加。由于有时人夫是与工匠、僧徒等一起劳作的,故其破用帐也与工匠、僧徒等的破用帐记录在一起,如 P. 2040V(1)第 9—12 行载:"面贰拾陆硕柒斗伍胜,四月廿七日已后至六月十四日已前,中间看博士及局席般沙壂车牛人夫及徒众等用。面拾肆硕玖斗贰胜,八月十四日已后至九月十一日,看木匠泥匠铁[匠]及人夫等用。"P. 2032V(19)载:"面陆硕壹斗,弟二件修油梁人夫及博士用。面壹硕壹斗,弟三件修梁安油槩安门及造门兼隔垒东头舍子博士及人夫等用。"女人的劳作主要是造食,偶尔也会从事其他如刈菜(见P. 2032V、P. 3234V、P. 2776)、缝伞(见 P. 2049V)、染毡(见 P. 2032V)、扬簸(见 P. 2776)等劳作,在这些劳作过程中,寺院要支付食用。除了食用帐外,寺院有时还会付给女人节料,如 S. 4642V《公元 10 世纪某寺诸色入破历算会牒》载:"面伍胜,造食女人节料用……面壹斗伍胜,造食看料斋女人

---

① 张弓《唐五代敦煌寺院的牧羊人》,《兰州学刊》1984 年第 2 期,第 57—63 页。
② 姜伯勤《唐五代敦煌寺户制度》,第 268—279 页。

用……油贰胜,女人节料用。"这里的节料破用帐,应不是寺院给女人自己的节日慰问,而可能是寺院因节日造食的支出。

关于寺院帐目中的"人夫"和"女人",姜伯勤先生认为"人夫"包括在寺院长役的"厮儿"和在寺院番役的"常住百姓",其女眷称为"女人"或"当寺女人"。[①] 但人夫和女人的身份应较为复杂,如 P.3875V《丙子年(976 或 916)修造及诸处伐木油面粟等破历》载:"粗面五斗、油半升,氾都知、郎君、张乡官三团拽锯人食用。粗面柒斗,第□日氾都知等三团人夫食用……粗面四斗、粟一斗,第六日张乡官解木人夫食用……粗面四斗,曹都衙解木两日人夫食用。粗面五斗,曹都衙、□都知两日解木人夫食用……粗面一斗、油半升,罗都知、翟都头、张乡官等三团解木人夫食用。"该件中的人夫分为若干团,每团的负责人分别是氾都知、郎君、张乡官、罗都知、翟都头等人,这些人夫中应不包括厮儿和常住百姓者。又 P.2032V(3)《公元 939 年净土寺诸色破历》载:"面柒硕六斗五胜、油三斗七胜、苏二胜、粟六硕三斗、粗面叁斗,起钟楼时,看官造盘及屈诸和尚工匠施主及当寺徒众等及荣食尼阇梨及村方(坊)及当寺女人等用。"显然,这里的女人既有当寺女人,又有村坊女人。

最后是各类工匠的破用帐。敦煌寺院会计文书中与工匠相关的破用帐可以分为两类,一类是支付给工匠的工价,另一类是招待工匠的食用帐。与工价相关的破用帐有时没有说明工匠的工种,如 S.5071《公元 10 世纪某寺诸色入破历算会牒》第 12—13 行载:"油叁胜,充王都料手直用。"S.4705《公元 10 世纪某寺诸色破历》第 13 行载:"博士手功价物柒斗。"P.2838(1)《唐中和四年(884)正月上座比丘尼体圆等诸色入破历算会牒附悟真判》第 92—94 行载:"纳布柒拾尺,准油叁斗伍胜,用充楼博士手功用。"P.2049V《后唐同光三年(925)正月沙州净土寺直岁保护手下诸色入破历算会牒》第 269—270 行载:"粟壹硕,先善惠手上与画柒(漆)器先生用。"P.3490V(1)《辛巳年(921)净土寺油破历》第 37—44 行载:"油贰胜,寒食付塑匠张建宗用。油贰升,于寒食付康博[士]郭博士用。油半胜,五月五日与郭博士用……油伍胜,王六子锔鏴釜镬手功及炭铁贾用。油伍胜,与塑匠令狐博士塑壁手功用。油贰胜,与王孝顺造金刚脑钉手功用。"这里的博士、都料、先生均是工匠的技术级别,[②]除了塑匠外,其他工匠的工种大多不明朗。当然,明确记录工匠工种的工价破用帐也不乏其有,如 P.2040V(1)载:"豆肆硕伍斗,支与史奴奴都料手工用……布七十疋,木匠造檐手功用……粗緤拾壹

---

① 姜伯勤《唐五代敦煌寺户制度》,第 221—225 页。
② 参马德《敦煌古代工匠研究》,文物出版社 2018 年,第 26—30 页。

疋,造檐时,木匠手功用。"P.2040V(4)载:"粟三斗,支与罗筋博士手工用……粟壹斗,喜郎染布手工用。"这里记载有木匠、罗筋匠、染匠的工价,而且支给木匠的工价的数额较大,至于史奴奴的匠种虽未说明,但P.2641《丁未年(947)六月都头知宴设使宋国清等诸色破用历状并判凭》第二件第7行明确记载是"铁匠史奴奴",说明其是铁匠,其他文书中也记载有铁匠史奴奴挣得工价之事,如P.3234V(7)第1—2行载:"豆一石五斗,史都料打佛艳手工用。"又P.2032V(3)载:"粟玖硕,与画人手工用……粟一石六斗,铁匠史都料手工用……粟叁硕,史奴奴打钉叶手工用。"从这些资料我们可以注意到,史奴奴的工价数量也较为可观。虽然其他文书中还有关于木匠、毡匠等工匠工价的零星记载,但是总体来看,敦煌寺院会计文书中关于工匠工价的破用帐并不是很多。同时,由于不知工匠的工作日数,故无从计算出工匠每日的单位工价,也无法对各类工匠的工价收入进行比较。

  招待工匠的食用帐在不同寺院的破用帐中均可能会有记载,如P.2642V《公元10世纪灵图寺诸色斛斗破历》第3—5行载:"(十月)二日,粟一石贰斗,沽酒,看徒众及工匠用。三日,粟八斗,城内造作沽酒看僧官及工匠用。四日,粟八斗,沽酒,看僧官及工匠用。"S.5039+S.4899《丁丑年(977)至戊寅年(978)报恩寺诸色破历》载:"粟贰斗,沽酒,圣油墙泥匠木匠吃用。粟壹斗,付塑匠赵僧子。又粟贰斗,沽酒,就寺门迎阿郎用。又粟贰斗,沽酒,塑匠及木匠早午吃用。"P.4697《辛丑年(1001)正月一日起报恩寺粟酒破历》载:"酒五升,两日中间木博士吃用……二月三日,酒伍升,塑匠吃用……又酒伍升,塑匠来吃用。"又P.2049V《后唐长兴二年(931)正月沙州净土寺直岁愿达手下诸色入破历算会牒》第328—363行载:"面壹硕捌斗,造菩萨头冠,从廿日至廿九日中间,供金银匠及造伞骨阇梨兼钉鏃博士等三时食用……面两硕叁斗,造起伞局席,屈诸工匠及当寺徒众等用……面柒斗,修土门时看勾当都头乡官及诸工匠兼众僧等用。"这种寺院会计文书中的供工匠食用的破用帐举不胜举,特别是由于工匠往往要参与修造活动,故在专门记载修造破用帐的文书中此类记录最为集中,如P.3875V《丙子年(976或916)修造及诸处伐木油面粟等破历》中关于供应博士、都料等工匠食用的破用帐非常多。[①] 同时,相关文书中仅记录工匠的食用帐而没有工价的现象说明,工匠在寺院的劳作有时是无报酬的。

---

① 录文参唐耕耦、陆宏基编《敦煌社会经济文献真迹释录》第3辑,第217—227页。

三、劳作破用帐的数量分析

敦煌寺院的破用帐主要记录在破用历和帐状文书的破用部分中,从中不难看到,劳作破用帐是寺院破用帐的主体,如 S.4782《丑年(869)或寅年(870)乾元寺堂斋修造两司都师文谦手下诸色入破历算会牒》中破用柱云"玖拾玖硕玖斗柒胜半麦粟油面豆等自年缘寺修造及众僧破用",P.2049V《后唐同光三年(925)正月沙州净土寺直岁保护手下诸色入破历算会牒》中破用柱云"壹伯陆拾捌硕陆斗捌胜半麦粟油苏面黄麻麸查豆等沿寺修造诸色破用",P.2049V《后唐长兴二年(931)正月沙州净土寺直岁愿达手下诸色入破历算会牒》中破用柱云"叁伯贰拾肆硕柒斗壹胜半抄麦粟油面黄麻麸查豆布褋等沿寺修造破用",可见这几件文书中的破用柱均强调"修造破用",甚至将破用径直称为"修造破用"。虽然从这几件的破用明细帐来看,并不是所有的破用均与修造有关,但是修造破用所占比重最大,而修造又是劳作的一部分,故劳作破用帐的比重会更大。接下来我们根据其他文书对此问题再作进一步的分析说明。S.4642V《公元10世纪某寺诸色入破历算会牒》中的破用柱保存完整,我们将其破用帐中麦、粟、白面、连麸面和粟面的破用明细整理如下表:

表 7-3 单位:石

类别	破用细目	麦	粟	白面	连麸面和粟面
园子和牧羊人等破用	看园人冬粮	0.3			
	牧羊人僧奴冬粮等	1.0	1.0+0.3	0.15	0.7+0.7+1.4+1.4+0.7+2.1+0.1+2.8+0.9+2.1+1.1=14.0
	园子粮	1.9	0.4	0.1	0.1
	园子春粮	0.7			
	园子冬粮	0.3	0.4		
	耕园人				0.05
	董和通月粮	1.0	3.0	0.6	
	任婆月粮	0.5			
	员住再儿月粮等	1.0	2.8		

第七章 敦煌寺院会计文书中的破用帐及相关问题

（续　表）

类别	破用细目	麦	粟	白面	连麸面和粟面
	员住任婆再儿和通节料			0.3＋0.2＋0.8＝1.3	0.3＋0.3＝0.6
	员住再儿妻用			0.5＋0.3＝0.8	
	女人用			0.1＋0.05＋0.15＝0.3	0.1＋0.35＋0.1＋0.15＋0.1＋0.4＝1.2
工匠破用	沽酒屈石匠		0.6＋0.3＝0.9		
	石匠圆砲价		3.4	1.0	
	看博士		0.6		
	画幡			0.26＋2.05＝2.31	0.8
僧人等劳作破用	搬墼			1.05	0.9
	淘麦			0.2	
	修檐			0.3	
	拽砲			6.3	4.95
	拽佛人		7.3		
	擎像人		0.8		
	印羊			0.1	0.1
造食	造食吃用			0.45＋7.55＋7.95＋4.4＋0.75＋0.6＋3.8＋5.62＋2.3＋0.35＋0.3＋0.8＋4.03＝38.9	2.7＋3.4＋0.2＝6.3
	僧人亡造食			0.3＋0.2＝0.5	
砲面	砲面和连夫面	2.5＋5.0＋50＋10.0＋27.0＋6.0＝100.5	3.0＋4.0＝7.0		
种子	厨田种子	2.2＋1.8＋1.3＝5.3			

381

(续 表)

类别	破用细目	麦	粟	白面	连麸面和粟面
物价	塈地价	0.7	0.8		
	赵庆润衙价		0.1		
	买银画幡	6.0			
	买色	3.0+4.0=7.0	1.0		
	买纸		0.1+0.1+0.1+0.1=0.4		
	雇驴价	0.15			
	褐价	1.5	1.5+3.0=4.5		
	沽酒价	0.8	0.2+1.2+0.2+3.0+0.2+0.3=5.1		
	酒本		7.0+3.5+3.5+3.5+2.1+1.4+1.4+4.2=26.6		
卧醋卧酒	卧醋	3.5	0.3		
	卧酒		0.4		
迎送招待	迎送僧官		0.2+0.2+0.2+0.35+0.1+0.3+0.1=1.45		
	迎看大众		1.2+0.2+0.3=1.7	0.15	
祭拜	节日造食祭拜			0.6+0.55+0.25+0.5=1.9	
丧葬	纳赠		0.3+0.25+0.45+0.25=1.25	0.3+0.3+0.4+0.3=1.3	
	助葬			2.45	
	劝孝			1.03	

(续 表)

类别	破用细目	麦	粟	白面	连麸面和粟面
其他	张贤者用	3.0			
	转经僧料			1.35	
	春秋佛食			4.0+3.0=7.0	
	设太傅斋			2.6	
	大王造设			2.6	
	看官			0.45	
	煮油			0.45+0.25=0.7	
	撩治锁		0.1		
	纳大众		0.25	0.3	
合 计		135.5	71.85	75.74	29.0

表中前三项,即园子和牧羊人等破用、工匠破用、僧人等劳作破用是劳作破用的主体,其他如造食、转经僧料、沽酒等中也有与劳作破用相关者。从表中统计可知,麦子总共破用 135.15 石,其中磑面破用 100.5 石,但是磑面不属于真正的寺院消费破用,仅是将麦子加工成了面而已,故麦子实际破用 34.65 石,其中园子、牧羊人、董和通、任婆、员住等人共破用 6.7 石,占 19.3%,其他的主要用于种子、付物价和卧醋。粟共破用 71.85 石,其中 7 石是加工成了面,故实际破用 64.85 石,其中与工匠相关的破用 4.9 石,与园子、牧羊人等相关的破用 7.9 石,僧人等劳作破用 8.1 石,三者计 20.9 石,占 32.2%,其他的主要用于付物价、迎送招待和纳赠等。面的破用,特别是连麸面和粟面一共破用了 29 石,其中 22.7 石明确是劳作破用,约占破用总数的 82%,还有 6.3 石是众僧在东窟等处吃用,这些吃用也可能与劳作有关,故连麸面和粟面基本上均是用于劳作破用。

又 P.3490V(2)《辛巳年(921)净土寺面破历》载:

1 辛巳年正月一日已后破历。
2 面贰斗,太岁日解斋用。面叁斗,正月十五日大众上窟用。

383

3 面壹斗伍胜,堆园日斋时用。面贰斗柒胜,二月八日前修行
4 像塑匠木匠等用。面肆斗,氾法律起衣人事用。面柒
5 胜,僧家造户藉纳官用。面叁斗,二月八日造粥用。面肆
6 斗,八日斋时用。面壹斗,收佛衣日用。面叁斗伍胜,
7 寒食祭拜堆园等用。面壹斗,累园墙僧食用。
8 面壹硕,三月造局席屈塑匠木匠及众僧等用。
9 面伍胜,城西郭家庄载金刚骨木人食用。面壹斗
10 捌胜,拔毛用。面壹斗,春请佛食看判官用。已后至
11 六月十七日善胜自有私手记。面肆斗,官东窟造食用。
12 面壹硕肆斗,五月廿三日造佛食用。面壹斗,造胡饼
13 剪羘羊毛用。面肆斗捌胜,造食看氾僧政用。面壹硕柒
14 斗伍胜,北院造中间四日功(工)匠及众僧解斋夜饭等用。
15 面捌斗,修造北院了日屈功(工)匠及众僧兼弟二日解斋功(工)
16 匠手工用。面壹硕陆斗伍胜,四月修金刚中间四日博士
17 解斋斋时夜饭等用。面两硕壹斗捌胜,造沙子中间
18 看博士及曳(拽)锯人夫一件局席众僧食用。面陆斗,满
19 阿婆亡时造祭盘粥瓮用。面玖斗,后件修金刚中间
20 四日看工匠及人夫等到食用。面壹硕贰斗柒胜,后件修
21 金刚了日造下彭局席工匠众僧等[用]。面伍胜,看
22 炒药阇梨用。面壹斗伍胜,造食看博士食用。面壹斗,
23 园间累胡卢架墙众僧食。面叁斗,驮沙日众僧斋时用。
24 面贰斗壹胜,春官斋看乡官用。
25 面陆斗叁胜,西窟修堰僧食用。面叁斗,西窟修堰
26 回日迎顿解火用。面两硕叁斗,七月十五日造佛盆用。
27 面壹硕伍斗捌胜,破盆诸色破用。面斗半,七月十五日煮
28 佛盆人及修寺院人夫食用。面壹硕伍斗,九月造佛食
29 用。面伍斗伍胜,中间四日修造众僧及功(工)匠等用。
30 面叁斗,聚菜价日僧食用。面伍斗伍胜,修造
31 了日造局席用。面伍胜,洞渠寨来日造傅饦用。
32 面肆斗伍胜,西窟上水及乞麻解火等用。
33 面陆斗,神会祭盘粥瓮用。面捌斗捌胜,十二月城上结
34 坛神佛料及僧食等用。面叁斗,造食屈偏袒禅师用。
35 面壹硕柒斗,十二月下造佛食用。面贰斗,冬至解斋用。面
36 叁硕贰斗,十二月中间十六日每日贰斗众僧解斋用。面肆斗伍

37 胜,十二月九日雷阇梨解斋用。计三十二石。①

该件记载了辛巳年净土寺的面破用帐,共计 32 石。从内容可以看到,除了个别几笔帐是因人事、节日解斋、造佛食和祭盘等破用外,其他基本都是与劳作有关,还有个别解斋帐目没有说明破用缘由,可能也与劳作有关。可见,该年净土寺的面也主要是用于劳作破用。

总之,敦煌寺院的诸色斛斗、面、油和织物等主要用于各种劳作支出,劳作破用帐也是敦煌寺院破用帐的主体。

第四节 教化乞施破用帐

佛教中"教化"一词最初的基本含义是通过讲经说法等方式教导感化众生,②在佛教发展过程中,教化的目的除了劝化众生行善去恶外,还逐渐有了乞人布施的目的。随着佛教在中国的发展,教化乞施之风愈来愈盛,甚至成了聚敛财富的重要手段,故至唐代,还曾受到官府明令禁止,如唐玄宗开元十九年(731)颁布的《禁僧徒敛财诏》云:"近日僧徒,此风尤甚。因缘讲说,眩惑州闾,溪壑无厌,唯财是敛……或出入州县,假托威权;或巡历乡村,恣行教化。因其聚会,便有宿宵。左道不常,异端斯起。自今以后,僧尼除讲律之外,一切禁断。"③关于唐宋时期佛教的教化乞施活动在敦煌寺院会计文书破用帐和歌辞文书中有较集中的记载,这些记载不仅为研究唐宋时期敦煌地区佛教的教化乞施活动提供了重要资料,而且还有助于我们认识其他地区佛教的教化乞施及其相关社会活动。

一、寺院组织教化乞施时的破用帐及其目的

寺院组织的教化乞施活动在敦煌文书中出现得最为频繁,由于僧侣在为自己所属的寺院进行教化乞施时,寺院往往还要供应饭食,故这类教化活动主要见载于寺院的破用帐中,分布较为零散。下面我们主要以教化布施

---

① 唐耕耦、陆宏基编《敦煌社会经济文献真迹释录》第 3 辑,第 189—191 页。
② 东晋佛驮跋陀罗译《大方广佛华严经》卷 25 载:"菩萨如是行时,以布施教化众生,爱语、利益、同事亦教化众生;又以色身示现教化众生,亦以说法教化众生,亦示诸菩萨行事教化众生,亦示诸佛大事教化众生,亦示生死过恶教化众生,亦示诸佛智慧利益教化众生。菩萨如是修习,以大神力,种种因缘方便道,教化众生。"这里记载的教化方式有说法、布施等等,五花八门。参《大正新修大藏经》卷 9,第 556 页。
③ [清]董浩等编《全唐文》卷 30,中华书局 1983 年,第 339 页。

物为纲对相关破用帐进行梳理,并对教化目的进行分析讨论。

首先是教化木材时的破用帐。P.3763V载:"教化椽时散施入布壹丈七尺……官布一丈三尺,教化椽时散施入……褐八尺、教褐一丈三尺,教化椽散施入。褐七尺,教化施入……粟肆硕伍斗、卧酒、沽酒,屈诸官乞木用……粟叁斗伍胜,卧酒,造乞椽局席用。"虽然这些破用帐记载净土寺徒众当年教化收入中有布、褐、椽等,但实际上主要是教化椽木,只不过在教化过程中,有的施主是用褐代替椽木来布施的。S.1733《公元9世纪前期诸色入破历算会牒稿》载:"白面四石六斗四升、粗面壹石、油五升,已上充设贺归满等乞木日设及载木人等用。"本次贺归满等人乞木时破用的白面、粗面和油的数量较大,说明参与的人员较多,而贺归满应是僧人,这种在僧人法号前冠以姓氏的现象在敦煌文书中甚为常见。尽管椽等木材的用途较多,但这些记载寺院徒众教化椽和其他木材的主要目的是为了修造寺院屋舍或窟前殿堂、窟檐等,如P.4980《僧人巡门告乞椽材唱辞》明载:"今欲覆盖屋舍居住,金田亏缺者而颇多,贫乏者而不少。巡门告乞,只为遮热止寒,教化椽材,望仗檀越施主。"

其次是教化麻和沙时的破用帐。教化麻在文书中的记载最为频繁,S.6275《丙午年(946)十一月就库纳油破油历》载:"丙午年十一月十日,就库纳油壹斗,付都师造食,众僧教化麻吃用。十一日,就库纳油二升,付都师造𩚇𩞁,教化吃用。"P.3490V(1)《辛巳年(921)净土寺油破历》载:"油肆胜,西窟上水及乞麻日斋时解火等用。"P.3490V(2)《辛巳年(921)净土寺面破历》载:"面肆斗伍胜,西窟上水及乞麻解火等用。"P.2049V《后唐同光三年(925)正月沙州净土寺直岁保护手下诸色入破历算会牒》载:"油两抄,两日乞麻众僧食用……面贰斗,两日乞麻斋时食用……油壹胜壹抄,乞麻日众僧斋时用……面三斗伍胜,乞麻日众僧斋时用。"P.2040V(5)载:"油一升,乞麻时众僧食料用。"P.2776+S.0366《后唐同光二年(924)净土寺诸色入破历算会牒》载:"面贰斗,乞麻日众僧斋时用"。P.3234V(9)《癸卯年(943)正月一日已后净土寺直岁沙弥广进面破》载:"面陆斗伍升、油二升半、粟一斗、麦七升,卧酒,乞麻时众时斋兼看牧人等用……面二斗,乞麻造斋时用……面三斗,乞麻斋时用。"P.2032V(12)《后晋天福四年(939)净土寺诸色破历》载:"(粗)面伍斗七升、油贰□、粗面伍升,众僧教化麻用。"S.11282+S.11283《唐中和三年(883)正月某寺都师宝德手下诸色入破历算会牒》载:"面壹斗、麦壹斗,充乞麻日食用。"P.2032V(17)载:"粟壹硕壹斗,乞麻时散施入"P.2032V(18)载:"面肆斗,两日乞麻斋时众僧食用……乞麻众僧造丞(蒸)饼食用。"P.2032V(19)载:"面叁斗伍升,众僧乞麻时食用……面叁斗,众僧乞麻时食用。"这些破用帐一般都是关于教化麻时对食用油、面、麦等的支出记录,数额不大,其中仅有 P. 2032V(17)中"粟壹硕壹斗,乞麻时散施入"这一笔是乞麻时施主们以粟代替麻进行布施的收入帐。唐宋时期敦煌地区种植的麻种类有黄麻、大麻等,这些记录中的教化麻、乞麻之"麻"一般不是指黄麻,也不是用来榨油的"麻子",而一般是指可以搓绳、织布的大麻的纤维。[1] 与乞麻的记载较多相反,目前所见乞沙的记载仅有一条,此即P. 2032V(12)《后晋天福四年(939)净土寺诸色破历》所载:"粟一斗,卧酒,河头乞沙用。"

教化麻和沙的目的一般也与修造有关,如 P. 3234V(9)《癸卯年(943)正月一日已后净土寺直岁沙弥广进面破》载:"面柒斗捌胜,上赤白僧及上沙、麻塑匠等用。"P. 2032V(3)载:"泥匠张留住窟上后件泥沙、麻博士及沙弥食[用]。"这几笔关于塑匠、泥匠等工匠上沙、麻的记录就与塑造相关塑像和造窟密切相关,因为在造作泥塑作品和洞窟中绘制壁画的壁面时,所需要的泥往往是由碎麻和土沙等混合而成。

再次是教化柴草时的破用帐。Дх. 01426＋P. 4906＋Дх. 02164《公元962年报恩寺诸色破历》载:"白面壹斗、麨面三斗,造籈饼(饼),午料用,众僧教化柴食用。"P. 3165V《公元 944 年或 945 年灵图寺诸色入破历算会牒稿》载:"□一石,教化柴沽酒用。一石五斗,教化麻及造仓门博士用。"P. 2040V(1)载:"(粗)面贰斗,教化柴时众僧食用。"P. 2032V(18)《公元 944年净土寺诸色破历》载:"面一石五斗,岁三日中间乞柴众僧斋用。"这里教化的柴、柴草是对不同类植物的统称,有时也会说明教化柴草的具体名称,如P. 2032V(12)《后晋天福四年(939)净土寺诸色破历》载:"油半胜,两日乞柽解斋用。"该条即明确说教化的柴草是柽。

包括柽在内的各类柴草的用途较广,如燃烧取火、修造等。而敦煌属于沙漠绿洲,柴草并不充裕,故在丧葬等活动中柴草往往是纳赠的常见物,相关记载在社邑或纳赠历文书中比比皆是。同时,官府对柴草的使用管理也非常严格,如 P. 3160《辛亥年(951)押衙知内宅司宋迁嗣柽破用历状并判凭四件》是内宅司关于柽的支出情况而请求归义军节度使判凭的四件状文;又S. 3728《乙卯年(955)二三月押衙知柴场司安佑成状并判凭》是柴场司负责人就支给宴设司柴的情况而请求归义军节度使判凭的五件状文,柴场司专门负责管理柴务。虽然寺院僧侣教化柴草的目的不排除是为了燃烧取火,

---

[1] 关于唐宋时期敦煌地区种植的麻的种类,参徐晓卉《唐五代宋初敦煌地区麻的种植品种试析》,《敦煌研究》2004 年第 2 期,第 87—91 页。

但更多的应与修造有关,这在相关文书中有明确记载,如 P.3391V《社司转帖》是一件某寺院请社员参加春秋局席的转帖,在该转帖前面还写有:"当寺有少事商量,教化麻、柴草,通底何(河)口。"此内容不属于春秋局席转帖,而是该寺院另一件关于商量教化麻、柴草之转帖的一部分,而教化麻、柴草的目的主要是为了"通底河口"。这种将柴草作为修河及相关设施材料的记载在文书中较为普遍,如前引 P.3412V《壬午年(982)五月十五日渠人转帖》载:"渠人转帖……已上渠人,今缘水次逼近,要通底河口,人各锹锸壹事,白刺壹束……帖至,限今[月]十六日卯时于皆(阶)和口头取齐。"该件转帖也记载的是由僧人索法律及其他渠人用桯、白刺等柴草"通底河口"之事。又 S.6306《归义军时期破历》载:"七月六日修大查,白刺一车、枝十五束、橛八笙、桯十束、羊皮四张。"该条记载修水闸时也要用桯、白刺等柴草。寺院之所以承担修河等役负的原因是寺院拥有土地或经营水硙,相关文书中对之多有记载,如 P.2838(1)《唐中和四年(884)正月上座比丘尼体圆等诸色入破历算会牒附悟真判》载:"麦壹硕、油三胜、粟壹硕,合寺徒众修河斋时用。"又 P.2049V《后唐同光三年(925)正月沙州净土寺直岁保护手下诸色入破历算会牒》载:"麦壹斗,后件无穷人来修河用。"总之,从现有记载来看,修造维护相关水利设施是寺院教化柴草的主要目的。由于寺院柴草的消费量比较大,仅靠教化是难以满足消费所需的,故文书还记载到寺院通过买取、交换等方式获得柴草之事,如 BD15246(2)+P.3364+S.5008《公元 947—954 年间报恩寺诸色入破历算会牒》载:"油贰斗伍升,于张咄子买桯一车用。"S.5039+S.4899《丁丑年(977)至戊寅年(978)报恩寺诸色破历》载:"廿二日,粟肆斗,买草柴用。廿三日,粟三硕肆斗,于令狐都头面上买桯用。"这样的记载比较多,再不赘举。

最后是教化粮食及其加工物时的破用帐。这方面的破用帐在文书中很少有明确记载,P.3175V《公元 10 世纪后期报恩寺诸色破历》载:"癸年二月一日,寺内八日教化麦,王上座手上麦两石。"虽然该件文书的内容主要是破用帐,但是这笔帐是教化所得麦子还是教化麦子时的破用帐不是很清楚。又 P.3234V(2)《公元 10 世纪 30—40 年代净土寺油入破历》载"两日乞麻油二升",P.3578《癸酉年(913)正月沙州梁户史氾三沿寺诸处使用油历》载"八月五日,徒众教化油二升,付与氾法律、张法律",这两笔帐是指教化时破用油二升还是教化所得油二升也不是很明确。虽然寺院教化粮食及其加工物的破用帐在文书中很少记载,但是这仅仅是文书欠载而已,而且教化粮食也一般与修造有关,这一点我们还可以通过相关社邑教化粮食的情况进行印证。唐宋时期敦煌僧侣组成社邑的现象是较为普遍的,组织社邑的目的也不尽相同,目前所见由相关僧社组织的教化活动仅见于 P.4960《甲辰年(944)五月廿一日窟头修佛堂社再请三官凭约》,其载:

1 甲辰年五月廿一日,窟头修佛堂社,先秋教化
2 得麦拾伍硕叁斗,内涛两硕伍斗,砲;干
3 麦壹硕伍斗,砲。又教化得麻伍拾束。又和
4 得布丈柒。又和得罗鞋壹两,准布壹
5 疋,在惠法,未入。又赤土贰拾併(饼)。
6 太傅及私施计得细色叁量。以上物色等,
7 伏缘录事不听社官,件件众社不合,
8 功德难办。今再请庆度为社官,法胜为社长,
9 庆戒为录事。自请三官已后,其社众并
10 于三人所出条式,专情而行,不得违背,
11 或有不禀社礼,□□上下者,当便
12 三人商量罚目,罚脓腻一筵,不得
13 违越者。①

该件记载了由僧人庆度、法胜、庆戒等人组成的佛堂社教化得到了麦子和麻等物,而教化麦子等物的目的也很明确,就是为了满足在窟头(莫高窟)修造佛堂所需。

从以上破用帐可知,唐宋时期敦煌地区寺院和社邑组织教化乞施时所破用的主要是斛斗、面、油等物,而教化乞施所得物主要包括织物、椽木、麻、柴草和粮食等,当然,由于资料所限,还有其他类别的教化乞施物暂时缺如。教化目的主要是为了满足修造寺院房舍、造窟、造像、修佛堂及相关水利设施所需,而不是为了聚敛财富。这一点还可以从教化乞施的频次和布施物的数量来进一步说明。首先,虽然敦煌寺院会计文书的数量非常多,但是记载教化乞施的内容却非常少,这说明教化乞施的频次并不高,也即不会轻易通过教化去乞施;其次,教化乞施所得属于寺院的布施收入之一,而敦煌寺院在一个会计期内的布施收入及其在总收入中所占的比重往往很小,②这也说明教化乞施收入更加微少。实际上,由于教化乞施以修造为主,教化所得基本上旋即支出而不会形成财物的积累。

---

① 宁可、郝春文《敦煌社邑文书辑校》,第16—17页。
② 参王祥伟《吐蕃至归义军时期敦煌佛教经济研究》,第64—71页。

二、僧团集体组织教化乞施时的破用帐及其目的

除了寺院、社邑组织的教化活动外,敦煌会计文书中还记载有僧团集体组织的教化活动,而这种教化活动主要是通过俗讲的方式进行。唐宋时期敦煌地区的俗讲甚为兴盛,敦煌文书中也保存下来了大量的俗讲资料,中外学者利用这些资料对唐代的俗讲活动进行了详细研究,有助于我们认识当时的俗讲制度。[①] 俗讲的目的之一就是教化乞施,日本僧人圆珍在唐宣宗大中年间来中土求法时就注意到这一点,其在《佛说观普贤菩萨行法经记》中云:

> 言讲者,唐土两讲:一、俗讲,即年三月就缘修之,只会男女,劝之输物充造寺资,故言俗讲(僧不集也)云云。二、僧讲,安居月传法讲是(不集俗人类也,若集之,僧被官责)。上来两寺,皆申所司(就经奏,外申州也。一日为期),蒙判行之。若不然者,寺被官责云云。[②]

此说俗讲目的是劝化男女"输物充造寺资"。又《资治通鉴》卷243《唐纪·敬宗纪》也载:"己卯,上幸兴福寺,观沙门文溆俗讲。"胡三省注云:"释氏讲说,类谈空有,而俗讲者又不能演空有之义,徒以悦俗邀布施而已。"[③]俗讲活动中这种"悦俗邀布施"的目的在唐宋时期的敦煌地区也不例外,如本书第二章所引用的 P.2846《甲寅年(954?)都僧政愿清等交割讲下所施麦粟麻豆等破除见在历稿》即有相关记载,该件文书第三行中的"令交割讲下所施麦粟麻豆布緤褐铜铁等"中的"讲"应为俗讲,因为这次俗讲是在正月进行,符合唐五代俗讲在三长斋月(正、五、九月)进行的规定;[④]同时,这次"讲下"布

[①] 主要的研究成果有如:[日]道端良秀《唐代佛教史の研究》,法藏馆1967年,第210—270页;[日]那波利贞《唐代社会文化史研究》,创文社1974年,第395—458页;[日]福井文雅《讲经仪式の组织内容》,载[日]福井文雅、牧田谛亮编《讲座敦煌·7·敦煌と中国佛教》,大东出版社1984年,第359—382页;向达《唐代俗讲考》,载向达《唐代长安与西域文明》,三联书店1987年,第294—336页;王文才《俗讲仪式考》,载甘肃社会科学院文学研究所编《敦煌学论集》,甘肃人民出版社1985年,第100—111页;姜伯勤《敦煌艺术宗教与礼乐文明》,中国社会科学院出版社1996年,第395—419页;侯冲《俗讲新考》,《敦煌研究》2010年第4期,第118—124页。此外,周绍良、白化文编《敦煌变文论文录》(上海古籍出版社1982年)中收录了孙楷第《唐代俗讲轨范与其本之体裁》、傅芸子《俗讲新考》、周一良《读〈唐代俗讲考〉》等多篇关于俗讲研究的文章。

[②] 《大正新修大藏经》卷56,第227页。

[③] [宋]司马光编著《资治通鉴》,中华书局1956年,第7850页。

[④] 唐五代时期的佛教俗讲一般仅在三长斋月举行,详参侯冲《俗讲新考》,《敦煌研究》2010年第4期,第119—121页。

施物的数额较大,种类很多,包括各类斛斗、织物、金属等,符合俗讲"悦俗邀布施"的目的。从文中"讲下"所施的这些财物由都僧政和四名僧政、两名法律等敦煌都司僧官掌管来看,这次俗讲活动是由敦煌僧团集体组织的。

P.2846不仅记录了俗讲的布施收入帐,同时还记录了布施物的破用帐,只是破用帐有残缺。这种详细记录俗讲布施物及其破用帐的资料在传统文献中并不多见。除了P.2846外,本书第二章引用的S.5800《唐光化三年(900)正月一日已后讲下破除数》也记载了俗讲布施物的破用情况,但内容不一定完整。从首行"光化三年庚申岁正月一日已后讲下破除数"来看,这次俗讲也在正月进行,符合唐五代俗讲在三长斋月进行的规定。从其中僧政、判官等僧官来看,这次俗讲可能也是僧团集体组织的。

虽然P.2846和S.5800中没有说明俗讲教化财物的主要目的,同时从已经破用的情况来看,破用名目较多,但是P.2846中的大量破用,如买门、回廊上赤白用、供画匠、沽酒和卧酒、写钟等也似应与修造寺院有关。虽然唐宋时期敦煌僧团组织教化乞施的目的可能不局限于修造,但是修造应是主要目的,这一点我们可以从相关道场俗讲中的布施情况得以说明。敦煌文书中有许多"舍施疏",其中D.162V中有十五件、P.2837V中有十四件、P.3541中有五件、P.2863中有七件,在这四十余件舍施疏中,布施物的种类很多,如各类斛斗、木材、织物、香料、头发、动物和金属等等;布施地点均在道场,布施时间除了P.2837V中有几件是二月外,其他的全部在正月,并且D.162V和P.2837V中均有教授"荣照"的签押。从时间、[①]地点及敦煌都司僧官荣照的签押来看,这些文书中的布施均应是在僧团集体组织的俗讲过程中进行的,而布施目的一般明确是为了"修造",其中P.2863中的七件更具体为是"铸钟",也与寺院修造有关。可见,僧团集体组织教化乞施活动的主要目的也是修造而非专门聚敛财富,教化布施物也会被立即破用。

从以上讨论可知,教化乞施活动是唐宋时期敦煌地区佛教界从事宗教和社会活动的一部分,无论是寺院组织的教化活动,还是由敦煌僧团集体组织的教化活动,其主要目的并非是为了聚敛财富,而是为了修造寺院、石窟及水利设施等的需要,故教化乞施收入没有成为寺院和僧团的主要经济收入,教化乞施活动也不见被敦煌地方政权禁止的记载。此外,与会计文书中记载的教化乞施活动相呼应,敦煌文书中还保存有几件僧侣在教化乞施过

---

① 虽然俗讲一般仅在三长斋月举行,但是俗讲结束的时间可以在三长斋月的下一月,如《入唐求法巡礼行记》卷3记载会昌元年敕长安左右街七寺重开俗讲,其起止时间是"正月十五日起首,至二月十五日罢。"参[日]圆仁著,[日]小野胜年校注,白化文、李鼎霞、许德楠修订注,周一良审阅《入唐求法巡礼行记校注》,第365页。

程中吟唱的唱辞和俗讲活动中教化时使用的变文,前者有 P. 2704V《三冬雪·望寄寒衣》、①P. 2704V《千门化·化三衣》、P. 4980《僧人巡门告乞椽材唱辞》及五代著名俗讲僧圆鉴法师(云辩)所作的 P. 2603《赞普满偈》和 S. 4472《修建寺殿募捐疏头辞》,后者有如 P. 3618《秋吟一本》,②这些教化歌辞往往会表达教化的目的和布施的因缘等,是教化活动的重要组成部分,也是了解教化活动不可或缺的内容。

---

① 敦煌文书中的《三冬雪》有两个卷号,除了 P. 2704V 外,还有 S. 5572,但是 S. 5572 的内容有残缺。
② 对这些歌辞、变文与教化乞施的关系及其演唱方法,可参任中敏编著《敦煌歌辞总编》,凤凰出版社 2014 年,第 665—674 页;李小荣《敦煌佛教劝化音乐文学略说》,《东方丛刊》2006 年第 3 期,第 40—57 页,该文又被收入李小荣《敦煌佛教音乐文学研究》,福建人民出版社 2007 年,第 517—636 页。

结　论

　　敦煌寺院会计文书主要有便物历、施物历(含施物入历、施物破历、施物交割历及历状)、施物出卖历(含唱卖历和货卖历)、分僦历、什物历、诸色入破历(含入历、破历和入破历)、帐状等几大类。

　　随着时代的演变,简牍时代具有会计性质的财物簿、名籍等文献在敦煌文书中一般可以称为"历",当然,敦煌会计文书中并非用"历"完全取代了"簿""籍"之名,而是"历"与"簿""籍"之名共存。

　　敦煌便物历文书的起源与佛教的救济借贷无关,而是与政府的救济借贷密不可分。早在先秦时期,"便物历"类文献就已经伴随着政府的各类借贷活动而产生了,只不过当时还没有用"便"字作为借贷符号,也没有用"历"来命名此类文献,故当时没有"便物历"之类的名称而已。便物历与契约在功能和性质方面密切相关,那种有画押、见人或口承人而发挥借贷契约作用的便物历是对契约的简化形式,双方都具有会计凭据和法律证明等方面的功能,故双方的性质也是统一的。

　　敦煌寺院的施物历既有施物入历,也有施物破历,还有施物历状和施物交割历等。施物历既有汇总的,又有个人临时记录的,施物历中的有关施物帐实则是对相应舍施疏的简化;寺院的布施物可以通过唱卖和货卖两种方式进行出卖,从而产生了记录出卖收入的唱卖历和货卖历,其中唱卖历的基本要素有唱卖时间、唱卖物、唱卖收入及其合计数,但是随着唱卖物的来源、唱卖主持机构等因素的变化,唱卖历的构成要素,甚至格式也会发生变化。

　　敦煌寺院的分僦历文书有两大类,这两类分僦历文书不但记帐格式不同,而且其中的记帐符号"余""欠"的含义也恰好相反,分僦历中的唱买者往往仅支付自己唱买所得布施物的价值而不会支付其他僧尼应得的僦利。佛教的分僦历不只是见于敦煌文书中,吐鲁番阿斯塔那169、170、89号墓和哈拉和卓50、99号墓中出土的相关高昌国时期的文书不是简单的"财物疏"或"僧尼名籍",而也应是佛教僧侣对布施物通过唱卖、唱买而进行分配的分僦历文书,并且也是目前我们所见最早的分僦历文书。

敦煌僧团在集体分僦时要依据僦状进行,而僦状是僦司等僧务管理机构分发大众僦利的依据,其是以寺院为单位,由寺院自己具报的本寺应分僦僧尼的名单。虽然敦煌文书 P.2250V 与僦状密切相关,但其没有状文的结构,而另一件敦煌文书 P.3600V 系由不同寺院的状文组成,其中有的寺院状文结构完整,并且还有用朱笔书写的"唱""折本分"等与唱卖分僦相关的符号,故 P.3600V 应是僦状文书。

敦煌寺院会计文书中的诸色入历、破历和入破历,既有原始的历,也有经过整理改编的历。从出土文献和传统文献中官方的入破历资料来看,一件完整的入破历文书应有如标题、具体帐目(含收支数目、来源、支出目的和事由等)、统计数据、负责人等基本构成要素,至于签押,原始的历一般有,而改编的历则可以缺如。这些要素在敦煌寺院的入破历中大多也有,但由于受造历者的身份、造历目的和所属寺院的不同等因素的影响,敦煌寺院入破历文书的要素和结构并不完全统一。在敦煌寺院的入破历中,由有关个人所造的历往往是较为原始的历,一般有签押,造历的目的是作为以后寺院统一算会和造历时的凭证;而由寺院统一所造的历,有的是作为前后两任负责人之间进行交割的证据和记帐的凭证,这种历也被称为"交历",有的是作为凭证编造四柱帐状而向都司等汇报本寺的财务收支情况。

从敦煌文书和传统文献的记载来看,在唐宋时期,四柱会计报告可称为"案状""帐状",也可略称为"案"或"帐";在很长的历史时期内,四柱记帐法的记帐符号并不统一,直至明清时期,四柱符号才最后得以定型,而此演变过程既与时代的变化和四柱记帐法的登载对象有关,又与四柱记帐法的发展和国家法律对四柱记帐符号的规定等密切相关;敦煌寺院的四柱帐状中登载的物品种类较多,在对这些不同物品的数量进行合计统计时使用的方法并不固定,既有统一计量单位合计法,又有将不同计量单位的物品数量分别合计法,有时还将特殊物品的数量不合计入总数,等等;虽然四柱帐一般由上一会计期的回残和本期的新入、破用、见在四柱构成,但是在唐宋时期的四柱帐中,也可以单独设置外欠柱用以登载外欠帐,从而在形式上形成五柱甚至更多柱。

敦煌寺院会计文书中记录最详细的是收入帐和破用帐,其中又以破用帐的内容最多,而破用帐中又以劳作破用帐为主,相关劳作者既有普通沙弥和僧官等出家人,又有世俗人,其中僧尼的劳作,既与农禅有别,又与禅宗发展密切相关,而造成这种状况的原因与敦煌寺院的地理分布、吐蕃和归义军政权的统治等因素有关;敦煌寺院会计文书中的人事和吊孝破用帐不但表明敦煌寺院与世俗社会保持着密切的关系,而且体现出敦煌佛教具有明显的社会化特征;从敦煌寺院会计文书中的教化乞施破用帐来看,教化乞施是唐宋时期敦煌地区佛教界从事宗教和社会活动的一部分,其主要目的并非是为了聚敛财富,而是为了满足修造寺院、石窟及相关水利设施等的需要,教化乞施收入没有成为寺院和僧团的主要经济收入。

主要参考文献

一、古籍

［汉］许慎撰，［清］段玉裁注《说文解字注》，中州古籍出版社，2006年。

［北齐］魏收撰《魏书》，中华书局，1974年。

［梁］释慧皎撰，汤用彤校注《高僧传》，中华书局，1991年。

［唐］李林甫等撰，陈仲夫点校《唐六典》，中华书局，1992年。

［唐］韦述《两京新记》，《丛书集成初编》本，商务印书馆，1936年。

［宋］欧阳修、宋祁撰《新唐书》，中华书局，1975年。

［宋］王溥撰《唐会要》，中华书局，1955年。

［宋］谢深甫编撰，戴建国点校《庆元条法事类》，杨一凡、田涛主编《中国珍稀法律典籍续编》第1册，黑龙江人民出版社，2002年。

［元］马端临《文献通考》，中华书局，1986年。

［元］孔齐撰，庄敏、顾新点校《至正直记》，上海古籍出版社，1987年。

［元］脱脱等撰《宋史》，中华书局，1977年。

［元］佚名著，陈高华、张帆、刘晓、党宝海点校《元典章》，中华书局、天津古籍出版社，2011年。

［清］董诰等编《全唐文》，中华书局影印本，1983年。

［清］钱大昕《十驾斋养新录》，上海书店，1983年。

［清］沈家本《寄簃文存》，商务印书馆，2017年。

［清］徐松辑，刘琳、刁忠民、舒大刚、尹波等校点《宋会要辑稿》，上海古籍出版社，2014年。

［日］圆仁著，［日］小野胜年校注，白化文、李鼎霞、许德楠修订校注，周一良审阅《入唐求法巡礼行记校注》，花山文艺出版社，2007年。

二、出土文献

北京大学图书馆、上海古籍出版社编《北京大学图书馆藏敦煌文献》第1—2册，上海古籍出版社，1995年。

主要参考文献

长沙简牍博物馆、中国文物研究所、北京大学历史学系编著《长沙走马楼三国吴简·竹简》(叁),文物出版社,2008年。

陈伟等著《楚地出土战国简册(十四种)》,武汉大学出版社,2016年。

俄罗斯科学院东方研究所圣彼得堡分所、俄罗斯科学出版社东方文学部、上海古籍出版社编《俄藏敦煌文献》第1—17册,上海古籍出版社,1992—2001年。

方广锠编著《滨田德海搜藏敦煌遗书》,国家图书馆出版社,2016年。

方广锠、吴芳思主编《英国国家图书馆藏敦煌遗书》第1—50册,广西师范大学出版社,2011—2017年。

甘肃藏敦煌文献编委会、甘肃人民出版社、甘肃省文物局编《甘肃藏敦煌文献》第1—6卷,甘肃人民出版社,1999年。

国家文物局古文献研究室、新疆维吾尔自治区博物馆、武汉大学历史系编《吐鲁番出土文书》(录文本)第1—10册,文物出版社,1981—1991年。

国家图书馆编纂《敦煌卷子》第1—6册,联经出版公司,2022年。

湖北省荆沙铁路考古队编《包山楚简》,文物出版社,1991年。

黄永武主编《敦煌宝藏》第1—140册,新文丰出版公司,1982—1986年。

黄征、张崇依著《浙藏敦煌文献校录整理》,上海古籍出版社,2012年。

宁可、郝春文辑校《敦煌社邑文书辑校》,江苏古籍出版社,1997年。

任继愈主编,中国国家图书馆编《国家图书馆藏敦煌遗书》第1—146册,北京图书馆出版社,2005—2012年。

荣新江、李肖、孟宪实主编《新获吐鲁番出土文书》,中华书局,2008年。

沙知辑校《敦煌契约文书辑校》,江苏古籍出版社,1998年。

上海古籍出版社、上海博物馆编《上海博物馆藏敦煌吐鲁番文献》,上海古籍出版社,1993年。

上海古籍出版社、法国国家图书馆编《法藏敦煌西域文献》第1—34册,上海古籍出版社,1995—2005年。

上海古籍出版社、天津市艺术博物馆编《天津市艺术博物馆藏敦煌文献》第1—7册,上海古籍出版社,1996—1998年。

上海图书馆、上海古籍出版社编《上海图书馆藏敦煌吐鲁番文献》第1—4册,上海古籍出版社,1999年。

首都博物馆编,荣新江主编《首都博物馆藏敦煌文献》第1—10册,北京燕山出版社,2019年。

唐耕耦、陆洪基编《敦煌社会经济文献真迹释录》第1辑,书目文献出版社,1986年;第2—5辑,全国图书馆文献缩微复制中心,1990年。

王尧、陈践译注《敦煌吐蕃文献选》,四川民族出版社,1983年。
武田科学振兴财团、杏雨书屋编《敦煌秘笈》(影片册)第1—9册,武田科学振兴财团印行,2009—2013年。
西北民族大学、上海古籍出版社、法国国家图书馆编《法藏敦煌藏文文献》第1—35册,上海古籍出版社,2006—2020年。
谢桂华、李均明、朱国炤《居延汉简释文合校》,文物出版社,1987年。
于华刚,翁连溪主编《世界民间藏中国敦煌文献》第1辑,中国书店,2014年。
于华刚主编《世界民间藏中国敦煌文献》第2辑,中国书店,2017年。
赵和平辑校《敦煌表状笺启书仪辑校》,江苏古籍出版社,1997年。
浙藏敦煌文献编委会编《浙藏敦煌文献》,浙江教育出版社,2000年。
郑炳林、郑怡楠辑释《敦煌碑铭赞辑释(增订本)》,上海古籍出版社,2019年。
中国社会科学院考古研究所编《居延汉简》(甲乙编),中华书局,1980年。
中国社会科学院历史研究所、中国敦煌吐鲁番学会敦煌古文献编辑委员会、英国国家图书馆、伦敦大学亚非学院合编《英藏敦煌文献(汉文佛经以外部分)》第1—14册,四川人民出版社,1990—1995年。
《中国书店藏敦煌遗书》编委会编撰《中国书店藏敦煌遗书》,中国书店,2019年。
[日]池田温《中国古代写本识语集录》,东洋大学东洋文化研究所,1990年。
[英]F. W. 托马斯编著,刘忠、杨铭译注《敦煌西域古藏文社会历史文献(增订本)》,商务印书馆,2020年。

三、专著与文集

陈垣《二十史朔闰表》,古籍出版社,1956年。
陈伟《包山楚简初探》,武汉大学出版社,1996年。
陈大为《唐后期五代宋初敦煌僧寺研究》,上海古籍出版社,2014年。
陈国灿《唐代的经济社会》,文津出版社,1999年。
程鹏万《简牍帛书格式研究》,上海古籍出版社,2017年。
方宝璋《宋代财经监督研究》,中国审计出版社,2001年。
方广锠《中国写本大藏经研究》,上海古籍出版社,2006年。
高国藩《敦煌民俗学》,上海文艺出版社,1987年。
郭道扬编著《中国会计史稿》(上下),中国财政经济出版社,1982年、1988年。

主要参考文献

郭道扬著《中国会计通史》第1—12册,中国财政经济出版社,2023年。
郝春文《唐后期五代宋初敦煌僧尼的社会生活》,中国社会科学出版社,1996年。
何兹全主编《五十年来汉唐佛教寺院经济研究》,北京师范大学出版社,1986年。
姜伯勤《唐五代敦煌寺户制度》,中华书局,1987年。
姜伯勤《敦煌社会文书导论》,新文丰出版公司,1992年。
李锦绣《唐代财政史稿》(上下),北京大学出版社,1995年、2001年。
李正宇《敦煌学导论》,甘肃人民出版社,2008年。
李均明《秦汉简牍文书分类辑解》,文物出版社,2009年。
凌文超《走马楼吴简采集簿书整理与研究》,广西师范大学出版社,2015年。
凌文超《吴简与吴制》,北京大学出版社,2019年。
刘进宝《唐宋之际归义军经济史研究》,中国社会科学出版社,2007年。
罗彤华《唐代民间借贷之研究》,台北商务印书馆,2005年。
马德《敦煌古代工匠研究》,文物出版社,2018年。
马德、王祥伟《中古敦煌佛教社会化论略》,中国社会科学出版社,2010年。
乜小红《中国中古契券关系研究》,中华书局,2013年。
荣新江编《英国图书馆藏敦煌汉文非佛教文献残卷目录(S.6981—13624)》,新文丰出版公司,1994年。
荣新江《海外敦煌吐鲁番文献知见录》,江西人民出版社,1996年。
荣新江《归义军史研究——唐宋时代敦煌历史考索》,上海古籍出版社,1996年。
孙继民、魏琳《南宋舒州公牍佚简整理与研究》,上海古籍出版社,2011年。
唐长孺主编《敦煌吐鲁番文书初探》,武汉大学出版社,1983年。
唐耕耦《敦煌寺院会计文书研究》,新文丰出版公司,1997年。
王永兴《唐勾检制研究》,上海古籍出版社,1991年。
王永兴《敦煌经济文书导论》,新文丰出版公司,1994年。
王祥伟《吐蕃至归义军时期敦煌佛教经济研究》,中华书局,2015年。
朱晓雪《包山楚简综述》,福建人民出版社,2013年。
杨铭《吐蕃统治敦煌研究》,新文丰出版公司,1997年。
余欣《神道人心——唐宋之际敦煌民生宗教社会史研究》,中华书局,2006年。
张伯元《包山楚简案例举隅》,上海人民出版社,2014年。
湛如《敦煌佛教律仪制度研究》,中华书局,2003年。
曾亮《敦煌文献字义通释》,厦门大学出版社,2001年。

赵和平《敦煌写本书仪研究》,新文丰出版公司,1993年。

周一良、赵和平《唐五代书仪研究》,中国社会科学出版社,1995年。

［俄］孟列夫主编,袁席箴、陈华平译《俄藏敦煌汉文写卷叙录》(上下),上海古籍出版社,1999年。

［俄］丘古耶夫斯基著,王克孝译《敦煌汉文文书》,上海古籍出版社,2000年。

［法］谢和耐著,耿昇译《中国五——十世纪的寺院经济》,甘肃人民出版社,1987年。

［法］童丕著,余欣、陈建伟译《敦煌的借贷——中国中古时代的物质生活与社会》,中华书局,2003年。

［日］仁井田陞《唐宋法律文书の研究》,东方文化学院东京研究所,1937年。

［日］周藤吉之等著,姜镇庆、那向芹译《敦煌学译文集——敦煌吐鲁番出土社会经济文书研究》,甘肃人民出版社,1985年。

［日］池田温编《讲座敦煌·3·敦煌の社会》,大东出版社,1980年。

［日］池田温编《讲座敦煌·5·敦煌汉文文献》,大东出版社,1992年。

［日］竺沙雅章《中国佛教社会史研究(增订版)》,朋友书店,2002年。

［日］池田温著,龚泽铣译《中国古代籍帐研究》,中华书局,2007年。

［日］永田英正著,张学锋译《居延汉简研究》,广西师范大学出版社,2007年。

［日］土肥义和编《八世纪末期——十一世纪初期敦煌氏族人名集成·氏族人名篇·人名篇》,汲古书院,2015年。

四、论文

曹凌《中国佛教斋会疏文的演变》,《魏晋南北朝隋唐史资料》第33辑,2016年。

陈国灿《唐代的民间借贷——吐鲁番、敦煌等地所出唐代借贷契券初探》,载唐长孺主编《敦煌吐鲁番文书初探》,武汉大学版社,1983年。

陈国灿《敦煌所出诸借契年代考》,《敦煌学辑刊》1984年第1期。

陈国灿《读〈杏雨书屋藏敦煌秘笈〉札记》,《史学史研究》2013年第1期。

陈国灿《试论吐蕃占领敦煌后期的鼠年变革——敦煌"永寿寺文书"研究》,《敦煌研究》2017年第3期。

陈敏、谭燕亮《敦煌会计文书的史料价值研究》,《财经理论与实践》2009年第2期。

陈敏、彭志云《敦煌会计文书中的非营利组织财务管理思想探析》,《湖南财政经济学院学报》2011年第1期。

陈敏《唐五代宋初敦煌寺院会计制度研究》,湖南大学博士学位论文,2012年。

陈明光《走马楼吴简所见孙吴官府仓库账簿体系试探》,《中华文史论丛》2009年第1期。

陈菊霞《S.2687写本与莫高窟第61、55窟的关系》,《敦煌研究》2010年第3期。

陈菊霞《再议P.5032(9)〈沙州阇梨保道致瓜州慕容郎阿姊书〉的定年及相关问题》,《敦煌研究》2007年第2期。

陈菊霞《翟使君考》,《敦煌研究》2009年第5期。

戴卫红《长沙走马楼吴简所见"取禾""贷禾"简再探讨》,载楼劲、陈伟主编《秦汉魏晋南北朝国际学术研讨会论文集》,中国社会科学出版社,2018年。

邓文宽《〈凉州节院使押衙刘少晏状〉新探》,《敦煌学辑刊》1987年第2期。

方宝璋《略论宋代会计帐籍》,《中国经济史研究》2004年第3期。

方诚峰《敦煌吐鲁番所出事目文书再探》,《中国史研究》2018年第2期。

高启安《唐五代敦煌僧人饮食的几个名词解释》,《敦煌研究》1999年第4期。

高敏《论〈吏民田家莂〉的契约与凭证二重性及其意义——读长沙走马楼简牍札记之二》,《郑州大学学报(社会科学版)》2000年第4期。

郝春文《敦煌写本社邑文书年代汇考(二)》,《首都师范大学学报》1993年第5期。

郝春文《唐后期五代宋初沙州的方等道场与方等道场司》,《唐研究》第2卷,北京大学出版社,1996年。

郝春文《唐后期五代宋初沙州僧尼的宗教收入(一)——兼论儭司》,载柳存仁等著《庆祝潘石禅先生九秩华诞敦煌学特刊》,文津出版社,1996年。

郝春文《唐后期五代宋初沙州僧尼的宗教收入(二)——儭状初探》,载敦煌研究院编《段文杰敦煌研究五十年纪念文集》,世界图书公司,1996年。

郝春文《唐后期五代宋初沙州僧尼的宗教收入(三)——大众仓试探》,《敦煌学辑刊》1996年第2期。

郝春文《唐后期五代宋初沙州僧尼的宗教收入(四)——为他人举行法事活动之所得》,《敦煌学辑刊》1997年第1期。

郝春文《关于唐后期五代宋初沙州僧俗的施舍问题》,《唐研究》第3卷,北京大学出版社,1997年。

郝春文《唐后期五代宋初敦煌僧人与寺院常住斛斗的关系(上、下)》,《首都师范大学学报(社会科学版)》1998年第3、4期。

郝春文《唐后期五代宋初敦煌寺院常住什物的数量及与僧人的关系》,《敦煌研究》1998年第2期。

郝春文《关于唐后期五代宋初沙州僧团的"出唱"活动》,载《首都师范大学史学研究》第1辑,首都师范大学出版社,1999年。

郝春文《唐后期五代宋初敦煌僧尼的生活方式》,载杨曾文、方广锠主编《佛教与历史文化》,宗教文化出版社,2001年。又载胡素馨主编《佛教物质文化:寺院财富与世俗供养国际学术研讨会论文集》,上海书画出版社,2003年。

侯凌静《晚唐五代宋初敦煌会计文书记帐方法研究》,西北师范大学硕士学位论文,2012年。

金滢坤《敦煌社会经济文书定年拾遗》,《首都师范大学学报(社会科学版)》,2006年第1期。

金滢坤《敦煌社会经济文献缀合拾遗》,《敦煌研究》2006年第2期。

李军《归义军节度使张淮深称号问题再探》,《敦煌研究》2015年第4期。

李均明《汉简"会计"考(上)》,载中国文物研究所编《出土文献研究》第3辑,中华书局,1998年。

李均明《汉简"会计"考(下)》,载中国文物研究所编《出土文献研究》第4辑,中华书局,1998年。

李均明《走马楼吴简会计用语丛考》,载中国文物研究所编《出土文献研究》第7辑,上海古籍出版社,2005年。

李孝林《"四柱法"溯源》,《北京商学院学报》1987年增刊。

李孝林、杨兴龙、栗会明《论敦煌寺院内部控制发展——基于敦煌会计文书的初步研究》,《会计论坛》2013年第2期。

李学勤《楚简所见黄金货币及其计量》,《中国钱币论文集》第4辑,中国金融出版社,2002年。

李正宇《敦煌地区古代祠庙寺观简志》,《敦煌学辑刊》1988年第1、2期合刊。

马德《10世纪敦煌寺历所记三窟活动》,《敦煌研究》1998年第2期。

马德《浙藏敦煌文献〈子年金光明寺破历〉考略》,《敦煌研究》2001年第3期。

明成满《敦煌寺院经济文书中的会计思想》,《青海民族研究》2009年第2期。

刘信芳《包山楚简司法术语考释》,《简帛研究》第2辑,法律出版社,

1996年。

刘进宝《从敦煌文书看唐五代佛教寺院的"唱衣"》,《南京师大学报(社会科学版)》2007年第4期。

刘进宝《从"唱衣"研究看学术研究的困难》,《社会科学战线》2008年第11期。

刘永明《散见敦煌历朔闰辑考》,《敦煌研究》2002年第6期。

刘再聪《说河西的墼——以敦煌吐鲁番出土材料为中心》,《华夏考古》2009年第2期。

陆庆夫、郑炳林《俄藏敦煌写本中九件转帖初探》,《敦煌学辑刊》1996年第1期。

罗彤华《归义军时期敦煌寺院的迎送支出》,《汉学研究》2003年第1期。

罗彤华《从便物历论敦煌寺院的放贷》,载郝春文主编《敦煌文献论集——纪念敦煌藏经洞发现一百周年国际学术研讨会论文集》,辽宁人民出版社,2001年。

罗运环《包山楚简贷金简研究》,《武汉金融》2005年第10期。

乜小红《论中国古代借贷的产生及其演变》,《经济思想史评论》2010年第2期。

乜小红《中国古代佛寺的借贷与"便物历"》,《中国史研究》2011年第3期。

裘锡圭《湖北江陵凤凰山十号汉墓出土简牍考释》,《文物》1974年第7期。

宁可、郝春文《敦煌社邑的丧葬互助》,《首都师范大学学报(社会科学版)》1995年第6期。

冉明东《中国会计发展史海钩沉之六:中国古代寺院会计》,《财会通讯》2011年第3期。

荣新江《敦煌藏经洞的性质及其封闭原因》,季羡林等主编《敦煌吐鲁番研究》第2卷,北京大学出版社,1997年。

施萍婷《本所藏〈酒帐〉研究》,《敦煌研究》1983年创刊号。

宋小明、陈立齐《敦煌"历"文书的会计账实质》,《郑州航空工业管理学院学报》2017年第4期。

孙继民《〈庆元条法事类·州县场务收支历〉考释》,《文史》2008年第1辑。

谭蝉雪《曹元德曹元深卒年考》,《敦煌研究》1988年第1期。

唐耕耦《唐五代时期的高利贷——敦煌吐鲁番出土借贷文书初探》,《敦煌学辑刊》1985年第2期、1986年第1期。

唐耕耦《敦煌写本便物历初探》,载北京大学中国中古史研究中心编《敦煌吐鲁番文献研究论集》第5辑,北京大学出版社,1990年。

唐耕耦《敦煌寺院会计文书》,《北京图书馆馆刊》1996年第1期。

唐耕耦《四柱式诸色入破历算会牒的解剖》,载白化文等编《周绍良先生欣开九秩庆寿文集》,中华书局,1997年。

王祥伟《试论晚唐五代宋初敦煌寺院财产管理的特征及意义》,《敦煌学辑刊》2008年第2期。

王祥伟《一件新出吐鲁番文书及其在四柱结算法研究中的意义》,《西域研究》2012年第3期。

王祥伟《四柱结算法登载外欠账的方式及其演变》,《中国经济史研究》2019年第3期。

吴昌廉《居延汉简所见之"簿""籍"述略》,《简牍学报》第7期,简牍学会,1980年。

谢桂华《居延汉简的断简缀合和册书复原》,《简帛研究》第2辑,法律出版社,1996年。

杨际平《现存我国四柱结算法的最早实例——吐蕃时期沙州仓曹状上勾覆所牒研究》,载韩国磐主编《敦煌吐鲁番出土经济文书研究》,厦门大学出版社,1986年。

杨际平《四柱结算法在汉唐的应用》,《中国经济问题》1991年第2期。

杨际平《也谈敦煌出土契约中的违约责任条款——兼与余欣同志商榷》,《中国社会经济史研究》1999年第4期。

杨际平《我国古代契约史研究中的几个问题》,《中国史研究》2019年第3期。

杨铭、贡保扎西《Or.8210/S.2228系列古藏文文书及相关问题研究》,《敦煌研究》2016年第5期。

杨森《敦煌唐宋时期的"助供"》,《敦煌研究》1998年第4期。

姚崇新《试论高昌国的佛教与佛教教团》,载季羡林等主编《敦煌吐鲁番研究》第4卷,北京大学出版社,1999年。

姚崇新《在宗教与世俗之间:从新出吐鲁番文书看高昌国僧尼的社会角色》,《西域研究》2008年第1期。

尹克欢、余辉、栗会明《唐代内部控制环境研究——基于敦煌文书视角》,《会计之友》2014年第1期。

余欣《敦煌出土契约中的违约条款初探》,《史学月刊》1997年第4期。

郁晓刚《敦煌寺院入破历文书考释》,南京师范大学硕士学位论文,2010年。

郁晓刚《敦煌寺院财务结算浅析——以应在帐为中心》,《中国经济史研究》2012年第4期。

郁晓刚《唐五代宋初敦煌寺院财计问题研究》,南京师范大学博士学位论文,2013年。
郁晓刚《敦煌寺院会计凭证考释》,《敦煌研究》2016年第5期。
张弓《唐五代敦煌寺院的牧羊人》,《兰州学刊》1984年第2期。
张弓《敦煌秋冬节俗初探》,载段文杰等编《敦煌学国际研讨会文集:史地语文编》,辽宁美术出版社,1995年。
张涌泉《敦煌写本断代研究》,《中国典籍与文化》2010年第4期。
郑炳林《晚唐五代敦煌贸易市场的物价》,《敦煌研究》1997年第3期。
祝子丽《敦煌寺院会计文书中的单式簿记思想研究》,湖南大学硕士学位论文,2011年。
[法]童丕著,耿昇译《十世纪敦煌的借贷人》,《法国汉学》第3辑,清华大学出版社,1998年。
[日]北原薫《晚唐·五代の敦煌寺院经济——收支决算报告を中心に》,《讲座敦煌》3《敦煌の社会》,大东出版社,1980年。
[日]池田温《敦煌の便谷历》,《日野开三郎博士颂寿纪念论集——中国社会、制度、文化史の诸问题》,中国书店,1987年。
[日]堀敏一《唐宋间消费借贷文书私见》,载铃木俊先生古稀记念东洋史论丛编辑委员会编《铃木俊先生古稀记年东洋史论丛》,山川出版社,1975年。
[日]那波利贞《敦煌发见文书に据ゐ中晚唐时代の佛教寺院の金谷布帛类贷附营利事业运营の实况》,《支那学》第10卷第3号,1941年。
[日]藤枝晃《敦煌の僧尼籍》,《东方学报》第29册,1959年。
[日]藤枝晃《吐蕃支配期の敦煌》,《东方学报》第31册,1961年。
[日]竺沙雅章《敦煌吐蕃期の僧尼籍》,载西田龙雄编《东アジアにぉける文化交流と言语接触の研究》,京都大学文学部,1990年。

附　录
敦煌寺院会计文书总目[1]

一、便物历

S.6235《子年便麦粟历》

BD15779《丑年二月卅日氾兴兴等于乾元寺便豆历》

S.2228《公元 9 世纪前期解女于大云寺等贷黄麻历》

S.11454C《公元 9 世纪前期便物历》

Ch.0047(IOL.C.111)《公元 9 世纪僧法庆福行等贷粟历》

Дx.01408V《公元 9 世纪效谷乡请付粟黄麻床等历》

S.11288＋S.11284《出便黄麻与法力等名目》

P.4058《公元 9 世纪后期开元寺贷便粟豆历》

P.2953V《公元 9 世纪后期孔再成等贷麦豆本历》

S.1781《庚辰年(920)正月二日僧金刚会手下斛斗具数历》

罗振玉旧藏《辛巳年(921?)六月十六日社人拾人于灯司仓贷粟历》

S.3405V《癸未年(923 或 983)三月十四日便粟算会历》

P.3370《戊子年(928)六月五日净土寺公廨麦粟出便与人抄录》

S.4445V《庚寅年(930?)二月三日寺家汉不匆等贷褐历》

S.5845《己亥年(939)二月十七日及其后龙兴寺贷油面麻历》

P.4635(3)《癸卯年(943?)二月十三日便粟豆历》

P.4635(2)＋P.4635V《某年某月七日社家女人便面历》

P.3234V《甲辰年(944)二月后沙州净土寺东库惠安惠戒手下便物历》

S.8443A－E《甲辰年(944)至丁未年(947)李阇梨出便黄麻麦名目》

S.4654V《丙午年(946)金光明寺庆戒出便与人名目》

---

[1] 本"敦煌寺院会计文书总目"在充分参考学界的相关研究成果基础上,为了尽量做到完整全面,其中将不能确定是否属于寺院的相关文书残卷也收入其中。

S.6045《丙午年(946)正月三日便粟麦历》

S.6303《丁未年(947)二月兵马使高员信等便麦黄麻历》

S.11333V＋S.7963V《庚戌年(950?)四月十八日公廨司出便物名目》

P.3631《辛亥年(951)正月廿九日报恩寺善因愿通等柒人将物色折债抄录》

Дx.01278《辛亥年(951?)五月便粟名目》

Дx.01344《辛亥年(951?)二月九日张再住等便黄麻历》

BD16044A《何骨子等便粟历》

BD16044AV《辛亥年(951?)便粟历》

Дx.01416＋Дx.03025《甲寅年(954)至乙卯年(955)大乘寺百姓李恒子等便粟历》

P.3124V《甲寅年四月廿三日唐像奴贷麦粟历》

BD16029《丁巳年(957)至己未年(959)周家兰若禅僧法成便麦粟历》

S.5873V＋S.8658《戊午年(958)灵图寺仓出便与人名目》

BD16079A《辛酉年(961)二月九日僧法成出便与人抄录》

P.2932《甲子年(964)十二月十一日至乙丑年(964)翟法律出便斛斗与人名目》

Дx.02956《甲申年二月四日诸家上欠便物和债负名目》

S.4884V《壬申年(972)正月廿七日褐历》

Дx.01451《癸酉年(973)至己卯年(979)曹赤胡等还便黄麻历》

S.5945《丁亥年(987)长史米定兴于显德寺仓借回造麦历》

S.6452(2)《辛巳年(981)十二月十三日周僧正于常住库借贷油面物历》

S.6452(4)《壬午年(982)正月四日诸人于净土寺常住库借贷油面物历》

S.6452(5)《辛巳年(981)至壬午年(982)付酒本粟麦历》

S.6452(6)《壬午年(982)二月十三日净土寺常住库内黄麻出便与人名目》

S.6452(7)《壬午年(982)三月六日净土寺库内便粟历》

BD14806(1)《辛酉年三月廿二日于仓欠物人名抄录数目》

BD16083《某年二月九日僧谈会少有斛斗出便与人名目》

BD13800＋S.5064《公元10世纪某寺保德等贷粟豆黄麻入历》

P.3112《公元10世纪某寺愿戒保心等付入麦粟豆黄麻历》

P.3273《公元10世纪程押衙等付麦粟历》

P.3959《公元10世纪兵马使马定奴等便麦粟黄麻历》

S.6129《公元10世纪张通达等贷粟历》

P.3108V《己未年二月十日便黄麻历》

P.4635P《乙巳年五月便物历》

BD16111I《壬申年正月拾柒日阴建庆等便麦历》

Дx.11089《戊午年二月便物历》

Дx.01387《□亥年三月二十六日骨子等便黄麻青麦历》

S.10512＋S.9996＋S.10512V＋S.9996V《公元10世纪便麦粟豆黄麻历》

P.4913《公元10世纪末报恩寺（？）贷换油麻历》

P.4814V《付得本利麦粟历》

S.6306《公元10世纪某寺诸色破历》

P.4542(2)《便麦粟历》

P.2680V《便粟历》

P.T.3964《氾孝顺等便麦粟历》

P.5021《便豆粟历残片》

P.2161P7《便物历残片二件》

P.3273V《欠麦历》

S.2214V《贷便历》

S.6469V《公元10世纪便麦历》

S.7589《公元10世纪张骨儿等便麦历》

S.9463《便物历》

S.11360D(1)《杨老宿等贷粟麦历》

S.8402《便麦历》

S.8647《便麦历杂写》

S.8692《退浑便物人名目》

S.8812V《便物历》

S.9927AB《出便麻粟与郭平水等名目》

S.10649《便物历》

S.10848《便麦历》

S.11308《便物历》

S.11285《便物历》

羽695R《杜再通等便麦历》

Дx.06017《张衍鸡等便粟历》

Дx.01418《公元10世纪吴留德等便豆历》

Дx.06697＋Дx.06714《公元10世纪王曹七等便粟历》

Дх.10269《公元 10 世纪李阇梨等便粟麦历》

Дх.01449《公元 10 世纪后期王法律出便与人名目》

Дх.10270《公元 10 世纪敦煌县平康乡王怀达等便粟麦历》

Дх.10270V《公元 10 世纪氾苟子等便物历》

Дх.10282《邓乡官等便麦历》

Дх.10272A＋Дх.10272B《公元 10 世纪便斛斗历》

Дх.11080《便斛斗历》

Дх.00011B《便麦黄麻历》

Дх.02347《便物历》

Дх.11086《氾怀义等便物历》

Дх.11194《便物历及付物帐》

Дх.11201《便物历》

Дх.11201V《便物历》

Дх.18933《辛善安等便粟》

BD16043A《便粟历》

BD16043B＋BD16044B《便粟历》

BD04542V1《便物历》

BD05924V《便物历等杂写》

BD05308V《便物历等杂写》

BD00550V《便物历》

BD09318A《公元 10 世纪索奴子等便物历》

BD16030V《郭幸者等油麻历》

BD16096A《金光明寺僧愿惠等便物历》

BD16096B《崔再富等便物历》

BD16097《便麦历》

BD16114C《便物历》

BD16228V《马流流等便物历》

BD16230A《便物历》

BD16230B《便物历》

BD16230C《便物历》

BD16233A＋BD16233B《便物历》

BD16258《便物历》

BD16499C《韩员住妇等便物历》

静冈县矶部武男藏 005《便麦历》

二、什物历

S.5878＋S.5896＋S.5897《子年领得常住什物历》

P.3432《龙兴寺卿赵石老脚下依蕃籍所附佛像供养具并经目录等数点检历》

P.2706《吐蕃时期龙兴寺常住什物交割点检历》

S.7939V＋S.7940BV《公元820－860年间金光明寺（?）什物点检历》

S.7941V《公元820－860年间金光明寺（?）什物点检历》

S.1947V《唐咸通四年癸未岁（863）敦煌所管十六寺和三所禅窟以及抄录再成毡数目》

P.2613《唐咸通十四年（873）正月四日龙兴寺交割常住物等点检历状》

P.3587《公元900年前后乾元寺常住什物交割点检历》

P.5031（16）《公元9－10世纪某寺常住什物交割点检历》

S.2607V＋S.9931V《公元9世纪末至10世纪初金光明寺交割常住什物点检历状》

BD16291《乙丑年（905）二月十七日大乘寺交割常住什物点检历状》

P.3638《辛未年（911）沙州净土寺沙弥善胜领得什物斛斗等历》

S.10285＋S.10286《公元918年前后永安寺常住什物交割点检历》

P.3161《公元918年前后永安寺常住什物交割点检历状》

P.3495《后唐长兴元年辛卯岁（931）正月法瑞交割常住物点检历状》

S.1774《后晋天福七年（942）十二月十日大乘寺法律智定等交割常住什物点检历状》

S.1624V＋S.1776（2）《后晋天福七年（942）至后周显德五年（958）间大乘寺交割常住什物点检历状》

S.6217（1）《乙巳年（945）二月十二日报恩寺常住什物点检历》

S.6217（2）《丙午年（946）四月十五日报恩寺分付常住什物历》

BD16292《公元10世纪前期大乘寺常住什物点检历》

S.1776（1）《后周显德五年（958）十月十三日大乘寺法律尼戒性等交割常住什物点检历状》

S.5899《丙寅年（960?）十二月十三日常住什物交割点检历》

S.4199＋P.3598《丁卯年（967）后报恩寺交割常住什物点检历状稿》

S.8750＋S.8750V《公元925年或985年前后乾元寺交割常住什物点检历》

S.6050《公元10世纪某寺常住什物点检历》

P.2917《乙未年(995)后报恩寺交割常住什物点检历状稿》

P.4004＋S.4706＋P.3067＋P.4908《庚子年(1000)后报恩寺交割常住什物点检历状》

S.4215《庚子年(1000)后报恩寺交割常住什物点检历状》

BD11988《庚子年(1000)后报恩寺交割常住什物点检历》

S.6276《什物点检历》

S.4525《付什物数目抄录》

S.4525V《付什物历》

S.11553A《什物历残片》

S.11553B《什物历残片》

S.11553AV《常住什物历》

S.11553BV《常住什物历》

S.10524B《什物历残片》

P.2555P5《诸亲借毡褥名目如数》

P.3972《辰年四月十一日情漆器具名》

S.9496B《某寺常住什物点检历》

Дx.04896《某寺交割常住什物点检历状》

Дx.04899《某寺交割常住什物点检历状》

S.1733V(2)《某寺交割常住什物欠负历》

三、施物历和分僦历

P.2567V《癸酉年(793)二月沙州莲台寺诸家散施历状》

BD11990《诸人施钱历》

P.2583V(1)《申年(816)宰相上乞心儿等福田施入诸色物历》

P.2583V(13)《申年(816)二月十三日尼明证念诵施入大众衣物数》

P.3600V《戌年(818)普光寺等僦状及勾僦历》

P.T.1261V《公元820年前后僧人分配斋僦历》

P.2912V《丑年(821)正月后大众及私偏僦施布入历》

P.2912V《丑年(821)四月已后僦家缘大众要送路人事及都头用使破历》

P.2912V《公元821年(?)炫和尚货卖康秀华布施胡粉入历》

S.2447V《亥年(831)十月一日已后散施入经物唱卖历》

S.4192《丑年(833或845年)悲济花等唱买得入支给历》

S.7882《公元9世纪前期某年十一月廿一日贺拔堂唱卖碗碟等历》

411

羽694V《公元9世纪前期灵修寺大乘寺等施物唱卖历》

Дx.02355V《公元9世纪前期分僦历》

S.11425V《公元9世纪前期分僦历》

P.2689《公元9世纪前期僧义英等唱买得入支给历》

P.3491P1V《公元9世纪前期惠政等唱买得入支给历》

S.8262《某老宿斋见到僧分僦历》

P.3619《公元9世纪前期普光寺等僦状及勾僦历》

S.8706V《唱卖分僦历》

P.3850V《酉年四月龙兴寺方等所状》

P.3850V《吐蕃时期道场舍施收支唱卖历稿》

BD09283《吐蕃时期舍施唱卖历》

P.3047《吐蕃时期孙公子等施入历》

P.3047《吐蕃时期康喜奴等施入历》

S.7060V(1)《施衫绫练等名目》

S.5663《乙未年(875)正月十五日三界寺沙门道真施物入历》

S.5800《唐光化三年(900)正月一日已后讲下破除数》

P.2250V《公元925—937年间僦司勾僦历》

BD02496V《后晋天福年间(936—944)僦司唱卖僦施得布支给历》

P.4783《癸卯年(943)九月廿三日施牛两头出唱如后》

P.6005《公元9世纪末10世纪初僦司勾僦历》

P.2846《甲寅年(954?)都僧政愿清等交割讲下所施麦粟麻豆等破除见在历稿》

S.8443F4《某年二月一日某寺散施入历》

四、诸色入历

S.1733V(1)《子年(796或808)至寅年(798或810)莲台寺诸色入历》

BD07384V《丑年至未年得付麦油布历》

S.5880《卯年十一月十八日算后寅年已前南梁课纳油历》

P.T.1088C＋P.T.1088CV＋P.T.1088BV＋P.T.1088B＋P.T.1088A(2)＋P.T.1088AV《吐蕃时期砘麦粟课历》

S.10737《公元9世纪前期麦粟入历》

P.2856《唐景福二年癸丑岁(893)十月十一日沙州诸寺人户纳草历》

S.5495《唐天复四年(904)灯司都师会行深信依梁户朱神德手下领得课油抄录》

P.4021《庚子年(940)报恩寺寺主善住领得历》

S.8443F5《公元940年前后净土寺布缕入历》

P.3234V(5)《壬寅年(942)正月一日已后净土寺直岁沙弥愿通手上诸色入历》

S.1823《癸卯年(943)都师道成于梁户价进子张员住手上领得油抄录》

P.2032V(2)《甲辰年(944)一月已后净土寺直岁惠安手下诸色入历》

S.8443F1-3《甲辰年(944)某寺得麦粟历》

P.2040V(2)《乙巳年(945)正月廿七日已后净土寺东库胜净戒惠二人手下诸色入历》

P.2040V(8)《公元10世纪30—40年代净土寺诸色入历》

S.1574V《己未年(959)报恩寺诸色斛斗入历》

S.4613《庚申年(960)八月至辛酉年(961)三月后执仓所由于前执仓所由等手上现领得豆麦粟历》

S.6981(4)《辛未年(971)至壬申年(972)灵图寺某某领得斛斗历》

S.1313V《辛未年(971)至壬申年(972)麦粟入历》

Дx.02431《壬申年(972)报恩寺某某领得历》

S.6297《丙子年(976)都师明信领得面麦黄麻历》

Дx.01423《公元978年前顷报恩寺索老宿团于沈法律团等处领得斛斗历》

P.3787《公元10世纪某某领得麦粟历》

S.5952V(2)《公元10世纪前期净土寺粟入历》

P.4542V《公元10世纪某寺诸色斛斗新入见在历》

P.4817《乙丑年正月十三日善惠手上领得斛斗面历》

P.3997《庚子年(1000)十一月卅日至辛丑年(1001)五月报恩寺布褐等入历》

S.1653《公元10世纪前期付面历》

S.5486(4)《丁未年(947)某寺荣设领得油历》

Дx.03168《丁丑年戊寅年碙课矜免入历》

S.7060V(4)《李娘子等纳麦面历》

Дx.01428V《布入历》

P.3441P1V《布等入历》

五、诸色破历

S.6829V《丙戌年(806)正月十一日已后缘修造破用斛斗布等历》

413

S.3074V《公元820年前后乾元寺白面破历》

浙敦116(浙博091)《子年某寺破历》

日本东京井上书店藏《子年三月五日计料海济受戒衣钵具色——如后》

S.800V《午年正月十九日出苏油面米麻毛等历》

P.3047《辰年七月沙州寺户张昌晟等搬木取面麦历》

S.2228《辰年巳年麦布酒付历》

S.2228V《公元9世纪前期青麦等破历》

S.2228V《午年前后麦粟布等破历》

S.7060《辰年及其前后诸色破历》

S.7060V(3)《寺家借付物历》

P.5579(11)V《米面麦粟破历》

P.5579(12)《吐蕃时期麦粟等破历》

P.T.1118《公元9世纪麦粟破历》

P.T.1088A(1)《吐蕃时期麦粟破历》

S.3920V(3)《公元9世纪前期某寺月计诸色粮物破历》

S.3920V(4)《公元9世纪前期某寺诸色粮物破历》

津艺060(77·5·4401)V《辰年(812或824)付麦历》

P.6007《酉年某寺诸色破历》

BD09294《公元9世纪面油破历》

S.5750《己亥年(879)至壬寅年(882)付索胡子麦粟历》

P.3505V《辛亥年四月三日起首修法门寺使白面历》

BD11899《付物历》

P.3578《癸酉年(913)正月沙州梁户史氾三沿寺诸处使用油历》

S.4373《癸酉年(913或973)六月一日硙户董流达园硙所用抄录》

P.3490V(1)《辛巳年(921)净土寺油破历》

P.3490V(2)《辛巳年(921)净土寺面破历》

P.4907《庚寅年(930?)九月十一日至辛卯年(931?)七月九日某寺诸色斛斗支付历》

P.2032V(3)《公元939年净土寺诸色破历》

P.2032V(12)《后晋天福四年(939)净土寺诸色破历》

S.5707《壬寅年(942)付纸历》

羽068《公元944—945年报恩寺算会酒户张盈子手下酒破历》

P.2032V(4)《公元10世纪30—40年代净土寺诸色破历》

P.2032V(5)《公元10世纪30—40年代净土寺西仓诸色破历》

S.6275《丙午年(946)十一月就库纳油破油历》

S.6233《公元9世纪前期某寺诸色破历》

S.6233V(1)《公元9世纪前期付诸色斛斗历》

S.6233V(4)《公元9世纪前期某寺斛斗破历》

P.3264《庚戌年(950)金光明寺麸破历》

S.1519(1)《庚戌年(950)金光明寺诸色破历》

S.1519(2)《辛亥年(951)十二月七日至壬子年(952)金光明寺直岁法胜手下油面等破历》

S.6186《乙卯年(895或955)四月一日佛堂修园众社破除名目》

P.5032(2)《丁巳年(957或897)九月廿五日酒破历》

P.5032(5)《酒破历》

Дx.01337《丁巳年粟酒破历》

Дx.03136＋S.9495《公元10世纪酒破历》

Дx.01425＋Дx.11192＋Дx.11223《辛酉年(961)某寺或儭司吊孝等破用布褐等历》

S.6981V(8)＋Дx.01419V＋S.1600V(1)《辛酉年(961)至癸亥年(963)大乘寺诸色破用历》

S.1600V(2)《壬戌年(962)四月癸亥年(963)二月某寺麦粟历》

Дx.01426＋P.4906＋Дx.02164《公元962年报恩寺诸色破历》

Дx.01428《公元962年报恩寺诸色织物破历》

S.4120《壬戌年(962)至甲子年(964)报恩寺布褐等破历》

Дx.01412《丁卯年(967)至己巳年(969)金光明寺斛斗等破历》

S.4649＋S.4657(2)＋S.7942《庚午年(970)报恩寺沿寺破历》

P.3875V《丙子年(976或916)修造及诸处伐木油面粟等破历》

S.5465(2)《丁丑年乙卯年油破历》

S.5039＋S.4899《丁丑年(977)至戊寅年(978)报恩寺诸色破历》

BD09282《公元978年前后报恩寺诸色斛斗破历》

P.4909《辛巳年(981)十二月十三日后诸色破历》

S.6452(1)《公元981或982年净土寺诸色破历》

S.6452(3)《壬午年(982)净土寺常住库酒破历》

P.4674《乙酉年(985)报恩寺麦粟破历》

P.2545P1《丙戌年请得酒本及酒破历》

P.5588(2)《辛□年四月廿六日起惠润手下出织物历》

S.1522《某寺布破数》

P.5031(36)《公元9—10世纪某寺诸色破历》

S.6217(3)+S.6217V《公元10世纪某寺诸色破历》

S.5632《公元10世纪某寺诸色破历》

P.4542(1)《公元10世纪某寺诸色斛斗破历》

P.3713V《公元10世纪某寺粟破历》

P.2930P1《公元10世纪某寺诸色破历》

S.6226《公元10世纪中后期报恩寺僧油付身历》

P.3175V《公元10世纪后期报恩寺诸色破历》

Дx.01365《癸未年(983)七月十九日净土寺周僧正还王都料锁价用绢历》

S.5048V《庚子年(1000)报恩寺麸破历》

S.5937《庚子年(1000)十二月廿二日报恩寺都师愿通沿常住破历》

P.4697《辛丑年(1001)正月一日起报恩寺粟酒破历》

P.2642V《公元10世纪灵图寺诸色斛斗破历》

S.4705《公元10世纪某寺诸色破历》

P.4075V《丁丑年某寺斛斗破历》

S.2532《都师保恩破得麦粟油面历》

P.3956P1(P.2678)《某年二月八日执仓法律定愿手下麦粟破历》

S.8152《公元10世纪某寺面破历》

S.8152V(1)《某寺面破历》

S.8649《某寺沿道场面油等破历》

S.8659(2)《公元10世纪某寺面油等破历》

S.9469《面油等破历》

P.3555BP1《破用历残片》

Дx.03027V《诸色破历》

Дx.04270《借面破历》

BD15482《破历残片》

BD16228《麦黄麻等破历》

BD16052B《酒破历残片》

BD16052C《破历残片》

六、诸色入破历

S.2899V《未年三月廿五日上座志心手下麦粟入破历》

P.5579(1)V《丙戌年至己亥年诸色入破历》

BD12003《公元9—10世纪某寺斛斗入破历》

P.3234V(1)《公元10世纪20—40年代净土寺应庆手上诸色入破历》

P.3234V(2)《公元10世纪30—40年代净土寺油入破历》

P.2032V(11)《甲辰年(944)和乙巳年(945)净土寺西仓司愿胜广进等手上诸色入破历》

S.5486V《丙午年(946)丁未年(947)某寺诸色入破历》

P.2887V《癸丑年十一月廿二日后油入破历》

七、帐状

S.6064《未年(815或827)正月报恩寺诸色入破历算会牒稿》

S.1733《公元9世纪前期诸色入破历算会牒稿》

S.6233V(2)《公元9世纪前期硙课等入破历算会牒稿》

S.6061《公元9世纪前期某寺诸色入破历算会牒》

Дх.00981＋Дх.01311＋Дх.05741＋Дх.05808＋S.5927V＋S.9405《子年(856)或亥年(855)龙兴寺诸色入破历算会牒》

S.4191V2《戌年正月乾元寺常住诸色入破历算会牒》

S.4191V1《亥年三月某寺寺主义深诸色入破历算会牒》

S.4782《丑年(869)或寅年(870)乾元寺堂斋修造两司都师文谦手下诸色入破历算会牒》

P.6002(1)《卯年(859或871)或辰年(860或872)乾元寺堂斋修造两司诸色入破历算会牒》

P.4957《申年(864或876)或酉年(865或877)乾元寺诸色入破历算会牒》

P.2838(1)《唐中和四年(884)正月安国寺上座比丘尼体圆等诸色入破历算会牒附悟真判》

P.2838(2)《唐光启二年(886)安国寺上座胜净等诸色入破历算会牒》

BD11577《公元869—882年间乾元寺诸色入破历算会牒》

BD11578《公元869—882年间乾元寺诸色入破历算会牒》

S.11282＋S.11283《唐中和三年(883)正月某寺都师宝德手下诸色入破历算会牒》

P.3352《丙午年(886或946)三界寺招提司法松诸色入破历算会牒》

P.2974V《唐乾宁四年(897)金光明寺直岁庆果手下诸色入破历算会牒稿》

P.T.998《公元9世纪某寺诸色入破历算会牒稿》

S.1316《公元9—10世纪某寺诸色入破历算会牒》

P.4081《戊辰年(907或967)正月一日净土寺直岁保全戒弁手下诸色入破历算会牒》

S.1053V《己巳年(909或969)某寺诸色入破历算会牒》

羽681＋羽677＋BD15469＋羽703＋BD15489＋BD15472《公元914年灵图寺或金光明寺诸色入破历算会牒稿》

BD14801《后唐同光贰年(924)十二月廿七日某寺都师金刚锐手下诸色入破历算会牒》

S.2325V《公元924年左右某寺诸色入破历算会牒》

P.2776＋S.0366《后唐同光二年(924)净土寺诸色入破历算会牒》

P.2049V《后唐同光三年(925)正月沙州净土寺直岁保护手下诸色入破历算会牒》

S.0372＋S.0378《丁亥年(927?)正月某寺诸色入破历算会牒稿》

P.2049V《后唐长兴二年(931)正月沙州净土寺直岁愿达手下诸色入破历算会牒》

S.5753《癸巳年(933)灵图寺招提司福盈手下诸色入破历算会牒》

P.2638《后唐清泰三年(936)沙州儭司教授福集等状》

S.1625《后晋天福三年(938)十二月六日大乘寺徒众诸色入破历算会牒》

P.2738P《公元10世纪某寺诸色入破历算会牒》

P.2040V(11)＋P.2040V(10)《己亥年(939)净土寺诸色入破历算会牒稿》

P.3763V＋P.2040V(1)＋P.2032V(15)《壬寅年(942)净土寺诸色入破历算会牒稿》

P.3234V(6)＋P.2032V(17)＋P.2040V(6)＋P.3234V(8)＋P.3234V(9)＋P.3234V(10)＋P.2032V(16)＋P.2032V(8)＋P.2032V(6)＋P.2032V(9)＋P.2032V(7)《癸卯年(943)正月一日以后净土寺直岁广进手下诸色入破历算会牒稿》

P.2032V(14)＋P.2032V(1)＋P.2032V(13)＋P.2032V(18)《甲辰年(944)正月一日以后净土寺直岁惠安手下诸色入破历算会牒稿》

P.2040V(3)＋P.3234V(11)＋P.2040V(4)＋P.2032V(10)＋P.2040V(5)＋P.2032V(19)＋P.3234V(7)《乙巳年(945)正月以后净土寺诸色入破历算会牒稿》

P.3165V《公元944年或945年灵图寺诸色入破历算会牒稿》

P.4694《公元946—954年间金光明寺诸色入破历算会牒》

Дх.01329B＋Дх.02151V＋Дх.01329AV《公元10世纪前期灵图寺诸色入破历算会牒稿》

S.5486(3)《公元10世纪某寺诸色入破历算会牒稿》

S.5486V(2)《公元10世纪某寺诸色入破历算会牒稿》

P.2040V(7)＋P.3234V(10)《公元946—950年间净土寺诸色入破历算会牒稿》

P.2040V(9)《公元10世纪30—40年代净土寺诸色入破历算会牒稿》

BD15246(2)＋P.3364＋S.5008《公元947—954年间报恩寺诸色入破历算会牒》

S.4689＋S.11293《后周显德元年(954)正月一日报恩寺功德司愿德状》

S.1600(1)＋S.1600(2)＋Дх.01419＋S.6981(1)《庚申年(960)十二月十一日至癸亥年(963)十二月灵修寺招提司典座愿真等诸色入破历算会牒稿》

P.3882V《庚午年(970)至甲戌年(974)某寺诸色入破历算会牒》

S.4657(1)《公元978年前后报恩寺诸色入破历算会牒》

P.2821＋BD15246(1)＋BD15246(4)《庚辰年(980)正月报恩寺寺主延会诸色入破历算会牒》

S.5049《庚辰年(980)正月报恩寺寺主延会诸色入破历算会牒稿》

S.286《公元980年前后报恩寺诸色入破历算会牒稿》

S.5050《公元980年前后报恩寺诸色入破历算会牒稿》

羽052《宋雍熙三年(986)二月大云寺都师定惠手下诸色入破历算会牒》

P.2042V《己丑年(989)正月报恩寺功德司道信手下诸色入破历算会牒稿》

Дх.00285V＋Дх.02150V＋Дх.02167V＋Дх.02960V＋Дх.03020V＋Дх.03123V《公元10世纪后期灵图寺诸色入破历算会牒稿》

羽065《甲申年十二月某寺直岁愿住手下诸色入破历算会牒稿》

羽753《某寺诸色入破历算会牒》

S.4642V《公元10世纪某寺诸色入破历算会牒》

S.5071《公元10世纪某寺诸色入破历算会牒》

S.6330《公元10世纪某寺诸色入破历算会牒》

Дх.10260＋BD07977V《某寺诸色入破历算会牒稿》

P.3441P1《某寺诸色入破历算会牒》

P.4058V《某寺诸色入破历算会牒稿》

S.420《公元10世纪某寺诸色入破历算会牒稿》

P.3005《公元10世纪中期某寺诸色入破历算会牒稿》

S.8318《公元10世纪某寺诸色入破历算会牒》

S.9409《公元10世纪某寺诸色入破历算会牒》

S.11461A《公元10世纪中后期金光明寺（?）诸色入破历算会牒稿》

Дx.11071《某寺诸色入破历算会牒稿》

Дx.01433《公元10世纪某寺诸色入破历算会牒稿》

Дx.00295V《某寺诸色入破历算会牒》

S.10524BV《某寺诸色入破历算会牒》

S.10795V《某寺诸色入破历算会牒》

S.10548V《某寺诸色算会牒稿》

BD12192《某寺诸色入破历算会牒》

BD12193《某寺诸色入破历算会牒》

八、凭据及其他

S.2228V《公元9世纪前期算会凭》

P.3730V《乘恩判赏付老人布及支麦凭》

S.7940A《某寺麦粟计会》

S.6350《唐大中十年（856）二月十二日寺主德胜神喻与前上座神哲交割凭》

S.3323《公元9世纪智照等手下布历》

S.1267V《公元9世纪某年四月卅日上座因佛事配物谘》

S.4687《粟油饼面等历》

S.6781《丁丑年（917）前后梁户阳王三欠油凭》

S.6781《丁丑年（917）正月十一日北梁户张贤君乙亥丙子二年应纳破除及欠油课凭》

S.6981V（7）《申年酉年欠麦得麦历》

S.474V《戊寅年（918）三月十三日永安寺算会分付行像司斛斗凭》

P.3902BV《分付后寺主大进斧凭》

P.4649《丙申年（936）十月十七日报恩寺算会抄录》

S.4812《天福六年（941）辛丑岁二月廿一日算会行像司善德所欠麦粟凭》

S.1142《乙巳年造春斋料等破油面麦粟凭》

S.4452《后晋开运三年（946）某寺算会破除外见存历稿》

S.10606《丙午年十一月廿六日灵修寺判官私物分付凭》

P.4782《甲申年三月十一日僧子昌偿高阇梨欠粟凭》

P.4763《丁未年(947)三月十二日分付邓阇梨物色名目凭》

S.3793《辛亥年造春斋料等破油面粟凭》

S.6237《公元10世纪上半叶灵图寺算会应在人上欠》

S.5048(1)《公元10世纪中期某寺诸色斛斗油面麻滓历》

S.5048(2)《公元10世纪中期某寺都师惠法等欠麦粟面麸麻滓历》

P.5579(5)《公元10世纪中后期报恩寺道深领得细褐等凭》

S.4686《公元10世纪某寺算会春秋破并破外见管麦粟历》

BD15246(3)《辛丑年八月十二日报恩寺都师愿通于官仓会阴法律团八人手上领得麦凭》

S.5486(1)《诸寺僧油面抄》

S.4705V《公元10世纪某寺杂写帐》

S.9512《某寺常住斛斗什物等欠折历》

S.5964《斛斗外欠历》

S.6154《丁巳年(957)稍后报恩寺算会见存历稿》

羽688《甲戌年(974)法律保进取绢还褐欠褐凭》

P.3441P2《丙寅年算会梁课付欠历》

Дx.01383《壬戌年十月翟法律领得粟麦凭》

S.5806《庚辰年(980)十一月算会仓麦交付凭》

Дx.01365V《什物取付凭》

S.6276V《永安圣寿招提司都师厶乙手下应入诸色斛斗抄》

BD04905V《某寺斛斗破除见在外欠历》

S.10548《某寺斛斗见在外欠历》

Дx.06636《欠面饼等历》

Дx.02869B《福真金刚等帐杂写》

Дx.10292《油粟等历》

Дx.07694《麦粟历残片》

Дx.05534《教心贷面凭据》

P.3881V《宋太平兴国六年(981)正月一日灵图寺招提司算会应在人上欠》

Дx.01365V《什物取付凭》

S.5786《甲申年(984)十一月算酒讫欠酒凭》

Дx.06045＋Дx.06045V《二月一日就寺内院算会酒户江通请本酒目》

S.4702《丙申年(996)十二月九日报恩寺算会索僧正等领麻凭》

P.3290《己亥年(999)十二月二日报恩寺算会分付黄麻凭》

S.4701《庚子年(1000)十二月十四日报恩寺前后执仓法进愿盈等算会分付回残斛斗凭》

S.4702V《庚子年(1000)报恩寺索僧正等欠麻历》

图书在版编目(CIP)数据

敦煌寺院会计文书整理研究/王祥伟著.--上海：
上海三联书店,2024.8
ISBN 978-7-5426-8459-2

Ⅰ.①敦… Ⅱ.①王… Ⅲ.①佛教-寺庙-会计-文书-研究-西安 Ⅳ.①B947.241.1

中国国家版本馆CIP数据核字(2024)第072542号

敦煌寺院会计文书整理研究

著　　者 / 王祥伟

责任编辑 / 郑秀艳
装帧设计 / 一本好书
监　　制 / 姚　军
责任校对 / 王凌霄

出版发行 / 上海三联书店
　　　　　(200041)中国上海市静安区威海路755号30楼
邮　　箱 / sdxsanlian@sina.com
联系电话 / 编辑部：021-22895517
　　　　　发行部：021-22895559
印　　刷 / 上海惠敦印务科技有限公司

版　　次 / 2024年8月第1版
印　　次 / 2024年8月第1次印刷
开　　本 / 710mm×1000mm　1/16
字　　数 / 380千字
印　　张 / 27
书　　号 / ISBN 978-7-5426-8459-2/B・891
定　　价 / 88.00元

敬启读者,如发现本书有印装质量问题,请与印刷厂联系 021-63779028